Damit Heimwerken so richtig Spaß macht

**Über 6.000 Schritt-für-Schritt-Anleitungen.
Die besten Profitips und Tricks
für erfolgreiches Do-it-yourself.
Mit 1.200 farbigen Abbildungen.**

Sonderausgabe

 Alle Anleitungen wurden sorgfältig erprobt - eine Haftung kann dennoch nicht übernommen werden.
Autoren: Dietrich Engelhard, Karl Majer, Bernd Serexhe
Redaktion: Claudia Schäfer (Ltg.), Erich Koslowski, Thomas Kroher, Beate Martin
Umschlaggestaltung: Inga Koch
Titelbild (gr.): Pictor Bildagentur, München
ISBN 3-8174-2695-X
2626951

Inhaltsverzeichnis

Inhaltsverzeichnis

Inhaltsverzeichnis

Schon immer haben sich Keramiker und Künstler der Gestaltung mit Fliesen in besonderer Weise angenommen, wußten sie doch um die freundliche und helle Atmosphäre, die sich mit dem Glanz farbiger Glasuren in lichterfüllten Räumen einstellt.

Fliesen verlegen

Räume mit Fliesen zu verschönern, ist für den handwerklich Geschickten keine Schwierigkeit. Nach einiger Übung wird der Heimwerker das Verlegen gut beherrschen und kann sich über das Ergebnis freuen.

ARBEITSMATERIALIEN

Keramische Fliesen erhalten Sie als **Steingutfliesen**, geeignet für den Innenbereich, und als besonders strapazierfähige und frostsichere **Steinzeugfliesen** für den Außenbereich.
Im Angebot gutsortierter Fliesenmärkte finden Sie das Material in allen **Farbnuancen**, ornamentartigen **Formen** sowie in quadratischen, recht-, sechs- oder achteckigen **Formaten**.
Die **Oberflächen** können glasiert und unglasiert, glatt, rauh oder mit Prägestrukturen (Rillen, Noppen, Netzstruktur) versehen sein.
Die **Abmessungen** reichen von Mosaik (20 x 20 mm oder rund im Durchmesser von 20 bis 40 mm) über mittelformatige Wandfliesen (150 x 150 mm) bis zu großformatigen und dicken Bodenplatten (400 x 400 mm oder größer).
Für eine anspruchsvolle Gestaltung der Ränder von Verlegeflächen finden Sie **Sonderformen** wie Sockelfliesen, Kehlsockel, Schenkelplatten, Treppenstufenplatten und viele weitere mehr.

Keramische Fliesen gehören heute zu den anspruchsvollsten Boden- und Wandbelägen moderner Wohnraumausstattung. Gegenüber Holzparkett, Holzbekleidungen und edlen Textilbelägen haben sie den Vorteil, äußerst **strapazierfähig** und dabei **wasserdicht** und **pflegeleicht** zu sein. Wegen dieser Eigenschaften haben keramische Beläge ihre besonderen Eignungsbereiche, in denen kein anderes Material mit ihnen konkurrieren kann. So setzt man sie als Bodenbelag immer dort ein, wo an den Schuhen haftender Straßenschmutz oder Feuchtigkeit anfällt, also auf Außen- und Innentreppen, in Eingangsbereichen, in Garagen, auf Terrassen und Balkonen. Ihren unbestrittenen Platz nehmen sie jedoch in Küchen und Bädern ein.

Wie auf allen anderen Gebieten, so hat auch bei den keramischen Belägen das moderne Design in den letzten Jahren **neue Kreationen** hervorgebracht. Das reichhaltige Angebot kann Sie bei Ihrem ersten Rundgang in einem gut sortierten Fliesenmarkt sowohl begeistern als auch vielleicht verwirren. Doch bei der gebotenen Vielfalt an Farben, Formaten, Ornamenten, Mustern und Kombinationsmöglichkeiten erhalten Sie

dort viele neue Anregungen für die Gestaltung Ihrer eigenen Wohnung.
Neben einer notwendigen, eingehenden Fachberatung im Fliesenmarkt können Ihnen zunächst die folgenden technischen Grundinformationen Ihre Entscheidung erleichtern.

Keramische Beläge

Steinzeugplatten

Steinzeugfliesen

Glasierte Steinzeugplatten

Steinzeugplatten

Glasierte Steinzeugplatten

Steinzeugplatten

Glasierte Steinzeugfliesen

Materialien und Werkzeuge

Keramische Beläge unterscheidet man nach ihrer Zusammensetzung und Herstellung in **Steingut-** und **Steinzeugfliesen**. Der für Ihre Auswahl wesentliche Unterschied: Steingutfliesen sind wegen ihres porösen Scherbens nicht frostbeständig, sie eignen sich also nicht für eine Verlegung im Außenbereich. Steinzeugfliesen sind wegen ihres dichten Scherbens frostsicher und aufgrund ihrer größeren Härte auch stärksten Beanspruchungen gewachsen; sie eignen sich daher besonders gut als Balkon- oder Terrassenbelag.

BEANSPRUCHUNGS-GRUPPEN

Eine weitere Orientierung ermöglicht Ihnen die Unterscheidung von Fliesen nach DIN-EN 154 in fünf Beanspruchungsgruppen:

- Gruppe I und II: Sanitärer und allgemeiner Wohnbereich ohne Straßenschmutzeinwirkung.
- Gruppe III: Alle Wohnräume, Dielen und Flure sowie, wenn frostsicher, Terrassen und Balkone, jedoch ohne kratzende Beanspruchung.
- Gruppen IV und V: Stärkste Beanspruchungen; geeignet in gewerblichen und öffentlichen Bereichen.

SONDERFORMEN

Für bestimmte Verlegebereiche erhalten Sie Sonderformen und -formate, beispielsweise Sockelleisten und Kehlsockel, Fensterbank- und Treppenstufenplatten, Abdeck- und Schenkelplatten mit oder ohne Haftrillen sowie genoppte Anti-Rutsch-Profilplatten. Leider können Sie längst nicht für jede Fliesensorte auch die entsprechenden Sonderformate erhalten. Hier hilft nur gezieltes Nachfragen im Fliesenmarkt.

CHEMIKALIEN-BESTÄNDIGKEIT

Selbstverständlich sollten Ihre Fliesen auch den üblichen Beanspruchungen durch moderne Reinigungs- und Pflegemittel gewachsen sein.
Dies ist grundsätzlich nur dann gegeben, wenn sowohl Glasur als auch der Scherben **säure- und laugenbeständig** sind.
In der technischen Beschreibung der einzelnen Fliesensorten im Herstellerkatalog finden Sie detaillierte Angaben.

Glasierte Steinzeugfliesen

Glasierte Steinzeugfliesen

Klassisches Rankenmotiv mit Goldrand

Pflanzenmotiv

Ornamentmuster

Verspieltes Figurenmotiv

Abstraktes Muster

Modernes, junges Farbdesign

GESTALTUNGSTIPS

Mit diesem Grundwissen ausgestattet, können Sie aus der Fülle des Angebotes nun leichter eine Vorentscheidung für Ihren Verlegebereich treffen. Dann erst stellt sich die Frage nach dem Aussehen, nach ästhetischen Gesichtspunkten, nach Design und Raumgestaltung. Bevorzugen Sie helle, großzügig elegante Räume mit eher kühlen Blau- und Grüntönen? Oder lieben Sie geometrisch strenges Farbdesign mit eckigen Linien, Quadraten und Dreiecken? Gefallen Ihnen kleine Muster in Saharasand oder klassisches Mosaik mit Goldrand? Oder fühlen Sie sich beschwingter in geschwungenen Ornamenten mit Rankenbordüre im Jugendstil?

In den **Abbildungen** sehen Sie eine kleine Auswahl von Fliesenmustern und -farben. Damit aber Ihre Wahl nicht später zur Qual wird, sollten Sie schon beim Einkauf folgende Tips für die Gestaltung beherzigen:

- Gehen Sie immer von der späteren Gesamteinrichtung des Raumes aus, für den Sie die Fliesen aussuchen. Dies ist insbesondere in Bädern und Küchen wichtig, wo Stil, Farbe und Form der Sanitär- oder Kücheneinrichtung wesentlich die Atmosphäre mitbestimmen. Es muß nicht immer der gleiche Farbton sein, aber ein allzu buntes Kontrastprogramm kann auf Dauer schneller langweilig sein als dezente, fein abgestufte Farbtöne.
- Lassen Sie sich auch nicht durch die Weite großer Ausstellungsräume verwirren. In Ihrem eigenen Badezimmer oder in Ihrer kleinen, vielleicht dunklen Diele wirken die gleichen Fliesen farblich ganz anders. Beachten Sie, daß dunkle Farben das Licht »schlucken« und daher Räume kleiner erscheinen lassen.

Materialien und Werkzeuge

Dunkle Farben lassen einen weitläufigen Raum besonders elegant erscheinen

Helle Farbtöne reflektieren das Licht; sie geben kleinen Räumen eine großzügige und freundliche Atmosphäre. Ähnliches gilt auch für Muster und Ornamente: Große Räume vertragen starke Muster, in kleinen Räumen wirken die gleichen Muster oft überladen oder bedrückend. Hier haben dezente und klare Ornamente immer eine bessere Wirkung.

- Legen Sie sich im Fliesenmarkt eine größere Fläche der ausgewählten Muster zusammen. Wenn Sie eine engere Auswahl getroffen haben, nehmen Sie leihweise und probehalber (eventuell mit Hinterlegung eines Pfandbetrages) ein oder zwei Pakete jeder in die engste Auswahl genommenen Sorte mit nach Hause. Legen Sie die Fliesen in dem Raum aus, in dem sie später auch verlegt werden sollen. Nur hier haben Sie einen realistischen Eindruck ihrer Wirkung.

Helle Fliesen geben eine großzügige und freundliche Atmosphäre

WICHTIG: DER RICHTIGE KLEBER

Nach der Fliesensorte und dem Untergrund im Verlegebereich richtet sich auch die Wahl des geeigneten Fliesenklebers.

Dispersionskleber eignen sich für eine Verlegung auf nahezu allen Untergründen, auch wenn deren Aushärtung noch nicht abgeschlossen ist (Zementestriche, Gasbeton, Trockenbauplatten). Achten Sie bei einer Verwendung im Außenbereich auf Frostsicherheit und Wasserbeständigkeit des Klebers.

Hydraulische Klebemörtel (Pulverkleber) sollten nur auf ausgehärteten Flächen eingesetzt werden. Hier eignen sie sich allerdings für alle Verlegebereiche innen und außen. Sie sind frostsicher und wasserbeständig.

Kunstharzkleber mischt man aus zwei Komponenten (Kunstharz und Härter) zusammen. Sie werden für absolut wasserdichte Verklebungen auch auf schwierigen Untergründen (Kunststoff, Metall, glasierte Fliesen) eingesetzt.

FUGENMÖRTEL

Im Fachhandel finden Sie eine große Vielfalt von **Fugenmörteln**, weiß und in allen gängigen Sanitärfarben auf **Dispersions-**, **Zement-** oder **Kunstharzbasis**. Ihre Entscheidung sollte sich nach dem Untergrund im Verlegebereich, der Frostsicherheit und der geplanten Fugenbreite richten. Für besonders breite Fugen, etwa bei Glasbausteinen, benötigen Sie spezielle, rißfreie Fugenmörtel.

Kunstharzmörtel sind nur da sinnvoll, wo starke chemische Belastungen (Säuren, Laugen, Öle, Fette) auftreten, beispielsweise auf Arbeitsplatten in Küchen, in Werkstatträumen oder im Fotolabor.

WERKZEUGE

Fliesenlegen ist keine Kunst, zumal dann nicht, wenn mit modernen Fertigklebern auf gut vorbereitete, ebene Flächen verlegt wird. Da kommt es auf einen gleichmäßigen Kleberauftrag, auf exaktes Ansetzen, millimetergenaues Schneiden und sauberes Verfugen an. Dies alles sind Fertigkeiten, die Sie in kurzer Zeit erlernen können, wenn Sie die richtigen Werkzeuge haben.

Fliesenkleber wird mit dem **Zahnspachtel** aufgetragen und an der Verlegefläche kräftig durchgekämmt. Hierdurch erzielen Sie einen gleichmäßig dicken Auftrag. In der Regel gilt: Je größer das Fliesenformat und je stärker das Profil an der Fliesenrückseite, um so größer sollte auch die Zahntiefe (3, 4, 6, 8 mm) sein. Die meisten Mörtelhersteller machen auf ihren Verpackungen genaue Angaben über die für den gewählten Mörtel erforderliche Zahnung.

Moderne Fliesenmörtel haben eine hohe Anfangsklebkraft. So rutschen Ihnen die Fliesen nach dem Anklopfen so schnell nicht weg. Auf glatten Untergründen (z.B. verfliesten Untergründen, Kunststoffen, Metallen) kann aber der Einsatz sogenannter **Fugenkreuze** eine wertvolle Hilfe sein.

Zum Festlegen des Fugenschnittes und zum genauen waag- und senkrechten Ausrichten der Fliesen benötigen Sie eine **Wasserwaage.**

Mit der **Fliesenhauschiene** stellt man das Maß ein. Danach ritzt man mit dem **Glasschneider** die Fliese an dieser Stelle an. Statt einer Fliesenhauschiene kann man ebensogut einen **Anlegewinkel** benutzen.

Zum Brechen der Fliesen benötigen Sie eine **harte Unterlage** (z.B. ein Kantholz). Die Fliese wird entlang der angeritzten Linie auf der Kante der Unterlage mit einem kräftigen Ruck nach unten gedrückt.
Nur bei einer Verfliesung größerer Flächen lohnt sich die Anschaffung einer **Fliesenbrechzange**, mit der Sie die angeritzten Fliesen leicht brechen können.

Dickere und härtere Fliesen, insbesondere Steinzeugfliesen, können Sie besser und leichter mit einer **Fliesenschneidemaschine** schneiden.

Mit der **Fliesenlochzange,** auch »Papageienschnabel« genannt, können Sie Fliesen vom Rand her millimeterweise »anknabbern«. Auf diese Weise stellen Sie Aussparungen beispielsweise für Sanitäranschlüsse und Steckdosen her.

Mit dem unentbehrlichen **Fugengummi** arbeiten Sie den Mörtel zum Schluß in die Fugen ein.

Beim Verfugen und beim anschließenden Reinigen der Fugen sollten Sie außerdem mehrere weiche **Schwämme** zur Hand haben.

Die wichtigsten Werkzeuge, die Sie zum Verlegen von Fliesen benötigen, in einer Übersicht zusammengestellt.

Zahnspachtel zum Auftragen des Klebers

Kantholz zum Fliesenbrechen und Glasschneider

Fugenkreuze für besonders glatte Untergründe

Fliesenschneidemaschine für härtere Fliesen

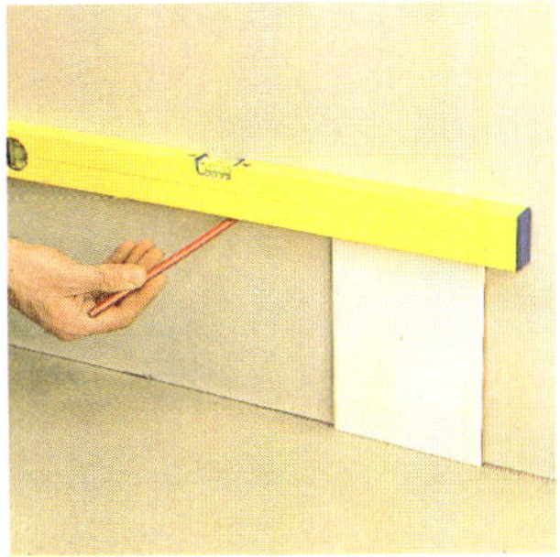

Wasserwaage zum Ausrichten der Fliesen

Fliesenlochzange für Aussparungen

Fliesenhauschiene zum Markieren des Schnittes

Fugengummi zum Einarbeiten des Fugenmörtels

Vorarbeiten

PLANEBENE UNTERBÖDEN

Für das Verlegen von Bodenfliesen sowie aller anderen Bodenbeläge brauchen Sie tragfähige und planebene Unterböden. Hier können Sie nach gründlicher **Reinigung** und eventueller **Grundierung** mit einem **Mörtelverbesserer** auf Dispersionsbasis einfach den Fliesenkleber aufziehen und mit dem Verlegen anfangen.

UNEBENE UNTERBÖDEN

Schwieriger ist es auf unebenen Unterböden und Rohdecken, wie man sie fast immer beim Um- und Ausbau nach dem Entfernen alter Bodenbeläge antrifft. Auch in Neubauten sind Betonböden oder Estriche nicht immer eben und für eine unmittelbare Verlegung von Fliesen geeignet.

Das Glätten und **Ausgleichen von Estrichen** oder Betonunterböden war einst arbeitsintensiv und deshalb eine zeitraubende Angelegenheit, mit der ein Heimwerker meistens überfordert war. Heute dagegen verwendet man dafür **selbstverlaufende Ausgleichsmassen,** sogenannte **»Fließestriche«**, die mit Wasser angerührt und auf den Boden gegossen, von selbst zu einer dichten, druckfesten und exakt planebenen Oberfläche verlaufen. Diese auch vom Heimwerker völlig problemlos aufzubringende Ausgleichsbeschichtung können Sie bereits nach etwa 10 Stunden begehen. Nach zwei bis vier Tagen können Sie keramische Beläge kleben und nach fünf bis sieben Tagen Parkett oder Teppichboden verlegen.

Für eine fachgerechte Verarbeitung sollten Sie diese Punkte beachten: **Fließestriche** werden als fertig gemischte Werktrockenmörtel in Säcken geliefert. Der Verbrauch beträgt 1,8 bis 2 kg pro Millimeter Schichtdicke und Quadratmeter. Für eine Fläche von 10 m^2 benötigen Sie bei einer mittleren Schichtdicke von 5 mm also etwa 100 kg Mörtelpulver.

Die **Verarbeitungsrichtlinien** der verschiedenen Hersteller sind unterschiedlich. Richten Sie sich für die Vorbehandlung der Untergründe und für das genaue Mischungsverhältnis nach den jeweiligen Vorgaben.

Als **Untergründe** eignen sich alle tragfähigen, trockenen, rißfreien und sauberen **Beton-** und **Zementestriche.** Auf rohen Unterböden muß man vor dem Aufbringen die Zementhaut mit einer Stahlbürste naß abbürsten. Anstriche sind vorher mechanisch oder mit Abbeizer zu entfernen.

Nach dem **Entfernen** von überstehenden **Mörtelresten, mürben Schichten, alten Anstrichen** oder **Imprägnierungen** mit einer Stahlbürste kehren Sie den Boden gründlich mit einem harten Besen ab. Beim Entstauben leistet auch ein kräftiger Werkstattstaubsauger gute Dienste. Anschließend mischen Sie die vom Mörtelhersteller vorgeschlagene **Grundierung**, in der Regel Mörtelverbesserer auf Dispersionsbasis, im angegebenen Verhältnis mit Wasser.

Grundierung mit Wasser mischen

Gießen Sie die **Grundierung** abschnittweise auf dem Boden aus und verteilen Sie sie gleichmäßig deckend mit einem Besen. Auch die Ränder dürfen dabei nicht vergessen werden. Bevor der Fließestrich eingebracht wird, muß die Grundierung vollständig getrocknet sein. Dies dauert je nach Raumtemperatur 5 bis 10 Stunden.

Abschnittweises Verteilen der Grundierung

Wenn die Fläche begehbar ist, fixieren Sie an ihren Rändern 5 cm hohe **Randstreifen** aus **Styropor.** Dies geht am einfachsten mit Tackerklammern oder kleinen Stahlnägeln. Die Randstreifen halten beim späteren Verfugen die Randfuge zwischen Fliesen und umgebenden Wänden für eine elastische **Verfugung mit Silikonmasse** offen. Daher werden die Randstreifen erst nach dem Verfugen der Bodenfläche entfernt.

Zum **Anmischen** der **Ausgleichsmasse** streuen Sie den Fertigmörtel in die auf dem Gebinde angegebene Menge Wasser ein und rühren diese Mischung mit einem Rührquirl gießfertig an. Am besten eignet sich hierzu ein in das Futter der Bohrmaschine eingespannter Korbrührer.
Nach einer Reifezeit von etwa 5 Minuten rühren Sie die Mischung noch einmal kräftig durch. Die Konsistenz der angemachten Mischung ist richtig, wenn diese nach dem Ausgießen auf dem Boden wie »Sirup« leicht verfließt. Wenn Sie Wasser oder Pulver hinzugeben, müssen Sie alles wieder sehr sorgfältig verrühren.

Anmischen der Ausgleichsmasse

Gießen Sie die **fließfertige Ausgleichsmasse** abschnittweise auf dem Boden aus und beachten Sie hierbei die vom Hersteller angegebene »offene Zeit« des Fließmörtels.

Verteilen der Masse

Mit dem Stahlglätter das gleichmäßige Verfließen der Mörtelmasse unterstützen

Fließestrich muß unbedingt »naß in naß« eingebracht werden, denn die einzelnen Mischungen sollen ja ineinander verfließen. Daher müssen Sie bei größeren Flächen sehr schnell arbeiten, damit Sie in dieser Zeit die für die Beschichtung erforderliche Gesamtmenge fließend unterbringen können. Da kann es durchaus sinnvoll sein, den Mörtel in mehreren großen Eimern gleichzeitig anzumischen.

Als »Einzelkämpfer« mit der sirupähnlichen Masse sind Sie dabei schnell überfordert. Deshalb ist natürlich ein hilfsbereiter **Mitarbeiter** herzlich willkommen, in vielen Fällen sogar unbedingt notwendig. So können Sie sich auch gemeinsam über das gute Resultat freuen.

Unterstützen Sie das Verfließen der Mörtelmasse nur leicht mit dem **Stahlglätter**. Der Fließestrich fließt dann ganz von selbst »in die Waage«.

Wenn Sie nun in der richtigen Richtung, nämlich zur Tür hin, gearbeitet haben, können Sie den Raum trockenen Fußes verlassen.

PROFITIP
Für besonders schwierige Untergründe, beispielsweise alte Dielenböden, Spanplatten, Gußasphalt oder Fliesen, finden Sie in Baumärkten und im Fachhandel kunststoffvergütete Ausgleichsmassen mit speziellem Haftzusatz.
Um ein eventuelles Reißen der ausgehärteten Beschichtung zu vermeiden, verschrauben Sie alte Holzdielen mit Spanplattenschrauben fest auf ihrer Unterlage.
Bei Holzdielen und Parkettböden verlegen Sie nach der Grundierung zusätzlich ein spezielles Kunstfasergewebe, das Sie an den Stößen überlappend mit Tackerklammern am Fußboden befestigen.

WÄNDE VORBEREITEN

Der ideale Untergund für Fliesenarbeiten ist **Wandputz** in gutem Zustand. Weist die Wand **Unebenheiten** auf, sollte man diese mit dem sogenannten Rohbauspachtel, einem mineralisch gebundenen Dünnputz und einem Glättspachtel ausgleichen.

Zunächst ist der Untergrund zu **säubern**. Tapeten, mürbe Schichten, Anstriche und Imprägnierungen müssen durch Abbürsten entfernt werden.

Dann rührt man das Pulver an, indem man die auf der Packung vorgegebene Menge Wasser einmischt. Es entsteht eine dickflüssige Masse, die mit dem Spachtel von unten nach oben gleichmäßig auf die Wand aufgezogen wird.

Mit dem **Glättspachtel** können Sie das Material über die gesamte Fläche auf die gleiche Schichtstärke bringen.

ALTE FLIESEN ENTFERNEN

Falls auf dem Untergrund, den Sie neu verfliesen wollen, bereits Fliesen aufsitzen und Sie diese nicht überkleben wollen, schlagen Sie sie mit Hammer und Meißel heraus.

Dabei ist zu beachten, daß Sie in der Mitte der Fliese beginnen. Dort setzen Sie den Meißel an und stemmen die Fliese mit Hilfe des Hammers heraus.

Zum Entfernen des alten Fliesenbelages können Sie auch einen Spachtel nehmen.

DUSCHECKE VOR DEM VERFLIESEN ABDICHTEN

Natürlich sind keramische Fliesen **wasserdicht**. Dies ist ja einer der wesentlichen Gründe, warum man sie in Badezimmern einsetzt. In Duschecken sind sie sogar unmittelbar dem fließenden und spritzenden Wasser ausgesetzt.

Dennoch sind **Feuchtigkeitsschäden** in Badezimmern und Duschecken besonders häufig. Dies liegt einmal daran, daß bei der ständigen Beanspruchung durch Spritzwasser, Seifen und starke Reinigungsmittel selbst die besten Fugenmörtel mit der Zeit brüchig werden und Wasser in den Untergrund eindringen lassen. Zum andern ist es in der besonders beim modernen Innenausbau häufigen Bauweise mit Leichtbauplatten begründet, bei der trennende Zwischenwände nicht mehr aus schweren Mauersteinen, sondern aus Porenbeton, Gipskarton, Holzspanplatten und anderen Holzwerkstoffen erstellt werden.

Es ist nur natürlich, daß diese Baustoffe anders »arbeiten« als massive Mauersteine und daß sich durch material- und temperaturbedingte Setz- und Dehnbewegungen zwischen den tragenden Baustoffen kleine **Dehnungsfugen** bilden.

Da diesen Materialbewegungen weder die harten Fliesen noch der spröde Fugenmörtel gewachsen sind, entstehen zunächst **feinste Risse**, in die jedoch unbemerkt Wasser eindringt. In der Folge werden die dahinter liegenden Baustoffe langsam aber sicher immer tiefer durchfeuchtet.

Vorarbeiten

Höhere Materialfeuchte verursacht aber noch stärkere Materialbewegungen, und so setzt sich das Eindringen von Feuchtigkeit unbemerkt fort.

Weil Bewegungsrisse aber in erster Linie zwischen unterschiedlichen Materialien oder Bauteilen auftreten, sollten Sie alle Randfugen, an denen Materialbewegungen auftreten können, mit einem **dauerelastischen Dichtungsmittel** und nicht mit normalem Fugenmörtel ausführen. Gleichzeitig aber, damit die tragenden Untergründe auch bei später auftretenden feinsten Rissen trocken bleiben, sollten Sie diese selbst vor dem Eindringen von Feuchtigkeit schützen.

Für die unterschiedlichen Baustoffe bieten sich im wesentlichen zwei verschiedene Methoden an:

- **Mineralische Baustoffe** wie beispielsweise **Porenbetonplatten** können Sie mit einer aufgezogenen Lage aus wasserdichtem Fugenmörtel abdichten.
- **Leichtbauplatten** aus wesentlich stärker arbeitendem organischen Material wie **Holzspanplatten** schützen Sie am besten mit einem dauerelastischen und wärmebeständigen **Bitumenkautschukanstrich**. In beiden Fällen verstärken Sie die besonders gefährdeten Ecken mit rißüberbrückenden Dichtungsbändern.

Besonders wichtig: Richten Sie sich für die Verträglichkeit der Isolierstoffe mit den Plattenmaterialien und Klebern nach den Verarbeitungsrichtlinien der jeweiligen Hersteller.

Isolieren mit wasserdichtem Fliesenkleber
Lassen Sie das Kleberpulver in die vom Hersteller angegebene Menge Wasser einrieseln.
Zum Anrühren können Sie einen in das Futter Ihrer Bohrmaschine eingespannten Korbrührer benutzen. Nachdem der Klebemörtel fünf bis zehn Minuten »geruht« hat, rühren Sie ihn kräftig durch.

Anrühren des Pulvers

Tragen Sie den Mörtel mit dem Stahlglätter beidseitig der Ecken in einer 3 bis 4 mm dicken Schicht auf. Diese Schicht dient als Untergrund zum Kleben des Dichtungsbandes.

Auftragen des Mörtels

Betten Sie das Dichtungsband in die frisch aufgetragene Kleberschicht ein. Hierbei hilft festes Andrücken mit dem Stahlglätter.

Überspachteln Sie zunächst das Dichtungsband, dann die gesamte vorgesehene

Anbringen des Bandes

Verlegefläche gleichmäßig dünn mit Fliesenkleber. Nach dem Aushärten des Klebers können Sie mit dem Verfliesen beginnen.

Überspachteln des Bandes und der Fliesfläche

Isolieren mit Bitumenkautschuk
Streichen Sie stark saugende Untergründe zunächst mit verdünntem Bitumenkautschuk vor. Tragen Sie dann den ersten Deckanstrich unverdünnt mit der Rolle auf und streichen Sie sorgfältig alle Ecken und Anschlußbereiche mit dem Pinsel.

Legen Sie das Dichtungsband in die frisch aufgetragene Anstrichmasse ein. Zum Andrücken und anschließenden Bestreichen verwenden Sie wieder den Pinsel. Nach der Trocknungszeit bringen Sie den zweiten Deckanstrich auf.

ÖKOTIP
»Dachlack« und Bitumenkautschuk sind nicht das gleiche. Achten Sie beim Kauf von Bitumenkautschukanstrichen der Umwelt zuliebe auf lösemittelfreie Produkte.

Stark saugende Untergründe benötigen vor dem Anbringen des Dichtungsbandes eine Vorbehandlung mit verdünntem Bitumenkautschuk

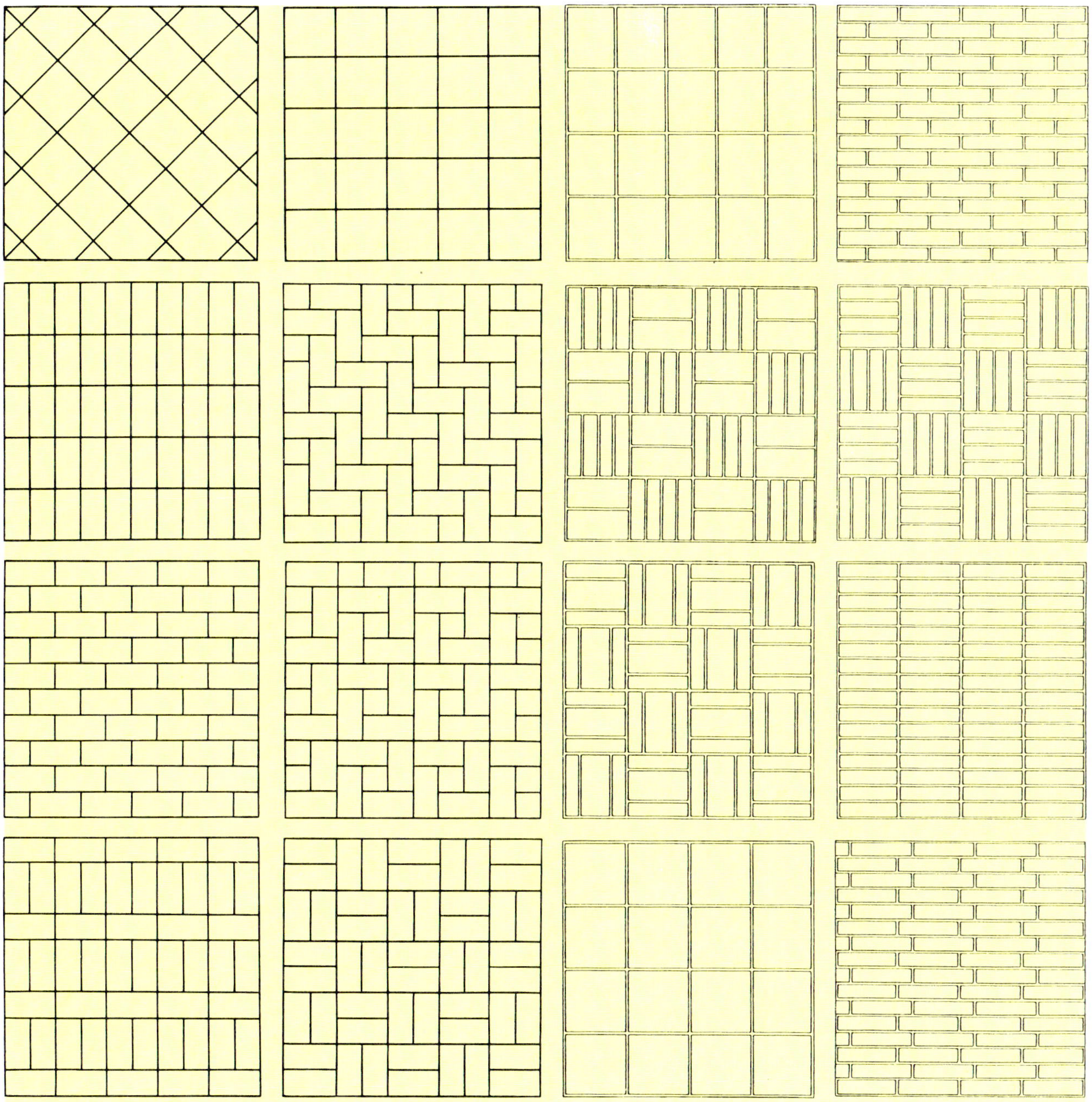

Zusammenstellung der häufigsten Verlegemuster

Grundtechniken

Nachdem Sie Boden und Wände für die Verlegung der Fliesen vorbereitet haben, können Sie nun mit dem Verfliesen beginnen. Sie werden sehen, das Verlegen von Fliesen ist gar nicht so schwierig.

Bevor Sie jedoch endgültig mit der Arbeit des Verfliesens beginnen, sollten Sie sich auf dieser und der nächsten Seite noch die Zusammenstellung der häufigsten **Verlegemuster** ansehen. Beachten Sie bei Ihrer Entscheidung vor allem die nachstehenden Punkte:

- Je größer die Fliesen oder Platten sind, desto weniger Spielraum haben Sie bei der Auswahl Ihres Verlegemusters. Deshalb: Mit kleineren Formaten sind Sie sehr viel flexibler.
- Quadratische Formate können Sie nur gerade oder schräg verlegen.
- Rechteckige Formate dagegen lassen sich im sogenannten Fischgrätmuster anordnen. Besonders gut geeignet dafür sind längliche Fliesen und Platten.
- Durchgehende Verlegemuster mit großen Platten und Fliesen wirken ruhig und großzügig,

Grundtechniken

Zusammenstellung der häufigsten Verlegemuster als Entscheidungshilfe für die Auswahl geeigneter Fliesen

egal, ob das Material gerade oder schräg verlegt ist.

- Verlegemuster, bei denen Sie mit verschiedenen Formaten arbeiten, können schnell unruhig, dennoch insgesamt sehr reizvoll erscheinen. Sie sollten sich vorher immer ein **Probemuster** anlegen. Oder – noch einfacher – zeichnen Sie sich auf ein größeres Stück Papier das Muster einfach auf, dann sehen Sie, wie es wirkt.

Damit Sie während dem Verfliesen nicht unnötig Zeit verlieren, legen Sie sich folgende **Werkzeuge** bereit: Bohrmaschine mit Rührquirl, Gummieimer, Zahnspachtel, Zollstock und Wasserwaage, Fliesen- oder Glasschneider, Fliesenzange, Fugengummi, Schwamm, eventuell Auspreßpistole.

FLIESENKLEBER ANMISCHEN

Als erstes mischen Sie den Fliesenkleber mit Wasser an. Beachten Sie hierbei genau die auf dem Klebergebinde aufgedruckten **Verarbeitungsrichtlinien** des Herstellers. Geben Sie zunächst die abgemessene Menge Wasser in den Plastikeimer und lassen Sie dann das Kleberpulver in das Wasser einrieseln (nicht umgekehrt). Danach rühren Sie die Mischung kräftig mit dem Rührquirl an und lassen den zähflüssigen Klebemörtel dann etwa 5 Minuten lang ruhen oder »reifen«. Nach nochmaligem Durchrühren ist der Kleber gebrauchsfertig.

Beim Festlegen der Klebermenge beachten Sie die auf der Verpackung angegebene **offene Zeit** des Klebers. Dies ist die Zeitspanne vom Anmischen bis zur Hautbildung. Nach der offenen Zeit beginnt der Kleber zu härten und wird damit unbrauchbar. Besonders wenn Sie im Fliesenkleben und –schneiden noch unerfahren sind, werden Sie am Anfang mehr Zeit zum Verfliesen benötigen. Der angesetzte oder bereits aufgezogene Kleber wird dann im Eimer oder an der Wand hart. Bereits gehärteten Fliesenkleber können Sie nicht durch Hinzugeben von Wasser wieder gebrauchsfertig machen.

Die offene Zeit beträgt in der Regel zwischen 20 und 40 Minuten. Als Richtmaß für Ihre ersten Versuche kann eine Fläche von höchstens 1 m² gelten, die Sie in dieser Zeit mit Fliesen bekleben können. Hierfür benötigen Sie 2 bis 3 kg Kleber.

FLIESENKLEBER AUFZIEHEN

Damit an den sichtbaren Wandflächen ganze und nicht geschnittene Fliesen sitzen, beginnen Sie mit dem Verfliesen an der dem Raum **am meisten zugewandten Seite** der Verlegefläche. Dies kann eine Außenecke sein, es kann aber auch der rechte oder linke Rand der zu verfliesenden Fläche sein. Überlegen Sie einfach, an welcher Flächenkante geschnittene Fliesen am meisten stören und beginnen Sie dort mit dem Aufziehen des Klebers.

Tragen Sie den Kleber mit einer Kelle an der Wand auf und verteilen Sie ihn durch kräftiges Durchkämmen mit der **Zahnkelle**. Hierbei halten Sie die Zahnkelle immer im gleichen Winkel, denn mit ihrer jeweiligen Stellung zur Wand verändert sich auch die Dicke des Kleberauftrages. Wenn der Klebemörtel auf der gesamten Teilfläche gleichmäßig verteilt ist, ziehen Sie die Fläche waagrecht mit dem Zahnspachtel ab.

Aufziehen des Klebers

FLIESEN SETZEN

Nach dem Ansetzen der ersten Fliese überprüfen Sie mit der Wasserwaage den **waagrechten Sitz**. Drücken Sie sie nach der Korrektur fest an. Dazu können Sie auch einen Gummihammer verwenden, mit dem Sie die Fliese leicht anklopfen. Gleichzeitig schieben Sie die Fliese mit der freien Hand in die richtige Lage.

Arbeiten Sie nun in horizontalen Reihen **von unten nach oben** und überprüfen Sie den waagrechten Verlauf. Beim Ansetzen der Fliesen richten Sie sich nach der Lage der Nachbarfliesen und nach dem Fugenschnitt. Wenn die Fugen in gleicher Breite sowohl horizontal als auch vertikal durchlaufen, sitzen die Fliesen richtig.

Während der offenen Zeit des Klebers können Sie auch den Sitz bereits festgedrückter Fliesen noch korrigieren. Hierfür ist es jedoch besser abzuwarten, bis eine überschaubare Teilfläche verlegt ist. Wenn Sie 2 bis 3 m Abstand von der verfliesten Teilfläche nehmen, können Sie Ihre Arbeit besser beurteilen.

Verfliesen Sie immer ganze Flächen, ohne dabei um die Ecke zu verlegen. Beachten

Verfliesrichtung: Von unten nach oben

Immer ganze Flächen verfliesen

Sie, daß Randfliesen nur so weit über die Ecke überstehen dürfen, daß sie den Sitz der um die Ecke anschließenden Fliesen nicht behindern und daß die an der Ecke entstehende Fuge die gleiche Breite hat wie die anderen Fugen.

ECKEN VERFLIESEN

Beim Verfliesen der an eine Ecke anschließenden Wandseite arbeiten Sie von **oben nach unten**. Setzen Sie die Fliese in den Fugenverlauf der bereits geklebten Fliesen der anderen Wandseite. Nach der ersten Reihe überprüfen Sie deren senkrechten Verlauf mit der Wasserwaage. Kleben Sie dann die folgenden Reihen ebenfalls von oben nach unten.

MINITIP
Je nach Saugfähigkeit der Wand und in Abhängigkeit von Temperatur und Luftfeuchtigkeit setzt nach 15 bis 30 Minuten die Hautbildung des an der Wand aufgezogenen Klebers ein. Dies können Sie durch Antippen mit den Fingern ganz leicht überprüfen. Bleibt der Klebstoff nicht an den Fingern haften, so ist die offene Zeit des Klebers überschritten und der Kleber muß mit dem Spachtel entfernt werden.

Verfliesrichtung an Ecken: Von oben nach unten

DUSCHWANNE VERFLIESEN

Mit Porenbeton errichtete Ummauerungen entziehen dem Kleber innerhalb kürzester Zeit die Feuchtigkeit. Spachteln Sie deshalb Verlegeflächen auf Porenbeton am Vortag glatt mit Fliesenkleber vor. Zum Verfliesen ziehen Sie den **Kleber** wie gewohnt mit dem Zahnspachtel auf.

Aufziehen des Klebers an der Ummauerung

An der eingemauerten Duschwanne muß Maß genommen werden. Berücksichtigen Sie zwischen Wannenrand und Fliesen eine **Dehnungsfuge** von 6 bis 8 mm, die Sie später mit Silikonkautschuk verfugen. Für die Fliesenhöhe kalkulieren Sie außerdem die **Oberkante** des noch zu verfliesenden Bodens (Dicke des Kleberbettes plus Fliesendicke) und zusätzlich eine Dehnungsfuge von 6 bis 8 mm mit ein.

Ermitteln des Maßes der Fliesenhöhe

FLIESEN SCHNEIDEN

Schneiden Sie zunächst die erforderliche Anzahl Fliesen auf das richtige Höhenmaß zu. Hierfür stellen Sie die **Fliesenhauschiene** auf dieses Maß ein und ritzen mit dem an der Schiene geführten **Glasschneider** die Glasur an. Ebenso gut geht dies natürlich auch mit einem **Anlegewinkel**, nur müssen Sie vor dem Anlegen das erforderliche Maß auf jeder Fliese markieren.

Beim Anritzen ist es wichtig, daß Sie den Ritz an der Fliesenkante ansetzen und den Schneider mit kräftigem Druck ohne Unterbrechung bis zur gegenüberliegenden Kante führen. Hierbei legen Sie die Fliese auf eine nicht zu harte Unterlage.

Anritzen der Fliese mit Hilfe eines Winkels

Mit einer **Fliesenbrechzange** ist das Teilen der Fliese überhaupt kein Problem. Es geht jedoch auch ohne Brechzange, wenn Sie die Fliese entlang der angeritzten Linie (mit der Glasur nach oben) auf der Kante einer harten Unterlage mit einem kräftigen Ruck nach unten drücken.

Teilen der Fliese mit der Fliesenbrechzange

Beginnen Sie die Verfliesung wieder an einer **Außenecke**.

Setzen der ersten Fliese an der Außenecke

Setzen Sie danach die um die Ecke anschließende Fliese und dann erst alle weiteren Fliesen rechts und links der Ecke an.

Setzen der um die Ecke anschließenden Fliese

Jeweils am oberen und am unteren Rand der Fliesen sollte die vorher berechnete Dehnungsfuge frei bleiben. Dehnungsfugen sind auch an den Anschlüssen der Ummauerung an die Seitenwände erforderlich.

Die Wände und die Duschwanne Ihres Badezimmers sind nun fertig verfliest. Bevor Sie mit dem Verfugen beginnen können, muß der Fliesenkleber aushärten. Beachten Sie hierfür die vom Kleberhersteller angegebene Wartezeit (in der Regel zwischen 10 und 15 Stunden).

FLÄCHE VERFUGEN

Mischen Sie den Fugenmörtel nach den Herstellerangaben mit Wasser. Auch hierbei geben Sie zuerst das Wasser in den Eimer und lassen dann das Mörtelpulver hineinrieseln. Zum Anmischen verwenden Sie wieder einen Rührquirl.

Der Mörtel wird nun mit dem **Fugengummi** in die Fugen eingeschlämmt. Führen Sie hierbei den Fugengummi immer diagonal zum Fugenverlauf und arbeiten Sie abwechselnd von rechts nach links und umgekehrt. Hierdurch füllen sich die Fugen bis zum Grund.

Auftragen des Mörtels mit einem Fugengummi

Wenn der Mörtel nicht mehr in den Fugen glänzt, sondern eine matte Oberfläche bekommt, reinigen Sie die Fliesen mit einem zunächst leicht **befeuchteten Schwamm**.
Am Anfang müssen Sie den Schwamm sehr oft auswaschen. Je nach Beschaffenheit der Fugen drücken Sie den Schwamm mehr oder weniger aus, so daß beim Wischen der Überstand an den Fugen entfernt wird, die Fugen aber nicht durch zuviel Feuchtigkeit ausgehöhlt werden.

Arbeiten Sie auch hierbei diagonal zum Fugenverlauf. Nach mehrmaligem Abwaschen der Fliesen bleibt nur noch wenig Mörtelstaub als feiner Belag auf der Oberfläche zurück, den Sie durch kräftiges Polieren mit einem trockenem Baumwollappen entfernen.

Reinigen der Fliesen mit einem Schwamm

PROFITIP
Die Verfugung der großen Flächen ist nun beendet. Dabei sind natürlich die Dehnungsfugen teilweise miteingeschlämmt worden. Reinigen Sie daher die Dehnungsfugen durch mehrmaliges »Nachfahren« mit einem in der Breite passenden Holzstäbchen. Dies geht ganz gut, solange der Fugenmörtel noch nicht ausgehärtet ist.

Freuen Sie sich über das Ergebnis

ABDICHTEN DER DEHNUNGSFUGE

Für die Abdichtung der Dehnungsfugen verwenden Sie einen **dauerelastischen Silikondichtstoff**, den Sie mit der Auspreßpistole aus Kartuschen besonders einfach verarbeiten können. Für eine gute Haftung des Dichtstoffes müssen die Fugen selbst und ihre Umgebung vollkommen trocken sein.

Abdichtungen im Sanitärbereich werden als »Dreiecksfuge« ausgeführt. Hierbei wird nicht nur der obere Bereich der Fuge mit Dichtstoff gefüllt, sondern er sollte außerdem an den Fugenrändern um einige Millimeter überstehen.

Führen Sie die Auspreßpistole mit konstantem Hebeldruck in gleichmäßiger Bewegung bis zum Erreichen des Fugenendes oder einer Ecke. Vor dem Einsetzen der Hautbildung (nach etwa 10 Minuten) glätten Sie den Dichtstoff mit einem in Wasser befeuchteten Finger. Fügen Sie dem Wasser vorher etwas Spülmittel zu und setzen Sie die Glättbewegung erst am Fugenende oder an einer Ecke aus. Entfernen Sie dann das Klebeband. Silikonfugen sind erst nach dem Aushärten mit Spritzwasser belastbar.

Abdichten der Fuge

MINITIP
Für eine »saubere« Abdichtung kleben Sie auf beiden Seiten der Fuge ein Klebeband, das unmittelbar nach dem Glätten des Dichtstoffes wieder abgezogen wird.

Spezialkurse

BADEZIMMERBODEN VERFLIESEN

In Ihrem Bad fehlen jetzt nur noch die Bodenfliesen, dann können Sie einräumen und Ihre erste große Dusche genießen.

Häufig gibt es aber ein kleines Problem zu überwinden: Die Wände Ihres Badezimmers verlaufen nicht rechtwinklig zueinander, und Sie wissen nicht, wo und wie Sie mit der ersten Fliesenreihe beginnen sollen. Hier gibt es **gestalterische Lösungsmöglichkeiten:**
Verlegen Sie aus diesem Grund die Bodenbeläge immer so, daß ihr Muster von der Tür aus gesehen »geradeaus« verläuft.

Mischen Sie zunächst den **Fliesenkleber** nach den Herstellerangaben an und ziehen Sie ihn dann mit dem Zahnspachtel auf einer **Teilfläche** des Unterbodens auf, beginnend an der gegenüber der Tür liegenden Wand. Hierbei richten Sie die Breite des Kleberauftrages nach der Breite von **drei Fliesen** plus der Breite der Fugen.

Auftragen des Klebers

Verlegen Sie zunächst **drei Fliesen** an der der Tür gegenüberliegenden Wand. Berücksichtigen Sie hierbei die umlaufend an allen Wänden erforderliche **Dehnungsfuge**, die Sie später mit Silikon verfugen. Messen Sie den Kantenabstand der äußeren Fliese von der Seitenwand und übertragen Sie das erhaltene Maß bis zu der Wand, in der die Tür sitzt. Nach dem Spannen **der Eckenschnur** zwischen diesen beiden Abstandspunkten haben Sie nun eine Richtung, an der Sie sich beim weiteren Verlegen der Fliesen orientieren können.

Die ersten drei Fliesen

Kleben Sie nun jeweils drei Fliesen **entlang der Schnur** und dann zwei oder drei Fliesen der mittleren und hinteren Reihe.

Ausrichtung an der Schnur

Auf diese Weise bauen Sie das Muster problemlos regelmäßig auf. Durch die Ausrichtung an der Schnur und den bereits verlegten Nachbarfliesen haben Sie einen genauen Überblick über den geraden und gleichmäßigen Fugenverlauf. Drücken Sie jeweils sechs bis acht Fliesen in das Kleberbett, nehmen Sie dann mehr Abstand, um den Verlauf aus verschiedenen Blickwinkeln noch besser beurteilen zu können; korrigieren Sie dann, wenn nötig, den Sitz der Fliesen. Hierbei verwenden Sie einen Gummihammer, mit dem Sie die Fliesen nur leicht anklopfen, während Sie sie mit der freien Hand schieben.

Anlegen weiterer Fliesen

Verlängert sich die zu verfliesende Bodenfläche an einer **Raumecke** ein Stück **weiter nach hinten**, so setzen Sie nach dem Aufziehen des Klebers jeweils drei Fliesen an den beiden Enden des fertig verlegten Abschnittes.

Um die Ecke fliesen

Ziehen Sie nun die **Richtschnur** bis zur hinteren Wand durch. Hierbei dient Ihnen die Fliesenreihe in der Mitte der Bodenfläche als Anhaltspunkt. Kleben Sie nun eine Fliese provisorisch am hinteren Rand der Bodenfläche und spannen Sie die Schnur von dort aus in der Flucht des bereits verlegten Abschnittes.

Beim weiteren Verlegen orientieren Sie sich an den vorher verlegten Fliesen. Im hinteren Bodenabschnitt, wo ja noch keine Fliesen verlegt sind, richten Sie sich nach der Schnur.

Orientierung an der Schnur

Bald haben Sie eine über die gesamte Bodenfläche reichende Fliesenreihe, an der Sie sich nun beim weiteren Verfliesen orientieren können.

Weitere Reihen setzen

Nach der vom Kleberhersteller angegebenen Wartezeit **verfugen** Sie Ihren neuen Badezimmerboden mit einem geeigneten Fugenmörtel. Hierbei können Sie zum Einschlämmen sowohl einen Fugengummi als auch einen Gummiwischer mit einem langen Stil benutzen. Arbeiten Sie beim Verfugen **immer diagonal** zum

Fugenverlauf, abwechselnd in verschiedene Richtungen. Sobald der Fugenmörtel zu härten beginnt, reinigen Sie mit einem feuchten Schwamm die Fliesen. Zum Schluß polieren Sie den Boden mit einem Baumwollappen auf Hochglanz.

Verfugen der Fläche

Wenn der Fugenmörtel ausgehärtet ist, verfugen Sie die an allen Wänden umlaufend angelegten **Dehnungsfugen** mit Silikonkautschuk aus der Kartusche.

MINITIP
Entfernen Sie Kleberverunreinigungen an der Fliesenoberfläche möglichst schnell mit einem feuchten Schwamm, solange der Kleber noch feucht ist. Ist der Kleber einmal hart geworden, so hilft nur noch mühevolles und vorsichtiges Abkratzen.

HAUSEINGANG MIT PLATTEN BELEGEN

Der Hauseingang ist der Blickpunkt Ihres Hauses, der jedem Besucher als erstes beim Betreten Ihres Hauses auffällt. Wenn die Kellerdecke über dem Außenniveau liegt, führt zu Ihrer Haustür eine mehrstufige Außentreppe, die Sie durch einen wetterfesten Belag mit keramischen Platten besonders einladend gestalten können.

Dafür finden Sie in gutsortierten Fliesenmärkten eine große Auswahl an geeigneten Platten.
Manche Hersteller bieten auch spezielle Treppenplatten aus **Steinzeug** an, die an der **Oberfläche** eine **rutschsichere Riffelung** und außerdem gerundete Kanten aufweisen. Dabei kommt es wesentlich auf die Maße Ihrer Treppenstufen an, ob Sie solche Stufenplatten ohne zuviel Verschnitt verwenden können. Um spätere Probleme beim Verlegen zu vermeiden, sollten Sie sich im Fliesenmarkt eingehend beraten lassen. Hierbei ist es notwendig, die Höhen- und Tiefenmaße Ihrer Außentreppe genau zu kennen.

Wesentliches **Auswahlkriterium für Treppenbeläge** im Außenbereich: Die Platten sollten der höchsten Beanspruchungsgruppe (V) angehören. Sie sollten außerdem besonders abriebfest, säure-, laugen- und salzbeständig sein, eine eher rauhe als glatte Oberfläche aufweisen, und vor allem, sie müssen in hohem Maße temperaturwechselbeständig und frostsicher sein. Das Kriterium der Frostsicherheit gilt natürlich ebenfalls für den Fliesenkleber und den Fugenmörtel.

Einen Hauseingang mit Platten zu belegen ist nicht schwierig, wenn Sie dabei auf folgende Besonderheiten achten: Alle Anschlußfugen zur Hauswand oder zu anderen benachbarten Bauteilen hin sollten Sie als **dauerelastische Dehnungsfuge** ausführen. Außerdem muß der aus Mauersteinen und Beton bestehende Treppenunterbau setz- und schwundfrei sein. Zur Sicherheit sollten

1. Zuschneiden der Fliesen nach ermitteltem Maß

2. Einrichten der Setzlatte und Kleberauftrag

3. Setzen von drei Platten an der Außenecke

4. Ausrichten der Randplatten nach der Eckschnur

Sie nach dem Betonieren des Unterbaus eine Wartezeit von mindestens drei Monaten einhalten. Da sich in dieser Zeit bereits winzige Moose auf den betonierten Oberflächen angesiedelt haben können, reinigen Sie den gesamten Treppenunterbau vor Beginn des Verlegens gründlich mit einer Drahtbürste.

Als **Werkzeuge** legen Sie sich zuvor eine **Fliesenschneidemaschine, einen Hammer, einen Gummihammer und einen Zahnspachtel** bereit. Außerdem benötigen Sie noch einige auf die Länge der Stufenkanten zurechtgeschnittene Dachlatten.

Beginnen Sie die Verlegung am **obersten Treppenabsatz** und der dazugehörenden Setzstufe. Messen Sie zunächst die Setzstufenhöhe aus und ziehen Sie von dem erhaltenen Maß die Plattendicke sowie 0,5 cm für den Kleberauftrag, 1 cm für die untere Fuge und wieder 0,5 cm für die obere Fuge ab. Beträgt die Höhe der Setzstufe zum Beispiel 17,5 cm und die Dicke Ihrer Platten 1,5 cm, so erhalten Sie als Plattenhöhe ein Maß von 14 cm. Da zur oberen Fuge noch der Kleberauftrag von 0,5 cm auf dem Treppenabsatz hinzugerechnet werden muß, wird diese Fuge genau so breit wie die untere Fuge.

Schneiden Sie alle Platten für die Setzstufe auf das erhaltene Maß. Bei harten Steinzeugplatten verwenden Sie zum Anritzen der Plattenoberfläche eine Fliesenschneidemaschine. Ritzen Sie die Platten von der Oberseite her kräftig an und brechen Sie die Platten durch vorsichtige Hammerschläge im Bereich der vorgesehenen Bruchstelle von der Plattenrückseite her.

5. Korrigieren des Sitzes

7. Kleberauftrag (2. Stufe)

9. Setzen weiterer Fliesen

10. Verfugen der Stufen

6. Abmontieren der Latte

8. Setzen der ersten Fliese

11. Säubern der Plattenoberfläche

SICHERHEITSTIP
Profilierte sowie besonders hart oder unregelmäßig gebrannte Steinzeugplatten brechen häufig nicht an der vorgesehenen Bruchkante. Zuviel Ausschuß vermeiden Sie durch den Einsatz eines Winkelschleifers mit einer speziellen Trennscheibe für Steinbearbeitung. Zur Verhütung von Unfällen spannen Sie die Platte beim Trennen mit einer Schraubzwinge fest ein. Tragen Sie Schutzhandschuhe und eine Schutzbrille. Führen Sie von der Oberseite der Platte her einen etwa 5 mm tiefen Schnitt und brechen Sie die Platte wie gewohnt durch.

Nachdem Sie alle Setzstufenplatten auf das richtige Höhenmaß geschnitten haben, richten Sie auf der an die obere Setzstufe nach unten folgenden Trittstufe eine **Setzlatte** ein. Die Oberkante der Setzlatte sollte sich dabei um das Maß der Plattenhöhe plus 0,5 cm unterhalb des Treppenabsatzes befinden. Zum Einrichten mit der Wasserwaage unterlegen Sie die Latten mit Sand. Jetzt haben Sie eine Unterlage, auf der Sie die Platten der Setzstufe beim Kleben aufstellen können.

Mischen Sie dann erst den **Fliesenkleber** nach Herstellervorschrift an und rühren Sie ihn nach fünfminütigem Ruhenlassen nochmals kräftig durch. Setzen Sie jeweils **drei Platten an den Außenecken** des Treppenabsatzes und zwei Platten an den Anschlüssen des Treppenabsatzes zur Hauswand hin.

Nun können Sie zwischen den Eckenplatten eine **Eckenschnur** spannen. Sie erhalten hierdurch eine gerade Linie, nach der Sie die Randplatten exakt ausrichten können. Kleben Sie zunächst die Platten an der Setzstufe und erst danach die Platten auf dem Treppenabsatz. Nach dem Andrücken korrigieren Sie den Sitz der Platten durch vorsichtiges Anklopfen mit dem Gummihammer und gleichzeitiges Schieben mit der freien Hand.
Erst wenn Sie einen überschaubaren Abschnitt mit Platten belegt und Ungenauigkeiten korrigiert haben, klopfen Sie die Platten mit dem Gummihammer fest. Hierbei achten Sie vor allem darauf, daß eine ebene Fläche entsteht und nicht etwa einzelne Plattenkanten hervorstehen.

PROFITIP
Bevor Sie den Kleber auftragen, nässen Sie den Treppenunterbau durch Aufspritzen von Wasser vor. Diese Maßnahme ist sinnvoll, weil der trockene Beton dem Kleber zuviel Wasser entziehen und so dessen Haftung beeinträchtigen und die offene Zeit vermindern würde. Sobald das Wasser oberflächlich getrocknet ist, können Sie den Kleber auftragen. Auch stark saugfähige Platten sollten Sie vornässen (kurz in Wasser tauchen, 10 Minuten trocknen lassen).

Wenn Sie den Treppenabsatz und die dazugehörende Setzstufe fertig verfliest haben, ziehen Sie die Setzlatten vorsichtig heraus und reinigen die Trittstufe durch gründliches Abkehren.

Danach richten Sie die **Setzlatten** auf der nächsten nach unten folgenden Trittstufe ein. Verfahren Sie hierbei genau so wie beim Verfliesen der darüberliegenden Stufe.

Nach dem Vornässen der Stufe ziehen Sie frisch angemachten Fliesenkleber auf. Nur wenn Sie den Zahnspachtel immer im gleichen Winkel halten, erzielen Sie einen gleichmäßigen Kleberauftrag.

Die Platten auf der Trittstufe überdecken die scharfe Kante der Platten an der Setzstufe. Deshalb bekleben Sie die Setzstufe wieder zuerst. Beim Belegen der Trittstufe überprüfen Sie mit der Wasserwaage die Lage der Platten. Sinkt eine Platte an einer Stelle zu weit ein, so heben Sie sie wieder ab und setzen Sie erneut, nachdem Sie auf der Plattenrückseite etwas zusätzlichen Kleber aufgetragen haben. Wenn Sie beim Anklopfen ein größeres Brettstück auf die Platten legen, erzielen Sie eine besonders ebene Fläche.

Jetzt haben Sie schon mehr Erfahrung, und die Arbeit geht zügig voran. Nachdem die ganze Treppe verfliest ist, muß der Fliesenkleber während der vom Hersteller angegebenen Zeit (1 bis 2 Tage) aushärten. Die Treppe darf während dieser Zeit nicht begangen werden und muß vor Regen und starker Sonnenbestrahlung geschützt werden.

SICHERHEITSTIP
Fugenmörtel greift wie auch Zementmörtel Ihre Haut und Ihre Fingernägel stark an. Schützen Sie deshalb Ihre Hände beim Verfugen mit wasserdichten Gummihandschuhen. Wenn Sie keine Gummihandschuhe zur Verfügung haben, so bietet auch das sorgfältige Eincremen mit einer fetthaltigen Handcreme einen gewissen Schutz. Mörtelspritzer im Auge sollten Sie sofort mit viel klarem Wasser auswaschen.

Damit die an den Anschlüssen zu anderen Bauteilen angelegten **Dehnungsfugen** beim Verfugen der Treppe offenbleiben, stopfen Sie dahinter Zeitungspapier oder Styroporstreifen. Verwenden Sie für die Verfugung der Platten einen frostsicheren, besonders **strapazierfähigen Fugenmörtel**, der auch in breiten Fugen nicht zur Rißbildung neigt. Schlämmen Sie die Fugen mit dem Fugengummi bis auf den Fugengrund ein.
Durch zusätzliches Bearbeiten jeder einzelnen Fuge mit Ihren Händen erreichen Sie eine besonders gute Verfüllung.

Sobald der Fugenmörtel zu härten beginnt, säubern Sie die Plattenoberfläche durch mehrfaches **Abwaschen mit einem Schwamm** und klarem Wasser. Wenn keine Mörtelspuren mehr sichtbar sind, entfernen Sie den Zementschleier durch kräftiges Polieren mit Sägemehl.

Ihre Eingangstreppe ist nun fertig mit Platten belegt. Wenn auch der Fugenmörtel noch während der nächsten Tage vor zu raschem Austrocknen geschützt werden muß, so können Sie jetzt schon zum ersten Mal auf Ihrer neuen Treppe Ihr Haus betreten und sich an der gelungenen Arbeit freuen.

EINE ARBEITSPLATTE FÜR DIE KÜCHE

Wenn Sie gerne kochen, ist eine Küche mit einer großen Arbeitsplatte, auf der Sie als Koch oder Köchin nach Belieben ohne jede Beengung schalten und walten können, ideal.

Als Grundplatte benötigen Sie eine wasserfest verleimte **Spanplatte** von mindestens 40 mm Dicke. Sie können die Einzelplatten im Baumarkt vorschneiden lassen, dann in Ihrer Küche mit der Stichsäge zurechtschneiden und zusammensetzen. Sie können die Platte auf Ihre bisherigen Küchenmöbel auflegen (vorher eventuell deren obere Platte entfernen). Außerdem können Sie die Platte auch auf Wandträger auflegen, auf eigene Füße (aus Holz oder Metall) oder auf einen gemauerten Unterbau aus Porenbeton stellen. In jedem Fall sollte die Platte durch eine sichere Verschraubung an den Wänden fixiert sein.

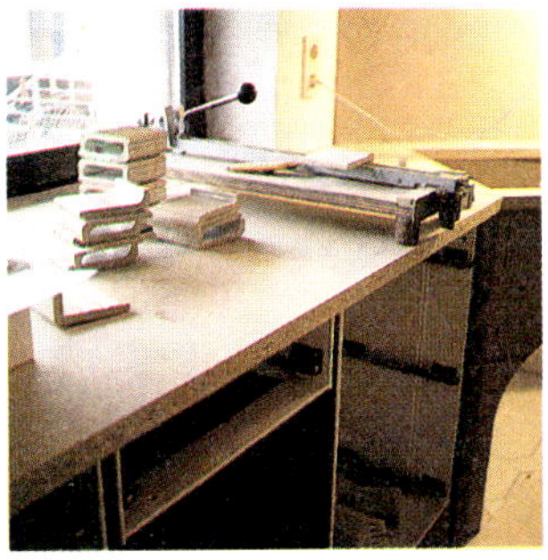

Arbeitsmaterialien und Werkzeuge

Wenn Sie die Platte fest montiert haben, schneiden Sie die Aussparungen, beispielsweise für einzulassende Spülbecken, mit der Stichsäge aus. Beachten Sie hierbei, daß die Platte durch den Fliesenbelag noch um etwa 2 cm dicker wird.

Im Fliesenfachhandel haben Sie sich für Fliesen entschieden, die eigens für die Verfliesung von Arbeitsplatten geeignet sind.

Rühren Sie zunächst den **Sicherheitskleber** nach Produktanleitung an.
Dann spachteln Sie ihn 2 mm dick auf. Berücksichtigen Sie dabei auch Schnittkanten.

Aufspachteln des Sicherheitsklebers

Nach der vom Hersteller angegebenen Wartezeit ziehen Sie mit einer Zahnspachtel den Fliesenkleber auf.

Kleben Sie jetzt die Fliesen auf; beachten Sie dabei immer den **Fugenverlauf**. Falls Sie spezielle **Abschlußfliesen** verwenden, müssen Sie diese als erste verlegen.

Für den Spülenausschnitt nehmen Sie exakt Maß, beschneiden die Fliese entsprechend und kleben sie auf. Dann geht es mit dem Verlegen ganzer Fliesen weiter.

Spezielle Abschlußfliesen zuerst verlegen

Auch für die Fliesen zwischen Wand und Spüle müssen Sie Maß nehmen.

Wählen Sie das Maß so, daß Sie den Fugenverlauf genau einhalten.

Haben Sie keine speziellen Abschlußfliesen, dann kleben Sie jetzt die Fliesen an der Stirnseite. Dabei setzen Sie die obere Fliese bündig zur unteren.

Nun können Sie wieder mit ganzen Fliesen weiter kleben.

Nach diesem Schema kleben Sie in fortlaufenden Reihen.

Vom Rand weg fortlaufende Reihen fliesen

Zum Abschluß (angegebene Trockenzeit des Herstellers abwarten) müssen Sie Ihre geflieste Arbeitsplatte noch mit einem besonders strapazierfähigen **Fugenmörtel** verfugen. Ziehen Sie diesen mit dem Fugengummi auf, indem Sie immer schräg zum Fugenschnitt arbeiten.

Mörtelauftrag schräg zum Fugenverlauf

Danach reinigen Sie die Fliesen sorgfältig mit einem feuchten Schwamm.

Reinigen der Platte mit feuchtem Schwamm

KOCHSTELLE UMFLIESEN

Wenn Sie eine Kochstelle umfliesen wollen, benötigen Sie, wie für das Verfliesen einer Arbeitsplatte, eine Grundplatte, die Sie mit Fliesen belegen.

Messen Sie vor der Montage der Platte die **Aussparungen** für die Herdplatten genau ab und übertragen Sie die Maße auf die Platte. Schneiden Sie nun die markierten Stellen mit einer Stichsäge aus. Danach können Sie die Platte montieren

Messen Sie nun den Ausschnitt für die Herdplatten genau ab und schneiden Sie die Fliesen entsprechend zu. Achten Sie beim Maßnehmen darauf, den **Fugenverlauf** genau einzuhalten.

Bei der Verarbeitung des Fliesenklebers und beim Verlegen der Fliesen gehen Sie vor wie beim Verfliesen der Arbeitsplatte beschrieben.

Eine umflieste Kochstelle ist schön und praktisch

Problemlösungen

FLIESEN UND PLATTEN AUSWECHSELN

Wenn Sie einzelne Fliesen auswechseln wollen, weil sie Ihnen entweder nicht mehr gefallen, beschädigt sind oder Sie Fliesen mit Dekor einbauen möchten, müssen Sie den alten Keramikbelag entfernen.
Das gilt auch, wenn Sie den ganzen Fliesenbelag austauschen wollen. Die Verfahrensweise ist grundsätzlich die gleiche.

Wandfliesen
Wollen Sie Wandfliesen entfernen, schlagen Sie zunächst die alten Fliesen mit Hammer und Meißel heraus. Dabei sollten Sie in der Mitte der Fliese beginnen und mit vorsichtigen Hammerschlägen die Fliese entfernen.

Sollten Sie einzelne Fliesen erneut wieder verwenden wollen, müssen Sie ganz vorsichtig bei der Entfernung der Fliesen vorgehen und in diesem Fall am Rand der Fliese ansetzen.

Herausschlagen der alten Fliesen

Das alte Mörtelbett lassen Sie stehen und spachteln die Fläche mit Betonspachtel glatt.

Anbringen einer Betonspachtelschicht

Wenn die Spachtelschicht trocken ist, tragen Sie den neuen Fliesenkleber mit dem Glätter auf, kämmen ihn mit einem Zahnspachtel aus und verlegen die die neuen Fliesen.

Verlegen der neuen Fliesen

Bodenfliesen
Wenn Sie Bodenfliesen entfernen müssen, gehen Sie genauso vor wie bei Wandfliesen: Sie schlagen die betreffenden alten Fliesen mit Hammer und Meißel heraus. Wenn die alten Fliesen im Dünnbettverfahren angeklebt waren, entfernen Sie die Klebstoffreste und säubern die Bodenstelle gründlich. Waren die Fliesen im Dickbettverfahren verlegt, sollten Sie das alte Mörtelbett nicht beschädigen. Denn damit können Sie sich viel Arbeit sparen. Das alte Mörtelbett erhält eine Haft- und Schutzgrundierung, die Sie mit dem Besen verteilen. Danach tragen Sie auf der Fläche einen Zement-Fließmörtel auf. Diese Ausgleichsschicht muß trocknen (Anweisung des Herstellers beachten); nun können Sie die neuen Bodenfliesen anbringen. Wenn Sie allerdings das alte Mörtelbett so beschädigt haben, daß sich eine Reparatur nicht mehr lohnt, müssen Sie das alte Mörtelbett herausmeißeln und ein neues anlegen.

Herausstemmen der alten Bodenfliesen

Verteilen der Haft- und Schutzgrundierung

Vergessen Sie zum Schluß nicht, die neuen Fliesen zu verfugen.

Zementfließmörtel als Ausgleichsschicht

NEUE FLIESEN AUF ALTE KLEBEN

Sie können auch auf alte Fliesen neue kleben, sofern die alten Fliesen fest auf der Wand sitzen und keine Unebenheiten aufweisen.

Zunächst müssen Sie daher prüfen, ob die alten Fliesen alle gut haften. Sind welche locker, kleben Sie diese mit Klebermörtel wieder an. Sollten Fehlstellen vorhanden sein, füllen Sie diese mit Betonspachtel auf.

Bevor Sie die neuen Fliesen anbringen, müssen Sie den alten Fliesenbelag gründlich reinigen. Hierfür eignet sich heißes Wasser mit etwas Spülmittel. Waschen Sie den Belag anschließend nochmals mit klarem Wasser nach.

Jetzt tragen Sie mit einer Glättkelle eine dünne Schicht **Spachtelmasse** auf die alten Fliesen auf.

Auf die durchgetrocknete Spachtelschicht ziehen Sie den Kleber mit einem Zahnspachtel auf.

Haben Sie die Wand vollflächig mit Klebstoff bedeckt, kleben Sie die neuen Fliesen auf. Dabei beginnen Sie zunächst am Eck und kleben die erste senkrechte Reihe.

Jetzt können Sie Fliese um Fliese und Reihe um Reihe anschließen. Die Fliesrichtung ist wie bei der Neuverlegung von unten nach oben.

Gehen Sie in kleinen Abschnitten vor

Auf die Spachtelschicht wird der Kleber mit einem Zahnspachtel aufgetragen

Problemlösungen

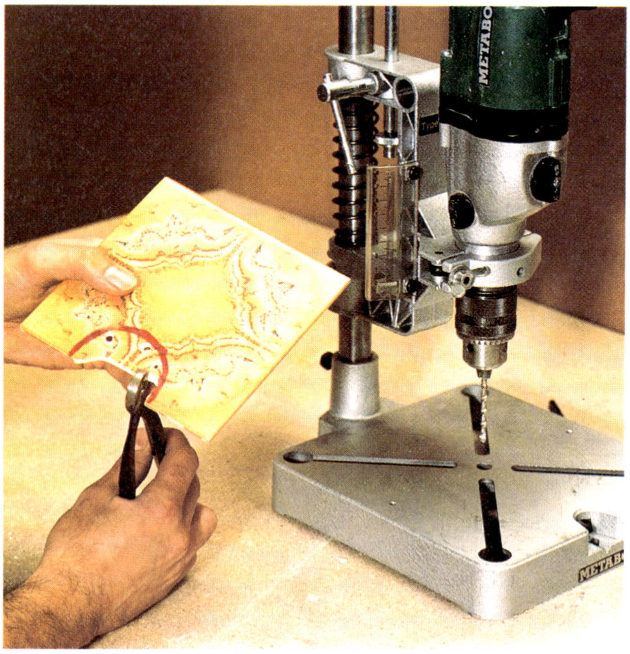

Aussparungen mit der Fliesenlochzange anbringen

AUSSPARUNGEN BEI FLIESEN

Beim Verfliesen in Badezimmern und Küchen stoßen Sie zwangsläufig auf Wasserleitungen, Heizungsrohre und Elektrodosen, an denen Sie den Fliesenbelag aussparen müssen.

Liegt die notwendige Aussparung **am Rand einer Fliese**, so halten Sie die Fliese genau im Fugenschnitt an und zeichnen dann auf der Fliese den Verlauf der Aussparung nach Augenmaß an. Mit Bleistift erreichen Sie auf dem glatten Material wenig; dafür geht es mit einem Filzstift um so besser. Bearbeiten Sie die Aussparung nun mit der **Fliesenlochzange**, mit der Sie die Fliese vom Rand Stückchen für Stückchen »anknabbern«. Mit ein wenig Geduld haben Sie bald eine perfekte Aussparung aus der Fliese herausgeknabbert. Wenn auch der Rand dabei ein wenig brüchig ausgefallen ist, so ist das unter der späteren Abdeckung nicht mehr sichtbar. Liegt die Aussparung **in der Mitte** der Fliese, so messen Sie ihren Verlauf vom Rand der bereits verlegten Nachbarfliesen her aus und übertragen die Maße auf eine Fliese.

Legen Sie diese Fliese auf eine feste, aber nicht allzu harte Unterlage. Am besten eignet sich ein kräftiger Balkenabschnitt oder ein Reststück von einer Holzbohle. Mit der **Spitze des Fliesenhammers** schlagen Sie nun von der Oberseite her ein Loch in die Fliese. Arbeiten Sie dabei mit kurzen, federnden und leichten Hammerschlägen. Sobald das Loch groß genug ist, setzen Sie wieder die Fliesenlochzange ein.

Noch einfacher geht das **Bohren von kreisrunden Löchern** mit sauberen Kanten mit einem für Fliesen geeigneten Dosenschneider, den Sie in jede übliche Bohrmaschine einspannen können. Damit die Fliesen während des Schneidens nicht verrutschen, nageln Sie am Fliesenrand einige Nägel in die Unterlage. Die Anschaffung eines Dosenschneiders lohnt sich jedoch nur bei wirklich größeren Verfliesungen mit vielen Aussparungen.

Wenn Sie richtig gemessen haben, sitzt die Fliese perfekt.

LÖCHER IN FLIESEN BOHREN

Die benötigten Löcher müssen Sie auf der Wand antragen.

Um ein Abrutschen des Bohrers auf den glatten Fliesen zu verhindern, überkleben Sie die Bohrstelle mit einem Klebeband.

MINITIP
Damit der beim Bohren anfallende feine Staub sich nicht in den Fugen festsetzt, kann ein Helfer während des Bohrens das Staubsaugerrohr unter die Bohrstelle halten und den Staub sogleich absaugen.

Nun die Bohrmaschine an der markierten Stelle ansetzen und mit niedriger Drehzahl durch die Fliese bis ins Mauerwerk bohren.

Mit dem Dosenschneider gebohrte kreisrunde Aussparung

Mit niedriger Drehzahl Löcher durch die Fliesen bis ins Mauerwerk bohren

SICHERHEITSTIP
Beim Bohren in verflieste Wände wissen Sie selten, ob unter der Bohrstelle ein Wasserrohr oder gar eine Elektroleitung verläuft. Zur Vermeidung von Bauschäden und Unfällen können Sie einen sogenannten Leitungsdetektor einsetzen, den Sie für einen geringen Betrag in jedem Baumarkt erwerben können. Führen Sie das kleine Gerät in verschiedenen Richtungen über die vorgesehenen Bohrstellen. Blinkt die Warnlampe auf, so müssen Sie zu Ihrer Sicherheit den Befestigungspunkt um einige Zentimeter verschieben.

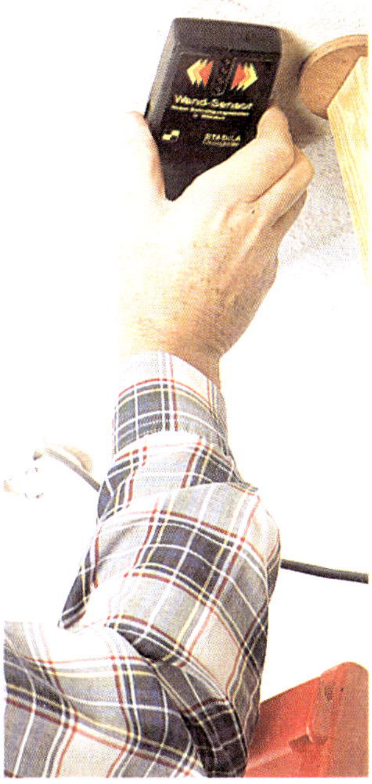

Der Detektor warnt vor Leitungen in der Wand

Fliesenfugen auffrischen

Grau verfärbte Fliesenfugen haben zwei Ursachen: Entweder haben sich Rückstände auf der rauhen Fugenfläche gesammelt, oder Schimmelpilze können wachsen, weil die Fugen immer feucht bleiben.

Um wieder ansehnliche, helle **Fugen** zu bekommen, kann man sie mit Farbe auffrischen. Das hält jedoch nur, wenn man zuvor den **Belag** von der Fugenoberfläche entfernt.

Steckdosen abkleben und vor dem Sprühen ganz abdecken.

Zwei Methoden

Einweichen mit Essigessenz oder Entferner für Zementschleier, um den **Kalk** zu lösen, und das Fett mit Spiritus abwaschen, ist ein Verfahren. Auch mit Haushaltsreiniger im **Wasser** und mit der rauhen, schleifenden

Mit der rauhen Seite des Topfschwamms den Belag abwaschen.

Seite vom **Topfschwamm** geht der Belag runter. Auf diese Weise werden die

Farbe von unten nach oben in schmalen Streifen auftragen.

Fugen bereits erheblich heller. Völlig durchgetrocknet kann man sie mit einer **Spezialfarbe** (Set einschließlich Werkzeug) beschichten, die in kurzer Zeit zum Teil auch in das Fugenmaterial ein-

Wasser aus dem Pflanzensprüher weicht die Farbe ein.

zieht und antrocknet. Nach etwa einer halben Stunde die getrocknete Farbe wieder anfeuchten. Sobald sich diese auf der **Fliesenglasur** deutlich kräuselt, in kreisenden Bewegungen abwaschen.

Zurück bleibt eine weiße **Fuge,** die sich noch mit einem **Holzspatel** (Eisstiel) randscharf begrenzen und mit dem **Topfschwamm** etwas egalisieren läßt. Damit sie nicht ganz so kalkweiß ins Auge springt.

Pilzwachstum stoppen

Schimmelpilze erkennt man an der mehr punktförmig gesprenkelten **Verfärbung,** die weiter in die Tiefe reicht. Die Verfärbungen kann man jedoch allenfalls von der

Überschüssige Farbe mit dem Schwamm abwaschen.

Oberfläche abbürsten. Mit der **Spezialfarbe** lassen sich zwar auch solche Fugen überdecken und weiteres Pilzwachstum brem-

Schimmel bekämpfende Flüssigkeiten ziemlich naß aufsprühen.

sen, auf **Siliconfugen** kann die Farbe jedoch nicht halten. Die werden nur wieder

Eine ausgediente Zahnbürste reicht tief in die Fugen.

heller, wenn man das **Pilzwachstum** mit bleichenden (chlorhaltigen) Mitteln bekämpft.

Wenn der Erfolg nicht ausreicht, kann man nur noch

Mit einem beständigen Kunststoff-Lacksystem (ähnlich Parkettversiegelung) erhalten Fugen und Fliesen ein neues Make-up. Darunter verschwinden sowohl verfärbte Fugen wie auch abgenutzte Fliesen.

die **Dichtungsmasse** herausschneiden und mit neuem, pilzbeständigem Siliconkautschuk füllen (Seite 168).

ARBEITSMATERIAL

- Spezialfarbe im Set
- Schimmelentferner
- Klebefilm
- Topfschwamm
- Pflanzensprüher
- Zahnbürste

Fliesenflächen restaurieren

Wenn's durch die Decke tropft, ist oft nicht der Abfluß, sondern die Fliesenfläche undicht. Konstruktionsfehler oder Baumängel lassen Wasser durch gerissene Fliesen und undichte Fugen sickern.

Alte Fugen und Fliesen vorsichtig entfernen.

Ersatzfliesen sind selten vorhanden oder nachzukaufen. Deshalb muß man versuchen, die vorhandene **Substanz** zu erhalten. Um solche Flächen zu restaurieren, ist zunächst einmal loses **Fugenmaterial** mit stumpfem Schraubendreher oder Messerklinge herauszukratzen. Etwas fester haftende **Fliesen** vorsichtig mit dem Stoßspachtel lösen, sehr vorsichtig und notfalls in Einzelteilen. Das **Scherbenpuzzle** gleich wieder zusammenlegen.

Untergrund angleichen

Ist alles lockere **Material** entfernt, wird der **Untergrund** saniert. Fehlstellen mit Spachtelmasse füllen. Zu waagerechte Flächen mit imprägnierten **Gipskartonplatten** schräg unterfüttern, damit das Wasser in **Zukunft** besser abläuft. Eine dünne Schicht **Epoxidharzspachtel** dichtet den Untergrund zuverlässig ab. Von den Fliesen alle Fugen und **Klebemörtelreste** entfernen. Gebrochene Platten mit Epoxidharzkleber wieder zusammensetzen. Dazu erst die **Oberfläche** dünn mit Vaseline einreiben, mit dem Lappen vorsichtig von der

Den Untergrund mit Spachtelmasse glätten.

Mitte zu den **Rändern** hin. Es darf keine Vaseline auf die **Klebeflächen** geraten.

Den Zweikomponentenkleber so dick auf die **Klebekanten** auftragen, daß er beim Zusammendrücken aus der Fuge quillt. Durch die **Vaseline** kann der Kleber nicht auf der **Fliesenfläche** haften. Wenn er fest, aber noch nicht ausgehärtet

Fliesen von allen Fugen- und Kleberresten befreien.

ist, wird er mit scharfer **Stecheisenklinge** abgestoßen. Bei langsam abbindenden Klebertypen (24 Stunden) je nach **Raumtemperatur** etwa nach 4 bis 6 Stunden. Anwärmen der

Scherben auf Plastikfolie über einer Platte zusammenkleben.

Fliesenscherben mit **Heißluft** auf max. 50 Grad (man kann sie gerade noch anfas-

Mit Epoxidspachtel als Kleber bleibt die Fläche wasserdicht.

sen) läßt den **Kleber** in der Fuge besser zerfließen und bewirkt damit fast unsichtbare **Fugen.** Vor allem wird dadurch abgesplitterte **Glasur** ersetzt.

Wasserdicht kleben

Zum Verkleben ist Epoxidharzspachtel das sicherste **Material.** Er ist auch in sehr dünner Schicht absolut wasserdicht. Wer wenig **Übung** hat, sollte den Kleber auf die Fliesenrückseite

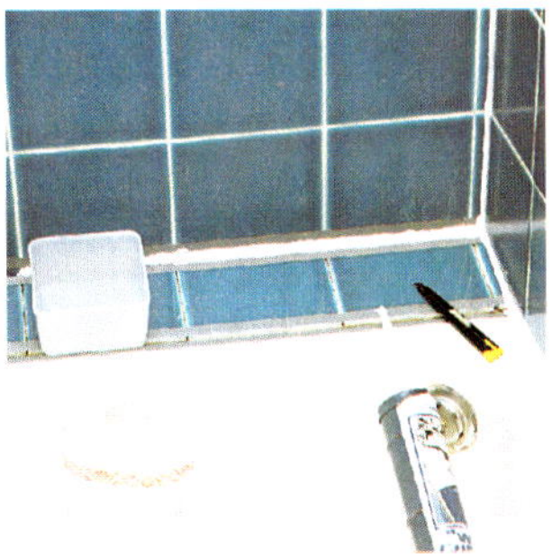

Elastische Anschlußfugen verhindern erneute Schäden.

auftragen. Das dauert etwas länger, doch der **Verlegevorgang** läßt sich leichter beeinflussen. Für die **Fliesenfugen** gibt es auch weißen Epoxidharzspachtel für besonders anfällige **Bereiche.** Der erforderliche

Gründlich renoviert ist die Fliesenfläche wieder präsentabel.

Arbeitsaufwand ist jedoch nur bei sehr hohem Sicherheitsbedürfnis gerechtfertigt. Eck- und Anschlußfuge werden ohnehin mit elastischem **Fugenmaterial** gefüllt (S. 168).

ARBEITSMATERIAL

- Spachtelmasse (außen)
- Epoxidharzspachtel
- Siliconkautschuk
- Fugenmasse
- Schraubendreher
- Messer
- Stoßspachtel
- Zahnspachtel

Einzelne Wandfliese ersetzen

Beschädigte Wandfliesen zu ersetzen verlangt oft weniger Zeit, als passenden Ersatz zu beschaffen. Für eine Anfrage nach der Lieferfähigkeit sollten Hersteller, Format und die genaue Artikelbezeichnung bekannt sein.

Nach dem Füllen der Fugen ist der Schaden getilgt.

Wer als **Bauherr** vorsorgte und von den verwendeten Fliesen aus der Bauzeit weiß, wo er noch ein paar **Exemplare** aufgehoben hat, hat Vorteile. Oft nutzt auch ein Foto und eine Scherbe, um beim Handel halbwegs passenden **Ersatz** zu finden. In allen anderen **Fällen** kann man sich nur mit provisorischem Ersatz zufrieden geben und für nicht allzu ferne **Zukunft** neue Fliesen einplanen.

Je mehr Bohrungen, umso leichter lassen sich Scherben lösen.

Mit einem Fliesenmeißel Stück für Stück abtragen.

Reste vom Fugenmaterial mit dem Schraubendreher entfernen.

Gewalt vermeiden

Sicher läßt sich die defekte Fliese auch mit roher **Gewalt** vollends zertrümmern. Die **Gefahr,** daß davon noch ein paar weitere Fliesen betroffen werden, ist jedoch groß. Deshalb lieber vorsichtig vorgehen und mit mehreren **Bohrungen** im Dreiecksmuster die Voraussetzung für kleine **Bruchstücke** schaffen.

PROFITIP
Kleber und Fugenmassen mit dem Stoßspachtel oder einer Kelle aus dem Mischgefäß aufnehmen, auf den Aufzieh- oder Gummispachtel streichen und erst damit auf den Flächen verteilen. Nur kleine Flächen lassen sich auch gleich mit dem Stoßspachtel beschichten. Ein Zahnspachtel kann nur eine bereits aufgetragene Schicht durchkämmen.

Das Mauerwerk mit einem Meißel anpicken, damit die Feuchtigkeit aus dem Kleber zügig abwandern kann.

Fliesenglasur schonen

Damit der Bohrer nicht unabsichtlich auf benachbarte **Kanten** abrutscht, zur Sicherheit die **Ansatzpunkte** markieren. Sie können auch zuerst das **Fugenmaterial** auskratzen und damit die

Gefahr einschränken, daß sich **Druck** beim Bohren negativ auf benachbarte Fliesen auswirkt. Doch dabei entstehen leicht zusätzliche **Schäden** an der Kantenglasur. Mit einem kleinen **Fliesenmeißel** mit Hartmetallschneide läßt sich anschließend die Glasur zwischen den Bohrungen tren-

SICHERHEITSTIP
Unabsichtliche Schäden entstehen oft beim Schlagbohren in Wandfliesen. Es ist zwar sinnvoll, die Fliese mit eingeschaltetem Schlagwerk anzubohren. Dafür genügen aber ein paar Drehungen per Hand am Bohrfutter, um die Glasur anzukörnen. Dann bleibt der Bohrer auch auf dem Punkt, wenn man bei abgeschaltetem Schlagwerk den Fliesenscherben durchbohrt.

nen und **Scherbe** für Scherbe herauslösen. Die Reste vom Fugenfüller lassen sich am einfachsten entfernen.

Wurden die **Fliesen** mit Dispersionskleber verlegt (sie

Der Kleber soll die gesamte Fliesenrückseite bedecken.

erkennen es an gelblichen, zähen **Resten)** sollten Sie das Mauerwerk mit einem Meißel anpicken, damit die **Feuchtigkeit** aus dem neuen Kleber schneller ab-

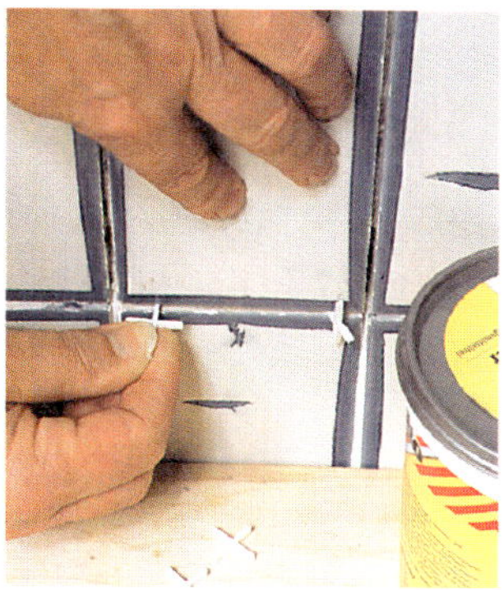

Fugenabstände lassen sich mit Abstandshaltern regulieren.

wandern kann. Sonst dauert es länger als einen Tag, bis man die **Fugen** füllen kann. Unebenheiten auf der **Mauerfläche** mit Fliesenkleber glattspachteln, aber Kleber von den angrenzenden **Fliesenkanten** fernhalten. Er würde beim Ausfugen stören.

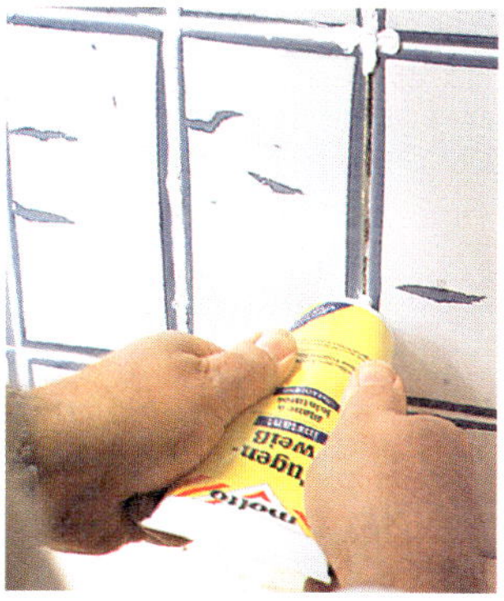

Aus der Tube in die Fuge ist der bequemste Weg.

Fliese einsetzen

Jetzt kann man Kleber mit dem **Stoßspachtel** auf die Ersatzfliese aufziehen und mit einem **Zahnspachtel** gleichmäßig durchkämmen. Mit der 3-Millimeter-Zahnung bleibt gut ein Millimeter, um die Fliese mit den umgebenden Fliesen in eine **Ebene** zu bringen. Dazu die Fliese andrücken und etwas hin und her bewegen. Überschüsse gleich mit nassem **Schwamm** aus den Fugen waschen. Mit einer geraden Leiste (Wasserwaage) kontrollieren, ob eine einheitliche **Ebene** erreicht wurde. Die **Anfangshaftung** des Klebers wird zwar ausreichen, um die Fliese zu halten, eingefügte **Fugenkreuzchen** oder Streichhölzer garantieren aber mit zusätzlicher Sicherheit, daß sich die einregulierte **Fugenbreite** nicht mehr verändert. Nach einem Tag ist der Kleber soweit erstarrt, daß man die **Fugen**

Mit einem Kunststoffspachtel die Fugenmasse tiefer drücken.

füllen kann. Wenn Sie das notwendige **Werkzeug** (Stoß- und Gummispachtel sowie Gummimischbecher) erst kaufen müssen, ist verarbeitungsfertiger Fugenfüller aus der Tube bei so geringen **Mengen** praktischer. Man kann ihn leicht aus der Tube in die Fugen drücken und falls erforderlich noch mit einem **Kunststoffspachtel** ebnen.

Fugen vollenden

Bis zum **Abwaschen** des überschüssigen Fugenfüllers einige Zeit warten. Die **Masse** sollte bereits etwas erstarrt sein. Je nachdem wie schnell die Feuchtigkeit in den **Untergrund** wandert und an der Luft verdunstet, kann das zwischen 10 und 30 Minuten dauern. Ein **Küchenschwamm** mit fe-

Naß, aber nicht triefend überschüssigen Füller aufnehmen.

ster Vliesschicht eignet sich besonders gut zum Abwaschen und Nachformen der **Fugen.** Erst diagonal über die Fugen wischen, bis die **Überschüsse** beseitigt sind. Und dann die Fugen

Baumwollfrottee nimmt den trockenen Schleier am besten auf.

etwas nachziehen, bis sie der Form der übrigen Fugen entsprechen. Den **Schleier** über den Fliesen erst mit einem weichen **Küchenhandtuch** nachpolieren, wenn die **Fläche** völlig getrocknet ist. Sonst erzeugt man nur einen neuen Schleier.

ARBEITSMATERIAL

- Ersatzfliese
- Fliesenkleber
- Fugenfüller
- Bohrmaschine
- Fliesenmeißel
- Hammer
- Stoß-/Zahnspachtel

Siliconfugen erneuern

Ohne die Vorteile elastischer Abdichtungen zwischen unterschiedlichen Bauteilen ist moderne Bautechnik nicht mehr denkbar. Oft sind diese Fugen, mehr schlecht als recht ausgeführt, ein Anlaß für spätere Mängel.

In **Unebenheiten** oder haarfeinen Fugen durch ungenügende **Haftung** auf den Flächen, bleibt ständig

Mit biegsamer Klinge entlang der Fliesenfläche einschneiden.

Feuchtigkeit. Das ist eine der **Ursachen,** daß sich minderwertige Dichtmasse verfärbt und vom **Pilzwachstum** sehr unansehnlich wird. In solchen Fällen hilft nur eine **Radikalkur,** bei der die alte Dichtmasse restlos entfernt und durch eine neue, perfekte **Abdichtung** ersetzt wird.

Reste mit dem Klingenschaber gänzlich entfernen.

Elastische Abdichtung vorbereiten

Soweit sich die alte **Dichtungsmasse** nicht schon von allein aus der Fuge löst, muß man mit der langen **Klinge** eines Cuttermessers etwas nachhelfen. Wenn die Schnitte tief genug waren, kann man jetzt schon den Hauptteil der alten **Dichtung** herausziehen. Reste auf Wanne und **Wand** müs-

Ränder mit Vliesschwamm (Wasser mit Spülmittel) abrubbeln.

sen jedoch völlig herunter, denn sie wären nur Ursache für neue **Mängel.** Silicon-

Tiefe Fugen mit PE-Schaumband ausstopfen.

kautschuk kann man weder mit **Wärme** noch mit üblichen Lösungsmitteln beikommen. Nur mit **Geduld,** Klingenschaber oder Stecheisen und Vliesschwamm für Glas. Die **Flächen** anschließend gründlich waschen und mit **Warmluft** trocknen, da man so das Ergebnis besser beurteilen kann. Beim **Sanieren** alter Dichtungsfugen wird in der Fuge meistens noch so viel altes **Material** verbleiben, daß die Fuge nicht zu tief ist, um sie ganz zu füllen.

Hohlräume in den Innenecken vorab verringern.

Bei **Hohlräumen** in über fünf Millimeter breiten Fugen ist es jedoch ganz sinnvoll, die **Fugentiefe** zu begrenzen.
Wenn sie Fugenfüllbänder aus PE-Schaum nicht be-

Innenecken mit eigenen Formstücken abkleben.

kommen: **Band** aus geschaumtem Polyethylen läßt sich auch selbst aus entsprechendem **Bahnenmaterial** (Schalldämmbahnen, Verpackungsmaterial) zuschneiden. Denn **PE-Schaumschnur** als Hinterfüllung in Mauerfugen eignet sich mit 20 mm Ø allenfalls zum Hinterfüllen der **Hohlräume** in den Innenecken.

An farbigem Klebefilm kann man sich leichter orientieren.

Dort können Sie jedoch auch vorab etwas **Siliconkautschuk** einfüllen und vulkanisieren lassen.

Fugenränder eingrenzen

Dazu Packband auf ein Siliconpapier (Etikettenträger) kleben, anzeichnen, ausschneiden und auf die **Ecke** kleben. Anschließend mit breitem **Klebefilm** die Ränder der Dichtungsfuge abkleben. In den Ecken erleichtern kurze **Filmstücke** genaues Ausrichten. Nicht zu knapp an die **Rundung** am Wannenrand gehen und an der Wand fünf Millimeter über der **Wanne** bleiben. Knicken Sie die **Enden** vom Klebefilm gleich als ‚Anfaser' um.

ARBEITSMATERIAL

- Klebefilm
- Fugenfüllband
- Siliconkautschuk
- Handdruckpresse
- Cuttermesser
- Klingenschaber
- Vliesschwamm
- Stoßspachtel

Arbeitsfläche fliesen

Ob in Werkstatt, Hobbylabor, Küche oder Bad, eine wasserfeste und chemikalienbeständige Arbeitsfläche ist oft sehr nützlich. Dispersionskleber und übliche Fugenmasse reicht dafür nicht aus.

Das Fliesengewicht verlangt nach einem stabilen Unterbau.

Besonders bei waagerechten Abdeck- oder Arbeitsflächen kann im **Naßbereich** schon mal Wasser über einen längeren **Zeitraum** stehenbleiben. Dringt erst einmal Wasser durch Haarrisse in den **Untergrund** ein, sind größere Schäden durch Materialbewegungen nicht zu vermeiden. Um das zu verhindern, sind im privaten **Bereich** matt glasierte Steinzeugfliesen, mit Epoxidharzspachtel verklebt und ausgefugt, die bestmögliche **Lösung.** Die Fugen der **Unterkonstruk-**

Spachtelmasse mit glattem Stahlspachtel aufziehen.

tion aus wasserfesten Spanplatten an den Wänden mit Acryl-Dichtungsmasse füllen. Dann kann kein **Kleber** durch die Fugen fließen und geringe **Materialbewegungen** werden aufgefangen. Wenn Sie Umrandungen, Einfassungen und Ausschnitte dem **Fliesenformat** anpassen, bleiben nur wenige Fliesen, die zu schneiden sind.

Die Fliesen in die Masse betten.

Hochwertiges Kunstharz

Epoxidharzspachtel besteht aus zwei **Komponenten,** von denen der Binder mit Mineralstoffen vermischt (gefüllt) ist. Sobald der **Härter dem Binder** zugemischt wird, beginnt eine chemische **Reaktion,** die sich nicht mehr aufhalten läßt. Im allgemeinen sind die Harze auf eine Verarbeitungszeit von einer Stunde bei **Raumtemperatur** (+18°C) eingestellt. Ein paar Grad mehr oder zuviel Härter, und schon wird die **Mischung** bereits nach 30 Minuten fest. Deshalb vorgeschriebene **Anteile** abwiegen, um sie genau einzuhalten, und nur kleine **Mengen** anmischen. Benutzen Sie die Eimerdeckel als **Mischfläche,** zwei verschiedene Spachtel, um die **Komponenten** aus den Gefäßen zu entnehmen, und einen dritten zum **Mischen.**

Reiniger und Werkzeuge

Reinigungsmittel für Werkzeug und Hände zu **Beginn** bereitstellen. Harz oder Härter lassen sich getrennt nur mit **Nitroverdünnung** (Trichloräthylen) oder etwas hautfreundlicher mit **Aceton** entfernen. Zusammengemischt wird die **Spachtelmasse,** solange sie plastisch ist, wasserlöslich. Beginnt sie fest zu werden,

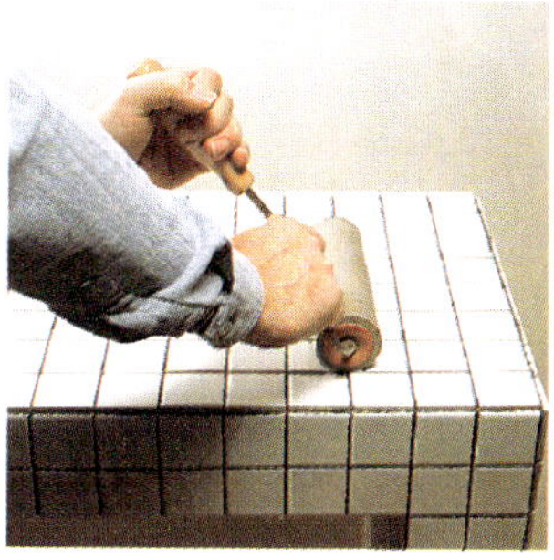

Mit einer Andrückwalze fest ins Kleberbett pressen.

kann man sie noch mit Messerklinge oder **Stecheisen** schneiden. Ausgehärtet läßt sie sich nur noch mit Hammer und **Meißel** entfernen. Zum gleichmäßigen Verteilen der Masse einen gezahnten **Stahlspachtel,** Zahnung 4 x 4 mm, und

Fugen füllen mit elastischem, breiten Stahlspachtel.

einen breiten **Japanspachtel** zum Ausfugen verwenden. Das ist sowohl mit dem grauen wie auch mit weißem **Epoxidharzspachtel** möglich.

Das überschüssige Material mit einem **Topfschwamm,** noch besser mit den großflächigeren **Vlies-Schleif-**

Fugenmasse mit viel Wasser und rauhem Schwamm abwaschen.

kissen, und viel Wasser von den Fliesen entfernen. Nach zwei oder drei **Stunden** ist das Harz schneidfähig.

ARBEITSMATERIAL

- Epoxidharzspachtel
- Steinzeugfliesen
- Acryl-Dichtungsmasse
- Waage
- Lösungsmittel
- Japanspachtel
- Zahnspachtel
- Andrückwalze
- Topfschwamm

Tapeten bestimmen das Gesicht des Zimmers. Sie schützen die darunter liegenden Schichten des Bauteils und gestalten die Raumoberfläche auf fast unerschöpflich vielfältige Weise.

Wände und Decken tapezieren

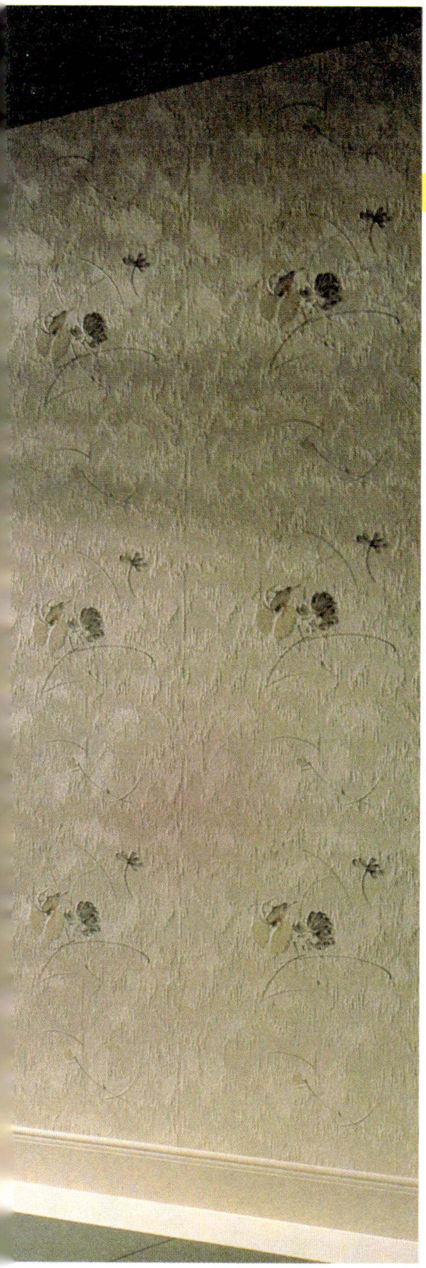

Tapezierarbeiten gehören zu den einfacheren Dingen, die sich ein Heimwerker vornehmen kann und die er auch nach einiger Übung gut beherrscht. Werfen Sie die »Flinte nicht gleich ins Korn«, wenn es zu Anfang noch nicht so recht klappen will.

WICHTIGES HANDWERKSZEUG

Zum Messen und Rechnen: Bandmaß, Meterstab, Taschenrechner, Bleistift, Notizheft.

Zum Entfernen alter Tapeten: Spachtel, Perforierwalze, Schaber, Heißluft-Tapetenentferner.

Zum Zuschneiden der Bahnen: Tapezierschere, Tapeziermesser, Tapetenschneider.

Zum Einkleistern: Tapeziertisch, Kunststoffeimer, Kleisterbürste, Kleisterautomat.

Zum Ausrichten: Senklot, Bleistift, Wasserwaage, Schlagschnur, Hammer und Nägel.

Zum Anbringen: Tapezierbürste, Tapezierwalze, Nahtroller.

Zum Abschneiden des Überstandes: Universalmesser mit Ersatzklingen, Tapetenschiene, Tapezierschere.

Für Feinarbeiten: kleine, spitze Schere, Universalmesser.

Für sofortige Reinigungsarbeiten: sauberes, trockenes Tuch, feuchter Schwamm.

Materialien und Werkzeuge

Die verschiedenen **Tapetenarten** unterscheidet man allgemein nach Zweck, Material und Oberflächenbeschaffenheit.
Ihre unterschiedlichen Eigenschaften, Anfertigungs- und Verarbeitungsmerkmale werden mit den in der Abbildung auf der folgenden Seite gezeigten **Symbolen** gekennzeichnet, die das Deutsche Tapeten-Institut gemeinsam mit den Herstellern auf internationaler Ebene vereinbart hat. Man findet diese Symbole am Anfang und Ende jeder Tapetenrolle aufgedruckt.

TAPETENSYMBOLE

1. **Wasserbeständig:** Frischer Kleister ist mit einem weichen und feuchten Schwamm noch problemlos zu entfernen.
2. **Waschbeständig:** Leichte Verschmutzungen kann man mit einem weichen Tuch und wenig Wasser, dem ein mildes Waschmittel zugesetzt ist, abwischen, ohne daß die Oberfläche angegriffen wird.
3. **Hochwaschbeständig:** Die Tapete kann mit einem nassen Tuch oder Schwamm und Wasser, dem wenig Kernseife zugesetzt ist, gereinigt werden, ohne die Tapete anzugreifen. Fett oder Lösemittel

Materialien und Werkzeuge

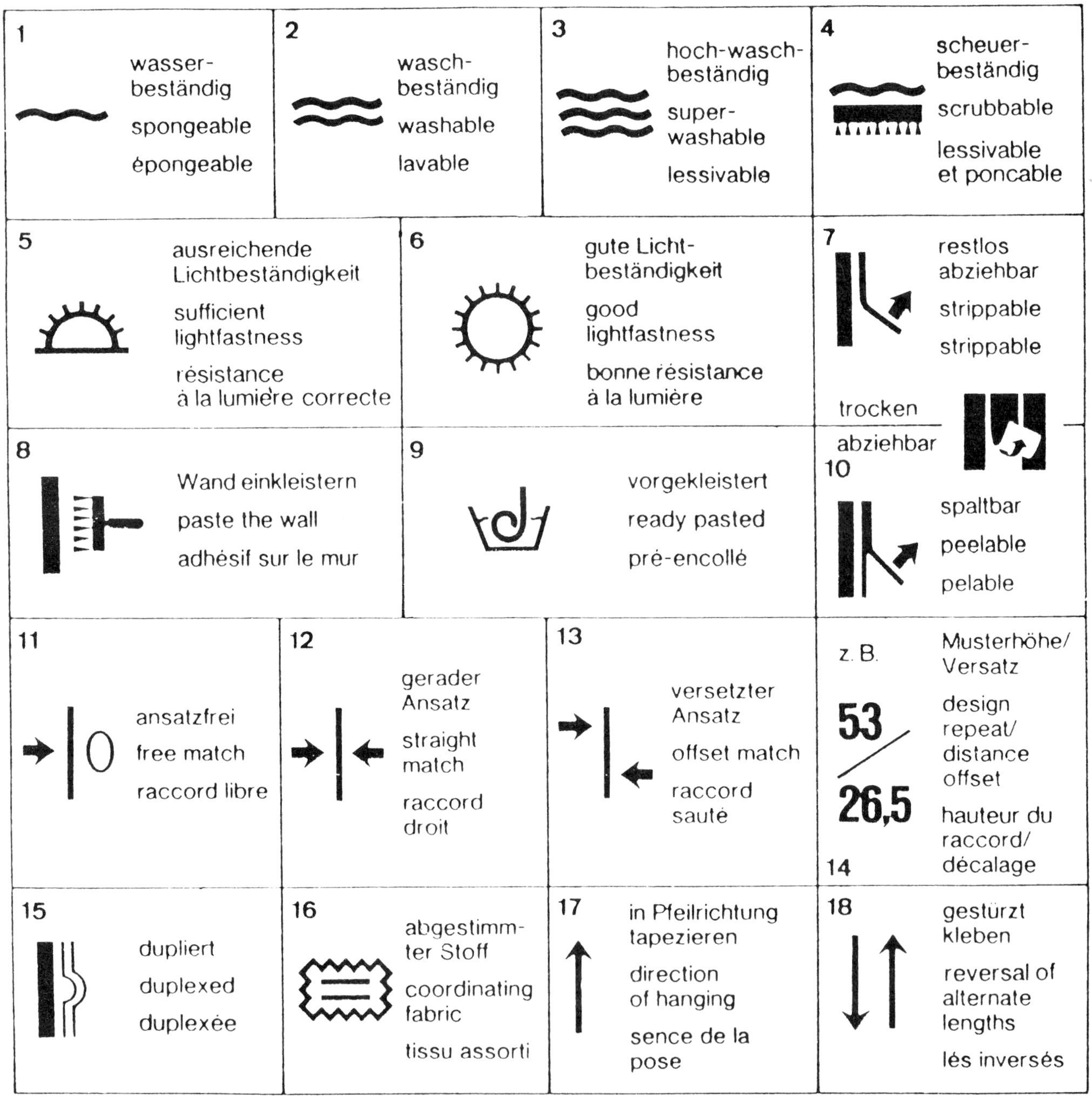

Tapetensymbole

enthaltende Flecken können nicht entfernt werden.
4. **Scheuerbeständig:**
Wasserlösliche Verschmutzungen kann man mit einem Schwamm, einer weichen Bürste und einer Lauge aus Kernseife oder einem milden Waschmittel entfernen, ohne die Oberfläche der Tapete anzugreifen. Frische Fettflecken und lösungsmittelhaltige Verunreinigungen können ebenso entfernt werden.
5. **Ausreichende Lichtbeständigkeit:**
Keine Farbveränderung oder Vergilbung bei indirekter oder im Jahresverlauf geringer direkter Sonneneinstrahlung.
6. **Gute Lichtbeständigkeit:**
Keine Farbveränderung oder Vergilbung auch bei häufigerer Sonneneinstrahlung im Jahresverlauf.
7. **Restlos trocken abziehbar:**
Die Tapete läßt sich beim Renovieren ohne Rückstand trocken von Wand oder Decke abziehen.
8. **Wand einkleistern:**
Die Tapetenrückseite darf in diesem Fall nicht eingekleistert werden.
9. **Vorgekleistert:**
Die Tapetenrückseite ist – ähnlich wie bei Briefmarken – mit einem durch Wasser aktivierbaren Klebstoff beschichtet.

10. **Spaltbar trocken abziehbar :**
Bei diesen zweischichtigen Tapeten läßt sich die Dekorschicht trocken abziehen, während die untere Schicht als Makulatur auf der Wand bleibt.
11. **Ansatzfrei:**
Sie brauchen kein Ansatzmuster zu beachten.
12. **Gerader Ansatz:**
Benachbarte Bahnen werden mit dem Muster auf gleicher Höhe geklebt.
13. **Versetzter Ansatz:**
Benachbarte Bahnen werden jeweils um die halbe Musterhöhe nach oben oder unten versetzt geklebt.
14. **Zahlenangaben zum Rapport** (d.h. zur Musterhöhe und zum Versatz):
So bedeutet z.B. die Rapportangabe in der hier gezeigten Abbildung, daß die gesamte Musterhöhe 53 cm beträgt und benachbarte Bahnen im Muster jeweils um 26,5 cm nach oben oder unten versetzt geklebt werden müssen.
15. **Dupliert:**
Bei hochwertigen Prägetapeten Hinweis auf zwei Papierschichten.
16. **Abgestimmter Stoff:**
Passende Stoffe sind hierzu lieferbar.
17. **In Pfeilrichtung tapezieren:**
Alle Bahnen müssen so verklebt werden, daß der Pfeil immer zur Decke zeigt.
18. **Gestürzt kleben:**
Benachbarte Bahnen muß man jeweils gegenläufig kleben. Jede zweite Tapetenbahn muß also »auf dem Kopf stehend« tapeziert werden.

Die abgebildeten Symbole geben auf den ersten Blick Auskunft über die jeweilige Tapete und sollen Ihnen die Suche nach der für Ihre Ansprüche passenden Tapete erleichtern.

TAPETENTYPEN

Makulaturtapeten sind ungemusterte Papierbahnen mit gut deckenden Eigenschaften. Sie werden je nach Bedarf mit normalem oder einem speziellen Kleister auf Wänden und Decken verklebt, deren Oberflächen für direktes Tapezieren mit bestimmten Tapetenarten ungünstig (z.B. zu uneben, zu stark saugend oder zu wenig saugfähig) sind.

Rauhfasertapeten bestehen aus zwei Lagen Papier mit dazwischen eingelegten Holzspänen. Verklebt werden sie meist mit einem etwas stärkeren Spezialkleister, dann mit Dispersions- oder Leimfarben überstrichen. Bei manchen Sorten fehlt das Deckpapier; sie sind besonders rauh.
Sie erzielen in großen Räumen sehr schöne Effekte, sind aber gegen mechanische Angriffe empfindlich.

Rauhfasertapete

Maschinendrucktapeten bestehen aus Papier, das mit Mustern bedruckt oder in das ein Relief eingeprägt ist. Man unterscheidet **Fond-, Duplex- und Prägetapeten:**
Fondtapeten
bestehen aus einer einzelnen bedruckten Papierschicht. Wenn es sich dabei um Rohpapier handelt, spricht man auch von **Naturelltapeten.** Die Qualitäts- und Preisunterschiede sind sehr groß. Verklebt werden sie mit normalem Kleister. Da die Tapeten im allgemeinen nicht weiter überstrichen werden, sind sie nicht abwaschbar und deshalb für Küchen, aber auch Kinderzimmer nicht geeignet. Sollten Sie dennoch eine Fondtapete in diesen Räumen haben wollen, müßte man sie mit einer klaren Tapetenschutz-Dispersion überstreichen.
Die billigen Fondtapeten bestehen immer aus sehr dünnen und leichten Papieren. Anfängern sind solche Tapeten nicht zu empfehlen.

Maschinendrucktapete

Duplextapeten
bestehen aus zwei Papierschichten, deren obere bedruckt oder strukturiert ist. Verklebt werden sie mit normalem Kleister oder Spezialkleber. Wegen ihrer Festigkeit sind sie gut zu verarbeiten.
Prägetapeten
bestehen aus einer dicken einfarbig getönten oder naturbelassenen Papierschicht mit eingeprägtem Muster. Die naturbelassenen kann man in der Farbe seiner Wahl überstreichen.
Der bekannteste Typus dieser Art ist die **Anaglypta**; sie wird aus Baumwollfasern hergestellt und ist gipsweiß. Sie ist besonders fest und eignet sich auch zum Tapezieren von schadhaften Wänden und Decken. Verklebt werden die Prägetapeten mit normalem Kleister. Sie sind auch für nicht ganz ebene Untergründe gut geeignet. Die Oberflächen sind abwaschbar (bei den naturbelassenen erst nach dem Überstreichen!).

Wegen ihrer großen Stabilität sind Prägetapeten auch von Anfängern leicht zu verarbeiten.

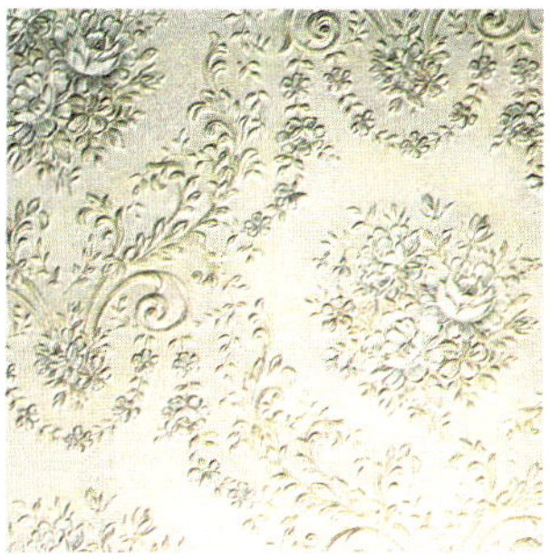
Prägetapete

Profiltapeten bestehen aus einer Papierschicht mit reliefartig aufgeschäumtem Polyäthylen. Man bekommt sie in vielen Farben, Mustern und Qualitäten. Die Oberfläche ist abwaschbar. Profiltapeten sind sehr vielseitig einzusetzen und leicht zu verarbeiten.

Profiltapete

Relieftapeten bestehen aus einer sehr stabilen Papierschicht mit aufgepreßter Kunststoffmasse in sehr vielen Mustern und Dekors (beispielsweise auch als Imitation von Sichtmauerwerk,

Materialien und Werkzeuge

Holzkassetten oder Paneele, Rauhputz oder Fliesen). Verklebt wird nur mit Spezialkleister Stoß an Stoß. Die Oberflächen sind abwaschbar. Der Umgang mit Relieftapeten ist nicht ganz einfach.

Rupfen gibt es als Gewebe oder zur Stabilisierung auf eine Papierschicht geklebt in vielen Farben. Geklebt wird mit einem Spezialkleister oder Dispersionskleber. Ganz besonders gut eignet sich Rupfen zum Tapezieren von Untergründen mit leichten Rissen oder Unebenheiten. Die Verarbeitung ist einfach. Für Anfänger besonders bequem zu verarbeiten ist Rupfen auf Papier. Auf einen Rapport muß man auch nicht achten. Die Bahngrenzen bleiben immer sichtbar.

Rupfen

Seidentapeten bestehen aus einem Seidengewebe auf einer Papierbahn. Da sie leichter sind als Rupfen, kann man sie auch mit normalem Kleister verkleben; nur für die schwereren – sogenannten Textiltapeten – benötigt man einen Spezialkleister.

Seidentapete

Bei **Japangrastapeten** werden Gräser Halm an Halm mit einem feinen Faden verwoben und zur besseren Haltbarkeit auf eine dünne Papierschicht geklebt. Bei sonstigen Grasgewebetapeten verbindet man Grashalme oder Salbeifaserstränge miteinander. Zum Verkleben braucht man einen Spezialkleister.

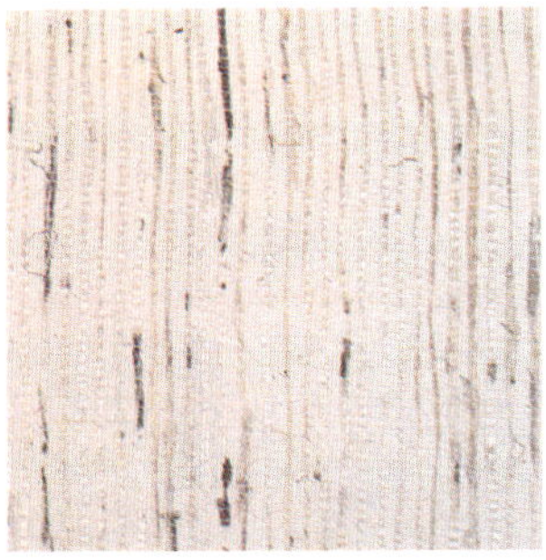

Japangrastapete

MINITIP
Bei Tapeten aus Naturwerkstoffen, wie Japangrastapeten oder Blatt-Tapeten, die ein lebhaftes, aber natürlich unregelmäßiges Muster haben, finden Sie die vorteilhafteste Anordnung der Bahnen, indem Sie sie zunächst nur trocken auf die Wand aufnadeln. Sie können die Bahnen dann ohne weiteres verschieben und austauschen, bis Sie die Anordnung gefunden haben, die Ihnen am besten zusagt.

Bei **Korktapeten** ist ein dünnes Korkfurnier auf farbiges oder naturbelassenes Papier kaschiert, dessen Färbung durch Löcher im Kork durchscheinen kann. Sie wirken schallschluckend und bei Berührung warm. Mit Kork tapezierte Räume reagieren rasch auf eine künstliche Klimatisierung. Außer in Bahnen bekommt man **Korktapeten** auch als quadratisch oder rechteckig zugeschnittene dünne **Platten**. Verklebt werden sie mit einem Spezialkleister. Wenn Sie Platten wählen, müssen Sie besonders sorgfältig auf das Einhalten der Senk- und Waagrechten achten.

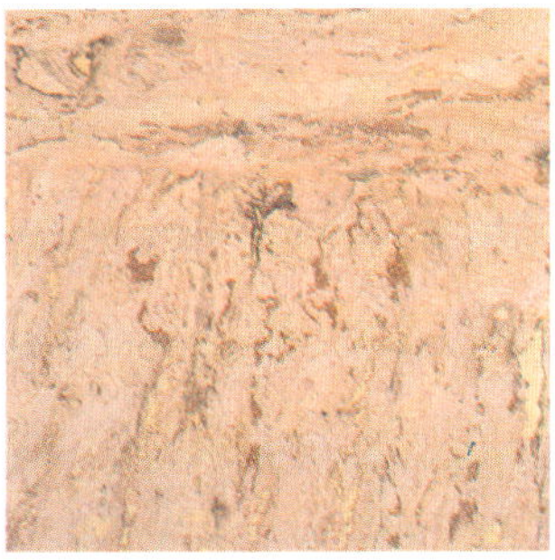

Korktapete

Metalltapeten bestehen aus dünnen Metallfolien auf Papier. Es gibt sie in vielen Farben und Prägungen. Man kann sie mit einem Spezialkleister nur auf ebenen und fehlerfreien Untergründen verkleben, da schon die kleinsten Unebenheiten durch die Metalloberfläche betont werden. Vorsicht beim Verarbeiten: Der Kleister wird immer nur auf die Wand aufgetragen. Spritzer auf der Tapetenvorderseite kann man oft nicht mehr spurlos entfernen.

Metalltapeten

SICHERHEITSTIP
Metalltapeten dürfen niemals wie andere Tapeten unter die Blenden von Schaltern oder Steckdosen reichen.

Bei den **Velours-Tapeten** wird eine Papierschicht mit Textilflor kaschiert. Man bekommt Velours-Tapeten in sehr vielen Mustern und Farben. Wie Kork wirken sie schallschluckend und bei Berührung warm.
Verklebt werden Velours-Tapeten mit einem Spezialkleister.
Die Verarbeitung ist nicht besonders schwer.

Velours-Tapete

Kunststoff-Tapeten sind mit wasserabweisenden Lacken bzw. Folien beschichtet und unempfindlich gegen Schmutz, Dampf oder ähnlichem.
Sie sind besonders gut für stärker beanspruchte Räume wie etwa Dielen, Küchen oder Kinderzimmer geeignet.

Kunststoff-Tapete

TAPETENKLEISTER

Herkömmliche Tapetenkleister werden als Pulver geliefert und bestehen in der Regel aus Ethylzellulose, Methylzellulose oder ähnlichen Zelluloseverbindungen. Je nach Art, Gewicht, Papierstärke und Saugfähigkeit der Tapete rührt man das Pulver mit mehr oder weniger Wasser an. In welchem Verhältnis der Packungsinhalt für welchen Zweck in Wasser verrührt werden muß, steht auf der Gebrauchsanweisung. Nach dem Anrühren muß man den Kleister noch 20 Minuten ziehen lassen.

Spezialtapetenkleister benötigt man für schwere Papiertapeten und viele Spezialtapeten (Gras-, Seiden-, Relief-, Prägetapeten). Sie bestehen ebenfalls aus Zelluloseverbindungen, die allerdings durch einen Kunststoff-Pulverkleber in der Klebekraft verstärkt werden.

Man rührt die Spezialtapetenkleister wie herkömmliche Kleister an und verarbeitet sie auch wie diese.

Dispersionskleber (z.B. für schwere Textil- oder Metalltapeten) werden gebrauchsfertig, in pastöser Konsistenz geliefert. Sie sind feuchtigkeitsunempfindlich, deshalb kann man sie auch in Küchen und Bäder benutzen. Zum Vorleimen muß man sie eventuell nach den Angaben auf der Packung mit ein wenig Wasser verdünnen. Bindemittel in Dispersionsklebern sind meistens PVAC, PVP, Polyvinylether, Naturlatex und Acrylate.

Zum Verkleben sehr starker Untertapeten (z.B. Kork oder genoppte Wollfilzpappe), oder wenn sehr hohe Ansprüche an die Haltbarkeit gestellt werden, benutzt man **gefüllte Dispersionskleber,** die zugleich auch Unebenheiten und kleinere Beschädigungen des Untergrundes ausgleichen. Die Füllstoffe darin sind z.B. Kreide, Tone (Kaolin), Quarzmehl oder Schwerspat. Dazu kommen noch – in geringen Mengen – Hilfsstoffe, etwa plastifizierende Lösemittel (Glykole und ihre Ester), Verdicker (Zellulose, Bentonit) und Harze (Wurzelharze, z.B. Colophonium–, Phenol- und Cumaronharze).

Zusammenstellung der wichtigsten Arbeitsgeräte

ÖKOTIP
Kunststoffreste, z.B. Reste von Dispersionsklebern, sind Sondermüll und müssen entsprechend entsorgt werden. Am besten ist es, wenn Sie beim Tapezieren ganz auf Kunststoffe verzichten und nur herkömmliche Tapetenkleister verwenden.

WERKZEUGE UND GERÄTE

Das wichtigste Arbeitsgerät ist der **Tapeziertisch.** Sie bekommen ihn von den meisten Tapetenhändlern geliehen. Ausgeklappt mißt er etwa 280 x 70 cm. Tischlerplatten oder die glatte Küchentür auf zwei Böcken sind nur Notbehelfe, weil sie nicht lang genug sind und nicht sicher stehen.

Tapeziertisch

Zum Tapeziertisch kann man sich fast immer auch einen **Tapetenschneider** leihen. Er wird an einer Längsseite des Tapeziertisches montiert und besteht aus einer Metallschiene, auf der eine Schneidvorrichtung läuft. Damit kann man Tapeten so exakt auf die gewünschte Breite schneiden, wie es mit einer Schere nie gelingt.

Das dritte nützliche Gerät, das man nicht unbedingt kaufen, wohl aber leihen sollte, ist der **Kleisterautomat**. Er wird an einer der Schmalseiten des aufgestellten Tapeziertisches montiert.

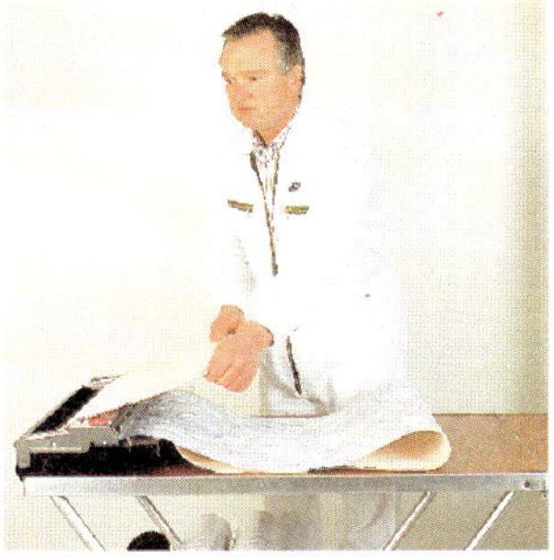

Kleisterautomat

Wenn Sie den Kleister mit der Hand auftragen möchten, benötigen Sie eine **Kleisterbürste**.

Materialien und Werkzeuge

Kleisterbürste

Zum Anrühren des Kleisters verwenden Sie einen **Kunststoffeimer** und einen **Stab**.

Bei klebefertigen Tapeten braucht man allerdings statt Kunststoffeimer, Kleisterbürste und Stab einen **Wasserbehälter,** um die Bahnen einzuweichen.

Zwei **Scheren** sind nötig, eine **große**, möglichst eine **Tapezierschere,** mit abgerundeten Spitzen und einer Blattlänge von etwa 24 cm, und eine **kleine**, spitze, mit der man Löcher schneiden kann.

Sie können die Tapetenbahnen auch mit einem **Tapetenmesser** abschneiden. Es hat eine etwa 30 cm lange, stumpfe Klinge und eine abgerundete Spitze. Zum Schneiden wird die Tapetenbahn an der Stelle gefalzt, an der sie geschnitten werden soll.

Eine **Andruckrolle** braucht man zum Glattstreichen der Bahnen, damit sie blasen- und faltenfrei auf der Wand sitzen.

Andruckrolle

Mit dem **Nahtroller** werden die Tapetennähte sauber zusammengepreßt.

Nahtroller

Außerdem brauchen Sie noch einen **Schwamm** zur schnellen Beseitigung frischer Kleisterspritzer.

Zum exakten Anbringen der Bahnen ist ein **Senklot** hilfreich, das Sie aber auch aus einem Schraubenzieher und einer Schnur improvisieren können.

Senklot

Ebenso benötigen Sie noch einen weichen **Bleistift** zum Anzeichnen.

Eine standfeste **Tritt-** oder **Stehleiter** brauchen Sie ebenfalls.

Zusätzlich sollte man an Abdeckfolien und Klebeband sowie Besen und Lappen als Hilfs- und Reinigungsgeräte denken.

MATERIALBEDARF ERMITTELN

Bahnentapeten werden in der Regel im **Forma**t der **Europarolle** verkauft: Deren Länge beträgt 10,05 m auf 53 cm Breite.
Bei Rauhfaser beträgt die Länge dagegen 33,5 m, und Makulaturtapeten haben oft eine doppelte Normlänge. Sonderformate gibt es auch bei den verschiedenen Spezialtapeten (Metall, Textil, Kork, Leder). Da es sich dabei meist um besonders teure Tapeten handelt, sollte man in jedem Fall die zu tapezierenden Flächen im einzelnen sehr genau ausmessen und den Rollenbedarf vom Fachhändler ausrechnen lassen.
Für die meisten Tapeten aber gilt die vom Deutschen Tapeten-Institut entwickelte, hier abgebildete Bedarfstabelle. Nachstehend die Bedeutungen:

- **Raumhöhe:** Die gesamte Raumhöhe, Türen und Fenster eingeschlossen. Nur sehr große Tür- oder Fensterflächen können berücksichtigt und vom Tapetenbedarf abgezogen werden, damit zum Schluß nicht allzu viel Rest bleibt, der allerdings für Reparaturen immer willkommen ist.
- **Raumumfang:** Der Raumumfang, jedoch vermindert um die Breite von Türen und Fenstern.

Haben Sie also beispielsweise einen Raumumfang von 13 m und eine Raumhöhe von 2,50 m, so benötigen Sie zum Tapezieren dieses Raumes 9 Rollen.

Wenn Sie zu viele Tapetenrollen gekauft haben, stören Sie sich nicht daran. Sie können diese für Ausbesserungsarbeiten verwenden. Außerdem passiert es vor allem anfangs leicht einmal, daß man sich verklebt und dies erst zu spät bemerkt. Wenn sich die Bahnen dann nicht mehr einwandfrei lösen lassen, haben Sie Reservebahnen.

MINITIP
Kaufen Sie bei Farbtapeten besser eine Rolle mehr, da es bei der Folgeserie möglicherweise zu Farbabweichungen kommen kann. Überprüfen Sie außerdem, ob beim Kauf alle Tapetenrollen die gleiche Nummer auf dem Ausfertigungsstempel aufweisen.

Tapetenbedarf
Die Rollenzahl ergibt sich aus dem Raumumfang und der Raumhöhe. Die Tabelle bezieht sich auf das Standardmaß der Europarolle, sie ist 10,05 m lang und 53 cm breit.

Raumumfang in Metern	Anzahl der Rollen bei einer Raumhöhe von 2,10–2,35 m	2,40–3,05 m	3,10–4,00 m
6	3	4	5
10	5	7	9
12	6	8	11
15	8	10	14
18	9	12	17
20	10	14	19
24	12	16	23

PLANUNG UND GESTALTUNG

Mit Tapeten kann jeder etwas handwerklich Begabte individuell und ohne großen Aufwand seine Wohnung oder sein Arbeitszimmer farblich reizvoller, und optisch wirkungsvoller gestalten und verändern.

Welche Tapeten – ob bunte oder lieber dezente Muster – für welche Räume oder welchen Zweck besonders geeignet sind, dazu können Ihnen die nachstehenden Überlegungen, die insbesondere Proportionen und Größe eines Raumes berücksichtigen, eine Entscheidungshilfe bieten.

Wenn Sie Ihre Planung und Gestaltung nach diesen Grundsätzen durchführen, kann bei der Renovierung Ihres Raumes nichts mehr schiefgehen. Im Gegenteil: Unter Beachtung der abgebildeten **Planungshilfen** kann jeder Raum gestalterisch an optimaler Wirkung gewinnen.

1

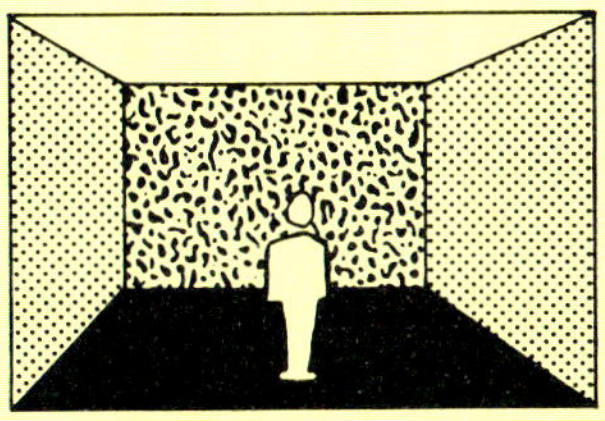

3

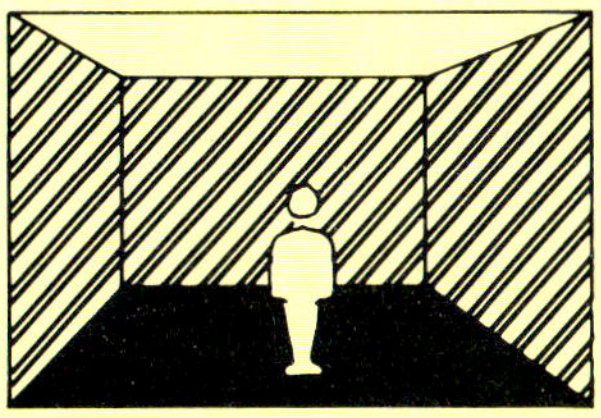

5

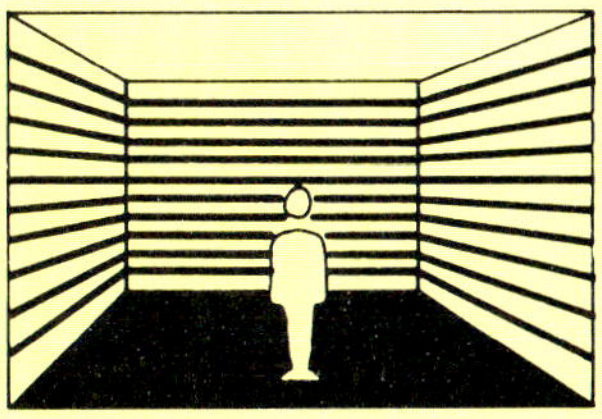

2

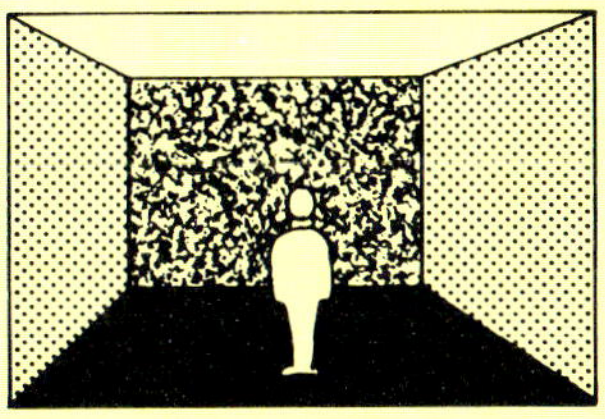

4

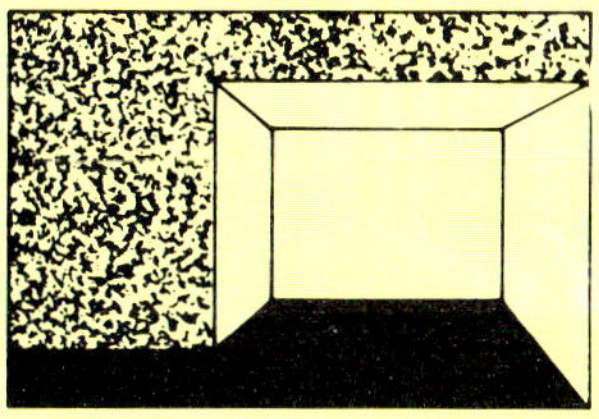

6

1. Ein niedrigerer Raum wirkt höher, wenn
- eine senkrecht gestreifte Tapete geklebt wird;
- die Tapete oben mit der Decke abschließt, so daß kein Wandstreifen weiß bleibt;
- die Decke sehr hell bzw. weiß tapeziert wird.

2. Ein Zimmer wirkt niedriger, wenn
- man einen Streifen als Muster waagrecht bzw. ein waagrecht ausgerichtetes Muster klebt;
- man nicht bis zur Decke tapeziert
- die Decke dunkler tapeziert wird;
- man die Beleuchtung nach unten richtet.

3. Ein Zimmer gewinnt an Tiefe, wenn
- man eine Wand in einem Farbton tapeziert, der optisch zurücktritt, z. B. ein mittleres Blau oder Blaugrün, während die Seitenwände hell gehalten werden;
- die Decke in Längsstreifen tapeziert wird,
- und die Längsstreifen auf eine starkfarbige Wand zielen.

4. Ein kleiner Raum wirkt größer, wenn
- man helle Tapeten verwendet;
- man kleinere Muster oder Unis einsetzt;
- man eine Dekor-Wand mit großem Muster tapeziert;
- Karo-Muster verwendet werden. Diese addieren sich in der Waagrechten und Senkrechten, so daß die Wände größer wirken. Das trifft allerdings nur bei dezenten Dessins zu.

5. Ein Zimmer wirkt kleiner, wenn
- man starke Farben bevorzugt;
- große Muster tapeziert werden;
- das Dessin schräg ausgerichtet ist (Diagonalen verengen den Raum).

6. So wird der Erker größer
- Eine helle Tapezierung macht den Erker größer. Durch Reflexion beleuchtet er den Raum.

Vorarbeiten

Am einfachsten zu tapezieren ist ein **ebener Untergrund** ohne Risse und Löcher, z.B. neu verputzte Flächen oder Flächen aus Trockenputz, also aus sorgfältig verfugten Gipskarton- oder Gipsbauplatten. In solchen Fällen bestehen die **Vorarbeiten** meist nur im Vorstreichen der Flächen mit dem verdünnten Kleister oder Spezialkleister. Bei stark saugenden Untergründen kann auch eine Tiefengrundierung erforderlich sein.

Leider sind aber in der Regel eher umfangreiche Vorarbeiten zur Herstellung eines tragfähigen Untergrundes nötig.

SICHERHEITSTIP
Schalten Sie die gesamte Stromversorgung des Zimmers ab, das Sie tapezieren wollen, und zwar noch bevor Sie mit den Vorarbeiten beginnen.

ALTE TAPETE ENTFERNEN

Man kann zwar auf fest haftenden alten Tapeten neu tapezieren, im allgemeinen aber empfiehlt es sich, zunächst die alte Tapete zu entfernen. Bei **Papiertapeten**, die mit normalem Kleister verklebt wurden, genügt es oft, wenn man sie gründlich **anfeuchtet**. Schneller geht es, wenn Sie die alten Tapetenschichten vorher mit einer **Drahtbürste** oder einer **Nadelwalze** bearbeiten. In hartnäckigen Fällen setzen Sie dem Wasser noch einen **Tapetenlöser** zu. Die empfohlenen Mischungsverhältnisse stehen auf den Packungen. Tapetenlöser sind ein Gemisch aus Wasser, schwerflüchtigen Lösemitteln und Tensiden, wie sie auch in Waschmitteln vorhanden sind. Nach der Anleitung lassen Sie die Tapetenlöser einige Stunden einwirken, dann sollte die Ablösung mit einem **Metallspachtel** keine allzu große Mühe mehr machen.

Mit Hilfe eines Dampflösegeräts lassen sich Tapeten leicht lösen

ÖKOTIP
Wenn Sie kein Tapeten-Dampflösegerät besitzen, verwenden Sie für das Ablösen alter Tapeten auch in hartnäckigen Fällen besser keinen Tapetenlöser, sondern Schmierseifenlauge. Sie ist biologisch leicht abbaubar und enthält im Gegensatz zum Tapetenlöser auch keine Lösemittel. Je weniger chemische Lösemittel in die Umwelt gelangen, desto besser.

Am einfachsten geht das Ablösen alter Tapeten natürlich mit einem **Tapeten-Dampflösegerät**. Hier entfällt das Einstreichen mit Lösemitteln ganz. Der heiße Wasserdampf löst alle Tapetenschichten, die sich dann mühlelos von der Wand entfernen lassen.

Keine Angst vor Rissen

PUTZSCHÄDEN BEHEBEN

Risse und **Löcher** im Putz müssen Sie sorgfältig ausspachteln. Besonders einfach und problemlos geht das mit einem **Gips-Reparaturspachtel**. Zunächst entfernt man alle lockeren Putzreste aus der Schadstelle mit dem Spachtel oder einer groben Bürste.
Fahren Sie die **Ränder des Risses** mit dem Spachtel nach und schrägen Sie sie leicht ab.

Entfernen von Putzresten

Staub und lockere Teilchen entfernen Sie am saubersten mit dem **Staubsauger**.

Absaugen

Größere Risse überdecken Sie vor der Sanierung mit einer **Armierungsmatte**. Sehr bequem ist das mit selbstklebenden Materialien, die Sie wie Klebeband von der Rolle aufziehen.

Risse abdecken

Gekrümmte Risse überkleben Sie mit mehreren geraden Streifen. Jetzt können Sie den Riß überspachteln.

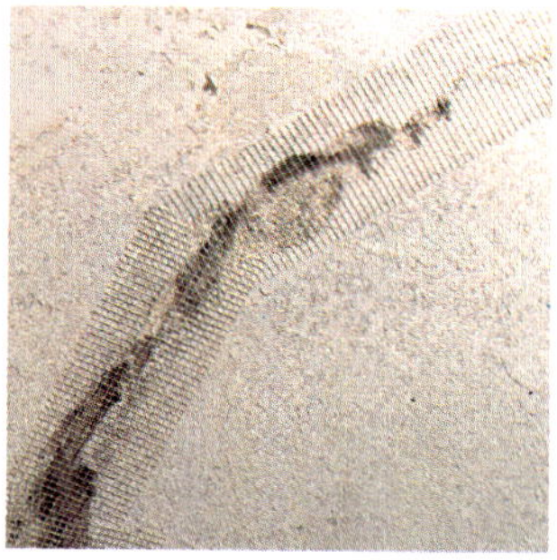

Gekrümmte Risse

Wenn Sie den **Spachtel** anrühren – immer Pulver ins Wasser, nie umgekehrt, so können Sie die Konsistenz des Spachtels am besten einstellen.

Dann **nässen** Sie die Stelle mit einem Pinsel vor und füllen den Spachtel satt ein. Ziehen Sie die Spachtelfläche noch ein gutes Stück allseits über die Schadstelle hinaus.

Spachteln von Rissen

Nach dem Abbinden schleifen Sie die gespachtelte Fläche mit **Schleifblock** und einem feinen Schleifpapier plan.

Da **Gips** sehr viel stärker saugt als fast alle anderen Baumaterialien, muß man die **Saugfähigkeit** der sanierten Wandstelle noch mit einem **Tiefengrund** herabsetzen.

Unterläßt man dies, so wird dem Kleister an dieser Stelle zu schnell zuviel Wasser entzogen, die Tapete haftet nicht gut, es kommt zur **Bildung von Blasen oder Runzeln**, im Nahtbereich löst sie sich außerdem.

UNTERGRÜNDE EGALISIEREN

Wenn Wände und Decken neu tapeziert oder gestrichen sind, fallen **Unebenheiten** von Wänden besonders deutlich ins Auge. Man sollte sie also vorher großflächig ausgleichen. Dazu verwendet man einen mineralisch gebundenen **Glättspachtel** (die Bezeichnungen »Rohbauspachtel« und »Dünnputz« bedeuten dasselbe). Er ist fertig gemischt und besteht aus einem Kalk und/oder Zement, einem sehr feinkörnigen Zuschlag und haftverbessernden Zusätzen (in der Regel dengleichen Redispersionspulvern wie in Spezialkleistern). Der Spachtelmörtel wird mit **Wasser** angerührt und ist sehr einfach zu verarbeiten. Welche **Schichtstärken** in einem Arbeitsgang maximal aufgetragen werden können, steht auf der Verpackung.

Zunächst müssen Sie für einen **tragfähigen** und **sauberen Untergrund** sorgen, tiefere Risse und Löcher sollten geschlossen sein. Rühren Sie den Spachtel nach den Herstellerangaben an. Im gebrauchsfertigen Zustand ist er gerade eben noch **dickflüssig**.

Mit einer **Maurerkelle** laden Sie ihn möglichst genau in der Mitte auf einen **Stahlglätter** und ziehen ihn von unten nach oben in Streifen auf die Wand.
Achten Sie sorgfältig darauf, daß die einzelnen Streifen immer **gleich stark** sind.

Wenn die ganze Fläche auf diese Weise sorgfältig verspachtelt ist, bekommen Sie sie mit der Glättkelle absolut **eben**.

Anrühren von Gips mit Wasser

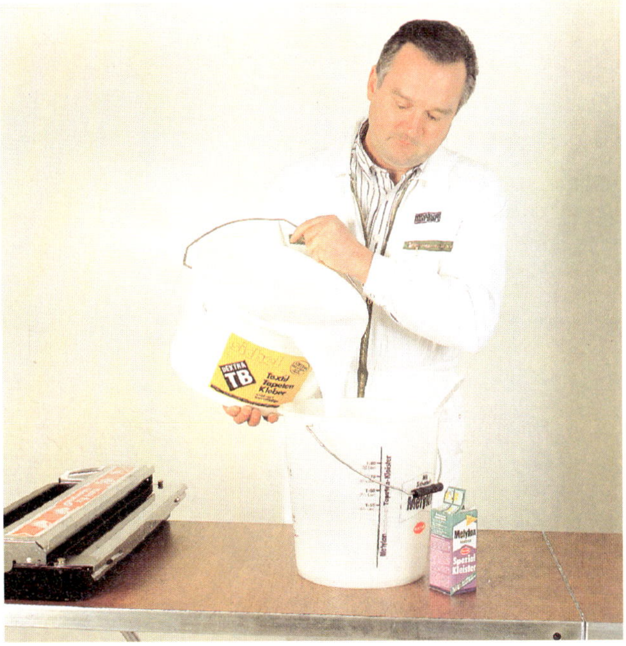

Mischen von Tapetenkleister und Wasser in einem Plastikeimer mit Literanzeichnung

Zum Ende der »offenen Zeit«, d. h. wenn der Spachtel zu **erhärten beginnt** (diesen Zeitpunkt entnehmen Sie dem Packungsaufdruck), können Sie die Oberfläche noch mit einem nassen **Schwammbrett** reiben. Dadurch schließen sich die Poren des Spachtels, seine Oberfläche wird glatt und die Saugfähigkeit stark herabgesetzt.

Grundtechniken

TAPETENKLEISTER ANRÜHREN

Zum Anrühren füllen Sie immer zuerst die jeweils benötigte **Wassermenge** in den Kunststoffeimer. Erst dann schütten Sie das **Kleisterpulver** dazu. Rühren Sie ein paarmal um und lassen Sie den Ansatz etwa 20 Minuten ziehen. Dann ist das Kleisterbindemittel vollständig gelöst und kann seine volle **Klebkraft** entfalten.

Normale Kleisterpackungen enthalten ungefähr 125 g Kleisterpulver.
Im folgenden sind die **Ansätze** beschrieben, die man im allgemeinen bei **herkömmlichem Tapetenkleister** benötigt:

- **Vorkleistern:** 1 Packung auf 10 Liter Wasser (Ansatz 1:80).
- **Leichte Tapeten:** 1 Packung auf 8,75 Liter Wasser (Ansatz 1:70).
- **Normale Tapeten:** 1 Packung auf 7,5 Liter Wasser (Ansatz 1:60).
- **Schwere Tapeten:** 1 Packung auf 6,25 Liter Wasser (Ansatz 1:50).
- **Restlos abziehbare Tapeten:** 1 Packung auf 6,25 Liter Wasser (Ansatz 1:50).

Spezialtapetenkleister wird genauso angerührt wie herkömmlicher, auch die Packungsgrößen sind gleich, das Pulver ist aber schwerer (200 g pro Packung). Er muß etwas länger ziehen, damit auch das Redispersionspulver in der Kleisterlösung gleichmäßig dispergiert. Es gelten im allgemeinen folgende Ansätze:

- **Vorleimen:** 1 Packung auf 8 Liter Wasser, ausreichend für etwa 60 bis 80 m² (Ansatz 1:40).
- **Schwere Tapeten, Rauhfaser:** 1 Packung auf 4 Liter Wasser, ausreichend für etwa 22 bis 26 m² (Ansatz 1:20).
- **Strukturtapeten, schwere, restlos abziehbare Tapeten:** 1 Packung auf 4 Liter Wasser, ausreichend für etwa 22 bis 26 m² (Ansatz 1:20).
- **Unbedruckte Prägetapeten:** 1 Packung auf 3 Liter Wasser, ausreichend für etwa 12 bis 15 m² (Ansatz 1:15).

Spezialkleister für Textiltapeten sind ebenfalls 30 Minuten nach dem Einrühren gebrauchsfertig. Hier sind die im folgenden beschriebenen Ansätze zur Verarbeitung maßgebend:

- **Vorleimen bzw. Rollenmakulatur:** 1 Packung auf 4 Liter Wasser, ausreichend für etwa 22 bis 25 m² (Ansatz 1: 16).
- **Bei Kleisterauftrag auf der Tapetenrückseite:** 1 Packung auf 3,5 Liter Wasser, ausreichend für etwa 17 bis 20 m² (Ansatz 1: 14).
- **Bei Kleisterauftrag auf der Wand:** 1 Packung auf 2,5 Liter Wasser, ausreichend für ungefähr 12 bis 15 m² (Ansatz 1: 10).

PROFITIP
Rollenmakulatur gibt es oft in doppelter Normlänge. Sie sparen dabei unter Umständen eine Menge Verschnitt.

Zuschneiden der Bahnen – Tapetenschneider und Lineal

BAHNEN ZUSCHNEIDEN

Messen Sie zuerst noch einmal die **Raumhöhe** genau aus. Tun Sie das an mehreren Stellen, denn sie muß nicht überall gleich sein. Wenn die Decke tapeziert werden soll, nehmen Sie die Abmessungen parallel zum Fenster bzw. dem Fenster mit dem stärksten Lichteinfall.

Richten Sie sich beim Zuschneiden der Bahnen für Wand und Decke nach dem jeweils größten gemessenen Wert.

MINITIP
Wenn nur die Wände neu zu tapezieren sind, die Decke aber zu streichen ist, dann beginnen Sie zuerst mit dem Streichen der Decke. Farbspritzer, die auf die Wände gelangen, sind dann überhaupt kein Problem, weil sie ja mit der alten Tapete entfernt werden.

Schneiden Sie die Bahnen immer etwas **länger** zu, als Sie diese brauchen, denn abschneiden kann man sie immer noch. Dagegen ist es sehr ärgerlich, wenn Sie zu kurze Bahnen anstückeln müssen. Bei gemusterten Bahnen mit Rapport schlagen Sie zur benötigten Länge noch die Rapportlänge dazu. Alle Bahnen schneidet man zunächst gleich lang zu. Markieren Sie mit dem Bleistift die Bahnlänge am Rand des Tapeziertisches.Dann rollen Sie die Tapete mit der Vorderseite auf dem Tapeziertisch bis zur Markierung aus und beschweren das Ende, damit es nicht verrutschen kann. Die Tapete muß **parallel** zur Längskante des Tisches liegen. Schneiden Sie die Bahn **längs** der Tischquerkante ab. Falzen Sie die Tapete an der Schnittstelle, ehe Sie sie schneiden.

Zum Ablängen sowie zum Längsschneiden eignet sich besonders gut ein sogenannter **Tapetenzuschneider**.

Alle folgenden Bahnen werden dann nach dem Maß der ersten geschnitten.

ÖKOTIP
Schneiden Sie nicht alle Rollen auf. Möglicherweise haben Sie mehr gekauft als Sie benötigen. Ganze Rollen können dem Fachhandel zurückgegeben werden. Das spart Geld und schützt die Umwelt

TAPETENBAHN EINKLEISTERN

Die fertig geschnittenen Bahnen liegen **übereinander** auf dem Tapeziertisch mit den Rückseiten nach oben und gegebenenfalls mit Überhängen an beiden Stirnseiten. Verschieben Sie die oberste Bahn so weit, daß ihre **Schnittkante** mit der **linken Stirnkante** des Tisches abschließt (Linkshänder machen es umgekehrt).

Dann nehmen Sie den Kleister mit der **Kleisterbürste** aus dem Eimer auf. Überschuß streichen Sie an einer Schnur ab, die Sie vorher über den Eimer gespannt haben.

Streichen Sie zunächst den Kleister in Bürstenbreite auf die **Mitte der Bahn** und dann von der Mitte aus zu den Kanten hin. Arbeiten Sie in dieser Weise **von links nach rechts** weiter bis zum anderen Tischende.

Jetzt legen Sie die eingekleisterten Tapetenbahnen 1/3 zu 2/3 zusammen und rollen sie noch einmal auf.

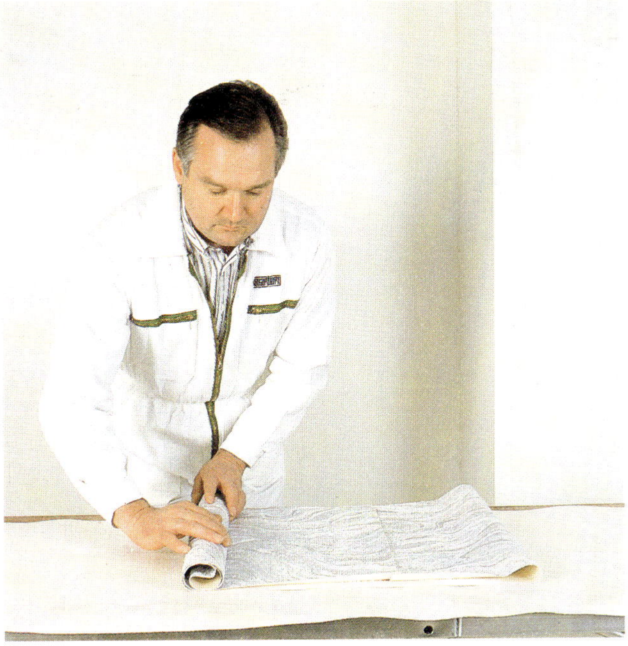

Zusammenlegen und Einrollen der eingekleisterten Tapetenbahn

Sie können die eingekleisterten Rückseiten auch **ziehharmonikaartig** übereinanderlegen. Das spart Platz. Achten Sie aber darauf, daß die Tapeten auf keinen Fall geknickt werden. Ziehen Sie die zusammengelegte Tapete nun so weit nach links, bis der noch nicht eingekleisterte Teil der Bahn mit der rechten Tischkante **bündig** liegt, und kleistern Sie ihn dann wie beschrieben ein.

Auch dieser Teil wird von rechts nach links **mit den Kleisterseiten übereinander** gelegt.

Mit einem **Kleisterautomaten** können Sie sich die Arbeit ganz erheblich erleichtern. Er besteht aus einer Kleisterwanne und zwei Rollen, deren untere den Kleister aus der Wanne aufnimmt. Die Tapetenbahn wird mit der **Oberseite nach oben** eingelegt und nach **rückwärts** durch das Gerät gezogen. Die fertig eingekleisterte Bahn liegt zum Schluß mit der Rückseite nach oben.
Sie wird genauso zusammengelegt, wie die mit der Bürste eingekleisterten Bahnen.

ÖKOTIP
Kleisterreste gehören nicht in den Hausmüll. Sammeln Sie die Reste zusammen mit anderen Materialien (z.B. Farbreste), die Sie zu einer Sammelstelle für Sondermüll bringen.

Die zusammengelegten Tapeten müssen jetzt abgelegt werden und solange **weichen**, wie vom Hersteller angegeben.
In der Regel dauert es nicht länger als **etwa 10 Minuten**. Je dünner das Papier ist, desto schneller weicht die Tapete.

Während die erste Bahn weicht, kleistern Sie die zweite ein. Achten Sie darauf, daß die Bahnen möglichst alle gleich lange weichen. Unterschiedlich lange eingeweichte Bahnen sind vor allem dann kaum noch fehlerlos zu verarbeiten, wenn es sich um gemusterte Tapeten handelt. Passen Sie also ihr **Arbeitstempo** beim Einkleistern der vorgesehenen Einweichzeit an. Da bei dünnen Tapeten die Einweichzeit sehr kurz ist, eignen sie sich auch schon aus diesem Grund nicht für Anfänger beim Tapezieren.

Lassen Sie den Kleister jeweils etwa 10 Minuten einweichen

Die Verwendung eines Kleisterautomaten erspart viel Arbeit

DIE ERSTE BAHN KLEBEN

Man beginnt nie unmittelbar in einer Wandecke. Wände und damit auch die Ecken und Kanten, an denen Tapeten aneinanderstoßen, sind nie ganz gerade. Es könnte daher leicht passieren, daß das ganze Tapetenmuster nicht gelingt, nur weil schon die erste Bahn **nicht** ganz **lotrecht** verläuft.

Mit Tapeten, die **Stoß an Stoß** geklebt werden, oder bei denen die **Nähte** materialbedingt **sichtbar bleiben**, beginnt man auf der Wand

gegenüber dem Fenster (bzw. dem Fenster mit der stärksten Belichtung) und in der Nähe der linken Ecke vom Fenster aus gesehen. Dabei teilt man die Wand so ein, daß der **Abstand** von den Ecken zum Rand der jeweils letzten plan geklebten Bahn links und rechts **gleich groß ist**.

Bei allen **anderen** Tapeten beginnt man unmittelbar **neben dem Fenster**, das den Raum am stärksten belichtet. Da man bei überlappenden Nähten immer die folgende Bahn auf die vorhergehende klebt, trifft das einfallende Licht auf die Bahnenkanten und erzeugt deshalb **keine Schatten**. Gut mit der Rolle angedrückte Nähte sind dann nicht zu sehen.
Ob man links oder rechts neben dem Fenster beginnt und dann im Uhrzeigersinn oder entgegengesetzt fortfährt, ist unerheblich und hat keinen Einfluß auf das Endergebnis.

Markieren Sie die Wand zunächst etwa 50 cm von der Fensterlaibung entfernt. Zeichnen Sie senkrecht darunter weitere Markierungen mit Hilfe eines **Senklots** ein und verbinden sie diese mit Lineal und Bleistift. Damit haben Sie die genau senkrechte **Anschlagslinie** ihrer ersten Tapetenbahn.

Messen Sie von dieser Linie aus an mehreren Stellen den Abstand zur Kante der Fensterlaibung. Er sollte nie mehr als 50 cm betragen, weil Sie ansonsten die Tapete etwa 3 cm weit um die Laibungskante herumkleben müssen.
Ist der Abstand zwischen Anschlagslinie und Laibungskante auch nur an einer Stelle größer als 51 cm, müssen Sie die Anschlagslinie entsprechend neu anlegen. Mit höchster Genauigkeit am Anfang, auch wenn Sie Ihnen zeitraubend erscheint, tun Sie sich selbst den allergrößten Gefallen.

Markieren Sie den Verlauf der Tapetenbahn mit Hilfe eines Senklots, Lineals und Bleistifts

Fassen Sie jetzt die **eingeweichte Tapetenbahn** an beiden Seiten und in den »Ziehharmonika-Windungen« am oberen Ende der Bahn so, daß Ihre Finger nur mit den **Tapetenoberseiten** in Kontakt kommen.
Die Falten im unteren Teil können sich nicht glattziehen, wenn Sie den richtigen Kleister verwendet haben und die Einweichdauer stimmt. Auf diese Weise läßt sich die zusammengelegte Bahn leicht dorthin transportieren, wo Sie sie brauchen.

Ziehen Sie die obere Falte vorsichtig auf und setzen Sie sie so an, daß der rechte Rand der noch teilweise zusammengelegten Tapete genau an der Anschlagslinie verläuft.

Falls Sie bis zur Decke tapezieren wollen, planen Sie zum exakten Zuschneiden einen **Überstand** von wenigstens 4 cm nach oben ein. Lassen Sie nun die oberen Falten der Tapeten-Ziehharmonika von unten nach oben so los, daß die Bahn über die Wandoberfläche **im gebremsten Fall** nach unten rutscht. Dabei hilft das Gewicht des unteren noch zusammengelegten Teils.

Wenn Sie hingegen die Tapete ruckartig loslassen, können die Bahnen leicht **reißen** oder sich in der Länge **verziehen**. Bei gemusterten Bahnen stimmt dann oftmals der Rapport nicht mehr.

Wenn die Bahn locker auf der Wand haftet, wird sie noch einmal genau nach der Anschlagslinie hin ausgerichtet. Drücken Sie dabei den linken Bahnenrand noch nicht an.

Erst wenn die Bahn genau ausgerichtet ist, wird auch der linke obere Rand fest angedrückt, indem man mit der Hand oder besser noch mit der **Tapezierbürste** diagonal aufwärts über den oberen Teil der Tapete streicht.

Während all dieser Vorgänge halten Sie die Bahn noch fest. Erst wenn sie am oberen Rand sicher hält, beginnen Sie, den oberen Teil der Bahn von oben nach unten und jeweils von der Mitte nach außen mit der Tapezierbürste glattzustreichen.

Glattstreichen mit Bürste

Anschließend klappen Sie den unteren Teil auf und streichen ihn in derselben Weise glatt. Zum Schluß werden noch die **Ränder** mit einem trockenen und sauberen Tuch angepreßt. Verwenden Sie dazu nicht die Tapezierbürste, damit die Borsten nicht verunreinigt werden.

Abschneiden des Überhangs an der Decke

Den **Überstand** in der Wand-Deckenecke zeichnet man entlang der Kante mit der Schere an und schneidet ihn anschließend sauber ab.

Abschlüsse an der Fußleiste lassen sich entweder mit einem **Kunststoffspachtel** und **Cuttermesser** exakt schneiden, oder man markiert die Kante mit einem Bleistift und schneiden den Überhang ab.

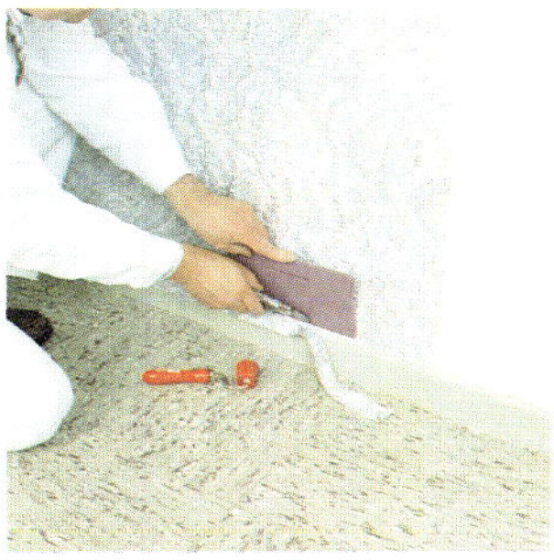

Abschneiden des Überhangs an der Bodenkante mit Cuttermesser

Abschneiden des Überhangs an der Bodenkante mit Schere

WEITERE BAHNEN KLEBEN

Die folgenden Bahnen werden **jeweils 3 cm überlappend bzw. Stoß an Stoß** rechts neben die erste Bahn geklebt. Man richtet sie nach der ersten aus.

Im Gegensatz zur ersten Bahn drückt man zunächst immer den oberen linken Bereich der Tapete an, ehe man die gesamte Bahn ausrichtet und dann fest anstreicht.
Sind zwei oder drei Bahnen fertig und glatt, kann man die Nähte noch einmal mit dem **Nahtroller** überarbeiten, damit sie wirklich unsichtbar sind.

Achten Sie bei Mustertapeten immer genau auf den richtigen Anschluß der Tapetenbahnen

Andrücken der Nähte mit Nahtroller

MINITIP
Bei Relieftapeten benutzt man zum Andrücken der Nähte ein trockenes und sauberes Tuch, da ein Nahtroller die Tapetenstruktur verletzen würde.

Bei Relieftapeten: Fixieren der Nähte mit sauberem Tuch

Kleisterrückstände waschen Sie in frischem Zustand sorgfältig mit klarem Wasser ab.

Am Ende: Nochmaliges Glätten mit Tapezierbürste

Spezialkurse

INNENECKEN TAPEZIEREN

Messen Sie zunächst an mehreren Stellen den Abstand vom Rand der letzten geklebten Bahn zur Ecke. Geben Sie zum größten Abstand noch 1 cm zu. Das ist Ihr **Richtmaß**, denn Sie müssen mit der nächsten Bahn ungefähr 1 bis 2 cm über die Ecke hinauskommen.
In der Regel brauchen Sie jetzt eine Bahn von geringerer Breite als der Normbreite. Das bedeutet, Sie müssen eine Bahn der Länge nach zuschneiden. Das funktioniert am besten, wenn Sie sich zum Tapeziertisch auch einen **Tapetenschneider** geliehen haben. Die Bahn wird **trocken** auf die gewünschte Breite geschnitten. Anschließend werden sie und der übrigbleibende Randstreifen **getrennt** eingekleistert.

Sollten Sie nicht über solch ein Gerät verfügen, markieren Sie auf der Rückseite der trockenen Bahn zunächst die gewünschte Breite. Zugeschitten wird die Bahn erst **nach dem Einkleistern**.

Vorher markieren Sie auf der anschließenden Wand das **Breitenmaß** des Randstreifens von der Ecke aus und konstruieren mit **Senklot**, **Bleistift** und **Lineal** eine Anschlagslinie für den rechten Rand des Reststreifens.

Jetzt kleben Sie zunächst die beschnittene Bahn wie die vorherigen Bahnen nach links ausgerichtet. Sie muß in der Ecke gut und möglichst **faltenfrei** eingepaßt

werden. Sollten Falten entstehen, schneidet man diese sofort ein und klebt sie übereinander.
Den Reststreifen richten Sie nach rechts entlang Ihrer **lotrechten Anschlagslinie** aus. Er bildet die erste Bahn auf der neuen Wand, nach der Sie alle folgenden Bahnen ausrichten.

Sie werden feststellen, daß die **Fluchtlinie** der Kante ganz anders verläuft als der Reststreifen. Hätten Sie sich nach ihr gerichtet, wären alle weiteren Bahnen schief verklebt worden.

AUSSENECKEN TAPEZIEREN

Außenecken zu tapezieren ist viel einfacher, weil es beim Umkleben der Ecke eigentlich nie zu Faltenbildungen kommt. Messen Sie zunächst an mehreren Stellen den **Abstand** vom Rand der letzten geklebten Bahn zur Ecke. Geben Sie zum größten Abstand noch 2 cm zu. Dieses **vergrößerte Richtmaß** ist das einzige was beim Tapezieren von Außenecken gegenüber Innenecken anders ist. Im übrigen verfahren Sie wie beim Tapezieren von Innenecken.

TEXTILTAPETEN KLEBEN

Textiltapeten benötigen einen **Spezialkleister**; in der Regel klebt man sie auf **Rollenmakulatur**. Bevor Sie mit dem Einkleistern beginnen, vergewissern Sie sich, ob die betreffende Sorte überhaupt eingekleistert werden darf, oder ob nicht die Wand gekleistert werden muß.

Im Unterschied zu Papiertapeten liegt nur **eine** Bahn zum Einkleistern auf dem Tapeziertisch. Die Einweichdauer ist länger, so daß vor dem Verkleben **nachgekleistert** werden sollte.

Doppelnahtschnitt beim Kleben von Textiltapeten

Textiltapeten klebt man **auf Stoß**. Weil aber die Bahnenränder nicht immer glatt sind, bringt man die Tapeten oft erst durch einen **Doppelnahtschnitt** auf Stoß. Dabei werden die Bahnen etwa 2 bis 3 cm überlappend geklebt. Geschnitten wird mit einem sehr scharfen **Universalmesser** entlang einem **Metallineal** auf der Mitte der Überlappung und anschließend zieht man

Beim Tapezieren von Außenecken müssen Sie auf eine Zugabe von 2 cm achten

Abziehen des unteren Streifens beim Doppelnahtschnitt

den oberen Abfallstreifen ab. Dann löst man die obere Bahn ein wenig von der Wand und zieht den unteren Abfallstreifen ab.
Die Bahnen liegen jetzt perfekt auf Stoß und werden mit der **Tapezierbürste** oder einem **Nahtroller** angedrückt.

Bahnen mit perfekten Rändern werden direkt auf Stoß und in **gleicher Faserrichtung** laufend verklebt.
Wenn Sie bei Bahnen mit perfekten Rändern an einer Stelle nur wenig überlappend kleben müßten, um den richtigen Anschluß zu erreichen, versuchen Sie es mit folgendem **Trick**:
Ziehen Sie von der untenliegenden Bahn gerade so viele Fäden ab, wie sie überkleben müßten. Zurück bleibt dann nur das Trägerpapier. Darauf kleben Sie den Rand der oben liegenden Bahn.

Textiltapeten sollten möglichst nicht an **Ecken** oder Kanten des Raumes zusammenstoßen. Verlegen Sie die Bahnen so, daß Sie sie möglichst weit um Ecken herumziehen können.

DECKE TAPEZIEREN

Eine Decke zu tapezieren ist nicht ganz einfach und bedarf einiger Übung. Man arbeitet immer über Kopf, gegen die Schwerkraft, außerdem muß man auf einer Leiter die Balance halten.
Eine absolut **standfeste Leiter** ist Voraussetzung. Noch besser ist es, wenn man aus zwei Böcken oder Standleitern und wenigstens zwei 30 cm breiten Bohlen eine **Arbeitsbühne** errichtet.
Beim Arbeiten sollte man eine Kopffreiheit von etwa 10 cm haben, und die Arbeitsbühne sollte lang genug sein, daß man eine Bahn in einem Arbeitsgang verkleben kann.
Bevor Sie mit den **Vorarbeiten** beginnen, legen Sie den ganzen Boden mit rutschfesten Materialien aus (am besten Malerfolien).
Decken sind immer besonders gut ausgeleuchtet, deshalb fallen Unebenheiten nach dem Tapezieren auch besonders deutlich ins Auge. Spachteln Sie die Decke also vorher sorgfältig glatt.
Man beginnt das Tapezieren einer Decke immer an der Seite, aus der die stärkste Belichtung kommt, und zwar parallel zu der betreffenden Wand.

Als erstes brauchen Sie auch hier wieder eine **Anschlagslinie** für die erste Tapetenbahn. Dazu markieren Sie die Decke an mehreren Stellen im jeweils gleichen Abstand von etwas weniger als einer Tapetenbreite (1 bis 2 cm). Verbinden Sie die Markierungen mit Bleistift unter Zuhilfenahme einer **Tapetenleiste**.

Einfacher ist es, wenn Sie eine **Schlagschnur**, eine leichte, aber stabile, mit einem färbenden Pulver eingeriebene Schnur benutzen. Die Schlagschnur befestigen Sie stramm zwischen zwei **Nägeln**, die Sie im richtigen Abstand von der Fensterwand und nahe an den Seitenwänden in der Decke eingeschlagen haben. Die Schnur wird nur senkrecht nach unten gezogen und wieder losgelassen, so daß sie an die Decke schlägt. Dabei bildet sie die Anschlagslinie über die ganze Deckenbreite.

Bevor Sie die erste Bahn ausmessen, zuschneiden und einkleistern, **leimen** Sie die Decke dünn mit Tapetenkleister **vor**.

Stellen Sie dann die Arbeitsbühne so auf, daß Sie sich beim Arbeiten nicht nach hinten lehnen müssen. Die zusammengelegte Bahn tragen und unterstützen Sie mit einem möglichst weichen, abgerundeten, aber dennoch sicher zu haltenden Gegenstand, z.B. einem sauberen Besen.
Dabei richten Sie den vom Fenster abgewandten Tapetenrand an der Anschlagslinie aus, danach streichen Sie die Bahn zur **Wandecke** hin an. Erst wenn sie richtig sitzt, drückt man sie vorsichtig mit der **Tapezierbürste** fest.

Die nächste Falte wird geöffnet, indem Sie die linke Hand langsam und vorsichtig nach links bewegen. Zugleich drücken Sie die Bahn weiter mit der Tapezierbürste kontinuierlich fest. Achten Sie dabei immer darauf, daß der **Bahnenrand** exakt an der Anschlagslinie ausgerichtet bleibt.

Das Anzeichnen der Anschlaglinie ist auch mit normalem Zollstock möglich

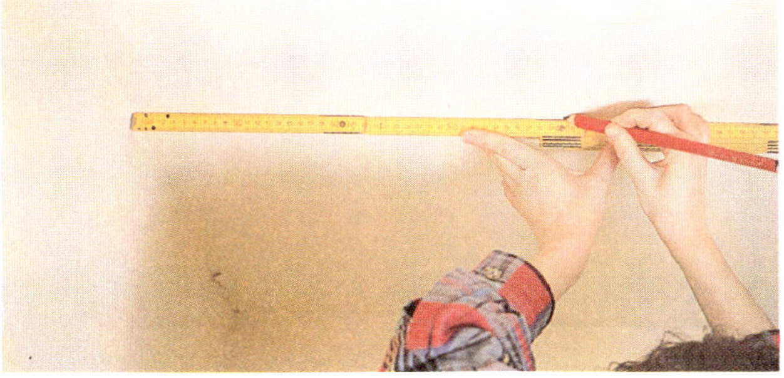

Vor dem Anbringen der Tapete an der Decke sollten Sie die mit Kleister vorleimen

Das Tapezieren der Decke geht am besten zu zweit

Am Ende immer exakt die Kanten schneiden

Nach einiger Übung schaffen Sie es vielleicht, eine Decke **im Alleingang** zu tapezieren. Viel leichter geht es jedoch **zu zweit**: Einer hält die Bahn mit einem Besen, während der andere tapeziert.

Wenn die Bahn fertig geklebt ist, wird sie noch an den Kanten exakt zugeschnitten. Das macht man genau so wie beim Tapezieren von Wänden: Erst mit Bleistift oder durch scharfes Andrücken markieren, dann abschneiden.

Eine Übungsvariante sozusagen zum Tapezieren von Decken hat man bei **schrägen Wänden**. Alles geht ein bißchen schwerer als beim Wändetapezieren, aber viel leichter als an der Decke.

Zum Ziehen der Anschlagslinie nehmen Sie bei schrägen Wänden wie bei Decken am besten die **Schlagschnur**.

Bei genauer Beachtung der Anleitung auf den vorhergehenden Seiten können Sie sich auch an das Tapezieren wertvoller Veloursstapeten wagen

Problemlösungen

DECKEL VON VERTEILERDOSEN

Man kann Verteilerdosen natürlich einfach **übertapezieren**. Das sieht aber nicht gut aus, weil sie sich immer durch die Tapete abdrücken, und wenn von der Verteilerdose aus z.B. ein **neuer Anschluß** gelegt werden soll, muß man die Tapete an der Stelle aufschneiden.

Deshalb sollten alle Verteilerdosen-Deckel und sonstige Abdeckungen vor dem Tapezieren **entfernt** und mit Resten der verwendeten Tapete **überklebt** werden.

Die Dosen tapeziert man über und markiert die betreffende Stelle noch beim Tapezieren z.B. dadurch, daß man dort mit dem **Universalmesser** einen **Kreuzschnitt** anbringt.

Nach dem **Trocknen** der Tapete schneidet man das Loch mit einer kleinen spitzen Schere mit **Überstand** aus. Den Überstand schneidet man rundherum radial ein, dann läßt er sich ganz einfach in die Dose falten, wo Sie ihn festkleben können.
Ganz zum Schluß setzen Sie den **tapezierten Deckel** wieder ein.

WANDVORSPRÜNGE TAPEZIEREN

Wandvorsprünge gibt es vor allem in älteren Häusern, z.B. durch in den Raum ragende Schornstein-Durchführungen oder als Halbsäulen verkleidete Konstruktionselemente. Man tapeziert sie am besten so, daß die erste Bahn genau mittig die **Hauptansichtsfläche** bedeckt. Das ist besonders wichtig bei **gemusterten Tapeten**, weil nur so das Muster ruhig und vollständig zur Geltung kommt. Im übrigen haben Wandvorsprünge maximal zwei Außen- und zwei Innenecken (Tapezieranleitung siehe »Spezialkurse«).

BLASEN UND FALTEN ENTFERNEN

Bis der Kleister richtig abgebunden hat, sind kleine **Blasen** in Papiertapeten ganz **normal**. Sobald die Tapete trocken ist, sind auch die Blasen verschwunden. Die jetzt noch vorhandenen schneiden Sie mit einer sehr feinen und scharfen **Klinge**, am besten mit einer Rasierklinge, der Länge nach auf. Dann streichen Sie mit einem feinen **Pinsel** etwas **Kleister** darunter, lassen die Tapete kurz weichen und drücken die Stelle vorsichtig an. Genauso verfahren Sie bei **Falten**.

OFFENE NAHTSTELLEN

Man beseitigt diesen Fehler, indem man die Tapete an der Stelle mit einem **Messer anhebt** und unterseitig mit einem feinen **Pinsel einkleistert**; nach kurzer Einweichzeit andrücken. Überschüssigen Kleister entfernen Sie mit einem Tuch.

BESCHÄDIGUNGEN AUSBESSERN

Beschädigte Tapeten kann man leicht mit einem passenden **Tapetenrest** ausbessern. Reißen Sie die Tapete um die schadhafte Stelle herum großzügig bis dorthin ab, wo die Tapete noch fest an der Wand haftet. Den **Flicken** reißen Sie so zurecht, daß er die Stelle vollständig bedeckt. Wenn Sie immer von der **Vorderseite zur Rückseite** reißen, bleibt die Oberseite des Flickens bis zum Rand erhalten.
Achten Sie darauf, daß das Muster paßt. Nach dem Einkleistern und der passenden Einweichzeit kleben Sie den Flicken auf und streichen ihn mit der Tapezierbürste fest an.

TÜREN UMKLEBEN

Das Tapezieren von Türen kann für den Anfänger problematisch sein.
Eine **Regel**: Man darf Türen **nie** von **beiden Seiten** angehen, sonst paßt das Muster nicht. Man tapeziert **von einer Seite** an die Tür heran. Wenn zuletzt die Bahn wesentlich breiter ist als der noch verbleibende Abstand zum Türrahmen, **teilt** man die Bahn, und zwar so, daß 2 bis 3 cm am Türrahmen überstehen. Den **Überstand** schneidet man nach dem Andrücken mit dem **Cuttermesser** am Spachtel entlang ab. Die übriggebliebene Bahn paßt man dann über der Tür ein und schneidet den Rest ab. So ist die Fortsetzung des Musters auf der anderen Seite der Tür garantiert.

FENSTERNISCHEN

Beginnen Sie an einer Seite des Fensters mit einer **geloteten Bahn**. Setzen Sie diese nicht an die Kante der Fensteröffnung, sondern lassen Sie sie so weit **überstehen**, daß die **Nischentiefe** (plus Zugabe) abgedeckt wird. Schneiden Sie oben und unten etwas ein und **klappen** so den **Überstand** nach **innen**. Die Zugabe am Rahmen und die Überstände auf und unter der Fensterbank schneiden Sie sauber ab. Die andere

Nach getaner Arbeit können Sie sich über das gelungene Tapezieren der Fensternischen freuen

Problemlösungen

Türen: Überstand am Türrahmen abschneiden

Übriggebliebene Bahn über der Tür einpassen

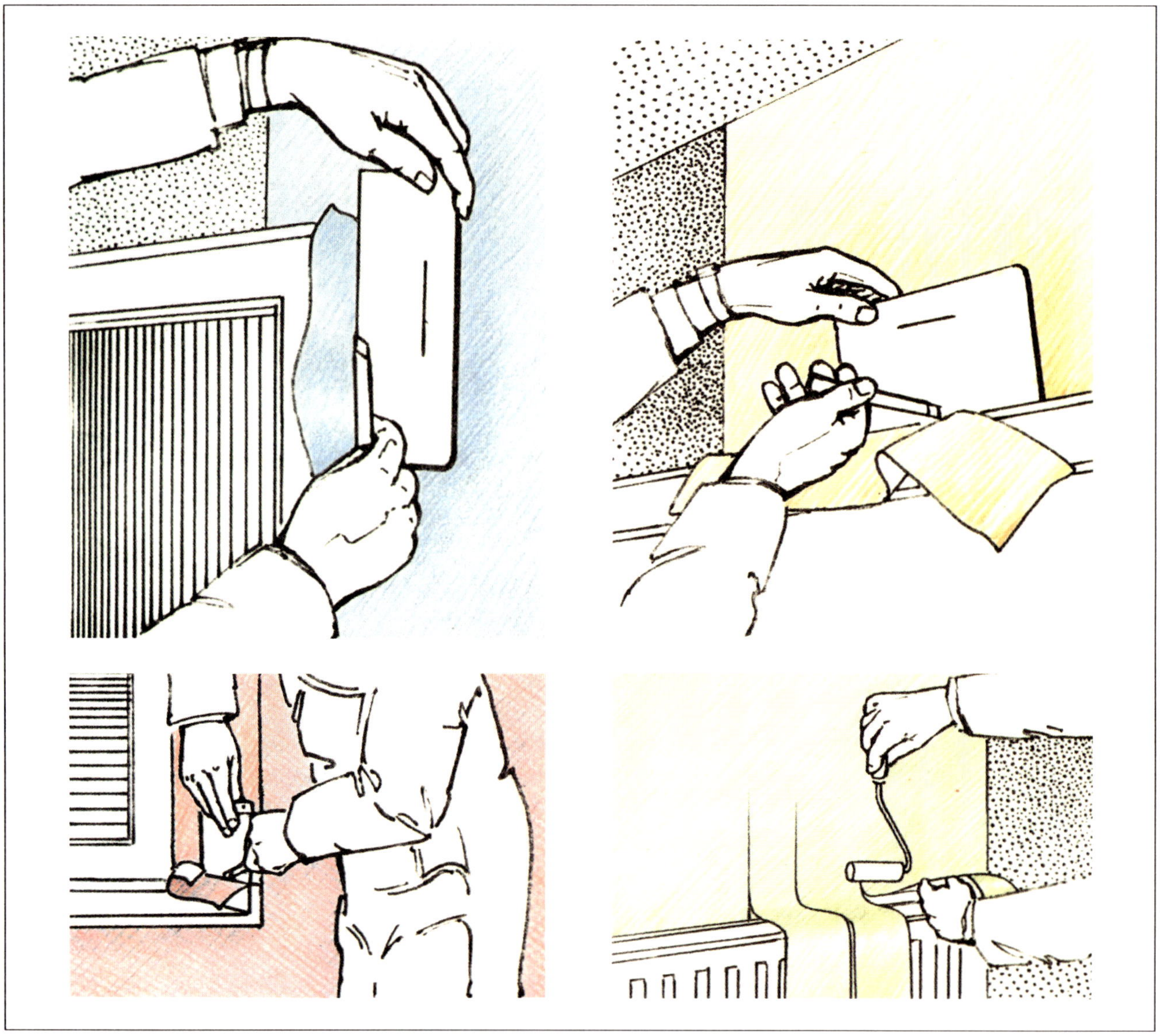

Fensternischen: Überstände am Fensterrahmen entlang abschneiden

Heizkörper: Rahmen in 10 cm breite Streifen schneiden und mit Farbrollen andrücken

Fensterseite und das Stück über dem Fenster müssen Sie einpassen. Man kann auch die nächste(n) Bahn(en) oben einklappen und hat dann nur das fehlende Stück zu ersetzen. So setzt sich das Muster in der Nische richtig fort. Oft können zu diesem Zweck auch **Reststücke** verwendet werden, die dem Maß und Muster entsprechend **zugeschnitten** werden.

HEIZKÖRPER

Tapetenbahnen, die **hinter** den **Heizkörper** kommen, nimmt man von unten bis zur Höhe des Heizkörpers doppelt und schneidet sie in ungefähr **10 cm breite Streifen**. Diese Streifen können Sie dann bequem aufziehen und mit einem schmalen **Farbroller** von oben, unten und durch die Rippen hindurch andrücken.

LICHTSCHALTER UND STECKDOSEN TAPEZIEREN

SICHERHEITSTIP
Bevor Sie mit dem Tapezieren von Schaltern und Dosen beginnen, schalten Sie in jedem Fall unbedingt den betreffenden Stromkreis ab.

Wenn Sie Schalter und Dosen **nicht abmontieren** wollen, gehen Sie folgendermaßen vor.

Lichtschalter
Kleben Sie die Tapetenbahn in der üblichen Weise bis zum Lichtschalter auf. Schneiden Sie nun ein **kleines Loch** in die Tapete, wo sich der Schalter befindet.

Von der Lochmitte aus schneiden Sie die Tapete bis zum Rand **diagonal** ein.

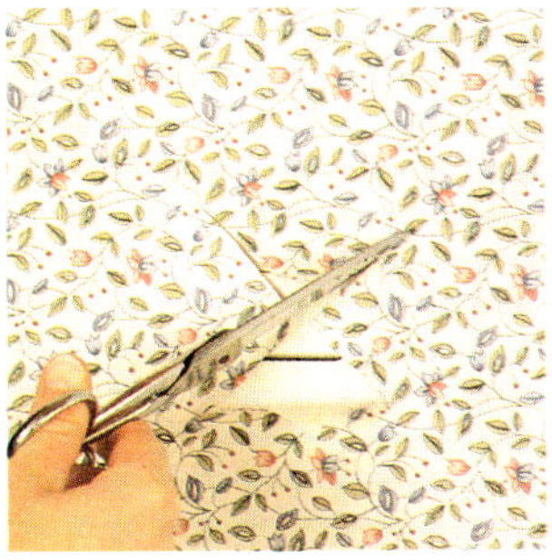

Tapete diagonal einschneiden

Jetzt können Sie die Tapete rund um den Schalter paßgenau ausschneiden.

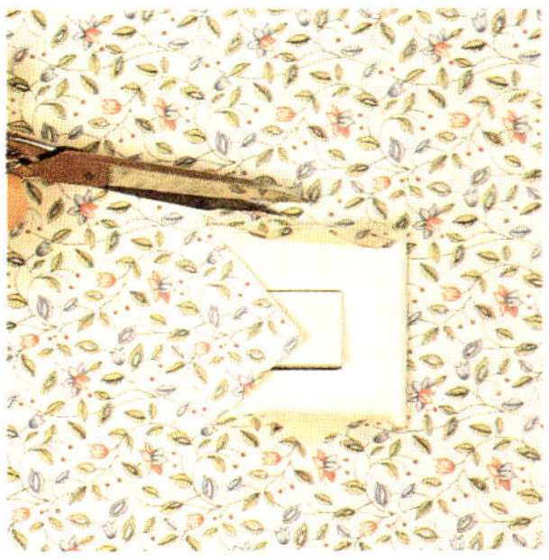

Paßgenaues Ausschneiden der Tapete

Anschließend drücken Sie die Tapete rund um den Schalter fest

Festdrücken der Tapete rund um den Schalter

MINITIP
Bei runden Schaltern müssen Sie mehrere sternförmige Einschnitte machen, dann erst können Sie die Tapete rundum paßgenau zuschneiden und festkleben.

Steckdosen
In diesem Fall kleben Sie die Tapete ebenfalls bis zur Steckdose.
Dann schneiden Sie von der Mitte der Dose ebenfalls diagonal die Tapete ein und **schrauben** den **Deckel** des Schalters **etwas locker**.

Deckel lockern

Jetzt schneiden Sie den **Überstand** der Tapete bis auf 2 – 4 mm ab.

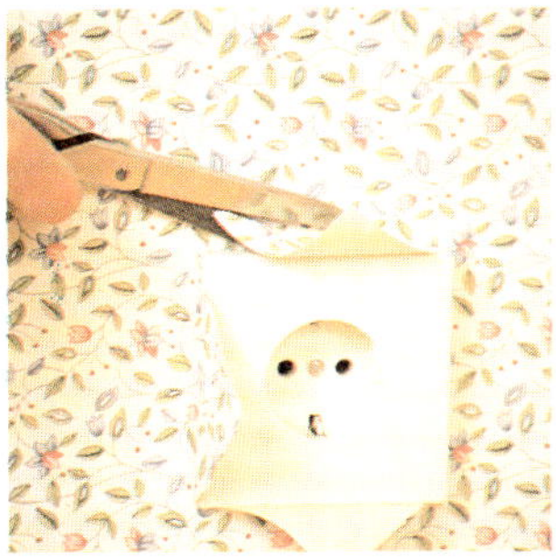

Überstand abschneiden

Danach können Sie den restlichen Überstand **unter den Schalterdeckel** schieben. Zuletzt schrauben Sie den Deckel wieder fest.

Überstand hinter die Dosenabdeckung schieben

RUNDBOGEN TAPEZIEREN

Rundbögen über Fenstern und Türen sind besonders einfach zu tapezieren. Schneiden Sie die Bahnen zunächst relativ **grob** in der betreffenden **Bogenform** aus, am besten noch **vor** dem Einkleistern. Achten Sie darauf, daß die ausgeschnittenen Bahnen **lang genug** sind. Bei rapportlosen Tapeten rechnen Sie gut 10 cm dazu, bei Tapeten mit Rapport rechnen Sie den Rapport und 10 cm zusätzlich hinzu.
Die Bahnen kleben Sie von der Decke her zunächst so, daß der Rapport (falls vorhanden) stimmt.
Schneiden Sie nun die Bogenform so nach, daß der Rand des Tapetenbogens den der **Wandöffnung** um etwa **2 cm** überragt.

Den Tapetenbogen schneiden Sie bis zur Höhe des Wandöffnungsbogens in möglichst **kleinen Abständen** jeweils **keilförmig** ein, so daß kleine Zacken stehen bleiben. Die kleinen **Zacken** legen Sie auf die **Innenseite** des Wandbogens um und kleben sie fest. Schneiden Sie einen Tapetenstreifen für die Rundung in Wandbreite zurecht und kleben Sie ihn an. Bei gemusterten Tapeten achten Sie darauf, daß das Muster auch in der Mitte des Streifens steht.

Tapetenstreifen in die Rundung kleben

Kleben Sie den Tapetenstreifen auf die Innenseite des Bogens, so daß er die **umgelegten Zacken** vollständig **bedeckt**.

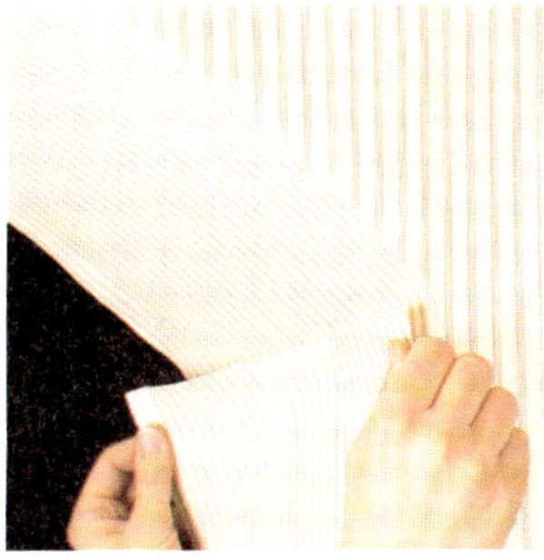

Tapetenstreifen auf die Innenseite kleben

Die geraden Teile der Wandöffnung tapezieren Sie genauso wie Wandvorsprünge oder Wandecken. Achten Sie jedoch bei Mustertapeten auf den richtigen Anschluß des Musters.

Beim Tapezieren von Rundbögen schneiden Sie die Tapete keilförmig ein

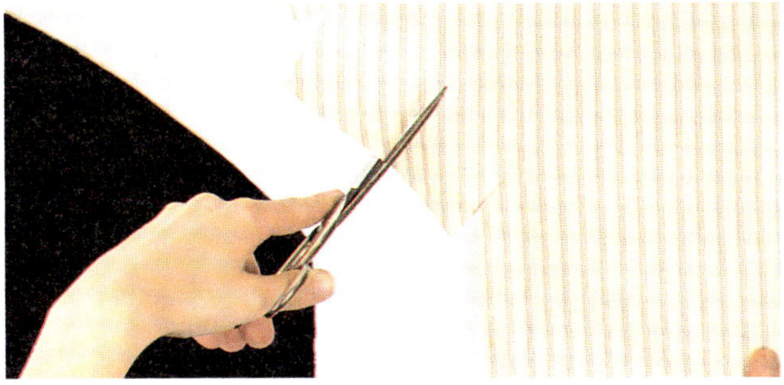

Problemlösungen

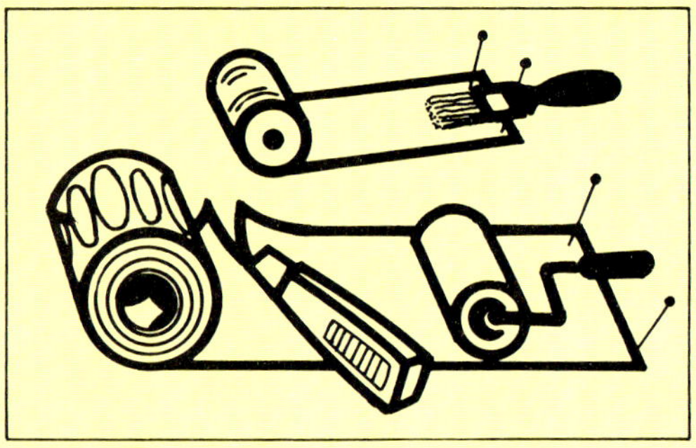

1

2

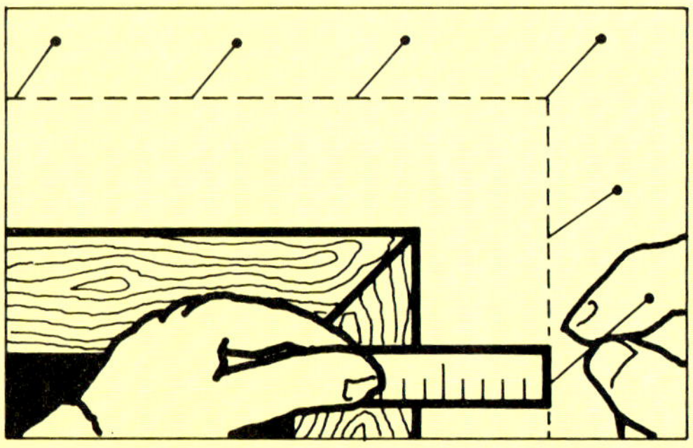

3

4

BORTEN UND BORDÜREN

Borten und Bodüren eignen sich hervorragend, um beispielsweise **hohe Räume zu unterteilen**, Tür- und Fensterrahmen von anderen Elementen **abzuheben** und dazu, je nach Bedarf oder Geschmack, verspielte, geometrische oder zum Stil der Möbel passende **Akzente** zu setzen.

Borten-Abschlüsse, abgestimmt mit dem Wohnumfeld, betonen Ausblicke sowie Durchgänge. Darüber hinaus haben Sie zusätzliche **Vorteile**: Decken- und Fußleistenabschlüsse müssen nicht so exakt tapeziert sein, wenn Sie mit der Borte einen sauberen Abschluß herstellen.
Natürlich sollte man aufpassen, wo man und vor allem wo man **welche** Bordüren vorgesehen hat. Denn nicht überall passen sie hin, auch nicht zu jeder Tapete. Wenn Sie eine stark **gemusterte** Tapete verkleben, wirkt diese meist für sich allein schon sehr lebhaft und akzentsetzend genug. In diesem Fall erübrigt sich eine zusätzliche Bordüre. Dagegen verträgt eine **schlichte** Tapete durchaus einen dekorativen Abschluß.

Heute gibt es außerdem schon zu sehr vielen Tapeten passende Bordüren, so daß Ihnen die Wahl einfacher gemacht wird.

Wenn Sie sich nicht sicher sind, ob eine Bordüre paßt oder nicht, **skizzieren** Sie sich vorher Ihr Muster. Sie können aber auch mit Mustertapeten **Kombinationen** ausprobieren.

Wenn Sie sich für eine Bordüre entschieden haben, schneiden Sie sie auf die **gewünschte Länge** zu. Befestigen Sie sie auf Ihrem Tapeziertisch mit Nadeln oder Klebeband. Tragen Sie den **Klebstoff** auf. Bei schmalen Bordüren können Sie das mit einem Pinsel tun, bei breiteren mit einer Walze **(Bild 1)**.

Legen Sie Ihren Bordüren-Streifen zusammen und lassen ihn kurz **weichen (Bild 2)**.

Als nächsten Schritt **markieren** Sie die Stellen an der Wand, wo Sie die Bordüre haben wollen. Dafür spannen Sie eine **Schnur** an der Wand und zeichnen die Klebestellen an. Sie können diese auch mit **Stecknadeln** markieren **(Bild 3)**.

Nun nehmen Sie die geweichte Bordüre vom Tisch und setzen Sie an den Markierungen an. Drücken Sie sie fest. Das machen Sie am besten mit einer sauberen **Tapezierbürste** oder einer **Walze (Bild 4)**.

Decken tapezieren

Tapezierte Decken schaffen mehr Wohnlichkeit. Im Gegensatz zum nackten Putz vermittelt die gleichmäßige, feine Struktur der Rauhfaser der Decke einen bekleideten Eindruck.

Wenn Sie beim Zurichten der **Bahnen** die Tapete maßgenau abreißen, lassen sich mit dieser ausgefransten Kante weichere **Übergänge** zur Tapete der Wand erreichen. Anstelle von professionellem Gerät können Sie auch einen **Fuchsschwanz** benutzen.

Kanten reißen

Das geht auch direkt an der Decke, wenn Sie mit größerer Zugabe arbeiten wollen.

Reißen von Rauhfasertapeten am Fuchsschwanz.

Die **Tapete** darf nur nicht zu durchgeweicht sein. Als **Ablage** für das gefaltete Tapetenpaket ist ein spezielles **Bord** an der Leiter sicherer als der hilfreich gehaltene Besen, vor allem am Anfang der Bahn. Zwei **Zuschnitte** aus 12 mm dickem Sperrholz 10 x 53 und 25 x 53 cm miteinander und an zwei **Stützlatten** (ca. 30 x 15 mm) verschrauben. Als Anlage für die erste **Bahn** eine dünne Maurerschnur zwischen zwei **Stahlnadeln** in der Decke spannen. Zur malerüblichen Markierung, dem »Schnurschlag«,

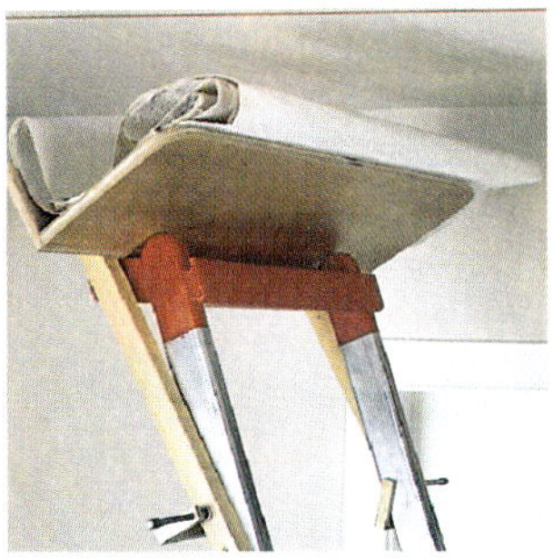

Stützlatten bringen die Ablage bis knapp unter die Decke.

gehören zwei **Personen** und eine mit farbiger Kreide eingestäubte Hanfschnur. Der **Abstand** dieser Markierung

Tapete über einem Rundstab an den Markierungen anlegen.

soll zur Wand eine **Ausgleichsbahn** ergeben, die mit gerissener Kante noch 10 bis 15 mm durch die Ecke auf die **Wand** reicht. Überlange, eingekleisterte **Tapetenbahnen** lassen sich besser im Zick-Zack zusammenlegen, entsprechend der Entfernung der **Ablage** auf der Leiter von der Wand, für den Anfang gut zweimal 50 cm und anschließend etwa 80 cm lange Teilstükke. Ein Bleistiftstrich auf Decke und dem Anfang der Tapetenbahn erleichtert genaues Anlegen. Auch dieser Anfang soll noch auf die Wand reichen. Zum **Beginn** die auseinandergezogene Tapete über einem Rundstab an die **Bleistiftmarkierung** legen und möglichst gerade zur Wand hin leicht mit der **Hand und dem Stab** andrücken. Danach das andere Teilstück zur **Raummitte** hin nach der Schnur ausgerichtet andrücken.

Fläche anwalzen

Wenn die **Tapetenkante** auf gut einem halben Meter genau mit der **Schnur** übereinstimmt, dieses Stück mit der **Hand** etwas fester anstreichen. Zum Korrigieren

Rest der Bahn über die Ablage hängen lassen und anbürsten.

kann man den **Anfang** noch einmal abziehen. Anschließend auf dem ersten Stück mit der **Andrückrolle** mögliche Luftblasen herauswalzen. Den längeren Rest der Bahn **Stück für Stück** anbürsten und von der Mitte zum Rand hin anwalzen. Die weiteren **Bahnen** auf gleiche Weise mit dicht aneinandergestoßenen **Nähten** anfügen. Falls notwendig, die Nähte zusätzlich mit dem Nahtroller andrücken.

Zum **Decken** tapezieren Spezialkleister tags zuvor nach Vorschrift anmischen. Vom Beginn des Kleisterauftrags bis zum Ansetzen sollen exakt zehn **Minuten** verstreichen. Sonst werden die Bahnen durch die längere Zeit der **Verarbeitung** zu weich.

ARBEITSMATERIAL

- Rauhfasertapete
- Spezialkleister
- Tapeziertisch
- Tapezierwerkzeug
- Fuchsschwanz
- Maurerschnur
- Stahlnadeln

Fliesenfläche tapezieren

Alte, gesprungene Fliesen in unterschiedlichen Farben und ausgebrochene, undichte Fugen sind sanierungsbedürftig. Es müssen jedoch nicht unbedingt neue Fliesen über die alten geklebt werden.

Das attraktive Ergebnis einer Renovierung mit Glasfasertapete.

Auch stark beschädigte geflieste **Flächen,** ob in Bad, Dusche oder Küche, lassen sich noch mit einer hochfesten Tapete aus **Glasfaser** renovieren. Diese wird mit speziellem, rollfähigem **Dispersionskleber** verarbeitet und mehrfach mit **Acryllack** beschichtet. Das ergibt einen dauerhaften, spritzwasserdichten **Belag.** Fehlstellen und offene Fugen im **Untergrund** lassen sich besonders einfach mit einem zementfesten Dispersionskleber schließen. Der mit **Zement** (bis zu 30 Prozent) angemischte Kleber ist als **Spachtelmasse** besonders geschmeidig, härtet schnell und haftet sehr gut auf glasierten Fliesen.

Loses Fugenmaterial mit altem Stecheisen herauskratzen.

Mit Dispersionskleber-Zementgemisch Übergänge füllen.

Geschmeidiger Spachtel

Er läßt sich auch in nahezu beliebiger **Dicke** auftragen. Dadurch kann man zum Beispiel in den Ecken eine große **Hohlkehle** formen. Diese läßt sich nicht nur besser tapezieren, sondern auch nach dem **Duschen** leichter trocknen. Dafür die Spachtelmasse mit einem abgerundeten **Kunststoffspachtel** in die Ecken ziehen und mit nassem Pinsel glätten. Glasfasertapete wird an den **Nähten** gegeneinander gestoßen und nicht übereinander geklebt. Zum **Beschneiden** braucht man vor allem geeignetes **Werkzeug.**

Hohlkehlen in Ecken formen und Öffnungen zuspachteln.

Zum **Tapezieren** wird der Dispersionskleber mit einem Farbroller mit kurzfloriger **Rolle** auf die zuvor gesäuberten Fliesen aufgetragen. Auf **Flächen,** die sich nicht tapezieren lassen, wie zum Beispiel die **Seifenschale,** ebenfalls Kleber auftragen. Getrocknet bildet er eine gute Haftbrücke für die anschließende Lackierung.

Die **Übergänge** von Wand zur Duschwanne zuerst mit einem Tapetenstreifen belegen, der an der **Wand** etwa 2 cm hochsteht. So kann die Tapetenbahn von der Wand über diese **Kante** greifen und diese besonders kritischen **Fugen** gut abdecken. Nach dem Einlegen der Tapete in das **Kleberbett** wird die Glasfasertape-

Die Oberfläche mit nassem Pinsel einfach glätten.

SICHERHEITSTIP

Fugenmörtel greift wie Zementmörtel auch Ihre Haut und Ihre Fingernägel stark an. Schützen Sie deshalb Ihre Hände beim Verfugen mit wasserdichten Gummihandschuhen. Wenn Sie keine Gummihandschuhe zur Verfügung haben, so bietet auch das sorgfältige Eincremen mit einer fetthaltigen Handcreme einen gewissen Schutz. Mörtelspritzer im Auge sollten Sie sofort mit viel klarem Wasser auswaschen.

te weich und elastisch. So läßt sie sich zwar gut den **Konturen** von Rundungen - zum Beispiel um die Armaturenanschlüsse - anpas-

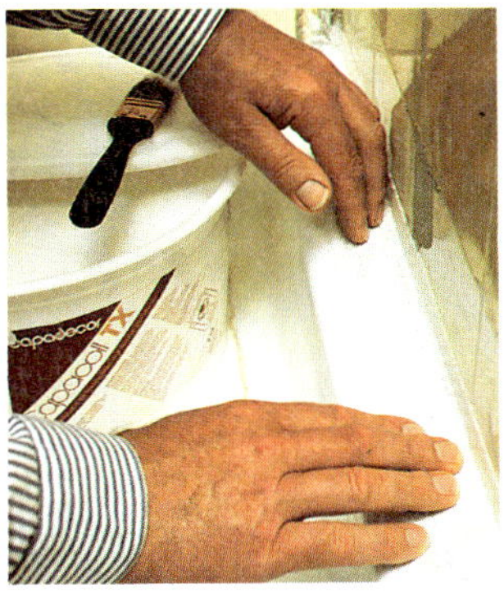

Übergänge zuerst mit einem Tapetenstreifen belegen.

sen, dann aber nur noch mit der **Schere** schneiden. Ausschnitte sollten Sie deshalb an der noch trockenen **Tapetenbahn** herstellen.

Glasfaserarmierung

Die Tapetenbahn für **Außenecken** mit exakt ge-

Kleber mit kurzflorigem Farbroller großzügig auftragen.

raden Stoßkanten zuschneiden. Der um die **Ecke** reichende Streifen darf nicht zu breit sein, weil er sich an unebenen **Kanten** sonst nicht sauber verkleben läßt. Alle zunächst nur mit der **Hand** glattgestrichenen Tapetenflächen gleich anschließend mit der **Andrückrolle** intensiv, aber bei

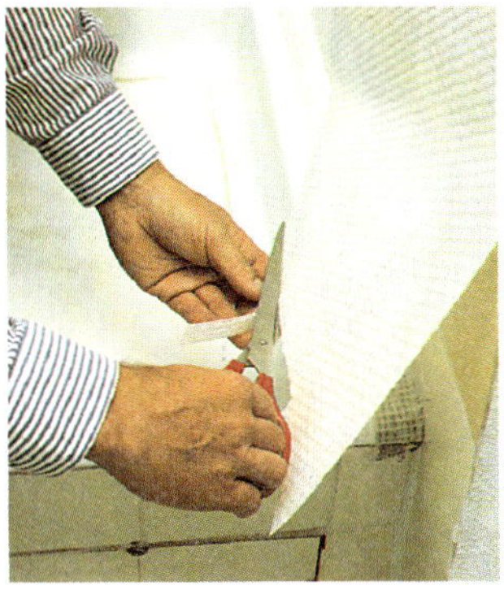

Untere Kante mit Scherenspitze markieren und abschneiden.

wenig Druck im Kleber anwalzen.

Aus **Glasfasertapete** und Kleber entsteht eine armierte **Kunstharzschicht,** wenn

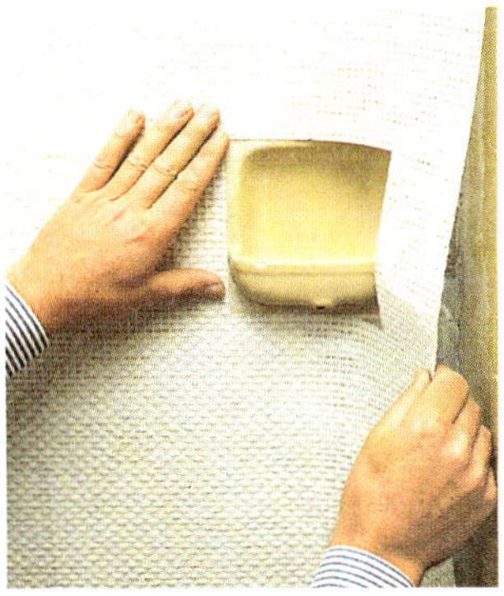

Ausschnitte genau ausmessen, aufzeichnen und ausschneiden.

man die Oberfläche noch mit zwei möglichst dünnen **Kleberschichten** überzieht. Nicht naß in naß, sondern auf zuvor getrocknetem **Untergrund.**

Lackbeschichtung

Für den **Acryllack** ist ein Farbroller mit kurzfloriger **Mohairwalze** besonders geeignet. Durch zwei bis drei dünne Lackschichten wird die **Oberfläche** dicht geschlossen, ohne die **Struktur** der Tapete zu verdecken. Wo die Acrylatfarbe bis auf die **Duschwanne** reichen soll, ebenfalls vorher

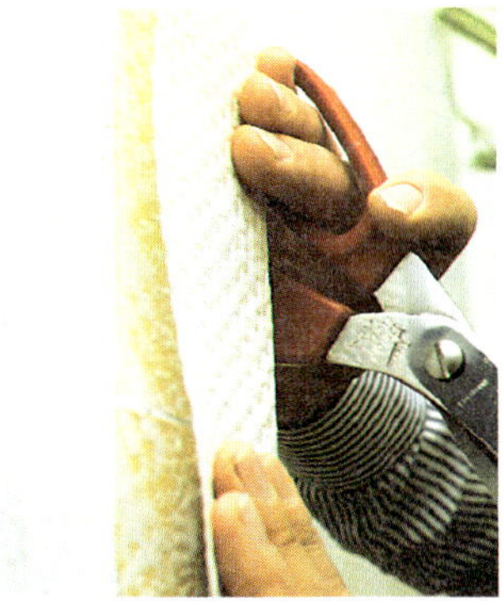

Außenecken etwa 5 bis 8 cm weit umkleben.

Dispersionskleber als Haftbrücke auftragen und vor dem **Farbanstrich** durchtrocknen lassen. Dort wird der **Anschluß** zur Duschwanne exakt und gerade,

Faltenfreie Tapete fest und gleichmäßig anrollen.

wenn man den unteren Rand mit naßfestem **Kreppband** eingrenzt und den Anschluß zweimal mit dem Pinsel

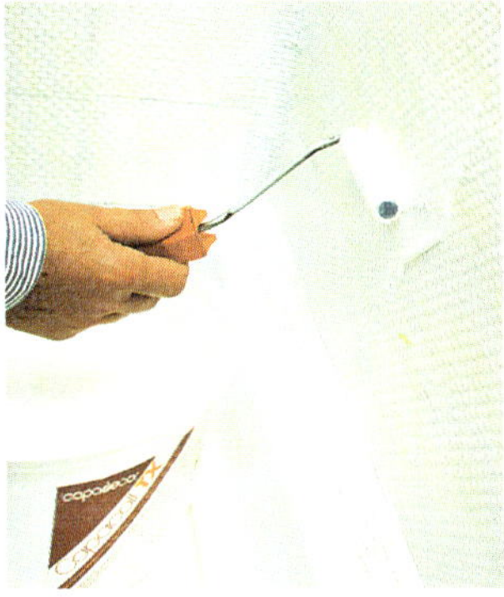

Tapetenfläche dünn mit zwei Kleberschichten grundieren.

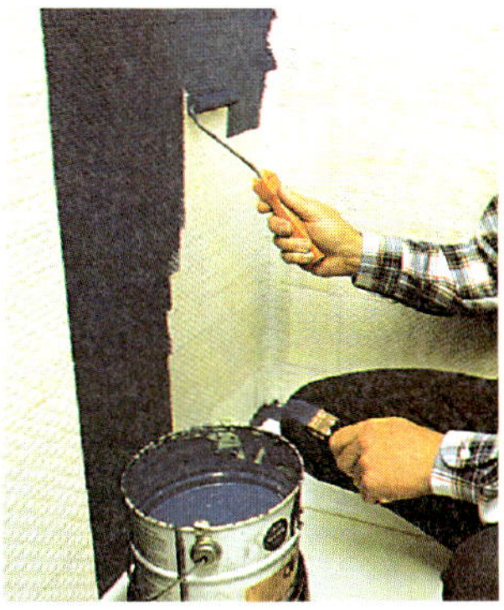

Wasserdichte und strapazierfähige Oberfläche mit Acryllack.

streicht. Die zweite **Lackschicht** soll zwei bis drei Millimeter weiter auf die Wannenglasur reichen. Das Kreppklebeband bei jeder einzelnen **Lackschicht** ent-

Perfekter Abschluß der Lackfläche am Rand der Duschwanne.

fernen, solange der **Farbauftrag** noch feucht ist. Dann die Flächen bis knapp an die Duschwanne mit Farbe beschichten und als **Abschluß** die Kante noch einmal abgeklebt lackieren.

ARBEITSMATERIAL

- Dispersionskleber
- Glasfasertapete
- Acryllack
- Stecheisen
- Kunststoffspachtel
- Pinsel
- Farbroller
- Tapetenschere
- Andrückrolle
- Kreppklebeband

Anstriche – ob farbig oder farblos klar – beleben Innenräume, heben architektonische Details hervor. Vor allem aber schützen sie die Untergründe.

Anstreichen, Lackieren und Lasieren

Auch Möbelstücke lassen sich durch Anstriche »aufmöbeln«. Sie verändern das Aussehen der Wohnung und setzen besondere Akzente.

WERKZEUGE UND ARBEITSMATERIALIEN

Zum Anstreichen, Lackieren und Lasieren benötigen Sie:
Leitern, **Gerüste** zum Arbeiten an Decken und Wänden.
Schnüre und einen **weichen Bleistift**.
Abdeckmaterialien zum Schutz der gerade nicht bearbeiteten Flächen.
Pinsel für kleinere Flächen und schwierige Stellen.
Malerbürsten zum zügigen Arbeiten auf größeren Flächen, besonders auf Wänden und Decken.
Farbroller für größere und plane Flächen.
Ein **Abstreifgitter,** wenn Sie mit der Rolle arbeiten und keinen Lack verwenden.
Eine **Farbwanne,** wenn Sie Lack mit einem Lackroller verarbeiten wollen.
Einen **Farbeimer** oder ein **passendes Arbeitsgefäß,** in das Sie die Farbe aus dem Originalgebinde umgießen.
Verschiedene **Griffspachteln** zum Abschieben abgebeizter Altanstriche.
Japanspachtel, um kleinere Flächen glattzuspachteln.
Doppel-Flächenspachtel zum Glattspachteln größerer Flächen (z.B. Türblätter).

Beim Bauen und Renovieren gehört das Malern zu den Arbeiten, die besonders häufig als Eigenleistungen erledigt werden. Es ist auch besonders lohnend, weil bei Malerarbeiten der Lohnkostenanteil mehr als doppelt so hoch ist wie der Materialkostenanteil.

Materialien und Werkzeuge

Farben, Lacke und andere Beschichtungsmittel bestehen grundsätzlich aus vier Komponenten: aus **Binde-** und **Lösemitteln** (bzw. Verdünnungsmittel), **Pigmenten** und **Zusatzstoffen**.

Daneben gibt es – wie überall – auch bei den Anstrichmitteln viele **Sonderfälle**. Bei Kalk- oder Zementfarben etwa ist das Bindemittel zugleich auch schon das Pigment, wenn man eine rein weiße Wand haben möchte. Und die Grundierung für einen Reinsilikatfarben-Anstrich besteht überhaupt nur aus dem Bindemittel Wasserglas.

FARBEN, LACKE, LASUREN, BEIZEN

Generell unterscheidet man die Anstrichmittel zum einen danach, ob sie **lösemittelhaltig** oder **wasserverdünnbar** bzw.

Materialien und Werkzeuge

Pigmente sind anorganische und organische Verbindungen, die der Farbgebung dienen

wasserlöslich sind, zum anderen nach ihren **Bindemitteln**.

Nach den Bindemitteln unterscheidet man die Anstriche deshalb, weil die Bindemittel ganz wesentlich die Eigenschaften der fertigen, abgebundenen Beschichtung bestimmen. So unterscheidet man noch heute »Lacke« von anderen Beschichtungen, weil es tatsächlich einmal nur ein »Lackbindemittel« gab – den Schellack.
Darüber hinaus gibt es noch eine große Zahl beschreibender Bezeichnungen für Anstrichmittel, die sich zum einen auf das **Aussehen** des fertigen Anstriches (beispielsweise Lasur, Klarlack, Streichputz, Goldbronze), zum anderen auf den Zweck (Fensterlack, Bootslack, Wandfarbe, Vorstreichfarbe, Imprägnierung) oder auf bestimmte **Eigenschaften** des Anstrichmittels beziehen (Dickschichtlasur, Eintopf-Farbe).

Wasserlösliche Anstrichmittel
Leimfarben
Das Bindemittel von Leimfarben ist **pflanzlicher Stärkeleim** oder **Zelluloseleim**. Selbstverständlich könnte man aber auch Gelatine nehmen. Die Leime erhärten durch Verdunsten des Wassers.

Man bekommt die Leimfarben als Pulver, getrennt in Leim und Pigmente, als pastösen Naßleim, dem das Pigment noch zugesetzt werden muß, oder bereits streichfertig gemischt.

Pigmente für Leimfarben

Als **Pigmente** kann man nahezu alles verwenden, was diesbezüglich im Fachhandel angeboten wird. Sie decken in Leimfarben fast alle gut, auch solche, die in öl-, harz- oder kunststoffgebundenen Farben und Lacken nur als Lasurpigmente eingesetzt werden. Wenn man die Leimfarbe selbst anmischen will, muß man die Pigmente zuerst in Wasser einsumpfen, ehe man den Leim getrennt davon in Wasser auflöst, bzw. die Naßleimpaste mit Wasser verdünnt.
Nach etwa 30 Minuten wird der Leim noch einmal kräftig durchgerührt, ehe man die eingesumpften Pigmente zumischt. Genaue Anweisungen finden Sie jeweils auf den Packungen.

Einrühren der Pigmente in Leim

Leimfarben sind **ungiftige organische Stoffe**, ihre Bindemittel bleiben immer wasserlöslich. Man kann sie deshalb **nicht** in Kellern, Küchen oder Bädern verwenden. Für Innenwände und Decken wenig bis normal beanspruchter Räume eignen sie sich dagegen sehr gut.
Leimfarben bilden gut wasserdampfdurchlässige Filme und werden bei richtiger Dosierung des Bindemittels wischfest.

Wenn Sie selbst eine Leimfarbe mit Stärkeleim anmischen, müssen Sie darauf achten, daß Sie nicht zuviel Bindemittel verwenden, sonst kommt es zu Spannungsrissen im fertigen Anstrich. Bei Zelluloseleim besteht dieses Risiko nicht. Leimfarbanstriche haften gut auf allen mineralischen Untergründen und festsitzenden Tapeten.

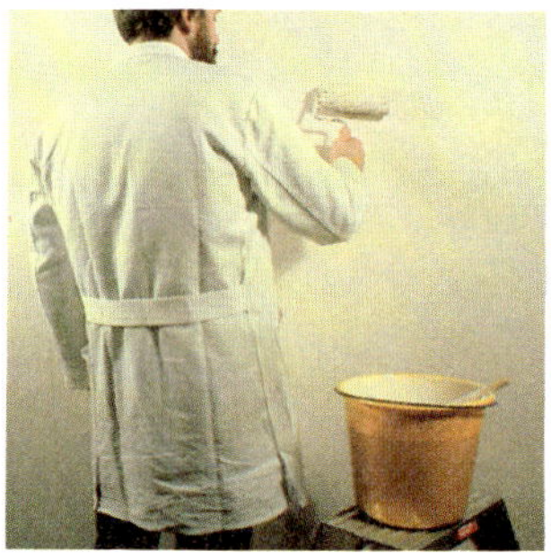

Leimfarben sind ideal für Innenwände

Hinweis:
Auf Holz, Öl- und Dispersionsfarbanstrichen sind Leimfarben ungeeignet. Da sie keine tragfähigen Schichten bilden, kann man sie nicht übertapezieren oder mit einer anderen Farbe überstreichen.

ÖKOTIP
Die Bindmittel von Leimfarben sind immer wasserlöslich. Daher benötigt man zur Reinigung der Werkzeuge keine umweltbelastenden Reinigungsmittel. Man säubert sie stattdessen einfach mit Wasser.

Wasserverdünnbare Anstrichmittel
Wasserverdünnbare Anstrichmittel sind die **Kalk**- und **Zementfarben** und als größte Gruppe von allen Anstrichmitteln überhaupt die **Dispersionsfarben**, wozu auch die **Latexfarben** und **Wasserlacke** gehören.

Kalkfarben
Sie bestehen aus verdünnter Kalklauge. Angeboten werden **Luftkalke** (z.B. Weißkalkhydrat, Dolomitkalkhydrat) oder **hydraulische Kalke** (Wasserkalkhydrat, hydraulischer und hochhydraulischer Kalk).

Man bekommt Kalkfarben in der Regel in ansetzfertiger Form als Pulver; Luftkalkfarben erhält man auch pastös eingesumpft.

Kalkfarbe als Pigment oder Paste

Zum **Abtönen** sind nur kalkechte **Buntpigmente** geeignet. Starke Farbtöne sind nicht möglich, weil Kalkfarben Pigmente nur bis maximal 5 % binden.
Die hydraulischen Kalke sind wetterbeständiger als die Luftkalke.

Luftkalke binden allein durch Aufnahme von Kohlendioxid und Feuchtigkeit aus der Luft ab, hydraulische und hochhydraulische Kalke durch Kohlendioxid aus der Luft und Aufnahme von Wasser.

Schützen Sie deshalb einen Kalkfarbenanstrich besonders sorgfältig vor zu raschem Austrocknen, er härtet sonst nicht richtig aus, und es kann zu Abplatzungen oder Abblätterungen kommen, die sich nur schwer wieder beheben lassen.

Um Abplatzungen zu vermeiden, schützen Sie Kalkfarbenanstrich vor zu raschem Austrocknen

Anwendungsgebiet
Kalkfarben ergeben sehr schöne, körnige, fast porös wirkende **Oberflächen**; sie bilden keine Filme. Man verwendet sie **innen** und **außen** auf Kalk-, Kalk-Zement- und Zement-Putzen, auf Schalungsbeton, gebrannten und ungebrannten Mauersteinen (nur innen), an Fassaden, Wänden und Decken.
Sie sind feuchtigkeitsunempfindlich und wirken desinfizierend und fungizid, deshalb eignen sie sich auch für Decken und Wände in Küchen und Bädern, Kellern und Lagerräumen. Man kann sie bereits auf die noch frischen Untergründe aufbringen. Im allgemeinen sind drei Anstriche zur Deckung erforderlich. Streichen Sie sehr dünnflüssig, sonst blättern die Anstriche ab.

Hinweis:
Kalkfarben sind **nicht geeignet** für **Sichtbeton**, ebenso nicht für alle **Holz-** und **Metalluntergründe**.

Einmal angesetzte Kalkfarbe aus **Luftkalk** ist fast unbegrenzt lagerfähig, wenn sie genügend Wasser enthält. **Hydraulische Kalke** binden in Wasser ab; die Farbe wird unbrauchbar. Geringere Zusätze von Leinöl (bis 0,5 %) verbessern die Verstreichbarkeit und Wetterfestigkeit. Für Innenanstriche kann man statt des Leinöls auch Zelluloseleim zusetzen. Dann ist der Anstrich aber nicht mehr feuchtigkeitsfest.

SICHERHEITSTIP
Kalk und Zement bilden starke, ätzende Laugen. Schützen Sie sich beim Malern mit Schutzbrille und Arbeitshandschuhen.

Die Wetterfestigkeit erhöht sich ebenfalls bei Zusatz von Kasein oder Wasserglas. Solche Zusätze befinden sich in vielen ansetzfertigen handelsüblichen Kalkfarben.

Werkzeuge und Geräte muß man sofort mit Wasser reinigen. Nach der Erhärtung ist eine Reinigung nicht mehr möglich.

Malwerkzeuge sofort mit Wasser reinigen

Zementfarben
Zementfarben bestehen aus Weißzement und hochhydraulischem Kalk. Sie bilden keine Filme, ergeben wetterbeständige, wasserdampfdurchlässige Anstriche und eignen sich für die gleichen Untergründe wie die Kalkfarben ohne Einschränkung für innen und außen.

Da das Bindemittel »hydraulisch«, d.h. durch Wasseraufnahme ohne Luftzufuhr erhärtet, kann man Zementfarbanstriche für Unterwasserflächen oder ständig erdfeuchte Untergründe (z.B. Schwimmbecken aus Beton) verwenden.

Hinweis:
Für alle Holz- und Metalluntergründe sind Zementfarben nicht geeignet. Gegenüber Kalkfarben sind sie etwas spröder; sie können daher leichter reißen. Zementfarben lassen sich wie Kalkfarben nur geringfügig abtönen. Man benötigt deshalb im allgemeinen zwei Anstriche.

Hinweis:
Einmal angesetzte Farben sind nicht lagerfähig, weil

Zement durch Wasseraufnahme erhärtet.

Der optische Eindruck gleicht dem der Kalkfarben.

Benutzte Werkzeuge und Geräte müssen sofort mit Wasser gereinigt werden. Nach der Erhärtung ist eine Reinigung nicht mehr möglich.

Dispersionsfarben
Statt von Dispersionsfarben sollte man eigentlich ganz neutral von »Dispersions-Anstrichmitteln« sprechen, denn es gibt sie **in allen Tönen** oder **farblos**, als Farben, Lacke, Lasuren und sogar als Dispersionsbeizen für fast alle Zwecke und Untergründe.

Dispersionsanstrich auch für dunkle Farbtöne

So ist ein als »Wandfarbe« oder »Fassadenfarbe« bezeichnetes Dispersions-Anstrichmittel ebenso auf **Putz**- und **Betonflächen**, **Kalksandstein**- oder **Ziegelmauerwerk** einzusetzen wie auf festsitzenden **Tapeten**, **Holz** oder fachmännisch grundierten **Metallen**. Meistens werden durch die verschiedenen Bezeichnungen nur Preis- und Qualitätsunterschiede ausgedrückt. Außen erfüllen die Dispersionsfarben immer die **Qualitätsanforderungen** für **wetterbeständige** Anstriche, innen die für **scheuerbeständige**.

Wetterbeständiger Dispersionsanstrich

Auch für Tapeten sind Dispersionsfarben geeignet

Die **Glanzgrade** liegen meist zwischen seidenmatt und glänzend. Dispersionsfarben, die nur für **Innenanstriche** geeignet sind, erhalten fast immer den entsprechenden Aufdruck. Sie bilden mindestens waschbeständige Oberflächen. Als Glanzgrade sind auch matt und tuchmatt möglich. Scheuerbeständige Dispersions-Innenanstriche gibt es meist seidenglänzend, aber auch glänzend bis hochglänzend.

Der wesentliche Unterschied zwischen Dispersionsfarben für Anstriche **innen** oder **außen** besteht darin, daß Anstriche für **außen** viel Bindemittel enthalten (z.B. 20 bis 30 %) und wenig andere Feststoffe (Pigmente und Füllstoffe, z.B. 30 bis 50 %), Anstriche für **innen** aber wenig Bindemittel (nur 8 bis 20 %) und dafür viel andere Feststoffe (50 bis 80 %).

Als gemeinsame Merkmale der Dispersionsanstriche sind zu nennen:

- Sie sind wasserverdünnbar. Das allein schon ist für Umwelt und Gesundheit vorteilhaft.
- Ihre Bindemittel sind nicht wasserlöslich, sondern als relativ große feste Teilchen im Wasser fein verteilt (dispergiert).
- Sie bilden je nach Zusammensetzung wasserdampfdurchlässige bis wasserdampfsperrende Filme.
- Sie sind alkalifest und feuchtigkeitsunempfindlich.

Die **Anstriche erhärten** durch Verdunsten des Wassers und durch Zusammenfließen und Verkleben der Bindemittelteilchen.

Dispersionsfarben in den Glanzgraden seidenmatt bis hochglänzend

Dispersionsfarben mit **natürlichen organischen Bindemitteln** (meist Pflanzenharze und -öle) bekommt man nur bei Herstellern von »Naturfarben«. Alle anderen enthalten als Bindemittel Kunststoff-Polymere.

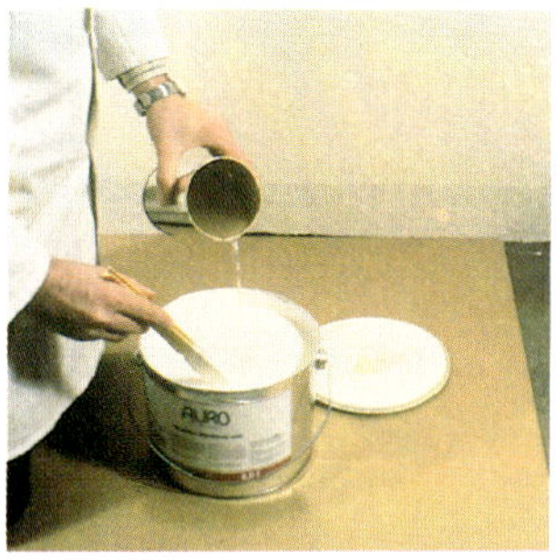

Dispersionsfarbe mit natürlichen Bindemitteln

Anders als die wasserlöslichen (Leim-) Farben oder die Reinsilikatfarben enthalten Dispersionfarben (egal, ob Natur oder Kunst) immer auch ein paar Prozent eines Lösemittels und/oder kleine Mengen an Monomeren des betreffenden Kunststoff-Bindemittels als »temporäres« oder »funktionelles« Lösemittel, und zwar auch bei sogenannten lösemittelfreien Dispersionen.
Für gesunde Menschen ist das Anstreichen und Malern

mit Dispersionsfarben weniger schädlich als die Luft an einer normal belasteten Durchgangsstraße.

SICHERHEITSTIP
Falls Sie aber die **Dispersionsfarbe spritzen** wollen, sollten Sie bedenken, daß auch die Farbnebel sehr gesundheitsschädlich sind. Tragen Sie dann auf alle Fälle eine **Atemmaske**.

Abgebundene Dispersionsanstriche sind nicht giftig. Weil es sich um organische Stoffe handelt, können die Anstriche unter extrem feuchten Bedingungen auch von Schimmelpilzen befallen werden. Deshalb enthalten Dispersionsfarben, die in gewerblichen Feuchträumen (z.B. Schwimmbäder) zugelassen sind, **fungizide** und **bakterizide Wirkstoffe**. In Bädern und Küchen normaler Haushalte sind solche fungizid und bakterizid eingestellten Dispersionanstriche ganz unnötig.

Zu den Dispersions-Anstrichmitteln gehören auch die **Latexfarben**. Dabei handelt es sich um Dispersionen besonders feiner Teilchen. Sie ergeben, je nach Teilchengröße, mehr oder weniger glänzende Anstriche.
Als »Latex« bezeichnet man aber auch Styrol- oder Acryl-Styrol-Copolymerisat-Farben, die seidenmatt oder seidenglänzend auftrocknen. Eingesetzt werden die Latexfarben wie die übrigen Dispersionsfarben; sie sind von besonders guter Qualität und deshalb teurer.

Die Bezeichnung Latex wird außerdem noch in anderen Bedeutungen gebraucht: Naturfarbenhersteller sprechen von Latex, wenn es sich um Naturgummi-Milch als Bindemittel handelt, und bei Bitumenanstrichen bedeutet Latex meist, daß der Anstrich einen Kunstkautschuk enthält.

Dispersionsfarben werden mit Ausnahme der Wasserlacke in der Regel nur **weiß** pigmentiert geliefert. Zum Abtönen gibt es die stark pigmentierten **Volltonfarben**. Sie sind im allgemeinen so wetterfest und unempfindlich wie die weißen, aber sehr viel teurer.

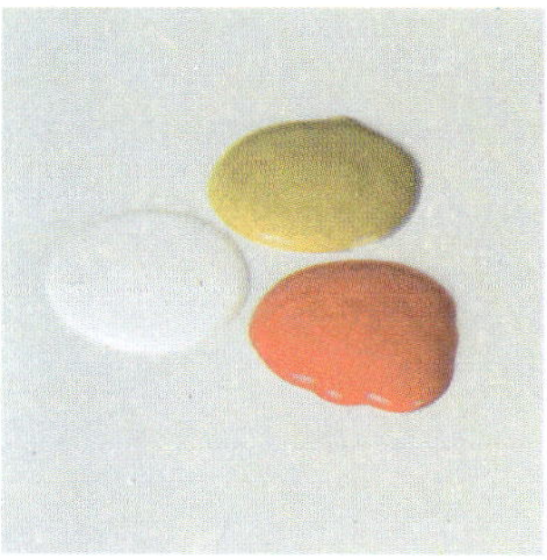

Dispersionsfarben in verschiedenen Farbtönen

Abtönen können Sie von Hand im **Farbeimer**.

Eine große Hilfe dabei sind **Abtönkarten**, die Sie hier abgebildet sehen. Sie bekommen diese bei Ihrem Farbenhändler.

Abtönkarten

Noch einfacher ist es, wenn Ihr Farbenhändler einen

Mischautomat zur Farbtonherstellung

Mischautomaten besitzt, dann kann er Ihnen jeden gewünschten Farbton sofort fertig anmischen.

Farblose Dispersion kann zum Schutz von empfindlichen Tapeten verwendet werden

Farblose Dispersionen gibt es z.B. unter den Bezeichnungen Tapetenschutz oder Wandüberzug. Sie bilden glänzende oder seidenglänzende dünne Schichten. Mit solchen Beschichtungen kann man schmutzempfindliche und nicht waschfeste Tapeten oder Anstriche schützen. Die farblosen Überzüge sind mindestens waschbeständig.

Einige Hersteller bieten auch noch sogenannte **Dispersionsbinder** an, die farblos sind. Damit kann man sich selbst Farbtöne anmischen.

Bei allen Dispersionsfarben ist das **Reinigungsmittel** für die **Werkzeuge** Wasser, eventuell mit geringem Zusatz eines Spülmittels. Nach der Erhärtung ist die Reinigung oft schwierig; man braucht dann z.B. Nitroverdünner oder ein Abbeizfluid.

Nicht wasserlösliche oder -verdünnbare Anstrichmittel
Reinsilikat- und Dispersionssilikatfarben sind weder wasserlöslich noch wasserverdünnbar. Verdünnt werden dürfen Silikatfarben ausschließlich mit dem Bindemittel Wasserglas.

Reinsilikatfarben bestehen aus Kaliwasserglas, dem »Fixativ«, und einem Farbpulver. Geeignete Farbpulver bekommt man nur vom Hersteller dieser Farbe. Beide Komponenten mischt man erst kurz vor der Verarbeitung.

PROFITIP
Silikatfarben dürfen Sie nur mit dem Bindemittel Wasserglas verdünnen. Wenn man sie hingegen mit Wasser verdünnt, kreiden die Anstriche übermäßig stark.

Dispersionssilikatfarben sind verarbeitungsfertige einkomponentige Farben, bei denen dem Bindemittel zur besseren Verarbeitung

bis zu 5 % Kunststoffdispersion zugesetzt sind. Verdünnt werden Dispersionssilikatfarben wie Reinsilikatfarben mit dem **Fixativ**. Das farblose Fixativ kann für **Grundierungen** stark saugender Untergründe ausnahmsweise mit Wasser verdünnt werden.
Zum Vorstreichen nimmt man eine Verdünnung der fertigen Farbe mit dem Fixativ.

SICHERHEITSTIP
Silikatfarben ätzen. Schützen Sie die Augen mit einer Schutzbrille und tragen Sie Arbeitshandschuhe.

Anstriche mit Dispersionssilikatfarben bilden keine Filme, sondern »verkieseln« mit dem Untergrund. Die Anstriche trocknen matt auf. Sie sind gegen sauren Regen und Industrieabgase weniger empfindlich als Kalk- oder Zementfarben.

Anwendungsgebiete
Reinsilikat- und Dispersionssilikatfarben sind für alle Fassaden, Decken und Wände mit mineralischen Putzen aus Beton, Ziegel, Kalksandstein, Naturstein sehr gut geeignet.

PROFITIP
Silikatfarben greifen Glas und Keramik an. Farbspritzer auf Fenstern, Fließen, Sichtmauerwerk aus Ziegeln oder Klinkern sollte man aus diesem Grund sofort wegwischen. Am besten decken Sie Flächen aus solchen Materialien vor Arbeitsbeginn sehr sorgfältig mit einer Malerfolie ab.

Die nicht ganz einfach zu verarbeitenden Reinsilikatfarben verwendet man vor allem bei der Renovierung historischer Bauten außen und innen, während man die Dispersionssilikatfarben oft als besonders robuste, wetter- und chemikalienfeste Fassadenfarben einsetzt. Die Anstriche sind sehr gut wasserdampf- und gasdurchlässig.
Auf **Zink** kann man sie als Korrosionsschutz- und in Innenräumen auf **Holz** als Flammschutzanstrich verwenden.
Ungeeignet sind Silikatfarben-Anstriche auf **Gips**: Die verkieselte Gipsschicht platzt ab.

Einmal **angesetzte Reinsilikatfarben** sind **nicht lagerfähig**.

Verwendete **Werkzeuge** und Geräte muß man sofort mit **Wasser reinigen**. Nach der Erhärtung ist eine Reinigung nicht mehr möglich.

Lösemittelhaltige Anstrichmittel
Es gibt diese Anstriche wie die Dispersions-Anstrichmittel für **alle Untergründe** und nahezu **alle Zwecke** als Farben, Lacke, Lasuren und Beizen.

Reinsilikat- und Dispersionssilikatfarben können Sie auch ohne Probleme auf Beton auftragen

Die als Fassaden- oder Wandfarben angebotenen Anstrichmittel sind sehr ähnlich zusammengesetzt wie die entsprechenden Dispersionsfarben.

Von den Dispersionsfarben unterscheiden sie sich vor allem dadurch, daß es unter den wetterfesten auch matt auftrocknende gibt, und daß man sie auch bei Temperaturen unter 5° C einsetzen kann.

ÖKOTIP
Alle Lösemittel sind umweltschädlich; sie tragen ganz erheblich zur Ozonbildung in den unteren Atmosphäreschichten und zur Verstärkung des Treibhauseffektes bei.
Es ist jedoch heute durchaus möglich, ohne größere Kosten und ohne in den Qualitätsansprüchen zurückstecken zu müssen, alle anfallenden Malerarbeiten mit lösemittelfreien bzw. nahezu lösemittelfreien Produkten auszuführen.

Für Verdünnungen des Anstriches und für die Reinigung der Werkzeuge müssen Lösemittel (-Gemische) verwendet werden, nach dem Erhärten des Anstrichmittels eventuell Spezialverdünnungen oder ein Abbeizfluid.

Lacke
Ursprünglich war mit diesem Wort nur der in Alkohol gelöste Schellack gemeint. Heute ist »Lack« nach DIN 55945 ein Sammelbegriff für Anstrichstoffe, die Beschichtungen mit bestimmten Eigenschaften ergeben, also z.B. qualitativ und optisch ganz besonders

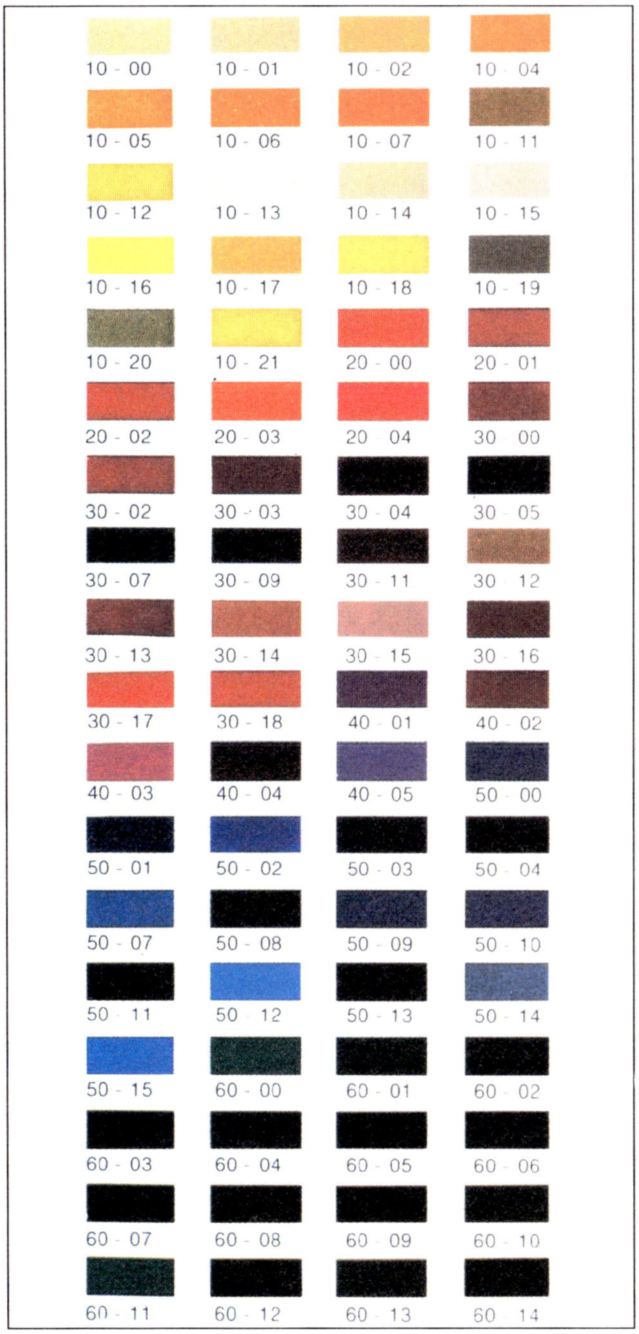

RAL-Farbenmusterkarte, aus der Sie die genauen Farbtöne entnehmen können

hochwertige Oberflächenfilme bilden oder gegenüber besonders vielen Chemikalien beständig sind.

Der Übergang zu den Farben ist fließend.
Anders als bei den Dispersionsfarben bieten nur sehr wenige Hersteller mischbare Lacke an.

Zur Auswahl des gewünschten Farbtones sollten Sie sich von Ihrem Farbenhändler eine **RAL-Farben-Musterkarte** geben lassen. Bei der Bestellung brauchen Sie dann nur noch die betreffende RAL-Nummer anzugeben. Der Farbton ist dann garantiert.
Folgende Lacke und Farben werden neben den Dispersionsanstrichen häufig verwendet:

- **Wasserlacke** sind besonders feinteilige Dispersions-Anstrichmittel, mit denen man alle lacktypischen Glanzgrade erreichen kann. Sie werden aus Kostengründen meist auf kleineren Flächen, besonders auf **Holz und Metall**, eingesetzt. Man bekommt sie für alle Zwecke, für die es auch lösemittelhaltige Lacke gibt. Meistens sind sie etwas teurer.
Sie sind wasserverdünnbar; die **Werkzeugreinigung** kann man daher gut mit Wasser ausführen.

Wasserlacke – ideal für kleinere Holzflächen

- **Öllacke und -farben** enthalten neben dem Öl-Bindemittel meist noch ein Naturharz oder einen Kunststoff. Harzfreie Öllacke und -farben gibt es nur mit Leinöl als Bindemittel, bei ihnen kann auch ein Lösemittel fehlen.
Die wichtigsten **Naturharze** in Öllacken sind u.a. Kolophonium, Dammar, Kopal und Bernstein.
Ölhaltige Lacke mit Kunststoff-Bindemitteln sind die **Alkydharze** und **Alkydharzkombinationen**.
Die **Einsatzmöglichkeiten** der Öllacke und -farben sind, verglichen mit denen anderer Lacke, weit umfassender.

Öllacke – ideal für Türanstriche

Eingesetzt werden sie vor allem auf Holz- und Metalluntergründen als Grundierungen, Zwischen- und Deckanstrich sowie als Korrosionschutz. Ebenso setzt man sie bei Fenster- und Tür-, Heizkörper- oder Bootslackierungen ein. Seltener wendet man sie auf Putzen oder anderen mineralischen Untergründen (z. B. als Sockelanstriche auf stark belasteten Innenwänden wie in Küchen) an.
Lösemittel sind bei Öl-Naturharz-Lacken verschiedene Terpene (z.B. Terpentinöl, Citrusterpene) und wenig Alkohol, bei den Alkydharz-Öl-Lacken Terpentinöl, Testbenzin oder Kunstharzverdünnung.

- **Nitrozelluloselacke und -farben** bestehen aus Zellulosenitrat kombiniert mit anderen Naturharzen und/oder Kunststoffen. Sie haben einen hohen Lösemittelanteil, und der fertig abgebundene Film enthält Weichmacher. Verwendet werden sie vor allem als Lackierungen auf Holz und Metall. Der Lackfilm kann mit dem passenden Lösemittel ohne weiteres wieder entfernt werden.
Die Beschichtungen sind licht- und wasser-, aber

nicht immer wetterbeständig. Farblose Lacke können durch die Luftfeuchtigkeit milchig anlaufen.
Zu den Nitrozelluloselacken und -farben gehören u.a.:
- Zaponlack als farblos glänzender Schutzüberzug auf Metallen,
- Nitropolitur als hochglänzender, polierbarer Klarlack auf Möbeln,
- Nitromattine als »Ballenmattine«, ein glänzender, nicht polierbarer Klarlack, als Auftrag auf wenig belasteten Holzflächen.

Nitropolitur als Überlack für Möbel

● **Polyurethanlacke und -farben** sind in der Regel Zweikomponenten-Beschichtungen, bestehend aus **Stammlack** (Polyester) und **Härter** (Isocyanat). Die beiden Komponenten dieser Anstriche mischt man erst kurz vor der Verarbeitung an. Die Verarbeitungsdauer (Topfzeit) kann bis zu einem Tag betragen.
Bei richtigem Mischungsverhältnis von Stammlack und Härter sind die Anstriche sehr hart, abriebfest, beständig gegen Lösemittel, schwache Laugen sowie Säuren. Man kann sie für sehr stark belastete Beschichtungen innen und außen auf Holz und Metall anwenden.
Diese Anstriche enthalten meistens Lösemittel. Es gibt aber auch sogenannte »lösemittelfreie«; sie unterscheiden sich dadurch, daß den Komponenten in flüssiger Form keine Lösemittel zugesetzt werden.

SICHERHEITSTIP
Personen mit Asthma, Bronchialkatarrh oder Allergien sollten mit Polyurethanlacken nicht arbeiten.

PUR-Lacke werden oft auch DD-Lacke genannt. Dabei handelt es sich um eine Abkürzung für Desmodur-Desmophen, beides Komponenten eines Polyurethans.

Feuchtigkeitshärtende Polyurethanlacke und -farben bestehen nur aus einer Komponente. Man verwendet sie sehr oft als besonders haltbare Versiegelung auf Holzfußböden. In der Regel sind sie »lösemittelfrei«, dennoch nicht ganz frei von Schadstoffen.
Zur Verdünnung und zum Reinigen der Werkzeuge sind Spezialverdünner erforderlich. Nach der Erhärtung ist eine Reinigung nicht mehr möglich.
● Bei **Polyesterharzlacken und -farben** handelt es sich meist ebenfalls um zwei Komponenten. Der **Stammlack** enthält Polyester, gelöst in Styrol; die **Härter** bestehen aus Peroxiden.
Man sollte bei der Verarbeitung auf alle Fälle Schutzbrille, Atemschutzgerät und Arbeitshandschuhe tragen.
Die Anstriche sind sehr widerstandsfähig und beständig gegen Wasser, Lösemittel, Chemikalien, Laugen und verdünnte Säuren, zudem lassen sie sich in sehr hohen Schichtdicken auftragen.
Man verwendet sie vor allem für sehr strapazierfähige Möbellackierungen.
Zur Verdünnung und zum Reinigen der Werkzeuge sind Spezialverdünner erforderlich. Nach der Erhärtung ist eine Reinigung nicht mehr möglich.
● **Epoxidharzlacke und -farben** bestehen ebenfalls aus zwei Komponenten. Der **Stammlack** enthält das Epoxidharz, der **Härter** Polyamine (dann wird der fertige Anstrich besonders lösemittel- und chemikalienbeständig), Polyamide (für hohe Elastizität und Wasserbeständigkeit) oder Polyisocyanate (für besonders hohe Säurefestigkeit).
Man bekommt sie lösemittelhaltig, »lösemittelfrei« und wasserverdünnbar.
Alle zweikomponentigen Epoxidharzlacke und -farben sind sehr widerstandfähig gegen nahezu alle Chemikalien, neigen aber im Freien zum Kreiden. Man verwendet sie hauptsächlich für Unterwasseranstriche und als Korrosionsschutz auf besonders stark belasteten Untergründen aus Stahl oder Beton.
Die wasserverdünnbaren Epoxidharzlacke und -farben verwendet man besonders oft für mechanisch sehr stark belastete Betonböden.
Einkomponentige Epoxidlacke und -farben sind weniger widerstandsfähig.
Zur Verdünnung und zum Reinigen der Werkzeuge sind Spezialverdünner erforderlich. Nach der Erhärtung ist eine Reinigung nicht mehr möglich.

Lasuren
Dabei handelt es sich um Buntlacke und andere Farben mit besonders fein verteilter, geringer Pigmentierung oder mit färbenden, aber nicht deckenden Pigmenten.
Die Strukturen des Untergrundes scheinen durch den Anstrich. Lasierende Anstriche gibt es auf allen Untergründen, hauptsächlich aber auf Holz und Beton. Bei den wasserverdünnbaren handelt es sich um

Lasuren machen die natürliche Struktur des Holzes gut sichtbar und ergeben interessante Effekte

Dispersionen bzw. Wasserlacke, bei den lösemittelhaltigen in der Regel um Öl-Harz-Lacke, bei Beton auch um ölfreie Kunststofflacke und -farben.

Beizen
Die korrekte Bezeichnung heißt »Holzbeizen«; sie dient zur Unterscheidung von »Beizen« in der Metallbearbeitung.
Man bekommt sie als Farbstoffbeizen, chemische Beizen und Kombinationsbeizen.

Farbstoffbeizen
Sie enthalten natürliche oder künstliche organische Farbstoffe, manchmal auch Pigmente, oft noch Zusatzstoffe, die eine gleichmäßige Färbung und ein gutes Eindringen fördern.
Im Handel bekommt man Farbstoffbeizen in der Regel als Pulver, das man in heißem Wasser mit ein wenig Spiritus oder Terpentinöl auflöst.

Pulver mit Holzbeize ist einfach mit Wasser und Spiritus aufzulösen

Nach dem Erkalten kann man sie auftragen.

Neben diesen Wasserbeizen gibt es noch die bereits gebrauchsfertigen Spiritus-, Öl- und Wachsbeizen. Ölbeizen sind in Terpentinöl gelöst, Wachsbeizen gibt es lösemittelhaltig oder als lösemittelfreie bzw. lösemittelarme Dispersionen.

Bei allen Farbstoffbeizen zeigt sich das endgültige Holzbild sofort: Die weicheren und helleren Holzteile (Frühholz) saugen stärker als die härteren und dunkleren Maserungen (Spätholz). Deshalb färbt sich das Frühholz dunkler ein als das Spätholz. Es entsteht ein **negatives Holzbild**.

PROFITIP
Die Beizlösung darf nicht mit Metall in Kontakt kommen. Schon kurzzeitige Berührung würde sie zerstören. Deshalb sollten Sie darauf achten, keine Pinsel mit Metallzwinge oder gar Metallgefäße beim Beizen zu benutzen!

Chemische Beizen
Sie reagieren mit den Gerbstoffen im Holz. In der Regel bestehen sie aus zwei Komponenten, der Vorbeize und der Nachbeize.
Chemische Beizen, bei denen Vor- und Nachbeize in einer Komponente zusammengefaßt sind, nennt man Doppelbeizen.
Die Vorbeizen verstärken zunächst den Gerbstoffgehalt des Holzes. Sie bestehen aus Wasserlösungen von Gerbstoffen oder ähnlichen Substanzen.
Die Nachbeizen sind alkalische Wasserlösungen, z.B. eine schwache Natriumlauge, denen färbende Schwermetallsalze (Eisen-, Mangan-, Nickel-, Chrom-, Kupfersalze) zugesetzt sind.
Das Holzbild entwickelt sich wenn die Beize aufgetragen ist, erst nach Ablauf einer gewissen Zeit. Deshalb werden chemische Beizen oft auch als Entwicklerbeizen bezeichnet.
Da die Gerbstoffkonzentration im Spätholz in der Regel höher ist als im Frühholz, wird das Frühholz auch weniger stark gefärbt. Es entwickelt sich ein **positives Holzbild**.

Beize wird sofort vom Holz aufgenommen und ergibt eine Dunkelfärbung

- **Kombinationsbeizen**
Sie stehen zwischen den Farbstoffbeizen und den chemischen Beizen. Sie werden für besonders gerbstoffreiche Hölzer (z. B. Eiche, Buche) benutzt und ergeben je nach Zusammensetzung der Beizen ein positives oder negatives Holzbild.
Zu den Kombinationsbeizen rechnet man auch die Dispersionsbeizen. Sie verändern einerseits das Holzbild wie Beizen, haben aber andererseits zugleich auch die Eigenschaften eines Lasuranstriches.

Chemische Beizen färben dunkler und ergeben ein positives Holzbild

Effekt- und Strukturbeschichtungen
Dazu gehören alle lösemittelhaltigen oder wasserverdünnbaren Anstriche, die durch ihre Zusammensetzung, Zuschläge oder Pigmentierung besondere Oberflächeneffekte hervorrufen:
- **Metalleffektlacke** enthalten als Pigmente meist schuppenförmige Metallstaubteilchen aus Aluminium (z.B. für Hammerschlaglack oder Silberbronze), Messing (z.B. für »Anlaufbronzen« oder Goldbronze) oder Kupfer.
- **Rauhfasereffektfarben** sind (meist waschbeständige) Innen-Dispersionsanstriche, die sehr feine Holzspäne enthalten. Sie werden in der Regel nicht gestrichen, sondern gerollt oder gespritzt. Man setzt Raufasereffektfarben meist an Stelle einer Rauhfasertapete auf Decken ein.
- **Reißlacke** bestehen aus einem sehr fetten Unterlack und einem sehr mageren Decklack, der beim Trocknen aufgrund der Spannungsunterschiede der beiden Schichten reißt. Man verwendet solche Lacke beispielsweise, um Möbeln ein antikes Aussehen zu geben.
- **Streichputze** sind meist streich-, spritz- oder rollbare Dispersionsfarben mit körnigen Füllstoffen. Sie ergeben, auf Wände und Decken innen angebracht, putzähnliche, wasch- oder scheuerbeständige Oberflächen; sie sind in allen Farben abtönbar.
- **Strukturbeschichtungen** oder »Wandplastiken« sind spachtelartige, pastöse Dispersionen, die man in besonders dicken Schichten auftragen und mit Kellen, Spachteln oder anderen Werkzeugen nach Belieben profilieren kann, so daß z.B. rauh- oder modellierputzartige Oberflächen entstehen. Sie sind mindestens waschbeständig. Man kann sie nach Belieben abtönen oder überlasieren.

Streichputz enthält Füllstoffe und ist wie herkömmliche Dispersionsfarbe aufzutragen

Abwechslungsreiche Strukturbeschichtung

GRUNDIERUNGEN, IMPRÄGNIERUNGEN

Grundierungen
Unter Grundierung versteht man im allgemeinen ein Anstrichmittel, mit dem man den Untergrund behandelt, bevor man die erste Schicht des eigentlichen Anstriches aufträgt. Eine Vorstreichfarbe kann man also nicht immer für die Grundierung bzw. den Grundanstrich verwenden.

Grundierungen sorgen für gute Haftung

Grundierungen bereiten den Untergund für die Beschichtung vor, indem sie ihn verfestigen, die **Saugfähigkeit** auf der ganzen Fläche auf ein einheitliches Maß herabsetzen und für eine gute **Haftung** der folgenden Schichten des eigentlichen Anstriches sorgen.

Auf **Metallen** nennt man den allerersten, haftvermittelnden, nicht filmbildenden Anstrich **Primer**. Unter Grundierung versteht man dann die erste, filmbildende Schicht des Korrosionsschutzanstriches.

Ein **Sperrgrund auf Holz** sperrt **Harzgallen** ab, damit sie die folgenden Anstrichschichten nicht zerstören. In der Regel besteht er aus einer besonders bindemittelreichen, ölfreien und lösemittelhaltigen Alkydharz- oder Nitrokombination.

Grundierungen auf stark saugenden Untergründen (z.B. Porenbeton, Gips) müssen besonders weit in die Poren und Kapillaren eindringen können. Man nennt sie deshalb oft auch **Tiefengrund** oder **Tiefengrundierung**.
Tiefengrundierungen sind fast immer lösemittelhaltig. Wasserverdünnbare oder lösemittelfreie Grundierungen sind besonders feinteilige Dispersionen und Latices mit relativ geringem Lösemittelanteil.

Imprägnierungen
Von Imprägnierungen spricht man nur bei **Holz** oder bei **mineralischen** (Putz, Beton, Kalksandstein, Naturstein) und **keramischen Untergründen** (Ziegel, Klinker). Sie schützen die Untergründe vor eindringender Feuchtigkeit und den Folgen davon. Imprägnierungen bilden nie Filme. Sie sind fast immer lösemittelhaltig.

Bei **Holz** versteht man unter Imprägnierung z.B. ein sehr lösemittelreiches, farbloses Alkydharz-Produkt mit fungiziden Zusätzen gegen Bläuepilze. Man kann bei gut deckenden Lackierungen meist auf diese Imprägnierung verzichten.
Imprägnierungen auf **mine-**

Grundierungen und die jeweils passenden Anstriche

Anstrich	Vorbehandlung	Grundierung bzw. Tiefengrund
Dispersionsanstrich	mit Wasser verdünnter Dispersionsfarbe	mit farbloser Dispersion oder Lösung
Kalk- und Zement-anstrich	vor Anstrich die Wand mit Wasser vornässen	mit farbloser Dispersion oder Lösung, die kalk-verträglich sein muß
Reinsilikatanstrich	mit Fixativ	mit Fixativ
Dispersionssilikat-anstrich	mit entsprechender Grundierung vom Hersteller	mit entsprechender Grundierung vom Hersteller
Leimfarbenanstrich	mit farbloser Leimlösung	mit farbloser Dispersion
Öllackanstrich	Anstrichmittel mit Lösemittel verdünnen	mit entsprechenden Spezialprodukten vom Hersteller

ralischen und keramischen Untergründen sind besonders bei Sichtmauerwerk und bei Naturstein erforderlich, aber auch auf allen anderen wassergefährdeten Wandflächen. Sie wirken wasserabstoßend. Durch diese wasserabweisenden Imprägnierungen sind die Fassaden vor Schlagregen, Spritz- und Tauwasser geschützt. Am häufigsten werden dazu Silikonimprägnierungen und darauf eine Silikatfarbenschicht verwendet.

Vor einer Imprägnierung mit Silikonharz muß das Bauteil vollständig trocken sein. Zur Imprägnierung feuchter Untergründe oder von Bauteilen, die man ohne größeren Aufwand nicht trocken bekommt (z.B. erdberührte Kellerwände), verwendet man **Siloxane** oder **Silane**. Dabei handelt es sich um sehr reaktionsfähige Vorstufen von Silikonharzen. Sie sind ebenfalls lösemittelhaltig und gehören zu den gefährlichen Arbeitsstoffen (Gefahrenklasse A I oder B)

GEFAHRENKLASSEN

Beachten Sie unbedingt die Hinweise auf den Gebinden zur »Gefahrenklasse« und zum gesundheitlichen Risikopotential.

Die Einteilung in **Gefahrenklassen** richtet sich bei lösemittelhaltigen Anstrich- und Verdünnungsmitteln nach dem **Flammpunkt**. Damit bezeichnet man die Temperatur, bei der die Luft gerade soviel Dampf des Lösemittels aufnimmt, daß er sich entzünden läßt. Es bedeutet:

Das **Gefährdungspotential für die Gesundheit** muß immer dann angegeben werden, wenn die Konzentration eines Gefahrstoffes in einem Lösemittelgemisch (beispielsweise einem Verdünner oder Pinselreiniger) oder einem Anstrichmittel eine bestimmte festgelegte Grenze überschreitet. Bei Überschreiten der Konzentrationsgrenzen (bei Schwermetallverbindungen beispielsweise 1%) muß der Hersteller die Gefahrstoffe nennen und mit den betreffenden **Gefahrensymbolen** deutlich kennzeichnen, die in die Kategorien von reizend bis giftg eingeteilt sind.

A I: **Leicht entzündlich**, Flammpunkt unter 21°C, nicht wasserlöslich.
A II: **Entzündlich**, Flammpunkt zwischen 21°C und unter 55°C, nicht wasserlöslich.
A III: **Flammpunkt** zwischen 55°C bis 100°C, nicht wasserlöslich.
B: **Wasserlöslich und leicht entzündlich**, Flammpunkt unter 21°C.

Gefahrensymbole: Achten Sie bei allen Produkten auf diese Symbole!

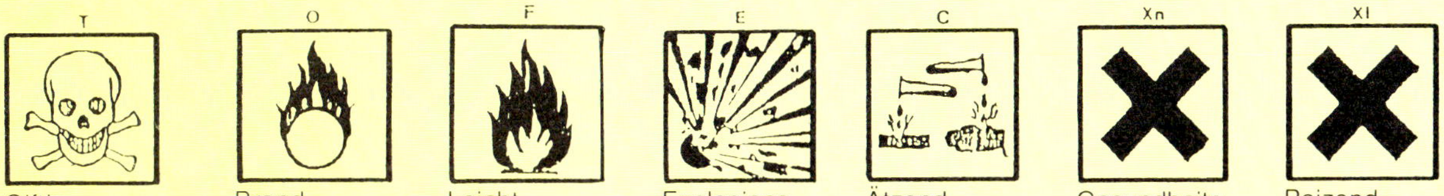

Giftig — Brand-fördernd — Leicht entzündlich — Explosions-gefährlich — Ätzend — Gesundheits-schädlich — Reizend

Anstrichmittel und ihre Qualitätsanforderungen

Die Qualitätsanforderungen an Anstrichmittel werden durch DIN-Vorschriften festgelegt, ersichtlich am RAL-Gütezeichen auf den Verpackungen. Hier die wichtigsten:

● **Chemikalienbeständig** sind Anstriche, die ihre Eigenschaften auch bei dauernder Belastung durch Säuren, Laugen, Salzlösungen oder Lösemittel(gemische) behalten. Zum wirksamen Schutz des Untergrundes müssen sie vollständig porenfrei aushärten und eine möglichst dicke Schicht bilden. Es gibt keine Beschichtungsmittel, die gegenüber allen Chemikalien beständig sind. Deshalb sollte man nur die für den jeweiligen Zweck zugelassenen verwenden. Besonders hohe Chemikalienbeständigkeit haben Beschichtungen mit Bindemitteln aus Chlor-0 und Cyclokautschuk, Epoxid- und Polyurethanharzen.

● **Hitzebeständig** sind Anstriche, die ihre Eigenschaften auch bei höheren Temperaturen nicht verändern. Viele Anstriche beginnen zu vergilben, wenn sie längere Zeit Temperaturen von mehr als 60°C ausgesetzt sind. Heizkörperlacke müssen höhere Temperaturen vergilbungsfrei aushalten (die Verdingungsordnung für Bauleistungen – VOB – fordert 120°C). Besonders hohe Temperaturen werden bei Beschichtungen für Dächer, Ofenrohre und andere Ofenteile, Kochplatten, Auspuffrohre erreicht. Bei Temperaturen über 300°C sind nur noch Silikonharze als Anstrichbindemittel beständig. Hitzebeständige Pigmente sind z.B. Titandioxid, Lithopone, Stahl- und Aluminiumstaub oder Eisenglimmer.

● **Korrosionsbeständig** sind Anstriche, die den Untergrund wirksam vor chemischer oder elektrochemischer Zerstörung (Verwitterung, Rost) schützen. Korrosionsbeständige Anstriche auf Holz wirken vor allem durch Umwandlung harter UV-Strahlung in Wärme und auf Metall hauptsächlich durch Absperrung aggressiver Chemikalien und Feuchtigkeit aus der Luft, den umgebenden Baustoffen oder dem Boden. Den Korrosionsschutz bei Metallen bewirken in der Regel Pigmente oder Korrosions-Inhibitoren. Die Anstrichmaterialien sind fast immer Öl- oder Alkydharzlacke.

● **Lichtbeständig** sind Anstriche, die durch Lichtstrahlung im Freien weder im Aussehen noch in ihren Eigenschaften verändert werden (sie sind sowohl lichtecht als auch wetterbeständig).

● **Lichtecht** bezieht sich nur auf Farbtonänderungen. Ein nicht lichtechter Anstrich kann also z.B. vergilben, oder sein Pigment kann ausbleichen, ohne daß er etwas von seiner Schutzfunktion verliert (er kann weiterhin durchaus wetterbeständig sein). Das ist bei vielen »Biolacken« der Fall. Nitro-, Öl- und ölhaltige Alkydharzlacke sind (zumindest als Klarlacke) nicht lichtecht, sie vergilben. Für Außenanstriche verwendet man sie fast nur pigmentiert.

● **Scheuerbeständig** sind Anstriche, die man nach dem vollständigen Abbinden mit einer Naturborstenbürste, Wasser und einem Feinwaschmittel scheuern kann, ohne sie zu schädigen. Das Reinigungswasser darf sich nicht verfärben. Anstrichmittel, die unter Laborbedingungen auf diese Eigenschaften hin geprüft wurden, dürfen mit dem Hinweis »Güteklasse S nach DIN 53 778« gekennzeichnet werden. Scheuerbeständige Dispersionsanstriche verwendet man für stärker beanspruchte Wandanstriche innen, z.B. in Fluren und Treppenhäusern. Farben für wetterbeständige Anstriche sind in der Regel auch für scheuerbeständige Innenanstriche verwendbar.

● **Waschbeständig** sind Anstriche, die nach dem vollständigen Abbinden mit einem Schwamm, Wasser und einem neutralen Feinwaschmittel behandelt werden können, ohne sich dabei zu verändern. Das Reinigungswasser darf sich nicht verfärben. Anstrichmittel, die unter Laborbedingungen auf diese Eigenschaften hin geprüft wurden, dürfen mit dem Hinweis »Güteklasse W nach DIN 53 778« gekennzeichnet werden. Waschbeständige Anstriche werden für normal beanspruchte Wände innen verwendet, also für alle inneren Wandflächen (auch im Bad) einer normal genutzten Wohnung. Dispersionsfarben müssen mindestens waschbeständig sein.

● **Wasserbeständig** nennt man Anstriche, die gegen dauernde Wasserbenetzung unempfindlich sind und sich deshalb für Unterwasserbeschichtungen eignen. Verwendet werden meist Chlorkautschuk-, Epoxid- oder Polyurethanlacke.

● **Wetterbeständig** sind Anstriche, die unter den allgemein und langfristig vorherrschenden Wetterbedingungen noch nach zwei Jahren ihre Zwecke (Schutz, Dekor) ohne Einschränkungen erfüllen. Sie sind in der Regel nicht wasserbeständig und vertragen nur kurzzeitige Wasserbelastung. Wetterbeständig sind die meisten Lacke und Lackfarben, Silikat- und Dispersionssilikatfarben, Kalk- und Kalkkaseinfarben, Zementfarben und Fassadenfarben (Dispersionsfarben). Kalkfarben sind in Ballungs- und Industriegebieten wegen des hohen Schwefeldioxidgehaltes der Luft häufig nicht mehr uneingeschränkt wetterbeständig.

● **Wischbeständig** sind Anstriche, die bei leichtem, trockenem Abreiben (z.B. mit einem Tuch) nicht abfärben. Sie sind für alle Decken und wenig beanspruchte Wände innen geeignet. Für wischbeständige Anstriche werden in der Regel Leimfarben benutzt. Dispersionsfarben müssen mindestens waschbeständig sein.

WERKZEUGE UND GERÄTE

Einen Teil Ihrer **Tapezierausstattung** können Sie auch beim Malern verwenden, wenn es um Decken und Wände oder die unteren Fassadenbereiche geht: **Leitern, Gerüste** (auch die aus Böcken bzw. Leitern und Bohlen selbst gebauten), **Spachtel, Schnüre**, einen weichen **Bleistift**. Ebenso die Abdeckmaterialien zum Schutz der gerade nicht bearbeiteten Flächen – das können beim Malern an der Fassade z.B. die Blumenrabatten im Vorgarten sein.

Anstriche streicht, rollt oder spritzt man. Je nach Auftragstechnik brauchen Sie also einen **Pinsel** oder eine **Bürste**, eine **Rolle** oder eine **Spritzpistole**.
Natürlich gibt es für jeden Zweck auch das passende Werkzeug.

Achten Sie beim Kauf **von Pinseln und Bürsten** auf gute Qualität. Verlassen Sie sich nicht auf Sonderangebote, wenn Sie kein Fachmann sind.
Die qualitativ besten **Malerpinsel** haben **Chinaborsten**; diese sind besonders haltbar, und man kann damit alle Anstrichmittel verarbeiten.
Es gibt auch qualitativ gute Pinsel und Bürsten mit **Kunststoffborsten**. Sie können sie ohne weiteres bei allen wasserlöslichen und wasserverdünnbaren Farben einsetzen. Für alle lösemittelhaltigen Anstrichmittel sind sie nicht geeignet; hier nimmt man wieder Pinsel mit Chinaborsten.
Generell gilt: gute Pinsel werden beim Gebrauch noch besser, da sich die Borsten runden.

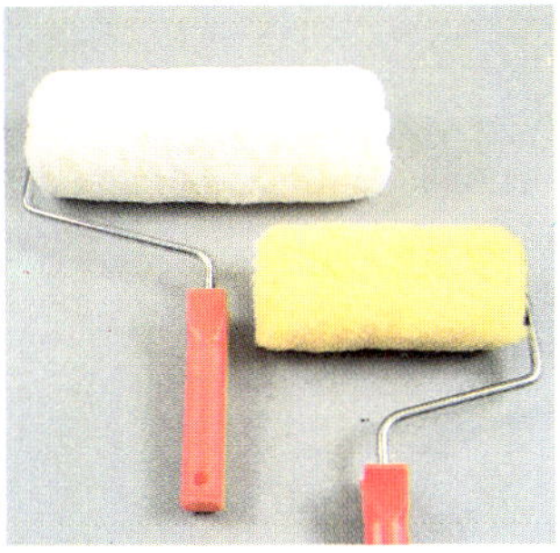

Farbroller

Man benutzt **Farbroller**, wenn man große ebene Flächen rasch einstreichen möchte. Es gibt sie auch mit geringerer Rollenbreite für die kleineren Ecken und Flächen (beispielsweise Fensternischen, Heizkörper). Am besten besorgen Sie sich je einen **Griff** für schmale und breite Rollen und dazu passende Auswechselrollen.

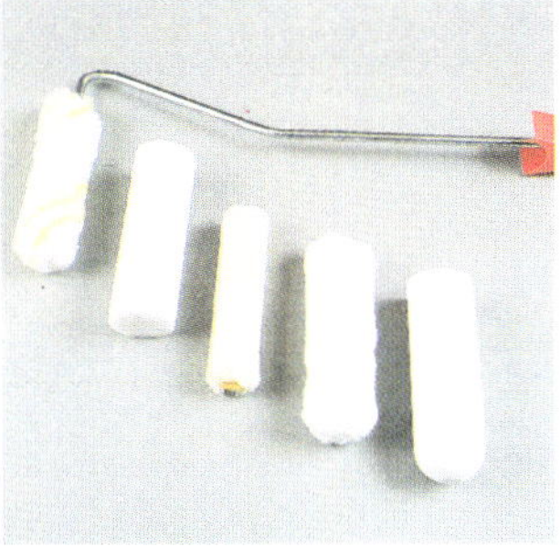

Spezialrollen

In der Regel verwendet man Farbroller nur für wasserlösliche oder wasserverdünnbare Anstrichmittel, weil sie nach Verwendung lösemittelhaltiger Farben kaum zu reinigen wären.
Die Rollen haben unterschiedliche, für den jeweils gewünschten Zweck passende Bezüge:

Schaumstoffbezüge ergeben leicht feinkörnig strukturierte Flächen. Man kann sie auf **glatten** und **rauhen Untergründen** (z.B. Rauhfaser oder leicht strukturierte Putze) anwenden. Sie sind aber nicht besonders lange haltbar, denn der Schaumstoff versprödet schnell.

ÖKOTIP
Wenn der Farbroller mit der Zeit unbrauchbar geworden ist, gehört er nicht zum Hausmüll, sondern in den Sondermüll.

Mohairbezüge haben einen feinen, sehr kurzhaarigen Flaum auf der Trägerschicht. Man setzt sie auf **glatten Untergründen** für möglichst gleichmäßige und glatte Endanstriche ein.

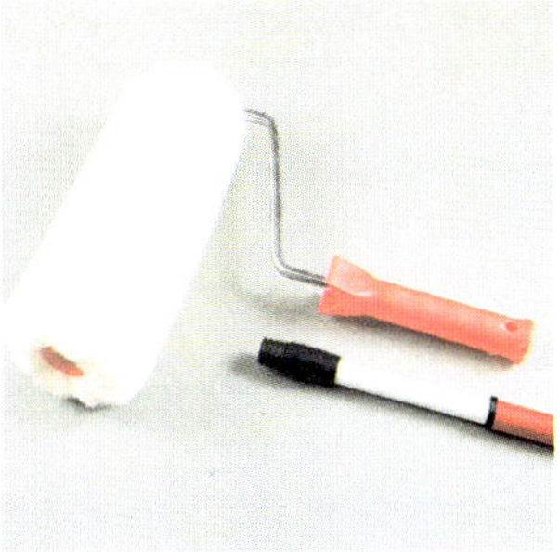

Rolle mit Mohairbezug

Flauschrollen haben Lammfellbezüge oder einen langhaarigen Nylonbesatz. Der Flausch ist verschieden stark und nimmt entsprechend mehr oder weniger von dem Anstrichmittel auf. Flauschrollen ergeben auf ebenen Untergründen großzügig und natürlich unregelmäßig strukturierte Oberflächen; sie sind auch für **Untergründe mit tiefem Relief** (z.B. stark strukturierte Putze) gut geeignet.

Strukturwalzen tragen Schaumstoffbezüge mit eingeprägten Mustern. Bis man einigermaßen befriedigende Ergebnisse beim Musterrollen erzielt, bedarf es einiger Übung. Die Rollen sind ziemlich teuer, ihre Haltbarkeit begrenzt (Entsorgung über Sondermüll). Bei speziellen Lackrollern, mit denen man auch lösemittelhaltige Anstrichmittel verarbeiten kann, ist die Walze mit einem Kunstkautschuk überzogen. Man verwendet sie zur Lackierung größerer **ebener Flächen** (z.B. Türen).

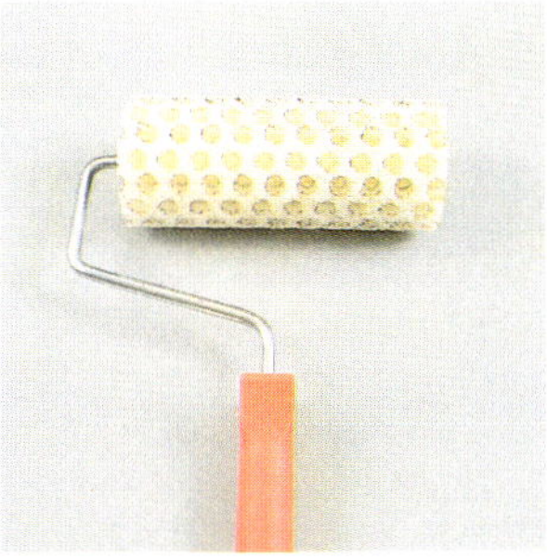

Strukturwalze

Wenn Sie mit der Rolle arbeiten und keinen Lack verwenden, brauchen Sie ein **Abstreifgitter**. Es besteht aus einem Kunststoff und ist relativ billig. Haltbarer und auch besser zu reinigen sind Abstreifgitter, die vorwiegend aus verzinktem Draht gefertigt sind.

Pinsel und Bürsten

Materialien und Werkzeuge

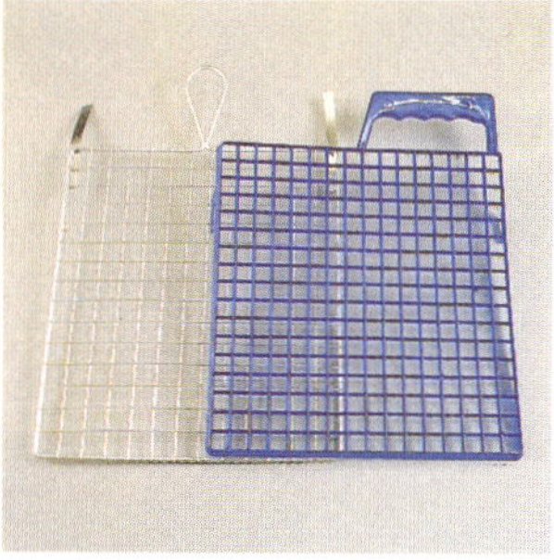

Abstreifgitter

Eine **Farbwanne** ist ein außerordentlich nützliches Hilfsmittel, wenn Sie Lack mit einem Lackroller verarbeiten wollen.

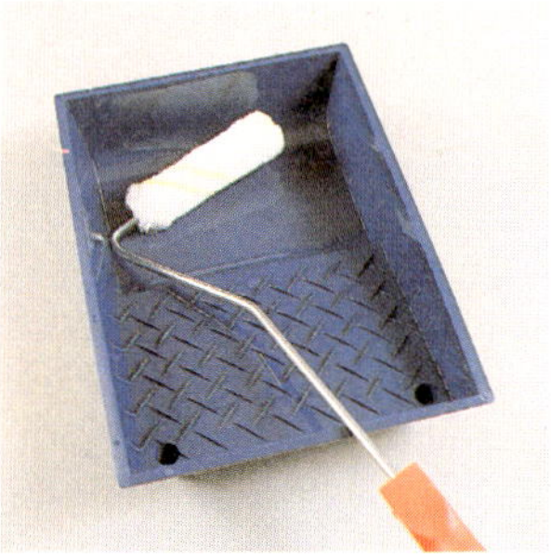

Farbwanne

Farbeimer benötigt man, da bei Malerarbeiten nie die gesamte Farbe aus dem Originalgefäß herausgenommen wird. Dabei können zu leicht Verunreinigungen in das Anstrichmittel gelangen, die es bei längerem Aufbewahren unbrauchbar machen. Beim Anstreichen gießen Sie eine nicht zu große Menge Farbe aus dem Originalgefäß in einen Farbeimer. Verwenden Sie zu diesem Zweck größere oder kleinere Kunststoffgefäße, denn diese sind meist am einfachsten zu reinigen.

Außer verschiedenen **Griffspachteln**, wie man sie auch zum Ablösen alter Tapeten einsetzt, brauchen Sie noch als weitere Hilfsmittel:

- **Japanspachtel:** Man benutzt ihn zum Glattspachteln kleinerer Flächen. Japanspachteln bekommt man oft im Satz von vier verschiedenen Größen, dabei kann man unter verschiedenen Härten wählen.
- **Doppel-Flächenspachtel:** Man benutzt dieses Gerät zum Glattspachteln größerer Flächen (z.B. Türblättern).

Für Heimwerker, die oft Malerarbeiten ausführen, ist die Anschaffung einer elektrischen **Spritzpistole** empfehlenswert.

Bei **Farbabgrenzern** handelt es sich um sehr nützliche Geräte, wenn es darum geht, zwei Flächen voneinander abzugrenzen, von denen nur eine gestrichen werden soll.
Statt dessen können Sie die Fläche natürlich auch mit Kreppband voneinander abtrennen.

Hilfsmittel: Griffspachtel (links), Japanspachtel (Mitte) und Doppelflächenspachtel (rechts)

Pflege von Rollen und Pinseln

Pinsel und Rollen sollten Sie nie farbgetränkt und offen ablegen.
Achten Sie außerdem darauf, bei längeren Arbeitspausen die noch nicht vollständig gereinigten Pinsel oder Rollen möglichst **luftdicht** zu verpacken.
Dazu streichen bzw. rollen Sie die Geräte auf einem Stück **Packpapier** soweit aus, bis sie keine Farbe mehr abgeben. Dann wickeln Sie die Borsten bzw. die Rolle fest in **Alufolie** ein.
Das Packpapier und die Alufolie können Sie mehrere Male verwenden. Zum Schluß ist beides Sondermüll und muß entsorgt werden.

Bei **Lackarbeiten** können Sie auch längere Pausen - bis zu zwei oder drei Tage - überbrücken, wenn Sie den Pinsel in ein mit **Wasser** gefülltes Gefäß hängen.
Die farbgetränkten Borsten

Ausstreichen der Rolle auf Packpapier

sind dann völlig von der Luft abgeschlossen, so daß die Farbe nicht erhärtet. Bohren Sie durch den Pinselschaft ein Loch, durch das Sie einen Draht stecken.
Achten Sie darauf, daß nur die **Borsten** unter Wasser stehen und nicht auch die Pinselzwinge. Die Borsten dürfen nicht am Boden des Gefäßes aufstehen, sonst verliert der Pinsel seine Form.
Nach Abschluß der Malerarbeiten reinigt man Pinsel und Rolle zunächst so, wie oben beschrieben. Die allerletzten Farbreste drücken

Pinsel mit Lackfarben lassen sich vorübergehend in Wasser aufheben

Sie aus dem Pinsel, indem Sie den auf dem Packpapier liegenden Pinsel mit einem Messerrücken oder etwas ähnlichem von der Zwinge aus fest über das Borstenfeld bis zum Ende der Borsten ausstreichen.

Wenn Sie mit **lösemittelhaltiger Farbe** gearbeitet haben, reinigen Sie anschließend den Pinsel in dem passenden **Verdünnungsmittel**.

ÖKOTIP
Die verschmutzte Reinigungslösung ist Sondermüll. Am besten lassen Sie die Lösemittel abdampfen und bringen nur das verschmutzte Gefäß zur Sammelstelle.

Bei **wasserlöslichen Farben** reinigen Sie die Pinsel mit **Wasser**, dem Sie ein wenig Spülmittel zusetzen. Benutzen Sie für diesen ersten Reinigungsgang ebenfalls ein **Gefäß**. Falls Sie unter fließendem Wasser reinigen, gerät unnötig viel Farbe in die öffentliche Kanalisation.
Das verschmutzte Reinigungswasser wird nicht weggegossen. Stellen Sie das Gefäß an einem Ort ab, wo das Wasser verdunsten kann. Anschließend können Sie das Gefäß immer wieder zum Reinigen hernehmen, wenn Sie mit wasserverdünnbaren Farben gearbeitet haben.
Wenn das Gefäß irgendwann einmal unbrauchbar wird, müssen Sie es als **Sondermüll** entsorgen.
Die so vorgereinigten Pinsel werden noch einmal mit Seife oder einem Spülmittel ausgewaschen und gründlich gespült. Das können Sie nun auch unter fließendem Wasser tun.
Anschließend drücken und schütteln Sie das Wasser aus und trocknen die Pinsel mit einem **fusselfreien Tuch**.
Wenn die Pinsel trocken sind, legen Sie um die Borsten ein **Gummiband**. So bleiben sie in Form.
Zur Reinigung von Rollen verfahren Sie folgendermaßen:

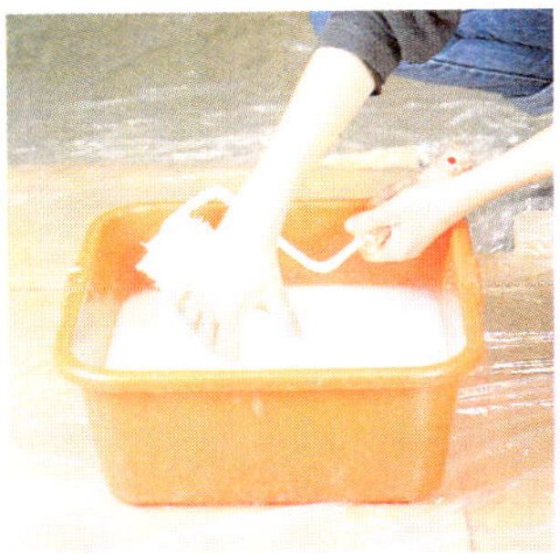

Vorreinigung der Rolle in einem Gefäß

- Restfarbe auf Packpapier ausrollen,
- Vorreinigung in einem Gefäß,
- gründliche Reinigung der Rolle unter fließendem Wasser,
- dann abtrocknen.

Gründliche Säuberung unter fließendem Wasser

Am Ende schlagen Sie die trockenen Geräte in Packpapier oder fusselfreie Tücher ein und bewahren sie trocken auf.
Auf diese Weise gereinigte Malwerkzeuge sind oftmals wiederverwendbar.

Vorarbeiten

MATERIALBEDARF BERECHNEN

Wenn Sie Decken, Wand- oder Bodenflächen streichen wollen, berechnen Sie die **Flächengrößen** (Länge bzw. Höhe x Breite). Bei den Wänden werden die Fenster- und Türflächen nicht berücksichtigt, wohl aber die Laibungsflächen. Schlagen Sie zu der gemessenen Fläche noch gut 10 % dazu.
Bei Zäunen, Regalen oder anderen allseits zu streichenden Objekten dürfen Sie beim Ausmessen keinesfalls die **Schmalseiten** vergessen. Eine Latte mit den Maßen 100 x 6 x 3 cm kommt auf eine Gesamtoberfläche von 0,3036 m^2; der Anteil der Schmalseiten daran beträgt mit 0,0636 m^2 fast 21 %.
Für einen etwa 8 bis 9 m langen Lattenzaun brauchen Sie ungefähr 100 solcher Latten. Wenn Sie nun beim Berechnen der Zaunoberfläche die Lattenschmalseiten vergessen, fehlt Ihnen beim Malern für mehr als 6 m^2 die Farbe.
Wenn Sie wissen, wieviel **Fläche** Sie zu malern haben, können Sie auch leicht ausrechnen, welche **Farbmengen** Sie benötigen. Auf den Gebinden wird jeweils angegeben, wie viele Quadratmeter pro Liter Farbe unter normalen Umständen zu beschichten sind. Normale Umstände heißt, daß die Untergründe entsprechend **vorbehandelt** sind, z.B. Flecken oder dunkle Farbuntergründe abgesperrt und stark saugende Untergründe mit einer entsprechenden **Grundierung** vorbehandelt wurden.
Hier irgendwelche **Richtwerte** anzugeben, ist wenig sinnvoll, weil auch innerhalb der einzelnen Farbsorten die **Abweichungen** zu groß sind.

UNTERGRUND VORBEREITEN

Der Untergrund, auf dem Sie malern wollen, muß **tragfähig, sauber** und **eben** sein.
Nicht tragfähig sind z.B. Wände mit Putzrissen oder Wasserschäden, zu stark saugende Baumaterialien (wie etwa nicht grundierter Gasbeton), Leimfarbenanstriche, kreidende oder abplatzende Dispersions- oder Lackanstriche.

Wasserschaden durch Regenwasser

Bei der Verwendung lösemittelhaltiger Anstriche werden oft vorher noch tragfähige Untergründe und festsitzende Anstriche (z.B. Nitro-, Öllack- oder viele Dispersionsfarbanstriche) nicht mehr tragfähig.

Salze bedingen Abplatzungen

Vorarbeiten

Um **Feuchtigkeitsschäden** handelt es sich, wenn Flächen der **Farbe abplatzen**. Ursache sind meist Salze, die sich im Untergrund bilden und durch die Kristallisation und den damit einhergehenden Druck die Abplatzungen hervorrufen.

Ebenso handelt es sich um Feuchtigkeitsschäden, wenn der **Putz abspringt**. Grund hierfür ist meist die eindringende und dann gefrierende Feuchtigkeit. Schäden dieser Art können das Mauerwerk freilegen.

Abgesprungener Putz durch Feuchtigkeit

Pilzbefall des Mauerwerkes ist ebenso ein Zeichen für durchfeuchtete Flächen.

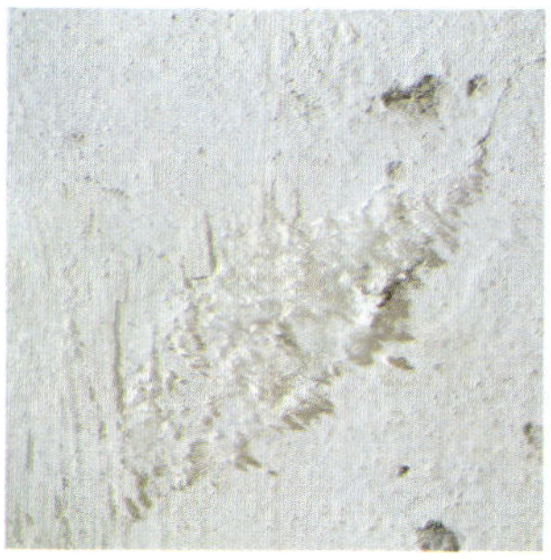

Pilzbefall durch Feuchtigkeit

In all diesen Fällen muß man vor den eigentlichen Vorarbeiten zunächst die Ursachen der Durchfeuchtung beseitigen.

Wenn es sich nur um **kleinere Putzrisse** handelt, kann eine **Armierungsschicht** unter dem Anstrich genügen.

Für kleine Risse genügt eine Armierungsschicht

Größere Putzrisse sind einzeln zu schließen. Besonders einfach geht das mit speziellen, im Fachhandel erhältlichen **Dichtmassen**.

Säubern größerer Risse

Zunächst säubern Sie den Riß, dann tragen Sie mit dem Pinsel eine **Dispersionsgrundierung** auf. Hierzu schneiden Sie die Düse der Spritzpistole in Rißbreite schräg ab, drücken etwas

Auftragen von Dispersionsgrundierung

von der Dichtmasse in ein kleines Gefäß und verdünnen dann die Masse mit Wasser.

Dann streichen Sie den Riß mit der verdünnten Masse vor.

Anschließend füllen Sie den Riß mit der Dichtmasse aus.

Ausfüllen des Risses mit Dichtmasse

Zum Abschluß glätten Sie die bearbeitete Stelle mit einem **Spachtel**.

Glätten der Dichtmasse mit Spachtel

Leicht mehlende Beton-, Putz- oder Farbbeschichtungen muß man nur mit einer verfestigenden **Tiefengrundierung** vorbehandeln.

Bei **Altanstrichen** sollte man zunächst einmal wissen, um welche Anstriche es sich handelt, ehe man die Tragfähigkeit prüft. Hier einige **Hinweise**:

- **Leimfarben** können mit einem feuchten Schwamm abgewischt werden.
- Alte **Kalk- und Zementanstriche** saugen Wasser und die benetzte Fläche färbt sich dunkler. Sie brausen stark auf, wenn man sie mit Essigessenz betupft.
- **Anstriche** mit **Silikatfarben** saugen nur, wenn sie nicht mit einem Silikonzusatz wasserabweisend gemacht wurden. Bei Benetzung mit einer Säure brausen sie nur wenig auf.
- **Dispersionsanstriche** oder lösemittelhaltige Wand- und Fassadenanstriche bilden Filme, saugen kaum oder gar nicht und reagieren weder auf Säuren noch auf alkalische Abbeizer. Bei Benetzung mit einem Lösemittel werden sie angelöst.
- Von **ölhaltigen Altanstrichen** perlt Wasser ab. Keine Reaktion bei Benetzung mit Säuren; Zerstörung der Beschichtung durch alkalische und lösemittelhaltige Abbeizer.
- Alte **Beschichtungen** aus **Nitrolack** lassen Wasser abperlen, reagieren weder auf Säuren noch alkalische Abbeizer und werden von Lösemitteln sehr gut gelöst.
- Alte **Anstriche** mit **Reaktionslackfarben** (Polyurethan, Polyester, Epoxidharz) reagieren weder auf Abbeizer noch auf Säuren; Wasser perlt ab.

Nicht mehr tragfähige Anstriche entfernt man

- mechanisch durch Abwaschen, trockenes oder feuchtes Schleifen, Sandstrahlen, Bürsten, Kratzen oder Schaben,
- durch Erwärmen und Anschmelzen,
- chemisch durch Zerstörung oder Lösung der alten, nicht mehr tragfähigen Anstriche und anschließendes Abschaben.

Trockenes Abschleifen oder Abbürsten sollten Sie nur für kleine Flächen wählen.

SICHERHEITSTIP
Wenn Sie größere Flächen abschleifen wollen, müssen Sie unbedingt eine Schutzbrille und ein Atemschutzgerät verwenden, denn fast alle Farbstäube sind gesundheitsschädlich.

Das einfachste Werkzeug zum trockenen Schleifen ist ein **Schleifklotz**. Sie spannen das Schleifpapier ein und führen ihn mit gleichmäßigem Druck über die zu bearbeitende Fläche.
Beim **Naßschleifen** verwenden Sie wasserfestes Schleifpapier oder besser noch ein **Schleifgewebe**. Schleifen Sie die Fläche zuerst mit kreisenden Bewegungen, dann in Längsrichtung.

Abschleifen der Farbe mit Schleifpapier

Anschließend wird der Schleifschlamm sorfältig entfernt. Zum Anstrich muß die Fläche trocken sein.

Eine Schleifmaschine beschleunigt die Arbeit

Schneller geht es natürlich mit einer **Schleifmaschine**. Sie sollten sie aber nur mit Absaugung und Staubsack benutzen.

Für **Bohrmaschinen** gibt es viele **Schleif- und Bürstenvorsätze** zum Abschleifen und Entrosten. Weil aber Bohrmaschinen in der Regel keine Absaugvorrichtung und Staubsäcke haben, sollten Sie diese Vorsätze nur bei der Bearbeitung kleiner Flächen und an gut durchlüftetem Ort benutzen.

Zum Anschmelzen mit einem **Heißluftgerät** eignen sich alle Dispersions- und ölhaltigen Anstriche. Die angeschmolzene Schicht läßt sich leicht mit einem Schaber oder Spachtel abschieben.
Wegen der verhältnismäßig niedrigen Temperatur des Luftstromes entstehen auch nur wenig gesundheitsschädliche Dämpfe.
Anstelle des Heißluftgerätes können Sie auch einen **Fön** verwenden.

Das Abschmelzen mit einer **Butangas-Lötlampe** mag zwar wirkungsvoller sein. Zum einen aber ist der Umgang mit dem Gerät nicht ganz ungefährlich – schließlich enthält es ein leicht entflammbares Gas –, zum anderen entstehen bei den höheren Temperaturen auch höhere Schadstoffkonzentrationen aus der Farbschicht.
Besonders bei Holzuntergründen muß man darauf achten, daß der Untergrund nicht anbrennt.

Meistens ist **Abbeizen** die einfachste Lösung.
Das Abbeizmittel muß nach dem Auftrag mehr oder weniger lang einwirken, in der Regel mehrere Stunden.

Farbreste mit Abbeizmittel einstreichen

Mit einem Spachtel lassen sie sich leicht lösen

Falls es sich um einen kleineren Gegenstand handelt, arbeiten Sie am sichersten im Freien. Falls es sich um größere Flächen in Räumen handelt, sorgen Sie für besonders gute Durchlüftung.
Wenn Sie das richtige Beizmittel gewählt haben, beginnt der Altanstrich schon bald, sich zu werfen oder aufzulösen. Nach ein paar Stunden ist er dann mit einem Spachtel leicht zu entfernen. Die abgebeizten Stoffe sollten unbedingt dem Sondermüll zugeführt werden.

MINITIP
Ölfarbanstriche auf Holz kann man zwar auch mit einem alkalischen Beizmittel entfernen, das Holz vergraut aber dadurch. Das ist nicht schlimm, wenn man einen voll deckenden Anstrich aufbringen will. Wenn man sich aber für eine lasierende Beschichtung entscheidet, braucht man zum Abbeizen ein lösemittelhaltiges Abbeizfluid, damit die ursprüngliche Farbschattierung des Holzes erhalten bleibt.

Beim Abbeizen von größeren Flächen müssen Sie für gute Durchlüftung sorgen

Grundtechniken

STREICHEN

Diese Technik des Farbauftrages ist vor allen anderen besonders **wirtschaftlich**: Die Geräte sind einfach und nicht teuer, auch wenn man aus Qualitätsgründen bei der Anschaffung der Pinsel bzw. Bürsten nicht sparen sollte. Die Farbverluste beim Streichen sind sehr gering. Man kann alle Flächen mit dieser Technik bearbeiten, sogar bei einiger Übung auch Dickbeschichtungen auftragen, und es gibt Arbeiten (z.B. Renovierungsanstriche für Fenster), die man ohne größeren Aufwand nur mit dem Pinsel erledigen kann. Vergleichen mit dem **Spritzen** gefährdet man seine Gesundheit weniger stark.

PROFITIP
Wenn Sie einen Gegenstand mit Kanten lackieren (Heizkörper, Truhen, Fenster), wärmen Sie den Lack vorsichtig und nur um wenige Grad an. Er ist dann dünnflüssiger und deckt die Kanten besser.

Nach dem Öffnen des Originalgebindes rührt man die Farbe zunächst um. Dazu benutzen Sie am besten ein **Rührholz**.

Umrühren der Farbe

Geeignet sind Dübelhölzer, Leisten- oder Lattenabschnitte mit glatten und sauberen Oberflächen. Bei großen Farbmengen lohnt sich ein **Rührvorsatz zur Bohrmaschine**.

Streichen Sie niemals unmittelbar aus dem Originalgebinde! Wenn Sie Pech haben, können Sie sich sonst Ihren gesamten Farbvorrat ruinieren. Gestrichen wird immer nur aus einem **separaten Gefäß**, z. B. einem Eimer, einer Farbwanne, bei kleineren Arbeiten auch aus einem sauberen Marmeladenglas. Gießen Sie immer nur gerade soviel Farbe in das Arbeitsgefäß, wie Sie bis zur nächsten Arbeitspause verbrauchen.

Umfüllen in Arbeitsgerät

MINITIP
Reste von Lacken und Farben, die in gut verschlossenen Behältern aufbewahrt sind, können Sie noch nach langer Zeit weiter verwenden: Wischen Sie zunächst den Staub von dem Behälter, damit beim Öffnen die Farbe nicht verschmutzt wird. Falls sich eine Haut gebildet haben sollte, trennen Sie sie vorsichtig ab. Rühren Sie die Farbe gut um und gießen Sie sie durch ein feines Sieb oder Tuch. Auf diese Weise bekommen Sie wieder eine gebrauchsfertige Farbe.

Wählen Sie für große Flächen eine Malerbürste, sonst einen Pinsel, dessen Streichfläche etwas kleiner ist als die schmalste Stelle des zu streichenden Gegenstandes.

- **Flächenstreicher** eignen sich gut für alle Ölfarb- und Lackanstriche.
- **Ringpinsel** für kleinere Flächen mit vielen Ecken und Kanten.
- **Flachpinsel** nehmen Sie für kleinteilige Anschlußarbeiten, für die Flächenstreicher und Ringpinsel zu grob sind.
- **Malpinsel** für sehr feine Ausbesserungen.

Das saubere und trockene Gerät (Pinsel oder Bürste) stauben Sie zuerst aus, indem Sie ein paarmal locker mit den Fingern über die Borsten fahren oder die Borsten locker gegen die Handfläche klopfen.

Tauchen Sie den Pinsel bis höchstens zu einem **Drittel der Borstenlänge** ein. Die Farbe wird dann durch die Kapillarkraft zwischen den Borsten gerade weit genug eingesaugt, daß man sie beim Streichen auch wieder vollständig herausbekommt und keine Farbe verschwendet wird.

Der Pinsel sollte nur etwa zu einem Drittel in die Farbe eingetaucht werden

Ringpinsel eignen sich hervorragend für kleinere Flächen wie Fenster, da sich damit Ecken gut erreichen lassen

Wenn Sie den Pinsel tiefer eintauchen, dringt die Farbe bis in die Pinselfassung vor, und von dort bekommen Sie sie auch beim Reinigen nicht mehr vollständig weg. So wird der Pinsel schnell **unbrauchbar**.

Streichen Sie die überschüssige Farbe an der Wand des Arbeitsgefäßes ab. Ziehen Sie den Pinsel (die Bürste) nicht über den Rand, dadurch würde zuviel Farbe abgegeben.

Abstreichen der Farbe am Rand des Eimers

Beginnen Sie auf **senkrechten Flächen** immer oben, auf **waagrechten** an der Schmalseite des Gegenstandes (Rechtshänder normalerweise links). Legen Sie zunächst mehrere (drei, höchstens vier), nicht zu lange **parallele Streifen** an - auf senkrechten Flächen von oben nach unten, auf waagrechten von links nach rechts, bis der Pinsel leer gestrichen ist.

Zuerst parallele Streifen anlegen

Die **Streifenabstände** sollten etwas weniger als Pinselbreite betragen. Achten Sie besonders bei den ersten Streifen darauf, daß Sie den Pinsel nicht ausdrücken, sondern ausstreichen.

Mit dem leergestrichenen Pinsel streichen Sie jetzt **quer** zu den parallelen Streifen und verteilen damit die Farbe **gleichmäßig** über die Fläche.

Farbe quer zu den Streifen verteilen

Anschließend **glätten** Sie die Farbschicht mit ganz leichten Strichen; auf senkrechten Flächen immer von unten nach oben, bei waagrechten immer gegen die Richtung der ersten Streifen.

Fahren Sie neben der ersten Fläche fort, bis die ganze Breite beschichtet ist. Erst dann folgen die Flächen darunter bzw. weiter rechts. Achten Sie sorgfältig auf **nahtlose Übergänge** der Beschichtung. Das wird Ihnen leicht gelingen, wenn Sie die ganze Fläche **zügig** und ohne **Unterbrechungen** bearbeiten.

Stark strukturierte Oberflächen (z.B. Strukturtapeten, Putze mit sehr grobem Profil oder modellierten Oberflächen) streicht man am besten mit Pinsel oder Bürste, wenn man die Struktur möglichst vollständig erhalten möchte. Das Anstreichen funktioniert zwar auch mit einer Flauschrolle, aber dabei können feine Strukturteile leicht zugeschwemmt werden, während dagegen andere Stellen ganz frei von Farbe bleiben.
Bei solchen Flächen tragen Sie die Farbe mehr mit den **Spitzen** als den **Seitenflächen** der Borsten auf und außerdem eher durch tupfende statt durch streichende Bewegungen. Das ist zwar ziemlich mühsam, aber Sie werden viel Freude am Ergebnis haben.

Strukturierte Flächen mit Pinsel streichen

Bei großen Flächen empfiehlt sich die Verwendung einer Rolle zum Verteilen der Farbe

ROLLEN

Mit dieser Technik lassen sich größere Flächen **leichter** und **schneller** beschichten als mit Pinsel oder Bürste. Man kann allerdings an schwierigen Stellen (Ecken, Kanten) nicht so genau arbeiten wie mit dem Pinsel. Dickschichtmaterialien lassen sich nicht gut mit der Rolle verarbeiten.
Rollen lohnt sich immer beim Malern von **Decken** und **Wänden**, aber auch, wo größere und völlig plane Flächen lackiert werden sollen (z.B. Türblätter).

Auch beim Rollen wird nicht aus dem Originalgebinde gearbeitet. Nach dem Durchrühren kommt die Farbe in das **Arbeitsgefäß**. Bei Dispersionsfarben kann das auch ein Kunststoffeimer sein; bei Lackierungen dagegen verwendet man eine Farbwanne.

Nach dem Eintauchen in das Arbeitsgefäß (zu Beginn

Füllen Sie nur so viel Farbe in die Farbwanne, wie Sie benötigen

mehrmals hintereinander) wird die überschüssige Farbe durch Rollen über das **Abstreifgitter** bzw. den erhöhten und profilierten Teil der Farbwanne entfernt. Dabei verteilt sich die Farbe gleichmäßig auf der Rolle.

Abstreifen der Farbe mit Abstreifgitter

Rollen Sie von unten nach oben einen etwa 80 cm breiten Streifen auf. Verteilen Sie dann die Farbe durch Überrollen des Streifens in **Zick-Zack-Bahnen** und verschlichten diese Fläche durch **senkrechtes Auf- und Abrollen**.
Den nächsten Streifen setzen Sie etwa 40 cm daneben. Arbeiten Sie beim Verteilen und Verschlichten immer ein Stück weit in das zuerst angelegte Feld hinein.

Verschlichten der Zick-Zack-Bahnen

Nur so erhalten Sie eine einheitliche Fläche

SPRITZEN

Befriedigende Ergebnisse erzielt man erst nach einiger Übung. Beginnen Sie deshalb nicht gleich mit Flächen oder Gegenständen, bei denen es auf Perfektion ankommt. Zum Üben eignen sich z.B. Tapetenflächen, die ohnehin entfernt werden sollen, oder Vorstreichfarben.

Oft muß man die Farbe vor dem Spritzen noch **verdünnen**. Bei manchen lösemittelhaltigen Farben gibt es dafür **spezielle Spritzverdünnungen**.

Während des **Spritzens** werden sehr viel größere Lösemittelmengen frei als beim Streichen oder Rollen; am wenigsten noch bei **wasserverdünnbaren Anstrichmitteln**.
Bedenken Sie aber, daß auch die Farbnebel wasserverdünnbarer Anstrichmittel immer gesundheitsschädlich sind.
Tragen Sie deshalb beim Spritzen immer eine **Atemschutzmaske**. Sie bekommen Sie als Gummi-Halbmasken mit auswechselbarem Filter oder als Einweg-Lackiermasken.
Beachten Sie unbedingt die Hinweise auf die maximale Gebrauchsdauer der Filter bzw. der Einwegmasken!

Anders als beim Streichen oder Rollen müssen beim Spritzen die angrenzenden Flächen immer sehr sorgfältig **abgedeckt** werden. Am besten verwenden Sie dazu eine **Malerfolie**, die Sie mit einem Textilklebeband genau an den Flächengrenzen festkleben. Ein Kreppband ist ungünstig, weil es von wasserverdünnbaren Farben durchweicht werden kann.

Führen Sie die Spritzpistole mit der Düse **senkrecht** und im Abstand von mindestens 20 cm und höchstens 35 cm zur Fläche.
Achten Sie darauf, daß der **Abstand** zur Fläche immer genau **gleich groß** ist.
Bewegen Sie die Spritzpistole in **gleichbleibender Geschwindigkeit** über die Fläche, sonst bekommen Sie ungleichmäßige Schichtdicken: Wo Sie langsam waren, bilden sich Tropfnasen, wo Sie zu schnell waren, scheint der Untergrund durch. Spritzen Sie die Fläche **in einem Zug**. Beginnen Sie außerhalb auf der abgedeckten Fläche. Ziehen Sie die Pistole wie beschrieben über die Fläche hinaus bis auf den angrenzenden, abgedeckten Teil; wenden Sie ohne Unterbrechung und führen Sie die Spritzpistole so zurück, daß der zweite Farbstreifen den ersten ungefähr halb überdeckt.
Die **zweite Schicht** (soweit erforderlich) legen Sie so über die erste, daß sich die Spritzgänge kreuzen.

Beim Spritzen von Wänden und Decken oder Gegenständen mit Ecken und Kanten (Schränke, Truhen) werden immer **zuerst** die **Ecken** und **Kanten** gespritzt.
Am einfachsten ist das bei **Außenkanten** (und -ecken). Man zieht einfach die Spritzpistole darüber. Bei **Innenecken und -kanten** wird jede der angrenzenden Flächen separat gespritzt. Legen Sie zunächst an den Kanten entlang einen schmalen Farbstreifen (zu diesem Zweck müssen Sie die Düse ihrer Spritzpistole entsprechend einstellen). Dann spritzen Sie von den Kanten ausgehend in **waagrechten Streifen** die Flächen zu Ende.

MUSTER UND STRUKTUREN HERSTELLEN

Spezielle Techniken wendet man besonders beim **Lasieren** auf Holz und bei Innenwänden an. Es gibt dafür **spezielle Werkzeuge** (z.B. Model), mit denen man Holzmaserungen nachahmen kann, oder **Rollen** mit den vielfältigsten Mustern.

Streifenmuster verschiedenster Arten können Sie anlegen, indem Sie die frische Lasurschicht mit einem **Kamm** bearbeiten. Je nachdem, ob er fein oder grob gezahnt ist, ergeben sich die unterschiedlichsten Effekte.

Marmoriereffekte erzielen Sie, wenn Sie die Farbe mit einem **Schwamm** aufnehmen und die Fläche damit leicht betupfen.
Bei einer anderen Marmoriertechnik tupfen Sie mit einem zusammengeknüllten **Lappen** Farbe von einem noch feuchten Anstrich.

Alle diese Techniken erfordern mehr oder weniger **stark verdünnte** Farben. Sie sollten sie nur mit wasserverdünnbaren Farben versuchen (Handschuhe tragen!).
Für besonders feine Streifenmuster nehmen Sie einen breiten Pinsel mit besonders steifen Borsten. Kamm bzw. Pinsel müssen Sie immer wieder an einem sauberen Leinentuch oder einem nicht fusselnden Lappen abtupfen, sonst bekommen Sie im Verlauf der Arbeit immer stärker verwischte Strukturen.

Tupfenmuster erzielen Sie, indem Sie mit einer speziellen **Tupfbürste** den noch frischen Anstrich bearbeiten. An Stelle dieses ziemlich teuren Spezialwerkzeuges können Sie aber auch eine saubere **Bürste** oder sogar einen sauberen **Kehrbesen** mit harten Borsten nehmen. Die Tupfstruktur wird dadurch etwas gröber, aber nicht weniger reizvoll.

Geschmackvoll abgetönte Wände und Decken steigern den Wohnkomfort

Spezialkurse

WÄNDE UND DECKEN

Wenn der Raum leergeräumt ist, decken Sie noch vor Beginn der Vorarbeiten alle nicht bearbeiteten Flächen sorgfältig mit **Malerfolie** ab.
Schalten Sie den Stromkreis des betreffenden Raumes ab. Anschließend beseitigen Sie Blenden und Abdeckungen von Schaltern sowie Steckdosen und montieren die Deckenlampen ab. Die freien Installationsausgänge decken Sie mit **Klebeband** zu.
Bauen Sie Ihre **Arbeitsbühne** genauso auf, wie es im Kapitel »Wände und Decken tapezieren« beschrieben wird.
Falls Sie sowohl die Decke als auch die Wände malern wollen, beginnen Sie immer mit der Decke. Farbspritzer, die während der Malerarbeiten an der Decke auf noch unbearbeitete Wände gelangen, können leicht wieder entfernt werden, besonders, wenn noch alte Tapeten zu entfernen sind.
Als **Grundierung** verwenden Sie in der Regel die leicht verdünnte Farbe. Wie Sie im einzelnen verdünnen müssen, steht auf dem Gebinde.

Decken
Sie müssen die Decke von Ihrem Arbeitsgerüst (oder Leiter) aus bequem erreichen können.

Falls Sie nicht ganz schwindelfrei sind, nehmen Sie am besten zum Malern der Decke und der oberen Wandpartien eine Bürste oder einen Roller mit **Teleskopverlängerung**. Dann müssen Sie nur zum Ausmalen der Ecken auf die Leiter steigen.

Mit einer Teleskopverlängerung Decke streichen

Arbeiten Sie **parallel** zu dem **Fenster** mit dem **stärksten Lichteinfall** und arbeiten Sie immer in eine Richtung.
Falls Sie also die erste Bahn in der Ecke rechts vom Fenster begonnen haben und links angekommen sind, beginnen Sie die anschließende, nun etwas tiefer im Raum liegende Bahn wieder an der rechten Deckenkante.

Die **Ecken** müssen Sie immer mit einem Pinsel gesondert ausstreichen.

Wände
Beginnen Sie immer **oben** und **neben** dem **Fenster**, durch das der Raum am **stärksten belichtet** wird. Wenn die erste Bahn fertig gestrichen ist, fangen Sie die nächste wieder am oberen Ende an.

Ecken und **Kanten** müssen Sie immer mit dem Pinsel fertigstreichen.

Kanten gut abkleben und mit Pinsel streichen

Fußleisten kleben Sie mit einem **Klebeband** ab. Unsaubere Stellen können Sie nachträglich mit einem Pinsel ausbessern. Eventuelle Farbkleckse auf der Leiste wischen Sie feucht ab.

Besonders einfach und sauber ist das Malern von Decken und Wänden, wenn Sie eine »thixotrop« oder **tropffrei eingestellte Farbe** benutzen.
Dabei handelt es sich um Farbgelees, die nur beim Streichen flüssig sind, oder wenn man sie schüttelt. Solche Farben werden vor Gebrauch nicht umgerührt, und der Pinsel wird auch nicht nach dem Eintauchen ausgedrückt. Man kann sie gut auftragen, ohne daß sich Tropfnasen oder Schlieren bilden.

Ein **zweiter Anstrich** deckt alle Ausbesserungsarbeiten gründlich.

KEHLLEISTEN, FRIESE, STUCK

Kehlleisten, Friese oder Stuck (sofern er nicht an der Decke sitzt) streichen Sie erst **ganz zum Schluß**, wenn auch die Wände fertig sind. Sie können entweder dazu diegleichen Farben verwenden oder, wenn Sie möchten, die Details farblich absetzen.

Vor dem Streichen Risse glätten

Den Kitt mit Schleifpapier glätten

Nach den **Vorarbeiten** (Säubern und – soweit nötig – Ausbessern und/oder Grundieren) tragen Sie die Farbe dünn auf.
Wenn Sie **mehrfarbig** arbeiten, streichen Sie zuerst die erhabenen Teile. Achten Sie immer darauf, daß der Pinsel etwas kleiner sein muß als das kleinste zu malende Detail.
Damit Sie auch eine ruhige Hand haben, stützen Sie sie mit einem **Malerstock**. Das ist ein einfacher Stab, umwickelt mit einem Tuch.

HOLZ ANSTREICHEN

Wenn Sie eine besonders schöne Oberfläche erhalten wollen, sollten Sie unbehandeltes Holz zunächst **naß schleifen**.

Naßschleifen bringt Vorteile

Feuchten Sie die Oberfläche mit einem Schwamm an; dann richten sich die Fasern der Oberfläche auf, so daß man sie beim anschließenden Schleifen sauber abtrennen kann.
Naßschleifen hat außerdem den Vorteil, daß Sie keinen Holzstaub einatmen.

SICHERHEITSTIP
Bedenken Sie beim trockenen Schleifen, daß auch Holzstaub sehr gesundheitsschädlich sein kann (Buchenholzstaub gehört z.B. zu den eindeutig krebserzeugenden Gefahrstoffen). Tragen Sie also zu Ihrer Sicherheit immer eine Atemschutzmaske.

Harzgallen entfernen
Sperren Sie als nächstes sorgfältig eventuell vorhandene **Harzgallen** ab; sie schlagen sonst durch den fertigen Anstrich und zerstören ihn.
Zunächst entfernen Sie die Harzgallen mechanisch, z.B. mit einem Schraubenzieher oder Messer.
Dann folgt der **Sperranstrich**. Er besteht meist aus einem sehr rasch flüchtigen Schellack oder einer Nitrolacklösung. Gehen Sie sparsam und vorsichtig damit um.

Entfernen der Harzgallen

Die Vertiefungen füllen Sie mit einem zur späteren Beschichtung passenden **Spachtel** aus; (z.B. mit einem Ölspachtel bei einer ölhaltigen Farbe, mit einem Dispersionsspachtel bei einem Wasserlack).

Die gespachtelten Flächen schleifen Sie anschließend.

Nach dem Spachteln erneutes Schleifen

Grundieren sollten Sie immer in **Faserrichtung**, damit die Farbe gut einzieht und schnell trocknet.

Streichen entlang der Holzmaserung

Anschließend wird die Fläche wieder geschliffen. Dann folgen die Zwischenanstriche und schließlich die Endbeschichtung. Jede Schicht muß vollständig **durchtrocknen**, bevor man sie schleift und ehe man die nächste Schicht aufträgt. Das ist ganz besonders wichtig, wenn Sie mit lösemittelhaltigen Lacken arbeiten, weil eine noch nicht richtig durchgetrocknete Schicht von der frischen darüberliegenden angelöst und hochgezogen wird.
Es kommt dann leicht zur Runzelbildung.

Auch größere Holzflächen zu streichen, stellt kein Problem dar

Behandlung von Türen und Fenstern
Wenn Sie vorhaben, eine Tür neu anzustreichen, nehmen Sie zuerst die Beschläge (Türgriff mit Schloßblende) ab. Dann heben Sie sie aus den Angeln und legen sie waagrecht auf zwei Böcke.

Nach den **Vorarbeiten** (Abbeizen, Anlaugen oder Anschleifen des alten Anstriches) und dem Grundieren (soweit erforderlich) müssen Sie kleinere Schäden zunächst verspachteln.

Kleben Sie die Öffnungen für Griff und Schloß mit **Textilklebeband** ab. Beginnen Sie immer an den Ecken und Kanten, auch schon beim Vorlackieren. Kleine Schadstellen bessern Sie mit einem zur Farbart passenden **Spachtel** aus. Anschließend streichen Sie zügig die Fläche.

Beim **Türfutter** streichen Sie als erstes die breiten Innenseiten. Fangen Sie immer oben über Kopf an. Bei **Profiltüren** werden immer zuerst die Füllungen bearbeitet. Beginnen Sie immer entlang der Kanten. Anschließend bearbeiten Sie die Rahmenteile.

Bei **verglasten Türen** oder bei **Fenstern** werden immer zuerst die Falze bearbeitet. Die Glasflächen decken Sie am besten mit dem Farbabgrenzer ab. Zur Not tut es aber auch ein sehr steifes Stück Pappe.

Wenig belastete Holzoberflächen, aber auch Holzfußböden in weniger strapazierten Innenbereichen kann man sehr gut auch mit **Ölen** oder **Wachsen** einlassen. Aufgetragen werden Sie wie andere Farben auf das geschliffene, trockene Holz. Eine Grundierung ist nicht unbedingt erforderlich.

Gewachste Oberflächen können zu verschiedenen **Glanzgraden** poliert werden. Das ist ganz leicht: Die Stellen einfach anhauchen und mit einem weichen fusselfreien Tuch polieren.

METALL ANSTREICHEN

Die **Metalloberflächen** müssen frei sein von Rost, anderen Korrosionsprodukten, Schmutz und Fett.

Dann wird ein **Primer** oder gleich eine **korrosionsschützende Grundbeschichtung** aufgetragen. Nach Durchtrocknen und Schleifen folgen dann mehrere Zwischenanstriche; außen ebenfalls mit korrosionsschützenden Farben, innen kann man die Schichten bereits mit der Deckfarbe ausführen.
Auf Metall wird heute oft mit **tropffreien Dickbeschichtungsmitteln** gearbeitet. Man spart auf diese Weise mehrere Zwischenanstrichschichten und braucht sich keine Sorgen zu machen, daß Tropfnasen entstehen.

Heizkörper anstreichen
Für den Neuanstrich muß der Heizkörper unbedingt ausgekühlt sein. Ideal für solche Arbeiten ist daher die heizfreie Periode.

Zunächst steht die **gründliche Reinigung** an. Fett und Schmutz sind zu entfernen, anschließend gehört der Altanstrich abgeschliffen bzw. angerauht. Roststellen müssen Sie mit Schleifpapier vorbehandeln.

Freigelegte Stellen sind mit einem **Antirostgrund** zu präparieren.

Präparieren mit Antirostgrund

Vor dem Streichen müssen Heizkörper gereinigt und angerauht werden

Problemlösungen

Kanten und schwierigere Stellen sind zuerst mit einem Pinsel vorzustreichen. Am besten eignet sich ein **wasserverdünnbarer Heizkörper-Acryllack**. Er trocknet schnell, ist lösemittelarm und strapazierfähig. Danach können Sie die Fläche mit einem Farbroller streichen. Führen Sie dabei die Rolle **quer zum Rippenverlauf**.

Anstrich quer zum Rippenverlauf

Bei einer hellen Farbe ist ein Zweitanstrich zu empfehlen. **Rippenkanten** sind mit dem Pinsel zu streichen, der dem Rippenverlauf entsprechend **von unten nach oben** geführt wird.

Zweitanstrich von oben nach unten

MINITIP
Wenn Sie Ihre Heizkörper streichen, müssen Sie darauf achten, die Ventile besonders sorgfältig abzukleben, damit sie durch den Anstrich nicht verstopfen!

Damit im Winter die Temperatur stimmt: rechtzeitig streichen

ORNAMENTE ANLEGEN

Falls Sie einen Gegenstand ornamental bemalen oder beschriften wollen, gibt es dazu zwei Möglichkeiten: das Arbeiten mit **Schablonen** oder das **Abkleben** der ornamental zu gestaltenden Flächen.

Beim Arbeiten mit Schablonen müssen Sie darauf achten, daß die Schablone dicht mit dem Untergrund abschließt.
Streichen Sie zuerst den Randbereich, und zwar immer nur von außen nach innen.
Der Kernbereich wird erst zum Schluß angelegt. Bedenken Sie, daß der Pinsel sehr viel schmaler sein muß als das Ornament.

Beim **Abkleben** schaffen Sie sich praktisch eine Schablone in der gewünschten Form mit Textilklebeband und Abdeckfolie.
Verfahren Sie beim Malern wie oben beschrieben.

Das Klebeband muß unmittelbar nach dem Malern abgenommen werden, damit die Ränder der Dekorfläche noch sauber verlaufen können.
Wenn Sie das Klebeband zu spät entfernen, entstehen Rißspuren, die man nie vollständig beheben kann.
Nicht nur einzelne Ornamente, sondern auch ganze Bilder können auf gleiche Weise von einer Vorlage aus auf die Wand übertragen und dann bemalt werden.

Ausmalen von Ornamenten, die zuvor mit Schablone angezeichnet wurden

Problemlösungen

ANSTRICH BLÄTTERT AB

Ursache
Wenn der Anstrich **abblättert**, liegt dies meist an einer **mangelnden Untergrundvorbereitung** (z. B. kein Primer auf glattem Untergrund, mangelnde Grundierung auf stark saugenden Flächen) oder daran, daß auf einem **nicht tragfähigen Untergrund** gestrichen wurde (z. B. auf Leimfarbe, Rost oder verrottetem Holz).

Lösung
Abbeizen des Anstrichs, richtige Untergrundvorbereitung und Neuanstrich.

BLASENBILDUNG

Ursache
Wenn ein neuer Anstrich **Blasen** wirft, liegt es oft an Lufteinschlüssen oder Wasser im Untergrund und/oder mangelnder Haftfähigkeit der Farbe auf dem Untergrund (falsche oder mangelnde Untergrundvorbereitung).

Lösung
In beiden Fällen den alten Anstrich abbeizen, dann austrocknen lassen bzw. richtige Untergrundvorbereitung und Neuanstrich.
Zu Blasen im Anstrich kann es auch kommen, wenn auf der kühleren Seite einer gut wasserdampfdiffusionsfähigen Wand ein stark sperrender Anstrich (z. B. mit Öllack) aufgebracht wurde.

Lösung
Anstrich abbeizen und einen diffusionsfähigen Neuanstrich auftragen (Kalk-, Dispersionssilikat-, Leimfarbe).

Abblättern des Anstrichs

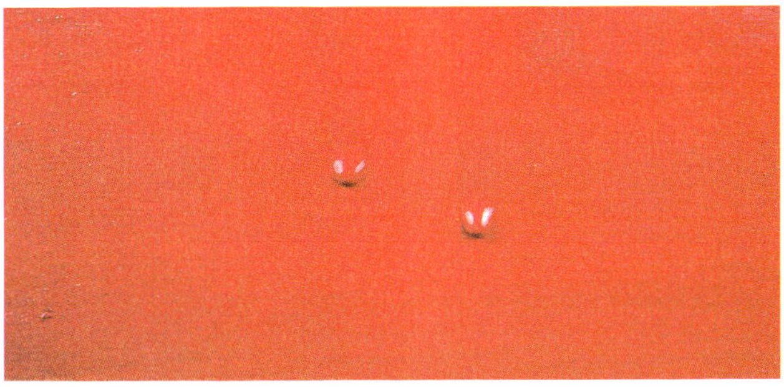

Tropfnasen

RISSE IN DER BESCHICHTUNG

Ursache
Risse entstehen immer, wenn die Deckbeschichtung weniger elastisch ist als die Grund- oder Zwischenanstrichschicht (z. B. Alkydharz mit hohem Ölanteil als Grundanstrich und ein mageres Alkydharz als Deckanstrich oder Zementfarbe auf Kalkfarbe).

Lösung
Anstrich abbeizen, Neuanstrich mit den zueinander passenden Materialien ausführen.

SCHLIEREN UND TROPFNASEN IM ANSTRICH

Ursache
Der Anstrich wurde zu dick aufgetragen.

Lösung
Versuchen Sie, solange die Farbe noch frisch ist, die betreffenden Stellen mit dem Pinsel glatt zu streichen. Das ist zwar nur eine Notlösung, denn völlige Glätte werden Sie in der Regel auf diese Weise nicht mehr erzielen können. Besser ist es, den Anstrich vollständig durchtrocknen zu lassen. Dann schleifen Sie ihn zunächst mit gröberem, dann immer feinerem Papier glatt, entfernen sorgfältig den Schleifstaub und tragen eine neue Deckschicht auf.

RUNZELN AUF DEM ANSTRICH

Ursache
Das Lösemittel des Deckanstriches löst den Untergrund an. Das kann passieren, wenn Sie eine lösemittelhaltige Farbe über eine alte Dispersionsfarbschicht streichen oder bei lösemittelhaltigen Farben nicht abwarten, bis Grund- oder Zwischenanstrich gut durchgetrocknet sind.
Lösung
Beizen Sie den Anstrich ab, gegebenenfalls auch den Untergrund und Neuanstrich.

FARBE TROCKNET NICHT

Ursache
Die meisten **Dispersionsfarben** benötigen zur Filmbildung eine Mindesttemperatur von 5° C. Falls es zu kalt sein sollte, müssen Sie dafür sorgen, daß die frisch gestrichenen Flächen angewärmt werden.
Andere Ursachen können noch sein:

- Mangelnde Untergrundvorbereitung (z. B. Fett- oder Ölreste auf dem Untergrund);
- bei Zweikomponenten-Beschichtungen (Epoxid-, Polyester- oder Polyurethanbeschichtungen) zu wenig oder zu viel Härter in der Mischung.

Lösung
Entfernen Sie den Anstrich und tragen Sie den Neuanstrich auf. Achten Sie dabei darauf, daß der Untergrund sauber ist und das Mischungsverhältnis von Stammharz und Härter stimmt.

Nicht trocknende Farbe

Mit ein wenig Geschick und unter Beachtung der vorhergehenden Anleitungen gelingt Ihnen leicht ein ansprechender Anstrich

Farben mischen

Man kann Kontrastfarben wählen oder farbige Accessoires mit weißen Wänden und umgekehrt kombinieren. Einen genau zum Dekostoff der Gardinen passenden Farbton wird man jedoch meistens selbst mischen müssen.

Testmischungen führen in die gewünschte Richtung.

Mit Wassermalfarben lassen sich vorab die erforderlichen Farben festlegen. In der **Re-**

Erst getrocknet läßt sich der Farbton genau beurteilen.

gel sind es nur zwei Farben mit Weiß zum **Aufhellen.**

Mustermischungen

Der **Grundton** ist stets erst aus den Volltonfarben, von dunkel nach hell, zu mischen. Weiß kommt erst, wenn der Grundton stimmt, in kleinen **Mengen** nach und nach dazu. Wieder dunkler zu tönen, kostet viel **Farbe,** denn mit Schwarz würde jeder Farbton schmutzig. Je nach **Glück** und **Geschick** sind eine ganze Reihe Mischversuche notwendig. Dazu die **Grundfarben** zuerst gut aufrühren und kleine Mengen mit dem **Rührstab** auf die Rauhfasertapete heben.

PROFITIP

Acrylfarben halten sich jahrelang, falls die Dosen nicht rosten und die Farbe verschmutzen. Dispersionsfarben möglichst in kleinere Plastikeimer füllen, damit die Luftschicht über der Farbe gering bleibt. Auf Lacken mit Lösungsmitteln einen Löffel voll Testbenzin vorsichtig verteilen. In jedem Fall die Deckel gut schließen und die Gefäße unbewegt, kühl, aber trocken lagern.

Zählen Sie die kleinen **Pinselspitzen** mit Farbe zu dem jeweiligen Muster ab. Dann haben Sie einen ungefähren **Anhalt** für die Mengenanteile zur endgültigen **Mischung.**

Die dunklere Grundfarbe mit der helleren tönen.

Den Grundton auf einer Tapete kontrollieren.

Jedes Farbmuster aufstreichen und mit **Warmluft** trocknen. Vor jeder neuen

Mit weißer Farbe die Mischung aufhellen.

Testmischung den **Pinsel** auswaschen, sonst verfälschen die Farbreste das Muster. Der **Bedarf** derartiger Spezialtöne ist meistens gering. Zum Anrühren kleiner **Farbmengen** ist der Quirl aus einem alten Handrührer in einer kleinen **Akkumaschine** handlicher als ein langer Mischpropeller, der mitunter bei kleinen Mengen zuviel **Luft** unter die Farbe mischt.

Mischtechnik

Ebenso wie beim **Muster** zuerst die festgestellten Anteile der **Grundtöne** mischen. Dabei nur etwa die Hälfte der dunkleren Farbe mit dem helleren Grundton aufhellen, um genügend **Spielraum** zum Nachtönen in der einen wie in der anderen **Richtung** der Grundtöne zu behalten. Mit **Farbproben,** zwischendurch genommen und getrocknet, das Ergebnis kontrollieren.

Bei einem **Voranstrich** können Sie den Farbverbrauch

EXTRATIP: Pigmente, die sich beim Aufrühren alter Farbvorräte nicht verteilen, durch eine Feinstrumpfhose ausfiltern. Mit einem kräftigen Gummiband (ausgemusterte Hosenträger) am Eimerrand festspannen.

genau ermitteln, um für den **Schlußanstrich** ausreichend, aber nicht zuviel Farbe anzumischen. Fünf Prozent **Reserve** sollten Sie jedoch auf jeden Fall einkalkulieren.

ARBEITSMATERIAL

- Tuschpinsel
- Rauhfaserreste
- Volltonfarben
- Mischquirl
- Bohrmaschine
- Heißluftgebläse

Pinsel pflegen

Mit gebrauchten Qualitätspinseln arbeitet es sich leichter, besser und preiswerter. Allerdings nur dann, wenn sie wie wertvolle Natur oder Kunstfasern gepflegt werden.

ÖKOTIP
Pinselreiniger sind zwar biologisch abbaubar, belasten aber die Kläranlagen sehr stark. Daß geringe Mengen beim Ausspülen in die Kanalisation gelangen, läßt sich zwar nicht vermeiden, den größten Teil kann man jedoch, von Sägemehl aufgesaugt, in den Hausmüll geben. Reste von Lösungsmitteln an speziellen Sammelorten abgeben, wo sie entsprechend recycelt werden.

Ein Maler wird selten seine eigene **Leistung** durch ungepflegtes Werkzeug behindern, denn das Arbeitsergebnis wird mit hochwerti-

Vorwaschen in gesammelten Reinigerresten.

gen **Pinseln** immer besser, weil sie erst nach längerer **Benutzung** richtig eingearbeitet sind. Besonders aus **Naturborsten** sind nicht nur alle Farbreste auszuwaschen, erst die weitere sorgfältige **Pflege** erhält die Geschmeidigkeit und befreit das Borstenpaket von den losen Haaren, die beim Arbeiten ärgerliche **Nebenwirkungen** verursachen. Denn die **Aufbewahrung** der Pin-

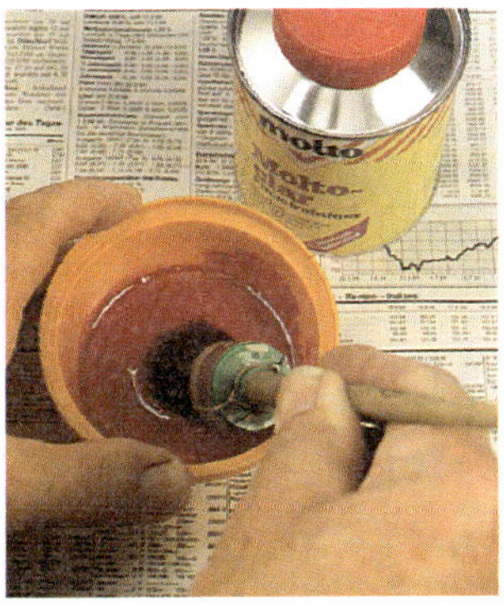

Kräftiges Walken in frischem Pinselreiniger.

sel in Wasser, luftdichten Behältern, Reinigern, Kunststoff- oder Alufolie taugt allenfalls für kurze **Arbeitspausen** und ist, allen guten Ratschlägen zum Trotz, nicht für längere **Zeiträume** zu empfehlen. Wasser macht Naturborsten weich und lappig. Lösemittel können das Aushärten der Anstrichmittel zwischen den Borsten nur verzögern, aber

Auswaschen, bis das Wasser klar bleibt.

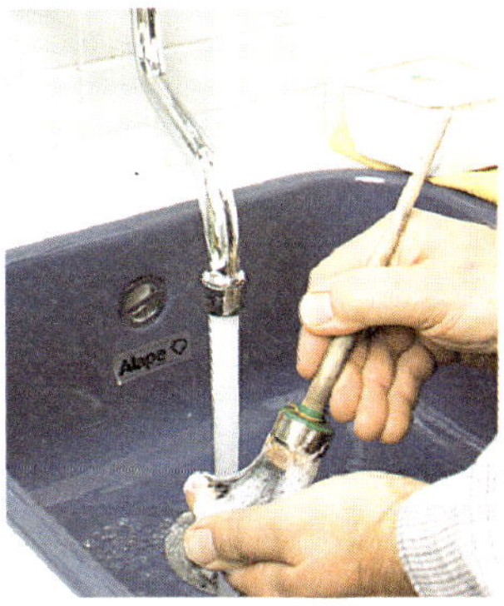

Einschäumen mit Kernseife, ausgiebig nachspülen.

nicht verhindern. Außerdem können sie Borstenfassungen aus Kunststoff oder den Lack auf dem Pinselstiel an- oder gar auflösen.

Für die Vorwäsche die benutzten Reiniger sammeln

Bei der **Vorwäsche** wird zunächst ein Großteil der

Den Pinsel auf saugfähigem Papier ausdrücken.

restlichen Farbe aus dem Borstenpaket entfernt. Bereits wenig frischer Pinselreiniger emulgiert die restlichen **Lackreste** bis tief in die Borstenfassung hinein. Unter fließendem, lauwarmem **Wasser** anschließend die Lack und Reinigerreste ausspülen. Kräftiges Reiben der Borsten soll auch die letzten **Farbreste** lösen. Diese **Behandlung** erhält,

Pinsel stets hängend trocknen und aufbewahren.

durch die rückfettende Wirkung der Seife, die **Naturborsten** elastisch und geschmeidig. Damit möglichst wenig Wasser zwischen den Borsten verbleibt, den **Pinsel** kräftig ausschleudern und ausdrücken. Sollten sich jetzt noch Farbreste auf dem Papier zeigen, ist es besser die ganze Prozedur zu wiederholen. Damit bei erneutem Gebrauch keine störrisch abstehenden Borsten stören, formt **Klebeband** die Borsten zu einem geschlossenen **Paket.** Nach dem gleichen Prinzip werden auch Pinsel mit **Kunststoffborsten** für wasserhaltige Anstrichmittel gereinigt. Bei **Farbrollern** zum Abschluß die Walze mit einer schnellen Bewegung über eine Fläche rollen.

ARBEITSMATERIAL

- Behälter für Reinigerreste
- Pinselreiniger
- Waschgefäß
- Kern-/Grünseife
- Zeitungspapier

Wandfarbe auftragen

Welche Farbe Sie auch verwenden, ob matte Kunststoffdispersion, seidenmatte Latexfarbe oder glänzende Acryllackfarben, nur auf gleichmäßig hellem Untergrund kann man einen ansehnlichen Anstrich erwarten.

Je höher der Anteil weißer **Grundfarbe,** umso größer ist die Chance, daß der erste **Anstrich** bereits genügt. Ansonsten wird man nur auf einem Voranstrich zu einem annehmbaren **Ergebnis** kommen.

Was ohne Farbe bleiben soll, mit Abdeckband schützen.

Voranstrich

Dazu werden kräftige **Farben** bis zu 50% mit weißer Farbe aufgehellt. Man kann sie auch noch verdünnen, dann spritzt die Farbe jedoch mehr. Intensiv und

Senkrecht auftragen, quer verteilen, senkrecht egalisieren.

Den Rundpinsel beim "Beschneiden" gleichzeitig drehen.

damit dünn verteilen dauert zwar länger, ist aber sinnvoller. Zu ansehnlichen **Flächen** verhilft eine angepaßte **Technik** beim Anstrei-

Ein Elektromotor pumpt die Farbe bequem zur Farbwalze.

chen. Wählen Sie keine zu großen Pinsel und Farbroller, wenn Sie nur selten mit diesen **Werkzeugen** umgehen. Schmale Wandflächen, Laibungen und ähnliches lassen sich ohnehin nur mit schmalen **Walzen** behandeln. Trotz aller Vorsicht lassen sich **Farbspritzer** nie ganz vermeiden. Breites **Abdeckband** benutzen. Flächen mit Zeitungspapier abdecken. Das ist nicht so glatt, aber saugfähiger als **Plastikfolie.** Farbspritzer trocknen schneller an.

Zum Verteilen und Egalisieren jeweils die Pumpe abschalten.

Grundtechnik

Farbe zuerst in allen Ecken und um alle Anschlüsse einer **Wandfläche,** unmittelbar vor der Behandlung der Fläche, mit dem Pinsel auftragen. Beim **Voranstrich** muß das nicht so millimetergenau ausfallen. Besser nur bis knapp an das **Abdeckband** streichen, denn absolut randscharf gelingt das **Abkleben** auch nicht. Wenn Sie den Farbroller weit eintauchen, müssen Sie damit auch über das **Abstreifsieb** rollen. Trotzdem bleibt genügend Farbe am Bügel und den **Walzenenden,** die kleckern kann. Man kann mit der Walze auch nur über die **Oberfläche** der Farbe rollen. Um nur soviel davon aufzunehmen, wie sich beim **Abrollen** auf der Wand in einem Zug verteilen läßt. Ausgiebige Acryllackfarben lassen sich auch gut aus einer **Lackwanne** in einem Plastikbeutel verarbeiten.

Anstrichregel

Auf der Wand die Farbe nach der **Regel:** sowenig wie möglich auf möglichst großer **Fläche,** gleichmäßig verteilen. Für den Deckanstrich sind die **Randzonen** dann genau zu „beschneiden". Damit meint der Maler das randscharfe Auftragen der Farbe auf die **Tapete,** ohne daß das Abdeckband viel abbekommt. Zum Auftragen der Farbe auf die

Trotz aller Sorgfalt können doch einmal Farbflecken bleiben. Von glatten Flächen mit einem Klingenschaber abschieben. Angetrocknet lassen sich auch alte Flecken mit Spezialentferner aufweichen.

Flächen können Sie eine **Farbwalze** verwenden, die durch eine elektrische Pumpe mit Farbe versorgt wird.

ARBEITSMATERIAL

- Wandfarbe
- Abdeckband
- Abdeckpapier/-folie
- Rundpinsel
- Farbroller
- Abstreifsieb
- Farbwanne

Lasuranstrich auffrischen

Fensterrahmen aus Massivholz zeigen nur dann ihre natürliche Schönheit, wenn ihre Oberflächen mit Lasuren behandelt wurden. Wie jeder Anstrich auf Holz werden jedoch auch Lasuranstriche überholungsbedürftig.

Je nach **Belastung** durch Sonne, Wind und Regen in Zeitabständen zwischen drei und sechs Jahren. Da dunkle Farbtöne die **Ursache** für größere Temperaturschwankungen auf der **Holz-**

Blätternde Schichten vor neuem Anstrich völlig entfernen.

oberfläche sind, haben derartig behandelte Flächen eine noch höhere Belastung auszuhalten. Bei Lasuren, die eine Schicht auf der **Oberfläche** bilden, kann das zum **Abblättern** dieser Schicht führen. Doch auf nur scheinbar fest haften-

Etwas mürbe Oberflächen mit Schleifkissen bearbeiten.

den Resten läßt sich weder mit Lack noch mit Lasuren ein neuer und dauerhafter **Anstrich** erreichen. Reste,

Alle Rahmenteile mit der Malerbürste intensiv entstauben.

die weder Schleifmitteln noch Bürsten weichen, kann man nur noch nach **Vorschrift** mit Abbeizer aufweichen. Aus dem Waschwasser die **Farbreste** durch einen Nylonstrumpf herausfiltern. Alle Reste mit **Abbeizer** gehören zum Sondermüll.

Rotorbürste mit Sisalborsten in einer leichten Bohrmaschine.

Materialgerechte Lasur

Ölhaltige **Lasuren** dringen in die Oberfläche ein. Derart behandelte **Hölzer** sind wesentlich leichter vorzubereiten. Wenn die **Beschläge** abgenommen sind, genügt es, die Oberfläche mit einem steifborstigen Pinsel abzubürsten. Nur sehr angewit-

Lasur stets in Richtung der Maserung intensiv verstreichen.

terte, weil zu lange nicht nachbehandelte **Flächen** sollte man etwas intensiver per **Hand** mit einem Vlies-Schleifkissen behandeln. Das paßt sich, anders als **Schleifpapier,** besser der Oberfläche an. Perfekt und bequemer geht's mit der **Rotorbürste.**

Intakte Innenflächen nur hauchdünn mit Klarlasur überziehen.

Lasuren zu Beginn und auch zwischendurch gut aufrühren. Ein Gewebeklebeband über der Dosenöffnung ist eine praktische **Pinselablage.** Das Auftragen ist letzlich der einfachste Arbeitsgang. Dazu die **Pinselborsten** nicht mehr als einen Zentimeter tief eintauchen und den **Pinsel** auf einem kurzen Stück des Rahmens ausstreichen. Abschließend den frischen **Anstrich,** auf einem längeren Rahmenstück ohne zusätzliche **Lasur,** egalisieren. Anders als Lack bildet die **Lasur** nur einen schwach auf Glas haftenden Film. Abkleben dauert länger, als am nächsten **Tag** mögliche Lasurreste mit einem **Klingenschaber** abzuschieben.

Klarlasur verwenden

Die **Innenflächen** sind selten stark beansprucht. Hier und auch im **Fensterfalz** genügt, sofern nicht der alte **Lasuranstrich** abblättert, ein hauchdünner Überzug mit **Klarlasur.** Diese läßt sich auch mit Farblasur tönen, um wieder eine gleichmäßige **Färbung** zu erhalten.

EXTRATIP: Den Deckel von Farbdosen mit dem Stoßspachtel abheben und nicht mit einem Schraubendreher verbiegen. Beim Schließen den Deckel mit einem Holzklotz vor direkten Hammerschlägen schützen.

ARBEITSMATERIAL

- Abbeizer
- Einmallasur
- Klarlasur
- Schleifkissen
- Rotorbürste
- Bohrmaschine
- Stoßspachtel

Holzflächen reinigen

Wenn sich in den Poren von unbehandeltem Holz im Lauf der Zeit Schmutz festsetzt, ist das ein ganz normaler Vorgang. Mit haushaltsüblichen Reinigern ist dem jedoch nicht abzuhelfen.

Das betrifft vor allem **Holzroste und Liegen** in der Sauna, Küchengerät oder

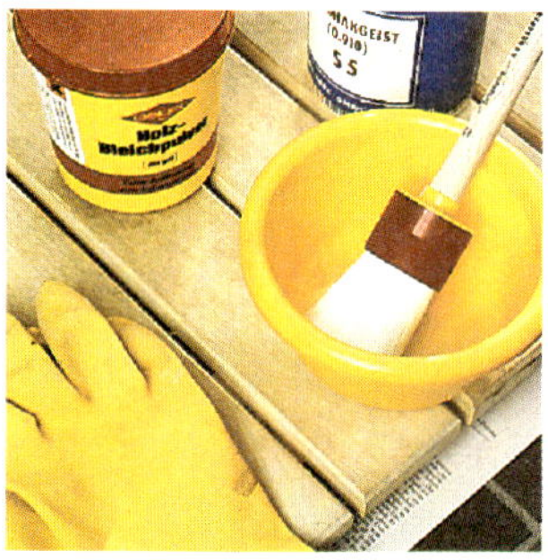

Bleichpulver, Salmiakgeist und säurefestes Arbeitsgerät.

abgebeiztes **Holz.** Denn tief ins Holz gewanderte, fettige **Verunreinigungen** lassen sich auch durch Abschleifen allein nicht tilgen. Von den

Salmiakgeist nur im Freien auftragen.

möglichen bleichenden Substanzen ist **Oxalsäure** im Umgang relativ gefahrlos, wenn man sich strikt an die auf der Verpackung genannten **Richtlinien** hält.

Die Dosis entscheidet

Obwohl diese **Säure** auch in der Natur reichlich und sogar in **Grenzen** genießbar vorhanden ist (Rhabarber, Sauerampfer), in der zum **Bleichen** erforderlichen Konzentration bleibt es eine mit **Umsicht** zu behandelnde Chemikalie. Überschüssige Flüssigkeit deshalb mit einer dicken Lage **Zeitungspapier** über Plastikfo-

Topfschwamm mit Schleifvlies, um groben Schmutz zu lösen.

lie aufsaugen. Es läßt sich als **Altpapier** entsorgen. Von der Bleichflüssigkeit darf jedenfalls weder etwas in die **Natur noch ins Abwasser** gelangen.

Wegen der notwendigen **Vorbehandlung** mit verdünntem Salmiakgeist unbedingt im **Freien** arbeiten. Beim Bleichen dient er zum

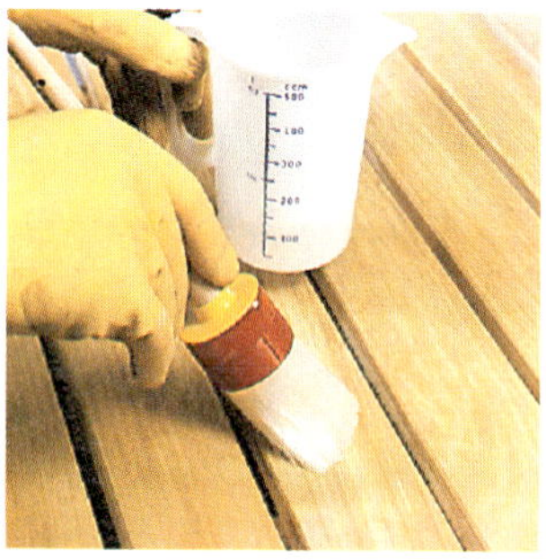

Bleichflüssigkeit üppig mit Kunststoffpinsel auftragen.

PROFITIP
Gummihandschuhe sind bei Arbeiten mit Chemikalien zwar selbstverständlich, durchlässige Handschuhe sind allerdings schlechter als gar keine. Kaufen Sie lieber neue, falls die vorhandenen aufgeblasen die Luft nicht halten. Durch Aufblasen bringt man übrigens auch wieder Handschuhe in Form, die man beim Abstreifen gleich zum Trocknen der Innenflächen gewendet hat.

Ergebnis am getrockneten Holz beurteilen.

Entfetten der **Holzoberfläche.** Durch dieses Netzmittel perlt die flüssige **Oxalsäure** nicht ab, sie

Flächen mit Hydrogencarbonat-Lösung neutralisieren.

kann das Holz intensiv benetzen. Deshalb beim Nachwaschen den **Topfschwamm** in klarem Wasser gut ausdrücken, um nur **Schmutz** und überschüssige Salmiaklösung aufzunehmen. Und die **Bleichflüssigkeit** auf waagerechte Flächen auftragen.

Die dreieckige Schleifplatte erreicht auch die Fugen.

Getrocknet beurteilen

Falls Sie nach 30 bis 40 Minuten **Wartezeit** das Ergebnis genau beurteilen wollen, können Sie auch mit **Warmluft** beschleunigt trocknen. Ein direkter Vergleich zu nicht behandelten **Oberflächen** ist hilfreich.

Ist das Ergebnis zufriedenstellend, werden alle **Flächen** mit einer Lösung aus einem Beutel Kaiser Natron auf 5 Liter **Wasser** neutralisiert. Dieses Mittel (Apotheke, Reformhaus) bewirkt, daß man wieder mit gutem Gewissen mit dem gebleichten Holz in **Berührung** kommen kann.

ARBEITSMATERIAL

- Bleichpulver
- Salmiakgeist
- Kaiser Natron
- Kunststoffpinsel
- Kunststoffgefäße
- Topfschwamm
- Heißluftgebläse
- Schleifmittel

Heizkörper überholen

Die Lackoberflächen vom Heizkörper sind durch den ständigen Temperaturwechsel ungewöhnlichen Belastungen ausgesetzt. Auf dem harten Metalluntergrund werden sie auch leichter beschädigt.

Bei Schäden, aber auch einfach für neue Überholungsanstriche kann man spezielle **Heizkörperlacke** verwenden. Hochwertige Weißpig-

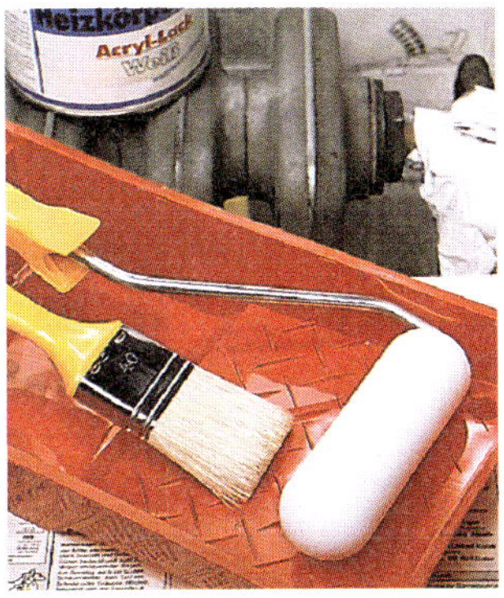

Zum Lackieren genügen Farbroller, Lackwanne und Pinsel.

mente vergilben nicht. Elastische **Acrylatlacke** lassen sich angenehm verarbeiten, denn sie sind frei von organischen Lösungsmitteln. **Heizkörper** sollen möglichst weiß bleiben, um die **Wärmeabstrahlung** nicht zu stören. Um den **Lack** aufzutragen braucht man heute nur noch eine beidseitig fein abgerundete, 10 cm

Elektrowerkzeuge ersparen beim Schleifen mühevolle Handarbeit.

breite **Moltoprenwalze.** Dazu einen langen und einen kurzen **Bügel** und eine schmale Lackwanne. Für Übergänge zum blanken **Metall** allenfalls noch einen schmalen Flachpinsel, der nicht neu sein muß.

Vorbereitungen

Wie bei allen **Anstricharbeiten** kostet die Vorbereitung der Oberflächen meistens mehr Zeit als der **An-**

Rostumwandler eignet sich auch als Rostschutzgrundierung.

strich. Fest haftender Schmutz läßt sich jedoch einfach mit **Schleifflächen** aus Faservlies an der Multisäge oder am Winkelschleifer, entfernen. Auch erreicht man an Verschraubungen aus **Messing** oder auf Kupferrohren wieder blanke **Oberflächen.** Blanke Metallstellen auf dem **Heizkörper** sollten Sie jedoch grundieren, denn wasserhaltige Lacke könnten diese **Stellen** schnell rosten lassen. Ist ohnehin schon Rost auf dem Metall, kann man zum Grundieren gleich einen **Rostumwandler** verwenden.

Wand- und Bodenflächen sollten Sie mit **Zeitungspa-**

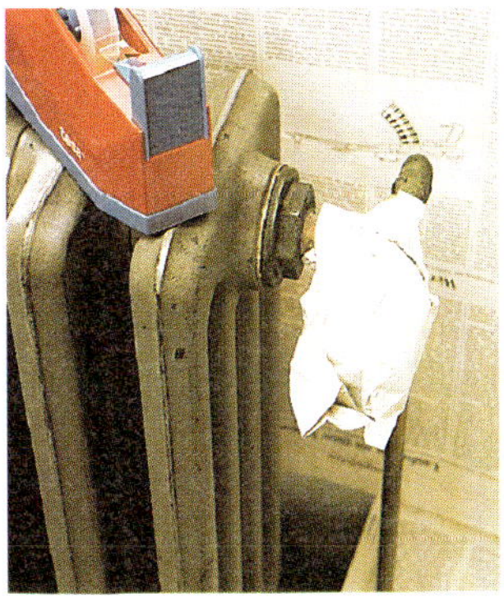

Ventil und andere Teile mit Papier und Klebefilm schützen.

pier abdecken, das saugt Lackspritzer schneller auf als Plastikfolie. Dunkel lackierte oder grundierte **Heizkörper** verlangen in der Regel ohnehin zwei weiße **Lackschichten,** um eine gleichmäßige Farbfläche anzunehmen. Das gelingt noch besser, wenn man für die erste **Schicht** einen zum Decklack passenden Vor-

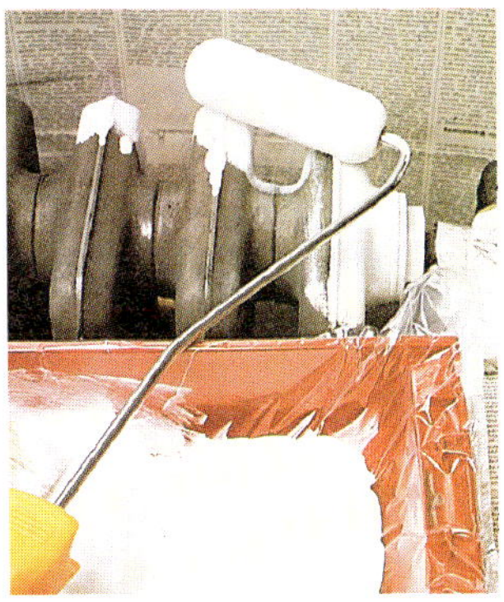

Am langen Bügel reicht die Walze weit hinter den Heizkörper.

lack verwendet. Dann bleiben die **Schichten** sehr dünn und der Verbrauch sparsam.

Vorlackieren

Außerdem trocknet der **Vorlack** recht schnell, so daß man den Decklack meistens gleich anschließend auftragen kann. Der **Heizkörper** muß jedoch in jedem Fall kalt sein, sonst trocknet der **Lack** zu schnell und kann nicht zu einer glatten Oberfläche verlaufen. Wenn Sie die **Lackwanne** in eine Plastiktüte stecken, sparen Sie sich das säubern. Zuerst mit der **Walze** an dem langen Farbrollerbügel die erreichbaren **Flächen** auf der Rück-

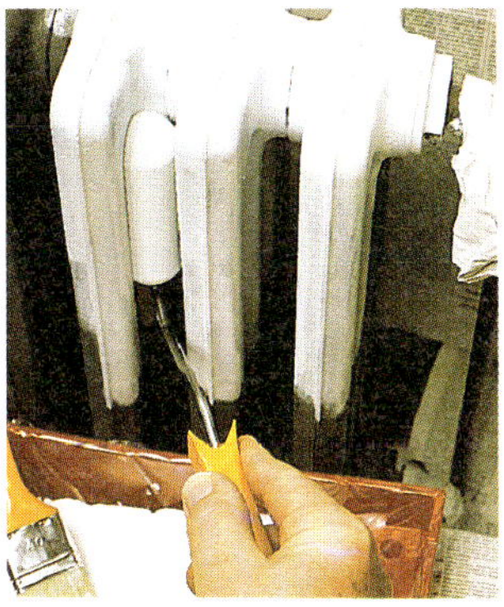

Am kurzen Bügel läßt sie sich besser in Vertiefungen führen.

seite behandeln. Oberfläche und **Zwischenräume** erreicht man besser mit dem kurzen Bügel, um mit den **Rundungen** der Walze gut in alle **Vertiefungen** zu gelangen.

ARBEITSMATERIAL

- Heizkörperlack
- Vorlack
- Lackierwerkzeug
- Moltoprenwalze,10 cm
- Plastiktüte
- Zeitungspapier
- Klebefilm
- Lackierwerkzeug
- Vliesschleifmittel

Fassaden streichen

Sichtmauerwerk oder Putzflächen verlangen ab und zu nach einem neuen Anstrich. Nicht nur der Ansicht wegen. Vor allem, um von Schmutz und Fehlern befreit wieder für ein Jahrzehnt und mehr gerüstet zu sein.

Mit halbwegs ebenen Flächen ums Haus oder mit Bohlen auf Kanthölzern lassen sich auch die Arbeiten an Wänden bis zu knapp drei Meter Höhe auf einem fahrbaren Leihgerüst ungleich angenehmer bewältigen.

Zunächst ist erst einmal eine intensive **Inspektion** fällig, ausgerüstet mit

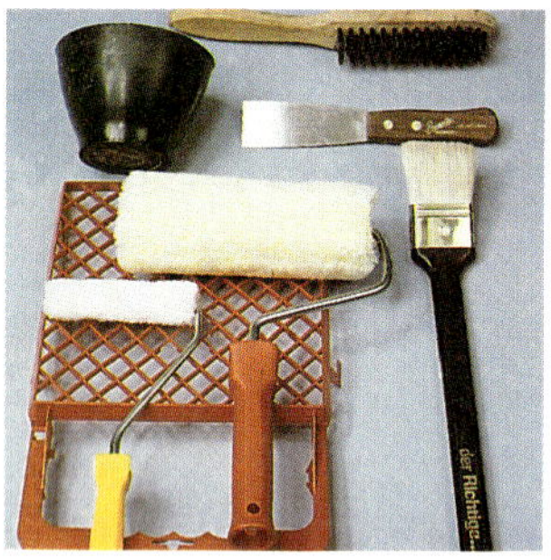

Art und Zustand der Fassade bestimmen die Werkzeugauswahl.

Schraubendreher und Stoßspachtel zum **Stochern und Schaben.** Zweckmäßig im zeitigen Frühjahr als Grundlage für Arbeitsplanung und **Materialbeschaffung.** Je nach Art der Fassade können Sie dabei dann auch gleich feststellen, ob Sie ohne **Gerüst** auskommen. An der Fassade zu arbeiten, etwa im zweiten Stockwerk auf der Leiter, muß man gewohnt sein.

Werkzeugauswahl

Auch der **Werkzeugbestand** ist zu überprüfen. Im **Prinzip** genügen zwar Pinsel und Farbroller, um Ecken und Anschlüsse vorzustreichen sowie die **Farbe** senkrecht aufzurollen, quer dazu zu verteilen und wieder senkrecht zu egalisieren. **Handwerker** benutzen nicht ohne Grund einen abgewinkelten, vier bis sechs Zentimeter breiten **Heizkörperpinsel.** Der Farbroller sollte nicht breiter als 18 cm sein. Breitere **Walzen** erfordern mehr Kraft und Übung. Für **Sichtmauerwerk** mit hohl geformten Fugen ist sogar eine nur 10 cm breite Walze mit langem **Flor** besser geeignet. Denn schmale Fugen erreicht man auch mit einer zusätzlich gepolsterten **Walze** (für kräftig strukturierte Putzflächen) kaum.

Wichtiger ist jedoch, daß der **Farbroller** mit einem hochwertigen Flor die Farbe leicht aufnehmen und abge-

Lösbare Rankgerüste lassen sich mit den Pflanzen schützen.

ben kann. Und daß vor allem ein gut geformter **Griff** die Belastung für Hand und Handgelenk mildert. Für zusammenhängende Flächen ist ein Gerät mit **Farbenpumpe** recht komfortabel. Damit spart man sich das ständige Bücken zum **Farbeimer.** Durch die verschiedenen **Dosiermöglichkeiten** läßt sich die geförderte Farbmenge der eigenen **Leistung** anpassen. Wenn man den Anstrich auf ein, zwei Tage konzentriert, hält sich auch der **Reinigungsaufwand** in Grenzen.

Inspektion

Sollte der alte **Anstrich** in ein dunkles Tuch abfärben (kreiden), muß man ihn mit

Schmutz, Bewuchs und lose Farbe mit Hochdruck abwaschen.

Tiefgrundierung vorbereiten, damit neue Farbe halten kann. Von **Flächen,** die fest, trocken und rißfrei sind, genügt es, wenn man mit einer großen **Bürste** Staub und Spinngewebe entfernt. Starker **Schmutz** oder Algenwachstum, das sich nur dort verbreiten kann, wo die **Fassade** im Schatten oder der Nordseite nie ganz abtrocknet, läßt sich auf diese **Weise** kaum entfernen. Da muß man zum Hochdruckreiniger greifen, wenn die **Handarbeit** nicht allzu mühsam werden soll.

Mit dem können Sie auch nicht fest genug haftende, alte **Anstrichschichten** lösen. Nur sollten Sie dann auch der **Ursache** für die abblätternde Farbe auf den Grund gehen, besonders wenn solche **Stellen** in größeren Flächen vorkommen. Denn das läßt vermuten, daß **Regen** in die oberste Schicht eindringen kann, bleibende **Feuchtigkeit** bei Frost gefriert und die Farbschicht absprengt. Das läßt sich mit einer **Imprägnierung** auf Siloxanbasis ausschließen, die sich bei **Bedarf** auch wiederholen läßt. Nicht zu verwechseln mit siliconhaltiger Imprägnierung für **Klinker-Fassaden.**

Risse füllen

Noch leichter kann **Regen** mit zerstörender Wirkung in Risse und Fugen eindringen. Dabei sind **Setzrisse,** die stets mehr oder weniger senkrecht in Fugen, aber auch mal durch einen **Stein** verlaufen, nicht allzu schlimm. Die bewegen sich zwar kaum, sollten aber doch mit plastischer **Dicht-**

Risse in der Fassade mit Dichtmasse füllen.

masse (Acrylat) gefüllt werden. Auf elastischer Dichtmasse (Siliconkautschuk) hält kein **Anstrich.** An Fassaden schließt man damit Dehnungsfugen oder Fugen zwischen unterschiedlichem **Material,** zum Beispiel zwischen Mauerwerk und Holz.

Die Dichtmasse ist zwar außerordentlich alterungsbeständig. Ob es auch die **Verbindung** zu den Baustoffen ist, sollte man kontrollieren.

Über längere **Strecken** waagerecht verlaufende Risse sind jedoch ein ernstes **Warnsignal** mit tieferliegender Ursache. Die Risse sollte man zunächst

Nach dem Voranstrich findet man kleine Fehlstellen leichter.

schließen, aber umgehend nach den **Ursachen** forschen. Kleine Fehlstellen im Putz oder in Steinoberflächen sind dagegen harmlose **Schönheitsfehler,** die immer mal wieder auftreten können. Diese lassen sich ohne Probleme mit einer geeigneten, hydraulisch abbindenden **Spachtelmasse** schließen.

Nachbesserungen mit etwas verdünnter Farbe vorstreichen.

Nicht nur die Spuren von dunkleren **Anstrichen** sind auf frisch gestrichener **Fassade** mehr als ärgerlich.

Auch Fenster- und Türflächen sollten mit Papier oder Plastikfolie abgedeckt werden. Denn selbst bei langsamen **Bewegungen** mit dem Farbroller können feine Spritzer entstehen, die vom **Luftzug** weiter getragen werden. Doch auch vom Klebeband bleiben **Reste,** wenn man es nicht nach kurzer Zeit wieder abzieht.

Farbenauswahl

Für übliche **Anstriche** eignen sich Kunstharz-Latex-

Dunkle Fassadenteile vor dem hellen Anstrich behandeln.

Dispersionen. Das ist jedoch keine **Garantie** für einheitliche Qualität. Beim Vergleich der **Produktbeschreibungen** sollten Sie berücksichtigen, daß auch die DIN-Norm für Fassadenfarben nur **Mindestanforderungen** beschreibt.

Anschlüsse und Begrenzungen randscharf vorstreichen.

Hochwertige **Reinacrylatfarben** lassen sich nicht nur zwischendurch auch mal mit dem **Hochdruckreiniger** bearbeiten, ohne Schaden zu nehmen. Auch auf die übrigen **Vorteile** dieser Produkte sollten Sie nicht verzichten. Für den **Anstrich** sollten Sie geeignetes Wetter abwarten. Ist es zu warm, trocknet der Anstrich zu schnell, und man sieht die **Ansätze** zwischen den einzelnen Farbflächen. Direkte **Sonne** läßt sich wenigstens noch mit der **Tageszeit** umgehen. Ist es jedoch nebelig feucht, kondensiert die Feuchtigkeit auf dem kalten **Mauerwerk** zu einem Feuchtigkeitsfilm, der keine **Farbe** annimmt.

Anstrich mit der Sockelbeschichtung abschließen.

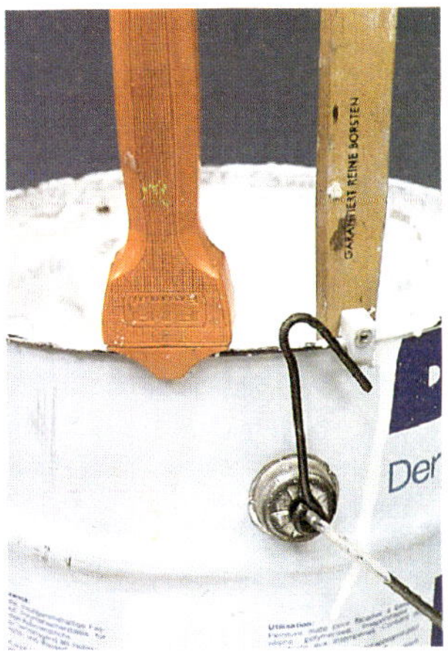

EXTRATIP: Ständig größere Farbmengen zu bewegen ist beim Streichen der Fassade hinderlich. In einen eigenen Arbeitseimer jeweils nur soviel Farbe füllen, daß man Farbroller und Pinsel noch an den Rand hängen kann.

ARBEITSMATERIAL

- Fassadenfarbe
- Dichtmasse
- Spachtelmasse
- Abdeckfolie
- Kreppklebeband
- Farbroller
- Pinsel
- Schraubendreher
- Stahldrahtbürste
- Stoßspachtel
- Gummibecher
- Abstreifgitter
- Handdruckpresse

Rundumverschalungen wirken beengend. In diesem Raum ist bewußt nur ein Teil von Wand und Decke mit Profilbrettern bekleidet. Die einfach strukturierten breiten Fichtenbretter kontrastieren angenehm mit dem dezenten Grün der Wände und des Teppichbodens.

Wand- und Deckenbekleidungen aus Holz

Die schrägen Wände des Steildachs sind mit Gipskartonplatten bekleidet. Die Decke beeindruckt durch breite, walnußfarben gebeizte Profilbretter mit kräftigen Profilstäben. Zwei die Dachschräge begleitende Profilbretter verbinden Boden und Decke, setzen einen Akzent und schaffen Raum für nützliche Dinge.

ARBEITSMATERIALIEN

Für Wand- und Deckenbekleidungen aus Holz sind **Profilbretter** und **Paneele** besonders geeignete Werkstoffe.
Profilbretter bestehen aus **Massivholz**. In der Regel verwendet man **Nadelhölzer**, etwa Fichte, Tanne, Kiefer, Lärche und Douglasie.
Für **Paneele** finden im allgemeinen **Laubhölzer** – in der Hauptsache Eiche, Buche, Nußbaum und Birke – Verwendung.
Sowohl Profilbretter als auch Paneele sind umlaufend mit **Nut** und **Feder** versehen, so daß sie bei der Verarbeitung leicht ineinander geschoben werden können.
Paneele gibt es in verschiedenen Formaten: als **rechteckige Tafeln**, **quadratische Kasetten** und **Tafelbretter**.
Für die Innenraumausstattung mit Profilbrettern gibt es eine große Auswahl an Zubehör, etwa **Profilstäbe** zum Einsetzen zwischen die Bretter, **Abschlußleisten** für Randprobleme, **Scheinbalken** zur Untergliederung von Flächen, **Balkenköpfe** am Wandanschluß oder **Ziernägel**.

Wand- und Deckenbekleidungen aus dem Naturbaustoff Holz sind seit einigen Jahren ganz groß in Mode gekommen. Hierfür gibt es viele gute Gründe.

Zum einen hat man die **naturnahe Bauweise** mit Holz wiederentdeckt. Zum anderen greift die moderne Innenausstattung bewußt die vielfältigen gestalterischen Möglichkeiten dieses Baustoffes auf, der wie kein anderer für die **verschiedensten Anwendungsbereiche** geeignet ist.

Darüber hinaus spielt es eine sehr große Rolle, daß von diesem natürlichen Baustoff weder gesundheitliche Risiken noch Schäden für unsere Umwelt ausgehen, solange man durch nachhaltige Bewirtschaftung, wie sie in Europa betrieben wird, dem Wald nicht mehr Holz nimmt, als ständig nachwächst. Und längst hat sich auch die Erkenntnis durchgesetzt, daß man mit baulichen Holzschutzmaßnahmen bei Holzbekleidungen grundsätzlich auf die Behandlung chemischer Holzschutzmittel verzichten kann, damit Holz auch ein **gesunder Baustoff** bleibt.

Ein weiterer wesentlicher Grund ist, daß Holzbekleidungen an Fassaden, Innenwänden und Decken

schall- und wärmedämmende Funktionen haben, auf die bei ständig sich erhöhenden Energiekosten und Lärmbelastungen kein Bauherr oder Wohnungseigentümer heute verzichten kann.
Vermittelten die seit der Energiekrise in den frühen siebziger Jahren aufgekommenen Rundumverbretterungen von Innenräumen ein beengendes Raumgefühl, so haben heute kreative Selbermacher sowie Architekten längst die vielfältigen Möglichkeiten **exklusiven Holzdesigns** entdeckt. Dieser Wandel spiegelt sich auch im Sprachgebrauch wider. Heute spricht man nicht mehr von »Verbretterungen« oder »Verschalungen«, sondern von »Holzbekleidungen« mit individuellem Stil.

Die überzeugendste Erklärung für die **Beliebtheit** von Wand- und Deckenbekleidungen aus Holz ist jedoch, daß jeder einigermaßen geübte Heimwerker mit diesem Werkstoff sein Wohnumfeld **selbst kreativ umgestalten** kann, ohne Maschinen oder weitreichende Spezialkenntnisse einsetzen zu müssen. Der Handel bietet ein entsprechend **vielfältiges Angebot** an. In gut sortierten Baumärkten und im Holzfachhandel finden Sie eine breite Palette an Profilbrettern, Stülpschalungsbrettern und Schindeln in verschiedenen Holzarten und unterschiedlichen Normmaßen und Qualitäten.

Materialien und Werkzeuge

Holzbekleidungen stellt man in der Regel aus Nadelhölzern her. Hierbei kommen insbesondere die heimischen Holzarten Fichte, Tanne, Kiefer, Lärche und Douglasie zur Verwendung.

Zu den verbreitetsten Holzarten gehören: Fichte, Tanne, Kiefer, Lärche

HEIMISCHE HÖLZER

Die **Fichte** gehört zu den am häufigsten verwendeten Nadelhölzern. Das in frischem Zustand sehr hellfarbene Holz geht mit der Alterung in einen angenehmen gelbbraunen Farbton über.

Die **Tanne** (Echte Tanne, Gattung Abies) ist zwar in Farbe und Struktur dem Holz der Fichte recht ähnlich, erreicht jedoch nicht dessen Festigkeit und Witterungsbeständigkeit.

Die **Kiefer**, seit alters her wegen ihrer Stabilität und Beständigkeit für den Innenausbau und in der Möbeltischlerei bevorzugt, hat mit ihrer dunkelgelben bis rotbraunen Färbung eine ausgeprägte Jahresringstruktur. Der deutliche Farbunterschied zwischen Kern- und Splintholz gibt diesem Holz einen sehr dekorativen Charakter. Beim Einkauf von Kiefernholz achten Sie unbedingt auf unschöne bläuliche Verfärbungen (Bläuepilz), die zwar nicht die Festigkeit des Holzes beinträchtigen, aber als wertmindernde Schönheitsfehler einzustufen sind.

Die **Lärche** weist deutlich ausgeprägte Farbunterschiede zwischen Früh- und Spätholz (Jahresringe) auf. Durch ihren hohen Harzge-

ÖKOTIP
Exotische Edelhölzer aus Übersee werden häufig durch unkontrollierte Abholzung gewonnen. Dadurch sind die ökologisch besonders wichtigen Regenwälder in Gefahr. Als umweltbewußter Selbermacher verwenden Sie in Europa heimische Holzarten.

halt ist sie sehr witterungsbeständig und wird kaum von Insekten oder Pilzen befallen. Wie Kiefern-, so ist auch Lärchenholz leicht zu bearbeiten, aber wegen seines hohen Harzgehaltes schwierig zu beizen. Bei der Bearbeitung muß man die Werkzeuge öfter entharzen.

Die **Douglasie**, auch Oregon Pine genannt, ist dem Lärchenholz in Farbe und Struktur sehr ähnlich, hat aber nicht dessen hohe Witterungsbeständigkeit. Douglasienholz wird vornehmlich als Konstruktionsholz (Kanthölzer, Balken) eingesetzt, eignet sich aber auch für Wand- und Deckenbekleidungen.

Neben eher gestalterischen Gesichtspunkten sollten **Vorbearbeitung** und **Lagerung** eine wesentliche Rolle bei der zu treffenden Auswahl von Hölzern für Ihre Wand- oder Deckenbekleidung spielen.

MINITIP
Kaufen Sie Ihr Holz möglichst lange vor dem eigentlichen Einbau und lagern Sie es nach Möglichkeit unter den gleichen Bedingungen, unter denen es später auch verwendet werden soll. Lagern Sie Holz immer liegend im Stapel. Dabei legen Sie zwischen die einzelnen Bretter im Abstand von 50 cm gleichmäßig hohe Latten aus Restholz. Folienverpacktes Holz sollten Sie allerdings erst unmittelbar vor dem Einbau auspacken.

Hier können Sie zunächst zwischen unbehandeltem Holz für Innen und Außen oder kesseldruckimprägniertem Holz für eine ungeschützte Verwendung im Freien unterscheiden. Für eine Verwendung im Innenraum stehen gehobelte und geschliffene, sandgestrahlte, unbehandelte, transparent oder farbig lasierte und lackierte Profilhölzer zur Verfügung.

Sie haben weiter die Wahl zwischen **verschiedensten Profilen** für den Innen- und Außenbau oder besäumten, unbesäumten, abgekanteten und genuteten, gehobelten oder sägerauhen Stülpschalungsbrettern für Ihre Fassadenbekleidung. Besondere Probleme bereitet immer das Schwinden und Reißen zu feuchter Bretter beim Trocknen nach dem Einbau.

Die notwendige **Holzfeuchte** von nicht mehr als 15 % ist in der Regel bei folienverschweißtem Holz gegeben, so lange die Folie unbeschädigt ist. Bei nichtverschweißtem Holz wird jeder gewissenhafte Holzhändler im Fachhandel für Sie gratis eine Feuchtemessung durchführen.

PROFILHOLZ

Profilbretter bestehen aus Massivholz. Sie sind ringsum mit Nut und Feder versehen, so daß man die Bretter leicht ineinanderschieben kann.

Im Holzhandel und in gutsortierten Baumärkten finden Sie ein Angebot, das sich sehen lassen kann. Kaufen Sie nicht gleich die erstbeste Schnittware, und lassen Sie sich Zeit bei der Auswahl. Auf dieser und auf der nächsten Seite finden Sie Anregungen, damit sich ihre Gestaltungsidee in Ruhe entwickeln kann.

1

2

3

4

Struktur
1 Kräftiges Profil, Profilbretter aus heimischem Fichtenholz (15 x 146), geschliffen, strukturiert, Farbton Walnuß, mit eingeschobenem Profilstab.

2 Getragener Rhythmus durch breitere Profilabstände; Fichtenholz geschliffen, strukturiert, Farbton Schilf.

3 Rustikal, geschroppte Profilbretter, auf Walnuß gebeizt.

4 Schlicht, Rundprofil strukturiert, auf Schilf gebeizt.

5

9

6

7

8 (Bild unten)

Farbe
Es gibt die Profilbretter auch im Naturton, beispielsweise in silbergrauen, jadegrünen oder saphirblauen Farbtönen, so daß Sie je nach Wohnungsumfeld Ihre Farbe auswählen können.

Zubehör

5 Profilstäbe; zum Einschieben zwischen die Profilbretter.

6 Spiegelfedern in vielen Farben; zum Einstecken zwischen die Profilbretter.

7 Abschlußleisten; geeignet für Randprobleme.

8 Scheinbalken; sie sind leicht zu montieren mit den passenden Eisen; sie untergliedern ausgedehnte Flächen.

9 Balkenköpfe »tragen« den Balken am Wandanschluß.

10 Ziernägel aus Kiefernholz setzen Akzente.

11 Passende Befestigungsmittel erleichtern die Montage und geben sicheren Halt.

PANEELE UND VERTÄFELUNGEN

Für Innenraumausstattungen werden neben Profilhölzern auch sogenannte Paneele angeboten. Sie bestehen aus **Sperrholz-, Span-** oder **Faserplatten,** die beidseitig mit Holz furniert sind. Diese Paneele sind umlaufend mit Nut und Feder versehen, so daß sie **leicht ineinandergeschoben** werden können. Im Handel gibt es verschiedene Paneelformen: **rechteckige Tafeln, quadratische Kassetten und Täfelbretter**. Neben der Größe ist die Kassettengestaltung ein weiteres Unterscheidungsmerkmal: man kann zwischen glatten Tafeln, Kasetten mit Rahmenprofil oder Profilleiste wählen.

Für Paneele bzw. Vertäfelungen werden meistens

10

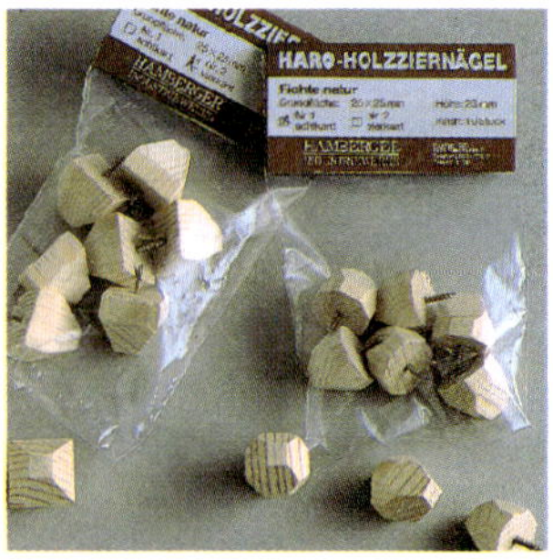

11

Tabelle zur Berechnung des Materialverbrauchs pro m² in der Reihenfolge des Arbeitsablaufs	Länge ________________ x Höhe ________________ m = Fläche __________ m² = ☐
Dübel	☐ x 3 Stück = ______ Stück
Schrauben	☐ x 3 Stück = ______ Stück
Deckenabhänger in passender Abhängelänge	☐ x 3 Stück = ______ Stück
Latten 30 x 50 mm oder 20 x 45mm	☐ x 1,8 = ____________ m
Kanthölzer passend zum Isoliermaterial	☐ x 1,8 = ____________ m
Keile Metall oder Holz	nach Bedarf ________ Stück
Isoliermaterial	☐ x 1 = ____________ m²
Profilbretter in m²	☐ x 1 = ____________ m²
oder	
Profilbretter in lfm	Wandbreite / Deckbreite = _______ Stück
Schalbretter	Wandbreite / Deckbreite = _______ Stück
Profilbrettkrallen	☐ x 20 Stück = ______ Stück
Nagel oder Spezialstifte (korrosionsbeständig)	☐ x 20 Stück = ______ Stück

Laubhölzer verwendet, da es hier weitaus größere Farb- und Strukturvarianten gibt. Das bekannteste und in diesem Zusammenhang am häufigsten verwendete Holz ist die **Eiche**, die leicht zu beizen ist. Im Laufe der Zeit erhält das frische, gelblich-weiße Holz einen dunkleren und warmen Farbton. **Buche** zeichnet sich durch eine geringe Holzstruktur und große Härte aus. **Nußbaum** wird heute fast ausschließlich als dünnes Furnier verarbeitet und ist daher für Paneele besonders geeignet, jedoch verhältnismäßig teuer. Hier ist wegen der unterschiedlichen braun-roten Farbschattierungen und der lebendigen Holzmaserung ein genauer Vergleich angebracht. **Birke** ist unbehandelt ein sehr helles Holz. Gebeizt eignet sie sich zur **Imitation** von Nuß-, Kirsch- oder Mahagoniholz.

MINITIP
Alle Holzarten erhalten während des Alterungsprozesses einen dunkleren, wärmeren Farbton. Besonders schön wird es, wenn Sie es mit Öl (Leinöl) oder Wachs einlassen. Lackierungen verhindern diesen Prozeß, da das Holz hierdurch vollständig von Licht- und Lufteinwirkungen abgeschlossen ist.

WERKZEUGE UND GERÄTE

Neben dem in jedem Werkzeugkasten verfügbaren Werkzeug wie **Hammer, Zange, Fuchsschwanz** und **Zollstock** benötigen Sie für die Befestigung von Holzbekleidungen eine **elektrische Bohrmaschine** mit **Schlagbohreinrichtung** und **Steinbohrern.** Bei einer Befestigung von Profilbrettern mit Profilbrettklammern hat sich ein spezieller Nagelhalter, auch **Hobby-Nagler** genannt, als besonders hilfreich erwiesen.

Vorarbeiten und Planung

MATERIALBEDARF ERMITTELN

Eine genaue Ermittlung Ihres Materialbedarfs erspart Ihnen unnötige Kosten, Zeit und Wege. Hierzu müssen Sie aber möglichst genau wissen, was Sie wie bauen wollen und welches Material in welchen Abmessungen und zu welchen Lieferzeiten im Handel erhältlich ist.
Am Anfang steht also Ihre Gestaltungsidee, die Sie in einer **Skizze** niederlegen sollten. Korrigieren Sie aber Ihre Idealvorstellung anhand von genauen Informationen über das im Handel verfügbare Material. Fertigen Sie dann einen möglichst **genauen Verlegeplan** im Maßstab 1 : 10 an und entnehmen Sie diesem die erforderlichen Mengen, Maße und Materialien.
Jeder Raum, jede Fassade, jede Wand hat ihre Eigenheiten, und jede Gestaltungsidee erfordert bei ihrer Durchführung spezielle Materialien und Arbeitsgänge. Aus diesem Grund können hier nur grundlegende Angaben zur Ermittlung Ihres Materialbedarfs gemacht werden.
Die obenstehende vereinfachte **Tabelle** für den Materialbedarf von Wand- und Deckenbekleidungen mit Profilholz hat sich als als recht nützlich erwiesen. Mit ihr können Sie Ihren Materialbedarf für einfache, ebenflächig aufgebaute Holzbekleidungen ziemlich genau ermitteln.
Beachten Sie hierbei, daß gedämmte Verschalungen an Außenwänden und in Feuchträumen hinterlüftet sein sollten und Sie dort also für einen entsprechenden Aufbau der Unterkonstruktion mehr Material

benötigen. Berücksichtigen Sie beim geplanten Einbau von Dämmstoffen ebenfalls stärkere **Kanthölzer** und entsprechend lange, tragfähige **Dübel** und **Schrauben**. Kalkulieren Sie bei der Berechnung der benötigten Profilbretter auch die im Handel verfügbaren Längen ein. Vergessen Sie zudem nicht, daß für eventuell hinter der Verschalung zu verlegende Versorgungsleitungen (z.B. Elektroleitungen) das richtige Material zur Verfügung stehen muß.

INNENBEKLEIDUNGEN PLANEN

Bei der Ausstattung Ihrer Innenräume bieten Ihnen Profilholz und Paneele vielfältigste Gestaltungsmöglichkeiten.

Optische Gestaltungsmöglichkeiten nutzen
Bei langen und schmalen Räumen können Sie gezielt eine optische Verkürzung erreichen, wenn Sie die Holzbekleidung im rechten Winkel oder schräg zur vorherrschenden Raumrichtung aufbauen. Befestigen Sie also, wenn Sie den Raum optisch verbreitern wollen, die Profilbretter oder Paneelen einer Deckenbekleidung im rechten Winkel zur Längsachse des Raumes und Wandbekleidungen immer senkrecht. Sehr gute raumgliedernde Wirkungen erzielen Sie auch durch das Einziehen von Scheinbalken oder auch den Einbau von Raumteilern ebenfalls quer zur Hauptrichtung des Raumes.

Ist Ihnen die bevorzugte Richtung eines Raumes oder einer Fläche zu »kurz«, dann gehen Sie umgekehrt vor.

Rundumbekleidungen wirken beengend. Sie sind als raumgestaltendes Element höchstens in besonders weiten Räumen angebracht. In mittelgroßen oder kleinen Zimmern sollten Sie möglichst nicht zwei einander gegenüberliegende Wände mit Holz bekleiden. Hierdurch würden die Wände optisch zusammengerückt. Günstiger ist in jedem Fall eine Holzbekleidung »über Eck«, womit natürlich die Betonung des Raumes auf die entsprechende Ecke gelegt wird.

Eingezogene Scheinbalken sind ideale Raumteiler

Weite Räume lassen sich ohne Probleme ganz mit Holz auskleiden

Besonders wichtig ist auch die **Farbgestaltung** der Holzbekleidungen. Kleine Räume können Sie durch naturhell belassene oder hell lasierte Hölzer »vergrößern«, große Räume lassen sich durch den Einbau von dunklen oder dunkel lasierten Holzteilen, von Scheinbalken, Kassetten, prägnanten Profilleisten und trennenden Holzregalen wirkungsvoll in unterschiedliche Funktionsbereiche (z.B. Eingangsbereich, Sitzecke, Schreibtisch) untergliedern. Interessante Effekte erzielen Sie durch abwechselnde Verlegung von naturfarbig belassenen und weiß lasierten Profilbrettern. Hierdurch können Sie große Wandflächen spielerisch auflockern. Gegen langweilige große Flächen wirkt auch die Untergliederung der Wände in holzbekleidete und angestrichene Bereiche.

Im Innenraum haben Sie immer freie Hand zur **individuellen Raumgestaltung**. Hier gibt es keine feste Regel und, im Gegensatz zur Fassadenbekleidung, brauchen Sie hier nicht auf eine regenwasserabführende Verlegung zu achten.

Nur eine **detaillierte Planung** Ihrer Holzbekleidung erschließt Ihnen alle Möglichkeiten kreativer Raumgestaltung. Hierzu gehört immer eine ganze Reihe von auf Papier **skizzierten zeichnerischen Entwürfen**. Wenn Sie als Zeichner weniger begabt sind, machen Sie Fotos von Ihrem Innenraum. Diese können Sie auf einem Fotokopierer vergrößen und dann als Vorlage für den zeichnerischen Einbau von Bekleidungen verwenden. Gehen Sie **bewußt spielerisch** an Ihre Raumgestaltung.

FASSADENBEKLEIDUNGEN PLANEN

Die Fassade als Gesicht des Hauses spiegelt in besonderer Weise die kreative Lebenseinstellung seiner Bewohner. Dabei bieten Ihnen moderne Holzbekleidungen **vielfältige Möglichkeiten** der Fassadengestaltung, **schützen** gleichzeitig Ihr Haus **vor** jeder **schlechten Witterung** und teuren Energieverlusten. Sowohl bei einem Neubau als auch bei der Umgestaltung und Renovierung einer Altbau-fassade lohnt sich eine Holzbekleidung.

Fassadenbekleidungen aus Holz verleihen auch älteren Häusern eine interessante Wirkung

Gesichtslose Altbaufassade vor einer Umgestaltung

Weite Dachüberstände, eine auflockernde Untergliederung durch **Richtungswechsel**, **geteilte Fenster** und ein **schlichter Balkonanbau** können ein neues Profil geben, das sich sehen lassen kann.

Fassadenbekleidungen stellen Sie in der Regel mit Profilbrettern oder Stülpschalungsbrettern aus **heimischen Holzarten** wie Fichte, Kiefer, Lärche und Douglasie her. Dabei können Sie als **umweltbewußter Selbermacher** sowohl bei der Unterkonstruktion als auch bei der Bekleidung selbst grundsätzlich auf chemische Holzschutzmittel verzichten, wenn Sie einige Regeln des baulichen Holzschutzes beachten.
Hierzu gehört die Einplanung weiter **Dachüberstände**, die das Holz vor Schlagregen und starker Besonnung schützen. Außerdem sind ausreichende **Bodenabstände** im Spritzwasserbereich einzuplanen. Auch eine gezielt **wasserableitende Ausführung** (eine eher vertikale Verlegerichtung, wasserabweisende Tropfgesimse, Vermeidung von Wassernestern, abgeschrägte Tropfkanten) und ein durchgängig **freier Lüftungshohlraum** unmittelbar hinter der Bekleidung sollte bereits im Planungsstadium unbedingt berücksichtigt werden.

Für die Gestaltung Ihrer Fassade gilt zunächst einmal grundsätzlich: **Senkrecht** aufgebaute Bekleidungen lassen die Fassade **höher** wirken, eine **waagrechte** Verlegung von Profilbrettern betont eher ihre **Breitenerstreckung.**
Bei der Fassadengestaltung mit Profilholz oder Stülpschalungsbrettern haben Sie jedoch weitaus mehr Möglichkeiten:
Mit einem wohlüberlegten **Wechsel** zwischen mit Profilholz gestalteten und verputzten Fassadenteilen oder zwischen senkrecht, diagonal und waagrecht verlegten Hölzern können Sie langweilige **Flächen wirkungsvoll gliedern.**
Durch eine entsprechende Rahmung von Fenster- und Türöffnungen mit andersartig profilierten oder farbig gestalteten Brettern können Sie Ihrem Haus **mehr Profil** geben. Vorhandene Rahmungen (häßliche Betonstürze, kahle Sockelbereiche) können Sie jedoch auch flächig überdecken und damit unsichtbar machen.

Weiter können Sie einzelne **Bauteile** (Eingangsbereich, Etagen, Anbauten) durch eine entsprechende Gestaltung besonders **hervorheben.** Und schließlich bietet jede Fassadenbekleidung aus Holz die Möglichkeit, auf preiswerte und einfache Weise neue Balkone aus Holz, Wintergärten, Überdachungen und kleine Anbauten (z.B. Schuppen) mit einzubeziehen, die Ihnen **neue Nutzungsmöglichkeiten** und Ihrem Haus ein ganz anderes Gesicht geben.
Wegen der Fülle an interessanten gestalterischen Möglichkeiten sollten Sie die Bekleidung Ihrer Hausfassade besonders **intensiv planen.** Ein gutes Hilfsmittel hierbei sind wieder großformatige Fotos oder Farbkopien Ihrer Fotos, die Sie zum **Ausprobieren** mit aus Prospekten ausgeschnittenen Profilholzbekleidungen belegen und überkleben können. Auch hier gilt: Es gibt keine starren Regeln, wonach sich die Gestaltung Ihrer Fassade richten sollte.

UNTERGRUND VORBEREITEN

Gerade bei Holzverkleidungen ist es besonders wichtig, die entsprechende Wand genau in Augenschein zu nehmen. Ist die Wand **feucht,** kann die Holzverkleidung von tierischen oder pflanzlichen **Schädlingen** befallen werden. Die **Ursache für die Feuchtigkeit** muß vor einer Verkleidung unbedingt beseitigt werden.
Mörtelreste auf einer unverputzten Wand können

mit einem Hammer weggeklopft werden, **Risse** oder **Löcher** im Verputz oder im Mauerwerk müssen mit Gips verspachtelt werden.

Risse müssen mit Gips oder Spezialmörtel verspachtelt werden

Wegen der längerandauernden **Trockenzeit** von Gips kann auch ein schnellabbindender **Spezialmörtel** verwendet werden. Größere Löcher kann man mit kleinen Steinbrocken vermauern.

Wandflächen, die von **Schimmel**, **Pilzen** oder **Moos** befallen sind, müssen gründlich mit einer Drahtbürste gereinigt werden. Da hierdurch nur die Oberfläche der Wand gesäubert ist, sollte sie anschließend mit einer **Fungizid-Lösung** bestrichen werden, um den Schädlingsbefall auch in der Tiefe abzutöten.

Wollen Sie eine **Außenwand verschalen,** achten Sie auf einen Bodenabstand von mindestens 30 cm. Vor der Verschalung sollte dieser Bereich mit wasserundurchlässigen Mitteln bestrichen werden, um eine »kriechende Feuchtigkeit« zu vermeiden.

Grundtechniken

HÖLZER UND PLATTEN ZUSCHNEIDEN

Wenn Sie Holzmaterial sägen, so haben Sie verschiedene Techniken zur Wahl. Mit fast allen Sägen können Sie das Holz »auf Stoß« schneiden, d.h. die Säge schneidet in Stoßrich-

Holzschnitt in Stoßrichtung

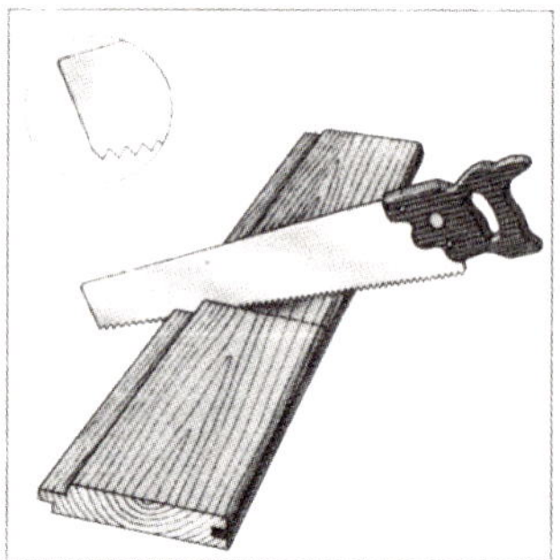

tung. **Feinsägen** und **Furniersägen** schneiden »auf Zug und Stoß«, also in beide Richtungen, und **Gratsägen** nur »auf Zug« – das Holz wird erst beim Zurückziehen der Säge geschnitten. Beim korrekten Zuschneiden von Platten oder Hölzern ist ein **gleichmäßiger** Schnittverlauf entlang der Anzeichnung oder des Anrisses und die **Rechtwinkligkeit** des Schnitts wesentlich. Letztere können Sie erreichen, indem Sie entlang einer **Auflage** sägen. Mit Hilfe von Führungsschienen oder durch ein breites Sägeblatt wird ein gerader Schnitt möglich. Bereits beim Anzeichnen der Schneidestelle müssen Sie die **Blattbreite** Ihrer Säge berücksichtigen, die – je nach Modell – zwischen 1,5 und 4 mm ausmacht. Daraus folgt, daß Sie die Markierung nicht einfach wegsägen, sondern an ihr entlang sägen müssen. Die Markierung sollte danach gerade noch erkennbar sein.

UNTERKONSTRUKTIONEN

Auch wenn Ihnen der folgende Text mit **Konstruktionsbeispielen** zu technisch vorkommen sollte, blättern Sie nicht weiter, denn hier erfahren Sie in aller Kürze, wie Sie Ihre Holzbekleidung in allen Details auch **fachgerecht** ausführen und hierdurch Schäden an Ihrem Haus vermeiden. Denn tatsächlich können durch eine Holzbekleidung, insbesondere in Verbindung mit darunterliegender Dämmschicht, erhebliche Schäden entstehen, wenn die Bauphysik nicht beachtet wird.

Für eine **waagerechte Verlegung** montieren Sie eine senkrecht aufgebaute Unterkonstruktion. Der **Lattenabstand** sollte 60 cm nicht überschreiten; bei schweren Beplankungsmaterialien sollte er sogar zwischen 40 und 50 cm liegen.

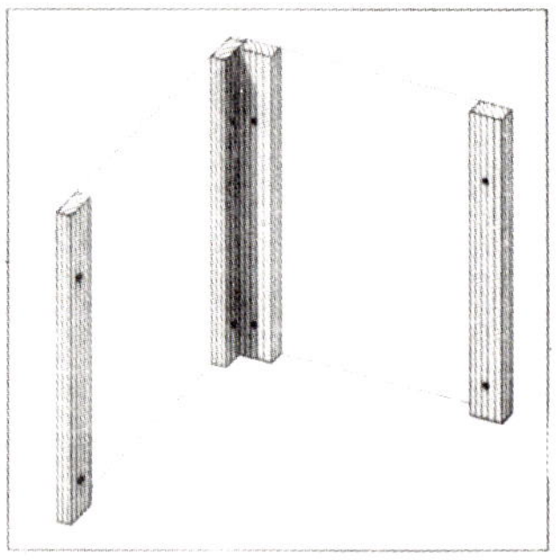

Senkrechte Unterkonstruktion

Damit die durch die Bretter zusammenhängende, recht schwere Bekleidung sicher an der Wand hält, verwenden Sie für die Befestigung der Latten bauamtlich zugelassene Durchsteckdübel ab einem Durchmesser von 8 mm im Abstand von etwa 50 cm. Bei **senkrechter Lattung** bleibt der Raum zwischen Wand und Bekleidung durchgehend für das Durchströmen von Luft von unten nach oben offen.

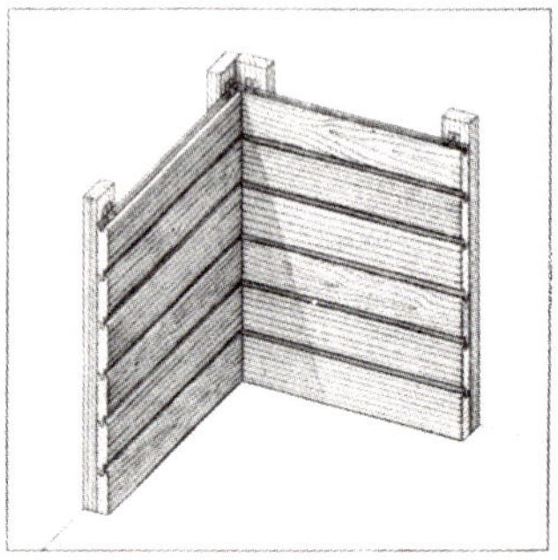

Waagrechte Verlegung der Profilbretter

Für eine **senkrechte Verlegung** der Profilbretter montieren Sie eine waagrechte Lattung. Beachten Sie dabei wiederum, daß der Lattenabstand 60 cm nicht überschreitet.

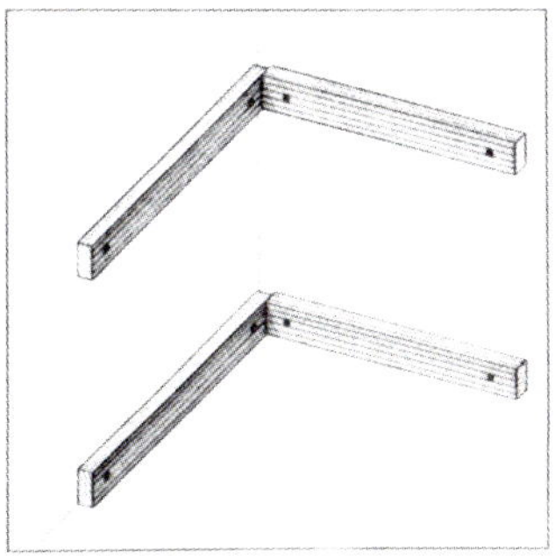

Waagrechte Unterkonstruktion

Die Holzbekleidung wird hierbei von links nach rechts angebracht.

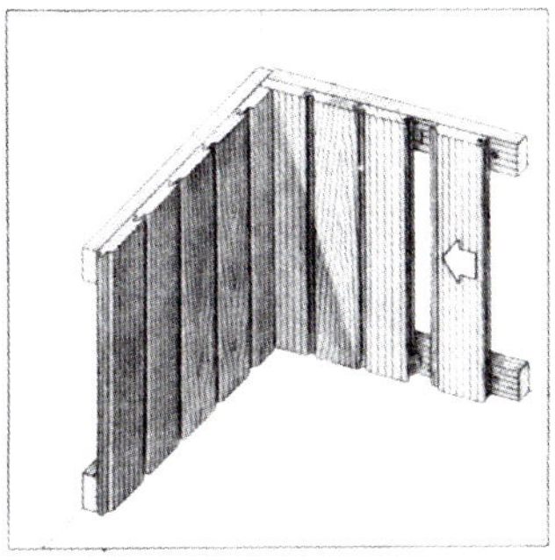

Senkrechte Verlegung von Profilbrettern

Beide Lattungen, sowohl die senkrechte als auch die waagrechte, eignen sich für den Einbau von **Dämmplatten**. Bei einer innenseitigen Bekleidung von Außenwänden und in Feuchträumen überziehen Sie Dämmstoffschicht und Lattung mit einer **dampfbremsenden Folie**.
Hierdurch vermeiden Sie das Eindringen feuchter Raumluft in die Dämmstoffschicht und eine schädliche Kondenswasserbildung an der kälteren Außenseite des Dämmstoffes.

Dampfbremsende Plastikfolie

Bei **Deckenbekleidungen** wählen Sie geringere Lattenabstände als bei Wandbekleidungen. Achten Sie auf einen besonders **sicheren Sitz** der Dübel und Schrauben in der Decke.

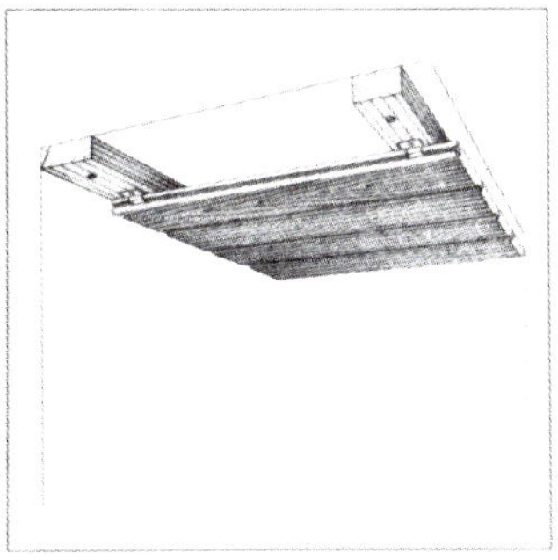

Lattengerüst für Deckenbekleidung

Deckenabhängungen können Sie auch unter aufwendige traditionelle Lattengerüste montieren. **Mehr Sicherheit** und eine **einfachere Montage** bieten im Handel erhältliche, bauamtlich zugelassene Deckenabhänger aus Metall.

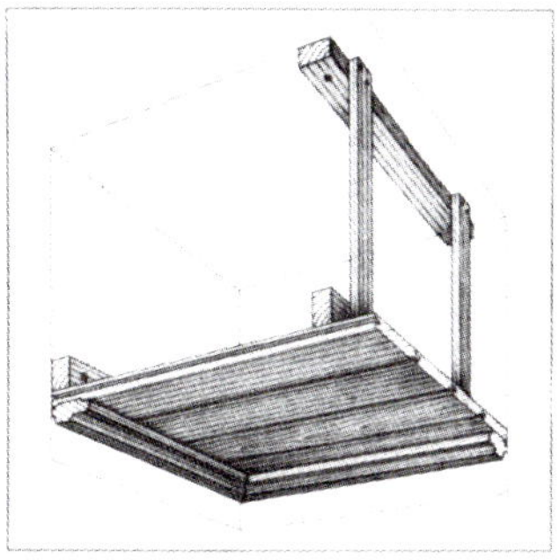

Gerüst für Deckenabhängungen

In **Badezimmer** und Duschecken fällt besonders viel Luftfeuchtigkeit an. Hier überziehen Sie zunächst die gesamte gedämmte Grundlattung mit einer **dampfbremsenden Folie** und bauen dann die Traglattung auf dieser Grundlattung auf. Im Bereich der Traglattung entsteht ein durchgehender **Belüftungsraum** zum sicheren Abführen eingedrungener Feuchtigkeit. Lassen Sie bei Wandbekleidungen in Feuchträumen an der oberen und unteren Schalungskante sowie an den Rändern von Deckenbekleidungen eine offene Belüftungsfuge.

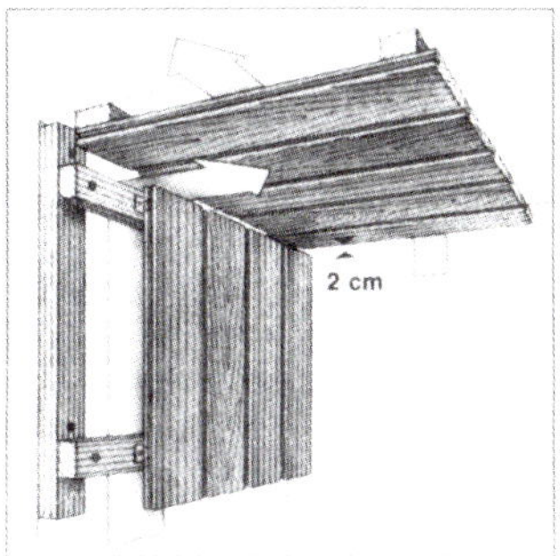

Verkleidung mit Belüftungsfuge

Beim **Dachausbau** baut man Dämmstoffe meist zwischen die Sparren ein. Hier kommt es darauf an, daß die in der Raumluft enthaltene oder die neu eindringende **Feuchtigkeit** zügig **abgelüftet** wird, bevor sie sich als Kondenswasser an der kalten Außenseite der Dämmschicht niederschlägt und dann den gesamten Dachaufbau durchfeuchtet. Das sicherste Verfahren ist das **Offenlassen** eines durchgehenden Belüftungsraumes an der Außenseite der Dämmschicht (siehe auch Kapitel Isolieren und Dämmen).

Bei einer vorgesehenen Ausnutzung der gesamten **Sparrendicke** für den Einbau von Dämmstoffen (**Sparrenvolldämmung**) muß durch eine entsprechende Abdichtung mit dampfdichter Folie verhindert werden, daß es überhaupt zum Eindringen feuchter Raumluft in die **Dämmschicht** kommen kann. Hierfür verwenden Sie dampfsperrende Spezialfolien und entsprechende Dichtungsbänder für die Überlappung der Folien (bzw. für Wandanschlüsse).

Einbau von Dämmstoff

Für ein gesünderes Raumklima wird jedoch immer eine diffusionsoffene Bauweise zu befürworten sein, bei der nur leicht dampfbremsende Folien zum Einsatz kommen. Diese sorgen für einen geregelten **Austausch** zwischen Raumluft und Außenluft.

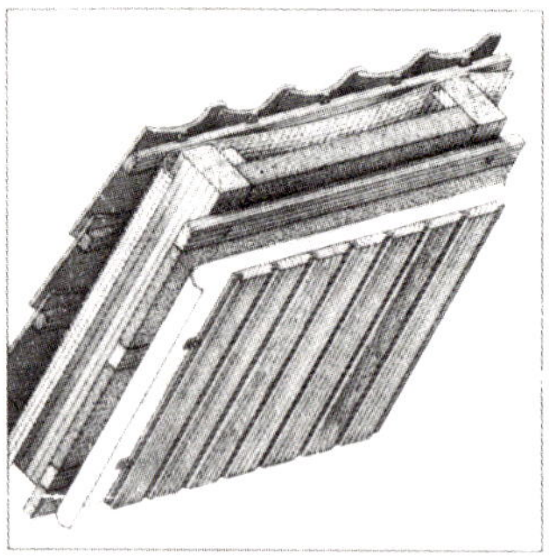

Über die Dämmstofflage wird eine Folie angebracht

Ein über den Sparren liegender **gedämmter Dachaufbau** wird in der Regel von der **Fachfirma** ausgeführt. Auch hier haben Sie die Wahl zwischen einem dampfdurchlässigen diffusionsoffenen oder dampfsperrenden Aufbau der Dämmung.

Dämmung von sichtbaren Sparren

In **Feuchträumen unter dem Dach** ist es immer sinnvoll, für eine **Entlüftung** auch unmittelbar unter der Holzbekleidung zu sorgen. Denn auch an der Rückseite der Profilbretter kann es durch ein leichtes Abkühlen der eindringenden Raumluft schon zu Niederschlag von Kondenswasser kommen. Die einfachste Möglichkeit ist hier das **Aufdoppeln** der Sparren mit Dachlatten.

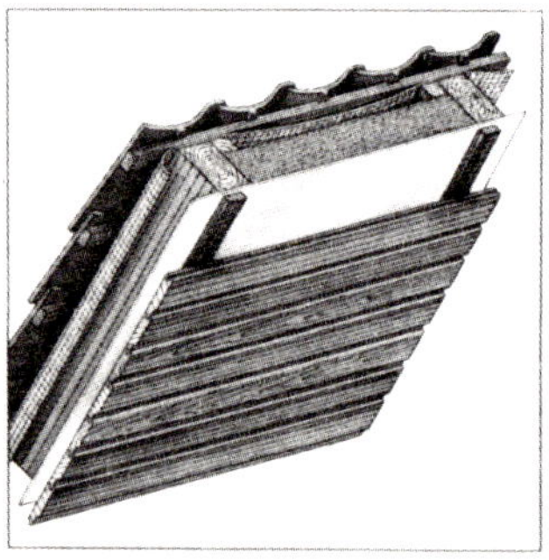

Auf die Sparren werden Dachlatten geschraubt

Verlauf und **Einbau** von **Elektroinstallationen** müssen Sie bei Holzbekleidungen sorgfältig einplanen. Verlegen Sie Elektrokabel erst nach dem Aufbau der Grundlattung und montieren Sie unmittelbar in der Umgebung von vorgesehenen Steckdosen und Lichtschaltern kräftige **Latten** für eine sichere Befestigung der Wanddosen. Eine **Alternative** hierzu bieten speziell für Wandbekleidungen ausgelegte **Wanddosen,** die Sie von außen verschrauben.

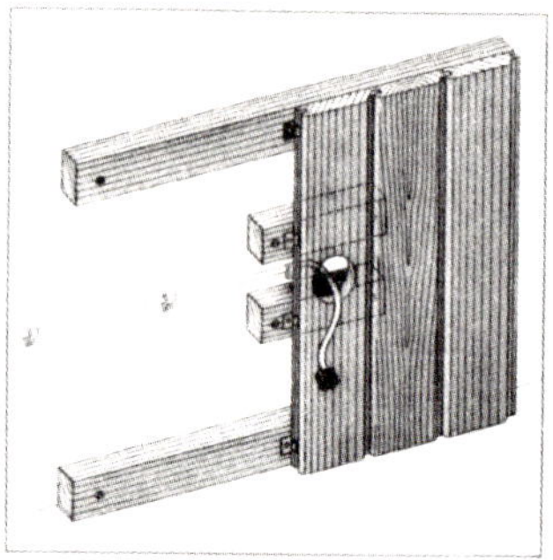

Lattung für Steckdosen und Lichtschalter

Auch die **Befestigung** von **Sanitäreinbauten** und Hängeschränken muß man gut vorbereiten. Da Sie an der Holzbekleidung selbst keine schweren Gegenstände aufhängen können, unterlegen Sie die jeweiligen Aufhängepunkte mit **fest** an die Wand **montierten Latten** oder Brettern, durch die Sie nachfolgend entsprechende Durchsteckdübel einsetzen können. Für die Länge der Dübel beachten Sie die vorgeschriebene **Mindestverankerungstiefe.**

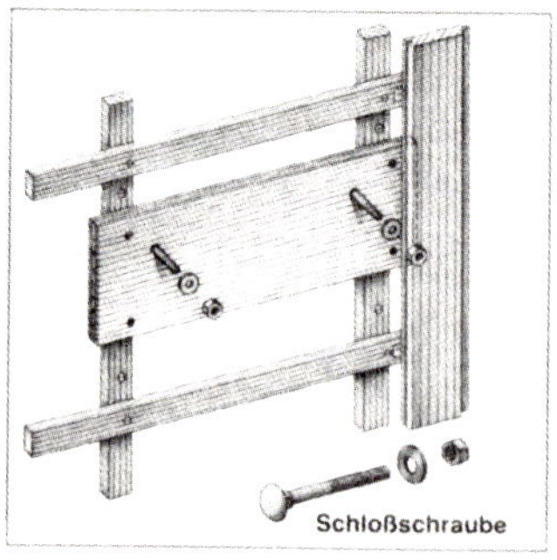

Unterkonstruktion für Sanitäreinbauten

An **Ecken** und **Anschlüssen** von Fenstern und Türen verwenden Sie profilierte Leisten, die Sie im Baumarkt oder Fachhandel in vielen unterschiedlichen Profilformen für Innen- und Außenecken finden.

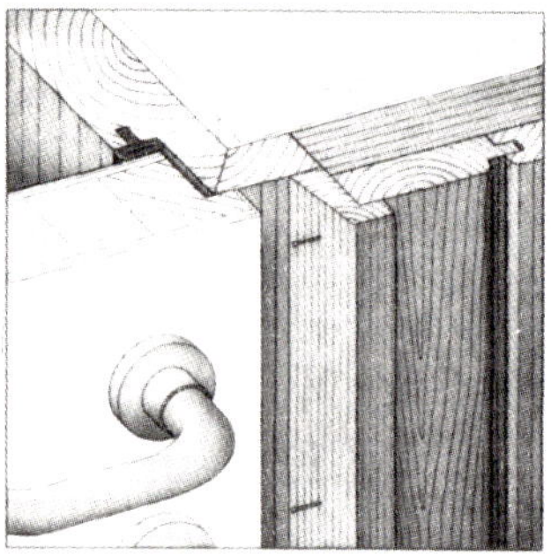

Profilleisten bei Türeinbau

Kräftige Leisten befestigen Sie nach dem Vorbohren mit dünnen **Schrauben,** für die Montage dünner Leisten hingegen eignen sich spezielle, geriffelte **Leistennägel** besser.

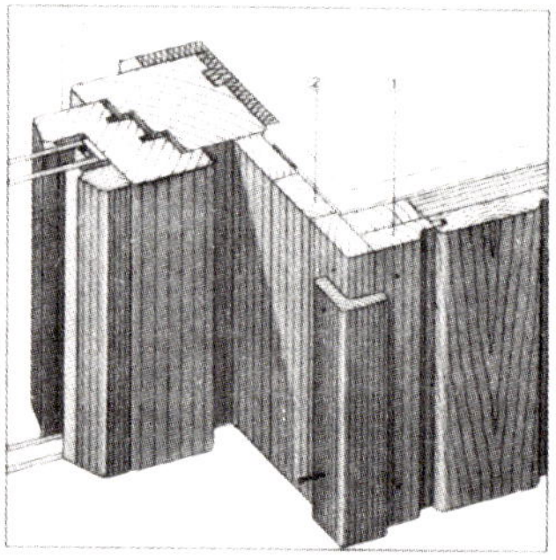

Schutzleisten für Ecken

Exakt verlegte Unterkonstruktionen sind wesentlich für dekorative Holzbekleidungen

LATTENGERÜST ANBRINGEN

Wand- und **Deckenbekleidungen** aus Profilholz, Paneelen und Holzkassetten befestigen Sie auf einem tragenden Gerüst aus Dachlatten oder Kanthölzern, der sogenannten Lattung. Berücksichtigen Sie folgende Vorüberlegungen:

Die Lattung montieren Sie immer im **rechten Winkel** zur vorgesehenen Verlegerichtung der Profilbretter oder Paneele. Für eine waagrechte Verlegung schrauben Sie also die Latten senkrecht an die Wand, für eine senkrechte Verlegung der Profilbretter ist eine waagrecht aufgebaute Lattung erforderlich.

In **Feuchträumen** und an **Fassaden** muß man die Holzbekleidung zum Ablüften von eventuell anfallendem Kondenswasser hinterlüften. Hierfür unterlegt man die tragende Lattung mit einer zu ihr senkrecht verlaufenden Grundlattung. Der Lattenabstand dieser Grundlattung sollte aus Stabilitätsgründen ein Maß von 100 cm nicht überschreiten.

Bei einem senkrechten Profilbrettaufbau montieren Sie die Grundlattung ebenfalls senkrecht, die tragende Lattung jedoch waagrecht.

Außen- und Innenbekleidungen bieten immer die Möglichkeit, im Bereich der Grundlattung Dämmplatten einzubauen. Hierbei richtet sich die Dicke der Latten oder Kanthölzer nach der Dicke des gewählten Dämmstoffes, während man bei den Lattenabständen die Breite der Dämmstoffplatten berücksichtigen muß.

Und so gehen Sie vor:
Befestigen Sie die Latten zunächst an den **Schalungsrändern**, also an der jeweils linken und rechten bzw. an der unteren und oberen Begrenzung der Wand. Haben Sie als Schalungsrand eine umlaufende **Schattenfuge** vorgesehen, so wird ein schmaler Streifen dieser Latten später sichtbar sein. In diesem Fall müssen Sie die Latten vor dem Einbau einseitig hobeln und dunkler als die Holzfarbe der Bekleidung beizen. Danach messen Sie die verbleibende Wandfläche aus und unterteilen sie in regelmäßige Anstände von **40 bis 60 cm**. Längen Sie die Latten dann auf die erforderliche Länge ab und bohren Sie mit einem Holzbohrer im Abstand von 60 cm Löcher im Durchmesser der vorgesehenen Dübel.

Ausmessen der Wand für die Anbringung des Lattengerüstes

Beginnen Sie mit der Befestigung der Latten an einem Lattenende, dort, wo Sie auf der Wand die Lattenabstände markiert haben. Hierbei bohren Sie mit einem Steinbohrer durch das entsprechende Loch der angehaltenen Latte ein Dübelloch in die Wand. Nach dem Reinigen des Bohrloches durch mehrmaliges Herausziehen des laufenden Bohrers stecken Sie einen **Durchsteckdübel** in das Bohrloch und drehen die passende Schraube ein.

Verdübeln der Querlatten

Bei vollkommen ebenen Wänden brauchen Sie die Lattung nicht auszurichten. Hier können Sie anstelle der Schrauben als besonders rationelles Befestigungsmittel auch **Schlagdübel** verwenden, die einfach mit dem Hammer eingeschlagen werden. Bei unebenen Wänden benötigen Sie jedoch Schrauben, die Sie vorerst nur bis zum Anliegen der Latten eindrehen, aber noch nicht fest anziehen.

Richten Sie die nun an einem Ende befestigte Latte mit einer **Wasserwaage** in der Waag- bzw. Senkrechten aus und bohren Sie am anderen Ende der Latte das zweite Dübelloch. Nach dem lockeren Eindrehen der Schraube ist die Latte vorläufig fixiert. Nun können Sie mühelos alle anderen Dübellöcher bohren und die Schrauben eindrehen.

Ausrichten der Latten

Nachdem Sie alle Latten auf diese Weise fixiert haben, beginnen Sie mit dem **Ausrichten des Lattengerüstes**. Hierfür legen Sie eine Richtlatte aus Aluminium oder ein gerades Brett über die Lattung und ermitteln ihren am weitesten hervorstehenden Punkt. Richten Sie diese Latte und eine weiter entfernte Latte durch **Unterlegen** mit Sperrholzresten oder Einschlagen von kleinen Hartholzkeilen mit der Wasserwaage in der Waag- bzw. Senkrechten aus. Nachdem Sie die Schrauben fest angezogen haben, können Sie alle anderen nach diesen beiden Latten ausrichten.

Bei stark unebenen Wänden haben sich **Lattenkeile** aus verzinktem Stahl mit speziellen **Justierschrauben** besonders bewährt. Die Keile sind für einen festen Sitz zwischen den Latten und der Wand mit rückseitigen Sicken und vorderseitigen Sägekanten ausgestattet. **Justierschrauben** haben einen der Lattenstärke entsprechenden freien Schaft. Sie passen in 6 mm Kunststoffdübel. Drehen Sie die Schraube zum Einjustieren heraus, so kommt die Latte mit zurück.
Beim Einschlagen der Keile kommt die flache Rückseite zur Wand, die gezahnte Vorderseite zur Latte. Verwenden Sie für eine bessere **Stabilität** immer zwei Keile, die sie von zwei Seiten möglichst dicht an der Schraube einschlagen. Sitzen die Keile zu tief, so stecken Sie einen Nagel durch die Keillöcher und ziehen die Keile mit einem Schraubenzieher soweit wie erforderlich heraus. Durch Eindrehen der Schraube bekommt die Latte einen festen Sitz.

OBERFLÄCHEN BEHANDELN

Beizen
Durch Beizen kann man das Holz entweder aufhellen oder nachdunkeln. Zum **Aufhellen** verwendet man Zitronensäure, Bleichbeizen oder Wasserstoffperoxid. Diese Mittel können mit einem Nylon- oder Fiberglasborstenpinsel aufgetragen werden. Unbedingt müssen hierbei **Handschuhe** und eine **Schutzbrille** getragen werden!
Beizen, die das Holz **dunkler** werden lassen, sind mit Teerstoffen versetzt. Man nennt sie Wasser-, Antik- oder Rustikalbeizen. Eine **Nachbehandlung** mit Wachs oder Lack ist erforderlich, da diese Beizen dem Holz keinen ausreichenden Schutz bieten.
Chemische Beizen sind ebenfalls im Handel. Der Farbton ergibt sich aus der Reaktion zwischen Vor- und Nachbeize. Man sollte sich bei ihrer Verwendung genauestens an die **Anwendungsvorschriften** halten. Pinsel mit Metallzwingen dürfen keinesfalls verwendet werden.

Wachsen
Wachslösungen stellen das beste und **natürlichste Mittel** für den Holzschutz dar. Nach anfänglichem Nachdunkeln behält das Holz seine Farbe und stößt Wasser und Schmutz ab. Mit einem **Leinenlappen** kann es leicht aufgetragen und eingerieben werden. Nach etwa einer Stunde sollte es mit einer **Naturhaarbürste** nochmals nachpoliert werden. Bevor Sie das Holz beizen oder wachsen, sollten Sie jedoch in jedem Fall die Oberfläche mit **Schleifpapier** glätten und so Unebenheiten entfernen.

Spezialkurse

Gleichwie Sie die vielseitigen Möglichkeiten von Profilbrettern und Paneelen bei der Raumgestaltung einsetzen, wohl immer werden Sie mit **verdeckten Befestigungsmitteln** arbeiten. Hierfür stehen im Fachhandel die bewährten Profilbrettklammern zur Verfügung, die auch dem Laien eine einfache, fachgerechte und sichere Befestigung erlauben.
Als Werkzeuge benötigen Sie lediglich **Wasserwaage, Zollstock** und **Winkelmaß,** einen feingezahnten **Fuchsschwanz,** einen **Hammer** und einen zu den gewählten Profilbrettklammern passenden **Nagelhalter,** auch bekannt unter der Bezeichnung **»Hobby-Nagler«.**

WANDBEKLEIDUNG MIT PROFIL

Nachdem Sie die Lattenunterkonstruktion fertig montiert und eventuell auch Dämmplatten eingebaut haben, überziehen Sie die gesamte Unterkonstruktion mit einer mindestens 0,2 mm dicken **Polyethylen-Folie**, die Sie auch unter der Bezeichnung »Dampfbremse« im Baumarkt erhalten. Der Einbau dieser Dampfbremse ist bei einer innenseitigen Verschalung von Außenwänden dringend notwendig, um das Eindringen feuchter Raumluft durch die Schalung und die Dämmplatten zu verhindern. Befestigen Sie die PE-Folie in dichten Abständen (10 cm) mit Tackerklammern auf allen Latten. Bei Folienanschlüssen achten Sie auf eine **Überlappung** von mindestens 10 cm.

Überziehen der Lattenkonstruktion mit Polyethylen-Folie als »Dampfbremse«

Hiernach längen Sie alle Profilbretter mit einem feingezahnten **Fuchsschwanz** auf das erforderliche Maß ab. Reißen Sie hierfür die Längen mit einem spitzen Nagel unter Zuhilfenahme eines Winkelmaßes auf der Vorderseite der Bretter an und sägen Sie grundsätzlich von der Vorderseite zur Rückseite, um ein häßliches Aussplittern der Sägekante an der Vorderseite zu vermeiden. Leichter geht es natürlich mit einer **elektrischen Säge**.

Naturbelassenes **Profilholz** ist immer mehr oder weniger unregelmäßig in Struktur und Farbe. Um ein möglichst ansprechendes »Bild« zu erhalten, **sortieren** Sie die Profilbretter vor dem Befestigen vor, indem Sie sie lose an eine benachbarte Wand stellen und im Gesamtüberblick einzelne Bretter gegen andere austauschen. Hierbei fallen Ihnen vielleicht auch allzu stark verzogene oder gar beschädigte Bretter auf, die Sie dann ebenfalls durch andere Bretter ersetzen oder an Stellen einsetzen können, wo sie weniger auffallen.

Montieren Sie das erste Brett **mit der Feder zum Schalungsrand**.

Um bei nicht überdeckten Rändern (Schattenfuge) auf beiden Seiten den gleichen Abschluß zu erhalten, entfernen Sie vorher die Feder mit der Säge oder mit Hilfe eines Hobels.

Verbindung von Profilholz mit Hilfe von Nut und Feder

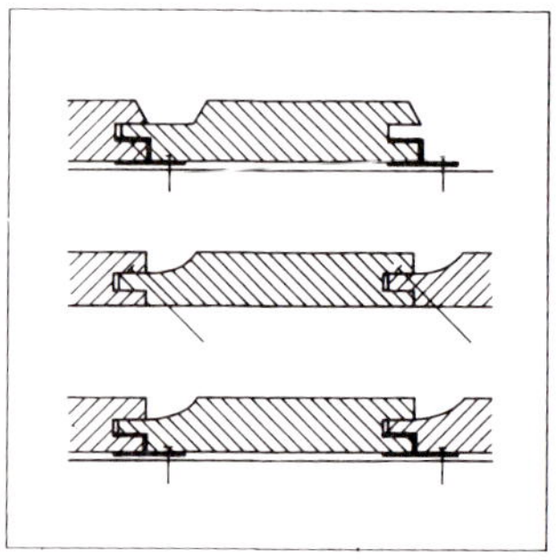

Dieses erste Brett nageln Sie nun im Bereich der **federseitigen Kante** mit je einem Nagel auf eine Latte der Unterkonstruktion. Prüfen Sie bei Wandverschalungen vor dem Befestigen den genau waag- oder senkrechten Sitz des Profilbrettes mit der **Wasserwaage.** Setzen Sie hiernach auf jede Latte der Unterkonstruktion eine **Profilbrettklammer** in die Nut des Profilbrettes.
Die **Klammern** werden auf die hintere Nutwange der Profilbretter **aufgesteckt.** Da sie paßgenau auf der hinteren Nutwange klemmen beziehungsweise mit **spitzen Krallen** ausgestattet sind, halten diese Klammern nach einfachem Andrücken von selbst am Profilbrett.
Ihre Befestigung erfolgt dann mit passenden, kurzen Nägeln. Um Beschädigungen der Brettkanten durch Hammerschläge zu vermeiden, setzen Sie hierbei einen **Nagelhalter** ein. Werfen Sie zuerst einen Nagel in den Nagelhalter. Er wird dort von einem Magneten zielgerade festgehalten. Setzen Sie dann die Nagelspitze in das vorgesehene Loch der Klammer und treiben Sie den Nagel mit einigen Hammerschlägen auf den Stößel des Naglers ein.

Nachdem Sie das Brett mit je einer Klammer pro Latte befestigt haben, **schieben** Sie das nachfolgende Profilbrett mit der Feder in die Nut des schon befestigten Brettes. Dies geht am einfachsten, wenn Sie das Profilbrett zunächst an einem Ende einsetzen und dann erst auf der gesamten Länge einschieben. Zum fugendichten **Einpassen** benutzen Sie dann ein **Klopfholz** aus einem Profilbrett-Reststück, das Sie mit seiner Feder in die Nut des Profilbrettes einsetzen und mit dem Hammer **leicht** anklopfen, bis das Profilbrett richtig sitzt. Die Befestigung des zweiten und aller weiteren Profilbretter erfolgt wie oben beschrieben mit Klammern.

Bei einer **waagrechten Verlegung** arbeiten Sie natürlich **von unten nach oben,** indem Sie die Federkante des ersten Brettes am Fußboden oder knapp darüber aufsetzen. Für die Außenecke müssen die Profilholzenden unter einem Winkel von 45° angesägt werden, um einen **dichten Abschluß** zu erreichen.

Außenecke bei waagrechter Verlegung

Bei der Innenecke wird analog vorgegangen und die Schnittkanten mit einer **Hohlkehlleiste** verdeckt.

Innenecke mit Hohlkehlleiste

Bei **senkrechter Verlegung** beginnen Sie als Rechtshänder am zweckmäßigsten auf der linken Wandseite; als Linkshänder beginnen Sie an der linken Wandseite und arbeiten Sie von rechts nach links.

Senkrechte Verlegung der Bretter

Für schlicht gestaltete **Außenecken** bei waagrechtem Schalungsverlauf schneiden Sie die Profilbretter vor der Verlegung auf **Gehrung.** Hierbei kommt Ihnen eine im Winkel einstellbare Handkreissäge oder eine Stichsäge wirklich zugute. Für eine besonders **saubere Arbeit** lohnt sich das Ausleihen einer winkelverstellbaren Kappsäge.

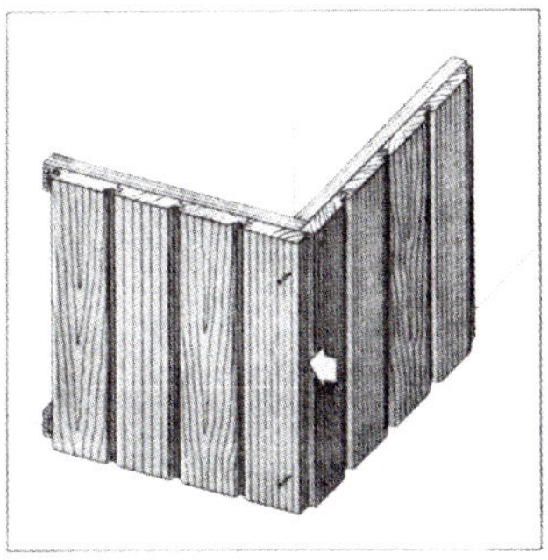

Außenecke bei senkrechter Verlegung

Auch Eckenabschlüsse bei Wandbekleidungen sind kein Problem

Profilbrettklammern werden mit einem Nagelhalter (Hobbynagler) fixiert

Befestigung mit Hilfe eines Hammers

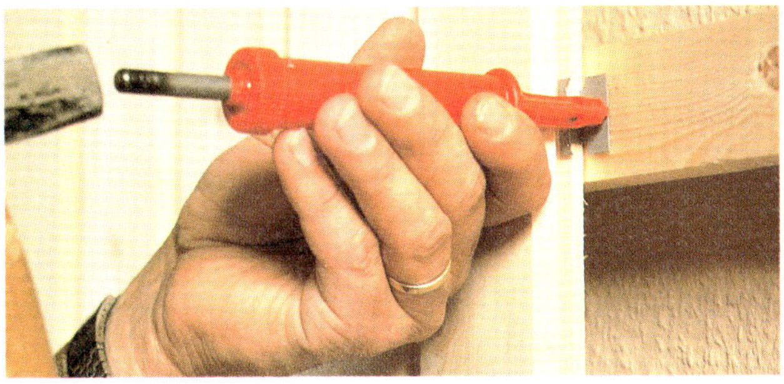

Deckenbekleidungen wirken wärmedämmend und schallisolierend

DECKENBEKLEIDUNG ANBRINGEN

Wenn's draußen stürmt und schneit, wenn Nachbarn laute Feste feiern, oder auch Sie selbst, dann schützen moderne Deckenbekleidungen aus Holz vor **Wärmeverlusten** und **Lärmbelästigung**. Gleichzeitig tragen sie zu einer wesentlichen Verbesserung der Raumakustik bei.

Bei der Gestaltung Ihrer Wohnraumdecke mit Holzbekleidung können Sie grundsätzlich alle auch für Wandbekleidungen geeigneten Profilbretter verwenden. In Baumärkten und im Fachhandel finden Sie die unterschiedlichsten **Profilformen,** naturbelassen, weiß oder farbig lasiert, in verschiedenen Längen und Breiten. Als Befestigungselemente für eine sichere Montage der Unterkonstruktion setzen Sie bauamtlich zugelassene **Durchsteckdübel** ein. Profilbretter befestigen Sie mit üblichen **Profilbrettklammern,** Akkustikbretter mit speziellen **Fugenkrallen.** Zum Dämmen kommen Dämmplatten aus Kork, Mineralfaser oder Polystyrol-Hartschaum (Styropor) in Frage. Wenn Sie Akkustikdecken einbauen wollen, benötigen Sie spezielle Schalldämmplatten.

Für den Aufbau einer sicheren **Unterkonstruktion** messen Sie die Breite der Decke aus und teilen das erhaltene Maß durch **40 bis 50 cm.** Der Lattenabstand sollte dieses Maß aus Sicherheitsgründen nicht überschreiten. Für die Dicke Ihrer Lattung richten Sie sich nach der Dicke der vorgesehenen Dämmplatten.

Montieren Sie die Latten zunächst umlaufend an den **Deckenrändern**. Hierfür bohren Sie die Latten mit einem **Holzbohrer** in der Stärke der vorgesehenen Dübel vor. Der Lochabstand sollte etwa 50 cm betragen. Halten Sie die Latten dann an die Decke und markieren Sie die zu bohrenden Dübellöcher mit einem Bleistift durch die Löcher in den Latten. Bohren Sie nun die Dübellöcher mit einem **Steinbohrer,** indem Sie sie durch mehrmaliges Herausziehen des laufenden Bohrers von Bohrstaub reinigen. Stecken Sie dann die Dübel durch die Latten und **fixieren** Sie die Latten durch Eindrehen der Schrauben.

Mit einem Richtscheit werden Unebenheiten festgestellt

Bei einer vorgesehenen umlaufenden **Schattenfuge** lackieren oder beizen Sie die gehobelten Latten vor der Befestigung in einem dunklen Farbton. Außerdem setzen Sie die Dübellöcher so weit zum inneren Rand hin, daß die Schrauben später nicht im offenen Bereich der Fuge sichtbar sind.

Bei einer Montage der Latten **unter einer Holzbalkendecke** ist es wichtig, die Schrauben ohne Dübel in die Deckenbalken einzudrehen. Hierfür müssen Sie in die Deckenbalken vorbohren. Wenn die **genaue Lage** der Deckenbalken nicht ohne weiteres erkennbar ist, müssen Sie diese zunächst durch vorsichtiges Einschlagen von Nägeln ermitteln und markieren. Deckenbalken haben in der Regel einen **Abstand von 50 bis 60 cm.**

Montieren Sie dann alle weiteren Latten und drehen Sie hierbei die Schrauben nur so weit ein, daß die Latten an der Decke anliegen. Prüfen Sie nun mit einer **Richtlatte** aus Aluminium oder einem geraden Brett die ebene Verlegung der Latten unter der Decke und gleichen Sie eventuelle Unebenheiten durch Unterlegen mit Sperrholzresten aus. Hierfür müssen die Schrauben der Latten zunächst gelockert und dann erneut fest angezogen werden.

MINITIP
Wenn Sie bei vorgesehener Schattenfuge alle Bekleidungsränder gleich gestalten wollen, so hobeln Sie die Feder des ersten zu verlegenden Profilbrettes ab. Bei einer Verblendung der Bekleidungsränder mit einer Profilleiste erübrigt sich dieser Arbeitsgang.

Im nächsten Arbeitsgang verlegen Sie die **Dämmplatten** durch festes Einpressen zwischen die unter der Decke montierten Latten. Achten Sie hierbei auf dichten Fugenanschluß der Platten untereinander.

Befestigen Sie das erste Brett mit Nägeln an seiner zur Wand liegenden Kante (Federkante) und setzen Sie dann **je Latte eine Profilbrettklammer** an der Nutkante ein.

Profilbrettklammern

Zum **Einschlagen der Nägel** verwenden Sie einen

»Hobbynagler«

»Hobby-Nagler«. Hierdurch können Sie auffällige Beschädigungen an den Brettkanten ganz sicher vermeiden.
Bei **abgehängten Decken** verlegen Sie die vorgesehenen Dämmplatten oder -filze während der Montage der Holzbekleidung. Befestigen Sie jeweils eine angemessene Anzahl von Profilbrettern und legen Sie dann die **Dämmplatten** zwischen die tragende Lattung. Auch hierbei achten Sie auf **dichten Fugenschluß** sowohl an der Lattung als auch an den Plattenstößen.

Dämmen bei abgehängten Decken

Für Akkustikdecken verwenden Sie Profilbretter, die jedoch an beiden **Längskanten genutet** sind und mit speziellen Fugenkrallen befestigt werden. Zwischen den Brettern entstehen offene **Zwischenräume,** die zur Aufnahme des Schalls dienen. Um eine deutliche

Spezielle Fugenkrallen

Als dekorativer Abschluß von Decken empfehlen sich abgesetzte Balken

Verminderung der Luftschall-Übertragung zu erreichen, hinterlegen Sie die Holzbekleidung mit speziellen Akkustikplatten.

FASSADENBEKLEIDUNG MONTIEREN

Holzbekleidete Fassaden umgeben Ihr Haus mit einer gegen Wind und Wetter schützenden **Umhüllung.** Im Bereich ihrer Unterkonstruktion bieten Sie Raum für einfach einzubauende **Zusatzdämmungen,** die Ihr Haus vor teuren Energieverlusten bewahren.

Eine fachgerecht ausgeführte **Holzbekleidung** kann ohne weiteres bis zu **50 Jahre** lang halten. In dieser Zeit müßten an ungeschützten, lediglich verputzten Außenwänden mit Sicherheit größere Verputzarbeiten und ständige Renovierungsanstriche durchgeführt werden. Rechnet man die Kosten für ein heute übliches, professionelles Dämmputzsystem und die regelmäßig fälligen Erneuerungsanstriche, so steht fest, daß auch eine mit **hochwertigen Hölzern** bekleidete Fassade wesentlich **kostengünstiger** eingeschätzt werden muß.
Größter Vorteil: Sie können mit einigem Geschick und ohne Spezialwerkzeuge Ihre Fassade selbst mit Holz bekleiden und dabei durch Ihre Eigenleistung erhebliche **Kosten sparen.**
Beim Anbringen eines modernen Dämmputzsystems wären Sie jedoch als Heimwerker grundsätzlich überfordert.

Wichtigste Voraussetzung für eine lange Haltbarkeit Ihrer Holzbekleidung ist eine Ausführung nach den **Maßgaben des baulichen Holzschutzes**. Hierunter sind alle baulichen Maßnahmen zu verstehen, die das Holz vor starker und ständiger Befeuchtung und vor zu schneller Austrocknung

Holzverkleidete Fassaden sind dekorativ und kostengünstig

schützen. Dazu zählt die Auswahl möglichst wetterfester Holzarten und geeigneter Profilformen; ebenso bewährt haben sich **weite Dachüberstände,** die vor Schlagregen schützen, sowie hohe **Bodenabstände** der Bekleidung. Auch eine gezielt wasserabführende Ausbildung verlängert die **Lebensdauer** der Bekleidung. Hierzu gehören eine senkrechte Verlegerichtung, die Vermeidung von Wassernestern und an der Brettrückseite **abgeschrägte Tropfkanten** am unteren Schalungsrand.

Viel **Zeit** und Ärger bei der Ausführung, aber auch **unnötige Kosten** können Sie sich mit einer umfassenden **Planung** Ihrer Holzbekleidung ersparen. Zeichnen Sie hierfür einen genauen **Verlegeplan**, in den Sie alle Fassadenteile maßstabsgetreu eintragen. Wenn Sie einen großen Bogen Millimeterpapier (DIN A 1)benutzen und im Maßstab von 1 : 10 zeichnen, entspricht 1 cm an der Fassade einem Millimeter auf dem Papier. Nachdem Sie die **Fassade** selbst in ihren Umrissen und mit allen Öffnungen eingezeichnet haben, tragen Sie in einer anderen Farbe die genaue **Lage der Kanthölzer** der tragenden Unterkonstruktion ein.

Da unmittelbar hinter der Holzbekleidung in jedem Fall ein **Hohlraum** von mindestens 20 mm Dicke vorhanden sein muß, berücksichtigen Sie, daß Sie bei einer vorgesehenen senkrechten Verlegung der Bekleidungsbretter auf dem Kantholzgerüst eine **waagrechte Konterlattung** verschrauben müssen. Beachten Sie außerdem einen der Dämmstoffbreite (abzüglich 2 cm) entsprechenden **Kantholzabstand,** der jedoch aus Sicherheitsgründen ein Maß von **60 cm** nicht überschreiten sollte. Bei waagrecht aufgebauten Bekleidungen ist ein durchgehender **Lüftungshohlraum** gegeben, wenn Sie die ebenfalls senkrecht montierten Kanthölzer um mindestens 20 mm stärker wählen als die Dämmplatten.

Nach dem Eintragen aller für die Bekleidung notwendigen Holzteile, Dämmplatten und Befestigungspunkte in Ihre Planzeichnung erstellen Sie Ihre **Einkaufsliste** und **Kostenkalkulation**. Bei letzterer berücksichtigen Sie außerdem die Leihgebühr für ein standsicheres Gerüst.

Auch bei der Ausführung gehen Sie geplant vor. Wenn Sie das **Gerüst** erst **unmittelbar vor** der eigentlichen **Montage** der Holzbekleidung aufstellen, sparen Sie unnötige Standzeiten. **Vorher** muß nämlich bei Neubauten die **Sockelzone verputzt** und isoliert werden, und bei Altbauten fallen in der Regel einige **Ausbesserungsarbeiten** an.

Ebenfalls vor dem Aufstellen des Gerüstes führen Sie, wenn das Baumaterial angeliefert ist, zunächst alle notwendigen **Vorarbeiten** am Holz selbst durch. Hierzu gehören das **Sortieren** der Bretter nach Längen und das **Ablängen** der Kanthölzer nach den in Ihrem Verlegeplan eingetragenen Maßen, das **Bohren** der notwendigen Dübellöcher und eine eventuelle **Oberflächenbehandlung** der Bekleidungsbretter mit gesundheitlich unbedenklichen Mitteln.

Bis zur Montage lagern Sie das Holz auf Trockenleisten an einem wettergeschützten Ort. Als **Lagerraum** eignet sich ein luftiger Schuppen oder eine offene Garage.

SICHERHEITSTIP

Für die Befestigung von Außenbekleidungen sind bauamtlich zugelassene, korrosionssichere Befestigungsmittel vorgeschrieben. Die Verwendung von galvanisch verzinkten Nägeln und Schrauben bietet keinen dauerhaften Schutz, da die Zinkschicht oft schon beim Eintreiben verletzt wird. Am haltbarsten haben sich Befestigungsmittel aus nichtrostendem Stahl erwiesen. Verzichten Sie nicht auf diese wichtige Sicherheitsmaßnahme, denn Ihre Bekleidung soll auch in vielen Jahren Wind und Wetter trotzen.

MONTAGE

Eine **senkrecht aufgebaute Holzbekleidung** leitet anfallendes Regenwasser schnell und sicher ab. Die tragende **Unterkonstruktion** besteht aus einem ebenfalls senkrecht montierten **Kantholzgerüst** und einer waagrechten **Traglattung.** Wählen Sie hierfür Kanthölzer mindestens in der Dicke der vorgesehenen Dämmplatten. Noch günstiger für eine wasserdampfabführende Hinterlüftung der Bekleidung sind um 20 bis 30 mm dickere Kanthölzer, weil hierdurch ein senk-

Unterkonstruktion mit Dämmplatte

recht durchgehender Hinterlüftungshohlraum gewährleistet ist.

Für einen **wirkungsvollen Luftdurchgang** sehen Sie am oberen und unteren Bekleidungsrand Zu- und **Abluftöffnungen** vor, die Sie mit Fliegendraht oder mit speziellen, im Handel erhältlichen Drahtgittern gegen das Eindringen von Insekten schützen.

Fenster und Türen umgeben Sie mit einer exakt abschließenden Kantholzrahmung. Berücksichtigen Sie hierbei die spätere **Montage** von wasserableitenden Metallprofilen und schützenden Blechverwahrungen. Im Bereich der Öffnungen müssen Sie die Dämmplatten normalerweise mit einem Teppichmesser zuschneiden. Führen Sie den Zuschnitt mit **20 mm Übermaß** aus, damit Sie die Platten fest in das Kantholzgerüst einpressen können.

Besondere Sorgfalt erfordert die Ausführung der **Ecken**. Lassen Sie zwischen den Eckbrettern einen **Belüftungszwischenraum** von etwa 1 cm, den Sie mit einer fest montierten Dachlatte hinterlegen.

Auch an den **Innenecken** bietet nur eine breite, mit einem Kantholz hinterlegte Fuge die beste Gewähr für ein **schnelles Trocknen** der Eckbretter nach dem Naßwerden.

Mit Kantholz hinterlegte Innnenecke gewährt schnelles Trocken

WOHNRAUM MIT HOLZKASSETTEN VERTÄFELN

Sorgfältig ausgeführte Kassettenvertäfelungen aus Massivholz gehörten immer schon zur **gehobenen Wohnungsausstattung.** Ihre Ausführung war bisher dem gelernten Handwerker vorbehalten. Sie ist heute durch verschiedene, intelligent geplante **Komplettsysteme** so weit vereinfacht, daß sie auch vom geübten Selbermacher fachgerecht bewältigt werden kann.

Wenn Sie sich bereits für ein bestimmtes Kassettensystem entschieden haben, dann kennen Sie auch die Maße seines Grundrasters. Zeichnen Sie vor der Bestellung Ihrer Kassetten einen genauen **Verlegeplan** im Maßstab 1 : 10, in den Sie sorgfältig die Einzelkassetten, Längs- und Querfriese eintragen.

Mit Kassettensystemen haben Sie immer verschiedene **Verlegemöglichkeiten**: Längsrechteckig proportionierte Kassetten können Sie senkrecht oder waagrecht einbauen. Sie können die Kassetten miteinander gruppieren, wobei die Friese dann zwei oder vier Einzelkassetten umrahmen.

Besondere **Wirkung** erreichen Sie durch eine **Kombination** verschiedener Farbtönungen oder Holzarten (beispielsweise Friese aus Eiche, Kassetten aus Fichte).

Bei jeder Wand oder Decke können durch die festgelegten Maße in den Randbereichen Verlegeprobleme auftreten. Zur Lösung bieten manche Hersteller halbe Kassetten an.
Sie haben auch die Möglichkeit, die Friese oder die Kassetten selbst zuzuschneiden.

In die Kantholzrahmung des Fensters werden die Dämmplatten eingepaßt und festgepreßt

Mit Komplettbausystemen können Sie Ihr Wohnzimmer mit Kassettenvertäfelung verschönern

Probieren Sie in jedem Fall die verschiedenen Möglichkeiten zunächst in aller Ruhe auf dem **Papier** aus, bevor Sie sich für diejenige entscheiden, die mit den Maßen Ihrer Wände und mit Ihrer Gestaltungsidee am besten übereinstimmt. Dann erst haben Sie einen genauen **Überblick** über die Art und Anzahl der benötigten Teile und können Ihre Vertäfelung passend bestellen.

Arbeitsablauf
Markieren Sie den Verlauf des **Lattengerüstes** nach dem Grundraster des Kassettensystems und den möglicherweise besonderen Erfordernissen Ihrer Verlegefläche.
Montieren Sie dann das Lattengerüst mit **Durchsteckdübeln.** Achten Sie hierbei auf einen bündigen Sitz der Schrauben und verlegen Sie anschließend alle notwendigen Elektro-, Lautsprecher- oder Antennenkabel. Hiernach bauen Sie eventuell vorgesehene **Dämmplatten** ein.
Nach senkrechtem **Ausrichten** mit der Wasserwaage nageln Sie das erste Randfries in unmittelbarer Randnähe. Die Nagelköpfe sollen später durch **Profilleisten** überdeckt werden. Setzen Sie außerdem an jeder waagrecht verlaufenden Latte eine **Profilbrettklammer** ein.

Schieben Sie hiernach die Einsteckfeder in die Nut des Randprofils und befestigen Sie das erste **Querfries** an seiner Stirnseite mit einer **Klammer.** Auch hier überprüfen Sie vorher den waagrechten Sitz des Querfrieses.
Achten Sie bei der Verlegung auf einen glatten Untergrund und entfernen Sie Mörtelreste.

Befestigung des ersten Querfrieses

Nach dem Einschieben der Einsteckfeder in das Querfries können Sie schon die **erste Kassette** einsetzen.

Einsetzen der ersten Kassette

Nun stecken Sie eine Feder in die Nut der Kassette und montieren wie vorher das **darüberliegende Querfries**. Die Befestigung erfolgt wieder mit einer Profilbrettklammer auf der waagrecht verlaufenden Latte.

Montage des oberen Querfrieses auf der Latte

Für die Montage der weiteren Kassetten und Friese verfahren Sie wie bisher beschrieben.

Anbringen weiterer Kassetten

Das **oberste Querfries** muß eventuell in der Höhe **angepaßt** werden. Am einfachsten läßt es sich mit einer **Tischkreissäge** in der Breite zuschneiden. Nach festem Einspannen geht dies jedoch auch mit einer elektrischen Stichsäge, einem Fuchsschwanz oder einer Tischlersäge. Schmale Überstände entfernen Sie besser durch **Abhobeln**.

Anpassen des obersten Querfrieses

Nachdem Sie nun die erste Kassettenreihe erfolgreich montiert haben, setzen Sie das nächste **Längsfries** ein. Hierzu schieben Sie zunächst eine lange Einsteckfeder in die Nut der ersten Kassettenreihe. Das Einpassen des Frieses geht **einfacher,** wenn Sie es zuerst an einer Seite ansetzen und dann erst auf seiner gesamten Länge andrücken. Überprüfen Sie seinen senkrechten Sitz mit der **Wasserwaage** und verwenden Sie zum eventuellen **Beiklopfen** ein Holzstück als schützende Zulage. Sitzt das Fries genau senkrecht, so befestigen Sie es mit je einer **Klammer** auf den kreuzenden Latten.

Einsetzen des Längsfrieses

Der weitere Arbeitsablauf ist Ihnen nun bekannt und sollte bis auf das Einpassen des **letzten** senkrechten **Randfrieses** keine Probleme bereiten. Die Befestigung des Randfrieses erfolgt mit feinen **Nägeln** in unmittelbarer Randnähe.

Randfries

Sockelleiste

Abschlußleisten für Übergänge zwischen Wand und Decke

Abschließend befestigen Sie die **Sockelleiste** zwischen Wand und Boden und die **Abschlußleiste** für die Übergänge zwischen Wand und Decke mit kleinen Nägeln.
Auf diese Weise erhalten Sie schöne Abschlüsse **oben und unten**.

MINITIP
Um das Reißen der Leisten beim Nageln zu vermeiden, stumpfen Sie die Nagelspitzen durch Anklopfen mit dem Hammer leicht ab. Noch einfacher geht es mit speziell geriffelten Leistennägeln, die Sie als »Colour-Pins« in verschiedenen Längen und in allen gängigen Holzfarben im Fachhandel bekommen. Mit einem Hobby-Nagler oder einem Versenkstift können Sie die Nägel etwa 2 mm tief ins Holz versenken. Danach kitten Sie die Löcher mit einem farblich passenden Holzkitt aus.

KRATZER UND RISSE AUSBESSERN

Um kleine Kratzer auszubessern, genügt häufig schon ein **Polieren** mit einem Spezial-UP-Polish.

Die Dichtungsmasse für Kratzer und Risse wird mit einem Holzstäbchen aufgetragen

Das Nachpolieren mit einer Schlußpolitur sollten Sie ausschließlich auf **Reparaturarbeiten** beschränken, da diese die Kratzfestigkeit der Holzoberfläche mindert. Größere Kratzer, Risse oder Löcher müssen zuerst **ausgeschliffen** werden. Staubreste entfernen Sie mit einem Staubsauger. Anschließend wird mit Hilfe eines Hölzchens oder eines **kleinen Pinsels** (ohne Metallklemme!) zuerst etwas **Härter** und dann **Stammlack** aufgetupft. Achten Sie auf sorgfältiges Arbeiten, da sich sonst Ränder bilden können. Kleinere Schadstellen lassen sich durch **Abschleifen** und **Überstreichung** mit einer UP-Schicht ausbessern.

ECKEN ABRUNDEN

Für Abrundungen von Ecken und Kanten benötigen Sie eine **Tischkreissäge**, an der ein **Schleifblatt** eingebaut werden kann. Dieses besteht aus einer Metallscheibe, auf der selbstklebende Schleifblätter befestigt werden. Damit lassen sich alle Kanten problemlos abrunden. Für feine Nacharbeiten eignet sich ein **Nachfräser**. Manuell kann man Kanten mit Raspeln und Holzfeilen abrunden. Hierbei wird erst **vorgeraspelt**, dann mit etwas feineren Feilen **geglättet** und schließlich **geschliffen**. Raspeln und Feilen sind in halbrunder, runder und Cabinet Form erhältlich.

KONSTRUKTIVER HOLZSCHUTZ

Konstruktiver Holzschutz bedeutet, Holz so zu bearbeiten und zu verschalen, daß sich für die Schädlinge keine günstigen Lebensbedingungen finden. Hierzu gehört in erster Linie das **Vermeiden von Feuchtigkeit**. Eventuelle Feuchtwände müssen getrocknet, Holzverschalungen in Feuchträumen oder an Außenwänden **hinterlüftet** werden.

Bei Außenverschalungen ist ein **weiter Dachüberstand** wichtig. Nur wenn dieser nicht vorhanden ist und sich die Holzverschalung auf der Wetterseite des Hauses befindet, kann man notfalls auf **Holzschutzmittel** zurückgreifen. Diese enthalten jedoch immer Pestizide, die sich gesundheits- und umweltschädigend auswirken.
In Innenräumen sind sie überflüssig, hier reicht eine Behandlung mit **Wachs** oder auch **Lacken**.

Außenverschalungen können Sie ohne Holzschutzmittel belassen, wenn Sie strapazierfähiges Holz verwenden und dieses bei **Längsverschalungen** überlappend verlegen. Bitte beachten Sie hierbei die **Windrichtung**, die nicht gegen die Überstülpung treffen darf, da sonst das Regenwasser in die **Zwischenräume** und damit unter das Holz gepresst würde. Bei offenen Stößen kann eine eingebaute spezielle Aluminiumschiene als »**Wasserschlag**« dienen. Die Unterkante der oberen Bretter sollte dann nach unten in einem Winkel von 30-45 Grad abgeschrägt werden.

Waagerecht angebrachte Holzverschalungen sind erheblich empfindlicher, sie sind nur geeignet, wenn ein weiter Dachüberstand vorhanden ist. Auch dann sind **Stülpschalungen** mit nach hinten abgeschrägten **Tropfkanten** anzuraten.

Generell am unempfindlichsten und seit Jahrhunderten – ohne Holzschutzmittel! – bewährt haben sich **Holzschindeln**, die aufgrund ihrer Struktur wetterfest sind.

Seit Jahrhunderten ist die Holzverschalung mit Schindeln eine optimale, umweltgerechte Möglichkeit des Fassadenschutzes

Holzschindeln eignen sich auch hervorragend für das Verkleiden von Dächern

Problemlösungen

RUNDE DECKEN- UND WANDBEKLEIDUNGEN MIT PROFILHOLZ

Mit modernen Befestigungsmitteln aus gebogenen Metallschienen können Sie jetzt Profilholz ohne jede aufwendige Unterkonstruktionen aus Holz auch im **Rundbogen** verlegen. Dies ermöglicht besonders interessante Raumgestaltungen mit Rundbögen, gewölbten Ecken, runden Wand- und Deckenanschlüssen, zu denen die Beispiele der gegenüberliegenden Seite einige Anregungen bieten sollen.

Rundbögen

Montieren Sie zunächst eine **Bogenschiene** aus Metall, indem Sie die Einzelbögen durch Einstecken und Umbiegen von Nägeln miteinander verbinden. Halten Sie diese Bogenschiene an die Wand und ermitteln Sie durch **Verschieben** die für Ihre Profilbrettverschalung richtige Bogenlänge und die passenden **Befestigungspunkte** an Wand und Decke. Markieren Sie diese Befestigungspunkte und übertragen Sie die von den jeweiligen anschließenden Raumecken her eingemessenen Punkte in Abständen von **50-60 cm** oder in den Lattenabständen der bereits montierten Unterkonstruktion auf Wand und Decke.

Befestigen Sie dann die zu den Bogenschienen mitgelieferten **Wandanschlußteile** mit jeweils zwei passenden Dübeln und Schrauben an den markierten Befestigungspunkten an der Wand. Setzen Sie nun die **Bogenschienen** in die Wandanschlußteile ein und **sichern** Sie sie mit einem durchgesteckten Nagel. Bewegen Sie die Schienen zum **zweiten Befestigungspunkt** an der Decke oder an der gegenüberliegenden Wand. Hier wird die Schiene durch seitliches **Anschrauben** an eine Latte der weiterlaufenden Unterkonstruktion befestigt. Wenn alle Bogenschienen auf diese Weise befestigt und durch Einstecken und Umbiegen von jeweils zwei Nägeln an den Wandanschlußteilen gesichert sind, setzen Sie am **unteren** oder **seitlichen** Endpunkt der Bogenschienen die mitgelieferten **Anfangskrallen** ein.

Das erste **Profilbrett** des Bogens wird mit der Feder in diese Anfangskrallen eingesetzt. Achten Sie hierbei auf einen gleichmäßigen und sicheren Sitz an den Endpunkten aller Bogenschienen und halten Sie zum ersten **Fixieren** des Bretts einen der zu diesem Befestigungssystem gehörenden Drehclipse (Befestigungskrallen) in der Hand bereit. Hiermit befestigen Sie das eingesetzte Profilbrett **in der Mitte**, indem Sie den Drehclips in eine mittlere **Bogenschiene** durch Drehung einsetzen und in die Nut des Profilbretts **einschieben**. Nachdem Sie das Profilbrett auf diese Weise fixiert haben, setzen Sie auf jeder Bogenschiene einen **Drehclips** in die Nut des Brettes ein.

Setzen Sie dann das zweite und alle weiteren Profilbretter mit der Feder in die Nut des bereits verlegten Bretts ein und befestigen Sie es auf dieselbe Weise mit Drehclipsen. Beim **Übergang** des Bogens in eine ebene Wand- oder Deckenfläche werden die Profilbretter wie gewohnt durch **Annageln** von Profilbrettkrallen an den Latten der Unterkonstruktion angebracht.

SICHERHEITSTIP
Um Stürze und Verletzungen zu vermeiden, sollten Sie bei der Verkleidung von Decken immer daran denken, eine standfeste Leiter aufzustellen. Wenn Sie Verkleidungsarbeiten im Treppenhaus vornehmen wollen, bietet sich ein Gerüst mit Arbeitsplattform an.

Interessante Raumgestaltungen lassen sich mit Rundbögen, gewölbten Ecken und runden Wand- und Deckenanschlüssen erreichen

Fehler im Massivholz mildern

Fehler in Brettern und Balken gehören zwar zum Naturprodukt Holz, stören mitunter jedoch Nutzung oder Ansicht. Aussortieren der schadhaften Teile ist nicht immer möglich, und so bleibt nur das Nachbessern.

Astlöcher mit fest geführter Maschine ausbohren.

Bei unbehandelten Holzoberflächen lassen sich Fehler wie **Harzeinschlüsse** (Harzgallen), lockere **Aststellen** als sogenannte Durchfalläste oder tiefe **Schrammen** und Wuchsfehler aussparen und mit einem passenden Holzstück ausleimen. Neben **Spezialfräsern** für den gewerblichen Einsatz benutzt man dazu üblicherweise Forstner- oder Zylinderkopfbohrer, um den **Fehler** auszubohren.

Anschließend werden **Querholzplättchen** in die Vertiefungen eingeleimt. Bei größeren Fehlern können die **Bohrungen** eng aneinanderliegen oder sich auch überlappen. Dazu erst eng aneinanderliegende Boh-

Fehlstellen ausbohren, danach mit Plättchen füllen.

rungen herstellen, ausleimen, ebnen und anschließend die **Zwischenräume** ausbohren und ebenfalls ausleimen (große Abbildung). Handelsüblich sind Plättchen mit den Durchmessern 12, 15, 18, 20 und 25 mm aus **Kiefer.** Das reicht allenfalls, um Hölzer nachzubessern, deren **Oberflächen** anschließend deckend behandelt werden.

Einfärben

Wenn es sich bei dem **Originalteil** auch um die Holzart Kiefer handelt und man die Füllplättchen nach Färbung und Maserung sortiert, fällt die ausgebesserte **Stelle** auch unter einem Lasuranstrich wenig auf. Zum Beispiel an **Profilholz** aus

Die Feinsäge mit gekröpftem Griff liegt flach auf dem Holz.

minderer Sortierung mit **Schönheitsfehlern.** Im Außenbereich, zum Beispiel bei Fassadenbekleidungen, auf jeden Fall wasserfesten **Leim** zum Einleimen der Querholzplättchen verwenden. Um eine ebene **Oberfläche** zu erzielen, die Querholzplättchen nicht ganz eben mit der Oberfläche einleimen. Dickere **Füllstücke** sägt man zunächst mit der Feinsäge ab. Eine Unterlage aus **Hartplastik** oder dünnem Karton läßt einen geringen **Überstand** und schützt gleichzeitig die Oberfläche vor Spuren von den **Sägezähnen,** die sonst wieder herauszuschleifen sind. Der Überstand wird üblicherweise eben abgehobelt und die **Fläche** anschließend mit dem Bandschleifer bearbeitet. Mit

Kleine Hobel auf sehr feine Späne einstellen.

dem **Schwingschleifer** allein wird es kaum gelingen, den Überstand zu ebnen, weil seine Schleifplatte so elastisch ist, daß sie sich über größeren **Erhebungen** wölbt.

Holzbearbeitung

Deshalb zuerst den **Überstand** mit dem Hobel oder Stecheisen ebnen. Wer häufiger damit zu tun hat, wird auch über das notwendige **Tischlerwerkzeug** verfügen. In Einzelfällen kann man sich auch mit kleinen Modellbauwerkzeugen, wie einem **Hobel** für Balsaholz, behelfen. Für andere **Holzarten** als Kiefer und für besondere Situationen kann

ÖKOTIP
Wer die natürliche Schönheit der Holzflächen konsequent betonen will, füllt gesäuberte Harzgallen mit ausgehärteten Baumharzen wie Kolophonium (für Geigenbögen) oder Plättchen für Schellack. Diese Harze lassen sich, mit Heißluft oder Lötkolbenspitze geschmolzen, in den Hohlraum tropfen. Anschließend wie Holz weiter bearbeiten.

man diese **Füllstücke** auch selbst herstellen.

Hohlräume

Ein häufig sehr lästiger Fehler in Nadelhölzern sind **Harzgallen.** Wo sie stören, sollte man diese **Öffnungen** umgehend verschließen. Zuvor möglichst viel Harz aus dem Hohlraum entfer-

Als Ersatz für das Stecheisen einen Klingenschaber benutzen.

nen und Harztränen von der **Oberfläche** abschaben. Baumharze lassen sich auch mit Nitroverdünnung oder spezieller Holzseife auflösen.

Zum Füllen gibt es verschiedene **Holzkitte.** Wenn die Oberfläche noch bearbeitet werden soll, Kitt aus **Holzschleifstaub** und Bindemittel verwenden, auch wenn die bei tieferen Hohlräumen mehrfach aufzutragen sind, weil sie nachsacken. Von mineralischen Füllstoffen werden die **Werkzeugschneiden** angegriffen.

Holzkitt läßt sich direkt aus der Tube verarbeiten.

Schönheitsfehler

Kleine **Löcher** von Bildernägeln oder Schrauben lassen sich in fertig behandelten Oberflächen mit **Wachskitt** schließen. Falls Sie im Sortiment der Standardfarb-

Mit nassem Pinsel Oberfläche säubern und glätten.

töne nur einen annähernd genauen **Farbton** finden, kann man leicht kleine **Portionen** spezieller Farbtöne erzielen, denn Wachskitt läßt sich handwarm verkneten.

Zum Füllen und Ebnen sollten Sie die lange und starre Klinge eines scharf geschliffenen **Stecheisens** benutzen. Damit läßt sich das handwarme **Farbwachs** gut in das Loch drücken und mit schartenfreier Schneide auch glätten. Das gelingt noch besser, wenn Sie die **Klinge** zusätzlich anwärmen. Anschließend das wieder feste Wachs mit einem **Leinentuch** und leichter Hand nachpolieren.

Witterungsbeständig

Normaler **Holzkitt** eignet sich im Außenbereich nur, wenn er zusätzlich durch

Wachskitt kann man dem Holzfarbton unauffällig anpassen.

einen **Anstrich** geschützt ist. Füllmassen aus Holzschleifstaub oder mineralischen Füllstoffen mit

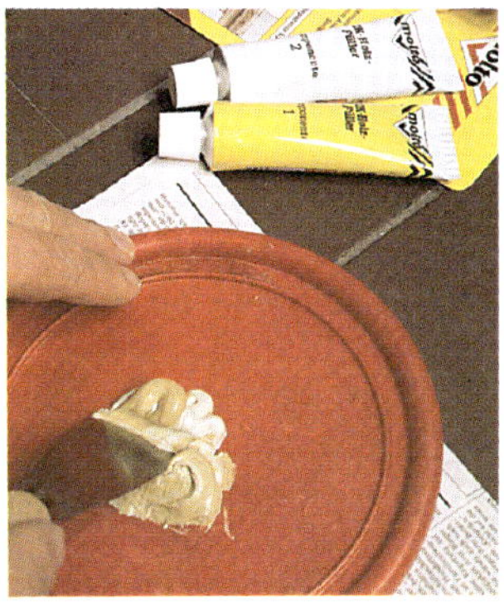

Kunstharzfüller auf Weichplastik oder Glas anmischen.

Kunstharzen als Bindemittel sind witterungsbeständig und nur aus optischen Gründen mit einem **An-**

Kunstharz dient zum Füllen großer Hohlräume.

strich zu versehen. Kleine Mengen aus **Schleifstaub** (Staubfangsack von Schleifern) und Zweikomponentenkleber lassen sich selbst

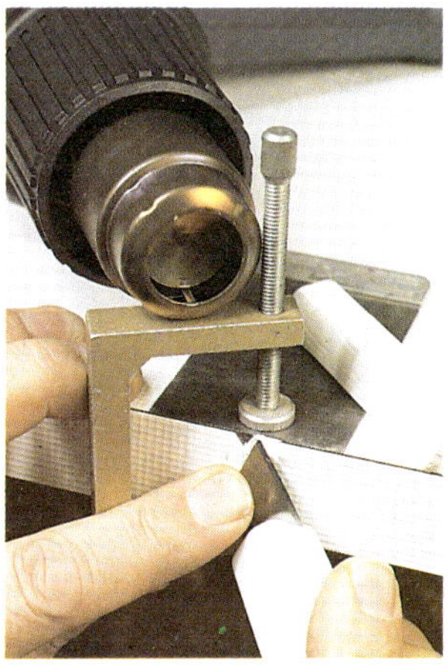

EXTRATIP: Unter weißem Wachskitt für Holz können Sie auch störende Fehler in weißen Kunststoffoberflächen verstecken. Mit entsprechenden Hilfen lassen sich sogar Schäden an Kanten ausbessern.

herstellen. Für größere **Fehlstellen** gibt es die hier gezeigte Füllmasse.

ARBEITSMATERIAL

- Querholzplättchen
- Holzkitt
- Wachskitt
- Bohrmaschine
- Feinsäge
- Stecheisen
- Hobel

Profilholz behandeln

Massives Holz braucht Schutz für seine Schönheit: mit einem Anstrich, der Wasserdampf, also die Feuchtigkeit aus der Luft, ungehindert in das Holz eindringen und wieder entweichen läßt.

Dafür eignet sich **Dekorwachs** besonders gut. Denn es behindert nicht das für **Massivholz** typische, Feuchtigkeit ausgleichende Verhalten. Nicht nur für Profilhölzer an der **Wand,** sondern auch für Oberflächen von **Massivholzmöbeln.** Selbst Nässe schadet den wachsbehandelten Oberflächen nicht. Man muß sie nur gleich abwischen. Zwei bis drei hauchdünne Aufträge, **Pinsel** dazu nur ganz knapp eintauchen, bilden eine gute **Schutzschicht** auch gegen mittlere mechanische Beanspruchung.

Dekorwachs ganz dünn auftragen, aber sehr intensiv verteilen.

ÖKOTIP
In Innenräumen genügt dem Profilholz ein Oberflächenschutz, völlig frei von bioziden Wirkstoffen. Bei Dekorwachs bilden natürliche und naturidentische Wachse den Anstrichfilm. Die sind in sehr wenig, besonders gereinigtem Testbenzin gelöst. So können die Wachse in das Holz eindringen, um es auch in den Poren vor Schmutz zu schützen.

Die Holzoberflächen aber nicht zu fein schleifen, damit sie den **Anstrich** aufsaugen können. Weichholz mit Körnung 80, Hartholz mit Körnung 100. Ein **Stoffballen** ist zum Auftragen ebenfalls geeignet, das gibt keine Streifen. Auch damit das Dekorwachs hauchdünn aufwischen und in Richtung der **Holzmaserung** mit langen Bewegungen verreiben. Die **Oberfläche** kann durch Dekorwachs nicht aufquellen und rauh werden, was sich bei wasserhaltigen **Anstrichmitteln** nicht immer vermeiden läßt. Der geringe Lösungsmittelanteil führt zwangsläufig zu langen **Trockenzeiten.** Wie bei anderen Anstrichen trocknet ein Anstrich über Nacht und bei **Temperaturen** knapp über 20°C am besten. Die durchgetrocknete Anstrichfläche kann mit einem sehr feinen **Stahlwollekissen** geglättet werden, was aber nicht unbedingt die beste Art ist. Denn durch Schleifen wird die Fläche zwar glatt, aber matt und der **Anstrichfilm** dünner.

Mit den Kanten vom Glättholz die Wachsschicht verdichten.

Erfolgreich mit alten Methoden

Die althergebrachte Methode mit dem **Glättholz,** für die Bearbeitung von Wachsbeizen, ist besser. Dazu benutzt man ein dünnes **Brettchen** (etwa 120 x 50 x 5 mm) aus Hartholz. Feinjährig und hart wie Ahorn, Ramin, Rot- oder Weißbuche. Die kurzen **Kanten** beidseitig keilförmig anspitzen. Kante sehr fein und sehr gerade schleifen. Ecken etwas abrunden. Eine wellige **Kante und scharfe Ecken** hinterlassen sonst Spuren auf der Holzoberfläche. Die **Arbeitsweise**: Glättholz mit leichtem Druck vorwärts und rückwärts über die **Oberfläche** führen und am Ende jeweils den Druck wegnehmen. Wie beim Arbeiten mit dem Pinsel.

Mit Bewegungen in Richtung der Maserung glätten.

Anschließendes Bürsten mit der **Beizbürste** und etwas Kraftaufwand bringt Glanz auf die Fläche. Bequemer ist eine rotierende **Bürstenwalze** in der Biegewelle, von der **Bohrmaschine** angetrieben. Eine Stoffunterlage (Packdecke) auf dem **Arbeitstisch** schont nicht nur das Werkstück, sondern hält es auch fest. Die Oberfläche einer maschinell und heiß gewachsten **Behandlung** läßt sich jedoch nicht ganz erreichen.

Anschließend erzielt man mit der Beizbürste den Glanz.

Eine rotierende Bürstenwalze verlangt weniger Anstrengung.

ARBEITSMATERIAL

- Flachpinsel
- Stoffballen
- Glättholz
- Stahlwollekissen
- Beizbürste

Profilholz anbringen

In der Regel erreicht man die beste Wirkung durch bewußt gewählte und ansehnlich gestaltete Schattenfugen. Mit drei Millimeter dicken Distanzleisten kann man sich die Anordnung erleichtern.

Standardprofil: Deck- und Profilbreite (94 - 146 mm) variabel, A: obere (vordere) Nutwange, B: Nut, C: untere (hintere) Nutwange, D: Profildicke (9,5 - 19mm), E: Schattennut, F: Fase, G: Feder.

Unabhängig davon ob **Profilbretter** an Wand oder Decke angebracht werden: In jedem **Fall** genau lot-

Gewachste Hölzer mit einem Baumwollballen nachbehandeln.

oder waagerecht (auch diagonal) und rechtwinkelig begrenzen.
Es gibt für jede Ecke und **Kante** mehr oder weniger passende **Deckleisten,** die man benutzen kann.

Berechnung

Den Bedarf nach **Stückzahl** und nicht nach Quadratmeter berechnen. Bezahlt wird allerdings nach **Quadratmeter** Holzfläche (Profilbreite x Länge). **Anfangs- und Endbrett** sollen möglichst die volle, stets aber mehr als die halbe **Deckbreite** behalten. Wird die Feder am **Anfangsbrett** nicht von einer anschließenden Holzfläche verdeckt, ist sie abzutrennen. Man kann das auch per Hand mit **Fuchsschwanz** und Hobel bewältigen.
Die Längen genau rechtwin-

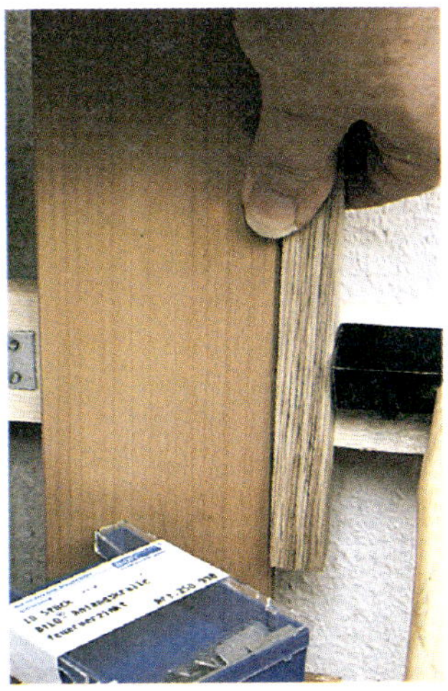

Anfangskralle als nicht sichtbare Befestigungen.

kelig und gerade absägen. **Hirnholzkanten** etwas abrunden und zusammen mit den **Flächen** der Vorder- und Rückseite behandeln. An fertig behandelten **Systemlängen** die Fase anschleifen und, ebenso an langen **Profilbrettern,** das rohe Holz passend zur fertigen Oberfläche nachbehandeln. Die **Schattenfuge** zur Wand darf an der engsten Stelle nicht weniger als drei **Millimeter** betragen. Hinter zu breiten Fugen die Wand dunkel tönen, um damit **Unebenheiten** zu verbergen. Das erste Brett kann man

Krallen mühelos mit dem Elektrotacker befestigen.

auf **Anfangskrallen** treiben. Ebenfalls möglich: sichtbar, aber korrekt eingedrehte verchromte **Linsenkopfschrauben.** Für die folgenden Bretter sind **Fugenkrallen** für Klammern oder Nä-

Die breite Deckenfuge scheint durch den Blickwinkel schmaler.

Befestigung mit Schrauben.

gel die geeignete Befestigung. Wenn man die auf die hintere **Nutwange** klemmen kann, lassen sich die Profilbretter einfacher verarbei-

In der Innenecke stehen sich die Fasen mit 3 mm Abstand gegenüber.

ten. Krallen und 3, 4 oder 5 mm dicke **Nutwangen** müssen zueinander passen.
Das letzte Brett einer **Fläche** kann man mit nicht sichtbaren Endkrallen, Druckknöpfen, Klettband oder mit **Schrauben** befestigen.
Zehn Millimeter ist das **Mindestmaß** für Schattenfugen an Decke und Boden.

ARBEITSMATERIAL

- Profilbretter
- Lasur/Dekorwachs
- Profilbrettkrallen
- Tacker
- Baumwollballen
- Fuchsschwanz
- Hobel
- Sandplateschleifer
- Linsenkopfschrauben
- Schraubendreher
- Hammer

Nägel verarbeiten

Ohne zu nageln, geht es manchmal nicht, auch wenn im Zweifelsfall das Leimen oder Schrauben für Holz die haltbareren Alternativen sind. Hier finden Sie einige hilfreiche Tips.

Den Hammer von Zeit zu Zeit über **Schleifpapier** hin und her schieben, um saubere Hammerschläge zu sichern. Um zu vermeiden,

daß sich schmale Leisten besonders an den Enden spalten, kann man die **Nagelspitze** etwas stumpf klopfen. Dann zerreißt sie die **Holzfaser** und wirkt nicht wie ein Keil, der die Fasern auseinandertreibt. Stets jedoch **Stahl** als Unterlage verwenden. Feine Stifte lassen sich häufig nur mit **Hilfsmitteln** gezielt halten. Ein dünner Kartonstreifen oder eine **Werkzeugpinzette** ersetzen spitze Finger. Der Stift kann, von

einem **Magnet** aus einem Magnetschnapper gehalten, nicht einmal kippen. Drahtstifte mit Stauchkopf kann man mit dem **Senkstift** nicht nur tiefer schlagen, um die **Vertiefung** mit Farbwachs auszukitten, man kann damit den Stift auch schon auf den letzten Milli-

metern eintreiben und so **Hammerspuren** auf dem Holz vermeiden.

Handnagler für Profilbrettkrallen sind auch sonst eine praktische **Hilfe** zum Nageln, weil in ihm eben auch ein Magnet den Nagel führt.

Größere **Nägel** halten grobe Leisten und Bretter besser zusammen, wenn man die **Spitze** auf der Rückseite abgewinkelt wieder ins Holz schlägt. Mit der Zange oder über einem **Stahlstift** die Spitze umbiegen.Wenn man den **Nagelkopf** zum Herausziehen nicht fassen kann, muß man ihn notgedrungen mit den **Stecheisen** freilegen. Bis die Schneiden der Kneifzange unter den Kopf passen, Oberflächen mit untergelegter **Spachtelklinge** schützen.

Unterschiedliches Material läßt sich zum Verkleben gut mit **Tackerklammern** fixieren, bis der Kleber fest ist. Durch einen untergelegten **Pappstreifen** kann man

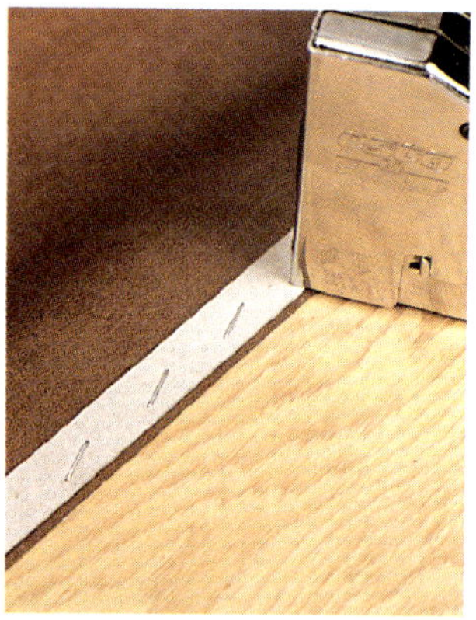

anschließend die Klammern viel leichter entfernen. Kantholz- und **Balkenkonstruktionen** lassen sich mit Nagelverbindern zwar nicht

so elegant wie mit **Schlitz** und Zapfen, dafür einfach und ebenso haltbar zusammenfügen. Nägel, besser

gesagt, massive **Bolzen** für Bolzensetzgeräte, lassen sich auch mit einem Setzeisen ins **Mauerwerk** oder seine Fugen treiben: mit schnellen, kurzen, trockenen Treibschlägen. Das gilt auch für Stahlnadeln und größere Stahlnägel.

Schrauben verarbeiten

Wer in Holz schrauben will, sollte zuerst bohren. Denn außer Spanplattenschrauben, die man für grobe Arbeiten auch mal direkt ins Holz drehen kann, halten Schrauben in einem vorgebohrten Loch einfach besser.

Vorbohren für das Gewinde: in harten Hölzer wenigstens mit halbem Schraubendurchmesser, in weichen **Hölzern** halb so groß. Nur bei sehr dünnen Schrauben bis 2,7 mm Durchmesser genügt das **Vorstechen** mit dem Spitzbohrer. Vorbohren für den Schraubenschaft: alle **Teile,** die mit der Schraube zu befestigen sind. **Vorbohren** für Senkkopfschrauben: 0,5 bis 1,0 mm größer als der Schraubendurchmesser, wenn man das **Aufreiben** (Ansenken) für den Senkkopf sparen kann. Auch bei Spanplattenschrauben für den **Schraubenschaft** vorbohren. Sonst kann deren, bis unter den Kopf reichendes Gewinde ungewollte Abstände fixieren.

Der im Verhältnis zum schlanken Kern breite Senkkopf kann ab 4 mm Schraubendurchmesser die Oberfläche von massivem **Holz** spalten, wenn man das **Schraubloch** nicht vorbohrt. Wenn Sie nur die zum Schraubenkopf passende **Klinge** verwenden, wird das Eindrehen der Schraube in der Regel gelingen. Trotzdem kann ein **Gleitmittel** auf dem Gewinde (Kerzenwachs, Seife, kein Öl!) das Eindrehen deutlich erleichtern.
Im Bild: Holz- und Spanplattenschrauben mit Längs- oder Pozidrive-Kreuzschlitz. Senk-, Linsen-, Rund-, Sechskant- und Senkkopf sowie Panhaedschraube.

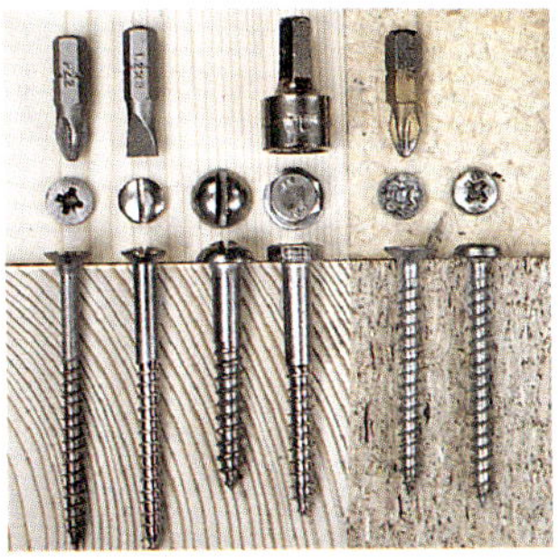

Holz- und Spanplattenschrauben und die Bits für die Köpfe.

Schrauben mit Metallgewinde für Muttern, Muffen und Scheiben

Verbindungsschrauben

Durchgehend geschraubte oder **Muffenverbindungen** an Hölzern sind noch fester und zudem lösbar. Dafür kann man Schrauben mit **Metallgewinde** und Muttern oder Muffen verschiedener Art verwenden. Unter Muttern oder Schraubenköpfen, die angedreht werden, stets große Unterlegscheiben verwenden.
Im Bild: Schloßschraube mit Flügelmutter, Linsensenkkopfschraube mit Messingdübel, Maschinenschraube mit Sechskantmutter, Linsenkopfschraube mit Hülsenschraube und Unterlegrosette, Senkkopfschraube mit Einschlagmutter, Senkkopfschraube mit Rampamuffe, Zylinderkopfschrauben mit Gewindemuffe, U-Scheiben.

Metallverbindungen

Metallschrauben werden entweder für durchgehende **Verbindungen** verwendet oder in eingeschnittenes **Gewinde** gedreht.

Nur für Blechschrauben genügt eine einfache **Bohrung** im Kerndurchmesser vom Gewinde. Das Kreuzschlitz-System Phillips-Recess wird vor allem bei Metallgewinde-Schrauben benutzt. Der **Pozidrive** Kreuzschlitz bei Holzschrauben, mit den 4 zusätzlichen **Kerben** zwischen den Schlitzen, ist ein weiterentwickelter Kreuzschlitz. Deshalb lassen sich mit diesen Bits zur **Not** auch Pozidrive-Schlitze verarbeiten – aber nicht umgekehrt.
Im Bild: Senk-, Linsen- und Sechskantkopf-, Halbrund- und Senkkopf-Blechschrauben sowie eine Zylinderkopfschraube mit Innensechskant und Hutmutter.

Werkzeuge zum Schrauben: Akku-Schrauber mit Magnetbitaufnahme, Sechskantstiftschlüssel, Winkelschraubendreher, Kurzschraubendreher, Taschen-Klingenset mit Magnetbitaufnahme, Drillschrauber, Schraubendreher, Steckschlüssel, Gabelschlüssel, Ringschlüssel und Ratsche für Stecknüsse.

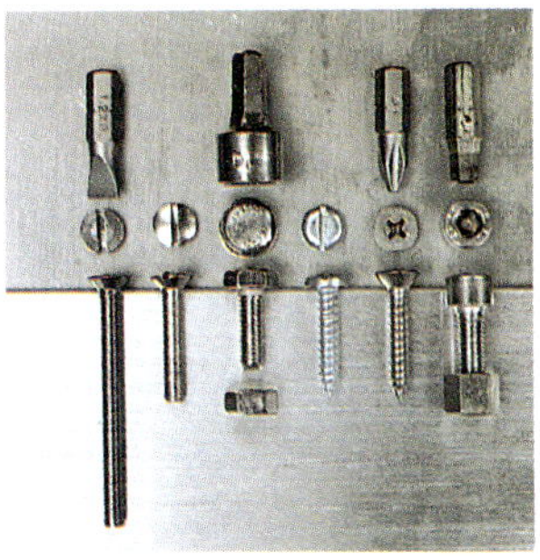

Schrauben mit Metallgewinde für Profile und Bleche.

Handsägenzähne feilen

Sägeblätter, wie bei der Bügelsäge, auszuwechseln ist sicher einfacher. Wenn man sich jedoch die Arbeit mit Feinsäge und Fuchsschwanz nicht unnötig erschweren will, sollte man diese ab und zu nachschärfen.

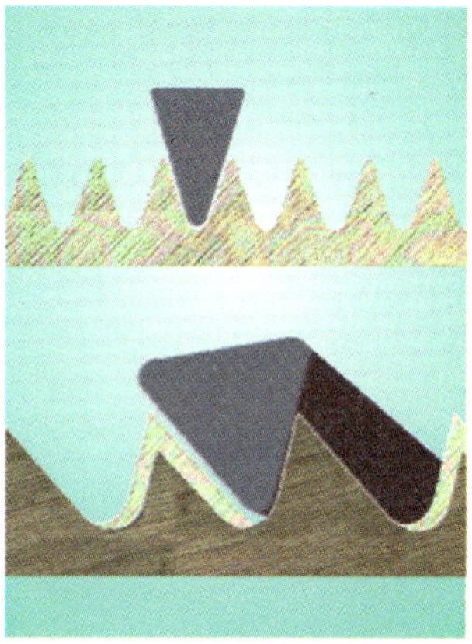

Feinsäge mit 30° Feile, Fuchsschwanz mit 60° Feile bearbeiten.

Die Ausnahme: Handsägen mit induktiv gehärteten **Zähnen.** Die vom Härten blau angelaufenen Zähne sind härter als jede **Feile.** Stumpf geworden taugt das **Sägeblatt** immer noch zum Abschälen von Rasensoden. Bei der speziellen Feinsäge-

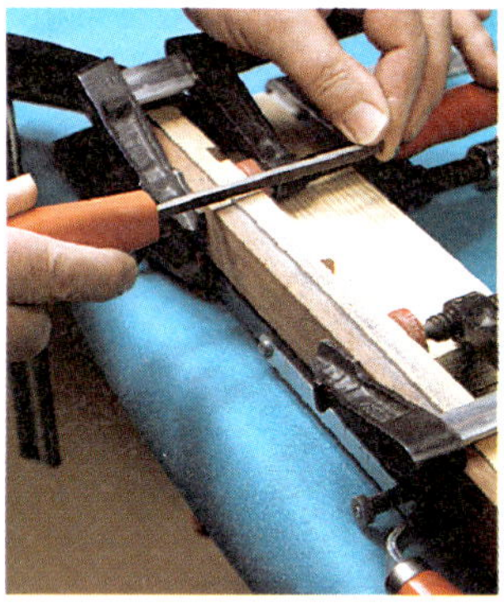

Schraubzwinge stets nahe der Arbeitsposition ansetzen.

feile stehen die Flächen mit dem **Feilenhieb** in steilem Winkel zueinander. Steckt man diese Feile um 90 Grad gedreht in das **Feilenheft,** läßt sie sich besser dirigieren, weil man dann das Heft, mit den flachen **Seiten** senkrecht halten kann.

Mit einem Schraubendreher die Zähne schränken.

Feinsäge schärfen

Im **Normalfall** werden die Zähne der Feinsäge symmetrisch geschärft. Damit das Sägeblatt bei der **Bearbeitung** nicht vibriert, ist es fest einzuspannen. Entweder in einer **Feillade** oder zwischen zwei nicht zu dicken **Leisten,** die wiederum an ein kräftiges Kantholz auf der **Arbeitsfläche** gespannt sind. Die Zähne dür-

Zahnspitzen bearbeiten, bis alle wieder eine Linie bilden.

Jede zweite Lücke von rechts unten nach links oben feilen.

fen nur ganz knapp überstehen. Jeden Zahn gleichmäßig mit drei **Feilstrichen** bearbeiten.

Anschließend die Zähne mit einem kleinen **Schraubendreher** ‚schränken'. In jeder zweiten **Lücke** einen Zahn nach rechts und den anderen nach links biegen. Da-

Baumsäge flach aufgespannt in vier Durchgängen feilen.

durch wird der **Sägeschnitt** breiter, als das Blatt dick ist. Selbst nach gleichmäßigem, mehrfachen **Nachschärfen** ist die dann wellige Zahnreihe wieder geradezurichten. Dazu mit einer **Mühlsägefeile** (feiner, einfacher Hieb, aber ohne Heft) die **Zahnspitzen** egalisieren. Das Nachfeilen mit einer unterschiedlichen **Anzahl** von Feilenstrichen, je nachdem wie tief die **Zahnlücke** noch ist, und das Einhalten der Zahnteilung (13 Zähne je Zoll) geht nach gutem Augenmaß.

Fuchsschwanz schärfen

Für die Zähne am **Fuchsschwanz** benutzt man eine kleine **Dreikantfeile.** Bei den heute üblichen, wech-

EXTRATIP: Scharfe Zähne sollten höchstens vom Sägen stumpf werden. Klemmrücken sind ein guter Schutz. Kerzenwachs läßt alle Sägen besser gleiten und schützt vor Rost. Öl oder Fett sind für Holzsägen ungeeignet.

selseitig geschliffenen **Zahnreihen** muß man die Feile im Winkel von jeweils 75 Grad ansetzen. Gefeilt wird jede zweite **Zahnlücke.** Für die anderen Lücken das Sägeblatt wenden und in der Gegenrichtung in einem zweiten **Durchgang** bearbeiten.

ARBEITSMATERIAL

- Feinsägefeile
- Dreikantfeile
- Schärflade
- Schraubendreher
- Schraubzwingen

Kreissägezähne schärfen

Kreissägeblätter mit der Feile in Handarbeit zu schärfen kann nur ein Notbehelf sein. Aber immer noch besser als überlastetes Werkzeug, verdorbenes Material oder eine lästige Zwangspause.

Zwischen Kanthölzer gespannt, ist schnelle Nothilfe möglich.

Spezielle Schärffeilen

Für **Spitzzahnungen** ist eine Schärffeile für Feinsägen 6,8 x 4,8 mm, Schärfwinkel 40 Grad, geeignet. Oder eine **Kreissägefeile** mit einem Querschnitt wie ein flaches Dreieck (17 mm breit, 11 mm hoch), mit der Rücken und **Brust der Zähne** gleichzeitig bearbeitet werden. Normale, gleichseitige Dreikantfeilen (60° Winkel) würden die Zähne deformieren. Für Sägeblätter mit **Wolfszahnung** kann man die flache Seite einer Halbrundfeile mit einfachem Hieb verwenden. Bei grober Zahnung und nicht allzu hartem **Werkzeugstahl** ist auch das wichtige Nachschränken der Zähne vor dem Schärfen möglich. Dabei werden die einzelnen **Zähne** abwechselnd nur wenig nach links oder rechts, entsprechend dem **Urzustand** und nach Augenmaß, gebogen. Es gibt spezielle Schränkeisen, -zangen und -lehren. Mit dem Brechmaul am **Glasschneider** oder einem Flachstahl mit Einschnitt geht es ebenfalls, wenn auch provisorisch. Für den **Sägekranz** einer Lochsäge genügt auch die Klinge eines 5 mm-Schraubendre-

Sägezähne möglichst vor dem Schärfen auch schränken.

hers. Ganz wichtig ist es jedoch, daß das Sägeblatt bei

Grobe Wolfszahnung nur auf dem Zahnrücken bearbeiten.

der **Bearbeitung** fest und möglichst knapp an der **Zahnreihe** eingespannt wird. Mit einer Schraubzwinge zwischen stabile Leisten gespannt, kann es auch in der Kreissäge bleiben. Nicht vergessen, zuvor den **Netzstecker** aus der Steckdose zu ziehen.

Hilfsvorrichtung Feillade

Spannt man das Blatt in eine **Feillade,** ist die Bearbeitung jedoch einfacher. So eine Eigenbau-Hilfsvorrichtung für diverse **Handsägen** aus stabilem 15 mm-

Zum Schränken notfalls den Schraubendreher zweckentfremden.

Mehrschichtsperrholz hat außen Tragleisten zum Einspannen in die Spannzange der **Hobelbank.** Die

Eine vom Kranz ausgesägte Scheibe als Kern mit einspannen.

PROFITIP
Selbst preisgünstige, hartmetallbestückte Sägeblätter sind in fast allen Bereichen im Vorteil. Bei hochwertigen Blättern mit vielen HM-Zähnen rentieren sich die Kosten für professionelles Schärfen in einer Lohnschärferei noch immer. Für verschmutztes Material sind diese Werkzeuge dennoch zu wertvoll. Dafür lohnen sich preiswerte CV-Blätter.

aufgeleimten Spannleisten aus **Hartholz** sollen sich nach unten um etwa einen

Ein Scharnier läßt die Feillade aufklappen.

Millimeter öffen, damit sie oben dicht schließen. Als Träger für das Blatt einen **Zapfen** aufschrauben. Eine eigene Feillade für Kreissägeblätter kann eine bogenförmige **Oberkante** haben, damit sich mehr Zähne hintereinander, ohne umzuspannen, bearbeiten lassen.

ARBEITSMATERIAL

- Schraubzwingen
- Feillade
- Feinsägenschärffeile
- Kreissägenschärffeile
- Halbrundfeile Einfachhieb
- Schraubendreher
- Schränkeisen

Dekorative und behagliche Teppichböden sind aus keiner modernen Wohnung mehr wegzudenken. Sie erhöhen die Wohnqualität und geben jedem Raum seine besondere Note.

Teppich und Parkett verlegen

Fertigparkettelemente sind mittlerweile für jeden Geschmack erhältlich, denn es gibt sie in den verschiedensten Ausführungen. Mit ein bißchen Übung ist die Verlegung kein Problem.

ARBEITSMATERIALIEN UND WERKZEUGE

Bodenbeläge gibt es aus **Kunststoff**, **Naturfaser**, etwa Wolle oder Tierhaar, und aus Naturprodukten, etwa **Holz**.

Bei textilen Belägen kann man zwischen den Oberflächenstrukturen **Schlinge (Bouclé)**, **Schnitt (Velours)**, **Hoch-Tief-Struktur** und der geschlossenen Struktur von **Nadelfilz (Nadelvlies)** wählen. Sie sind als **Bahnen** oder **Platten** erhältlich.

Bei Holzböden gibt es eine Auswahl verschiedener Verlegemuster, etwa **Schiffsboden**, **Würfelmosaik**, **Flechtboden** und **Holzpflaster**.

Die am häufigsten verwendeten **Holzarten** zur Parkettverlegung sind **Eiche**, **Buche**, **Esche** und **Kiefer**.

Zum Verlegen von Teppichböden genügen **Teppichmesser**, **Zahnspachtel** und **Zollstock**.

Bei Parkettböden sind **Hammer**, **Zugeisen**, **Leimflasche** und **Bleistift** unentbehrlich.

Zur Befestigung bieten sich **Klebstoffe aus Kunstharz** oder **Kunstkautschuk** an, sowie **Doppelklebebänder**.

»Kleider machen Leute«, heißt es. Auf die Bodenbeläge in der Wohnung übertragen könnte man sagen: Beläge bestimmen die **Wohnqualität**.
Ob es sich dabei um gepflegte Holz-, Textilbeläge oder um phantasievolle Muster und Schattierungen aus Kunststoff handelt, immer erhält ein Raum dadurch seine besondere **Atmosphäre** und seine individuelle Note.

Zwar gehören Bodenbeläge zur festen Grundausstattung jeder Wohnung, die Sie nicht so häufig wechseln werden wie Ihre Tapeten oder Anstriche. Dennoch muß man sie keineswegs als unabänderlich hinnehmen, wenn sie unansehnlich geworden sind oder einfach nicht mehr zu einer veränderten, neuen Einrichtung passen.

Textile Teppichbeläge können Sie auf allen ebenen Unterböden **problemlos** und ohne großen Aufwand selbst verlegen.

Auch die Verlegung moderner Fertigparkett-Elemente auf den verschiedensten Untergründen erfordert kein umfangreiches Fachwissen, sondern eher die **Freude am Gestalten** mit Holz sowie etwas Geschicklichkeit, die Sie als Selbermacher ganz gewiß mitbringen.

Materialien und Werkzeuge

Bodenbeläge erhält man heute in den unterschiedlichsten Materialien wie **Kunststoff** (PVC, Synthese-Kautschuk), **Linoleum, Naturfaser** (Wolle, Baumwolle, Kokos, Sisal, Tierhaar), sowie aus **Naturprodukten**, etwa Holz.
Diese Materialien gibt es in den verschiedensten Preis- und Qualitätsstufen. Sie sind für nahezu alle Verlegebereiche geeignet.

TEXTILE BELÄGE

Bei textilen Belägen unterscheidet man zwischen **gewebten** Teppichböden, **getufteten** Waren und **Nadelfilzen**.

Je nach Oberflächenbehandlung entstehen folgende Teppichoberseiten: **Schlinge** (Bouclé) und **Schnitt** (Velours) oder **Hoch-Tief-Strukturen** aus der Verbindung dieser beiden Techniken.

Nadelfilz- und **Nadelvlies-teppichböden** haben eine geschlossene filzartige Oberseite. Durch die Verwendung verschiedenfarbiger Garne und durch Färbe- und Druckverfahren werden textile Beläge farbig gestaltet. Textile Bodenbeläge gibt es als **Bahnen-** oder **Plattenware**. Je nach Fertigungsart und Hersteller haben die Bahnen eine Breite von **4 bis 6 m**.

Teppichfliesen sind in der Regel quadratisch, auch sie sind in unterschiedlichen Formaten, ab **30 bis 50 cm** Kantenlänge, erhältlich.

Auswahlkriterien für textile Beläge
Um an Ihrem Teppichboden lange Freude zu haben, sollten Sie ihn allerdings nicht ausschließlich nur nach Gefallen und Aussehen kaufen, sondern **Qualitätsmerkmale** mit zur Grundlage Ihrer Entscheidungen machen. Das scheint bei dem überaus großen Angebot an Teppichböden zunächst schwierig, ist es aber nicht. Um Sie als Käufer textiler Bodenbeläge **objektiv** über Materialzusammensetzung, Qualität und Eignungsbereiche zu informieren, haben sich viele europäische Teppichbodenhersteller zur Europäischen Teppichgemeinschaft (ETG) e. V., Wuppertal, zusammengeschlossen. Die von ihnen hergestellten textilen Bodenbeläge werden im Deutschen Teppich-Forschungsinstitut e.V., Aachen, genau geprüft. Die Prüfung umfaßt nachfolgende Aspekte:

- die Einhaltung vorgegebener Qualitätsnormen,
- die Materialzusammensetzung der Nutzschicht,
- die Eignung für die einzelnen Verlegebereiche,
- zusätzliche Eigenschaften, z.B. »treppengeeignet« oder »antistatisch«.

Verschiedene Teppichoberseiten: Schnitt (Velours), Schlinge (Bouclé), Hoch-Tief-Struktur und Nadelvlies

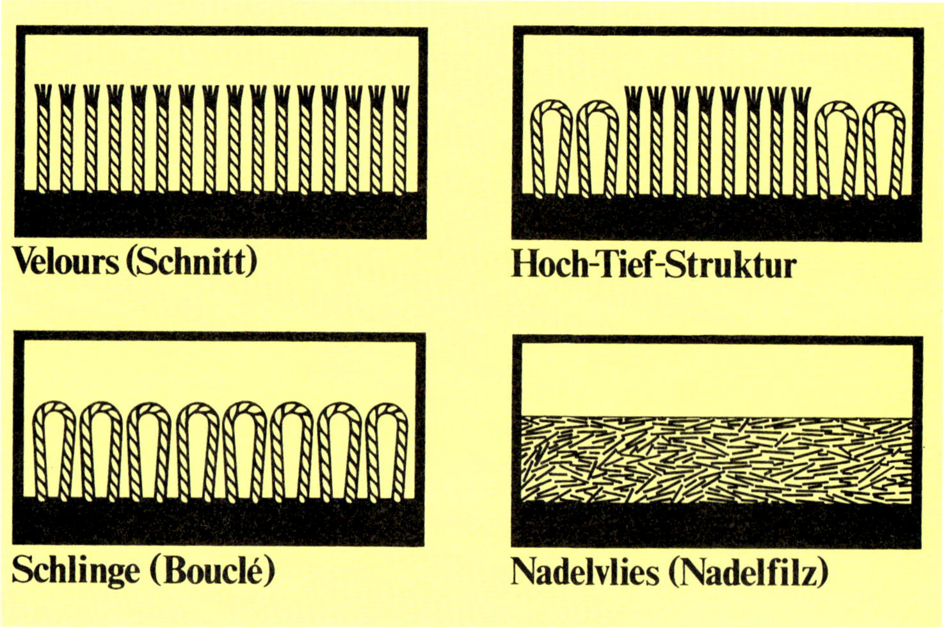

Teppichsiegel

Hat ein Teppichboden diesen Test bestanden, so wird ihm das **Teppich-Siegel** verliehen, auf dem die erfolgreiche Prüfung durch eine Kontrollnummer bestätigt wird. Das Teppich-Siegel ist gesetzlich geschützt. Es darf nur an solche Produkte verliehen werden, für die ein von der ETG positiver Prüfbericht auch tatsächlich vorliegt. Das **Testergebnis** können Sie unter Angabe der Prüfnummer beim Deutschen Teppich-Forschungs-institut. e.V. (Adresse siehe Bildquellenverzeichnis) anfordern.

Beim Kauf finden Sie das Teppich-Siegel auf der Rückseite des jeweiligen Teppichbodens. Anhand der dort **aufgedruckten Angaben** können Sie sich über die Materialzusammensetzung (im Siegel unten rechts), über die Eignungsbereiche sowie die Zusatzeigenschaften (unten links) genau informieren.

Auf dem Teppich-Siegel finden Sie außerdem zwei vierfach gegliederte Skalen mit Angaben zum **Strapazierwert** (linke Skala) und zum **Komfortwert** (rechte Skala) des jeweiligen Teppichbodens. Je höher der Strapazierwert, um so eher läßt sich der Teppichboden auch in stark begangenen Räumen (beispielsweise im Eingangsbereich) einsetzen.

Die Symbole auf dem Teppichsiegel informieren über die Eignungsbereiche des Bodenbelags

Bei geringem Strapazierwert ist eine Verlegung nur auf wenig beanspruchten Böden (etwa in Schlafräumen) angeraten.

Anhand der auf dem Teppich-Siegel unten links aufgedruckten **Symbole** können Sie feststellen, für welchen Eignungsbereich der Teppichboden, den Sie gerade begutachten, vorgesehen ist:

»Feuchtraumgeeignet«:
Dieses Material können Sie in Bädern verlegen, wo es gelegentlich auch naß werden kann.

»Fußbodenheizungsgeeignet«:
Diese Belagsware eignet sich speziell für die Verlegung auf Fußbodenheizungen. Das Material verzieht und wölbt sich trotz ständiger Wärme nicht; auch wird der Wärmefluß von unten nach oben so wenig wie möglich behindert.

»Stuhlrollengeeignet«:
Nicht jeder Teppichboden eignet sich für die extreme Belastung durch Stuhlrollen. Wenn Sie dieses Symbol auf dem Teppich-Siegel vorfinden, ist der Belag diesen Belastungen gewachsen.

»Antistatisch«:
Bei Teppichböden mit diesem Symbol treten keine elektrischen Auf- und Entladungen auf. Bei einer Verlegung in Räumen mit Computern, Terminals und Laserdruckern sollten Sie großen Wert darauf legen.

»Treppengeeignet«:
Treppen benötigen strapazierfähige und rutschfeste Beläge. An diesem Symbol erkennen Sie die grundsätzliche Eignung für diesen Verlegebereich.

HOLZBÖDEN

Fertigparkett, das für den Selbermacher am leichtesten zu verlegen ist, besteht aus mehreren **verleimten Holzschichten**, wobei Sie für die oberste Schicht die Wahl zwischen verschiedenen besonders widerstandsfähigen Holzarten haben.

Parkett-Elemente sind in folgenden Verlegemustern erhältlich:
- **Schiffsboden,**
- **Würfelmosaik,**
- **Flechtboden,**
- **Holzpflaster**-Oberfläche.

Fertigparkett ist in folgenden **Sortierungen** im Handel erhältlich:
- Sortierung XXX: Ast-, riß- und splintfreie Oberflächen, die keine groben Struktur- und Farbunterschiede aufweisen dürfen.
- Sortierung XX: An der Oberfläche splintfrei, gesunde Äste bis zu einem Durchmesser von 2 mm, geringe Farbunterschiede.
- Sortierung X: Lebhafte Struktur, festes Splintholz, betonte Farbunterschiede, fest eingewachsene Äste.

Es gibt grundsätzlich **zwei Formate:**
- Quadratische Tafeln werden in Stärken von 10 bis 26 mm und mit Seitenlängen von 200 bis 650 mm geliefert;
- Rechteckige »Dielen« stehen in Stärken von 10 bis 24 mm, in Breiten von 117 bis 200 mm und

Schiffsboden

Würfelmosaik

Flechtboden

Holzpflaster

Materialien und Werkzeuge

in Längen von 233 bis 3640 mm zur Verfügung. Diese Angaben können sich je nach Hersteller etwas ändern.

Für eine **schwimmende Verlegung** (s. Grundtechniken) eignen sich schon Stärken ab 10 mm, für eine Verlegung auf Lagerhölzern oder auf Balkendecken benötigen Sie freitragende Elemente in einer Stärke von mindestens 20 mm.

Gehobelte Holzdielen mit **Nut und Feder** erhalten Sie in vielen Holzarten, in unterschiedlichen Sortierungen und Breiten, Längen und Dicken.

Die beliebtesten Holzarten sind:
Eiche, die sich durch ihr helles Holz und einen hohen Härtegrad (Brinell-Härte 3,4 kp/mm²) auszeichnet. Sie wird aufgrund ihrer langen Haltbarkeit für Parkettböden am häufigsten verwendet.

Eiche

Buche

Buche gilt allgemein als Holz für »elegante« Fußböden mit ausreichendem Härtegrad (Brinell-Härte 2,9 kp/mm²).
Esche zählt ebenfalls zu den traditionellen Parkettbodenhölzern. Typisch ist die relativ lebhafte Holzmaserung und der gute Härtegrad (Brinell- Härte 3,3 kp/mm²)

Esche

Kiefer eignet sich besonders für Dielenfußböden. Trotz des geringen Härtegrades (Brinell-Härte 1,9 kp/mm²) hat sie sich hierbei gut bewährt.

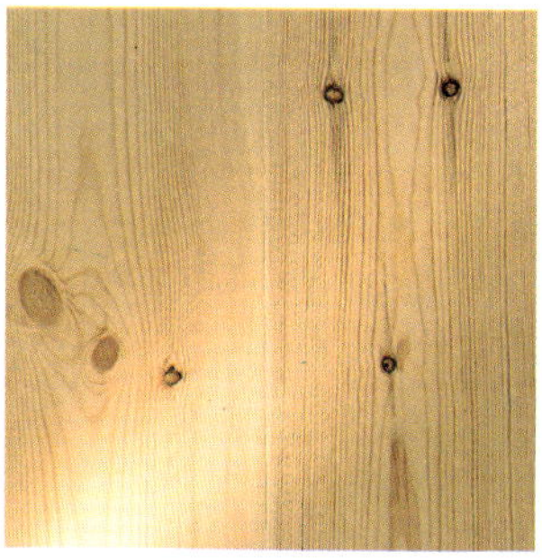

Kiefer

MATERIALBERECHNUNG

Für den Kauf des Bodenbelags benötigen Sie die exakten **Bodenmaße** des Raumes, in dem Sie den Belag verlegen. Geben Sie dazu immer die maximalen Raummaße unter Berücksichtigung von Fensternischen, Erkern und Türöffnungen an. Sie sollten textile Beläge, wenn irgend möglich, in einem Stück verlegen. Eine genaue **Zeichnung** des oder der betreffenden Räume ist sehr hilfreich.

Parkettfußboden aus Esche

KLEBSTOFFE

Zum Kleben und Fixieren von Teppichböden und Parkett sind unterschiedliche Klebermaterialien im Handel:
Kunstharzlösemittelklebstoffe haben eine gute Anfangshaftung, können jedoch noch lange Zeit gesundheitsschädliche Lösemittel ausgasen.
Kunstharzdispersionsklebstoffe sind wassergelöste Kunststoffe mit hoher Klebkraft, die keine Lösungsmittel ausdunsten. Zu ihnen gehören die meisten Holzleime, die sich für Parkett ausgezeichnet eignen, jedoch nicht für Teppichböden verwendet werden können.
Kunstkautschuk-Klebstoffe verwendet man als Kontaktkleber. Dabei verstreicht man beide miteinander zu verklebende Flächen mit dem Kleber und preßt sie nach der angegebenen Ablüftzeit zusammen. Dieses Verfahren wird nur bei speziellen Verklebungen (z.B. Teppichboden an Wänden) angewandt.
Wiederaufnahmekleber erlauben eine sichere Fixierung des Teppichbelages, man kann ihn jedoch wieder ohne Beschädigung vom Untergrund ablösen. Dies ist auch bei einer Verarbeitung mit **doppelseitigem Klebeband** möglich. Hier besteht jedoch leichter die Gefahr, daß der Belag auswalkt.

VERSIEGELUNGEN

Zur dauerhaften Versiegelung von Parkettböden eignen sich **Kunstharzlacke**. Der Lack muß hierbei 3 bis 5mal aufgetragen werden und bildet dadurch eine Kunststoffschicht, die alle Holzporen verschließt und sich zudem durch höchste

Widerstandsfähigkeit auszeichnet. Am häufigsten werden **Polyurethan-Lacke** (auch DD-Lacke genannt) verwendet. Sie eignen sich sowohl für die Grund- als auch für die Endbeschichtung. Auf dem Markt sind sie als **Duplolacke** und als **Einkomponentenlacke** erhältlich, bei letzteren wird die Aushärtung teilweise schon vorweggenommen. Da dies jedoch eine geringere Widerstandskraft nach sich zieht, sollten Einkomponentenlacke für Fußbodenversiegelungen nicht verwendet werden.

Werkzeuge zum Bodenlegen

Um eine Vergilbung des Holzes durch Licht zu vermeiden, sollte man **Lichtschutzmittel** zusetzen. Bei sehr hellen Hölzern kann eine Grundierung mit Reaktionslichtschutz verwendet werden. Die jeweiligen Mischverhältnisse können Sie den Herstellerangaben entnehmen. Polyurethan-Acrylharzlacke eignen sich ebenfalls für Böden und haben den Vorteil der **Lichtechtheit**. Da die Zwischentrockenzeiten bei beiden Lacken länger sind (erst nach 16 Stunden vorsichtig begehbar und nach 24 Stunden schleifbar), ist ein **Zwischenschliff** vor dem nächsten Auftragen unbedingt erforderlich. Vollständig durchgehärtet sind die Lacke nach 5-8 Tagen.

Beachten Sie bitte grundsätzlich alle **Herstellerangaben** bei der Verarbeitung

SICHERHEITSTIP
Polyurethan-Lacke sind durch ihren Gehalt an Lösemitteln feuergefährlich. Sie haben während der Verarbeitung gesundheitsschädigende Wirkung auf Augen und Atmungsorgane. Daher sollten Sie bei der Verarbeitung eine Schutzbrille und eine Maske über Nase und Mund tragen und auf eine gute Durchlüftung des Arbeitsraumes achten. Die Raumtemperatur sollte jedoch nicht unter 20° liegen.

WERKZEUGE

Für die Verlegung von Teppichböden benötigen Sie nur wenige Werkzeuge. Hierzu gehören in erster Linie ein scharfes **Teppichmesser** mit auswechselbaren Klingen (Spitzklinge und Hakenklinge) sowie ein **Zahnspachtel** mit der vom Kleberhersteller angegebenen Zahnung. Zum exakten Messen brauchen Sie einen **Zollstock**; Zum Andrücken des gerade geklebten Teppichbodens ist ein kurzes, an einer Längskante gerundetes **Brettstück** sehr hilfreich.

Zur Verlegung von Parkettelementen benötigen Sie einen **Hammer**, **Fuchsschwanz**, ein **Zugeisen**, eine **Leimflasche** und einen **Bleistift**.

Zum Kleben von Holzböden benötigen Sie speziellen Holzleim

Zur Versiegelung von Parkettfußböden eignet sich besonders Kunstharzlack

Vorarbeiten

ALTE BELÄGE ENTFERNEN

Beläge, die mit einem **Wiederaufnahmekleber** verklebt wurden, sind am leichtesten zu entfernen. Auch ältere, ganzflächig verlegte Bodenbeläge lassen sich lösen.

Unterteilen Sie dazu den Teppichboden, indem Sie mit einem Teppichmesser mehrere schmale Bahnen schneiden.

Ziehen Sie diese Bahnen einzeln vom Rand her zur Mitte hin ab.

In vielen Fällen bleiben Teile des weichen **Schaumrückens** am Boden haften. Entfernen Sie erst den gesamten Belag, bevor Sie die Rückstände ablösen.

Weichen Sie die Schaumrückstände mit reichlich **warmen Wasser**, dem Sie etwas **Spülmittel** zugegeben haben, ein.

Die **Einwirkzeit** des Wassers sollte etwa ein halbe Stunde betragen. Hiernach lassen sich die Reste **problemlos** mit dem Malerspachtel entfernen.

UNTERBÖDEN REINIGEN

Bevor Teppichböden oder Parkett verlegt werden können, muß der Unterboden gründlich gereinigt sein. **Mörtelreste** auf Estrichen lassen sich mit Hammer und Meißel am besten entfernen, **Pflegemittelrückstände** auf alten Belägen müssen ebenso restlos beseitigt werden. **Imprägnierungen** und **alte Anstriche** sind am besten durch Abschleifen oder Abbürsten mit einer Stahlbürste zu entfernen, anschließend sollte man den Boden saugen oder mit einer Haarbürste kehren, er sollte unbedingt **staubfrei** sein. Besonders wichtig ist die glatte, saubere und – vor allem – trockene Beschaffenheit des Unterbodens.

Risse mit Spachtelmasse füllen

Eventuelle **Löcher** oder **Risse** im Boden müssen ausgespachtelt oder ausgegossen und dann mit der Oberfläche bündig geglättet werden. Beachten Sie hierbei die vom Hersteller angegebene **Trockenzeit** der benutzten Spachtelmasse.

Glätten der Oberfläche

UNTERBÖDEN AUSGLEICHEN

Zementestriche eignen sich aufgrund ihrer porösen, rauhen und oft auch unebenen Oberfläche nicht als Unterlage für einen Fußbodenbelag. Überzieht man

Auftragen des Fließestrichs

sie, nach einer vorhergehenden Grundierung (mit einem Mörtelverbesserer auf Kunststoffdispersionsbasis), mit einer selbstverlaufenden Ausgleichsmasse, einem sogenannten **Fließestrich**, so kann man nach der angegebenen Trockenzeit (ca. 1 Woche) problemlos weitere Beläge anbringen. Die Masse nivelliert sich von selbst, macht also eine weitere Vorarbeit nicht nötig.

Der Fließestrich wird zuerst entsprechend den Herstellerangaben mit Wasser angerührt und anschließend, nach einer Ruhepause von

Verteilen der Masse

etwa 5 Minuten abschnittweise ausgegossen. Die Masse sollte in ihrem **Selbstverlauf** mit der Kelle leicht unterstützt und verteilt werden.

Unebene **Holzdielenböden**, die oft in Gehrichtung ausgetreten sind, eignen sich ebenfalls nicht für einen weiteren Belag. Meist genügt hier das Anbringen von **Ausgleichsplatten** aus Holzspan mit einer Stärke von 10-13 mm, um den Boden auszugleichen. Voraussetzung ist jedoch, daß der **Dielenboden** trocken und nicht von Schädlingen befallen ist (in diesem Falle sollte der ganze Boden ausgewechselt werden).

Die **Holzspanplatten** werden direkt auf den Dielenboden verlegt und mit **Schrauben** befestigt. Man beginnt hiermit in einer **Raumecke**, wobei zu beachten ist, daß ein Abstand von 15 mm zu den benachbarten Wänden umlaufend eingehalten werden muß.

Die Platten sind an ihrer Unterseite meist durch **Stempelaufdruck** gekennzeichnet, so daß beim Ineinanderschieben von Nut und Feder keine Verwechslungen möglich sind. Die zweite Plattenreihe beginnen Sie mit dem Restabschnitt der letzten Platte der ersten Reihe. Auf diese Weise **vermeiden Sie Kreuzfugen**, die bei Teppichbelägen später sichtbar werden. Die **Verschraubung** der Platten erfolgt nach der Verlegung. Man benutzt spezielle Holzspanschrauben, deren Köpfe versenkt und anschließend verspachtelt werden. Die **Schrauben** werden an allen Plattenrändern im Abstand von 20 cm und in der Mitte im Abstand von 40 cm gesetzt. Kleine **Fugen** im Bereich der Plattenränder werden ebenfalls ausgespachtelt. Da Holzspanplatten **schnell austrocknen** und sich dadurch wölben können, sollten Sie mit der Verlegung des neuen Bodenbelages umgehend beginnen.

MINITIP
Dielenfußböden dürfen keinesfalls mit einer Polyethylen-Folie bedeckt werden, da sich stauende Luftfeuchtigkeit zur Zerstörung des Bodens führt.

LAGERHÖLZER EINBAUEN

Unterböden mit Lagerhölzern kann man sehr gut auf Rohbetonböden aufbauen. Sie eignen sich sowohl für die **Verlegung von Spanplatten**, wodurch eine spätere Verlegung von Teppichböden oder Parkett möglich ist, oder für die direkte Verlegung von dicken **Fertigparkett-Elementen**. Den notwendigen

Abstand der Lagerhölzer erfahren Sie aus den Verlegevorschriften der Spanplatten- oder Parkethersteller.

Zunächst wird auf den Betonboden eine 2 mm dicke Folie aus Polyethylen ausgelegt, deren Stöße sich auf 30 cm überlappen müssen. Anschließend werden **Dämmstoffrandstreifen** (aus Mineralfaser oder Filz) in den vorgesehenen Lagerholzstreifen und an den Wänden verlegt, wodurch eine Trittschallübertragung verhindert wird.

Verlegen der Folie und der Dämmstoffstreifen

Legen Sie anschließend die Lagerhölzer lose auf die Dämmstoffstreifen und richten Sie sie mit Hilfe eines **Richtscheits** und einer **Wasserwaage** planeben aus. Sie dürfen die Lagerhölzer keinesfalls am Boden befestigen, da sonst die **Schalldämpfung** wieder aufgehoben würde.

Verlegen der Lagerhölzer

Zuletzt werden **Dämmstoffplatten** zwischen die Lagerhölzer gelegt, die möglichst genau eingepaßt werden sollten. Die Platten sollten etwa 1 bis 2 cm breiter als der Abstand zwischen den Lagerhölzern sein. Die **Fixierung der Lagerhölzer** erfolgt später durch die Verschraubung der Spanplatten oder durch die Nagelung der Fertigparkett-Teile.

Auslegen der Dämmstoffplatten

TEPPICHBODEN GANZFLÄCHIG KLEBEN

In großen Wohnräumen oder Dielen reicht oft die zur Verfügung stehende Breite des gewählten Teppichbodens nicht aus, um die gesamte Bodenfläche mit einem **zusammenhängenden Belagstück** auszustatten. Wo aber zwei oder mehrere Bahnen nebeneinander zu verlegen sind, besteht bei einer Fixierung mit Klebeband die Gefahr, daß sich **Stolperkanten** herausbilden. Die haltbarste und für den Teppichbelag auch schonendste Verlegeart ist in diesem Fall eine **ganzflächige Verklebung** mit dem Unterboden.

Verklebung
Ganzflächige Verklebungen können Sie mit einem fest klebenden **Kunstharzdispersionskleber** oder mit einem sogenannten **Wiederaufnahmekleber** durchführen. Letzterer hat den Vorteil, daß Sie Ihren Teppichboden bei einem Umzug einfach wieder abziehen und einrollen können, ohne daß Beschädigungen am Unterboden zurückbleiben. Dies kann bei einer nachträglichen Verlegung von Teppichböden in Mietwohnungen ein entscheidender **Vorteil** sein.

Um den textilen Belag **verzugfrei** kleben zu können, passen Sie ihn während ein bis zwei Tagen dem Raumklima an.

Legen Sie den Belag oder, bei Verlegen von mehreren Bahnen, die einzelnen Bahnen, jeweils um einige Zentimeter überlappt, aus. Achten Sie darauf, daß die **Fertigungsrichtung**, auch Flor- oder Strichrichtung genannt, bei allen Bahnen gleich läuft. Ist dies nicht der Fall, ergeben sich unterschiedliche Farbwirkungen zwischen den einzelnen Bahnen.

Verlegen der Teppichbahnen in Florrichtung immer einige Zentimeter überlappend

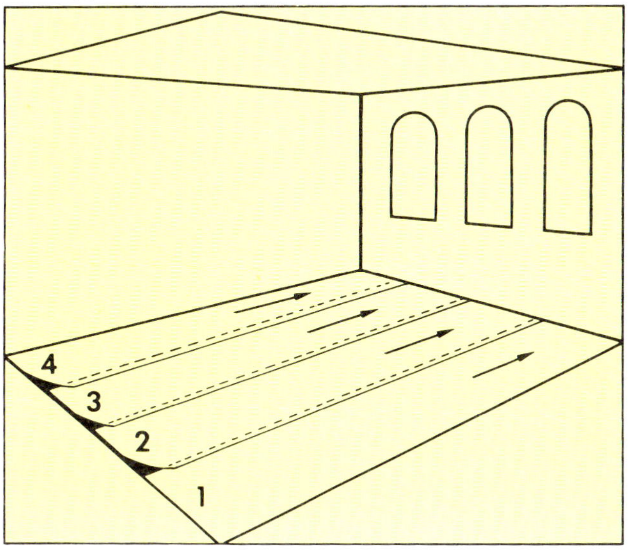

MINITIP
Wenn Sie den textilen Belag in mehreren Bahnen verlegen, lassen Sie sich beim Kauf von Ihrem Fachhändler die Florrichtung angeben.

Sie haben den Belag nun so ausgelegt, daß die Bahnen umlaufend an den Wänden leicht hochstehen. Damit die Bahnen beim anschließenden Schneiden nicht verrutschen können, **fixieren Sie jede Bahn** in der Mitte an ihrer oberen und unteren Kante mit einem Stahlstift, den Sie durch den Belag in den Unterboden einschlagen.

Beschneiden Sie zunächst die **Kanten** des Belages an den Rändern der Bodenfläche. Hierfür setzen Sie einen **Nahtschneider** oder ein **Teppichmesser** mit Hakenklinge ein. Führen Sie das Messer genau in der Kante zwischen Boden und Wand und halten Sie beim Schneiden den abgeschnittenen Belagstreifen straff, damit sich vor dem Messer keine Schubbeule bildet.

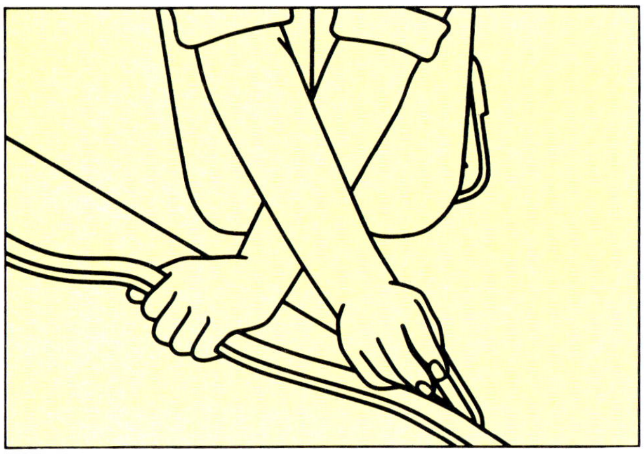

Schneiden der Kanten

Im Bereich der Türen, Fensternischen und Erker schneiden Sie den Belag paßgenau zu.

Beim anschließenden Zuschneiden durchtrennen Sie die beiden übereinanderliegenden Bahnen mit Hilfe eines Stahllineals durch einen **Doppelschnitt**. Aber selbst beim freihändigen Schneiden fallen kleine Richtungsabweichungen nicht auf, denn beide Bahnen passen anschließend genau zusammen. Auch hierbei halten Sie den abgeschnittenen Belagstreifen ständig auf Spannung.

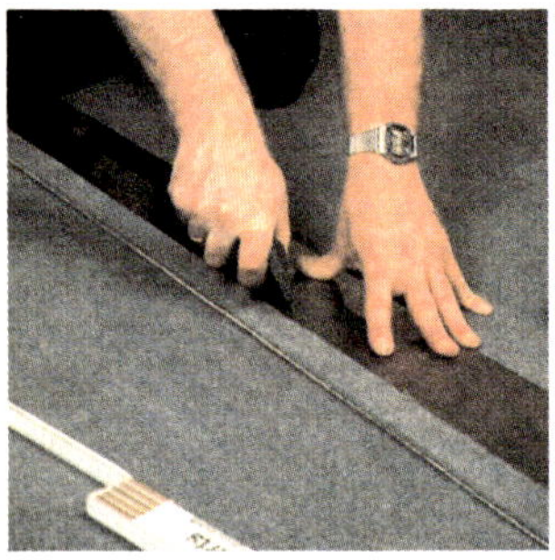

Doppelschnitt

Zum Auftragen des Klebers legen Sie die erste Bahn um **etwa die Hälfte** und die Anschlußbahn um **etwa 50 cm** zurück. Tragen Sie den Kleber an diesem offenen Bodenbereich auf und verwenden Sie dabei einen **Zahnspachtel** (Verarbeitungsrichtlinien des Kleberherstellers beachten).

Auftragen des Klebers mit einem Zahnspachtel

Jetzt legen Sie die erste Teppichbahn in das **Kleberbett** ein und reiben sie mit einem an den Kanten abgerundeten Brettstück sorgfältig an. Arbeiten Sie hierbei in **Längsrichtung**, so daß sich der Belag nicht gegen die Anschlußbahn verschieben kann.

Legen Sie anschließend die noch zurückgeschlagene zweite Bahn in das Kleberbett ein. Beginnen Sie in der **Mitte** und stoßen Sie diese Bahn unmittelbar an die **Kante** der bereits geklebten ersten Bahn. Von der Mitte der Nahtstelle arbeiten Sie sich weiter zu den Rändern des Belages vor.

Korrekturen können Sie nur während der »offenen Zeit« des Klebers (s. Verarbeitungsrichtlinien des Herstellers) vornehmen.
Prüfen Sie daher unmittelbar nach dem Einlegen der zweiten Bahn, ob sich die **Rücken** beider Bahnen an der **Nahtstelle** paßgenau berühren.
Ist dies nicht im gesamten Verlauf der Naht der Fall, so reiben Sie die zweite Bahn mit dem **Reibebrett** in Richtung Naht an.

Anschließend klopfen Sie die Naht mit einer harten **Bürste gegen** die **Florrichtung** ab.
Hierdurch schließen Sie die Naht endgültig.

Schließen der Naht

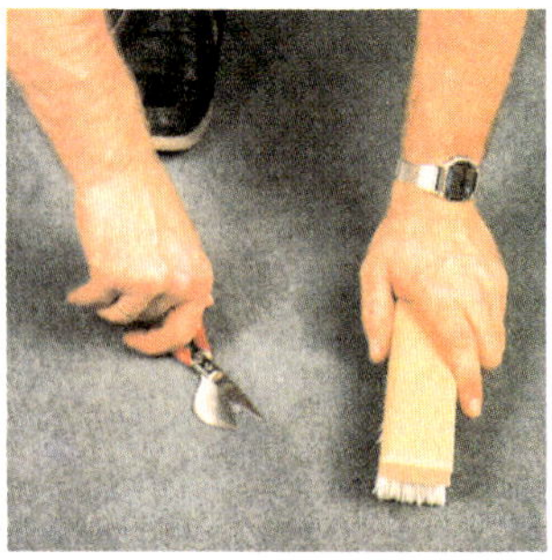

MINITIP
Rollen sich die Teppichbahnen während des Klebens ein, so können Sie sie einfach mit Brettern und daraufgelegten Ziegelsteinen (oder anderen schweren Gegenständen) so lange fixieren, bis die Verklebung abgeschlossen ist.

Die zweite Bahn ist bisher erst im unmittelbaren **Anschlußbereich** geklebt. Sie können sie jetzt nach dem **Entfernen der Stahlstifte** auf den geklebten Bereich zurückschlagen. Nach dem Auftragen des Klebers rollen Sie die Bahn **von der geklebten Seite** her in das Kleberbett ein. Beim anschließenden sorgfältigen Ankleben dieser Bahn reiben Sie eventuelle **Luftblasen** in Richtung der Ränder aus.

Während der **Aushärtezeit** des Klebers – Dauer etwa ein Tag – sollten Sie den Teppichboden **nicht begehen**. Danach können Sie die Belagränder an den Wänden mit **Randleisten** abdecken und Ihre Möbel wieder einräumen.

MIT DOPPELSEITIGEM KLEBEBAND VERLEGEN

Diese Verlegemethode hat den Vorteil, daß Sie den Belag ohne weiteres nach dem Abziehen **wieder verwenden** können. Sie hat aber wegen der nur streifenweise ausgeführten Befestigung auch den Nachteil, daß sich der Belag bei größeren Flächen und unter stärkerer Belastung (z.B. durch Stuhl- und Sesselrollen) leicht auswalkt. Auch bei dieser Verlegemethode müssen Sie den Belag ein bis zwei Tage an das Raumklima anpassen. Ziehen Sie den Teppichboden dann in seine endgültige Lage und beschneiden Sie alle an den Wänden umlaufenden Kanten. Führen Sie den **Nahtschneider** dabei genau in der Schnittkante zwischen Boden und Wänden entlang. Halten Sie jeweils den abgeschnittenen Belagstreifen **straff** in Richtung der Schnittlinie.

Legen Sie anschließend den Belag an seinen Rändern zurück und kleben Sie das doppelseitige Klebeband mit seiner **offenen Seite** im Randbereich auf den Boden. **Reiben Sie** jetzt das Klebeband mit einem festen Stück Teppichboden **sehr sorgfältig an**.

Nach dem **Abziehen des Schutzstreifens** legen Sie den Teppichboden zurück und reiben ihn mit einem abgerundetem Brettstück fest auf dem Klebeband an.

FERTIGPARKETT VERLEGEN

Bei der ersten Bodenverlegung in Neubauten, aber auch nachträglich bei der Renovierung oder Modernisierung von Fußböden in Altbauten bietet sich als **Alternative** zu Bodenfliesen oder textilen Bodenbelägen der natürliche Baustoff Holz an.

Im Handel finden Sie eine große Auswahl an besonders einfach zu verlegenden **Fertigparkett-Elementen** in verschiedenen hochwertigen Harthölzern und in unterschiedlichen Handelsformen, beispielsweise als Landhausdielen, Schiffsboden oder Holzpflaster.

Diese Elemente werden bereits im Herstellerwerk **versiegelt**. Im Gegensatz zu traditionellem Parkett braucht man sie also weder schleifen noch abschließend versiegeln; sie sind deshalb unmittelbar nach der Verlegung begehbar.

Durch einen sorgfältig verlegten Teppichboden können Sie Ihre Wohnräume geschmackvoll verschönern

Fertigparkettdielen im Landhausstil erzeugen in Verbindung mit Kassettentäfelung eine behagliche Wohnatmosphäre

»Schwimmende« Verlegung
Auf **ebenen Unterböden** erfolgt die Verlegung, indem Sie die Einzelelemente zu einer großen, den gesamten Unterboden bedeckenden und zusammenhängenden Fläche verleimen.
Man spricht hier von einer »schwimmenden« Verlegung, weil man die Elemente – im Gegensatz zu einer Nagelung auf Lagerhölzer – **nicht mit dem Unterboden** verbindet. Dies hat den Vorteil, daß die gesamte Belagfläche bei temperaturbedingten Dehnungen zusammenhängend frei arbeiten kann.
Hierdurch vermeiden Sie die unschönen Aufwölbungen einzelner Bodenbereiche und das Aufgehen der Fugen zwischen den Fertigparkett-Elementen. Voraussetzung hierfür ist allerdings eine an allen Wänden umlaufende **Dehnungsfuge** von etwa 15 mm.

PROFITIP
Bei allen neuen Unterböden aus Zement- oder Anhydritestrich halten Sie vor dem Verlegen eine Mindesttrockenzeit von acht Wochen ein. Erst dann legen Sie zum Schutz vor einer Übertragung von Restfeuchte eine mindestens 0,2 mm dicke Polyethylen-Folie aus, die Sie an den Stößen um etwa 20 cm überlappen. Bei einer Verlegung in nicht unterkellerten Räumen müssen Sie genauso vorgehen.

Bevor Sie endgültig mit der Verlegung beginnen, sollten Sie aus eigenem und im Interesse der Mitbewohner Ihres Hauses eine **Trittschalldämmung** einbauen, die auch kleine Bodenunebenheiten ausgleicht. Legen Sie dazu auf der gesamten Bodenfläche eine sogenannte Rippen- (Rippen nach unten) oder Korkschrotpappe bzw. eine Korkdämmunterlage aus. Die Stöße dürfen sich hierbei auf keinen Fall überlappen.

Verlegen von trittschalldämmender Rippenpappe

Jetzt können Sie mit dem **Verlegen** Ihres Parkettbodens beginnen.

Legen Sie zunächst die Fertigparkett-Elemente der ersten Reihe mit der Nutseite zur Wand und verleimen Sie sie an der Stirnseite miteinander. Fixieren Sie die verlegten Elemente mit kleinen, an der Wand eingesetzten **Hartholzkeilen**. Damit der fertige Parkettboden bei Temperaturschwankungen frei »arbeiten« kann, ohne sich aufzuwölben, müssen Sie umlaufend einen **Wandabstand** (Dehnungsfuge) von 15 mm einhalten, den Sie durch das Einsetzen der Keile sicherstellen.

Einsetzen von Hartholzkeilen

Bei der Verlegung der weiteren Reihen verleimen Sie die anschließenden Elemente immer in **Nut und Feder** an den Längs- und Stirnseiten. Hierbei tragen Sie den Holzleim durchgehend auf die obere Nutwange auf.

Auftragen von Leim

Fügen Sie die Elemente nach dem Ansetzen durch leichte Hammerschläge fugendicht zusammen. Damit Sie das Holz dabei nicht verletzen, benutzen Sie als Unterlage einen **Schlagklotz** aus Hartholz oder einen Restabschnitt eines Parkettelementes. Sollte dabei Leim an die Parkettoberfläche austreten, wischen Sie ihn sofort **sorgfältig** mit einem feuchten Tuch ab.

Zusammenfügen

MINITIP
Stellen oder knien Sie sich beim Zusammentreiben der Elemente immer auf die vorher verlegten Teile, damit Sie diese nicht durch die Hammerschläge verschieben.

Um allzuviel Verschnitt zu vermeiden, verlegen Sie die Elemente in »fallenden Längen«. Damit ist gemeint, daß Sie immer das Endstück einer Reihe als Anfangsstück der folgenden verwenden. Bei Schiffsboden und Landhausdielen achten Sie auf eine **Mindestlänge von 50 cm**, bei Flechtmuster oder Holzpflaster versetzen Sie die Anschlußelemente jeweils um ein halbes Musterfeld. Beachten Sie außerdem, daß die **Stirnfugen** zwischen den Reihen um mindestens 50 cm versetzt sein sollten.

Zum genauen **Anzeichnen** der Längen legen Sie die Endstücke an die Wand an und markieren ihre Länge unter Berücksichtigung des für die Dehnungsfuge notwendigen Wandabstandes von 15 mm mit einem Bleistift. Längen Sie dann das jeweilige Parkettelement nicht an seiner zum Nachbarelement zeigenden Seite, sondern an seiner zur Wand zeigenden Seite ab. Verleimen Sie nun das Parkettelement in der Längsnut und an der Stirnseite mit seinen Nachbarelement.

MINITIP
Längen Sie das Parkettelement in einem anderen Raum ab, da sonst die Holzspäne auf die vorher gekehrte Verlegefläche fallen.

Das **stirnseitige Anfügen** der Endelemente einer Reihe ist der schwierigste Teil des Verlegens. Setzen Sie hierbei ein **Zugeisen** zwischen Wand und Parkettelement ein. Hebeln Sie dann dieses Element mit seiner Nut in die stirnseitige Feder des Anschlußteiles. Dabei kommt es oft vor, daß sich die Längsnut am Nachbarelement wieder öffnet. Um dies zu vermeiden, arbeiten Sie in **zwei Richtungen**: Während Sie mit der einen Hand das Element mit dem Zugeisen stirnseitig andrücken, klopfen Sie es mit dem Hammer in der anderen Hand zu seinem längsseitig anschließenden Nachbarelement hin an. Dies erfordert ein wenig Geschick.

In jedem Fall müssen beide Anschlußfugen **dicht schließen**. Eine auch nur geringfügig geöffnete Längsnut hätte beim Anfügen der folgenden Reihe eine Verschiebung zur Folge; alle weiteren Fugen könnten dann nicht mehr dicht geschlossen werden.

Bei **Türöffnungen** schrauben Sie zur Einhaltung des notwendigen Randabstandes eine **Übergangsschiene** am Unterboden fest.

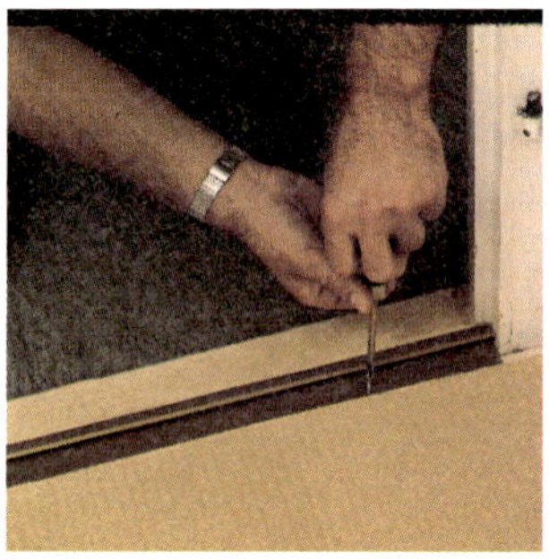

Übergangsschiene

Bei einer »durchgehenden« Verlegung in den Nachbarraum sollte man die beiden Bodenflächen durch eine Fuge voneinander trennen. Diese überdecken Sie später mit einem **Übergangsprofil.**

Berücksichtigen Sie auch in der Übergangsschiene einen **Dehnungsabstand** von 5 mm.
Hierdurch können sich die verlegten Parkettelemente

bei Temperaturschwankungen ausdehnen, ohne sich zu wölben.

Unmittelbar nach der abgeschlossenen Verlegung der gesamten Bodenfläche entfernen Sie alle an den Wänden eingesetzten Hartholzkeile.

An den Rändern der Bodenfläche zeigt sich nun eine umlaufende **Dehnungsfuge**. Zum Überdecken dieser Fuge und zum Schutz der Wände im unmittelbaren Fußbereich verwenden Sie schmale **Sockelleisten** aus Massivholz derselben Holzart wie der Parkettboden. Diese Leisten verschrauben Sie nicht am Boden, sondern ausschließlich an den Wänden. Verwenden Sie zur **Befestigung** Linsenkopf-Messingschrauben, die Sie nach dem Vorbohren durch die Sockelleisten in entsprechende Kunststoffdübel eindrehen.

Verschrauben der Sockelleisten

Nagelung auf Lagerhölzer
Für eine Nagelung auf Lagerhölzer verwenden Sie mindestens 22 mm starke, schichtverleimte Dielen-Elemente oder Vollholzdielen in einer Stärke von etwa 26 mm.

Auch bei dieser Verlegeart müssen Sie umlaufend am Rand eine **Dehnungsfuge** berücksichtigen.

Verleimen Sie bei der Verwendung von Dielen-Elementen die Stirnseiten jeder Reihe, jedoch nicht die Längsnut der Reihen untereinander.
Bei einer Verlegung von **Vollholzdielen** längen Sie die Dielen so ab, daß die stirnseitigen Stöße immer exakt auf einem Lagerholz liegen. Hier ist eine Verleimung natürlich nicht sinnvoll.

Befestigen Sie die erste Dielenreihe durch **offenes Nageln in Randnähe**. Dabei setzen Sie je einen Nagel auf jedes Lagerholz und versenken die Nägel nach dem Einschlagen mit einem **Versenkstift**. Zusätzlich nageln Sie die erste Dielenreihe, wie alle weiteren auch, schräg durch die Feder. Die Nägel müssen hierbei so sitzen, daß Sie weitere Elemente problemlos anschließen können.

MINITIP
Damit Sie beim Nageln die Dielen nicht beschädigen, treiben Sie die Nägel nur bis auf die restlichen 5 bis 10 mm mit dem Hammer ein.
Hiernach versenken Sie die Nägel mit dem Versenkstift durch leichte Schläge unter die Holzoberfläche.

Durch die Keile am Rand der Verlegefläche steht der nun zusammengefügte Bodenbelag unter Spannung.
Dies ist nur solange sinnvoll, wie die Verleimung noch nicht abgeschlossen ist. Sie sollten die **Keile** jedoch spätestens nach einem Tag **entfernen**, da sonst die Gefahr besteht, daß einzelne Elemente sich aufwerfen.

Mit ein bißchen Geschick können auch Sie Ihre Wohnräume mit Parkett veredeln

Spezialkurse

TREPPEN BELEGEN

Auf Treppen sollte man wegen der starken Beanspruchung nur besonders strapazierfähiges Belagmaterial verwenden, das im Teppichsiegel entsprechend ausgezeichnet ist. Besonders gefährdet sind die Beläge an scharfkantigen Stufen, die deshalb vorher durch **Abrundung** mit einem Hobel oder einem Stechbeitel entschärft werden sollten.

Generell unterscheidet man 3 verschiedene **Stufenformen:** Blockstufen, Trittstufen mit vorspringender Kante (meist Holzstufen) und Trittstufen freitragender Treppen (ohne Setzstufen).

Um den **Bedarf** an Teppichbelag zu berechnen, addieren Sie die Tiefe der Trittstufe zur Höhe der Setzstufe und nehmen die Summe mit der Stufenanzahl mal. Rechnen Sie eine Zugabe.

Die sicherste **Verlegeart** bei Treppen ist das Verkleben. Als Vorbereitung des Untergrundes sollten ausgetretene Trittstufenkanten ausgebessert und Pflegemittelrückstände entfernt werden.

Blockstufen können durchgehend von oben nach unten verlegt werden, wobei darauf zu achten ist, daß auch die Flor- oder Strichrichtung des Teppichbelags von oben nach unten verläuft. Tragen Sie mit einem **Pinsel** oder einer **Rolle** Kleber auf die Setz- und Trittstufe auf. Achten Sie beim Einlegen des Belages darauf, daß die Bahn auf **Spannung** gehalten und durch Anreiben von oben nach unten bzw. von hinten nach vorne gespannt wird.

Trittstufen mit hervorspringender Trittkante müssen einzeln verlegt werden. Dabei werden auch die

Setzstufen mit seperaten Teppichbodenstücken beklebt werden. Um das paßgenaue **Zuschneiden** des Belages zu erleichtern, fertigen Sie zunächst ein Schnittmuster aus reißfestem Packpapier an. Schneiden Sie dann dem Schnittmuster entsprechend den Belag für die Tritt- und Setzstufe zu. Beim Kleben arbeiten Sie von oben nach unten.
Für **freitragende Treppen** gibt es spezielle, an den Rändern umgenähte Teppichfliesen, die meist selbstklebend sind.

MOSAIKPARKETT VERLEGEN

Mosaikparkett eignet sich - ebenso wie Stabparkett - für eine Verlegung auf den verschiedensten **Unterböden**, wie beispielsweise Estriche, Holzdielen oder Spanplatten.

Lamellen für Mosaikböden

Mosaikparketteinheiten bestehen aus mehreren **schmalen Lamellen** (kleine scharfkantig geschliffene Holzstäbe), die zusammengesetzt verschiedene Muster ergeben. Man verklebt sie direkt auf trockenen Untergrund, entweder im Würfelmuster parallel zur Wand oder, was schwieriger ist, diagonal. Schleifen Sie nach der Verlegung das

Mosaikböden zu verlegen ist eine große Herausforderung für jeden geübten Heimwerker

Parkett maschinell, um es zu säubern und für die anschließende Versiegelung vorzubereiten. Achten Sie darauf, daß Ihr Parkett vor der Grundierung **völlig staubfrei** ist.

Das Verlegen von Mosaikparkett sollte sich jedoch nur ein **geübter Heimwerker** vornehmen, da das Arbeiten mit den einzelnen Holzteilen Erfahrung erfordert.

WANDABSCHLÜSSE ANBRINGEN

Als Wandabschluß können Sie für alle Bodenbeläge **Sockelleisten** aus Holz verwenden. Der Handel bietet hier verschiedene Leisten in mehreren Dekors an, etwa Eiche, Palisander, Teak oder Leisten mit grauer Beschichtung. Die Leisten dienen zur **Überdeckung** der Ränder der Verlegeflächen und der Dehnungsfuge und zum Schutz der Wände.

Dreieckige Leisten müssen in den Ecken auf **Gehrung** geschnitten, also in einem Winkel von 45 Grad abgeschrägt werden.
Wer über das hierfür notwendige Gerät nicht verfügt, sollte sich für **gerade Sockelleisten** entscheiden, deren Enden an den Ecken lediglich durch Kunststoffkappen verbunden werden.

Alle Leisten können Sie direkt mit **Dübeln** in die Wand verschrauben. Bei geraden Leisten besteht außerdem die Möglichkeit, sie mit an die Wand gedübelten **Aluminiumclips** zu befestigen. Die Leisten werden nur aufgedrückt. Auf diese Weise sieht man von außen keine Verschraubung des Materials.

Als Wandabschlüsse bei Teppichböden können Sie auch ein selbstklebendes **Plastikband** verwenden und so einen interessanten Akzent setzen.

Problemlösungen

FLECKENTFERNUNG BEI TEPPICHBÖDEN

Die Fasern moderner textiler Bodenbeläge sind so beschaffen, daß eine Fleckentfernung in nahezu allen Fällen **problemlos** möglich ist. Neben Wasser, Seife, Teppichschaumreiniger und einem handelsüblichen Fleckentferner benötigen Sie hierzu auch keine speziellen chemischen Reinigungsmittel. Wichtig ist vielmehr, daß Sie Flecken unmittelbar nach Ihrer **Entstehung** entfernen. Hierbei gehen Sie in folgender Reihenfolge vor:

Saugen Sie losen Schmutz einfach mit dem **Staubsauger** auf. Tupfen Sie Flüssigkeiten vorsichtig mit dem **Schwamm** ab, wobei Sie darauf achten, daß der Fleck hierbei nicht verrieben oder weiter ausgebreitet wird. **Eingetrocknete feste Substanzen** (z.B. Speisereste) lösen Sie vorsichtig mit dem Messerrücken, einem Löffel oder einem sonstigen kantigen Gegenstand.

MINITIP
Weicher oder auch eingetrockneter Kaugummi auf Teppichböden ist eine besonders hartnäckige Sache. Bei allen textilen Bodenbelägen hilft gründliches Vereisen durch Auflegen eines Eisbeutels (Kunststoffbeutel mit Eisstückchen). Der durch die Kälte gehärtete Kaugummi läßt sich mit einem Hammer vorsichtig zersplittern und dann mit dem Staubsauger aufsaugen.

Alle **wasserlöslichen Flecksubstanzen** lassen

sich mit lauwarmem Wasser ohne jeden Zusatz lösen. Verwenden Sie hierzu, ohne zu reiben, einen sauberen, angefeuchteten Lappen. Bei den meisten **wasserunlöslichen Substanzen** hilft ein handelsüblicher **Schaumreiniger** für Teppichböden, den Sie nach Gebrauchsanleitung des Herstellers durch leichtes und begrenztes Einmassieren aufbringen und anschließend einfach absaugen.

Bei besonders hartnäckigen Flecken, die Sie nach diesen drei Behandlungsmethoden nicht entfernen konnten, setzen Sie einen handelsüblichen **Fleckentferner** ein. Beachten Sie auch hier die Gebrauchsanleitung und bringen Sie den Fleckentferner nie direkt mit der Flasche auf, sondern verwenden Sie hierzu ein sauberes, weiches Tuch.

PROFITIP
Zur Sicherheit sollten Sie alle Reinigungsmethoden vor ihrer Anwendung an einem aufbewahrten Teppichboden-Reststück überprüfen. Hierbei lassen sich mechanische Einwirkungen und durch Fleckentferner oder Schaum hervorgerufene Farbveränderungen problemlos feststellen.

AUSBESSERUNGEN BEI TEPPICHBÖDEN

Bei **unlösbaren, auffälligen** Flecken, bei Beschädigungen und Brandstellen helfen Reinigung und Fleckentfernung nicht mehr weiter. Zum Ausbessern legen Sie ein (hoffentlich) aufbewahrtes **Reststück** des Teppichbodens in entsprechender Florrichtung auf die schadhafte Stelle und durchschneiden mit einer neuen, besonders scharfen Klinge gleichzeitig das Reststück und den verlegten Bodenbelag.

Kleine Beschädigungen auf Parkettböden sind leicht zu beheben

Nachdem Sie das beschädigte Belagstück entfernt haben, kleben Sie das passend geschnittene Reststück mit **doppelseitigem Klebeband** in die Fehlstelle ein.

AUSBESSERUNGEN BEI PARKETT

Moderne Bodenbeläge aus Fertigparkett sind in der Regel den meisten anfallenden Belastungen gewachsen. Nur in Ausnahmefällen, beispielsweise durch herabgefallene Zigaretten, kommt es zu auffälligen **Beschädigungen** der Oberfläche, die eine kleine Reparatur notwendig machen .

Hierbei reicht es fast immer aus, nur die beschädigte Stelle engumgrenzt sorgfältig **auszuschleifen**. Verwenden Sie hierzu zunächst grobes und scharfes Schleifpapier (80er Körnung), mit dem Sie in Faserrichtung des Holzes schleifen. Zum **Feinschleifen** verwenden Sie Schleifpapier der Körnung 150 oder feiner. Der Einsatz einer Schwing- oder Bandschleifmaschine ist für Ausbesserungen nicht anzuraten, da die abgeschliffene Fläche zu groß und damit zu auffällig ausfallen würde.

Nach sorgfältigem Entstauben mit dem Staubsauger **versiegeln** Sie die abgeschliffene Schadstelle mit Siegellack. Der Siegellack wird mit einem flachen Haarpinsel zweimal aufgetragen. Nach dem Trocknen des ersten Auftrags können Sie mit 220er Schleifpapier zwischenschleifen.

ÖKOTIP
Im Handel gibt es zum Versiegeln auch Holz-Hartöle auf biologischer Basis,die Sie problemlos selbst verarbeiten können. Auch hier sollte wegen der starken Ausdünstung ätherischer Ölzusätze gründlich gelüftet werden.

SCHLEIFENDE TÜREN ANPASSEN

Ein neuer Bodenbelag hat oft schleifende Türen zur Folge, die den neuen Teppichboden oder das Parkett schnell beschädigen. Steht die Tür geringfügig auf, genügt oft das **Einlegen** von 1 oder 2 Metallplättchen (etwa 2 bis 3 mm stark) in die Scharniere. Bei dieser Methode kann es dann allerdings vorkommen, daß die Türe an ihrem oberen Rand nicht mehr richtig schließt. Gleichen Sie den Überhang durch **vorsichtiges Abhobeln** der inneren Türkante wieder aus. Nehmen Sie beim Abhobeln von der Mitte aus jeweils einen feinen Span weg und passen Sie die Türe immer wieder an, um nicht versehentlich zuviel abzuhobeln.

Teppichbodennähte verschließen

Nicht immer genügen Nahtdeckschienen den optischen Ansprüchen. Besonders an Übergängen zwischen verschiedenen Belägen oder Belagsfarben kann das andersartige Material der Nahtschiene stören.

Man sollte kleine **Schäden** unverzüglich instandsetzen, bevor **Schuhe oder Staub-**

Tubendüse sauberhalten, damit keine Fasern hängenbleiben.

sauger hängen bleiben und den Schaden plötzlich vergrößern.

Auch Florschlingen sind geklebt

Die **Florschlingen** werden bei der heute üblichen getufteten Auslegeware ohnehin im **Trägergewebe**

Garn nur unten mit Kleber benetzen und gleich wieder anheben.

verklebt. Dieses Verfahren läßt sich auch für die Reparatur mit Kontaktkleber anwenden. Dazu wird der Kleber zunächst nicht zu knapp auf dem Grund der Naht aufgetragen. Das läßt sich mit der Düse der Klebertube

Die Schlingen in der ursprünglichen Form einbetten.

ganz gut bewerkstelligen. Mit einem spitzen Werkzeug, wie Vorstecher oder schmaler Schraubendreher, an dem kaum Kleber hängen bleiben kann, das Garn mit den unteren Bögen der Schlingen in den Kleber drücken. Nach einigen Minuten ist der Kleber soweit angetrocknet, aber noch weich, daß man mit einer Pinzette die einzelnen Schlingen fassen kann, um sie am ursprünglichen Platz dicht an dicht fest ins Klebebett zu drücken. Da sich der Klebepunkt nicht mehr korrigieren läßt, muß man schon recht genau vorgehen. Zum Abschluß mit Hammerschlägen auf ein Unterlegklötzchen die Florschlingen noch etwas verdichten, um sie noch fester

Leichte Hammerschläge verfestigen die geklebte Verbindung.

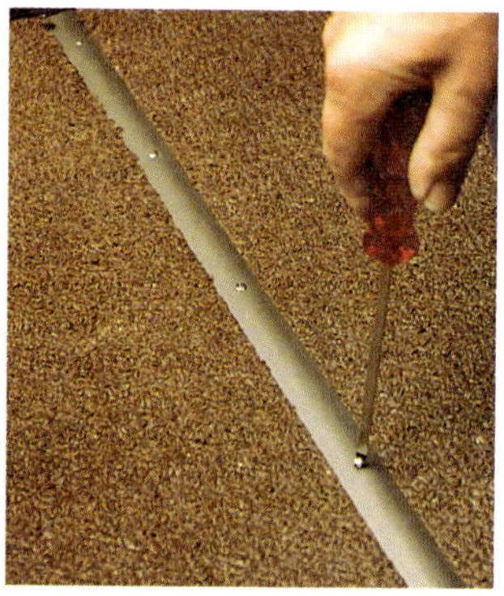

Auch Nähte mitten im Raum lassen sich abdecken.

auf dem Trägergewebe zu verankern.

Nahtschienen verdecken den Verschleiß

Wenn **Nähte** zu sehr auszufransen drohen oder die Auslegeware schrumpft, weil auch der **Teppichrükken** wie alle weichmacherhaltigen **Kunststoffe** schrumpfen kann, läßt sich der Schaden nur noch unter einer Nahtdeckschiene verstecken. Diese Schienen zum nachträglichen **Aufschrauben** gibt es bis 40

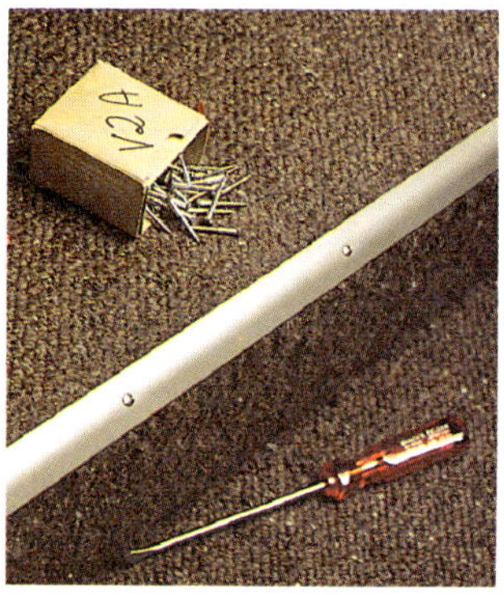

Abgetretene Stufenkanten verschwinden unter der Schiene.

mm breit. Auf Zementestrich sollte man sie in 5 oder 6 mm-Dübeln mit **Edelstahlschrauben** befestigen. Eine genau passende Schraubendreherklinge verwenden, damit die **Schlitze** nicht vermurksen. Wenn alle Schlitze in eine **Richtung** zeigen, macht das einen recht professionellen **Eindruck.** Dabei aber auch aufpassen, damit die farbige Eloxalschicht auf Aluprofilen nicht zerkratzt wird.

Da Stufen- oder **Podestkanten** besonders schnell verschleißen, kann auch hier eine rechtzeitig aufgeschraubte Deckschiene einen Schaden verhindern. Auf gerundeten **Trittkanten** lassen sich nur 30 mm breite Schienen besser verwenden.

ARBEITSMATERIAL

- Kontaktkleber
- Vorstecher
- Werkzeugpinzette
- Hammer
- Unterlegklotz
- Schraubendreher

Teppichbahnen anpassen

Ausmessen, Anzeichnen und Abschneiden verlangt zwar mehr Zeit, ist aber leichter und risikoloser zu bewältigen als die handwerkliche Methode der Kantenschnitte und führt zu einem perfekt passenden Ergebnis.

Ist die Wand zwar weitgehend gerade, steht aber schräg zur ausgerichteten **Teppichkante,** kann man das Schneidlineal an gleich langen **Abstandsleistchen** auf dem Teppich ausrichten. Die Teppichkante, mit der Hakenklinge am **Lineal** geführt, beschneiden.

Mit der Hakenklinge entlang dem Lineal schneiden.

Konturen übertragen

Ungleichmäßige, geschwungene **Konturen** der Wand werden Stück für Stück an einem **Abstandsbrettchen** mit farbiger Schneiderkreide oder Filzstift auf den **Teppich** aufgezeichnet. Mit einer kräftigen Teppichschere läßt sich die **Randkontur** sicher und exakt ausschneiden.

Unregelmäßige Wandkonturen am Abstandsbrettchen aufzeichnen.

Freihändig mit einer schweren Teppichschere die Kontur nachschneiden.

Etwas mehr **Übung** erfordert der Teppichschneider, um freihändig auf der richtigen **Spur** zu bleiben. Ebenso die Methode, den Überstand mit der **Hakenklinge** im Universalmesser abzutrennen. Dabei den **Teppich** fest auf den Untergrund drücken und die **Klinge** langsam und gleichmäßig entlang der **Markierung** durch den Teppich ziehen. Ein ausreichender **Klingenvorrat** ist sehr zu empfehlen. Denn der **Kraftaufwand** bei stumpfer Klinge erschwert den Schnitt und erhöht das **Risiko,** sich zu verschneiden.

Schwieriger zu handhaben ist der Teppichschneider.

Die Hakenklinge erfordert etwas Übung.

Mit der Spitze vom Schraubendreher die Noppengasse öffnen.

Noppengasse als Führung

Stoßnähte zwischen den **Bahnen** grundsätzlich nur in der Noppengasse in **Längsrichtung** der Teppichbahn schneiden. Diese ausgeprägte **Gasse** entsteht bei der Herstellung im Tufting-Verfahren. Man kann die **Noppen** leicht mit der Spitze eines **Schraubendrehers** auseinanderdrücken, damit die Führungsnase am **Nahtschneider** in dieser Gasse bleibt. An einer so beschnittenen **Kante** stehen die Noppen etwas über die Kante vom **Teppichrücken.**

Der Nahtschneider hat in der Noppengasse eine exakte Führung.

Auch mit der Schere kann man nach der Noppengasse schneiden.

ARBEITSMATERIAL

- Schneidlineal
- Universalmesser
- Hakenklingen
- Teppichschere
- Teppichschneider
- Nahtschneider
- Schraubendreher

Teppichboden exakt ausschneiden

Auch wenn man Fußleisten verwendet, bleiben in einem Raum an Heizkörper, Ecken und Türen noch genügend Bereiche, die man sehr sorgfältig ausschneiden und anpassen sollte.

Einschnitte vom Rand her erlauben es, den Teppich flach unter den Heizkörper zu rollen und die Ausschnitte um die Rohre zu legen.

Zum Herstellen der **Ausschnitte** sollte die Auslegeware bereits soweit an den **Wänden** eingepaßt sein, daß sie sich nicht mehr verschieben kann. Sonst stimmen bereits paßgerecht eingeschnittene Aussparungen plötzlich nicht mehr mit der Situation überein. Deshalb zur Sicherheit auch die Gewichte noch auf der Fläche lassen. **Rohrleitungen** und Konsolen von Heizkörpern kann man nur so genau wie möglich ausmessen und auf der **Teppichrückseite** spiegelbildlich aufzeichnen. Das spiegelbildliche Übertragen läßt sich jedoch mit einer **Schablone** aus kräftigem Papier umgehen. Dabei lassen sich die Maße und Formen seitenrichtig aufzeichnen, ausschneiden und auf den Teppich übertragen. Das Papier darf nicht zu steif sein, damit man die Paßform einfach und ohne größere Schwierigkeiten kontrollieren kann.

Als Ausschnitt für Rohre genügt auch ein Achteck.

Teppich bis zum Rand durch die Noppengasse auftrennen.

Auch für gerade Schnitte nur den Teppichrücken schneiden.

Nur den Rücken durchschneiden

An den **Konturen** nur den Teppichrücken vorsichtig mit der **Trapezklinge** durchschneiden. Bei Schlingenware die **Noppen** einzeln mit der Schere auftrennen. Die **Ausschnitte** dürfen auch geringfügig kleiner werden. Um so dichter schmiegt sich der **Teppichflor** dann um die aus dem Fußboden ragenden Rohre.

An **Außenecken,** zum Beispiel beim Auslegen von Nischen, kann man das Teppichstück für die **Nische** zurückschlagen. Die Teppichkante muß in einer **Flucht** mit der Nischenwand liegen. Dann lassen sich die Schnittlinien mit einem **Lineal** von der Wand direkt auf den Teppichrücken übertragen, aufzeichnen und schneiden.

Wandvorsprünge anpassen

Man kann den Teppichboden an einem **Wandvorsprung** auch scharf geknickt in die **Innenkanten** drücken und die Ecken mit Stecknadeln kennzeichnen. Dann läßt sich der **Ausschnitt,** durch die sichtbaren Nadelspitzen markiert, auch von der **Oberseite** her durch die Noppengassen

Mit Stecknadeln die Eckpunkte vom Ausschnitt markieren.

einschneiden. Die **Gasse** quer zur Bahnenlänge ist zwar weniger ausgeprägt, aber immer noch gut erkennbar und deshalb auch als **Markierung** für Einschnitte im rechten Winkel besser als **Linien** auf dem

Ecken einschneiden, damit sich der Teppich andrücken läßt.

Teppichrücken zu gebrauchen, vor allem um bei **Schlingenware** durchtrennte und dann ausfransende Noppen zu vermeiden. Außerdem kann man auch an einem **Vorsprung** die übliche Methode der Handwerker wählen. Erst den **Teppich** an den Wandecken bis zum Boden einschneiden, damit man ihn mit einem **Stoßspachtel** in die Innenkanten zwischen **Boden und Wand** drücken

kann. Dann die Überstände mit der **Hakenklinge** abtrennen. Anstelle der Ha-

Die Pappschablone übernimmt die Form der Zarge.

Die Konturen werden auf den Teppich übertragen.

kenklinge kann man auch mit der **Trapezklinge** den hochstehenden Teppichrand abtrennen. Zum

Mit der Schere werden die Konturen ausgeschnitten.

Schutz der Klingenspitze dann aber einen Streifen

Graupappe zwischen Teppich und Wand legen und festhalten.

Kammlehre zum Abgreifen wechselnder Konturen.

Konturen übertragen

Um **Auslegeware** an sehr kleine und unregelmäßige **Konturen** anzupassen, werden häufig an die gerade Teppichkante nur **Füllstücke** angeflickt. Im wenig sichtbaren Randbereich hat das kaum Nachteile. Für den Bereich der **Türschwellen** ist es jedoch ein zwar sparsames, aber nicht sonderlich fachgerechtes **Verfahren.** In besonders beanspruchten **Bereichen** sollten weder kleine Flicken noch zusätzliche **Stoßfugen** liegen. Besser ist es, zu-

Mit Winkel und Maßstab die Maße auf den Teppichrücken übertragen.

nächst eine **Schablone** aus kräftiger Graupappe von der Kontur anzufertigen, die läßt sich dann exakt mit **Filzschreiber** auf den Teppich übertragen und mit der **Teppichschere** ausschneiden. Eine Stecknadel markiert den genau ausgemessenen **Fixpunkt** als Anlage für die Schablone. Die Linien so aufzeichnen, daß sie auf dem abfallenden **Stück** bleiben. Anstelle einer selbstgefertigten Pappschablone

Den Teppichrücken an den Linien durchtrennen.

kann man auch eine sogenannte **Kammlehre** verwenden. Deren bewegliche **Nadeln** lassen sich mit leichtem Druck den vorhandenen **Konturen** genau anpassen.

Konturen ausschneiden

Es hat jedoch deutliche **Vorteile,** die Konturen spiegelbildlich mit ihren Maßen auf die **Teppichrückseite** zu übertragen. Dabei wird nur der **Teppichrücken** mit der Trägerschicht durchtrennt, der **Flor** bleibt erhalten.

ARBEITSMATERIAL

- Graupappe
- Filzschreiber
- Tischlerwinkel
- Universalmesser
- Hakenklingen
- Trapezklingen
- Teppichschere
- Gliedermaßstab
- Stoßspachtel

Teppichboden auf Klebebahn verlegen

Auslegeware auf der gesamten Fläche zu verkleben ist zweifellos die sicherste Methode der Befestigung. Aber auch die Methode, die beim Belagwechsel die meiste Arbeit verursacht.

Vorteile der Klebebahnen

Dieses **Problem** läßt sich jedoch mit beidseitigen **Klebebahnen** lösen. Das sind Netze oder Vliese auf 95 oder 100 cm breiten **Rollen,**

Mit den Klebebahnen an einer kurzen Wand beginnen.

die beidseitig mit einem sehr alterungsbeständigem **Kleber** beschichtet und einseitig mit einer **Schutzfolie** abgedeckt sind. Geeignet für alle üblichen, auch feuchtigkeitsempfindlichen **Teppichrücken** sowie der zusätzlichen Beanspruchung durch **Fußbodenheizung** oder Stuhlrollen gewachsen.

Außerdem eignet sich als Untergrund jede intakte, ebene und saubere **Bodenfläche.** Der Preis ist im Vergleich zu flüssigen **Klebern** zwar spürbar höher, dafür steigen jedoch auch die Lebensdauer hochwertiger **Auslegeware** und der Komfort.

Bahn mit einer Leiste fest anreiben.

Klebebahnen einpassen

Die erste Bahn paßgenau von einer **Raumecke** aus an der Wand ausrichten, abrollen und mit einer teppichbezogenen **Leiste** fest auf

Ein- und Ausschnitte herstellen wie beim Bodenbelag.

dem Untergrund anreiben. An der gegenüberliegenden **Wand** die Klebebahn falten und mit der **Hakenklinge** in der Ecke zwischen Wand und Boden abtrennen. So wird **Bahn** dicht an Bahn gelegt, bis die gesamte **Bodenfläche** bedeckt ist. An den Raumkonturen werden die **Klebebahnen** nach den gleichen Grundsätzen eingepaßt, wie zuvor bei den **Teppichbahnen** erläutert. Auf dieser Fläche zunächst

Schutzfolie in flachem Winkel von der Klebebahn abziehen.

die **Auslegeware** ausbreiten, ausrichten, mit Gewichten belasten und einpassen. Die **Schutzfolie** bleibt so lange auf der Kleberschicht, bis diese **Arbeiten** abgeschlossen sind.

Auslegeware verkleben

Zum Verkleben zunächst die üblichen **Gewichte** nur in einer Raumhälfte verteilen und die andere Hälfte des **Teppichs** zurückschlagen. Damit sich die **Schutzfolie,** in einer Ecke beginnend, von der **Klebebahn** abziehen läßt, bis zum Teppich und dort abschneiden. Anschließend den Teppich oder die **Teppichbahnen** von der Mitte aus zu den Seiten auf der Klebebahn ausbreiten und anwalzen. Mit einer schweren **Teppichwalze** geht das zwar

Mit kräftigem Druck den Teppichboden anwalzen.

leichter, bei etwas größerem Kraftaufwand reicht aber auch die Andrückrolle für Tapeten aus.

EXTRATIP: In mäßig beanspruchten Wohnräumen kann man auch Teppichfixierung verwenden. Einfach mit einem Farbroller aufzutragen. Je nach Rückenbeschichtung in unterschiedlichen Abstufungen der Klebkraft, aber stets mitsamt der Auslegeware leicht wieder aufzunehmen.

ARBEITSMATERIAL

- Klebebahnen
- Anreibeleiste
- Universalmesser und Klingen
- Andrückrolle

Sockelleisten anbringen

Wenn der Bodenbelag korrekt verlegt wird, kann man sich häufig die Arbeit für die Sockelleisten sparen. Sie erfüllen jedoch auch notwendige Aufgaben oder können dekorativ wirken.

Wer auf **Sockelleisten** nicht verzichten kann oder will, hat die Wahl der **Art und der Montage.** Die eleganteste Lösung ist die nicht

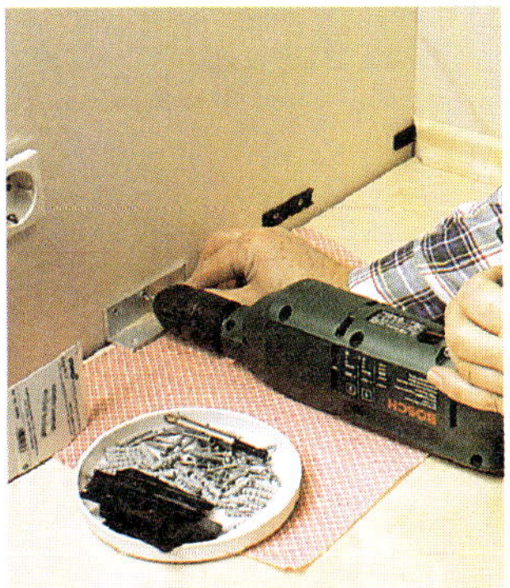

Beim Bohren der zahlreichen Löcher unbedingt eine Schablone verwenden.

sichtbare **Befestigung** von Leisten, die genau zum **Bodenbelag** passen. Dazu werden zunächst Clips oder Haken aus Kunststoff in **Dübeln** auf der Wand befestigt. Eine selbstgefertigte

Für die Eckverbindungen müssen die Leisten genau auf Gehrung zugesägt werden.

Bohrschablone aus einem Aluwinkelprofil mit den zum Clip passenden **Löchern** rationalisiert die zahlreichen

Fester Druck genügt zur Montage, wenn der Clip genau sitzt.

Bohrungen. In der **Regel** genügen 5 mm-Kunststoffdübel mit **Schrauben** 3,5 x 35 mm.

Schwere Leisten müssen mit Schrauben befestigt werden.

Gehrungen sägen

An Innen- und Außenecken sind die profilierten **Leisten** im Winkel von 45 Grad »auf Gehrung« zusammenzupassen. Leisten mit furnierter und behandelter **Oberfläche** sollten so exakt wie **Bilderrahmen** zusammenpassen. Das ist nur mit speziellem **Werkzeug,** wie Kappkreissägen, zu erreichen.

Letztlich ist die ansehnlich eingedrehte **Schraube** nicht die schlechteste aller Möglichkeiten. Wie sie zum **Beispiel** bei schweren Leisten, in denen Rohre liegen können, ohnehin notwendig ist. An **Leisten** mit derartigen Querschnitten (80 x 30 mm) auch die **Schnittflächen** der Gehrungen passend zur **Oberfläche** behandeln. Für hohe **Sockelleisten** (bis 90 x 12 mm) kann man sich eine besondere **Schneidlade** anfertigen. Mit einer stabilen Rückensäge kann die **Gehrung** genauer werden, sofern der Einschnitt für die **Sägenführung** gelingt.

Die Gehrung wird an flach liegenden Leisten genauer.

Sockel kleben

An geraden **Wänden,** zum Beispiel beim trockenen **Ausbau** mit Leichtbauwänden, lassen sich die Leisten auch gut mit **Montagekleber** anbringen. Wird die Leiste mit dem **Kleber** an die Wand gedrückt und wieder abgenommen, läßt sie sich nach einigen Minuten im **Kontaktverfahren** fest auf der Wand montieren. Schließlich sind auch an der **Oberkante** gekettelte Tep-

Es genügt, die Kleberraupe einseitig aufzutragen.

pichstreifen der gewählten **Auslegeware** eine unauffäl-

Beim Kleben die Auslegeware mit Folie oder Papier abdecken.

lige Art, die Wand zu schützen.

Befestigt man diese Streifen mit **Kontaktkleber** direkt auf der Tapete, gehen sie beim nächsten **Tapetenwechsel** mit ab.

ARBEITSMATERIAL

- Sockelleisten
- Clipse
- Montagekleber
- Bohrschablone
- Schlagbohrer
- Mauerbohrer
- Schneidlade
- Rückensäge
- Gehrungssäge

Teppichboden ausbessern

Ein kleiner Schaden in der Auslegeware läßt sich nahezu unsichtbar reparieren. Wenn möglich sollte man jedoch zum Ausprobieren und Anpassen mehr als nur ein Füllstück zur Verfügung haben.

Schadstelle im Teppichboden und Füllstück lassen sich gleichermaßen mit einem **Locheisen** ausstanzen, am besten auf stabilem, nicht federndem Untergrund. Die **Hirnholzfläche** von einem Astabschnitt oder Kaminholzscheit ist eine zusätzliche Unterlage. Vor dem Ausstanzen der Füllstücke und der Schadstelle das **Untergewebe** vom Teppich um die Schneide des Werkzeugs freilegen,

Mit dem Locheisen das Füllstück austanzen.

sonst gibt es Lücken in der Nahtstelle. Beim Ausstanzen der Schadstelle das **Locheisen** möglichst nicht bis ganz auf den Unterboden durchschlagen, auf Zementestrich würde die Schneide des Eisens sonst unbrauchbar. Den Rest kann man mit der Spitze einer scharfen Trapezklinge im Universalmesser nachschneiden.

Die Reste lassen sich mit einem **Stecheisen** besonders gut entfernen, weil man es schräg ansetzen kann.

PROFITIP
Hat man Reste der Auslegeware aufbewahrt, lassen sich diese natürlich gut für das Füllstück verwenden. Sonst kann man versuchen, ein ähnliches Stück aus den ohnehin nicht sichtbaren Flächen unter Möbeln auszustanzen. Falls man das Füllstück nicht in ganzer Größe herausbekommt, muß man das beim Herausnehmen der beschädigten Stelle berücksichtigen.

Es wird allerdings stumpf, da auch die **Kleberschicht** möglichst bis auf den Estrich abzuschaben ist.

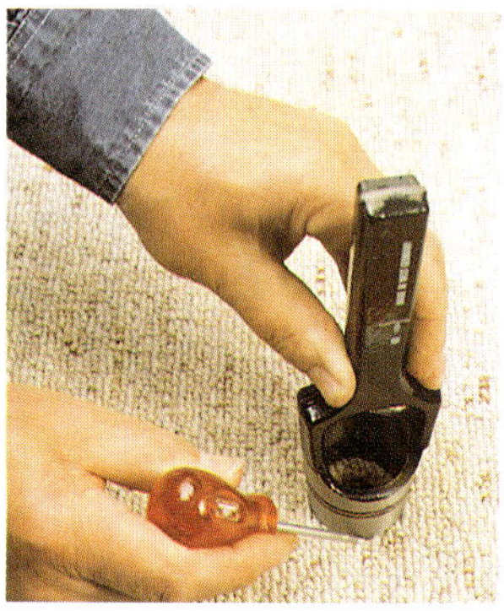

Noppen, Schlingen oder Flor dürfen nicht aufgetrennt werden.

Beim Einpassen auch das Licht beachten

Achten Sie nicht nur auf eventuelle **Muster** und die Richtung der einzelnen Flor- oder Noppenreihen, sondern vor allem bei Veloursware auch auf den **Lichteinfall** vom Fenster her. Durch die fertigungsbedingte leichte Neigung der **Florfäden,** zeigt die Teppichoberfläche mit und gegen den Lichteinfall eine unterschiedliche Tönung. Durch entsprechendes Drehen um 180° kann man diesen **Effekt** berücksichtigen. In der Aussparung sollten Sie den **Kleber** auch auf die Schnitt-

Behutsame Hammerschläge treiben das Eisen durch den Teppich.

kante der unteren Teppichschicht auftragen, desgleichen auf dem Füllstück,

Alte Kleberschicht bis auf den Estrich abschaben.

damit auch hier eine gute **Verbindung** entsteht. Das eingefügte Teppichstück zunächst mit dem Hammer gefühlvoll festklopfen.

Zum Einkleben der kleinen Scheibe eignet sich Kontaktkleber.

Der Schaden ist nicht mehr erkennbar

Durch leichte Schläge mit einer **Drahtbürste** läßt sich der Teppichflor dann wieder

Schläge mit der Drahtbürste gleichen Unterschiede aus.

lockern. Dabei verschwinden auch eventuell noch sichtbare **Übergänge** an der kreisrunden Naht.
Ein solches Locheisen kostet aber um die 60 Mark.

ARBEITSMATERIAL
- Hammer
- Hirnholzabschnitt
- Locheisen
- Spitzbohrer
- Stecheisen
- Universalmesser
- Kontaktkleber
- Drahtbürste

Teppich reinigen

Schmutzflecken auf dem Teppich sind zwar ärgerlich, aber meistens noch zu beseitigen, wenn man das geeignete Verfahren ausprobiert und dabei behutsam vorgeht.

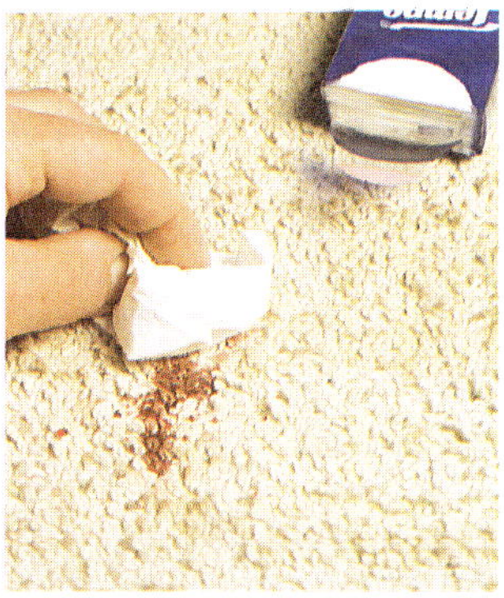

Flüssiges sofort mit saugfähigem Papier auftupfen.

Mit einer Bürste läßt sich die Reinigung unterstützen.

Mit möglichst saugfähigem Papier nur tupfen, nie reiben.

Es verspricht stets den besten **Erfolg,** wenn man die Substanz frischer, feuchter oder nasser **Flecken** unverzüglich mit Papiertaschentüchern oder Toilettenpapier durch **Tupfen** aufsaugt.

Nur nicht reiben, denn das vergrößert mit Sicherheit das Ärgernis, eher ein paar **Tücher** übereinanderlegen

Flecken mit Schaum aus Wasser und Waschmittel anfeuchten.

und mit breitem **Schuhabsatz** Druck ausüben. Damit läßt sich Restfeuchtigkeit mit dem geringsten **Risiko** aufnehmen.

Schaum genügt in den meisten Fällen

Bei angetrocknetem Schmutz und **Flecken** unbekannter Herkunft versucht man es zuerst einmal

Spezialspray anwenden, wo Wasser ohne Wirkung bleibt.

mit **Wasser,** nicht in flüssiger Form, sondern als **Schaum,** der sich aus wenig Leitungswasser mit reichlich **Feinwaschmittel** (ersatzweise Spülmittel, Allzweckreiniger) und dem Handquirl erzeugen läßt. Mit den **Fingern** oberflächlich auftragen. Wenn der **Schmutz** tiefer sitzt, den Schaum mit einer **Bürste** einmassieren. Damit bekommt man viel Reiniger in den **Teppichflor,** ohne daß er allzu naß wird. Nach ein paar **Minuten** Einwirkzeit benutzt man die Prozedur des **Aufsaugens** wie bei frischen Flüssigkeiten. Wenn sich danach keine **Wirkung** zeigt, muß man zu einem Spezialreiniger greifen. Wo man sicher ist, daß auch **Fett** mitspielt, kann man es außerdem vorsichtig mit **Lösungsmitteln** probieren. In der Reihenfolge **Spiritus**, **Testbenzin** (Terpentinersatz), **Nitroverdünnung** oder **Aceton.**

Wenig auftragen, dafür häufiger versuchen

Immer in der Reihenfolge: sparsam **Auftragen,** kurz weichen lassen und dann durch **Abtupfen** aufsaugen. Wenn nötig auch mehrfach hintereinander. Aber **Vorsicht** bei Teppichflor aus Kunstfasern. Organische **Lösemittel** wie Testbenzin,

Erst getrocknet läßt sich das Ergebnis der Mühe beurteilen.

Nitroverdünnung, Aceton oder gar Speziallöser aus dem gewerblichen Einsatz

EXTRATIP: Feuchte Stellen in Naturfaserteppichen mit saugfähigem Papier abdecken und gewichtig beschweren, damit sich keine Beulen bilden. Unmittelbar auf den Teppich nur unbedrucktes Papier legen.

können **Kunststoffe** mehr oder weniger schnell auflösen, besonders natürlich feine Fasern. Naturfasern sind in dieser **Hinsicht** etwas robuster, sofern sie nicht eingefärbt sind und damit ausbleichen könnten.

ARBEITSMATERIAL

- Mixbecher
- Feinwaschmittel
- Handbürste
- Fleckenspray
- Heißluftgebläse

Mörtel und Mauersteine – damit beginnen alle Bauwerke, von der kleinen Ziermauer über die Trennwand bis hin zum mehrstöckigen Haus, dessen Wände, Decken und Fassaden mit Putz verschönert werden.

Mauern und Verputzen

Seit Menschengedenken sind Mauersteine das stabilste und widerstandsfähigste vom Menschen hergestellte bzw. bearbeitete Baumaterial

WERKZEUGE UND ARBEITSMATERIALIEN

Für die Planung und Kontrolle benötigen Sie einen **Zollstock** zum Messen, einen **Winkel** und einen **Zimmermannsbleistift** zum genauen Anzeichnen.
Mit **Wasserwaage, Richtscheit** und **Senklot** prüfen Sie Senkrechte und Waagrechte.
Mauerschnur und **Schnurstifte** benötigen Sie zum Ausfluchten der Steinschichten.
Zum Mörtel anmischen brauchen Sie eine **Mörtelwanne** und eine **Schaufel**, für kleinere Mengen einen **Eimer** und eine **Maurerkelle.**
Ein **Rührquirl** als Bohrmaschinenvorsatz erleichtert die Arbeit beim Mörtelmischen.
Normale **Maurerkellen** brauchen Sie zum Auftragen des Mörtels, eine **Fugenkelle** für sauberes Verfugen und eine **Glättkelle** zum Glätten der Putzoberflächen.
Ein **Mörtelbrett** brauchen Sie, um darauf den Mörtelvorrat beim Mauern zu tragen.
Mit **Fäustel** und **Flachmeißel** stemmen Sie das Mauerwerk aus oder teilen Ziegel.
Einen **Maurerhammer** nehmen Sie zum Teilen von Ziegeln und zum Ausrichten von Steinen.

Mauern und Verputzen sind Arbeiten, die eine gewisse Kraft und Genauigkeit erfordern.
Kleinere Vorhaben gelingen dem Heimwerker aber schon nach einiger Übung.

Materialien und Werkzeuge

Die meisten Maurerarbeiten führt man mit künstlich hergestellten Steinen aus. Ihre Maße sind genormt. Die Normung garantiert, daß bei kunstgerechtem Mauern gerade Wandabschlüsse entstehen und die Maueröffnungen zu den Türen und Fenstern genau passen und abschließen.

MAUERSTEINE

Die Einheit für die **Normmaße** von künstlichen Mauersteinen ist der Achtelmeter. Das Format eines Steines mit den Seitenlängen 2 x 1 x 1/2 Achtelmeter (Länge x Breite x Höhe) – also 25 x 12,5 x 6,25 cm – wird **»Dünnformat«** genannt, abgekürzt DF, das mit den Seitenlängen 2 x 1 x 2/3 Achtelmeter – also 25 x 12,5 x 8,33 cm – **»Normalformat«** (NF).
Hierbei handelt es sich um Richtmaße, bei denen auch die den Stein umgebenden Mörtelschichten berücksichtigt werden. Ein Dünnformatstein mißt deshalb 24 x 11,5 x 5,2 cm, einer im

Materialien und Werkzeuge

Normalformat 24 x 11,5 x 7,1cm. Das sind die Nennmaße. Daneben gibt es noch Werksmaße für Mauersteine, die man nur mit einer sehr dünnen Mörtelschicht oder ganz ohne Mörtelfugen verbaut.

Alle Steinformate, die das Normalformat überschreiten, werden im **Vielfachen des Dünnformates** angegeben. Ein Stein mit 3 DF hat also das Nennmaß. 24 x 17,5 x 11,3 cm. 8 Lagen ergeben 1m Wandhöhe.

Vollsteine sind kleinformatige Steine (Steinhöhe bis höchstens 11,3 cm, Format höchstens 2 DF); sie sind massiv oder in der Lagerfläche bis zu höchstens 15% gelocht. Großformatige Vollsteine nennt man **Blocksteine** mit Steinhöhen von 11,3 cm und mehr.

Bei **Lochsteinen** (bzw. Hochlochsteinen) bestehen die Lagerflächen bis zu 50% aus Löchern. Die **Vorteile**:

- Der Stein ist bei gleichen Außenabmessungen leichter als ein Vollstein.
- Die wirksame Fläche für den ungehinderten Transport von Wasser in das Bauteil ist kleiner.
- Die Wärmedämmfähigkeit des Steines nimmt wegen der eingelagerten Hohlräume zu.

Lochsteine

Bei **Plansteinen** (oder Planelementen) sind die Lagerflächen so eben, daß man die Steine mit einer nur millimeterdünnen Mörtelschicht verlegt. Mit solchen Plansteinen ist genaues Mauern sehr einfach.

Ziegel
Die Rohstoffe für Ziegel sind **Lehm** und **Ton**. Lehm ist sandhaltiger Ton mit unterschiedlichen Mengen verschiedener **Eisenverbindungen**, die ihn gelblich bis bräunlich färben. Beim Brennen ergeben diese Verbindungen das typische Ziegelrot. Ton nennt man die verschiedenen Tonerden. Je nach Zusammensetzung reicht die Färbung von bläulich-schwarzem Farbton bis zu fast reinem Weiß. Entsprechend vielfältig ist die Farbpalette der daraus hergestellten Ziegel, Klinker und Verblender.

Das Ton-Lehm-Gemisch wird meistens noch durch Zusatz von **Sanden** und/oder **Ziegelmehl** gemagert. Nach dem Formen werden die Ziegelrohlinge bei etwa **100°C getrocknet** und schließlich **gebrannt**. Die Brenntemperatur für gewöhnliche Ziegel liegt bei ungefähr 1000°C, noch etwas höher bei Vormauerziegeln. Klinker brennt man bis zur Sintergrenze (etwa 1300 bis 1400°C).

Normale **Mauer-** oder **»Hintermauerziegel«** setzt man für verputztes oder verblendetes Mauerwerk ein. Sie müssen nicht frostbeständig sein. Ihre Rohdichte ist verhältnismäßig gering, ihre **Wärmedämmfähigkeit** relativ gut.
Die Seitenflächen der Hintermauerziegel sind oftmals zur besseren Putzhaftung gerillt.

Bei den Hintermauerziegeln handelt es sich in der Regel um **Hochlochziegel** (HLz) in größeren Formaten. Kleinformatige **Vollziegel** (Mz) verwendet man hauptsächlich als **Ergänzungssteine**.

Hochlochziegel für verputztes Mauerwerk

Die positiven Eigenschaften von Lochsteinen treten bei den **Porenziegeln** oder **Leichthochlochziegeln** besonders stark hervor. Bei der Herstellung von Porenziegeln setzt man der gemagerten Ton-Lehm-Mischung noch **Holz-** (oder andere organisch-natürliche) **Späne** oder **Polystyrol-Kügelchen** als Porosierungsmittel zu. Während des Brennens lösen sich diese Zusätze vollständig auf, so daß kleine, unregelmäßig geformte bzw. kugelförmige **Hohlräume** im Ziegelscherben zurückbleiben. Wegen der Polystyrol-Kügelchen hat es in der Vergangenheit einige Aufregung unter den baubiologischen Fachleuten gegeben, weil solcherart porosierte Steine angeblich gesundheitsschädliche Wohngifte ausgasen sollen. Diese Vermutungen konnten jedoch wissenschaftlich nicht bestätigt werden.

Scherben von Porenziegeln

Hintermauerziegel eignen sich für verputztes oder verblendetes Mauerwerk

Die großformatigen **Leichthochlochziegel** gibt es zur Verarbeitung mit **normalem Mörtelfugen**, mit **Mörteltaschen** und mit einem **Verzahnungsprofil** der Stoßfuge.

Steine mit Mörteltaschen sind sehr rationell zu vermauern: Sie werden ohne Mörtelauftrag in der Stoßfuge »knirsch« aneinander gestoßen. Großformatige Steine haben zur leichteren Verarbeitung Griffmulden an den Stirnseiten, so kann man eine ganze Steinlage verlegen. Die Mörteltaschen gießt man erst zum Schluß aus. Das spart Zeit.

Steine mit Verzahnungsprofil erfordern in der Stoßfuge überhaupt keinen Mörtel mehr, sie werden einfach knirsch gestoßen. Wenn es sich dann zusätzlich noch um Planziegeln handelt, die auch in der Lagerfuge nur einen Dünnbettmörtel erfordern, kommen Sie mit einem Bruchteil (5 bis 10 %) der sonst üblichen Mörtelmenge aus.
Zum Bau leichter Trennwände bekommt man auch Ziegelplanelemente in **Sonderformaten**.

Ziegel mit Mörteltaschen für rationelles Arbeiten

Vormauerziegel müssen frostbeständig sein. Man kann sie ohne Außenputz als Sichtmauerwerk verarbeiten.

Für **Klinker** gilt dasselbe. Zusätzlich wird für sie noch besonders hohe Festigkeit und hohe Rohdichten gefordert. Ihre Wasseraufnahme ist äußerst gering.

Vormauersteine und Klinker gibt es nur in den kleinen **Normformaten** bis zu maximal 3 DF und in Sonderformaten als Vormauervollziegel (VMz), Vollklinker (KMz) und Keramikklinker (KK), jeweils massiv bzw. in der Lagerfläche bis zu 15 % gelocht, oder als Vormauerhochlochziegel (VHLz), Hochlochklinker (KHLz) und Keramikhochlochklinker (KHK), jeweils mit bis zu 50 % Lochung der Lagerflächen. Die **Hochlochsteine** sind besonders **unempfindlich gegenüber Schlagregen**, während die **Vollsteine** bei gleichem Format besonders gut **Luftschall dämmen**. Angeboten werden Klinker und Vormauerziegel in verschiedenen Farben - von weißen Tönen über gelbe, rote und blaue Töne bis hin zu schwarz, einfarbig oder mehrfarbig geflammt oder marmoriert.

In der Regel gibt es alle Norm- und Sonderformate in allen Farben und Oberflächenstrukturen auch als **Sparverblender** oder **Riemchen** mit entsprechend geringerer Breite bzw. Stärke.

Kalksandsteine
Kalksandsteine (KS) bestehen aus Kalk und viel Sand. Das **Mischungsverhältnis** ist 1 : 12. Die Kalk-Sand-Mischung wird mit Wasser aufbereitet und in **Pressen** zu den Steinrohlingen geformt. Sie erhärten bei Temperaturen zwischen 160 und 220 °C unter Sattdampfdruck in vier bis acht Stunden. Man bekommt Kalksandsteine als Voll-, Block-, Loch- und Hohlblocksteine.

Kalksandsteine

Wie bei Ziegeln gibt es auch hier **Planelemente** für den rationellen Wandbau sowie **Plansteine mit Mörteltaschen oder Stoßfugenverzahnung**.

KS-Vormauersteine (KS Vm) und **KS-Verblender** (KS Vb) sind frostfest und für Sichtmauerwerk geeignet. Sie sind dichter und druckfester als die normalen Kalksandsteine.
Vormauersteine gibt es in allen üblichen KS-Formaten als Voll- und Lochsteine.

Leichtbetonsteine
Sie bestehen aus Sand, Zement und verschiedenen **Leichtzuschlägen**. Wenn der Stein zu mehr als 85 % aus dem Leichtzuschlag besteht, kann er danach benannt werden, also z.B. Bimsbeton-, Liapor- (Blähton-), Perlite- (Blähschiefer-) oder Hüttenbims-Hohlblockstein.

Man bekommt sie in verschiedenen Ausführungen als Voll-, Block-, Loch- und Hohlblocksteine, als Plansteine und -elemente, für normale Vermörtelung, mit Mörteltasche oder mit Stoßfugenverzahnung und in der Regel nur für verputztes Mauerwerk.
Je nach Rohdichte können sie hervorragende **Wärmedämm-** oder **Schallschutzeigenschaften** haben.

Leichtbetonsteine

Gas- bzw. Porenbeton
Hergestellt werden die Steine und Elemente aus Quarzsand, Kalk und/oder Zement, Wasser und einem Treibmittel, meistens Aluminiumstaub, seltener auch Calciumcarbid.Durch Verbindung des Treibmittels mit dem Kalk wird Wasserstoffgas frei, das die vielen feinen und kugeligen **Poren** bildet.Nach dem Treiben und Erhärten in großen Formkästen werden die Rohlinge in die gewünschten Formate gesägt und anschließend wie die Kalksandsteine unter Sättigungsdruck und Temperaturen um 180 °C nachgehärtet.

Durch diesen Herstellungsprozeß bekommt Porenbeton seine ungewöhnlich **vorteilhaften Eigenschaften**:
- Sehr hohe Wärmedämmfähigkeit wegen der sehr gleichmäßig verteilten, luftgefüllten Miniporen.
- Sehr hohe Formatgenauigkeit und planebene Oberflächen.
- Hervorragende Formbarkeit der Oberflächen mit einfachen Werkzeugen, leichter zu schleifen, zu bohren oder zu sägen als Holz.

Man bekommt **Block-** und

Materialien und Werkzeuge

Plansteine (in der Regel 6 DF oder größer) und verschiedene **Plattenelemente**, z.B. für leichte Trennwände zwischen 5 und 20 cm Stärke, jeweils für normale Vermörtelung, mit Mörteltaschen oder für Dünnbettvermörtelung.

Plattenelemente und Plansteine aus Porenbeton

NATURSTEINE

Die meisten Natursteine bestehen aus einem Gemisch verschiedener **Mineralien**. Reine Mineralien wie z.B. Gips und Alabaster (Calciumsulfate), Kalkspat und Aragonit (Calciumcarbonate), Quarz (Siliziumoxid) oder Korund (Aluminiumoxid) kommen verhältnismäßig selten vor. Am häufigsten sind Mineraliengemische mit einem mehr oder weniger hohen Quarzanteil.

Wichtige **Natursteine** beim Bauen und Wohnen:

● **Gneis** ist ein sehr alter umgeformter Schiefer mit unterschiedlichster Zusammensetzung, rötlich, grau oder schwarz gefärbt. Er ist leicht in **Platten spaltbar**. Manche Gneisarten sind auch polierfähig. Beim Bauen und Wohnen wird Gneis häufig für Bodenbeläge, Treppenstufen, Wand- und Fassadenbekleidungen, aber auch als Bruchstein für Mauerwerk verwendet.

● **Granit** ist ein Tiefengestein, das hauptsächlich aus Quarz, Feldspaten und schwarzem (Biotit) oder silbrigem (Muskovit) Glimmer besteht.
Der qualitativ beste und härteste Granit hat einen besonders hohen Quarzanteil (weißlich-grau) und ist fein und gleichmäßig gekörnt. Feldspate färben gelb bis rötlich, auch grüngrau bis grünblau. Bei **schwarzem Granit** handelt es sich meistens um eine Kohlekalksteinsorte (Belgischer Granit) oder um Syenit (Schwedischer Granit).
Der Stein ist sehr hart, fest, schwer zu bearbeiten und polierfähig, einigermaßen wetterbeständig, aber empfindlich gegen aggressive Niederschläge. Er ist nicht feuerfest, denn er zerspringt bei einseitiger Erhitzung. Verwendet wird Granit für Grund- und Kellermauern (auch als Bruchstein), Treppenstufen, Bodenbeläge, Fassaden- und Wandbekleidungen.

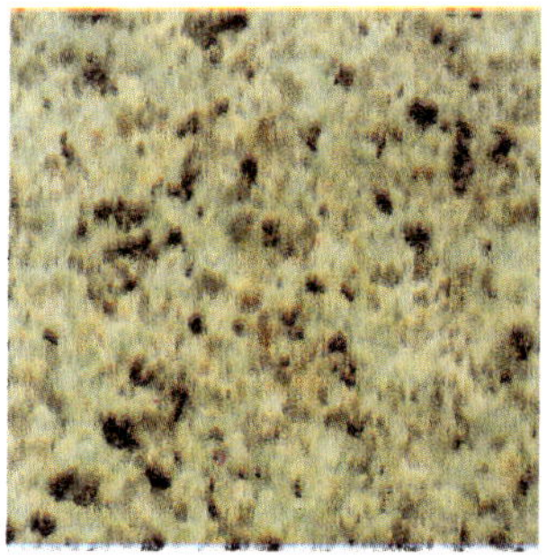

Aragonitgranit

Paragneis

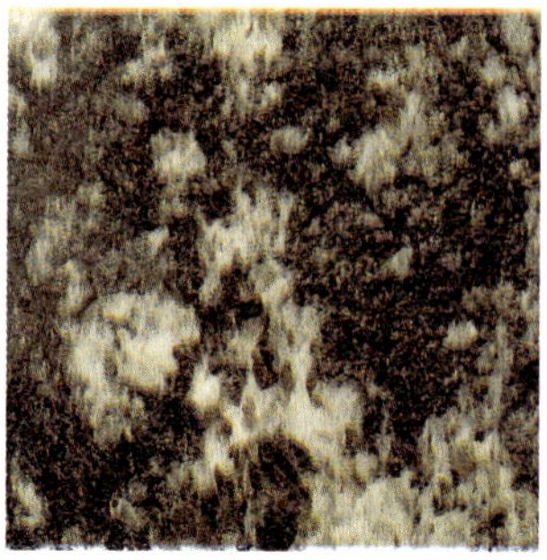

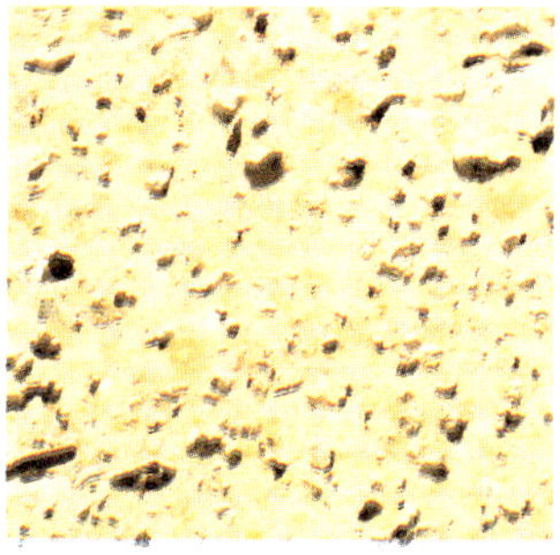

Kalkstein

Kalksteine

Hierzu gehören Dolomit, Solnhofener Platten, Marmor und Travertin. Alle kalkhaltigen Steine sind nicht hitzebeständig und reagieren empfindlich auf sauren Regen und aggressive Luftbestandteile.

● **Dolomit** ist besonders dicht und hart. Er wird hauptsächlich für Bodenbeläge verwendet.

● **Marmor** ist die Handelsbezeichnung für alle polierbaren Kalksteine. Unter »echtem Marmor« versteht man im allgemeinen sehr harte, kristalline Kalksteine mit durchscheinenden Kanten. »Reiner Marmor« ist rein weiß, daneben gibt es echte Marmore in vielen Farben bis zu reinem Schwarz, einfarbig oder marmoriert.

● **Solnhofener Kalkstein**, auch Solnhofer Schiefer genannt, weil er leicht zu spalten ist, oder Solnhofener Marmor besteht aus sehr dichtem Jurakalk. Er ist meist gelblich bis bräunlich gefärbt und so feinkörnig, daß er poliert werden kann (daher die Bezeichnung Marmor). Charakteristisch sind pflanzlich wirkende Muster (Dendriten) im Stein, die von Erzlösungen (braun: Eisenerz, schwarz: Manganerz) herrühren. Verwendet wird Solnhofener Kalkstein fast überall am Bau.

Solnhofener Platten

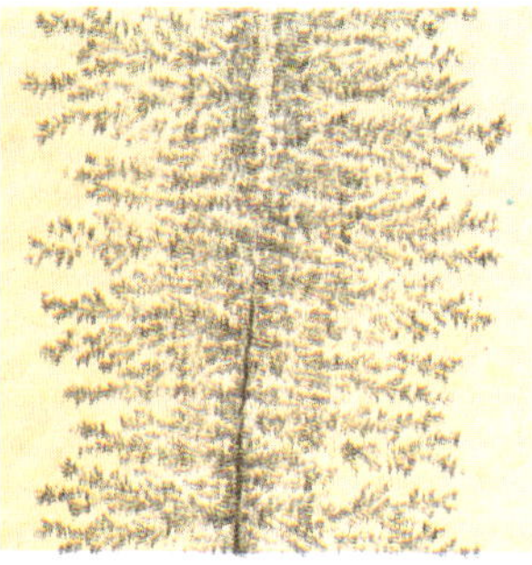

● **Travertin (Tuff)** ist ein poriger Kalkstein, von allen am Bau verwendeten Natur-Kalksteinen am ehesten **wetterbeständig** – je gröber die Poren, desto frostunempfindlicher ist der Stein. Es gibt ihn in allen Nuancen: von hellgelb bis dunkelbraun, meistens marmoriert. Er ist gut polierbar; deshalb werden manche Travertinsorten im Handel auch als Marmor bezeichnet. Beim Bauen verwendet man ihn vor allem für Bodenbeläge und Verkleidungen von Wänden oder Fassaden.

Travertin (Tuff)

Sandsteine

Sandsteine werden am Bau besonders häufig verwendet. Je feiner und gleichmäßiger ihr Korn, desto besser ihre Qualität. Kalkhaltige Sandsteine sind nicht wetter- und feuerbeständig; tonhaltige – man erkennt sie am tonigen Geruch – sind frostempfindlich und nicht sehr fest. Besonders fest und beständig sind kieselig gebundene Sandsteine. Man erkennt

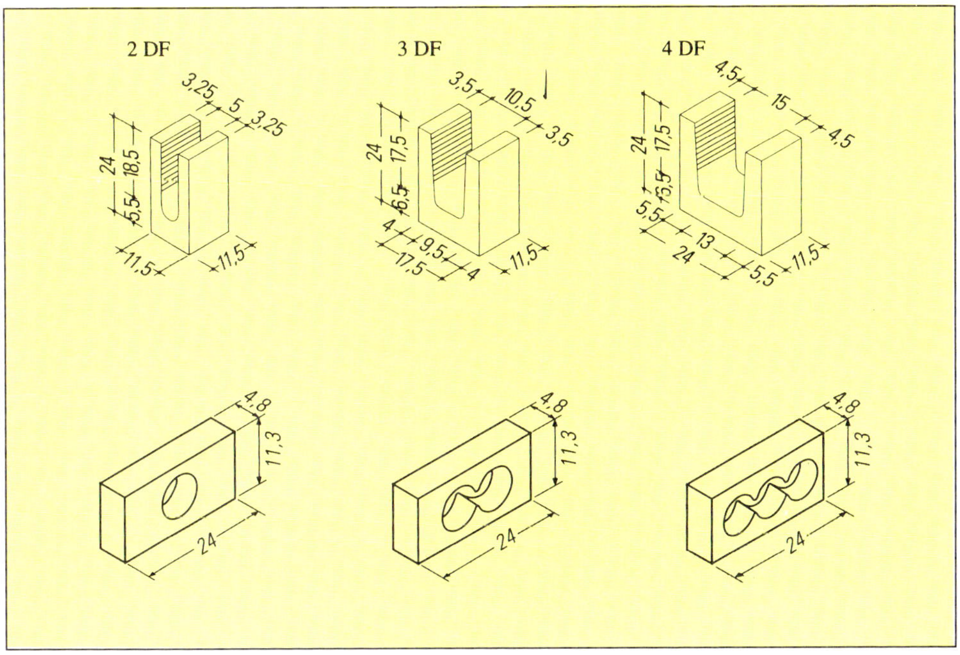

Oben: U-Schalen in verschiedenen Formaten
Unten: Spezielle Instatallationsteile

sie daran, daß sie nicht nach Ton riechen, nicht aufbrausen, wenn man ein paar Tropfen verdünnte Salzsäure daraufgießt, und daß sie nicht rötlich oder rostbraun gefärbt sind. Schädlich sind Einschlüsse oder Schichten von Ton, Glimmer, Schwefelkies oder Brauneisen. Sandsteine sind **sehr gut zu bearbeiten**. Man verwendet sie am Bau für Mauerwerk, Bauelemente (Treppenstufen, Fensterbänke), Boden-, Wand- und Fassadenplatten.

FORMSTEINE

Man bekommt Formsteine für fast alle **technischen** oder **dekorativen Zwecke**. **Anschlagsteine** z.B. kann man für die Ausmauerung von Türen oder Fensteröffnungen einsetzen.
U-Schalen eignen sich gut für Stürze, Stützen oder Schlitze. Sie können diese aber auch für viele andere Zwecke verwenden, z. B. zum Aufmauern eines Weinregals.
Daneben gibt es spezielle **Installationssteine**.
In allen Fällen erspart man sich aufwendige Stemmarbeiten an der fertig gemauerten Wand.
Die meisten Formen gibt es bei Vormauersteinen und Klinkern. Von der gemauerten Fensterbank mit leicht weitwinkliger Vorderkante über Rundungsecken, Hohlkehlen, Mauerbögen, gemauerten Halbsäulen bis zu den kompliziertesten Friesen gibt es kein architektonisches Problem, das nicht mit den passenden Formsteinen zu lösen wäre. Auf unterschiedliche Arten durchbrochene Steine bilden auch Ziermauern oder Wind- und Sichtschutzwände.

MÖRTELGRUPPEN

Mauermörtel gibt dem Steinverband seine **Haltbarkeit**. Er besteht aus Sand, dem Bindemittel (Kalk und/oder Zement), Zusatzstoffen wie z.B. Gesteinsmehl, Traß oder Pigmenten und Zusatzmitteln in geringen Mengen zur Beeinflussung bestimmter Eigenschaften (Erstarrungsbeschleuniger, Erstarrungsverzögerer, Haftvermittler). Man teilt den Mörtel in folgende Gruppen ein:

- **Mörtelgruppe I** (MG I) besteht hauptsächlich aus Kalk und Sand. Die Druckfestigkeit ist gering. Eine Verwendung ist für höchstens zweigeschossige Bauweise und Wanddicken bis 24 cm möglich. Man darf diese Gruppe nicht für Kellermauern, bewehrtes Mauerwerk und Gewölbe verwenden.
- **Mörtelgruppe II** (MG II) besteht hauptsächlich aus Kalk, Zement (Verhältnis etwa 2 : 1) und Sand. Die Druckfestigkeit ist normal; Verwendung für Mauerwerk aller Art, außer bewehrtes Mauerwerk und Gewölbe.
- **Mörtelgruppe IIa** (MG IIa) besteht hauptsächlich aus Kalk, Zement (Verhältnis 1 : 1) und Sand. Die Druckfestigkeit ist höher als bei MG II. Verwendung für Mauerwerk aller Art, außer bewehrtes Mauerwerk und Gewölbe.

Auch größere Mengen fertigen Mörtels können Sie sich für Ihre Baustelle liefern lassen

Materialien und Werkzeuge

● **Mörtelgruppe III** (MG III) besteht hauptsächlich aus Zement und Sand. Die Druckfestigkeit ist aus diesem Grund hoch. Verwendung für Mauerwerk aller Art, auch bewehrtes Mauerwerk und Gewölbe.

SICHERHEITSTIP
Kalk und Zement wirken ätzend, besonders auf Schleimhäute. Tragen Sie deshalb unbedingt immer Arbeitshandschuhe und eine Schutzbrille.

Den Mörtel mischt man heute kaum noch an der Baustelle an. Fast immer handelt es sich um sogenannten **Werkmörtel**. Er enthält bereits alle Bestandteile in genauer Dosierung. Dem Werk-Trockenmörtel muß man nur noch die richtige Menge Wasser zugeben, als Werk-Frischmörtel bekommt man ihn vollständig gebrauchsfertig auch direkt auf die häusliche Baustelle geliefert.

FERTIGMÖRTEL

Darunter versteht man Mauermörtel mit besonderen, **genormten Eigenschaften**, die man überhaupt nur als Werkmörtel verwenden darf.
● **Traßmörtel** für schlagregenbeanspruchtes Verblendmauerwerk gibt es in den Mörtelgruppen II, IIa und III. Er enthält als wichtigsten Zusatzstoff Traßkalk oder Traßmehl.
● **Dünnbettmörtel** ist ein Zementmörtel (MG III) mit besonders feinem Sand. Man benutzt ihn für Mauerwerk aus Plansteinen aller Art.
● **Klebemörtel** ist ebenfalls in der Regel ein Zementmörtel mit besonders feinem Sand. Er enthält als Zusätze zwischen 5 und 10, maximal bis zu 30 % Kunststoffbindemittel. Im allgemeinen handelt es sich dabei um dieselben wie in Dispersionsfarben. Man verwendet ihn hauptsächlich zur Verbindung von Betonfertigteilen.

Durch Zugabe der richtigen Menge an Wasser wird Trockenmörtel verwendbar

● **Leichtmauermörtel**, auch Wärmedämmmörtel genannt, entspricht MG II, IIa und III. Er enthält statt Sand Leichtzuschläge (Bims, Blähton, Blähschiefer, Liapor, Leca, Perlite); man benutzt ihn für hoch wärmedämmendes Mauerwerk.

PUTZMÖRTEL UND PUTZGRUPPEN

Zu den Bindemitteln der Mauermörtel kommen bei den Putzmörteln noch **Gips, Anhydrit** und **Kunststoff**.
Die Putzgruppen (PG) I bis III entsprechen in etwa den Mauermörtelgruppen, sind aber noch genauer unterteilt. So enthält z.B. ein Putzmörtel der PG Ia Luft- oder Wasserkalk als Bindemittel und ein Putzmörtel mit hydraulischem Kalk gehört zur PG Ib.
Gips-, Gipssand-, Gipskalk- und Kalkgipsmörtel gehören zu den Putzgruppen IVa bis IVd.
Anhydrit- und Anhydritkalkmörtel gehören zu den Putzgruppen Va und Vb.

Putze der PG I und II können **vielfältigst verwendet** werden - innen und außen, auf Fassaden, Wänden und Decken. PG-I-Putze sind allerdings gegen aggressive Luftbestandteile sehr empfindlich. Nicht geeignet sind sie auf Beton, Sockeln und allen erdberührten Wänden; hier muß man mit Putzen der PG III verputzen.
Auch der Spritzbewurf unter Putzen der PG I und II auf Außenwänden kann der PG III angehören.
Putze der PG IV und V setzt man vor allem als Deckenputze ein. Es gibt sie aber auch als Innenwandputze für Räume mit durchschnittlich normaler Luftfeuchte.

Die Putzgruppen für Kunstharzputze sind: POrg1 für Außen- und POrg2 für Innenputze. Ihre **Vorteile** gegenüber mineralischen Putzen: Sie sind leichter zu verarbeiten, härten schneller aus und bieten nahezu **unbeschränkte Gestaltungsmöglichkeiten** (Farbe, Zuschläge, Oberflächenstruktur). Sie bilden rißfreie, zähelastische Schichten und können dünner aufgetragen werden als mineralische Putze. Bindemittel sind in der überwiegenden Mehrzahl diegleichen Kunststoffe wie bei den Dispersionsfarben. Man bekommt sie verarbeitungsfertig oder als Pulver, dem man nur noch die richtige Menge Wasser zusetzen muß.

ÖKOTIP
Lösemittelhaltige Putze kann man zwar auch bei tiefen Außentemperaturen verarbeiten. Doch man gefährdet dabei sich selbst und schädigt die Umwelt durch die Lösemitteldämpfe.

Putze mit besonderen Verwendungszwecken:
● **Brandschutzputze**
Sie erhöhen den Feuerwiderstand von Bauteilen und können zum Schutz brennbarer Baumaterialien eingesetzt werden; besonders wirksam sind Gipsputze und Putze, die Perlite oder Vermiculite enthalten.
● **Wärmedämmputze**
Ihre Wärmeleitzahl darf höchstens 0,2 W/m^2K betragen; man bekommt sie nur als Werkmörtel. Die meisten enthalten Zusätze von expandiertem Polystyrol (EPS); es gibt aber auch rein mineralische Wärmedämmputze mit Perlite- oder Vermiculitezuschlägen.

● **Sanierputze**
Sie sind ebenfalls werkgemischte Trockenmörtel; sie haften besonders gut, auch auf salzhaltigen und feuchten Untergründen, enthalten meistens Silikone und Luftporenbildner als Zusatzmittel; sie wirken wasserabweisend, sind aber wasserdampfdurchlässig.

WERKZEUGE

Kellen: Zur normalen Maurerkelle, um den Mörtel aufzutragen, brauchen Sie mindestens noch eine Fugenkelle für sauberes Verfugen und eine Glättkelle zum Glätten der Putzoberflächen.

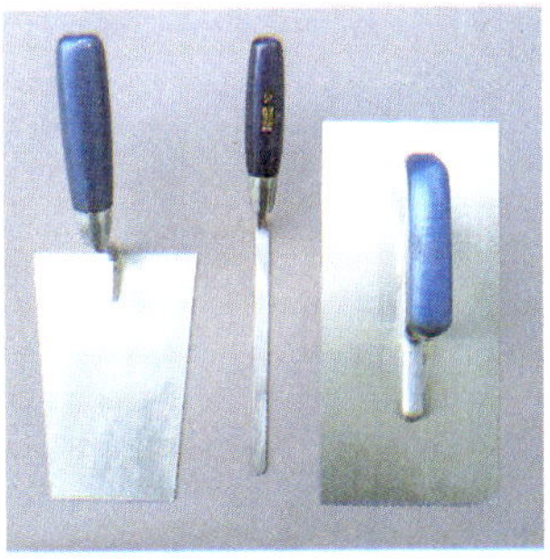

Maurerkelle, Fugenkelle und Glättkelle

Ein **Mörtelbrett** ist quadratisch oder rechteckig, besteht aus Holz, Kunststoff oder Metall und hat einen Griff an der Unterseite. Sie brauchen das Mörtelbrett, um darauf den benötigten Mörtelvorrat beim Mauern zu tragen.

SICHERHEITSTIP
Tragen Sie bei Stemmarbeiten und allen anderen Arten der Steinbearbeitung immer Arbeitshandschuhe und eine Schutzbrille.

Eine **Aufziehplatte** ist eine besonders breite Glättkelle mit zwei Griffen an der Unterseite. Damit kann man besonders einfach Putzflächen glätten.

Mit **Fäustel** und **Flachmeißel** können Sie Mauerwerk ausstemmen oder Ziegel teilen.

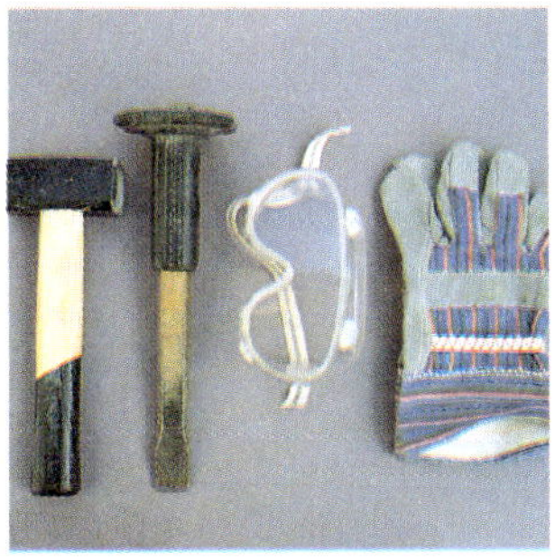

Fäustel, Flachmeißel und besonders wichtig: Handschuhe und Schutzbrille

Einen **Zollstock** brauchen Sie zum Messen, **Winkel** und **Zimmermannsbleistift** zum genauen Anzeichnen.

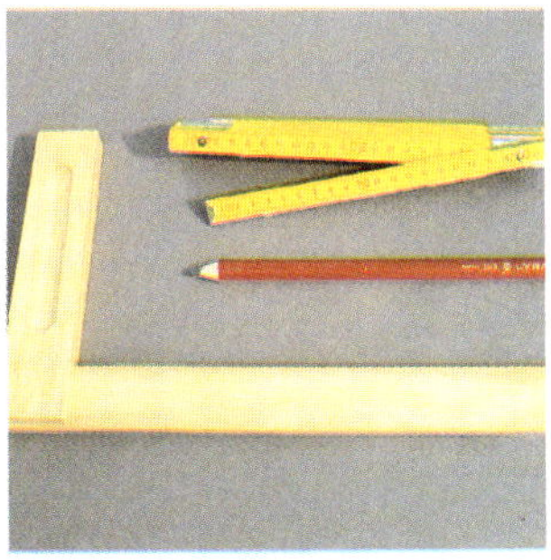

Zollstock, Winkel und Zimmermannsbleistift

Mauerschnur und **Schnurstifte** benötigen Sie zum Ausfluchten der Steinschichten.

Mit der **Wasserwaage** prüfen Sie, ob Sie beim Mauern immer die Senk- und Waagrechte einhalten. Dabei hilft das **Richtscheit**, eine etwa 2 m lange und 6 cm breite Latte mit parallelen Kanten. Man legt es hochkant an. Unregelmäßigkeiten entdecken Sie damit sofort.

Besonders einfach ist das Überprüfen der Senkrechten mit einem **Senklot**.

Unentbehrlich ist auch das Senklot

Wenn Sie auf dem Richtscheit die Schichthöhen der Steinschichten markieren, können Sie überprüfen, ob die Mörtelfugen über mehrere Schichten immer die richtige Dicke haben.
Zum Mörtelmischen brauchen Sie eine **Mörtelwanne** und als Mischgerät eine **Schaufel**. Kleinere Mengen können Sie auch mit der Maurerkelle in einem Eimer anmischen. Wasser transportieren Sie am einfachsten in einer Gießkanne.

Eimer, Schaufel, Gießkanne

Leichter als mit Fäustel und Flachmeißel können Sie Ziegel mit dem **Maurerhammer** teilen. Eine alte **Malerbürste** brauchen Sie zum Vornässen der Steine, und ein **Rührquirl** als Bohrmaschinenvorsatz erleichtert die Arbeit beim Mörtelmischen.

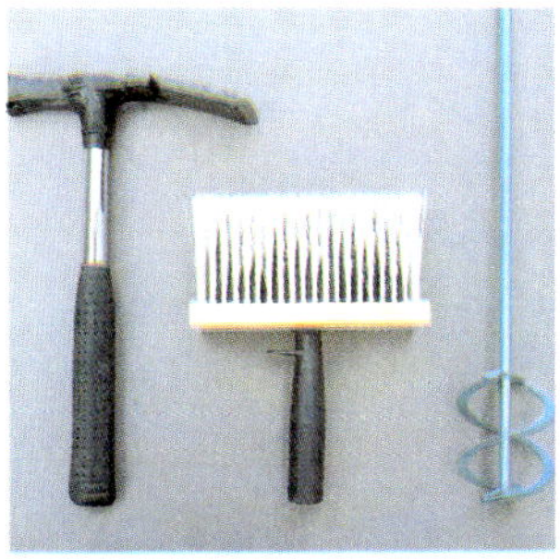

Maurerhammer, Malerbürste und Rührquirl

MINITIP
Vergessen Sie nicht die Pflege Ihrer Werkzeuge. Unmittelbar nach Beendigung der Arbeit sollten Sie sie gründlich mit Wasser reinigen.

Eine große Arbeitserleichterung beim Mörtelmischen ist ein Rührquirl, der auf die Bohrmaschine aufgesetzt wird

Um gerade Wände zu erhalten, müssen Sie immer genau mit Wasserwaage und Richtscheit die Lage der Steine und die der Mörtelfuge prüfen

Vorarbeiten

PLANUNG UND MATERIALWAHL

Die besten Hilfsmittel bei der Planung sind neben den Baustoffkatalogen immer Ihre eigenen **Skizzen** und **Zeichnungen**.

PROFITIP
Je genauer Sie auch Details des Vorhabens skizzieren, desto weniger Überraschungen erleben Sie beim Arbeiten, um so leichter fällt Ihnen die Ermittlung der Materialmengen und desto besser werden Sie sich auch über den nötigen Zeitaufwand klar.

Am besten schreiben Sie auch auf, was alles vor Beginn der eigentlichen Mauer- und Putzarbeiten erledigt sein muß.
Wichtige Vorarbeiten betreffen die **Vorbereitung des Arbeitsplatzes**. Sorgen Sie dafür, daß Sie keine zu langen Wege gehen müssen, und daß vor allem ein **Wasseranschluß** nicht allzuweit entfernt ist. Angrenzende Flächen müssen Sie schützen. Falls Sie im Freien arbeiten, sorgen Sie dafür, daß Sie weder Regen noch zu starker Wind oder zu starke Sonneneinstrahlung behindern.

Klären Sie frühzeitig die **Transportfragen**: Mauersteine und Mörtel sind schwere Materialien. Falls Sie nicht selbst über ein für den Transport geeignetes Auto verfügen, müssen Sie eventuell einen Spediteur beauftragen.
Selbst wenn der Baustoffhändler die Materialien anliefert, so müssen Sie wissen, wo Sie diese bis zum Arbeitsbeginn lagern wollen. Der **Lagerplatz** sollte dann schon in unmittelbarer Nähe des Arbeitsplatzes liegen, damit Sie vor Arbeitsbeginn nicht wieder vor Transportproblemen stehen.

Bei der **Materialwahl** sind eine Reihe von Entscheidungen bereits vorgegeben, beispielsweise:

- Große Elemente für große Flächen, kleine Steine für kleinteilige Flächen.
- Zum Verputzen eines Gebäudesockels benötigen Sie einen Putz der Putzgruppe III.
- Wenn Sie im Freien mauern, brauchen Sie frostbeständige Steine.
- Wenn Sie die gemauerten Flächen verputzen wollen, spielt das Aussehen der Steine nur eine untergeordnete Rolle.
- Einschalige Außenmauern erfordern Materialien mit hohem Wärmedämmwert.

Als Mauermörtel kommt dann bei Steinen mit normaler Mörtelfuge oder Mörteltasche ein Leichtmauermörtel oder bei Plansteinen ein Dünnbettmörtel in Frage.
Sichtmauerwerk erfordert große Sorgfalt bei der Auswahl der Steine. Achten Sie besonders auf makellose Sichtflächen.

Zur Ermittlung des **Steinbedarfes** finden Sie in den Baustoffkatalogen Tabellen, die genau auf die angebotenen Steinarten und -formate zugeschnitten sind. Aus diesen **Tabellen** können Sie auch entnehmen, welches **Format** das für Ihr Vorhaben günstigste ist. So kann man beispielsweise für eine 24 cm dicke Wand Steine der Formate 2 DF, 3 DF, 5 DF, 10 DF, 12 DF und 16 DF benutzen.
Bei 2 DF brauchen Sie für die Wand 66 Steine und 60 Liter **Mörtel** pro Quadratmeter; bei 16 DF dagegen nur 8 Steine und 25 Liter Mörtel pro Quadratmeter. Dafür können Sie aber auch bei den 16-DF-Steinen Maueröffnungen nur im waagrechten 50-cm-Raster und senkrechte nur im 25-cm-Raster planen gegenüber einem waagrechten 25-cm- und senkrechten 12,5-cm-Raster bei 2-DF-Steinen.
Wieviel **Mörtel** Sie benötigen, erfahren Sie am ein-

Auch in schwierigen Fällen hilft der Bau eines Schnurgerüstes, den Verlauf der Fundament- und Mauerkanten zu markieren

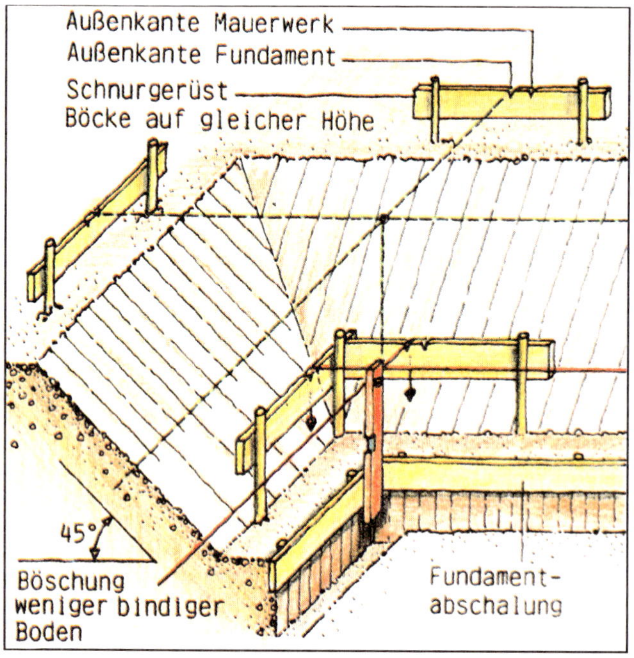

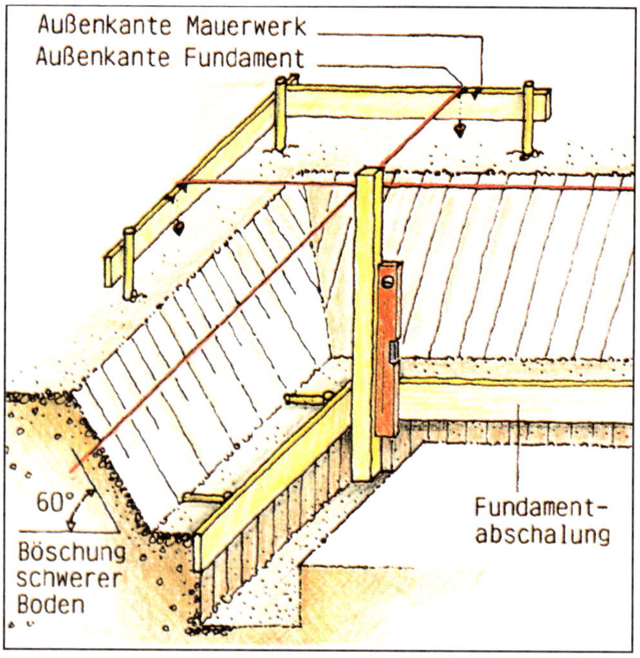

fachsten aus den entsprechenden Tabellen in den Baustoffkatalogen.

UNTERBAU SÄUBERN

Der Untergrund muß sauber, eben und fest sein. Zuerst **säubern** Sie ihn von Schmutz, Staub und losen Bestandteilen.

Rissige und **unebene Untergründe** müssen Sie dann zunächst sanieren. Am einfachsten geht das mit einem selbstnivellierenden Fließmörtel oder -spachtel. Dabei handelt es sich in der Regel um einen Zement-Fertigmörtel mit Zusätzen, die die Fließeigenschaften verbessern.

Mischen Sie das **Mörtelpulver** mit der richtigen Menge Wasser (sie ist auf dem Mörtelsack angegeben). Den fertig gemischten Mörtel gießen Sie einfach auf den Boden und verteilen ihn mit einem Besen. Er nivelliert sich selbst, und Sie erhalten einen ebenen Untergrund, den Sie schon nach wenigen Stunden zum Weiterarbeiten betreten können.

VERLAUF MARKIEREN

Beim Errichten von **Trennwänden** innen ist das ganz einfach: Sie markieren den Wandverlauf in Steinbreite an der gewünschten Stelle mit einer **Schlagschnur**, die Sie auch zum Anzeichnen der Anschlagslinien beim Tapezieren benutzen.
Für **Gartenmauern** oder sonstige **Mauerarbeiten im Außenbereich** brauchen Sie, um den Verlauf zu markieren, ein **Schnurgerüst**. Bei sehr kleinen Objekten kann aber auch eine Markierung mit Kreide ausreichen.

Schnurgerüst erstellen
Mit dem Schnurgerüst markieren Sie den Verlauf von **Fundament-** und **Mauerkanten**. Bei kleineren Objekten errichten Sie es etwa 1 m außerhalb der Außenbegrenzungen.

Sie benötigen für ein Schnurgerüst einige starke **Latten**. Zunächst schlagen Sie die Pfosten ein. Achten Sie darauf, daß die Pfosten genau **rechtwinkelig** stehen.

An den Pfosten befestigen Sie dann genau waagrecht die Querlatten.

Wenn das Gerüst steht, können Sie die **Maße** des geplanten Bauwerkes genau auf die **Querlatten** übertragen. Die Punkte markieren Sie entweder durch kleine Einschnitte oder mit kleinen Nägeln.

Verbinden Sie die Markierungspunkte miteinander und überprüfen Sie dabei mit einem Winkelmesser den rechten Winkel.

Die Verbindungen zwischen den Einschnitten oder Nägeln mit der Maurerschnur markieren genau den **Kantenverlauf** der verschiedenen Bauteile.

FUNDAMENT ANLEGEN

Mauern und Bauwerke müssen immer fest mit dem Untergrund verankert sein. Diese Aufgabe erfüllt das Fundament.
Mauern und einzelne Wände stellt man entweder auf **Streifenfundamente** oder, nach gleichem Prinzip, auf **Fundamentplatten**.

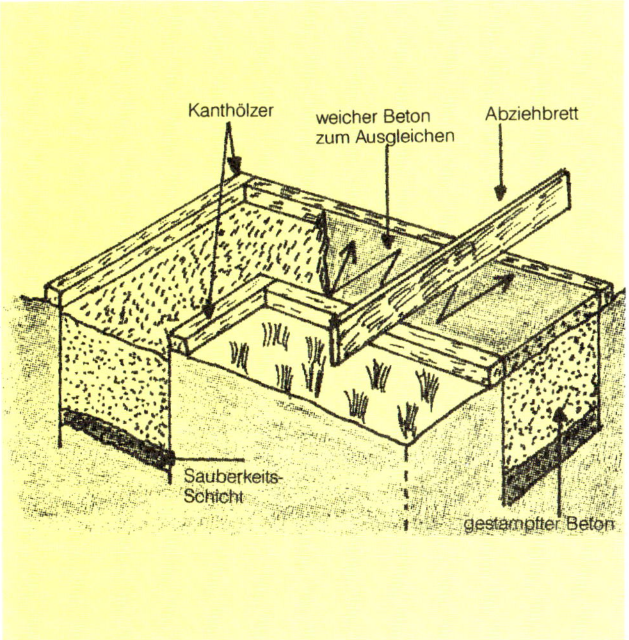

Ein Fundament besteht aus zwei Sauberkeitsschichten und zwei Betonschichten

Frostsichere Fundamente muß man in mindestens 80 cm Tiefe einbauen. Bei kleineren Objekten reichen aber auch 40 cm.
Sie bestehen aus zwei **Betonschichten**; darunter folgt eine etwa 10 cm dicke **Kiesschicht** und eine 5 cm dicke **Sauberkeitsschicht** aus sehr magerem Beton. Das müssen Sie beim Ausheben berücksichtigen.

Während des Arbeitens markieren Sie selbstverständlich nur die zu der betreffenden Arbeit gehörenden **Fluchtlinien** auf dem Schnurgerüst – zum Ausheben des Fundamentes also nur die äußeren Schnüre.

Trennen Sie die obere Bodenschicht, den **Mutterboden**, sorgfältig von dem tieferen Aushub.
Den Mutterboden lagern Sie getrennt. Sie können ihn später bei der Gartengestaltung wieder gut gebrauchen. Achten Sie darauf, daß Sie ihn nicht durch Mörtel verunreinigen.

Die endgültige Höhe des **Betonfundamentes** markieren Sie mit Pflöcken, die Sie im Abstand von etwa 1 m an den Seiten der Baugrube soweit einschlagen, daß sie mit ihren Oberkanten mit der späteren Fundamentoberfläche abschließen.
Die **Höhengleichheit** der Pflockoberkanten überprüfen Sie mit Richtscheit und Wasserwaage. An diesen Pflöcken befestigt man die Bretter für die **Fundamentschalung**.

Zum Betonieren verwenden Sie am besten **Werkbeton**, Sie brauchen ihn nur noch mit Wasser zu mischen.
Dazu benötigen Sie:
- Eine **Mischplattform**, das ist eine etwa 2 x 2 m große Platte mit einem um ungefähr 2 bis 3 cm erhöhten Rand. Kleinere Mengen können Sie aber auch in der Schubkarre anmischen.

- Besonders einfach ist es natürlich mit einem **Betonmischer**. Sie können ihn bei vielen Baustoffhändlern ausleihen; außerdem gibt es inzwischen auch kleinere, für Heimwerkerarbeiten besonders gut geeignete Geräte.

Nachdem die **Kiesschicht** und die **Sauberkeitsschicht** eingebracht sind, kommt die **erste Betonschicht**. Sie wird mit einer Stahlmatte bewehrt.

Vor dem endgültigen Verfüllen markieren Sie die Fundamenthöhe in der zu betonierenden Fläche beispielsweise mit **Baustahlstangen**, die Sie auf geeigneten **Baustahlhaken** lagern. Haken und Stangen müssen nach Fertigstellung des Fundaments vollständig und mindestens 2 cm dick von Beton bedeckt sein. Das sollten Sie schon beim Anbringen der Baustahlhaken berücksichtigen. Die Lage der Stangen richten Sie dann sorgfältig mit Hilfe der Wasserwaage aus.

ÖKOTIP
Mörtel- und Betonreste gehören nicht in den Hausmüll, sondern müssen auf der Bauschuttdeponie entsorgt werden.

Verteilen Sie den Beton gleichmäßig mit einer einfachen Gartenharke. Anschließend ziehen Sie die Fundamentoberfläche mit einem **Abziehbrett** plan, dabei werden zugleich Lufteinschlüsse aus dem Beton entfernt. Als Führung dienen die beiden vorher eingedrückten Latten.
Zuletzt entfernen Sie die Markierungspflöcke und die Führungslatten und verfüllen die Lücken mit Beton.

Planen Sie Ihre Arbeiten so, daß Sie ungefähr in einer Stunde mit dem Betonieren fertig sind. Danach beginnt der Beton zu erhärten.
Ein **Streifenfundament** legen Sie im Prinzip genauso an wie eine Fundamentplatte:
- Markierung mit dem Schnurgerüst,
- Aushub des Fundamentgrabens, dabei Trennung von Mutterboden und Restaushub,
- Markierung der Fundamenthöhe mit Pflöcken,
- Einbringen von Kies- und Sauberkeitsschicht,
- Eingießen des Betons und Verteilen mit einer Gartenharke,
- planes Abziehen mit dem Abziehbrett.

Säubern Sie alle Arbeitsgeräte gleich nach Abschluß der Arbeiten mit Wasser. Einmal erhärteter Beton ist nur noch mit Hammer und Meißel zu entfernen.

Grundtechniken

MÖRTEL ANRÜHREN

Falls Sie selbst Mörtel aus den einzelnen Bestandteilen mischen wollen, finden Sie hier eine Zusammenstellung der **Mischungsverhältnisse** in Raumteilen:
- **MG I:** 1 Kalkhydrat : 3 Sand, bzw. 1 hydraulischer Kalk : 3 Sand, bzw. 1 hochhydraulischer Kalk : 4,5 Sand.
- **MG II:** 2 Kalkhydrat : 1 Zement : 8 Sand, bzw. 1 hochhydraulischer Kalk : 3 Sand.
- **MG IIa:** 1Kalkhydrat : 1 Zement : 6 Sand, bzw. 2 hochhydraulischer Kalk : 1 Zement : 6 Sand.
- **MG III:** 1 Zement : 4 Sand.

Statt hochhydraulischen Kalk können Sie auch Putz- und Mauerbinder nehmen. Als Sand dürfen Sie nur gütegeprüfte Ware dazu verwenden.

Die richtige Zusammensetzung des Mörtels ist für den festen Halt der Mauer entscheidend

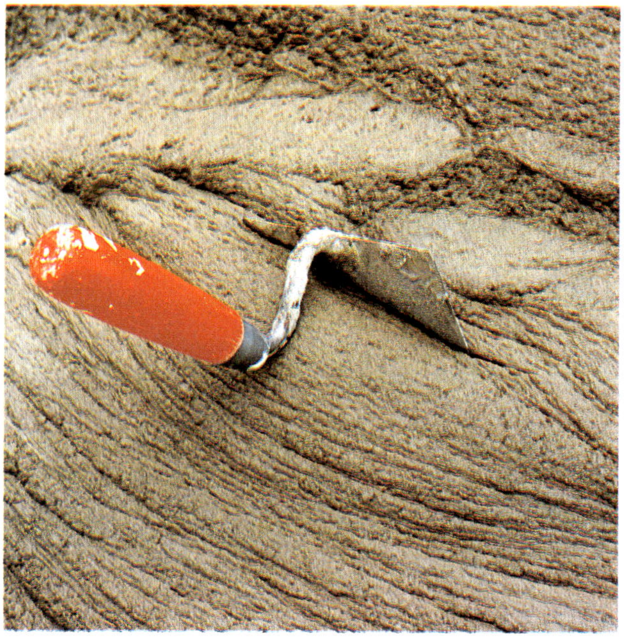

Zuerst mischen Sie die **Trockenbestandteile** gut, erst dann fügen Sie das Wasser dazu.

Bequemer und sicherer ist es immer, einen **fertig vorgemischten Werkmörtel** zu benutzen. Die für den jeweiligen Zweck richtige Wassermenge ist auf den Gebinden angegeben. Größere Mengen mischen Sie in der **Mörtelwanne**. Besonders einfach geht das, wenn Sie dazu einen **Rührquirl** als Bohrmaschinenvorsatz benutzen, den Sie sich auch im Fachhandel ausleihen können.

Für größere Mengen ist natürlich ein **Mörtelmischer** am bequemsten. Bedenken Sie aber, daß der Mörtel schon nach ein paar Stunden zu erhärten beginnt und Sie die relativ große Menge aus dem Mörtelmischer allein in kurzer Zeit nicht verarbeiten können.

Für kleine Mengen genügt ein **Eimer**, als Mischgerät die **Mörtelkelle**.

LAGERFUGE AUFBRINGEN

Das Mauern beginnt immer an den **Ecken**, eine einfache Mauer also an einem Ende. Markieren Sie den Verlauf genau mit den gespannten Schnüren des Schnurgerüstes oder durch Anschlagslinien mit der Schlagschnur.

Tragen Sie mit der Maurerkelle die Lagerfuge (waagrechte Fuge) für die ersten Steine zwischen den Schnüren bzw. den Anschlagslinien in Steinbreite satt auf und streichen Sie sie dann mit der Kellenvorderkante glatt. Die Fugenhöhe soll 1,2 cm betragen.

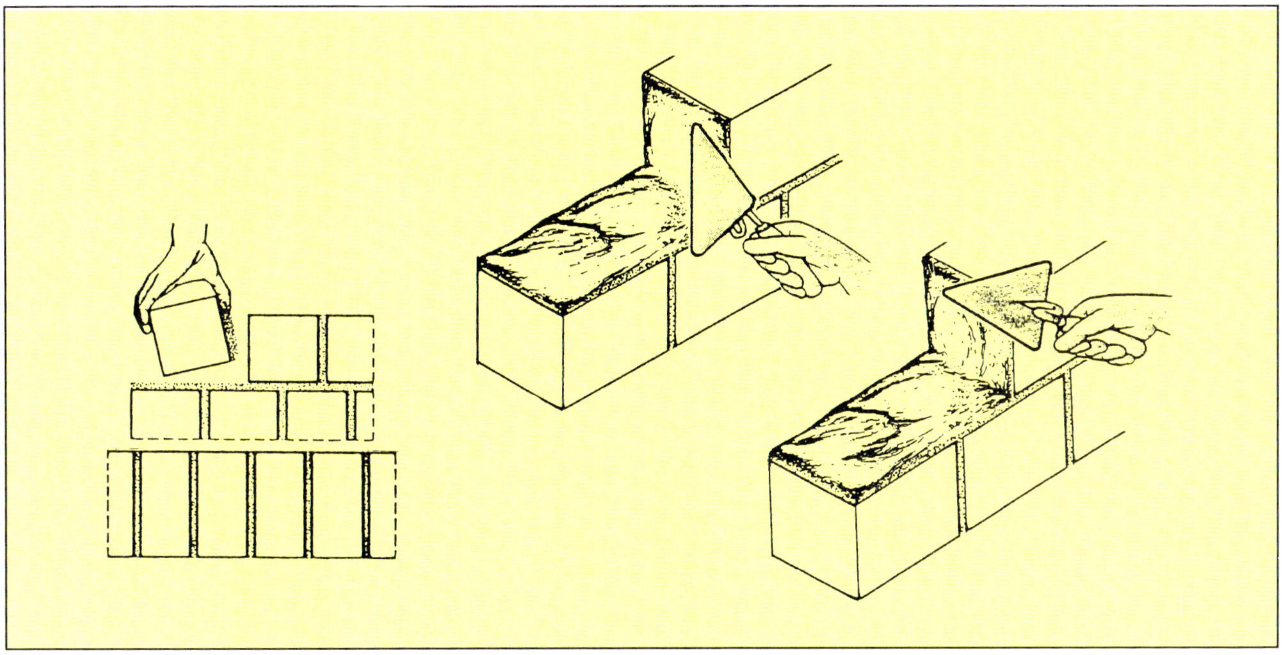

Steine kleineren Formates können Sie direkt mit etwa 1 cm Mörtel bestreichen und dann setzen, bei Block- und Hohlblocksteinen wird der Mörtel an den bereits gesetzten Steinen aufgetragen

ERSTE STEINSCHICHT ANSETZEN

Nässen Sie den ersten Stein etwas vor. Wenn Sie ihn ansetzen, muß er auf dem Mörtel der Lagerfuge noch leicht **schwimmen**. Tut er das nicht, ist entweder der Mörtel oder der Stein zu trocken. Nach dem Ansetzen richten Sie den Stein sorgfältig aus.

Prüfen Sie mit der **Wasserwaage**, ob er genau waagrecht liegt.
Bevor Sie den zweiten Stein ansetzen, müssen Sie Mörtel auf seiner **Stoßfläche** auftragen.

MINITIP
Beim Setzen von Steinen kleineren Formates tragen Sie den Mörtel direkt auf seine Stoßfläche auf. Bei Block- und Hohlblocksteinen wird der Mörtel auf die Stoßfläche des bereits gesetzten Steines aufgetragen.

Der Stein wird auf die Lagerfuge gesetzt und mit der **bemörtelten Stoßfuge** an den ersten Stein gedrückt. Die Stoßfugenbreite soll 1 cm betragen.

Achten Sie darauf, daß die Stoß- und Lagerflächen der Steine vollständig mit Mörtel bedeckt sind.

Wenn die Mauer nicht zu lang ist, können Sie die Lagerfuge unter der ersten Steinschicht in einem Zug aufbringen.

Prüfen Sie immer wieder, ob die **Waagrechte** stimmt, und richten Sie die Steine immer wieder nach der Schnur oder den Anschlagslinien aus.

WEITERE SCHICHTEN AUFBRINGEN

Die zweite Schicht beginnen Sie wieder an dem **Mauerende**, mit dem Sie angefangen haben.

Arbeitsschritte
Zunächst bringen Sie wieder satt die **Lagerfuge** auf.

Als ersten Stein müssen Sie dann einen **halben Stein** setzen. Bei den größeren Steinformaten bietet der Handel sie fertig an, bei den kleinen müssen Sie einen ganzen Stein teilen.

Geübte Maurer schaffen das mit ein paar lockeren und gezielten Schlägen mit dem **Maurerhammer**.

Wenn Sie noch ungeübt sind, zeichnen Sie die Teilungslinien zuerst vor und bearbeiten den Stein entlang der Linien mit **leichten Schlägen**, bis er bricht.

Der Stein wird leicht angedrückt und durch vorsichtige Schläge mit dem Kellengriff oder Maurerhammer ausgerichtet. Überschüssigen Mörtel nehmen Sie sofort mit der Kelle weg, da er sonst festtrocknet und nicht mehr zu entfernen ist.

Die Steine der zweiten Reihe überbinden nun die der ersten jeweils um die **Hälfte**. Das ist der **einfachste Mauerverband**.

Selbstverständlich gibt es noch viel mehr Möglichkeiten, die in der Abbildung auf der nächsten Seite vorgestellt werden.

Von jedem Verband gibt es eine **Grundform** und **mehrere Abwandlungen**.
Dies finden Sie etwa beim Gotischen (links unten) und beim Märkischen Verband (rechts unten).

Wie Sie sehen können, besteht der Unterschied jeweils darin, daß sich beim Gotischen Verband Läufer und Binder regelmäßig abwechseln, beim Märkischen Verband jedoch immer zwei Läufer auf einen Binder folgen.

Freie Mauerenden schließt man ebenfalls **verbandgerecht** ab.

Grundtechniken

Blockverband (NF)

Kreuzverband (NF)

Holländischer Verband (DF)

Binderverband (2 DF)

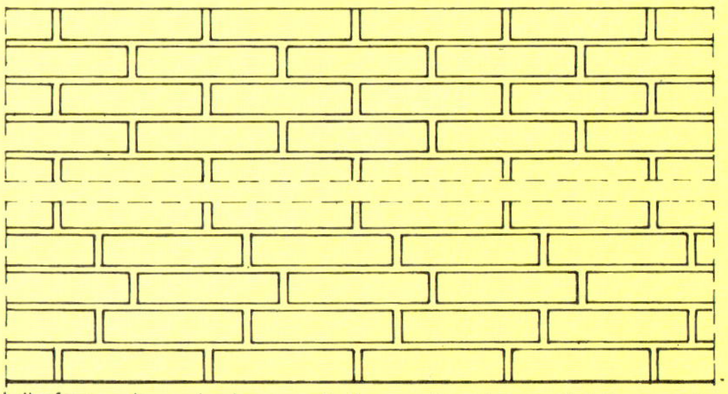

Läuferverband oben mit 1 am ü unten mit 1/2 am ü

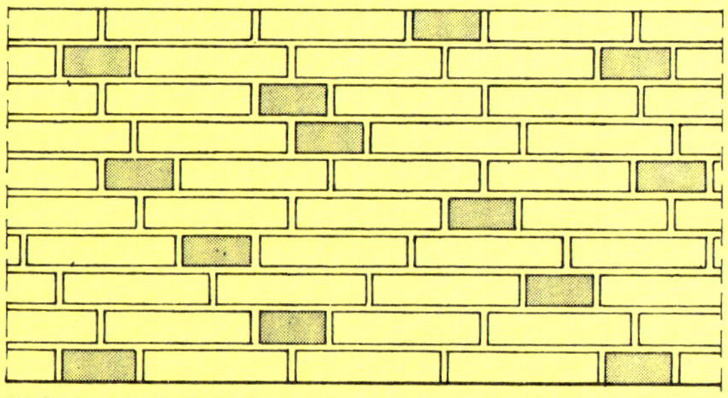

Wilder Verband bewußt unregelmäßig

Grundform

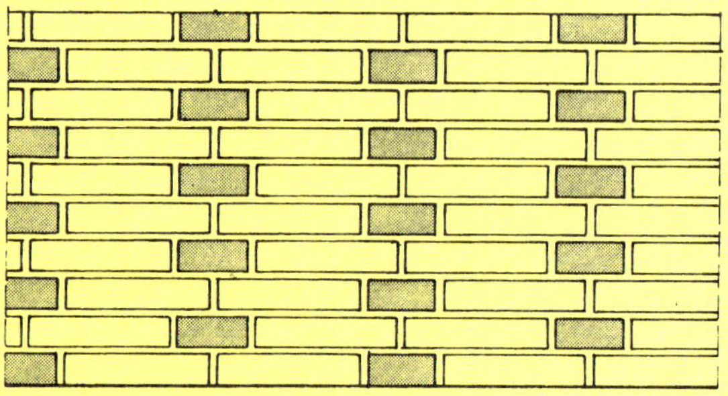

Grundform

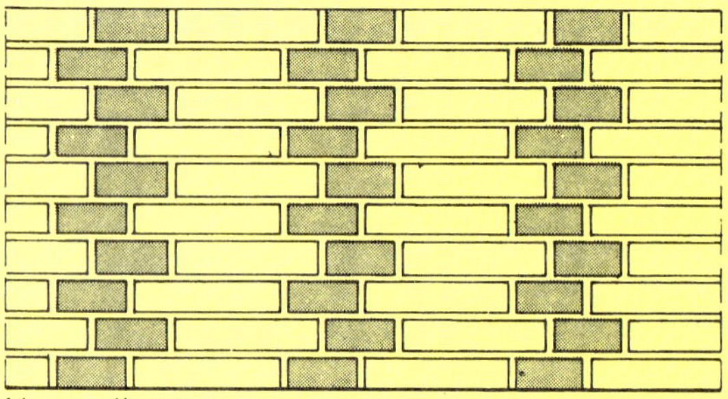

Abwandlung

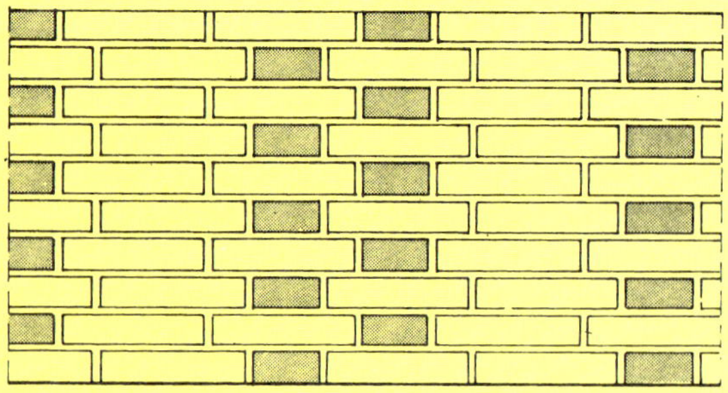

Abwandlung

ECKEN ANLEGEN

Markieren Sie die Ecken genau mit den gespannten Schnüren des Schnurgerüstes und tragen Sie mit der Maurerkelle die **Lagerfugen** für die Ecksteine auf.
Nach dem Ansetzen und Ausrichten des ersten Ecksteines setzen Sie den zweiten rechtwinklig an den ersten.

Richten Sie beide Ecksteine genau nach den gespannten Schnüren **aus** und überprüfen Sie die **Rechtwinkligkeit** zusätzlich mit dem Maurerwinkel. Setzen Sie die erste Steinlage in beide Richtungen noch etwas fort. Die zweite Lage setzen Sie so, daß die Steine überbinden.

Bei längeren Mauern zieht man immer erst die Ecken ein Stück hoch (etwa 4 bis 5 Steinlagen). Man hält so leichter die richtigen Schichthöhen und kann auch einfacher fluchtgerecht mauern. Die richtige Schichthöhe kann man dabei immer wieder mit dem Schichtmaß prüfen.

In den bereits abgebundenen Mörtel an den Ecken können Sie die Stifte für die Maurerschnur befestigen. Bei **Mauerstößen** verfahren Sie genauso.

Spezialkurse

WAND AUS PORENBETON MAUERN

Verwenden Sie zum Mauern nur die vom Hersteller empfohlenen Mörtelsorten.

Anrühren des Dünnbettmörtel mit Wasser

Gehen Sie keine Experimente ein, denn bei dem für Porenbeton gewöhnlich verwendeten **Dünnbettmörtel** muß es sich immer um einen zugelassenen Fertigmörtel handeln.
Machen Sie den Mörtel mit der vorgeschriebenen Menge Wasser an.

Gemauert wird wie bereits beschrieben. Sie tragen den Mörtel aber nicht mit der Maurerkelle, sondern mit einem **Zahnspachtel** oder einer **Spezialkelle** auf. Das Mörtelbett ist nur etwa 1 mm dick. Beim Auftragen mit Zahnspachtel oder Kelle bilden sich Stege in der Mörtelfläche. Wenn diese

Mauerecken und Mauerstöße

Mauerecke im Läuferverband von außen

Mauerecke im Läuferverband von innen

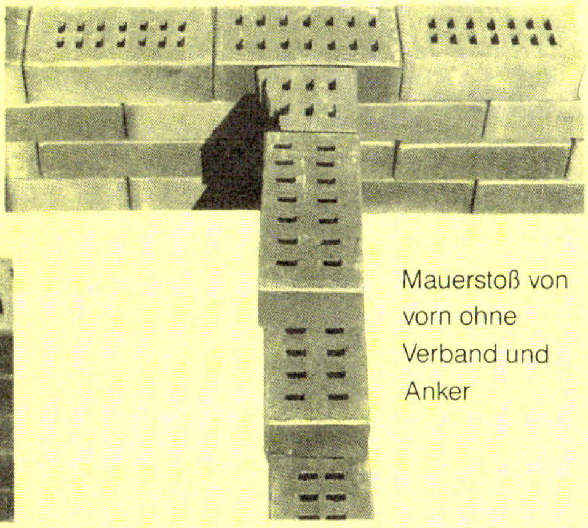

Mauerstoß von vorn ohne Verband und Anker

Mauerstoß von hinten

Stege zulaufen, ist der Mörtel zu weich.

Auftragen des Mörtels mit einem Zahnspachtel

Beim Ansetzen ins Mörtelbett muß der Stein noch ganz **leicht schwimmen**. Prüfen Sie besonders zu Beginn der Arbeit ab und zu nach, ob die Steine ausreichend und gleichmäßig mit Mörtel benetzt sind. Zu diesem Zweck nehmen Sie einen bereits verlegten Stein ab.

Die Steine müssen gut mit Mörtel benetzt sein

Ausgerichtet wird der Stein durch leichte Schläge mit dem **Gummihammer**.

Ausrichten

Halbe Steine oder **Ausgleichsteine** sind beim Mauern mit Porenbeton überhaupt kein Problem.

Sie zeichnen einfach die gewünschte Steinlänge mit Winkel und Zimmermannsbleistift an. Wenn Sie gerade keinen Bleistift zur Hand haben, tut es auch ein Nagel.

Anzeichnen der richtigen Länge

Auf Länge gesägt wird dann mit einer **Spezialsäge**. Sie können aber auch einen ganz normalen **Fuchsschwanz** benutzen.

Zurechtsägen mit einem Fuchschwanz

GLASBAUSTEINE EINBAUEN

Glasbausteine sind die ideale Lösung an den Stellen im Raum, wo Sie Fenster nicht einbauen können oder wollen, wo Sie andererseits aber Licht haben möchten oder Räume abtrennen wollen. Glasbausteine sind hohl und bestehen aus zwei fest miteinander verschweißten Hälften. Sie sind genormte Baustoffe von großer **Druckfestigkeit** mit besonders **guten Wärmedämm-** und **Schallschutzeigenschaften**. Mit stahlbewehrten Mörtelfugen sind Glasbausteinwände außerdem auch absolut **einbruchsicher**.

Glasbausteine eignen sich besonders gut als Fensterersatz oder Raumteiler

Glasbausteinflächen dürfen nie direkt in die umgebenden Gebäudeflächen eingebunden werden, sondern müssen durch **Gleitschichten** beispielsweise zwei Lagen besandete Bitumenpappe) und **Dehnungsfugen** aus einem zähplastischen und verwitterungsfesten Kitt getrennt angeschlossen werden.

Den **Anschluß** zur Raumwand und den **Abschluß** am anderen Ende des Glasbausteinverbandes stellen Sie mit **feuerverzinkten Stahlprofilen** her. Die Breite richten Sie nach der Stärke der Glasbausteine aus (zusätzlich der Gleitfuge). Die Tiefe sollte mindestens 5 cm (für Dehnungs- und Gleitfuge sowie für die Überdeckung des Randstreifens) betragen.

Das **Wandanschlußprofil** dübeln Sie mit Abständen von etwa 50 cm senkrecht an die Wand. Das Profil am Ende müssen Sie mit Winkeln am Boden und Decke unbedingt fest verankern.

In das festgedübelte Halteprofil kommt zuerst eine Lage **Hartschaumstoff**.

Auskleiden des Halteprofils mit Hartschaumstoff

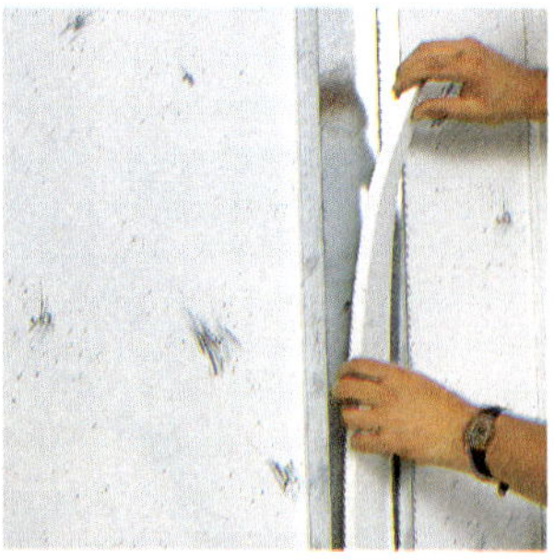

Danach kleiden Sie das ganze Profil mit **unbesandeter Bitumenpappe** aus.

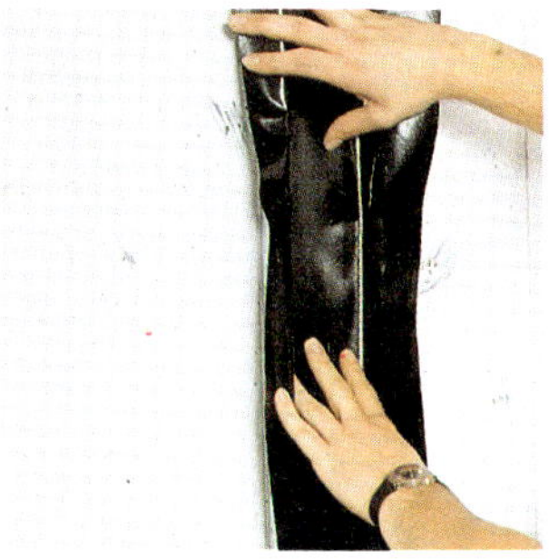

Befestigen von unbesandeter Bitumenpappe

Die Glaswand braucht einen **Bodensockel**. Die Höhe sollte nicht mehr als 10 cm betragen, die Breite entspricht dem Innenmaß des Halteprofils. Zunächst tragen Sie auf einem Bitumenpappe-Streifen Glasbaustein-Fertigmörtel auf. Danach legen Sie zwei Betonstahlstäbe ein. Sie müssen an beiden Enden der Glaswand in das Halteprofil hineinragen.

Einlegen von Betonstahlstäben

Die **Armierungsstäbe** müssen Sie nun mit Mörtel bedecken. Man vermörtelt Glasbausteine nicht wie andere Mauersteine in Verbänden, sondern immer **Fuge über Fuge**. Der Mörtel darf höchstens »erdfeucht« sein. Die Glasbausteine entziehen ihm keine Feuchtigkeit mehr. Zu feuchten Mörtel müssen Sie deshalb leicht anziehen lassen, ehe Sie ihn (dann aber sehr rasch) verarbeiten.

Einmörteln der Armierungsstäbe

Beginnen Sie wie sonst beim Mauern in den **Ecken** und setzen die erste Reihe entlang einer gespannten Schnur.

Setzen der Steine entlang einer Schnur

Jetzt können Sie die Fugen mit Mörtel auffüllen. Dabei ist zu beachten, daß Sie nach etwa jedem dritten Stein senkrecht einen **Armierungsstab** einbauen.

Wichtig: Nach jedem dritten Stein einen Armierungsstab einbauen

In der nächst höheren Lage setzen Sie wieder zuerst die beiden Steine an den Rändern. Der Sitz wird durch leichtes Klopfen mit einem **Gummihammer** korrigiert, nie mit dem Kellengriff oder einem anderen harten Gegenstand. Schlagen Sie beim Korrigieren auch niemals auf die Mittelnaht der Glasbausteine.

Korrigieren des Sitzes mit einem Gummihammer

Beschädigte Glasbausteine dürfen nicht vermauert werden.

Den Überschuß des Mörtels beseitigen Sie mit einem **Fugeisen**.

Entfernen des Mörtels mit einem Fugeisen

Bei kleineren Glasbausteinen muß die Mörtelfuge mindestens 1 cm bei 30 x 19,6 x 10 (Länge x Breite x Dicke in Zentimetern) und mindestens 1,5 cm bei 30 x 30 x 10 cm betragen.
Die Mörtelfuge darf nicht ganz mit der Glassteinoberfläche abschließen.

Endgültig verfugt wird kurz vor dem vollständigen Abbinden des Mauermörtels mit einem **speziellen Fugenmörtel**, meistens einer Schlämme aus Weißzement und Quarzsand.

Endgültiges Verfugen mit Fugenmörtel

Verreiben Sie die Fugenschlämme mit einem **Fugengummi**.

Zum Schluß reinigen Sie die Wand sorgfältig mit einem feuchten **Schwamm**.

Reinigen der Wand mit Schwamm und Wasser

Wände aus Glasbausteinen haben hervorragende Wärmedämm- und Schallschutzeigenschaften

PUTZ AUFTRAGEN

Wie beim Malern und Tapezieren muß der **Putzuntergrund** sauber und tragfähig sein. Risse müssen geschlossen, mehlende oder sandende Flächen mit einer **Tiefengrundierung** behandelt, Feuchtigkeitsschäden samt ihrer Ursachen beseitigt sein.

Die saubere und tragfähige Wand müssen Sie zunächst **vornässen**.

Auf glatte Untergründe wird danach zur besseren Haftung der folgenden Putzschichten ein **Spritzbewurf** aufgeworfen.

Aufwerfen eines Spritzbewurfs

Erfahrene und geübte Maurer ziehen den Putz ohne weitere Hilfsmittel in gleichmäßiger Stärke auf. Für Anfänger dagegen sind **Putzlehren** beim Auftragen des Putzes eine große Hilfe.

Putzlehren sind Latten in der Stärke der Putzschicht. Man befestigt sie mit speziellen **Putzklammern** auf der Wand.
Wählen Sie die Abstände immer etwas kleiner als die Breite Ihrer größten Glättkelle bzw. Aufziehplatte.

Füllen Sie den Putz mit einer **Maurerkelle** auf ein Mörtelbrett oder eine Glättkelle. Halten Sie dabei die

Eine Aufziehplatte ermöglicht das problemlose Glattziehen des Putzes

Glättkelle zwischen den Putzlehren mit der Längsseite leicht gegen die Wand geneigt und ziehen Sie den Putz gleichmäßig von **unten nach oben** auf.

PROFITIP
Sie können den Putz auch einfach mit der Maurerkelle anwerfen und grob verteilen. Das erfordert aber eine gewisse Übung.

Zum Glattziehen des Putzes – immer von unten nach oben – benutzen Sie am besten eine **Aufziehplatte**, die in der Breite über beide Putzlehren reicht. Auf diese Weise erzielen Sie ganz einfach eine genau plane Oberfläche.

Die Putzlehren sollten Sie noch entfernen, bevor der Putz vollständig abgebunden hat.

Hohlräume sauber zu verputzen, dürfte jetzt für Sie kein Problem mehr sein.

PUTZ STRUKTURIEREN

Statt eines Anstriches oder einer Tapete können Sie auch einen **Edelputz** als Sichtfläche für Wände und Fassaden wählen.

Gerade Struktur

Besonders vielfältige Gestaltungsmöglichkeiten bieten dabei die Struktur- und Modellierputze.

Je nach Korngröße der Zuschläge können Sie z.B.

Strukturvariation

Mit einer strukturierten Rolle können Sie interessante Effekte erzielen

Auch mit Ihren Arbeitsgeräten z.B. einem Spachtel läßt sich der Putz bearbeiten

mit **Reibhölzern** gröbere oder feinere Strukturen erzeugen.

Kreisende Bewegungen mit dem Reibholz ergeben geschwungene Strukturen.

Mit Kellen können Sie ebenso gut modellieren wie mit einem starken und fürs Malern nicht mehr brauchbaren **Pinsel**, einem **Flauschroller**, dem Boden einer **Weinflasche** oder sogar den eigenen Fingern. Wenn Sie den Putz wechseln wollen, steht Ihnen ein neuer Dekorputz zur Verfügung. Dieser läßt sich einfach aufziehen und ablösen. Feuchten Sie die Putzflächen an und schaben Sie den Putz nach einer Einwirkzeit ab.

Für Schuppenmuster: Kelle als Hilfsgerät

Dekorative Muster, beispielsweise gößere Schuppen können Sie mit der Glättkelle erzeugen, indem Sie die Putzschicht gleichmäßig eindrücken

Selbst ein alter Pinsel erfüllt seinen Zweck für geschwungene Muster

Strukturierter Wandputz schafft Atmosphäre ohne Tapeten und Farben

Problemlösungen

STURZ EINBAUEN

Stürze bekommen Sie als **Fertigbauteile** passend zu allen Wandbaustoffen. Für Klinker-Sichtmauerwerk z.B. gibt es sie mit Klinkern verkleidet, für Kalksandstein-Mauerwerk mit Verkleidungen aus Kalksandstein. Für verputztes Mauerwerk können Sie aber auch ebenso gut einen unverkleideten Betonsturz wählen. Einen bewehrten Betonkern haben auch die verkleideten Stürze.

Achten Sie darauf, daß der Sturz die für die jeweilige **Öffnungsweite** vorgeschriebene Länge hat und ob er für die betreffende Wand (tragend oder nichttragend) zugelassen ist.

Den Sturz setzen Sie **genau mittig** über die Öffnung auf den Lagerfugenmörtel und zwar so, daß er beidseitig im geforderten Maß auf dem Mauerwerk aufliegt.

Die **Abstände** zu den seitlich anschließenden Steinschichten und die Höhe zur folgenden Steinschicht werden mit **kleinformatigen Ausgleichssteinen** gemauert. Viele Hersteller bieten Stürze in verschiedenen und zu den gebräuchlichsten Steinhöhen passenden Einbauhöhen an.

TRENNWÄNDE EINBINDEN

Hohe Trennwände aus Mauersteinen müssen Sie in das bestehende Mauerwerk einbinden, damit diese die nötige **Standsicherheit** erhalten.
Dazu stemmen Sie mit Meißel und Fäustel die Mauer etwa 10 cm tief und in Steinhöhe aus (bei kleinformatigen Steinen etwa alle 4 bis 5, bei großformatigen alle 2 bis 3 Steinhöhen).

Stürze müssen beidseitig gleichmäßig in das Mauerwerk eingebracht werden

Hohe Trennwände müssen ins Mauerwerk eingebunden werden

An den ausgestemmten Stellen bindet man die neu errichtete Trennwand jeweils in das bestehende Mauerwerk ein.

An der Stelle, an der der Stein einbindet, müssen Sie die Fugen mit **Mörtel** verpressen.

Leichte Trennwände, z.B. aus Porenbeton, können Sie auch durch einen **einfachen Winkel** mit dem vorhandenen Mauerwerk verzahnen.

Kratzen Sie eine kleine **Vertiefung** in den Stein, wo Sie den Winkel festdübeln. An die bestehende Wand setzen Sie ihn mit **Dünnbettmörtel** an.

AUSBLÜHUNGEN ERKENNEN UND BESEITIGEN

Ob Salzausblühungen auf Wandoberflächen einfach nur Schönheitsfehler sind oder Bauschäden anzeigen bzw. hervorrufen, hängt von der **Salzart** ab. Vor der Sanierung müssen Sie deshalb feststellen, um welche Art es sich handelt. Das

Leichte Trennwände können mit einem Winkel befestigt werden

sollte man von einem **Fachmann** (Adressen vom Architekten oder von der Handwerkskammer) erledigen lassen.
Wer noch ein paar Grundkenntnisse aus dem Chemieunterricht parat hat, kann sich auch ein Salzanalyse-Set beim Heimwerkermarkt besorgen.

● **Calciumcarbonatausblühungen** gibt es z.B., wenn die Mauersteine beim Vermörteln **nicht ausreichend vorgenäßt** waren, oder wenn es auf frisch verfugtes Sichtmauerwerk **geregnet** hat. Bei altem Mauerwerk kann eindringender saurer Regen den Mörtelkalk (Calciumcarbonat) in wasserlösliches Calciumbicarbonat umwandeln, das beim Verdunsten auf der Bauteiloberfläche wieder zu Calciumcarbonat wird.

● **Soda** (Natriumcarbonat) wird in Mörteln gelegentlich als Frostschutzmittel oder Erstarrungsbeschleuniger verwendet. Es gelangt im Lauf der Bautrocknung oder bei der Austrocknung von Kondenswasser durch den Kapillartransport wieder an die Bauteiloberfläche, wo es kristallisiert.

● **Sulfatausblühungen**, meistens Natriumsulfat, gibt es bei der Verwendung von (zu viel) Zementmörtel oder bei Gips-Innenputz auf zu dünnen, diffusionsfähigen Wänden mit hoher Kapillarität. Sulfate zermürben auf Dauer Ziegel.

● **Chloridausblühungen** können durch chlorhaltige Frostschutzmittel im Mörtel oder durch unsachgemäßes »Absäuern« (Entfernen von Kalkschleiern und Mörtelresten mit Salzsäure) einer Fassade hervorgerufen werden. Die Chloride sind meistens stark hygroskopisch, bei feuchtem Wetter bilden sich deshalb sofort feuchte Flecke auf der Wand.

● **Nitratausblühungen** wie der »Echte Mauersalpeter« oder »Mauerfraß« (Calciumdinitrat) entstehen z.B. durch eindringendes nitrathaltiges Grundwasser. Wie die Chloride wirken auch die Nitrate stark hygroskopisch.

Feuchtigkeit im Mauerwerk kann solche Ausblühungen bedingen

Carbonatausblühungen sind in der Regel nur Schönheitsfehler. Man beseitigt sie am besten durch trockenes Abbürsten. In allen anderen Fällen muß man die Mauer zunächst vollständig austrocknen und die Ursachen für die Mauerdurchfeuchtung beheben lassen.

Mit einigem handwerklichen Geschick kann jeder sein Eigenheim individuell gestalten

Betonrisse verschließen

Ungewöhnliche Belastungen können zum Bruch oder Aussplittern von Fertigbetonteilen am Haus führen. Gefrierendes Wasser drückt den Riß immer weiter auseinander, wenn man ihn nicht umgehend schließt.

Damit ausreichend Füllmasse in den **Riß** eindringen kann, wird er zunächst mit einem kleinen Hartmetall-Fliesenmeißel auf etwa 5-6 mm Breite behutsam erweitert. Wo die Reparaturmi-

Schmale Risse V-förmig nach unten erweitern.

schung nicht abfließen darf, muß man den Riß oder die abgesplitterte Stelle möglichst dicht eingrenzen. Die **Holzstücke** für diesen Zweck mit Plastikfolie abdecken, damit sie nicht festkleben. Für die **Grundfüllung,** bis knapp unter den Rand, reinen **Kleber** verwenden, der möglichst tief in den Spalt fließen soll. Dazu sollte der Beton mit **Heißluft** angewärmt werden, denn auch bei sommerlichen **Temperaturen** bleibt er erdkalt.

Mit Warmluft sehr vorsichtig manipulieren

Auch das Harz fließt leichter und läßt sich besser dirigieren, wenn man es vorsichtig anwärmt. Das beschleunigt jedoch den **Härtungsprozess.** Eine ruhige Hand und Geduld gehören allerdings dazu, damit das **Harz** nur dorthin gelangt**,** wo es hingehört. Bei ungünstig gelegenen Stellen hilft vielleicht das etwas dünnflüssigere **Modellbauharz** weiter. Man

Knetmasse drückt die Folienstücke dicht an das Bauteil.

kann es aus einer Einweg-Injektionsspritze verarbeiten. Für breitere Risse kann man auch bereits die **Grundfüllung** mit Quarzsand vermischen, muß jedoch darauf achten, daß die **Mischung** fließfähig bleibt. Mehr als im Verhältnis 1:1 ist zwar möglich, aber wenig

Mit sanftem Warmluftstrom dirigieren und verteilen.

sinnvoll. Auch mehrere **Schichten** übereinander sind möglich.

Für die nur ein bis zwei Millimeter dünne **Deckschicht** vermischt man Harz, Sand

Langsam, aber genau: Mischung vom Spatel tropfen lassen.

und Zement: **Sand,** damit die Oberfläche rauh wird,

Im Riß behutsam zu ebener Schicht verteilen.

und **Zement** zum Färben. Auf jeden Fall zuerst den **Kleber** anmischen und anschließend den mit Zement vermischten Quarzsand (etwa 1:3) einrühren. Die zum Abschluß aufgestreute trok-

Zum Schluß mit trockenem Quarzsand-Zementgemisch abstreuen.

kene Quarzsand-Zementmischung noch mit dem **Spatel** leicht andrücken und die Reste abfegen. Damit sollte die **Oberfläche** weitgehend angeglichen sein.

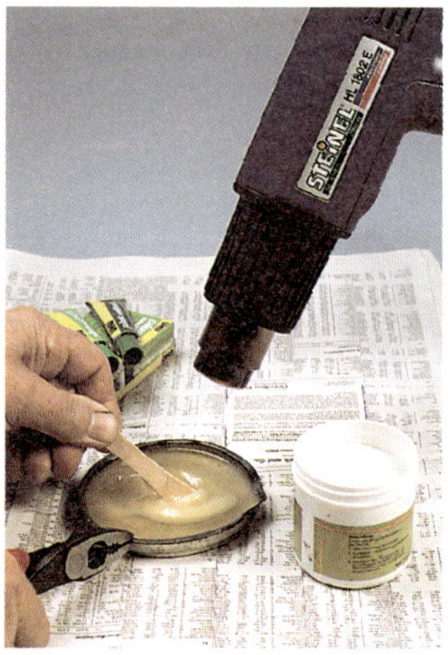

EXTRATIP: Harz und Binder (auch Härter) lassen sich besser miteinander mischen, wenn man sie unter oder über gut handwarmer Luft erwärmt. Aber Vorsicht: Das verkürzt den Härtungsprozess. Ein Metalldosendeckel ist dafür ein wärmefestes Mischgefäß, dessen Rand sich gut mit einer Zange zum Gießer formen läßt.

ARBEITSMATERIAL

- Fliesenmeißel und -hammer
- Hilfsschalung
- Heißluftgebläse
- Epoxidharzkleber
- Spatel
- Quarzsand
- Zement

Sockelputz renovieren

Geputzte Außenecken müssen oft besondere Belastungen aushalten. Vor allem im Sockelbereich, wo dauernde Erdfeuchtigkeit den Putz zusätzlich belastet. Bereits kleine Risse können schnell zu größeren Schadstellen führen.

Für solche relativ kleinen Flächen gibt es spezielle **Fertigmischungen** auch in Kleinpackungen. Neben den Hauptbestandteilen Quarzsand und Zement sind diese Mischungen mit

Das Gitter fest zwischen Leisten gespannt abwinkeln.

Kunststoffen vergütet. Damit lassen sie sich geschmeidiger verarbeiten, haften besser auf dem **Untergrund** und sind auch stoßfester als reiner **Kalkzementputz.**

Außenecken armieren

Als **Armierung** muß man jedoch nicht unbedingt die handelsüblichen, langen **Putzprofile** verwenden. Ein Stück Schweißgitter oder notfalls auch kräftiger, verzinkter Maschendraht, erfüllen den gleichen **Zweck.** Dieses Material läßt sich einfach in der erforderlichen Größe zurichten. Eine exakte **Winkelkante** gelingt perfekt, wenn der mittlere Längsdraht genau an der **Leistenkante** liegt und die Querdrähte mit leichten

Mit der Spitze am Fliesenhammer Vertiefungen schlagen.

Hämmerschlägen über den **Längsdraht** gebogen werden. Vor Beginn der **Spachtelarbeiten** sollte man vorhandene Bitumenanstriche

Geringe Mengen vorzugsweise im Gummibecher anmischen.

aufrauhen, damit sich die **Füllmasse** gut verankern kann. Dabei hört man dann gleich, wo der alte **Putz** möglicherweise noch hohl klingt, weil er keine **Verbindung** zum Mauerwerk hat.

Kleine Mengen mischen

Beim Anmischen zunächst nur etwas **Pulver** in wenig

Eine ausreichend dicke Grundschicht aufbringen.

Wasser schütten und verrühren. Anschließend mehr Pulver oder mehr **Wasser** untermischen, bis eine steife **Mischung** entsteht, die nicht von der Kelle fließen soll.

Die **Grundschicht** von unten nach oben und von der Ecke aus zu den Seiten

Dann die Eckarmierung tief eindrücken.

auftragen. Es sollen noch etwa 5 mm Platz für die **Deckschicht** bleiben. Die Schichten müssen jedoch nicht frisch in frisch aufeinanderfolgen.

Über der Armierung die Deckschicht auftragen.

Bei wenig **Übung** mit diesen Arbeiten läßt sich **Füllspachtel,** auf jeweils getrockneter Vorschicht, in dünnen **Schichten** leichter aufziehen, um eine ebenmäßige Oberfläche zu erzielen. Diese insgesamt wieder

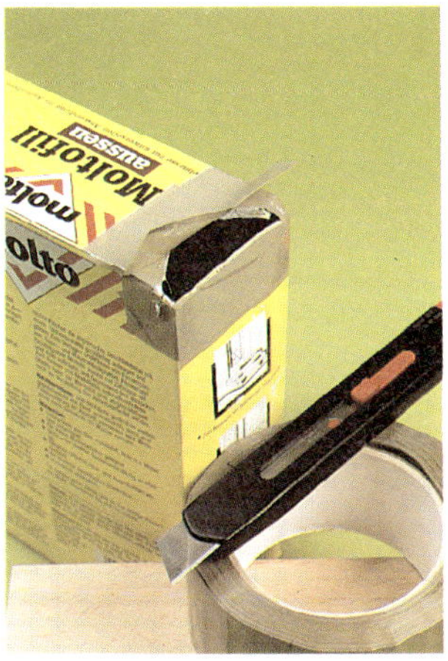

EXTRATIP: Trockenmischungen mit Zement sind bald hart, wenn sie Kontakt mit der Luftfeuchtigkeit haben. Schüttöffnung gut mit Packklebeband verschließen. Besser das Pulver in Plastik- oder Blechgefäße umfüllen.

mit einem **Isolieranstrich** behandeln.

ARBEITSMATERIAL

- Fliesenhammer
- Spachtelmischung
- Gummibecher
- Maurerkelle
- Drahtgitter
- Aufziehspachtel

Mauer neu verfugen

Im porösen Gefüge von schlechtem Fugenmörtel kann sich Wasser sammeln. Wenn es gefriert, dehnt es sich aus und zermürbt dabei den Mörtel, bis er von allein aus den Fugen fällt.

Durch ungenügendes Mischen per Hand sind sogenannte **Sandnester** in den Fugen entstanden. Häufig wird man erst aufmerksam, wenn der Mörtel bereits zerstört wurde.

Ein altes Stecheisen paßt gut in die schmalen Fugen.

Eine jährliche **Inspektion** der Mauerfugen ist sicher keine übertriebene **Vorsorge.** Solange der Schaden noch eng begrenzt ist, kann man ihn mit neuem **Fugenmörtel** schnell beheben.

Den alten **Mörtel** tief, aber nicht mehr als ein Drittel der

Der Wasserstrahl spült die Fugen und näßt die Steine.

Mauerschalendicke, lösen und auskratzen. Dabei darauf achten**,** daß die Verblend- oder Vormauerschale nicht nach innen durchstoßen wird, damit weder frischer Mörtel noch Wasser in die dahinter liegende Luft- oder Dämmschicht gelangen kann.

Bevor der neue Mörtel in die Fuge kommt, muß sie naß sein, damit die **Mischung** nicht ‚verbrennt' – das

Mit dem Fugeneisen zuerst die senkrechten Stoßfugen füllen.

heißt zu schnell abbindet, weil die trockenen Mauersteine zuviel **Wasser** zu schnell aufsaugen. Auch das kann eine Ursache für später auftretende **Schäden** sein.

Den fertig gemischten **Trockenmörtel** nur mit wenig Wasser zu einer steifen, aber nicht zu trockenen Mischung nach **Gebrauchsanleitung** auf der Verpackung verarbeiten. Ist der Mörtel zu schlank, fließt er wieder aus der **Fuge.**

Von der Maurerkelle den Mörtel in die Lagerfugen streichen.

Kunststoffdispersion im Mörtel macht ihn geschmeidiger

Um zu verhindern, daß der Mörtel am unteren **Mauerrand** wieder aus den Stoßfugen fällt, kann man unter die Mauerkante eine Leiste

Fugen im Sichtmauerwerk mit einem Schlauchstück formen.

als **Hilfsschalung** spannen. Mit ihr läßt sich gleichzeitig ein Stück **Plastikfolie** festhalten, die Mörtelbatzen vom Untergrund fernhält. Mit dem schmalen **Fugeneisen** soviel Mörtel wie möglich tief in den **Hintergrund** drücken und an der Frontfläche kräftig, wie es der Maurer nennen würde, ‚festbügeln'. Um die Fuge sicher abzudichten, muß der Mörtel innigen **Kontakt** zu den Steinflächen bekommen. Für den vordersten Zentimeter der Fuge läßt sich dann eine etwas trockenere **Mischung** besser verarbeiten und leichter an die vorhandene Form und **Struktur** der übrigen

Farbe in den Fugen mit einem kleinen Farbroller auftragen.

Fugen anpassen. Bei Verblendsteinen den Mörtel nach oben schräg unter den Stein in die Fuge füllen und die **Sichtfläche** glätten. Einen störenden, noch nicht trockenen **Zementschleier** mit Wasser und **Schwamm** von den Frontflächen der Steine abwaschen. Den **Anstrich** frühestens nach 24 Stunden aufbringen.

ARBEITSMATERIAL

- Farbroller
- Fugen-Fertigmörtel
- Fugeneisen
- Handfeger/Bürste
- Maurerkelle
- Mörtel-Vergüter
- Plastikfolie
- Reibebrett
- Schlauchstück
- Schraubendreher
- Stecheisen
- Wasserschlauch

Klinkerfugen abdichten

Wasser findet überall einen Weg. Es dringt durch die feinen Haarrisse, die im Laufe der Zeit in den Fugen zwischen den Fliesen entstehen.

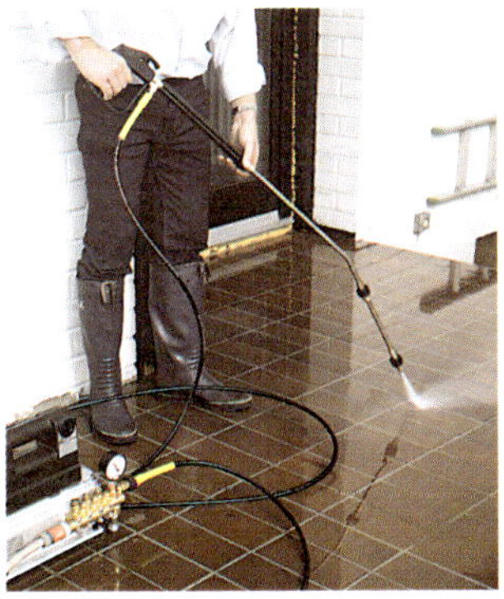

Bequeme Reinigungsarbeiten mit einem Hochdruckreiniger.

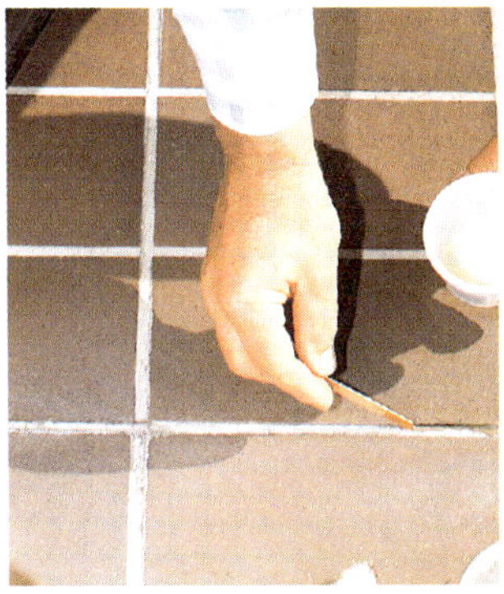

Risse über 0,3 mm Breite mit Epoxidharz füllen.

Mit chemiefestem Gummiwischer die Flüssigkeit verteilen.

Auch nach 24 Stunden darf noch kein Wasser fehlen.

Undicht werden nur die **Fugen.** Eine fachgerechte Drainageschicht beim **Neubau** hätte das verhindern können. Liegt unter der Plattenfläche, zum Beispiel über der Kellerdecke, wenigstens eine **Dichtungsbahn,** kann das eingedrungene Wasser auch an den **Rändern** der Bodenfläche sehr unangenehme Probleme bereiten.

Fugen imprägnieren

In solchen **Fällen** hilft nur das Abdichten der Fugen auf der ganzen **Bodenfläche.** Die Bauchemie bietet dafür Fassadenimprägnierungen auf der Basis von ‚Siloxan' an, die sich auch für **Bodenflächen** einsetzen lassen. Zunächst ist festzustellen, wie groß die **Risse** sind. Denn die recht dünnflüssigen Imprägnierungen können mit ihren **Feststoffen** höchstens bis zu 0,3 mm breite Risse füllen und abdichten. Was breiter ist muß man vorher zum Beispiel mit **Epoxidharz** füllen.

Für die Abdichtung von Bodenflächen eine warme, trockene **Wetterperiode** abwarten. Denn die Fläche ist zuerst mit **Wasser** zu reinigen und muß dann wieder ganz durchtrocknen. Ohne **Hochdruckreiniger** kostet das Reinigen viel **Schweiß** bei harter Arbeit mit Wasser und Bürste. Doch eine **Schmutzschicht** behindert die notwendige Saugfähigkeit der Fugen. Die **Imprägnierung** läßt sich einfach ausschütten und dann verteilen. Wirtschaftlicher ist das **Aufsprühen** einer gleichmäßigen Schicht mit Hilfe einer chemiefesten **Gartenspritze** aus Metall. Das Material so verteilen, daß es sich möglichst nur über den **Fugen** sammelt. Da die Fugen ohnehin immer etwas tiefer sind, ist das nicht so schwierig. Denn auf der **Plattenfläche** nutzt die Imprägnierung gar nichts, sie muß in die Fugen. Über den Fugen muß sie möglichst dick stehen, weil sich die Fugen mit dem **Material** vollsaugen sollen. Die Fugen sollten so ausgetrocknet sein, daß sie sich nach 20 bis 30 Minuten vollgesaugt haben. Dann überschüssiges Material mit dem Wischer auf noch trockene Flächen ziehen.

Vorsicht: Lösungsmittel

Reste von der Plattenoberfläche abwaschen und mit frischer **Verdünnung** und einem anderen Lappen ein- oder zweimal nachwaschen. Mit **Lösungsmitteln** jedoch stets sehr vorsichtig und sparsam umgehen. Darauf verzichten kann man oft leider nicht. Auf entsprechende **Schutzkleidung** und viel frische Luft ist in jedem Fall zu achten. Sind nach 24 Stunden die Lösungsmittel verdunstet, sollte die **Fläche** für die nächsten Jahre dicht sein. Der **Röhrchentest** beweist es: Ein Plexiglasröhrchen auf einer Kreuzfuge mit elastischer **Knetmasse** befestigen und mit Wasser gefüllt oben abdichten.

Das Harz mit Heißluft dünnflüssig verteilen.

Oberfläche mit passender Verdünnung mehrfach abwaschen.

ARBEITSMATERIAL

- Siloxanimprägnierung
- Lösungsmittel
- Epoxidharz
- Heißluftgebläse
- Gummiwischer
- Knetdichtmasse

Profilschalung restaurieren

Es dauert zwar Jahrzehnte, bis eine ursprünglich fachgerecht behandelte Holzfassade einer Renovierung bedarf. Wenn es aber soweit ist, sollte man nicht am falschen Ende sparen.

Nur Holzschrauben aus Edelstahl leben länger als das Holz. Mit einem Bohrschrauber lassen sie sich besonders schnell verarbeiten.

Als Fassadenbekleidung ist Holz kaum dem **Angriff** von Mikroorganismen, Pilzen und Insekten ausgesetzt,

An der Wasserwaage läßt sich die genaue Linie kontrollieren.

sofern der konstruktive **Holzschutz** verwirklicht wurde, also das Holz so verbaut wurde, daß es immer ganz abtrocknen kann.

Wenn Profilbrettkrallen, Panelhaken oder auch Tackerklammern nicht aus **Edelstahl** sind, werden sie auf Dauer den Belastungen im **Außenbereich** nicht widerstehen. Die einzige **Befestigung,** die Profilbretter daran hindert, sich nicht durch Witterungseinflüsse zu verziehen, sind von der Oberfläche aus in die Unterlattung gedrehte **Schrauben** 3,5 x 35 bis max. 4,0 x 40 aus Edelstahl rostfrei. Eine Schraube je **Profilbrett,** 12 mm von der Kante an der Nutseite entfernt, genügt.

Massivholz als Fassade braucht Beweglichkeit

So bleibt dem **Brett** genügend Spielraum beim Ausdehnen und Schwinden. Denn es folgt durch Aufnahme und Abgabe von **Feuchtigkeit** den natürlichen Schwankungen der Luftfeuchte und kann sich so mit seiner Feder in der Nut im benachbarten Brett bewegen. Bei zwei Schrauben könnte das Brett reißen, und an Rissen kann die **Zerstörung** durch biologische Organismen beginnen. Zum **Beispiel** auch, wenn man die heute üblichen Kreuzschlitzschrauben ohne vorzubohren eindreht. Dann kann der Schraubenkopf die **Holzfläche** aufspalten. In dem Riß bleibt unter weniger günstigen Umständen **Feuchtigkeit** zurück. Damit

Durch das Schnellwechselfutter wird Vorbohren einfach.

haben Bakterien, Pilzsporen oder Insekten die notwendige **Lebensgrundlage,** können sich einnisten, wachsen und letztlich das Holz zerstören.

Deshalb die **Schraubenbohrungen** mit einem Spitzbohrer in genau waagerechter **Linie** markieren. Auch eine gespannte **Schnur** kann die gerade Linie bestimmen. Um 0,5 mm größer als der Schraubendurchmesser vorbohren genügt, damit sich der **Schraubenkopf** fachgerecht eindrehen läßt. In einer **Ebene** (bündig) mit der Holzoberfläche, ohne daß sich kleine Risse an der **Bohrung** bilden. Kreuzschlitzschrauben lassen sich ohne Rücksicht auf Schlitzstellung eindrehen. Die klassisch perfekte Art ist die **Befestigung** mit Längs-

Die korrekte Ausrichtung der Schlitze geht nur per Hand.

schlitzschrauben: Alle Schlitze sind akkurat in Richtung der **Holzmaserung** ausgerichtet.

Oberflächen widerstandsfähig behandeln

Zunächst sind trockener Schmutz und Spinnweben abzufegen. Dabei kann man gleichzeitig den **Zustand** der einzelnen Profilbretter und die **Befestigungen** kontrollieren. Die verwitterte Oberflächenschicht ist zwar nach **Jahrzehnten** nur noch dünn, stört jedoch neue Anstriche. Kleine Flächen lassen sich mit einer **Handbürste** schonend, aber nicht sehr wirksam bearbeiten. Mit **Schleifvlies,** als doppelseitige Pads oder auf den Schrubbies von 3M, kann man den Oberflächen schon wirkungsvoller zu Leibe rücken, auch ohne die Oberflächen gleich bis aufs rohe Holz durchzuschleifen. Mühevolle **Handarbeit** läßt sich vor allem jedoch durch rotierende Werkzeuge im Bohrmaschinenfutter vermeiden. Die Borsten einer **Rundbürste** erreichen auch gut die Flächen der tieferliegenden Schattennuten.

Bürsten sind zum Säubern wirkungsvoller als Schleifmittel.

Meistens genügt Auffrischen mit einem getönten Anstrich

Kann nach der **Vorbehandlung** der Farbton bleiben, genügt (bei ursprünglich ölhaltiger Lasur) ein satt aufgetragener **Anstrich** einer Imprägnierung oder einer

Mit der Schmalseite gelangt man gut in die Schattenfugen.

farblosen Holzschutzlasur „mit boiziden“ Wirkstoffen gegen biologische Organismen, oder mit **Klarlasur** „ohne biozide“ Wirkstoffe. Um den **Farbton** aufzufrischen, kann man farblose Mittel auch mit der passenden Farblasur abtönen. Oder farbige **Lasuren,** im gleichen oder dunkleren Farbton mit oder ohne Wirkstoffe verwenden.
Hell lasierte, stark verfärbte **Oberflächen** lassen sich nur dunkler lasieren oder mit deckenden **Holzfarben** wieder ansehnlich gestalten. Aber: Je dunkler der Farbton, desto größer die durch **Sonneneinstrahlung** belastenden Schwankungen der **Temperatur** im Holz.

Verwitterte Deckfarben und **Dickschichtlasuren** (Binde-

Lasur stets sparsam auftragen und kraftvoll verstreichen.

mittel Acryl- oder Alkydharze) weitgehend abschleifen oder abbeizen und nur mit dem gleichen **Anstrichmittel** auffrischen. Wählen Sie speziell für Massivholz geeignete **Anstriche.** Das Holz muß durch offene Poren die Möglichkeit behalten, je nach **Luftfeuchte** unbeschadet Feuchtigkeit aufzunehmen und abzugeben.

Als **Bindemittel** sollten möglichst **Naturöle** tief einziehen, die Farbpigmente (und Wirkstoffe) tief in die Oberfläche einbinden und damit die holzeigene **Widerstandsfähigkeit** unterstützen.

ÖKOTIP
Lasuren mit biologisch wirksamen Stoffen sollte man nur dort einsetzen, wo sich Belastungen von Mikrolebewesen, Pilzen oder Insekten nicht ausschließen lassen. Das ist an Fassaden nur selten der Fall. Die sind wirkungsvoller durch die Farbpigmente in den Lasuren und intensive Behandlung gegen Witterungseinflüsse zu schützen.

Für ölhaltige Lasuren nur Naturborsten verwenden

Beim Lasieren werden **Pinselspuren** durch die Holzmaserung unsichtbar. Bis zu 75 mm breite Flächenstreicher mit **Naturborsten** sind die richtigen Werkzeuge. Borsten nur 2 cm tief eintauchen, am **Dosenrand** abstreifen und den Pinsel je-

So wird sie in die Poren der Oberfläche eingebürstet.

weils möglichst trocken ausstreichen. So wird der **Lasurauftrag** gleichmäßiger. Pinselstiel und Hände bleiben sauber, auch wenn die **Borsten** beim Arbeiten nach oben zeigen. Und nicht vergessen: Farblasuren in kurzen **Abständen** aufrühren, weil sich die Farbpigmente schnell über dem **Boden** absetzen. Sonst kann es Farbtonunterschiede geben. Erst die **Schattenfugen** satt vorstreichen. Hier hält sich

Das Egalisieren ist dagegen mit leichter Hand auszuführen.

Feuchtigkeit länger. Für die Flächen gilt die **Standard-Arbeitsweise**: In Richtung der Holzmaserung auftragen – quer dazu verteilen – und wieder in **Maserrichtung** egalisieren.

EXTRATIP: Ein Streifen stabiles Klebeband über der Dosenöffnung ist eine sinnvolle Pinselablage für kurze Arbeitspausen. So bleibt auch der Dosenrand sauber, der sonst den Pinselstiel verschmutzt.

ARBEITSMATERIAL

- Bohrmaschine
- Wasserwaage
- Schraubendreher
- Bürsten
- Flächenstreicher
- Holzlasur

Dämmen und Isolieren ist ein uraltes und zugleich hochaktuelles Thema. Denn schon immer hat der Mensch beim Hausbau darauf geachtet, daß wertvolle Heizenergie nicht durch Ritzen und Fugen oder zu dünne Wände nach außen entweicht.

Isolieren und Dämmen

Durch Isolierung mit verschiedenen Materialien kann auch unter dem Dach behaglicher Wohnraum geschaffen werden.

ARBEITSMATERIALIEN UND WERKZEUGE

Zum Isolieren von Naßzonen und von verputzten Grund- und Kellermauern kann man **Schutzanstriche aus Bitumen** oder **Bitumen-Kautschuk** verwenden. **Dampfbremsende Folien aus Polyethylen** halten eindringende Feuchtigkeit zurück. Für Außenwände empfehlen sich **spezielle Imprägnieranstriche.**
Zur Abdichtung von Dehnungsfugen und Fenstern bzw. Türabschlüssen ist **Silikonkautschuk** aus der Kartusche ein wirksamer Schutz.
Als Dämmstoffe sind **Platten**, **Filze** und **Körnung** erhältlich. **Mineralfaserplatten** gibt es für die verschiedensten Anwendungsbereiche, **Mineralfaserfilze** werden speziell für den Dachausbau eingesetzt und sind auch mit **Aluminiumbeschichtung** erhältlich. Körnung ist für die Dämmung von Fußböden geeignet. Als **Werkzeuge** benötigen Sie **Zollstock**, **Bandmaß**, **Winkelmaß** und **Wasserwaage** zum Vermessen, **Fuchsschwanz**, **Lochsäge** und **Teppichbodenmesser** zum Zuschneiden. Zur Befestigung ist eine **Bohrmaschine** mit unterschiedlichen Bohrern unerläßlich.

Früher verwendete man als **Dämmstoffe** Stroh, Baumrinde, Holz, trockene Blätter oder Torf. Sie wurden unmittelbar aus der Natur entnommen und nach Bedarf eingebaut. Wenn sie ihre Aufgabe nicht in vollem Maße erfüllten, so wurde der Wärmeverlust durch verstärktes Heizen ausgeglichen.

Aufgrund der **Energieverteuerung** in den letzten beiden Jahrzehnten hat sich die Situation jedoch grundlegend verändert. Der Schutz vor unnötigem Wärmeverlust gehört heute zu den wichtigsten Planungs- und Bauaufgaben beim Häuserbau. Jedes neu erbaute Haus wird deshalb **systematisch** mit hochwirksamen Dämmstoffen ausgestattet. Der hierfür notwendige Aufwand gleicht sich schon nach wenigen Jahren durch eine deutliche **Ersparnis an Heizkosten** aus. Gleichzeitig trägt die Verminderung bei der Verbrennung von Heizöl, Gas und Kohle zu einer spürbaren **Entlastung unserer Umwelt** bei.

Als Bauherr und **Selbermacher** ist es daher wichtig, sich in den grundlegenden Fragen des Isolierens und Dämmens auszukennen. Denn durch Ihre **Eigenleistung** beim Einbau von Dämm- und Isolierstoffen können Sie in hohem Maße zu einer weiteren Senkung Ihrer Baukosten beitragen.

Materialien und Werkzeuge

In den Baumärkten finden Sie eine große Auswahl an leicht zu verarbeitenden Dämmstoffen, die allen gestellten Anforderungen gewachsen sind.
Hierzu gehören Platten aus **Mineralfaser** oder **Polystyrol-Hartschaum** ebenso wie moderne, unmittelbar aus der Natur gewonnene, güteüberwachte Dämmstoffe aus **Holzfaser, Kork, Sisal**, geblähtem **Vulkangestein, Ton** oder **Schiefer**, die mit zunehmendem Umweltbewußtsein zukünftig eine immer größere Bedeutung gewinnen werden. Im Wirkungsgrad und in den Verarbeitungseigenschaften stehen die aus Naturstoffen gewonnenen Materialien den künstlich gewonnenen Dämmstoffen keineswegs nach.

MATERIALEIGENSCHAFTEN VON DÄMMSTOFFEN

Ihre Dämm- und Isoliervorhaben gelingen natürlich am besten, wenn Sie schon beim Kauf der notwendigen Materialien die richtige Wahl treffen. Deshalb ist es unerläßlich, daß Sie sich bereits vor der Anschaffung mit den wichtigsten **Materialeigenschaften** genau vertraut machen. Für eine optimale Wärme- und Schalldämmung und eine praktikable, jedoch immer fachgerechte Verarbeitungsmöglichkeit sollte der von Ihnen gewählte Dämmstoff folgende Eigenschaften besitzen:

Geringe Wärmeleitfähigkeit

Für einen hohen **Dämmwert** ist neben der Materialdicke eine möglichst geringe **Wärmeleitfähigkeit** des Dämmaterials entscheidend. Die Wärmeleitfähigkeit der verschiedenen, im Handel angebotenen Dämmstoffe ist jedoch recht unterschiedlich. Ein objektives Maß hierfür finden Sie in der Angabe der **Wärmeleitfähigkeitsgruppe**, die auf der Dämmstoffverpackung, z.B. mit »050« oder »040« angeben ist. Dabei bedeutet der **geringere** Wert immer zugleich eine geringere Wärmeleitfähigkeit, also eine **höhere** Dämmwirkung.

Für hohe **Schallschutzeigenschaften** sollten Sie zwischen reinen Wärmedämm- und speziellen Schalldämmstoffen unterscheiden. Für einen erhöhten **Trittschallschutz** erhalten Sie entsprechende Trittschalldämmplatten. Eine bessere **Raumakustik** erzielen Sie jedoch mit sogenannten Akustikplatten.

Dämmstoffe sind nach ihrem **Brandverhalten** (gemäß DIN 4102) in verschiedene **Baustoffklassen** eingeteilt: Die auf dem Verpackungsetikett aufgedruckten Bezeichnungen bedeuten:
A1 und A2 = nicht brennbar,
B1 = schwer entflammbar,
B2 = normal entflammbar,
B3 = leicht entflammbar.

Während Stoffe der Klasse B3 nicht für Bauzwecke zugelassen sind, bieten Baustoffe der Klassen B1 und B2 einen für normale Bauvorhaben ausreichenden Brandschutz.
Dämmplatten aus Polystyrol-Hartschaum gehören meist der Gruppe der schwer entflammbaren Baustoffe (B1) an. Sie sind ab 100°C nicht mehr hitzebeständig, während **Mineralfaser** überhaupt **unbrennbar** ist, daher den Gruppen A1 oder A2 zugeordnet ist.

Brandverhalten von Dämmstoffen

Hohe **Wasserdampfdurchlässigkeit** sorgt für einen guten Abzug auftretender Feuchtigkeit aus benachbarten Baustoffen oder aus der Raumluft.
Diese Eigenschaft trägt besonders zu einem guten **Raumklima** bei, das nur durch den geregelten Austausch von Raum- und Außenluft zustande kommen kann.

Wasserdampfdurchlässigkeit

Wasserabweisende Eigenschaften verhindern eine Durchfeuchtung der Platten während der Montage und bei anderen kurzfristig auftretenden Befeuchtungen.

Wasserabweisende Eigenschaften

Formstabilität ist immer dann gefordert, wenn man Dämmstoffe zwischen Lattungen oder Dachsparren einklemmen will. Auch **Maßhaltigkeit** ist ein besonders wichtiges Merkmal. Dämmstoffe sollten ihr Einbaumaß nicht oder nur in sehr geringen Grenzen verändern.

Formstabilität

MINITIP
Alle Dämmstoffe in Form von Platten oder Filzen kann man nur dann exakt einpassen, wenn sie sich auf der Baustelle problemlos und genau **zuschneiden** lassen.
Beim Zuschneiden darf die Schnittkante auf keinen Fall ausfransen.

Diese genannten Materialeigenschaften sind für das **Dämm- und Einbauverhalten** immer gleich wichtig, unabhängig davon, ob Sie sich für Dämmstoffe aus Mineralfaser oder Polystyrol-Hartschaum entscheiden, oder ob Sie natürlichen Materialien wie Holzfaser, Kork, Sisal oder Blähton den Vorzug geben.

MÖGLICHKEITEN UND GRENZEN BEIM SELBERDÄMMEN

Jede Dämmung wirkt sich entscheidend auf den Wärmefluß innerhalb des gedämmten Baukörpers aus. Dies ist ja auch ihre Aufgabe. In bestimmten Einbaubereichen sind jedoch die **bauphysikalischen Auswirkungen**, insbesondere die einer Verlagerung des Taupunktes innerhalb des Mauer- oder Dachquerschnittes, so komplex, daß Sie als Selbermacher mit den jeweiligen Dämmvorhaben überfordert wären.

Anhand der untenstehenden **Übersicht** können Sie

Was Sie selbst dämmen können

	leicht	mittel	schwer	nicht möglich	Hinweis
I. Geneigtes Dach (Dachgeschoßausbau)					
1. auf den Sparren			•		Facharbeit
2. zwischen den Sparren	•				
3. unter den Sparren		•			
II. Flachdach					
1. oberseitig beim einschaligen unbelüfteten Dach (Warmdach)				•	Facharbeit
2. auf der Unterschale beim zweischaligen, belüfteten Dach (Kaltdach)			•		Bauphysik
III. Oberste Geschoßdecke (Speicherboden)					
1. oberseitig ohne Abdeckung	•				
2. oberseitig zwischen Lagerhölzern mit Abdeckung		•			
3. oberseitig unter Verlegeplatten		•			
4. oberseitig mit Verbundelementen		•			
5. unterseitig zwischen Lattung		•			Bauphysik
6. unterseitig mit Verbundplatten			•		Bauphysik
7. unterseitig mit Sichtplatten	•				Bauphysik
IV. Außenwand					
1. außen unter Putz (Fassaden-Vollwärmeschutz-System)				•	Facharbeit
2. außen unter hinterlüfteter Verkleidung			•		Statik
3. Kerndämmung beim zweischaligen Mauerwerk				•	
4. Systemsteine oder Formteilelemente (Mantelbetonbauweise)			•		Statik
5. innen zwischen Lattung		•			Bauphysik
6. innen mit Verbundplatten		•			Bauphysik
7. Untertapeten		•			
8. Reflexionsfolien (Heizkörpernischen)		•			
V. Böden und Decken					
1. oberseitig unter schwimmendem Estrich (Trittschalldämmung)			•		Facharbeit
2. oberseitig mit Verbundelementen		•			
3. unterseitig mit Sichtplatten	•				Bauphysik
4. unterseitig bei Kellerdecken	•				
VI. Sonderanwendungen					
1. Dämmung und Dränung von Kellerwänden			•		Facharbeit
2. Rohrleitungen		•			
3. Hohlraumdämmung mit vorgeschäumten Partikeln		•			Facharbeit
Schaubild: IVH Industrieverband Hartschaum, Heidelberg					

Materialien und Werkzeuge

selbst beurteilen, welche Dämmvorhaben Sie ausführen können und bei welchen Sie zumindest den **Rat** eines erfahrenen **Fachmannes** einholen sollten. Dies ist bei den mit erheblichen bauphysikalischen Veränderungen verbundenen und schwierigen Dämmaufgaben immer **preiswerter**, als eventuelle Bauschäden zu verursachen, die durch einen unsachgemäßen Einbau entstehen.

ISOLIERMITTEL UND DÄMMSTOFFE

Isoliermittel

Isoliermittel benötigt man entweder für Stellen, die Wind und Wetter ausgesetzt sind, oder in **Feuchtigkeits- und Naßzonen**, wie sie in Bad und Küche existieren.
Mit unterschiedlichen Isolierstoffen können Sie selbst den daraus resultierenden Schäden vorbeugen.
Schutzanstriche aus gelöstem Bitumen oder **Bitumenkautschuk** bewirken eine sichere Abdichtung von verputzten Grund- und Kellermauern sowie unter Verfliesungen im Spritzwasserbereich von Bädern und Duschen. **Dickbeschichtungen** aus Bitumenkautschuk kann man anstelle von Zementputz wie Mörtel auf Grund- und Kellermauern auftragen.

Anstrich aus Bitumen

Dampfbremsende Folien verhindern das Eindringen von Raumluftfeuchtigkeit in den Dämmstoff und das Kondensieren der Luftfeuchtigkeit an den dahinterliegenden kalten Bauteilen. Sie bewirken außerdem eine sichere **Abdichtung** gegen Wind und Zugluft. Ihre unterschiedliche Dampfdurchlässigkeit wird mit dem **sd-Wert** angegeben, wobei immer ein **geringerer** sd-Wert auch eine **bessere** Dampfdurchlässigkeit bedeutet. Für ein gesünderes Raumklima ist eine möglichst hohe Dampfdurchlässigkeit mitentscheidend. Am häufigsten werden Polyethylen-Folien verwendet. Den gleichen Zweck erfüllen jedoch auch reißfeste Aluminiumfolien. Für die Abdichtung aller Folienüberlappungen gibt es spezielle **Doppelklebebänder**. Für die Abschlüsse von Folienrändern und Bauteilen benutzt man selbstklebende **Dichtungsbänder**, deren Volumen sich in der Abschlußfuge verfünffacht und dadurch eine sichere Abdichtung garantiert.

Dampfbremsende Folie

Imprägnieranstriche machen Außenwände wasserabweisend. Man kann sie mit dem Pinsel auftragen oder aufsprühen. Seit kurzem sind umweltfreundliche Imprägniermittel **ohne Lösemittel** im Handel.

Silikonkautschuk aus der Kartusche setzen Sie zur Abdichtung von **Anschluß- und Dehnungsfugen** (z. B. in Dusche, Badewannenbereich, Boden, Fenster) ein.

Silikonkautschuk

ÖKOTIP
Bei den Isolierstoffen sind viele stark lösungsmittelhaltige Produkte im Handel. Verschiedene Hersteller bieten seit kurzem lösungsmittelfreie Isolierstoffe an, auf die Sie nicht verzichten sollten. Auch bei den Bitumenabdichtungen finden Sie teer-, benzol- und phenolfreie Produkte.

Dämmstoffe

Für alle Ihre Dämmvorhaben finden Sie heute ein breites Angebot an dämmenden Platten, Filzen und Körnungen aus unterschiedlichen Ausgangsmaterialien.

Mineralfaser wird aus der Schmelze anorganischer Rohstoffe (Glas, Gestein, Schlacke) gewonnen.

Mineralfaserplatten

Mineralfaserplatten eignen sich für nahezu jedes Dämmvorhaben.
Nach ihren Anwendungsbereichen unterscheidet man diese Dämmplatten in: **Fassadendämmplatten, Dachdämmplatten, Estrich-** und

Imprägnieranstriche

Trockenestrich-Dämmplatten sowie **Schalldämmplatten**. Sie finden sie in vielen Baumärkten in um 10 mm abgestuften Dicken und verschiedenen Abmessungen.
Gängige Plattenmaße sind beispielsweise 100 x 50 oder 125 x 60 cm.

Mineralfaserfilze in der Form von Dämmatten eignen sich insbesondere für die Dachdämmung.

Mineralfaserfilze

Zwischen den Sparren setzt man sie in Form von **Randleistenmatten** ein, die mit einer rückseitig aufgebrachten, reißfesten Aluminiumfolie als Dampfbremse versehen sind.
Für den schalldichten Wandabschluß bei Bodendämmung gibt es Dämmstoffrandstreifen.

Randstreifen

Aus Mineralfaserfilzen stellt man auch hochwirksame **Rohrschalen** für die **Dämmung von Heißwasserrohren** her. Hier ist die Aluminiumkaschierung mit einem Klebeband ausgestattet, mit dem man die Rohrschalen sicher verschließen kann.

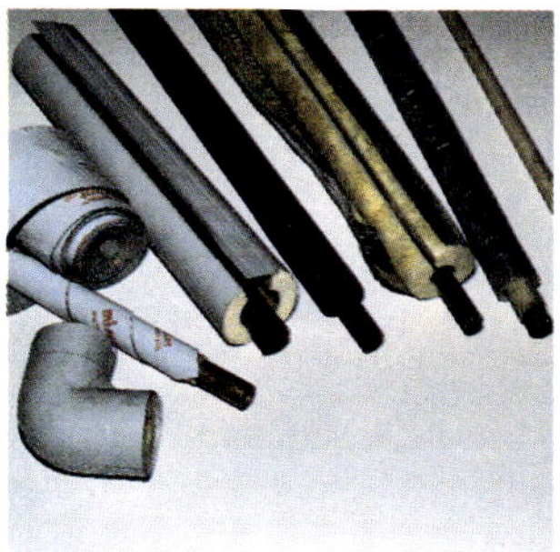

Dämmung von Rohren

Ein weiterer, stark verbreiteter Dämmstoff ist natürlich Polystyrol-Hartschaum, den man vereinfachend auch als **»Styropor«** bezeichnet. Man stellt ihn aus Polystyrol-Granulat mit Treibmitteln oder heißem Dampf her. Dämmplatten aus diesem Material erhalten Sie in unterschiedlichsten Dicken und Plattengrößen, mit und ohne Verbindungsfalz. Viele **Verbundelemente**, wie Leichtbauplatten oder Trockenestrich-Elemente, haben eine dämmende, rückseitige Auflage aus Styropor. Im Handel finden Sie auch Rohrschalen aus Styropor.

ÖKOTIP
Die Treibmittel zur Herstellung von Polystyrol-Hartschaum bestehen häufig aus den Flourkohlenwasserstoffen (FCKW), die umweltschädlich sind. Bei den Dämmstoffen finden sich bereits FCKW-freie Produkte auf dem Markt. Noch FCKW-haltige Dämmstoffe sind mit einem entsprechenden Hinweis, z.B. »enthält ozonabbauende FCKW«, gekennzeichnet.

Auch Dämmstoffe aus natürlichen Materialien finden Sie in einigen Baumärkten. Das Angebot reicht von Dämmplatten aus Holzfasern sowie Kork über Filze aus Sisal oder Tierhaaren bis zu Dämmstoffkörnungen aus anorganischen oder organischen Ausgangsstoffen wie hitzegeblähtes Vulkangestein oder Kork.

Verbundplatten mit Polystyrol-Hartschaum

Gesundheitlich unbedenkliche **Holzfaserplatten** eignen sich nahezu für alle Dämmvorhaben. Man stellt sie aus unbehandeltem, in Sägewerken anfallendem Restholz her. Die **Bindung** der Holzfasern erfolgt in einem schonenden Produktionsprozeß durch das im Holz enthaltene natürliche Bindemittel Lignin. Für einen **Einbau** zwischen oder unter den Sparren stehen Platten unterschiedlicher Dicken mit stumpfen Kanten oder Nut und Feder zur Verfügung.

Unterlagsbodensysteme stellt man aus einem speziellen hochdämmenden Holzfasergemisch her. Es verleiht den Holzfaserplatten eine Elastizität und gleichzeitig hohe **Festigkeit**. Besonders interessant ist dieses Unterlagsbodensystem für den Aufbau **dämmender Unterböden**. Das System besteht aus 40 mm dicken hochporösen Holzfaserplatten mit umlaufender Nut- und Feder-Verbindung sowie aus Holzfugenlatten, die der Befestigung von Fußbodendielen mit Nägeln, Schrauben oder Klammern dienen. Da die Fugenlatten dünner als die Platten sind, können sie den Unterboden nicht berühren. Hierdurch ist eine **schallbrückenfreie Verlegung** gewährleistet.

Unterlagsbodensysteme

Dämmstoffkörnungen bestehen aus leichtem körnigem Material. Die Körnung schüttet man einfach an den vorgesehenen Stellen ein. Sie paßt sich allen örtlichen **Gegebenheiten** und **Maßen** lückenlos an. Zu den anorganischen Schüttmaterialien gehören: geblähtes Vulkangestein (Perlit), Blähschiefer oder Blähton. Sie sind naturrein, unbrennbar und unverrottbar, werden nicht von Ungeziefer oder Nagetieren befallen. Durch die **Herstellung bei hoher Hitze** (1000° C) sind sie bakterien- und keimfrei, außerdem geruchlos und hautfreundlich. Zu den organischen Schüttmaterialien mit besonders hohem Dämmwert und hervorragenden Verarbeitungseigenschaften gehört vor allem Korkschrott.

Werkzeugauswahl: Wasserwaage, Zollstock, Reibbrett, Spachtel, Hobel, Bohrmaschine mit verschiedenen Bohrern und Schnellschrauben, Stichling (Raspel)

Dämmstoffkörnungen

WERKZEUGE

Für die Durchführung von Isolier- und Dämmarbeiten brauchen Sie folgende Werkzeuge:

Zum Vermessen:

- **Zollstock** oder **Bandmaß** zur Abmessung von Abständen.
- **Wasserwaage**, um waagrechtes und senkrechtes Einmessen von Lattung oder Verkleidung vorzunehmen.
- **Winkelmaß** oder **Schmiege** zur korrekten Winkelübertragung.

Zum Sägen oder Schneiden:

- **Fuchsschwanz** zum Sägen von Dämmstoffen, Kanthölzern oder Platten. Bei feiner Zähnung eignet er sich auch für Profilbretter.
- **Lochsäge** oder **Stichsäge** zum Einsägen von Löchern in Dämmstoff- oder Holzspanplatten.
- **Teppichbodenmesser** zum Zuschneiden von Folien und dünnen Dämmstoffplatten.
- **Messer** mit längerer und scharfer Klinge zum Zuschneiden von dickeren Mineralfaserplatten.

Zur Befestigung:

- **Elektrobohrmaschine** mit Schlagbohreinrichtung zum Ausbohren von Löchern in Holz, Stein oder Metall. Für jedes Bohrmaterial sind geeignete Bohrer nötig, die nur in ihrem Bereich eingesetzt werden können.
- **Schraubenzieher**, im Handel in allen Größen erhältlich.
- **Hammer**, unentbehrliches Universalinstrument.
- **Reibebrett** zum Verdichten von Dämmstoffkörnung.
- **Versenkstift**, um kleine Nägel in Holz versenken zu können, ohne dieses zu beschädigen.
- **Tacker** zur mühelosen Befestigung von Folien.
- **Ratsche** oder **Sechskantschlüssel** zur Befestigung der Kanthölzer.

Vorarbeiten

BAUPHYSIKALISCHE GRUNDLAGEN

Um spätere **Bauschäden** zu vermeiden, ist eine **sorgfältige** Dämmung unerläßlich. Bevor man mit dem Dämmen beginnt, sollte man sich unbedingt mit der **Bauphysik** beschäftigen. Dies gilt vor allem für das Dämmen von zweischaligen Flachdächern, für die unterseitige Dämmung von Speicherböden sowie für Dämmarbeiten an den Innenseiten von Außenwänden zwischen Lattungen oder mit Verbundplatten. Da die späteren Schäden hoch sein können, sollte man sich im Zweifelsfall von einem **Fachmann** beraten lassen.

Bauschäden durch ungenügende Wärmedämmung erkennt man an der **Niederschlagsfeuchtigkeit** der betreffenden Bauteile. Diese ist an Fensterscheiben oder wasserundurchlässigen Materialien (z.B. Fliesen) als »Schwitzwasser« erkennbar. Weitere untrügliche Zeichen sind schwarze **Stockflecken** am Verputz oder an den Tapeten, die sich an den Außenwänden ablösen. Derartige Schäden entstehen durch eine ungenügende Wärmedämmung der betreffenden Bauteile. Mit Feuchtigkeit gesättigte Luft gibt diese in Tröpfchenform bei einem **Wärmeabfall** ab, d.h. sie kondensiert. Manchmal reicht bereits ein Absinken der Zimmertemperatur um etwa 8°, um diese physikalische Reaktion auszulösen. Auch **im Inneren eines Bauteiles** kann sich Tauwasser absetzen, wenn die Baumaterialien unzweckmäßig zusammengesetzt

Vor der Dämmung sollte die Bausubstanz genau geprüft werden

wurden. Sind die Bauteile durchfeuchtet, ruft dies eine weitere Oberflächenkondensation hervor, da der Wärmedurchlaßwiderstand immer geringer wird. Auch extrem **niedrige Außentemperaturen** können eine leichte Kondensation zur Folge haben. Dies kann jedoch durch Heizen und richtige Raumbelüftung leicht reguliert werden, sofern die **Wärmedämmung** richtig bemessen wurde.

Warme Luft steigt entsprechend den physikalischen Gesetzen immer nach oben. Daher kommt der **Wärmedämmung des Daches** besondere Bedeutung zu, nicht nur um die künstlich erzeugte Wärme im Haus zu halten, sondern um eine Durchfeuchtung des gesamten Bauteiles zu vermeiden. Jedes Flachdach und jeder ausgebaute Speicher sollte daher grundsätzlich mit einer **Dampfsperre**, etwa einer Polyethylen-Folie, versehen werden.

BAUTECHNISCHE VORAUSSETZUNGEN

Das Beachten der bautechnischen Voraussetzungen ist für ein gutes Gelingen Ihrer Bauvorhaben unerläßlich. Hierzu gehört, daß Sie sich die **Bausubstanz** genau ansehen: Der Untergrund muß trocken und schädlingsfrei sein. Böden, Wände und Dächer sollen **ebene Flächen** besitzen, notfalls müssen sie ausgeglichen oder ein Lattengerüst angebracht werden.

PLANUNG

Um unnötige Kosten zu sparen, sollten Sie sich zuvor eine genaue **Skizze** des Baubereiches machen, möglichst auf Millimeterpapier. Bewährt haben sich hierbei die Maßstäbe 1:10 oder 1:20. Anhand dieser Skizze können Sie dann auch die benötigte **Materialmenge** genauestens berechnen.

Bei der Dämmung von Außenwänden und den Wänden von Feuchträumen ist eine **Hinterlüftung** notwendig. Hierfür muß eine doppelte Unterkonstruktion aus Kanthölzern bzw. Latten angebracht werden. Dabei ist zu beachten, daß die längslaufenden Kanthölzer mindestens **3 cm dicker** als die Dämmstoffschicht sein müssen. Die Abstände zwischen den längsverlaufenden Kanthölzern sollten die Breite der Dämmstoffplatten um etwa **2 cm** unterschreiten, wodurch fugendichte Abschlüsse erreicht werden. Um eine **Kondensierung** der Luftfeuchtigkeit im Raum zu vermeiden, sollte eine **Dampfsperrschicht** angebracht werden.

UNTERGRUND VORBEREITEN

Bevor Sie Dämmstoffe anbringen, sollten vorher **Risse** oder **Löcher** im Verputz beseitigt werden. Hierbei reinigt man zunächst alle Schadstellen mit einer **Drahtbürste**. Überstehende Mörtelreste können mit einem **Hammer** abgeschlagen werden. Anschließend müssen die Schadstellen unbedingt mit **Wasser** vorgenäßt werden, das man am besten mit Hilfe eines Pinsels aufträgt. Risse kann man dann mit **Silikonkautschuk** oder Schnellmörtel

Schließen von Rissen

verschließen. Der Mörtel wird anschließend mit einem Stahlglätter abgezogen.

Großflächige **Putzschäden** sollte man nur mit einem länger offenen Reparaturmörtel bzw. Zement- oder Gipsputz ausbessern. Tragen Sie das Material mit einer Kelle auf und ziehen Sie es, wenn die Masse angezogen hat, mit einem Stahlglätter ab. Sollten Sie hierbei noch **Unebenheiten** feststellen, können Sie diese ausgleichen, indem Sie den Mörtel direkt mit dem Glätter auf die Fehlstellen auftragen.

Reparieren größerer Putzschäden

Auch bei der Isolierung und Dämmung von **Fußböden** ist eine ebene Unterlage notwendig. Die meisten Neubauten verfügen zwar über Betonböden, diese sind jedoch nicht immer eben. Dank moderner **Fließestriche** ist es nicht schwierig, die Böden auszugleichen.

Bevor der Fließestrich angebracht wird, muß der Boden **grundiert** werden. In den meisten Fällen ist eine **Grundierung mit Mörtelverbesserer** auf Kunststoffdispersions-Basis ausreichend. Sie wird mit Wasser verdünnt und auf dem Boden verteilt. Streichen Sie bei stark saugenden Böden eine Haftschlämme aus Fließestrich auf, den Sie mit Wasser streichfähig machen können. Achten Sie bei der Grundierung auf eine **gleichmäßige Verteilung**. Benützen Sie hierfür am besten einen Besen, mit ihm erreichen Sie auch die Ränder der Bodenfläche problemlos.

Ist die Grundierung getrocknet, muß der **Fließestrich** im vom Hersteller angegebenen Verhältnis mit Wasser angemischt und nach 5 Minuten »Ruhepause« nochmals kräftig durchgerührt werden. Seine **Konsistenz** ist dann richtig, wenn der Estrich auf dem Boden leicht verfließt. Gießen Sie ihn nun gleichmäßig **etappenweise** auf dem Boden aus und unterstützen Sie die Verteilung etwas mit einer Glättkelle. Dabei sollten Sie jedoch **keinen Druck** ausüben.

Der Fließestrich nivelliert sich von selbst; zu beachten ist die vom Hersteller angegebene **offene Zeit**.

MINITIP
Als Richtwerte, ob ein Fußboden durch eine Unterlage ausgeglichen werden muß, gelten folgende Abmessungen: 2 Abstandspunkte in 10 cm Entfernung dürfen einen Höhenunterschied von maximal 1 mm haben, Meßpunkte im Abstand von 4 m maximal 10 mm. Werden diese Werte überschritten, muß der Boden ausgeglichen werden.

UNTERTAPETEN KLEBEN

Bei glatten, trockenen Wänden, insbesondere **Innenwänden**, erzielen Sie oft schon durch eine Untertapete die notwendige Dämmung. Der Untergrund muß zuvor **gereinigt**, Leim- und Kalkreste entfernt und alte Tapeten abgezogen werden.

Zur Verklebung der wärmeisolierenden Untertapeten benutzt man einen **Dispersionskleber**, der sich auch für Dekor- oder Korkplatten eignet. Tragen Sie diesen Kleber mit einer **Zahnspachtel** auf der Wand auf. Für rauhe Wände benutzen Sie die **grobe** Zahnung des Spachtels, für eine glatte Oberfläche die **feine** Seite. Wesentlich ist nun, daß Sie nur eine so große Fläche bestreichen, die Sie während der offenen Zeit des Klebstoffes auch bekleben können.

Entrollen Sie nun die Untertapete an der Wand und drücken Sie sie mit der Hand leicht an. Arbeiten sie hierbei von **oben nach unten**, in einer Ecke beginnend. Während der offenen Zeit des Dispersionsklebers können Sie die **Lage** der Tapete noch **korrigieren**. Zuletzt wird die Tapete mit einer **Gummirolle** fest angedrückt. Ist der Klebstoff gebunden, können die Untertapeten mit jeder beliebigen Tapete überklebt werden.

Auftragen eines Fließestrichs

Grundtechniken

FASSADENDÄMMUNG

Die Ausführung einer Fassadenbekleidung aus **Holz** bietet immer eine günstige Möglichkeit, **zusätzlich Dämmstoffe** mit einzubauen. Da man die Holzbekleidung ohnehin nicht unmittelbar an der Wand, sondern an einem Lattengerüst befestigt, ist der zusätzliche **Aufwand** für diese besonders wirkungsvolle Dämmmaßnahme recht **gering**: Anstelle eines flachen Lattengerüstes montieren Sie eine **Unterkonstruktion** aus dickeren Kanthölzern, die ausreichend Raum für den Einbau von Dämmplatten bietet.

Um Feuchtigkeitsschäden zu verhindern, die durch aus dem Hausinneren austretenden und an der Innenseite der Bekleidung sich niederschlagendem Wasserdampf entstehen, ist immer eine wirkungsvolle **Hinterlüftung** unmittelbar unter der Holzbekleidung notwendig. Dazu planen Sie die für die Unterkonstruktion notwendigen **Kanthölzer** in der Stärke so ein, daß sie zusätzlich zur Dicke der Dämmschicht einen durchgehenden **Hohlraum** von mindestens 3 cm zwischen der Dämmschicht und der Bekleidung garantieren. Demnach erfordert eine 8 cm starke Dämmschicht Kanthölzer von mindestens 11 cm Dicke.

Wenn Sie eine **waagrechten Bekleidung** beabsichtigen, schrauben und nageln Sie die Schalungsbretter unmittelbar an die senkrecht montierten Kanthölzer. Haben Sie sich an die Maßzugabe von 3 cm bei der Kantholzstärke gehalten, bleibt ohne weitere Maßnahme zwischen den Kanthölzern ein durchgehender Zwischenraum für die **Hinterlüftung** in senkrechter Richtung offen.

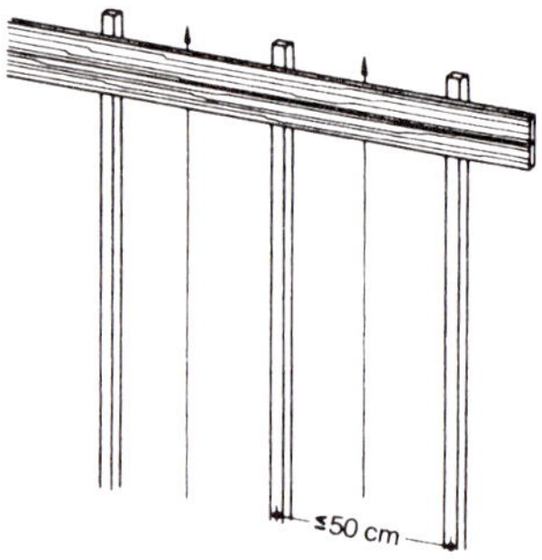

Unterkonstruktion für waagrechte Bekleidung

Bei einem **senkrechten Aufbau** der Bekleidung muß man auf die Kanthölzer zusätzlich eine waagrechte

Konterlattung schrauben. Für das ungehinderte Ablaufen des **Regenwassers** ist ein senkrechter Aufbau der Bekleidung günstiger.

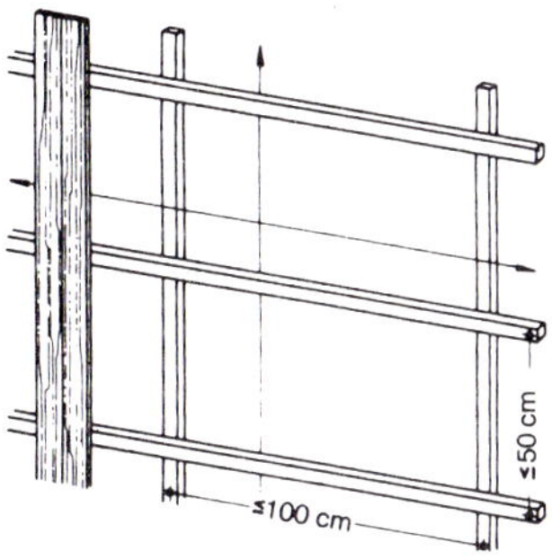

Unterkonstruktion für senkrechte Bekleidung

Mit den richtigen, bauamtlich zugelassenen Durchsteckdübeln und **korrosionssicheren Schrauben** aus Edelstahl mit Sechskantkopf haben Sie bei der Befestigung auch starker Kanthölzer keine Probleme. Die Länge der Durchsteckdübel sollte der vom Hersteller angegebenen **Mindestverankerungstiefe** für die Dübel zusätzlich der Dicke der Kanthölzer entsprechen.

SICHERHEITSTIP
Für eine Unterkonstruktion von mehr als 2 m Höhe brauchen Sie natürlich auch ein standfestes Baugerüst. Wegen der Länge der Kanthölzer und der Bekleidungsbretter ist die Mitarbeit eines Helfers von großem Nutzen. Er kann beispielsweise die Kanthölzer anhalten, während Sie dieselben mit Dübeln und Schrauben befestigen.

Unterkonstruktion montieren
Zeichnen Sie zunächst an der Außenwand den **Verlauf** Ihres Kantholzgerüstes an. Dabei sollten die Kanthölzer einen **Achsabstand** von höchstens 60 cm haben. Damit Sie die Dämmplatten später fest zwischen die Kanthölzer einklemmen können, wählen Sie die **Abstände** etwa um 1 bis 2 cm schmäler als die Breite der vorgesehenen Dämmplatten. Berücksichtigen Sie für die Montage der Unterkonstruktion auch, daß Sie alle **Öffnungen** (Fenster und Türen) rundum mit Kanthölzern einrahmen müssen. Die für die Befestigung von etwa 10 cm dicken Kanthölzern erforderlichen Schrauben haben eine Länge von mindestens 16 cm. Solche Schrauben lassen sich am einfachsten mit einem **Sechskantschlüssel** oder einer **Ratsche** eindrehen. Damit die Schraubenköpfe nicht über die Kanthölzer hinausstehen und bei einem waagrechten Bekleidungsverlauf (ohne Konterlattung) die Befestigung der Schalungsbretter nicht behindern, müssen Sie diese **versenken**. Zeichnen Sie hierfür zunächst die Befestigungspunkte im Abstand von **50 cm** auf den Kanthölzern an. Hiernach bohren Sie mit einem **Forstnerbohrer** im Durchmeser von 30 mm jeweils ein etwa 10 mm tiefes Loch, das der Aufnahme der Schraubenköpfe dient.

Bohren Sie dann die Löcher mit einem Holzbohrer in der Stärke der vorgesehenen **Dübel** vor. Danach halten Sie die Kanthölzer an die Fassade und bohren durch die Löcher der Kanthölzer mit der Schlagbohrmaschine und einem entsprechend langen Steinbohrer die Dübellöcher in die Außenwand.

Eine **alternative Methode** besteht darin, die Bohrstellen der Dübellöcher mit einem dünnen Bleistift durch die Löcher in den Kanthölzern hindurch zu **markieren** und dann die Dübellöcher ohne Anhalten der Kanthölzer zu bohren.

MINITIP
Für das Einsetzen der Dübel ist es wichtig, die Bohrlöcher in der Wand durch mehrmaliges Herausziehen des Bohrers gründlich von Bohrstaub zu reinigen.

Wenn alle Dübellöcher gebohrt sind, schlagen Sie die Dübel mit dem Hammer in die Löcher der Kanthölzer. Befestigen Sie nun die Kanthölzer mit den passenden Schrauben. Bei unebenen Wänden muß man die Kanthölzer meist entsprechend hinterlegen. Hierfür verwenden Sie **Hartholzkeile**, die Sie jeweils von zwei Seiten möglichst in der Nähe der Befestigungspunkte einsetzen.

Anbringen der Unterkonstruktion

Dämmstoffe anbringen
Wenn das Kantholzgerüst fertig montiert ist, bringen Sie die Dämmplatten durch **Einpressen** zwischen die Kanthölzer an. Achten Sie hierbei auf einen **festen Sitz** der Dämmplatten unmittelbar an der Wand. Zwischen den Dämmplatten sollten **keine Fugen** (Kältebrücken) entstehen, deshalb müssen Sie die Dämmplatten auch **dicht aneinandersetzen.** Verarbeiten Sie von unten nach oben ganze Platten und schneiden Sie nur die Platten am oberen Schalungsrand sowie an Ecken

Einpressen der Dämmplatten

oder bei Öffnungen mit einem **scharfen Messer** entsprechend zu.

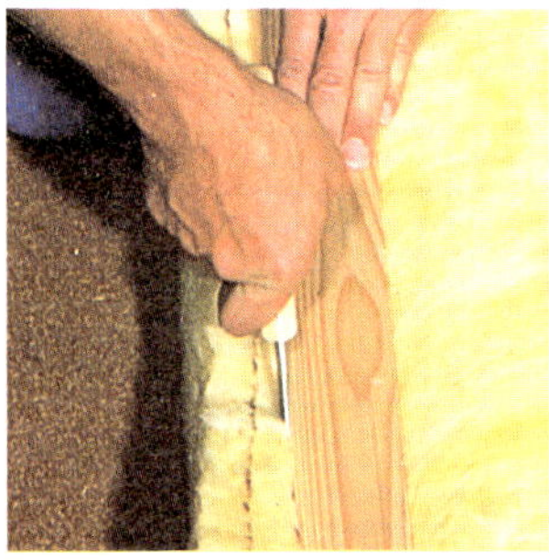
Zuschneiden

Für eine **waagrechte Bekleidung** können Sie die Schalungsbretter nun unmittelbar auf den Kanthölzern anbringen. Für eine **senkrechte Bekleidung** hingegen montierten Sie eine waagrechte Lattung aus Dachlatten auf das Kantholzgerüst. Dies geht am einfachsten mit selbstschneidenden **Lattenschrauben** und einem **Elektroschrauber**. Die Latten sollten einen Abstand von etwa **50 cm** haben. Auf diese Weise ist ein offener **Belüftungzwischenraum** gewährleistet, durch den Tauwasserschäden am Holz sicher vermieden werden.

Doppelte Unterkonstruktion

FUSSBÖDEN MIT DÄMMSTOFFKÖRNUNG DÄMMEN

Beim **Dachgeschoßausbau** in älteren Häusern findet man häufig Verhältnisse vor, die modernen Ansprüchen an eine wärme- und schallgedämmte Wohnung nicht mehr entsprechen. So wurde früher oft die Dämmung der oberen Geschoßdecke versäumt, weil man einfach nicht damit rechnete, den Speicher später einmal als **Wohnraum** zu nutzen. Auch bei Neubauten stellt man häufig aus Kostengründen die Dämmung der oberen Geschoßdecke zurück, um sie dann erst bei einem späteren Dachausbau auszuführen.

Für die fachgerechte nachträgliche Dämmung von **Balkendecken** und auf **Rohbetondecken** aufgebauten Unterböden mit Lagerhölzern eignen sich **Dämmstoffschüttungen** besonders gut, weil sie jeden Hohlraum bei unterschiedlichsten Balken oder Kantholzabständen lückenlos ausfüllen. Die Methode ist auch für den Anfänger unter den Heimwerkern **einfach anwendbar**. Dämmstoffkörnungen schütten Sie an den entsprechenden Stellen, die Sie dämmen wollen, ein.

Dämmstoffschüttung aus Perlite

Dämmstoffschüttungen sind grundsätzlich in hohem Maße **dampfdurchlässige Dämmschichten**. Eine Verlegung von dampfbremsender Folie ist deshalb so lange überflüssig wie der Gesamtaufbau nach oben hin durchlässig bleibt. Vorsicht ist allerdings bei neuen, noch **baufeuchten Betondecken** geboten. Hier muß die Übertragung der aus dem Beton aufsteigenden Feuchtigkeit auf die Lagerhölzer durch Verlegung von **Bitumenpappe** oder dampfbremsende **Folie** verhindert werden.

Nachträgliche Dämmung eines Fußbodens

Bei einem bereits vorhandenen ungedämmten oder unzureichend gedämmten Bodenaufbau mit Holzdielen müssen Sie zunächst die **Holzdielen entfernen**. Das geht am einfachsten, wenn

Verlegen von Bitumenpappe

Sie die Dielen mit dem **Stemmeisen** an den Vernagelungsstellen anheben und dann mit dem Fuß wieder herunterdrücken, so daß Sie die Nägel mit der **Beißzange** herausziehen können.

Wenn Sie alle Holzdielen entfernt haben, **säubern** Sie den Unterboden oder die Zwischenräume der Balkendecke von eventuellen **Verunreinigungen**. Hierbei leistet ein kräftiger Staubsauger gute Dienste. Öffnen Sie dann die Säcke mit der **Dämmstoffkörnung** und füllen Sie diese durch einfaches Ausschütten so hoch ein, daß sie die Kantholz- oder Balkenlage gleichmäßig **knapp überdeckt**.

Glätten

Glätten Sie die Schüttung danach mit einer **geraden Latte**, die Sie über die Oberkante der Kanthölzer oder Balken ziehen. Während des Abziehens bewegen Sie die Latte nach den Seiten hin und her, um eine gleichmäßig bis zur Oberkante der Kanthölzer deckende Verfüllung zu erhalten. Bei Holzbalkendecken kann an unterhöhlten Stellen auch **leichtes Anklopfen** der Schüttung angebracht sein. An Fehlstellen füllen Sie weiteres Material nach.

Nach dem Abziehen der gesamten Bodenfläche können Sie die vorher aufgenommenen, entnagelten und gereinigten **Holzdielen** wieder **verlegen**. Legen Sie dabei die erste Diele mit ihrer Nutkante zur Wand hin und nageln Sie diese erste Diele offen von oben an. Alle weiteren Dielen nageln Sie **schräg** durch die Feder, so daß die Nägel an der Oberseite nicht sichtbar werden.

MINITIP
Sie vermeiden häßliche Beschädigungen an den Holzdielen, wenn Sie die Nägel (mit Stauchkopf) zunächst nur zu einem Teil mit dem Hammer eintreiben und bei den letzten Hammerschlägen einen Versenkstift zu Hilfe nehmen.

DÄMMUNG VON HOLZBALKENDECKEN (-BÖDEN)

Jeder moderne Fußbodenaufbau berücksichtigt neben der **Wärmedämmung** auch **schallschützende Maßnahmen**. Optimalen Schutz vor Schallübertragung können Sie jedoch nur durch eine **schallbrückenfreie Verlegung** sowie durch die Verwendung von **Trockenestrichen** aus schweren Plattenmaterialien erreichen.

Um eine schallbrückenfreie Verlegung zu erreichen, bieten sich zwei Vorgehensweisen an: Die eine Möglichkeit besteht darin, die Trockenestrichplatten »schwimmend«, d.h. **berührungsfrei** zu den Balken zu verlegen.

Berücksichtigen Sie bei der Berechnung der Dämmstoffplattendicke ein **Übermaß** von 1 bis 2 cm, so daß die Dämmstoffplatten nach der Verlegung 1 bis 2 cm über die Holzbalken hinausragen. Auf diese Weise kommen die Trockenestrichplatten nur mit den Dämmstoffplatten, nicht aber mit den Holzbalken in Berührung. Damit ist ein ausreichender **Trittschallschutz** gewährleistet.

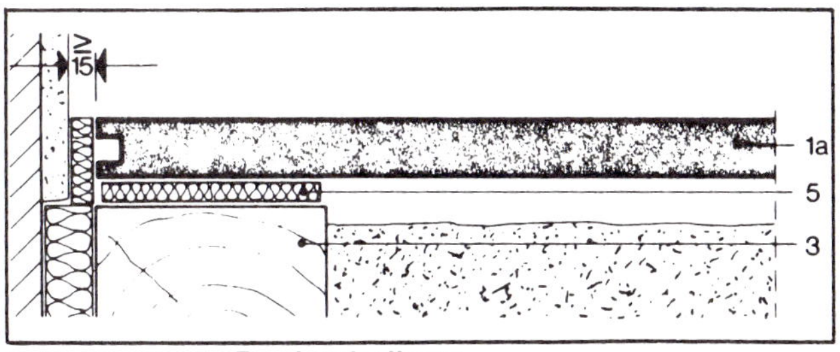

Dämmung von Deckenbalken:
1a) Holzspanplatte, schwimmend 3) Deckenbalken 5) Dämmstreifen

Die zweite Methode zur Vermeidung von Schallbrücken besteht darin, die Holzbalken mit 1 bis 2 cm starken **Dämmstoffstreifen** abzudecken. Wegen der geringen Auflagefläche müssen Sie die Trockenestrichplatten dann zwar mit Schrauben an den Balken befestigen. Die Platten haben aber auch auf diese Art **keinen direkten Kontakt** mit den Balken, so daß die Schallübertragung erschwert ist.

Messen Sie jeweils die Breite jedes Balkenfeldes genau aus und schneiden Sie die Dämmplatten in der Breite mit 1 bis 2 cm **Übermaß** zu.

Zuschneiden

Zur Vermeidung von Wärmebrücken an den Plattenstößen sollten Sie eine **doppellagige Verlegung** vornehmen, indem Sie als Plattenstärke genau die Hälfte der ermittelten Einbaumaße berücksichtigen. Beginnen Sie den Einbau der untersten Plattenlage mit einer ganzen Platte am Anfang eines Balkenfeldes. Hierbei pressen Sie die Platten fest zwischen die Balken ein und achten gleichzeitig auf einen **fugendichten Anschluß** der Platten untereinander.

Beim Einbau der **oberen Plattenlage** beginnen Sie mit einer halben Platte bzw. mit einem ausreichend großen Plattenreststück. Auch hierbei achten Sie wieder auf einen **dichten Anschluß** der Platten an die Balken sowie an die Nachbarplatten.

Beginnen Sie mit der Verlegung der Trockenestrichplatten an einer **Raumecke**. Damit das Material auch

»arbeiten« kann, halten Sie eine umlaufende **Dehnungsfuge** von 1 bis 2 cm frei. Hierfür setzen Sie an den Wänden kleine **Hartholzkeile** ein. Tragen Sie vor dem Ansetzen einer Anschlußplatte auf die unteren Nutwangen geeigneten **Holzleim** auf. Die Holzkeile müssen Sie nach etwa 24 Stunden unbedingt entfernen.

SICHERHEITSTIP
Balkendecken (-böden) sind in der Regel von unten mit leichten Plattenbaustoffen (z.B. Gipskartonplatten) beplankt. Die Felder zwischen den Balken können aus diesem Grund nicht begangen werden. Zu Ihrer eigenen Sicherheit und um Beschädigungen der Decke zu vermeiden,sollten Sie sich beim Einbau der Dämmstoffplatten ausschließlich auf die Deckenbalken stellen.

DÄMMUNG VON BETONDECKEN ZWISCHEN LAGERHÖLZERN

Rohbetondecken erhalten einen gedämmten Unterboden mit **Lagerhölzern**, auf denen man dann Trockenestrichplatten, Holzdielen oder Fertigparkett verlegt. Hierbei richtet sich der **Kantholzabstand** in erster Linie nach den Angaben des Fußboden- oder Plattenherstellers. Da hier meist ein Maß zwischen **40 und 60 cm** angegeben wird, ist es günstig, zur Vermeidung von unnötigem Verschnitt gleichzeitig auch die Breite der vorgesehenen Dämmplatten als Abstandsmaß der Lagerhölzer zu berücksichtigen.

Beachten Sie außerdem, daß Sie neue Betondecken zum **Schutz der Lagerhölzer** unbedingt mit einer feuchtigkeitssperrenden Folie belegen müssen.

Beginnen Sie mit der Verlegung des ersten Lagerholzes an einer Wand. Um eine schallübertragende Berührung mit Wand und Boden zu vermeiden, hinter- und unterlegen Sie das Kantholz auf seiner gesamten Länge mit einem 1 bis 2 cm starken **Dämmstoffrandstreifen** aus Mineralfaser.

Befestigen der Platte auf Lagerholz

Dämmung zwischen Lagerhölzern:
1) Holzspanplatte und Dielen 4) Lagerhölzer 5) Dämmstreifen 7) Dampfbremse (Folie) 10) Mineralwolle zur Hohlraumdämpfung 11) Betondecke

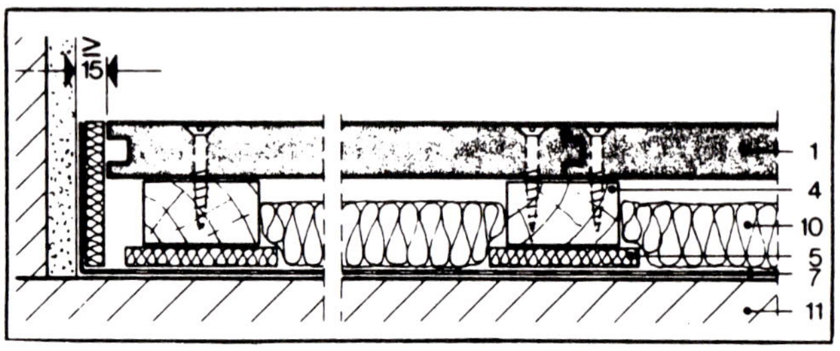

Verlegen der Lagerhölzer

Auch an seinen Enden sollte das Lagerholz die Seitenwände nicht berühren.

Verlegen Sie dann **zwei Lagen** Mineralfaserplatten. Die erste Lage beginnen Sie mit einer ganzen Platte und die zweite Lage mit einem Plattenreststück. So werden automatisch die Stoßfugen der unteren Lage überdeckt und eine bessere **Dämmung** erreicht. Stoßen Sie die Dämmplatten dicht an das Lagerholz. Legen Sie für das folgende Lagerholz wieder Dämmstoffrandstreifen

Einbringen der Dämmplatten

aus. Auch hierbei achten Sie auf einen **fugendichten Anschluß** an die Dämmplatten.

Die Lagerhölzer dürfen Sie nicht mit Dübeln und Schrauben an der Decke befestigen. Ihre **Verbindung** untereinander stellen Sie erst her, wenn Sie die Fußbodendielen bzw. wenn Sie die Trockenestrichplatten verschrauben. Beim Verlegen des Unterbodens oder der Holzdielen lassen Sie wieder umlaufend um die gesamte Bodenfläche eine **Dehnungsfuge** von 1 bis 2 cm frei, die Sie später durch Fußleisten überdecken.

Dämmen eines Dachgeschoßes mit Mineralfasermatten

Spezialkurse

DÄMMUNG ZWISCHEN DEN SPARREN MIT RANDLEISTENMATTEN

Dämmvorhaben muß man je nach den örtlichen Gegebenheiten unterschiedlich planen und ausführen. Bei genau parallel verlaufenden Sparren und bei selbst aufgebauten Lattengerüsten ist das **Einklemmen von Dämmstoffplatten** kein Problem. Sind jedoch die Sparrenabstände unterschiedlich oder liegen wie in vielen ländlichen Altbauten die Sparren als Rundholz vor, so bietet sicher eine Dämmung mit **Mineralfasermatten** die einfachere, aber ebenso fachgerechte Lösung.

Die meisten im Handel angebotenen **Mineralfasermatten** für die Sparrendämmung sind mit einer reißfesten Aluminiumfolie als **Dampfbremse** kaschiert. Ihre überstehenden Ränder (daher die Bezeichnung Randleistenmatten) dienen zudem als ideale **Befestigungsmöglichkeit** mit Tackerklammern.

Mineralfasermatte mit Aluminiumfolie

Auch beim Dämmen mit Randleistenmatten muß zwischen Dämmstoffschicht und Dachhaut ein durchgehender **Lüftungszwischenraum** von 2 bis 4 cm frei bleiben. Die Dämmatten werden fest gerollt geliefert.

Sie dürfen nach dem Einbau also nur auf eine Dicke »aufgehen«, die der Sparrendicke abzüglich mindestens **2 cm** entspricht. Sie müssen dieses Dickenmaß dauerhaft einhalten und dürfen ihre Form bei einem eventuellen **Feuchtwerden** keinesfalls verändern.

Bevor Sie mit der Dämmung beginnen, sollten Sie sich versichern, daß das Dach auch keine **undichten Stellen** aufweist. Bei der jetzt anstehenden gründlichen Säuberung des Dachgebälks mit einem Staubsauger haben Sie ausreichend Gelegenheit dazu. Bevor Sie die Dämmatten einbauen, müssen alle **undichten Stellen** (z.B. defekte Dachziegel) **beseitigt sein**.

Ausmessen der Sparrenbreite

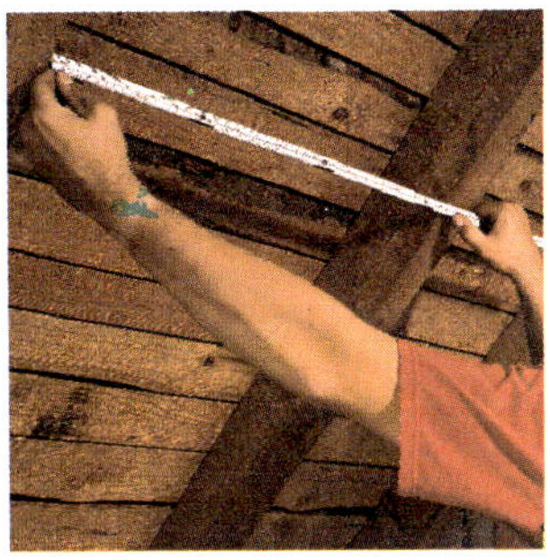

Beim Einbau der Dämmatten gehen Sie folgendermaßen vor:
Messen Sie zunächst sorgfältig die **Sparrenabstände** und die Länge der **Sparrenfelder** aus. Der bestellte Dämmstoff sollte etwa 2 cm breiter sein als der Sparrenabstand. Beträgt der Sparrenabstand zum Beispiel 56 cm, so müssen Sie Ihre **Dämmatten** in der Breite von 60 cm bestellen und davon dann in der gesamten Länge 2 cm **abschneiden**.

Zuschneiden der Dämmatte

Wenn Sie zum Verlegen der meist recht langen Dämmstoffbahnen keine zweite Person als Helfer haben, so können Sie den Einbau durchaus auch alleine bewältigen, indem Sie dabei die im Fachhandel angebotenen preiswerten **Montagehilfen** einsetzen.

Diese nageln Sie etwa in gleicher Höhe an den beiden Sparren des zu dämmenden Feldes fest.

Messen Sie dann die Sparrenlänge vom Fußpunkt bis zu diesen beiden Nägeln und **übertragen** Sie das erhaltene **Maß** auf die **Randleistenmatte**. Klemmen Sie nun an den vorher markierten Stellen die Montagehilfen an die Randleistenmatte und hängen Sie die Matte an die Nägel.

Befestigen der Randleistenmatte mit einem Tacker

Jetzt können Sie mit dem **Befestigen** der Randleistenmatte beginnen. Bei hohen Dächern müssen Sie auf einer **standsicheren Leiter** oder auf einem kleinen, verschiebbaren **Gerüst** stehen. Die Befestigung der Matten erfolgt von oben nach unten, wobei Sie die Bahnen an den überstehenden Rändern mit dem **Tacker** an die Sparren klammern.

Die **Aluminiumkaschierung** dient bei diesen Matten gleichzeitig als **Windabdichtung** und **Dampfbremse**. Für möglichst winddichte Anschlüsse setzen Sie jeweils auf den rechten und den linken Sparren Tackerklammern im Abstand von **10 bis 15 cm**. Dabei halten Sie die Bahn von unter her **straff**, so daß Sie sie ohne Faltenbildung gut zwischen die Sparren einlegen können.
Auch den oberen und den unteren Rand der Matte haben Sie so abgeschnitten, daß dort ein **Rand** übersteht. Durch sorgfältiges Anklammern sowohl an die First- als auch an die Fußpfette (waagrechte Dachbalken, die die Sparren tragen) erreichen Sie einen **dampf- und winddichten Abschluß**.

PROFITIP
Aluminiumkaschierte Dämmatten lassen sich problemlos und ohne Verletzung der Folie zuschneiden, wenn Sie im Randbereich zwischen Folie und Dämmstoff einen langen Streifen Hartfaserplatte unterlegen. Hierbei heben Sie den Dämmstoff nur so weit von der Folie ab, wie es unbedingt für den Schnitt nötig ist. Für einen sauberen Schnitt führen Sie das Messer beim Schneiden entlang einer Dachlatte, die Sie an der vorgesehenen Schnittkante auf die Dämmatte gelegt haben. So bleibt die Randleiste für die nachfolgende Befestigung unverletzt erhalten.

Wenn Sie alle Sparrenfelder und Anschlüsse an die Giebelwand sorgfältig **gedämmt** haben, überkleben Sie die auf den Sparren überlappend ausgeführten Randleisten mit selbstklebenden **Folienstreifen aus Aluminium**, die jeweils zum Dämmprogramm der verschiedene im Handel angebotenen Randleistensysteme gehören.

Arbeiten Sie auch dabei von **oben nach unten** und halten Sie die Folienrolle in der unteren Hand, so daß Sie dabei die Klebefolie **faltenlos und straff** spannen. Mit der anderen Hand ziehen Sie abschnittweise das Schutzpapier ab und drücken die Folie sorgfältig an. Zum Schluß überkleben Sie auch eventuelle waagrechte Folienanschlüsse.

Überkleben der Randleisten mit Aluminiumfolie

Beachten Sie auch, daß **Aluminiumreste** unbedingt in den **Sammelcontainer** gehören.

MINITIP
Restabschnitte der Dämmstoffbahnen können Sie ohne weiteres zusammenfügen, wenn Sie diese an ihrer Schmalseite so zuschneiden, daß ein etwa 10 cm breiter Folienrand übersteht. Beim Ansetzen an eine bereits verlegte Dämmstoffbahn achten Sie sorgfältig darauf, daß unterhalb der Kaschierung keine Lücke (Wärmebrücke) zwischen den benachbarten Bahnen entsteht.

DAMPFBREMSFOLIE VERLEGEN

Bei der Dämmung **nichtbelüfteter Dächer**, insbesondere bei der sogenannten **Sparrenvolldämmung**, die keinen Lüftungszwischenraum zwischen Dämmstoffschicht und Dachhaut vorsieht, ist der Einbau von dampfbremsenden Spezialfolien zur Vermeidung von Tauwasserschäden unerläßlich.

Gleichzeitig dichten diese Folien das Dach nach innen gegen Wind und Zugluft ab.

Dampfbremsfolien haben einen besonders hohen **Wasserdampf-Diffusionswiderstand**, d.h. sie verhindern, daß Wasserdampf zwischen Bereichen unterschiedlicher Luftfeuchte wandert. Bei der **Sparrenvolldämmung**, wo die Dämmstoffschicht an der Rückseite nicht belüftet wird, sollte ihr **sd-Wert**, der Wert, der die Dampfdurchlässigkeit angibt, größer als 50 m sein.
Die Befestigung dieser Folien erfolgt lückenlos mit **Tackerklammern** an den Dachsparren. Die Folienüberlappungen werden mit einem **Spezialklebeband** miteinander verklebt. Zur sicheren Abdichtung von Wandanschlüssen verwenden Sie spezielle, **vorkomprimierte Dichtbänder**, die nach dem Anbringen von Anpreßlatten aufquellen und hierdurch zu einem vollkommen winddichten Anschluß der Folie führen.

SICHERHEITSTIP
Bedenken Sie, daß Sie bei Dämmarbeiten beide Hände für das Anbringen des Materials brauchen und dabei gleichzeitig auf einer Leiter das Gleichgewicht halten müssen. Daher benötigen Sie eine wirklich standfeste Stehleiter. Zur eigenen Sicherheit können Sie an den Füßen der Leiter breite Holzlatten anschrauben, die der Leiter einen besseren Stand geben. Außerdem ist natürlich bei allen Arbeiten ein Mitarbeiter sehr nützlich.

Als Arbeitsvorbereitung sollten Sie daran denken, daß Sie beim Einbau von Dämmstoffen und Folie allen verfügbaren **Platz** brauchen. Räumen Sie daher den Dachraum vollkommen leer und fegen Sie ihn gründlich aus. Bei Altbaudächern findet sich oft sehr viel Staub an den Holzteilen. Sehr hilfreich ist dabei ein leistungsfähiger Staubsauger.

Nach dem Einbau der Dämmstoffplatten überziehen Sie die gesamte Dachfläche mit **Folie**. Je nach den örtlichen Gegebenheiten wird eine waagrechte oder senkrechte Verlegung der Folie günstiger sein. Berücksichtigen Sie dabei in jedem Fall, daß Sie an den **Folienüberlappungen** und **Wandanschlüssen** einen mindestens 10 cm breiten **Überstand** lassen.

Für eine **Folienüberlappung quer** zu den Sparren befestigen Sie die Folie mit ausreichendem Überstand zunächst am Firstbalken. Tackern Sie die Folie dann im Verlauf aller Sparren im Abstand von etwa 10 cm an. Zwischen den Sparren sollte die Folie leicht durchhängen.

Für eine **senkrechte Folienüberlappung** parallel zu den Sparren gehen Sie wie folgt vor:
Heben Sie die Folie zunächst mit einer T-förmigen **Abstützung** aus Dachlatten an. Richten Sie dabei die Folie so aus, daß zu den Anschlußstellen (Giebelwand, Fußpfette, Firstpfette) ausreichend **Überhang** bleibt.

Befestigung bei senkrechter Verlegung

Befestigung der Folienbahnen bei waagrechter Verlegung

Kleben Sie nach dem Befestigen der ersten Folienbahn an der Anschlußseite der Folie quer zu den Sparren oder, bei senkrechter Verlegung im Verlauf eines Sparrens, das **Spezial-Klebeband** auf und drücken Sie dieses fest an.

Befestigen Sie wie vorher die zweite Folienbahn und achten Sie auf **ausreichenden Überstand** an den Anschlußseiten und zur benachbarten Folie. Ziehen Sie jetzt erst den Trennstreifen des Klebebandes ab und kleben Sie dann die zweite Folienbahn an der Überlappungsstelle auf. Vermeiden Sie zu starke unregelmäßige **Verspannungen**, die leicht zu Einrissen führen könnten.

Folienüberlappung

Drücken Sie die zweite Folienbahn im Verlauf des Klebebandes fest an und setzen Sie zur **Sicherheit** einige **Tackerklammern** auf das Klebeband.

Festdrücken der zweiten Folienbahn

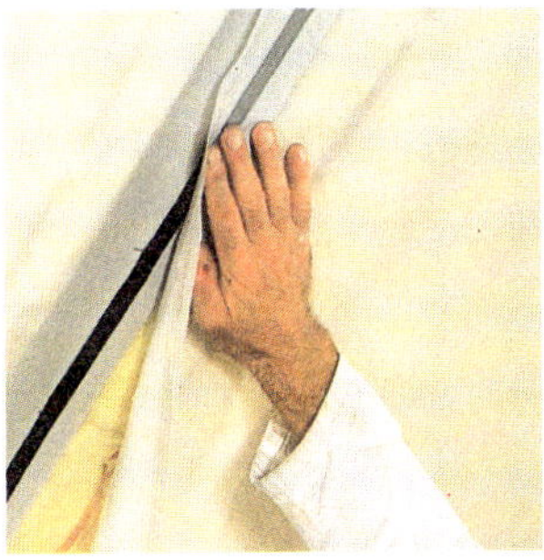

Die Folienüberlappung ist nun **dauerhaft** und **winddicht** verklebt.

Nun dichten Sie die Anschlüsse an den **Giebelwänden** ab. Sie haben hier ausreichend Überstand gelassen, um die Folie zunächst am **wandnächsten Sparren** in dichtem Abstand anzutackern. Kleben Sie jetzt das Spezial-Dichtband entlang den Sparren auf den glatten Innenputz der Giebelwand auf.

Abdichten der Giebelanschlüsse

Schrauben Sie mit Schnellbauschrauben eine **Anpreßlatte** (Dachlatte) so an den Sparren, daß die Folie fest an das Dichtungsband angedrückt wird.

Bei großem Abstand zwischen Sparren und Wand befestigen Sie die Anpreßlatte mit **Durchsteckdübeln** und Schrauben an der Wand.
Hierfür bohren Sie die Dübellöcher in den Latten zunächst mit einem Holzbohrer vor. Der Abstand der Befestigungspunkte sollte zwischen **50 cm und 1 m** liegen.

Nach dem Befestigen der Anpreßlatten schneiden Sie den **Folienüberstand** mit einem scharfen Messer bündig ab.
Das vorkomprimierte Dichtband quillt in den nächsten Stunden auf und sorgt auf diese Weise für einen dauerhaft **winddichten Anschluß** der dampfbremsenden Folie an den Wänden.

Abschneiden des Folienüberstandes

FENSTER- UND TÜRANSCHLÜSSE ABDICHTEN

An Dachfenstern stopfen Sie zunächst alle **Hohlräume** zwischen Sparren und Fensterrahmen sorgfältig mit **Dämmstoff** aus.

Nach dem Überziehen der Sparren mit Dampfbremsfolie schneiden Sie die Folie entsprechend der Fensterabmessung so ab, daß **ausreichend Überstand** bleibt.

Zurechtschneiden der Dampfbremsfolie

Befestigen Sie dann das Klebeband unter **starkem Druck** auf den äußeren Rahmenbereich des Fensters. Nach dem Abziehen des Trennstreifens drücken Sie die überhängende Folie fest an.

Beide Seiten der Fensterlaibung sind nun mit Folie überzogen. Kleben Sie an

Anpassen der Anpreßlatte

Ausgekleidetes Fenster

Festkleben der Folie

Fertig abgedichtetes Fenster

der oberen und an der unteren Fensterlaibung **Klebestreifen** auf, die die zu beklebende Fläche **lückenlos** umfassen. Überkleben Sie diese Flächen mit Folie und drücken Sie die Folie fest an. Danach können Sie am Fenster **überstehende Folienstreifen abschneiden** und zur Sicherheit die Folie umlaufend an der Fensterlaibung im Abstand von 3 cm antackern.
Bei **Türanschlüssen** verfahren Sie genauso.

Umklebung der unteren Fensterlaibung

Problemlösungen

UNDICHTE FENSTER UND TÜREN

Zugluft entsteht meist entweder an Fenster- oder Türöffnungen.
Am sinnvollsten ist es, erst die **Scheiben** und die **Fensterrahmen** abzudichten. Eine gute Möglichkeit, Fenster und Türen abzudichten bietet ein **Auftrag mit Silikondichtstoff**, der sich lückenlos den Ritzen zwischen Rahmen und Fenster bzw. Tür anpaßt.

Bevor Sie das Dichtmittel auftragen, müssen sie die Falz zwischen Rahmen und Fenster bzw. Tür mit einer **Grundierung** behandeln, die meist vom Hersteller zusammen mit der Dichtungsmasse mitgeliefert wird.

Danach bringen sie das Dichtmittel mit einer **Anpreßkartusche** entlang der Rahmenfalz an.

Abdichten

MINITIP
Bewegen Sie die Kartusche gleichmäßig und ohne Aussetzen. So erreichen Sie einen gleichmäßigen Auftrag des Dichtungsmittels.

Anschließend legen Sie die ebenfalls mitgelieferte **Trennfolie** in die frisch aufgetragene Dichtungsmasse, wobei die Folie nach beiden Seiten überstehen sollte. Halten Sie nun das Fenster **mindestens 2 Tage** geschlossen, damit das Dichtungsmittel vulkanisieren kann und eine feste, dauerelastische Masse bildet.

Problemlösungen

Nach zwei Tagen öffnen Sie das Fenster, ziehen die Folie ab und schneiden die über den Rahmen überstehende Dichtmasse mit einem Messer ab.

Sollte durch diese Maßnahme keine Besserung eintreten, muß die Wärmeisolierung **zwischen Rahmen und Mauerwerk** überprüft und gegebenenfalls abgedichtet werden.

Dichten zwischen Rahmen und Mauerwerk

Zugluftquellen lassen sich relativ leicht mit Hilfe einer brennenden **Kerze** aufspüren, deren Flamme bereits beim geringsten Luftzug flackert.

SICHERHEITSTIP
Verwenden Sie diese »Testmöglichkeit« keinesfalls in Räumen, die erst kurz zuvor mit leicht entflammbarem Material (Klebstoffe, Lacke usw.) in Berührung kamen. Achten Sie auf gründiiches Auslüften!

KONDENSATIONS-SCHÄDEN VORBEUGEN

Kondensationsschäden beugt man am besten durch **ausreichende Wärmeisolierung** mit Dämmplatten und dampfbremsender Folie vor, wie sie auf den vorhergehenden Seiten beschrieben wurde.

Wenn es trotz der richtigen Dämmung zu Kondensationen kommt, was bei sehr **niedrigen Außentemperaturen** möglich ist, müssen die Räume mehrfach gründlich gelüftet und ausreichend beheizt werden.

BEPLANKUNG MIT DÄMMENDEN GIPSKARTONPLATTEN

Beim Dachgeschoßausbau muß die Bekleidung der Dachinnenflächen nicht immer aus Profilbrettern bestehen. Eine günstigere und einfach zu montierende Alternative ist eine **Beplankung mit** großformatigen **Gipskartonplatten**, die Sie zum Abschluß mit einer umweltfreundlichen Farbe streichen können. Dadurch entsteht ein **großzügiger Dachraum** mit klaren Linien und hellen Flächen.

Nachdem Sie die Dachflächen zwischen den Sparren gedämmt und mit einer dampfbremsenden Folie überzogen haben, können Sie bereits mit der **Bekleidung der Giebelwände** und der Dachflächen beginnen.
Gipskartonplatten müssen Sie immer auf einer **Lattung** befestigen. Für den Lattenabstand sollten Sie sich nach den Angaben des Plattenherstellers richten.

Anbringen der Lattung über Dämmung

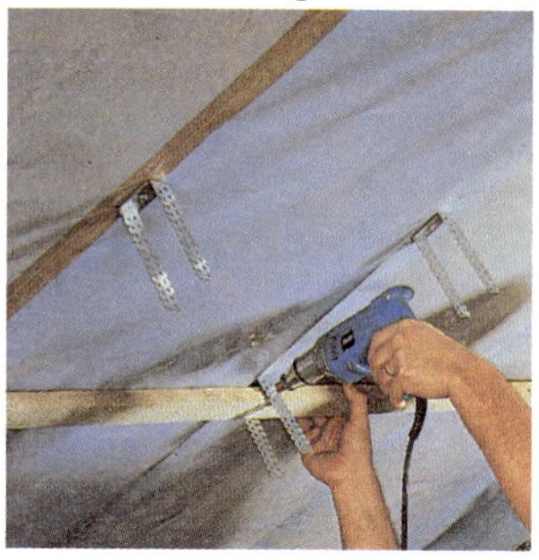

Gipskartonplatten sind eine interessante Alternative beim Dachausbau

Einen besonders günstigen, rißfreien Aufbau erreichen Sie durch das **Hinterlegen** aller Plattenstöße mit dünnen Latten.

Wenn keine zusätzliche **Innendämmung** der Giebelwände vorgesehen ist, befestigen Sie die Dachlatten für die Unterkonstruktion einfach mit **Durchsteckdübeln** an der Wand. Hierfür bohren Sie zunächst die Latten im Abstand von etwa 50 cm mit einem **Holzbohrer** in der Dübelstärke vor. Halten Sie anschließend die Latten fest an die Wand an und bohren Sie dann die Dübellöcher mit einem passenden **Steinbohrer.**

MINITIP
Damit die Dübel auch bis zum Anschlag in die Löcher passen, entfernen Sie das Bohrmehl durch mehrmaliges Herausziehen des laufenden Bohrers.

Nach dem Einstecken der Dübel fixieren Sie die Latten zunächst locker an der Wand. Ziehen Sie also die Schrauben noch nicht fest an, weil Sie erst die Lattung **planeben** ausrichten müssen. Hierfür legen Sie eine Richtlatte aus Aluminium oder ein gerades Brett über die Latten und unterlegen dann weiter zurückstehende Latten an den Befestigungspunkten mit Hartholzkeilen. Durch **Lockern der Schrauben** und **tieferes Einschlagen** der Keile richten Sie das gesamte Lattengerüst planeben aus.

Auch an den **Dachsparren** müssen Sie vor der Befestigung der Gipskartonplatten ein **Lattengerüst** montieren und es planeben ausrichten.

Verarbeiten Sie soweit wie möglich **ganze Platten**. Um **Kreuzfugen** zu vermeiden, beginnen Sie die erste Reihe mit einer ganzen Platte und die zweite mit einer halben Platte. Befestigen Sie

die Gipskartonplatten mit den vom Plattenhersteller empfohlenen **Spezialschrauben**.
Die Schrauben drehen Sie hier **ohne Vorbohrung** durch die Platten hindurch in die Lattung hinein. Die Schraubenköpfe sollten leicht unter die Plattenoberfläche **versenkt** sein; die Löcher und Plattenfugen verspachteln Sie später.

Richtige Plattenverlegung

PROFITIP
Beachten Sie, daß Gipskartonplatten nicht dicht an dicht gestoßen werden. Eine etwa 5 mm schmale Stoßfuge zwischen den einzelnen Platten gibt der später aufzuziehenden Spachtelmasse besseren Halt.

Gipskartonplatten können Sie einfach mit dem **Teppichbodenmesser** entlang einer Metallschiene anritzen und dann über einer Latte genau an der Schnittkante brechen. **Rundungen**

Dosenschneider

sägen Sie mit einer Stichsäge und **Aussparungen** für Steckdosen mit einem im Durchmesser passenden **Dosenschneider**.

Verwenden Sie zum **Spachteln** der Plattenfugen und Schraubenlöcher nur die vom Plattenhersteller empfohlene Spachtelmasse. Beim Auftragen benutzen Sie als Werkzeug einen flexiblen **Japanspachtel**. Arbeiten Sie die Masse gut in die Fugen ein. Zum Schluß ziehen Sie beidseitig der Fugen einen ingesamt etwa 8 cm **breiten Streifen** Spachtelmasse auf.

Verspachteln

Damit die Spachtelmasse nicht später im Bereich der Fugen reißt, legen Sie ein **Fugenband** in die frisch aufgetragene Spachtelmasse ein. Ziehen Sie dann die Spachtelmasse mit dem Spachtel glatt ab.

Nach dem Trocknen des Fugenspachtels überschleifen Sie alle gespachtelten Flächen mit **mittelgrobem Schleifpapier** (80er Körnung); wechseln Sie das Schleifpapier häufiger.

Bevor Sie die Gipskartonplatten anstreichen, tapezieren oder verfliesen können, müssen Sie sie mit einer vom Plattenhersteller empfohlenen **Grundierung** vorstreichen.

FUNDAMENT- ODER KELLERMAUERN ISOLIEREN

An Fundament- und Kellermauern fällt immer Feuchtigkeit in Form von **Bodenfeuchtigkeit**, **Grund-**, **Schichten-** und **Sickerwasser** an. Bei fehlender Abdichtung steigt das eindringende Wasser in den Mauern hoch und verursacht bis über das Bodenniveau hinaus schwere Feuchtigkeitsschäden in Mauerwerk und Verputz.

Mit einer **Bitumenlatex-Dickbeschichtung** können Sie Ihre **Neubau-Kellermauern** ohne vorheriges Verputzen fachgerecht abdichten. Der Untergrund muß hierbei möglichst eben, tragfähig, sauber und trocken sein. **Breitere Mauerrisse** verfüllen und glätten Sie vorher mit Zementmörtel. **Saugfähige Untergründe** (z.B. Bimsstein oder Poroton) streichen Sie mit einer geeigneten Grundierung vor.

Für einen besseren Wasserablauf stellen Sie zunächst an der **Fundamentoberkante** eine **Hohlkehle** her. Hierzu benutzen Sie einen schnellhärtenden Universalmörtel oder einen Kalk-Zementmörtel mit hohem Zementanteil. Tragen Sie den Mörtel dick mit der **Kelle** auf und formen Sie ihn anschließend mit einer Flasche zu einer Hohlkehle aus.

Vor dem Weiterverarbeiten müssen Gipskartonplatten grundiert werden

Hohlkehle

Nachdem der Mörtel ausgehärtet ist, tragen Sie mit einem Quast oder einem breiten Pinsel ein vom Beschichtungsmittel-Hersteller empfohlenes **Grundiermittel** auf.

Auftragen der Grundierung

Nach dem Trocknen können Sie mit der **Beschichtung** beginnen. Entnehmen Sie das Beschichtungsmittel mit der Traufel aus dem Gebinde und tragen Sie es dick auf einen **Stahlglätter** auf. Ziehen Sie das Beschichtungsmittel dann mit dem Stahlglätter gleichmäßig in etwa **5 mm Dicke** auf die Mauer auf. Hierbei arbeiten Sie von unten nach oben und in Streifen an einer Mauerecke beginnend bis zur nächsten Ecke. An Fundament, Hohlkehlen und Ecken achten Sie auf eine besonders sorgfältige Beschichtung.

Aufziehen des Beschichtungsmittels

Die Trocknungszeit von Bitumenlatex-Dickbeschichtungen beträgt 3 bis 7 Tage. Während dieser Zeit darf man die Beschichtung weder durch Regen oder durch zu starke Sonnenbestrahlung noch mechanisch belasten.

Mit **dünnflüssigeren** Bitumenlatex-Anstrichen können Sie **verschiedenste Abdichtungen** an Ihrem Haus ausführen:

Glatt verputzte oder mit Sperrputz beschichtete **Grund- und Kellermauern** streichen Sie mit einem verdünnten Bitumenanstrich vor. Jeweils nach dem Trocknen tragen Sie den Bitumenanstrich in **zwei Schichten** unverdünnt mit einem Quast auf.

Kellermauern streichen

Auch **oberhalb des Bodenniveaus** können Sie die Mauern mit einem Bitumenanstrich vor Spritzwasser schützen. Den Anstrich bringt man zunächst verdünnt an und trägt ihn dann in zwei Deckschichten mit einem dicken Pinsel auf.

Anstrich oberhalb des Bodenniveaus

Balkonplatte abdichten

Auf Balkonen sammelt sich gelegentlich das Regenwasser, das dann durch feinste Risse in der Oberfläche in die Betondecke oder das anschließende Mauerwerk eindringen kann. Deshalb sollte man unmittelbar auf die Balkonplatte einen **wasserundurchlässigen Anstrich** auftragen. Diese Maßnahme können Sie jedoch erst durchführen, wenn die Baufeuchte aus dem Beton verdunstet ist, also bei **guten Witterungsbedingungen** frühestens drei Monate nach dem Betonieren. Zur rißüberbrückenden Abdichtung betten Sie an den Anschlüssen zu allen umlaufenden Mauern **elastische Dichtungsbänder** ein. Als bewährtes Beschichtungsmittel verwenden Sie einen **Bitumenkautschuk-Dickschichtanstrich**, den Sie wieder in zweifacher Schicht mit dem Quast auftragen.

Innenwände im Naßbereich isolieren

Beim modernen Innenausbau können Wände im Bereich von Duschen und Bädern mit leichten Plattenbaustoffen gebaut sein. Auch bei einer Verwendung von wasserfesten Leichtbauplatten muß man diese für die nachfolgende Verfliesung mit einem **dauerelastischen** und **wärmebeständigen Bitumenanstrich** abdichten. Streichen Sie die saugfähigen Untergründe zunächst mit dem **verdünnten Anstrichmittel** vor. Danach streichen Sie Ecken und Plattenanschlüsse und betten dort ein **dauerelastisches Dichtungsband** in die frische Anstrichmasse ein. Nach dem Trocknen tragen Sie einen zweiten Deckanstrich auf.

Garagendächer abdichten

Garagen und Schuppendächer sind häufig mit Dachpappe gedeckt. Durch Wind und Wetter, insbesondere aber durch starke Sonnenbestrahlung wird die Dachpappe spröde, rissig und wasserdurchlässig. Auch hier können Sie einen umweltverträglichen **Bitumenanstrich** einsetzen, den Sie an den Dachrändern mit dem Pinsel und auf größeren Flächen mit einem alten Besen auftragen. Um eine bessere Deckung zu erreichen, streichen Sie **in zwei Richtungen**. Die Trocknungszeit beträgt je nach Witterung 1 bis 2 Tage pro Anstrich.

ÖKOTIP

Achten Sie als umweltbewußter Heimwerker beim Einkauf auf die im Handel erhältlichen teer,- phenol- und benzolfreien Produkte. Überschüssige Bitumenanstriche dürfen Sie keineswegs über die Kanalisation oder mit dem Hausmüll entsorgen. Bringen Sie die Anstrichmittel in den Originalgebinden zur örtlichen Sondermüllstelle.

WARMWASSERROHRE DÄMMEN

An ungedämmten Heizungs- und Warmwasserrohren entstehen immer hohe **Energieverluste**. Außerdem können in den Leitungen **störende Fließgeräusche** auftreten. Durch eine wärme- und schalldämmende Ummantelung der Rohre mit Rohrschalen können Sie solche Mängel wirkungsvoll verhindern. Auch wenn Sie die Heizungsrohre bzw. Wasserleitungen von einer Fachfirma installieren lassen, können

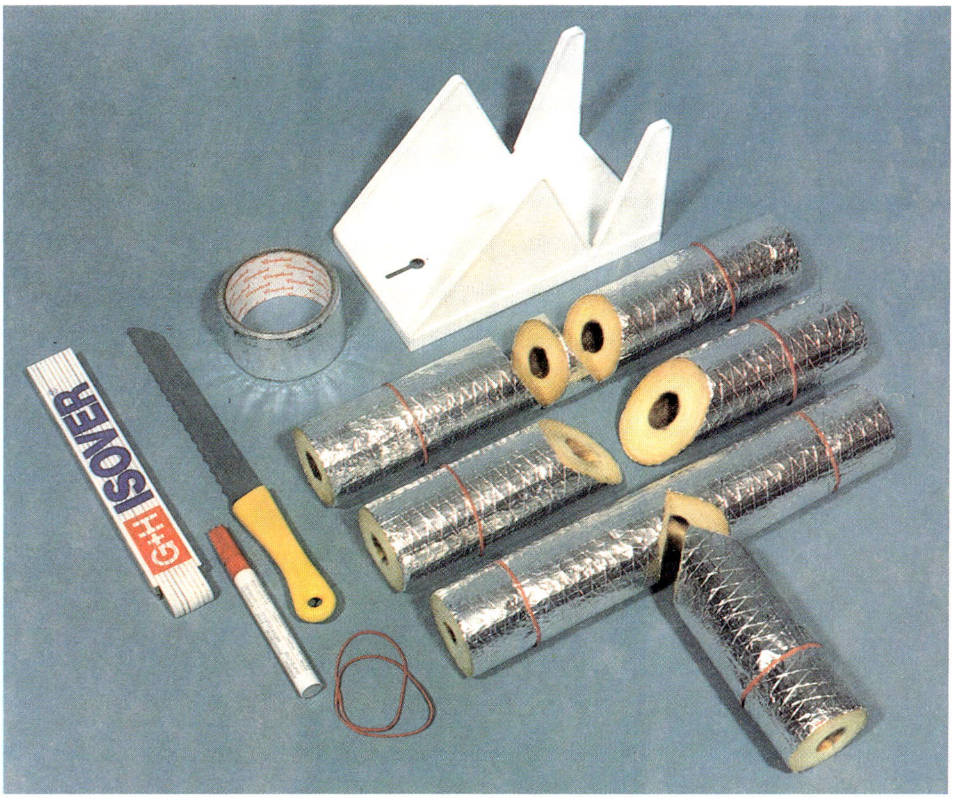

Aluminiumkaschierte Rohrschalen aus Mineralfaser

Sie durch Ihre Eigenleistung deutlich Kosten für Arbeitslöhne einsparen. Sie werden sehen, diese Arbeit können Sie auch als ungeübter Laie mühelos bewältigen.

Für die Dämmung von Rohrleitungen stehen neben **Hartschaumprodukten** auch **aluminiumkaschierte Rohrschalen** aus **Mineralfaser** der besonders günstigen Wärmeleitfähigkeitsgruppe 035 für alle gängigen Rohrdurchmesser zur Verfügung. Die Aluminiumkaschierung hat den zusätzlichen Vorteil, daß der **überstehende** und **selbstklebende Folienrand** das sichere Verschließen der Längsschlitze besonders einfach macht.

Für den Einkauf der Rohrschalen messen Sie die **Durchmesser** sowie alle **Längen** der zu ummantelnden Rohre aus. Bedenken Sie bei der Planung und beim Einkauf außerdem, daß Sie zum Schutz lästiger Leitungsgeräusche auch die **Kaltwasserleitungen** ummanteln sollten.

Zur genauen Anpassung der Rohrschalen an **Rohrbögen** und **Abzweigungen** schneiden Sie die Rohrschalen passend ein. Hierzu benötigen Sie eine **Schneidlade**, die Sie wie die Rohrschalen und das zum Umwickeln der Übergänge nötige selbstklebende **Aluminiumband** als preiswertes Zubehör ebenfalls im Fachhandel erhalten.

Beginnen Sie mit der Verlegung der Rohrschalen an den **Rohrbögen**. Schneiden Sie hierfür ein ausreichend langes Stück Rohrschale ab. Zum Schneiden verwenden Sie ein **scharfes Messer**, das Sie an der Schneidlade führen. Außerdem schneiden Sie zwei V-förmige, nicht durch die Gesamtdicke der Rohrschale durchgehende **Abschnitte** aus der Rohrschale heraus.

Schieben Sie dann die **eingeschnittene Rohrschale** an den aufgebogenen Längsschnitten über den Rohrbogen. Achten Sie dabei auf einen **passenden Sitz** der Rohrschale am Bogen. Nach dem Abziehen des Schutzstreifens verschließen Sie die offenen Längskanten mit dem selbstklebenden, überstehenden Folienrand.

Eine andere Methode, Rohrschalen an **Rohrbögen** anzubringen, besteht darin, zwei Rohrschalen an jeweils einem Ende **in einem Winkel von 45°** abzuschneiden. Auch hierbei ist die Schneidlade als Führung sehr nützlich. Schieben Sie die mit Klebeband geschlossenen Schalen von den Seiten an den Rohrbogen heran und verschließen Sie die Fuge mit **Aluminiumklebeband**.

Für **Rohrabzweigungen** schneiden Sie zwei ausreichend lange Stücke ab. Schneiden Sie das erste, kürzere Stück an einer Seite **V-förmig** zu. Die andere Rohrschale bekommt einen etwa bis zu ihrer Mitte reichenden **V-förmigen Einschnitt**. Setzen Sie diese beiden Rohrschalenstücke an der Rohrabzweigung so zusammen, daß sie an den Einschnitten genau ineinander passen.

Wenn alle Rohrbögen und Abzweigungen mit Rohrschalen gedämmt sind, verlegen Sie die Rohrschalen an den **geraden Rohren**.

PROFTIP
Bei Rohrschellen kommt es besonders darauf an, daß Sie den Abstand zur zuletzt angebrachten Rohrschale genau ausmessen. Der gemessene Abstand legt fest, an welcher Stelle die Rohrschale ausgeschnitten werden muß. Zu groß geratene Aussparungen stopfen Sie einfach mit Restmaterial zu. Hiernach umwickeln Sie die Aussparungen kreuzweise mit selbstklebendem Aluminiumband.

Fügen Sie die einzelnen Rohrschalen dicht aneinander. Die jeweils letzte Rohrschale vor einem Anschlußstück müssen Sie mit einem **rechtwinkligen Schnitt** in der Schneidlade paßgenau ablängen.

Schalldämmschale einbauen

Wenn Luftschall in der Wohnung, meistens als laute Musik, in den umliegenden Räumen als lästig empfunden wird, kann man dem nur mit schalldämmenden Konstruktionen begegnen.

Schallschluckmatten liegen lose auf den Montagelatten. Diese hängen an Rahmendübeln knapp unter der Decke und tragen die 19 mm dicken Profilholzbretter

Gewicht dämmt Schall

Auf wirksame **Weise** läßt sich dieser Schall nur mit schweren, biegeweichen **Schalen** aufnehmen und in lautlose Bewegungsenergie und **Wärme** umwandeln. Das bedeutet: Befestigen-Sie Decken- oder Wandverkleidungen sowie Wandkonstruktionen mit möglichst elastischen **Verbindungen** und ohne direkten Kontakt an den Rändern zu **Wänden** oder Decke, damit sie Schallwellen nicht weiterleiten können. Darüber hinaus müssen diese **Schalen** so schwer wie möglich werden, sollten eine deutlich strukturierte **Oberfläche** aufweisen und an den Rückseiten mit schalldämpfendem **Material** aus Mineralfilz gefüttert sein, damit sich die unterschiedlichen **Arten** von Schallwellen und Frequenzen bereits in dieser **Konstruktion** totlaufen.

Auf schwimmenden Estrich als **Unterboden** trifft das schon weitgehend zu, sofern er frei von **Schallbrücken** zu den Wänden ist. Denn sonst kann man von zusätzlicher Schallschutzverkleidung allenfalls eine schalldämpfende **Wirkung** erwarten. Eine Profilholzverkleidung an der

Dichtungsbänder aus Weichschaum verhindern Schallbrücken.

Decke, als gewichtige, profilierte Stürzerdecke, ist eine attraktive Variante von vielen **Möglichkeiten** einer schalldämmenden Schale. Deckelbrett und Unterbrett bilden die Flächen, die zwischen **Scheinbalken** an zwei Wänden liegen, je nach **Raumgröße** wird die Fläche noch von zwei oder mehr Balken gegliedert.

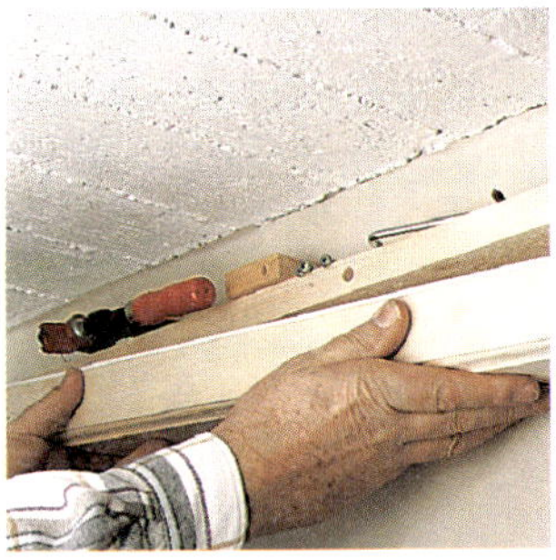

Scheinbalken nicht sichtbar an Wandlatten montieren.

Schalltechnische Trennung

Da die Scheinbalken an der **Wand** keinen Kontakt zur Deckenfläche haben dürfen, wird die **Oberkante** der Balken mit einem **Weichschaumprofil** (Fensterdichtung) beklebt. Dann kann sich das **Unterbrett** dicht darauf legen und ist trotzdem schalltechnisch von der **Wand** getrennt. Die unteren Deckelbretter enden dagegen mit einem **Abstand** von 2 mm vor den Scheinbalken an der Wand, die sich an **Montageleisten** von oben befestigen lassen. Bei geringem Abstand zur Decke lassen sich die Schrauben nur mit einem **Winkelschraubendreher** eindrehen.

Präzise Bohrungen für Dübel und Schraube in den Traglatten.

Tragfähige Sicherheit

An die **Befestigung** der Latten für die Unterkonstruktion sind besondere **Ansprüche** zu stellen. Möglichst wenige Schrauben in **Dübeln** sollen hohes Gewicht sicher tragen. In **Einzelfällen** können technische Informationen des Dübelherstellers weiterhelfen. Im **Zweifel** ist die Hilfe eines Statikers preiswerter als ständige Ungewißheit.

Wo nur das **Gewicht** von Holzprofilen, Montagelatten (50 x 25 mm) und **Schallschluckmatten** zu tragen ist, genügt ein **Abstand** zwischen den Latten von 50 cm und 25 cm zur Wand. Mit 10 mm-Rahmendübeln 100 mm lang (Schrauben 7,0 x

105) darf der Abstand zwischen den Dübelbohrungen in **Beton** höchstens 80 cm betragen. Das entspricht etwa fünf **Dübeln** je Quadratmeter Schalldämmschale. Tragfähige **Baustoffe** und korrekte Montage nach den **Vorschriften** des Dübelherstellers vorausgesetzt.

Dübelbefestigung

Die 10 mm-**Dübelbohrungen** in den Latten für den

Wo der Metallsucher warnt, die Bohrung etwas verlegen.

Dübelrand und den Schraubenkopf so weit auf-

Latten als Bohrschablone für die Dübelbohrung nutzen.

reiben, daß beides etwas vertieft in der **Latte** liegt. Eine quer neben der **Bohrung** eingedrehte Schraube hält das **Holz** zusätzlich zusammen. Bevor Sie die **Dübellöcher** in Beton bohren, sollten Sie an der jeweiligen Latte die **Bohrstelle** mit einem Metallsucher testen, damit Sie nicht auf den **Stahl** der Bewehrungsmatten geraten. Denn zur **Montage** können Sie die Latten, einschließlich der Schallschluckmatten an der endgültigen **Position mit Stützen** unter die Decke klemmen. Die Latten der Unterkonstruktion dürfen nicht an die **Wand** stoßen.

Die Bohrung muß tief genug in den **Beton** reichen. Dann können Sie die Enden der Dübelschäfte genau nach einer von **Wandlatte** zu

Dübelschäfte genau nach einer gespannten Schnur ausrichten.

Wandlatte gespannten Schnur in die **Bohrung** treiben und ausrichten. Sind alle **Schrauben** eingedreht, werden die **Latten** heruntergezogen. Dann sollte die Unterkonstruktion in einer

Schrauben eindrehen mit Gabelschlüssel am Sechskantansatz.

Ebene an den Dübeln unter der Decke hängen.

Profilholz montieren

Für den **Anfang** der Holzfläche je nach **Deckenfläche** ein halbes oder schmaleres Deckelbrett mit einem Unterbrett verschrauben und zusammen auf **Fugenkrallen** schieben. Die sollten Sie so anschrauben, daß zwischen Wand und **Brett** eine wenigstens 3 mm breite Schattenfuge bleibt. Die **Winkelklammern** der Deckelbretter müssen sich mit einem Ende knapp an der **Montagelatte** auf das zuvor montierte Unterbrett legen können. Mit dem an-

Besondere Winkelklammern auf die Deckelbretter schrauben.

deren **Ende** werden sie unter die Montagelatte geschraubt. Deshalb sind die **Klammern** etwas schräg angeordnet. Die Unterbretter können dann mit einer **Kante** auf dem Deckelbrett liegen. Die andere Kante wird mit **Fugenkrallen** angetackert.

Unterbrett mit Fugenkrallen (5 mm Nutwange) befestigen.

Gewicht erhöhen

Wenn Sie die biegeweiche **Schale** für besonders hohe

Strukturierte Oberflächen brechen die Schallwellen.

Dämmwirkung mit zusätzlichem **Gewicht** ausstatten wollen, können Sie dafür spezielle **Schalldämmplatten** einsetzen.

EXTRATIP: Schwere schalldämmende Decken lassen sich auch als abgehängte Decken erstellen. Dazu besonders massive Lochbandstücke von der Rolle, Querschnitt 40 x 2 mm, an die Decke dübeln und die Unterkonstruktion daran befestigen.

ARBEITSMATERIAL

- Stürzerprofile
- Stürzerbefestigungen
- Montagelatten
- Schallschluckmatten
- Rahmendübel
- Bohrhammer
- Akkuschrauber
- Schraubendreher
- Gabelschlüssel
- Metallsucher
- Schrauben
- Tacker

Innendachfläche dämmen

Die aktuellen Bestimmungen der Wärmeschutzverordnung berücksichtigen umfangreicher als zuvor die winddichte Ausführung der Maßnahmen zur Wärmedämmung, auch und gerade an Decken im Dachgeschoß.

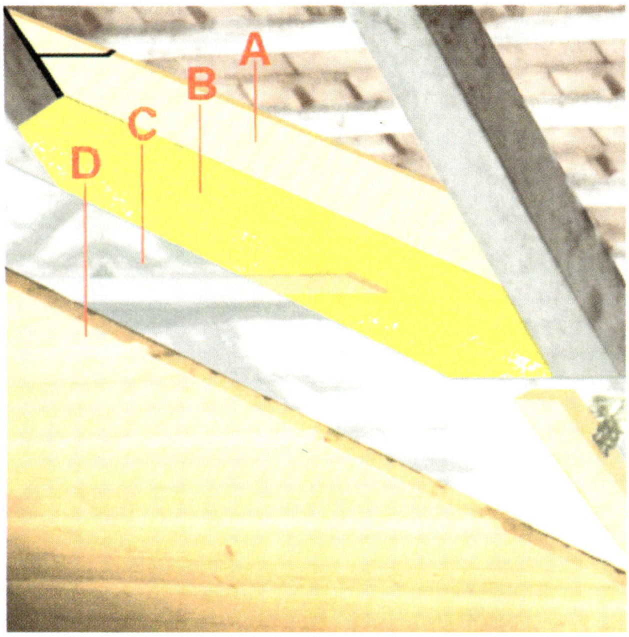

A: nachträglich eingebaute, winddichte, aber dampfdurchlässige Schutzschicht mit der Funktion einer Vordeckung. B: Dämmschicht. C: winddichte und dampfundurchlässige Sperrschicht. D: Verkleidung der Dachuntersicht.

Ursache für die **Wirkung** einer Dämmschicht ist ausschließlich die unbewegte Luft. Bereits durch leichte, nicht wahrnehmbare Luftbewegung wird diese **Wirkung** gemindert.

Luftaustausch erhalten

Das unterbindet zwar auch, ebenso wie moderne konsequent abgedichtete Fenster, den erforderlichen Austausch der Raumluft. Dieser läßt sich jedoch durch bewußtes tägliches, kurzes, aber kräftiges **Lüften** steuern.

Unkontrollierbarer **Energieverlust** durch undichte Konstruktionen ist jedenfalls das weit größere Übel. Ein neues Dach läßt sich von außen mit einer korrekten **Vordeckung** fachgerecht abdichten. Bei einem bestehenden

Ausbauplatten mit langen Klammern festtackern.

Dach bleibt nur die Möglichkeit, eine ähnliche **Schicht** zwischen den Sparren einzubauen.

Dafür eignen sich naßfeste Ausbauplatten, die auch mal bei ungünstigen Bedingungen durch die Dachdeckung eindringenden **Regen** oder **Flugschnee** aushalten. Zum Beispiel 13 mm dicke, kochfest verleimte **Spanplatten** mit der Zusatzbezeichnung »AW100« oder mit Bitumenpapier kaschierte Hartschaumtafeln. Derartige Platten lassen sich mit langen **Klammern** unter die Dachlatten tackern. Einseitig selbstklebendes **Fugendichtband** ist auf 4 mm verdichtet und dehnt sich innerhalb weniger **Stunden** bis auf 20 mm aus: Viel **Spielraum** für den Plattenzuschnitt, den man jedoch nur so knapp wie möglich nutzen sollte.

Mineralfilz als Dämmstoff

Den noch verbleibenden Raum bis zur Sparrenunterkante kann man voll mit Dämmstoff auffüllen. Die

Dämmfilz mit 10 cm Wellenschliffklinge zuschneiden.

Möglichkeiten reichen vom **Korkschrot** bis zum Klemmfilz aus Mineralwolle. Langfaserige Dämmfilze stauben zwar weniger. **Mineralfaserstaub** ist, wenn er auch nicht gesundheitsschädlich sein soll, auf der **Haut** und im **Hals** aber mehr als lästig. Deshalb nicht auf **Mundschutz** und **Handschuhe** verzichten, auch wenn das manchmal ähnlich lästig ist. Mit einem **Brett** als Druckplatte auf einem Alu-T-Profil als Schneidlineal läßt sich die Klingenlänge auch für den **Zuschnitt** von 16 cm dicken, weichen Dämmfilzen nutzen.

Sperrschicht anbringen

Aus den Innenräumen einwandernder Wasserdampf könnte die **Funktion** der Dämmschicht erheblich mindern. Um das zu vermeiden, ist diese **Schicht** mit einer für Wasserdampf undurchdringlichen **Sperrschicht** zu versehen. Die muß zudem an allen **Fugen** luftdicht abgedichtet werden. Sonst könnte mit der eindringenden **Luft** und deren **Feuchtigkeit** auch wiederum Wasserdampf in die **Dämmschicht** gelangen.

Mit einem Glasfasergewebe verstärkte **Aluminiumfolie** läßt sich besonders gut selbst verarbeiten. Die ein

Eine dicke Dämmschicht zwischen dfie Sparren klemmen.

Meter breiten **Bahnen** sind handlicher, aber auch stabiler als große Folienplanen.

Schräg eingeschossene Klammern halten die Fugenlatten fest.

Fugen abdichten

Für die **Verarbeitung** gilt als Faustregel: flache **Dachneigung** (bis 45 Grad) oben beginnen und bei steileren Dächern unten beginnen. Für die **Befestigung** mit einigen tausend Tackerklammern an einem Dach ist ein Elektrotacker schon recht angenehm. Wenn man auch auf einen zierlichen **Handtacker** für enge Stellen

Folie an Sparren und Fugenlatten festklammern.

nicht verzichten kann. Die Gesamtlänge der **Fugen** ist zwar relativ hoch, diese lassen sich mit doppelseitig klebendem **Dichtungsband** jedoch zuverlässig schließen. Das **Band** vor dem Anbringen der folgenden Bahn über die Tackerklammern kleben. Da doppelt genäht besser hält, kann man auch die Fugen zur **Sicherheit** noch mit selbstklebenden **Alufolienbändern** abdekken. Wenn Sie zunächst nur ein kurzes **Stück** vom Abdeckpapier abziehen, können Sie das noch abgedeckte **Band** genau parallel zur Naht ausrichten. So lassen sich **Falten** im Klebeband vermeiden.

Latten als Gegenlager

Diese **Bänder** sind jedoch, um zuverlässig abzudichten, fest auf der **Folie** anzudrücken. Die weichen Dämmstoffe bieten dafür relativ wenig Widerstand. Zwischen den Sparren eingefügte **Fugenlatten** sind ein ausreichend fester Untergrund, um die Folie auf dem **Dichtungsband** mit einem

Fugendichtband aus reiner Dichtungsmasse.

Nahtroller für Tapeten intensiv anzudrücken. Zum **Anreiben** von selbst klebendem Alufolienband ein **Tuch** benutzen. Die luftdichte Abdichtung der **Anschlüsse** zu Wänden und Balken erfordert jedoch etwas mehr Überlegung und Sorgfalt als die bequem erreichbaren **Fugen** an den Flächen. Die Regeln der **Technik** sehen zwar aufgeschraubte Anpreßlatten mit Fugendichtungsband zwischen **Folie** und Bauteil vor.

Auf glatten oder glatt gespachtelten **Wandflächen** läßt sich die Folie jedoch auch mit dem doppelseitigen **Fugenklebeband** wesentlich einfacher befestigen und abdichten als mit **Schrauben** in Mauerdübeln,

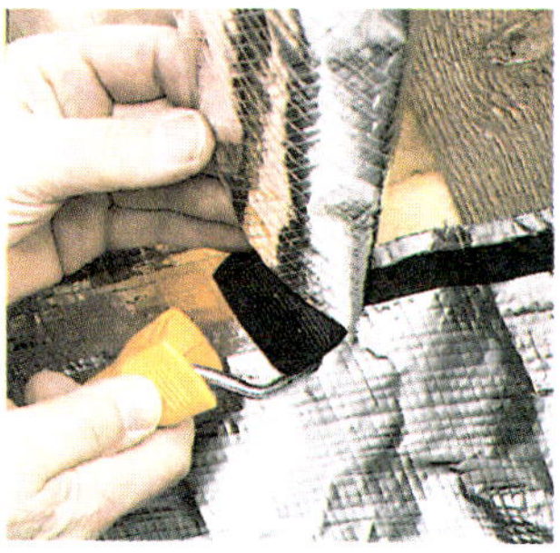

Der Druck vom Nahtroller schafft eine innige Verbindung.

sofern das die nachfolgende Wandverkleidung zuläßt. An der **Balkenkonstruktion** lassen sich Anpreßlatten mit dreieckigem Querschnitt

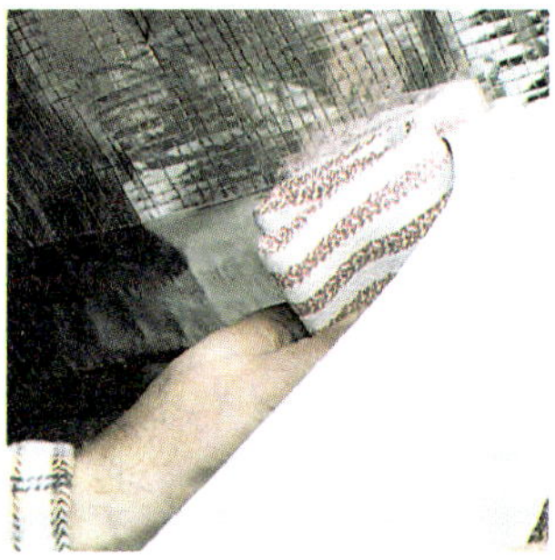

Das Folienband wird durch das Tuch vollflächig angedrückt.

dagegen leichter verschrauben. Die dargestellte **Situation** an der Mittelpfette gilt ebenso für die Fußpfette oder auch für die Firstpfette, sofern die sichtbar bleiben soll.

Vor der Fußpfette läßt sich ein mehr oder weniger hohes Wandstück als **Drempel** jedoch einfacher mit Folie abdichten. Und an der **Mittelpfette** wird die Situation einfacher, wenn unter den **Kehlbalken** eine Decke eingezogen wird. Notfalls läßt sich der schwierige **Kreuzungspunkt** Kehlbalken/Sparren/Mittelpfette auch mit der etwas geschmeidigeren **Polyethylenfolie** einpacken oder mit Bauschaum füllen. Die Verkleidung aller **Flächen** mit Platten für den trockenen Ausbau ist mit ihren sorgfältig verspachtelten und tapezierten Fugen eine zusätzli-

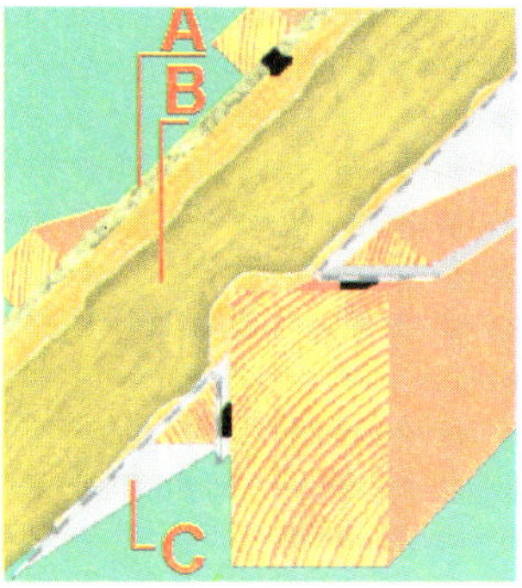

A: Anbauplatten
B: Dämmschicht
C: Sperrschicht

che Sicherheit für die winddichte Ausführung. Auch **Profilhölzer** sind als Verklei-

Abdichtung an Giebelwand, Drempel und Dachfläche.

dung ebenso möglich. Die **Unterkonstruktion** mit Montagelatten an Direktabhängern ist für beide **Systeme** eine praktikable Lösung.

ARBEITSMATERIAL

- Dämmstoff
- Ausbauplatten
- Sperrfolie
- Dichtungsbänder
- Anpreßlatten
- Tacker
- Mundschutz
- Handschuhe
- Schneidlineal
- Wellenschliffklinge
- Universalmesser
- Nahtroller

Fensterfalz abdichten

Ständiger Luftaustausch kann zwar angenehm sein. In jeder Hinsicht sinnvoller ist es jedoch, Fenster und Türen so gut wie möglich abzudichten und regelmäßig kurz, aber kräftig durch offene Fenster zu lüften.

Bei der Auswahl der geeigneten **Abdichtungsart** beachten: die Abdichtung ist umso wirkungsvoller, je weiter sie zur **Außenfläche** hin eingebaut wird. Dieser **Grundsatz** gilt bei allen Maßnahmen der Abdichtung gegen Wind, Regen oder Bodenfeuchtigkeit. **Dichtungsprofile** sind in

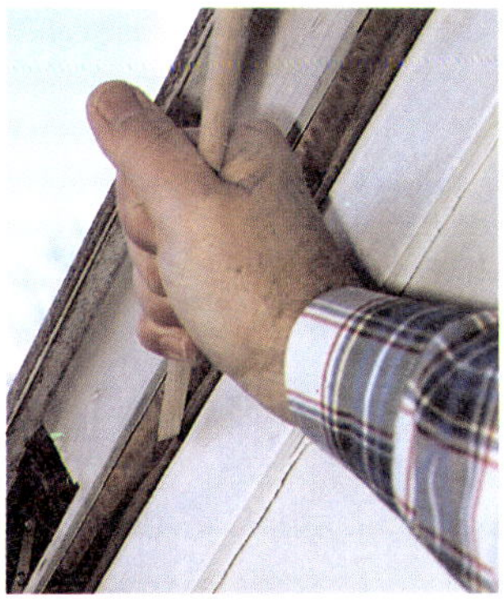

Bronzeband vorspannen, damit es sich nach außen öffnet.

Fenstern und Türen dort einzubauen, wo sich die **Rahmenflächen** aufeinanderlegen, und nicht dort, wo sich die Flächen aneinander vorbei bewegen. An **Schwenkflügelfenstern** (Dachflächenfenster) oder an Hebe- und Hebeschiebetüren verwendet man deshalb das althergebrachte, sehr haltbare und funktionstüchtige **Bronzeblechband.**

Haltbare Metalldichtung

Das Blechband wird am feststehenden **Rahmen** mit Messingnägeln an der zum Innenraum hin gerichteten **Kante** befestigt und mit angespitztem **Hartholzstab** so geformt, daß es dicht an der sich vorbeibewegenden Fläche entlangstreift. Wenn der **Wind** auf das Fenster drückt,

PROFITIP
Wenn Sie gerade am Fenster sind: Mit etwas Graphitstaub an den Schließzapfen und Fett an den Scharnierstiften läßt sich der Fensterflügel wieder leichter schließen. Außerdem können Sie die Dichtungsprofile ab und zu, mit Glyzerin auf einem Papiertuch abreiben. Damit läßt sich die eingeschränkte Lebensdauer verlängern, weil der Kunststoff weniger auf der Oberfläche (Lack, Lasur) verklebt.

Wie immer beim Kleben die Flächen sorgfältig vorbereiten.

preßt der **Luftstrom** das Bronzeband kräftiger gegen den Rahmen und erhöht so die **Dichtwirkung.** Ähnlich wirken auch selbstklebende Kunststoffbänder, die sogenannten **V-Dichtungen.** Vom aufgeklebten, flachen Band wird eine **Hälfte** so umgeklappt, daß sich ein nach außen offenes 'V' bildet. Das Kunststoffband paßt zwar auch in enge **Fugen,** wie alle selbstklebenden Beschichtungen hält aber auch diese nur begrenzt.

Selbstklebende Weichschaum- oder Profildichtungen aus **Kunststoff** lassen sich zwar schnell und bequem anbringen, doch auch diese halten nur wenige Jahre. Je nach **Spaltdicke** zwischen Blendrahmen und Fensterflügel kann man zwischen unterschiedlichen **Profilformen** für 1 bis 3,5 mm, 2 bis 5 mm oder 0,8 bis 8 mm (V-Dichtung) wählen. Mit Pinsel oder feuchtem Tuch Staub sowie Schmutz

Profil aufkleben und dann erst in der Ecke trennen.

und mit **Spiritus** einen möglichen Fettfilm entfernen. Kleben Sie die **Dichtung** Stück für Stück möglichst in den äußeren Blendrahmenfalz. An der Scharnierseite auf die **Seitenfläche** und an den anderen drei Seiten auf die **Innenfläche.**

Alterungsbeständige Siliconprofile

Haltbarer als Weichschaumprofile sind Hohlprofildichtungen aus **Siliconkautschuk.** Das Dichtungsprofil wird von einem **Trägerprofil** gehalten. Das kann recht zierlich aus **Aluminium** oder, zur passenden Ober-

Der Senkstift schützt vor Fehlschlägen des Hammers.

flächenbehandlung, aus **Holz** sein. Befestigt werden diese Profile mit kleinen **Stiften** aus rostfreiem Edelstahl . Für die letzten Millimeter sollten Sie einen **Senkstift** benutzen. Diese Art der Dichtungsprofile entweder von außen bei geschlossenem **Flügel,** mäßig fest auf den Fensterflügel gedrückt, befestigen, oder eine **Leiste** als Anlage, anstelle des Flügels, in den **Falz** spannen. Wenn Sie die Profile in den Innenecken auf **Gehrung** (im Winkel von 45 Grad abgesägt) zusammenpassen, können in den **Ecken** keine Öffnungen bleiben, die Luft durchlassen.

ARBEITSMATERIAL

- Dichtungsprofile
- Spiritus
- Papiertücher
- Pinsel
- Hammer
- Senkstift

Abgenutzte Schließbeschläge erneuern

Wenn Fenster oder Fenstertüren nicht mehr dicht schließen, kalte Luft oder gar Regen eindringen kann, liegt die Ursache häufig an verschlissenen Schließblechen für die Rollenzapfen am Stangenriegel.

Etwas zuviel Abstand im **Rahmenfalz** führt dann leicht zu Undichtigkeiten, obwohl die Falzdichtungen intakt sind. **Wärmeverluste** und Schäden sind die Folge

Verschleiß am Schließbeschlag – Ursache für undichte Fenster.

dieser schlecht schließenden **Fenster.** Mit neuen Schließblechen läßt sich der

Schraubenlöcher mit angespitzten Buchesplinten ausleimen.

Defekt meist beheben. Mit einem alten **Schließblech** als Muster muß man zunächst einmal versuchen, beim **Hersteller** oder im Baubeschlaghandel passenden **Ersatz** zu bekommen. Geringe Maßdifferenzen lassen sich durch entsprechenden **Einbau** ausgleichen. Das ist bei etwas größeren Ersatzbeschlägen einfacher, weil sich Aussparungen leichter erweitern als verkleinern lassen.

Aussparungen für neue Schließbleche erweitern.

Schließbleche austauschen

Zuerst sollten Sie in die alten **Schraubenlöcher** ausfüllen. Dazu Leim in die Bohrung geben, **Holzsplint** einschlagen und mit dem **Stecheisen** bündig abstechen. Mit Stech- und Hohleisen läßt sich die alte **Aussparung** erweitern. Das sollte so paßgenau wie möglich geschehen. Die Schließkraft der **Rollzapfen** läßt sich etwas erhöhen, wenn man die Schließbleche etwa einen **Millimeter** weiter in den Falz hinein ver-

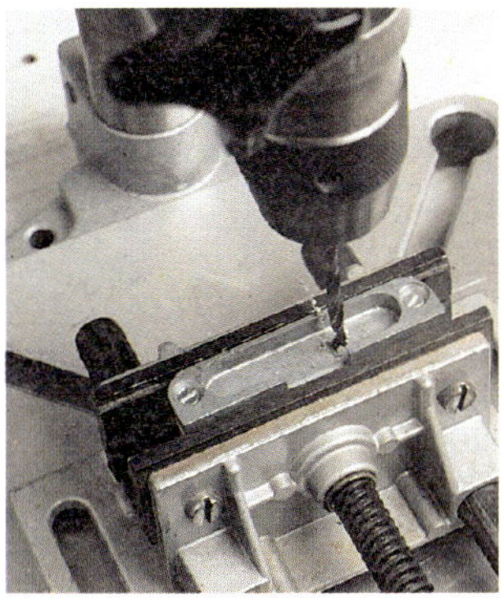

Zusatzschrauben nicht in den Bereich der Rollenzapfen legen.

setzt. Bei mehr als 3 mm Abstand im **Falz** zwischen Blendrahmen und Fensterflügel faßt der **Rollenzapfen** nicht weit genug in das Schließblech. Eine **Unterlage** aus dünnem Sperrholz oder Alu-Flachprofil bringt die **Beschläge** näher zueinander. Zusätzliche und län-

Beilagestücke der Schließblechform anpassen.

gere **Befestigungsschrauben** mit Halbrundkopf im Beschlag garantieren höhere **Festigkeit.** Denn die geringe Wanddicke am

Beschlag bei der Montage in die Aussparung spannen.

Schließblech läßt keine Senkkopfschraube zu. Die **Schraubenköpfe** dürfen jedoch nicht im Bewegungs-

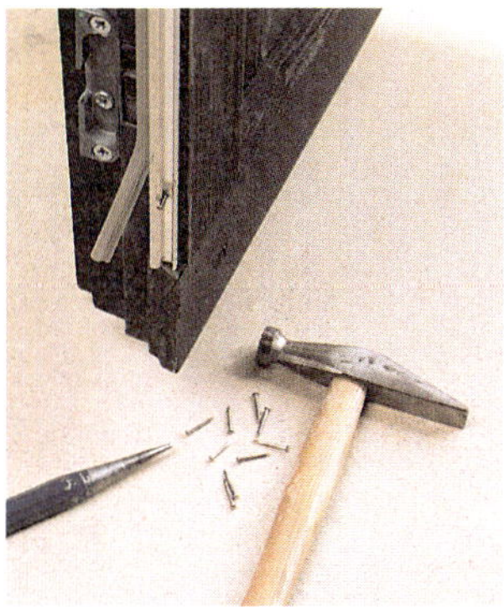

EXTRATIP: Zusätzliche Dichtungsprofile stets außen am Flügel oder Blendrahmen anbringen. Ein zierliches Aluprofil mit einer Silicondichtung verspricht eine dauerhafte Abdichtung. Edelstahlnägel mit dem Senkstift in die schmale Nut im Aluprofil eintreiben.

bereich der Rollenzapfen liegen. Sie können zur **Sicherheit** noch Zweikomponentenkleber verwenden, dadurch erschwert sich aber der Ausbau.

ARBEITSMATERIAL

- Ersatzschließbleche
- Bohrmaschine
- Bügelsäge
- Feile
- Hammer
- Hohleisen
- Holzleim
- Schrauber
- Senkstift

Kellertürfalz abdichten

Die Stahltüren von Nebeneingängen werden selten winddicht ausgestattet. Doch kalte Luft, die durch die Fugen eindringt, verteilt sich schnell im ganzen Haus.

Zwischenräume im Falz der **Kellertür** lassen sich jedoch zuverlässig mit Siliconkautschuk schließen. Die **Farbe** ist dabei zweitrangig, wenn auch für diesen Zweck transparentes **Material** unauffälliger wirkt. Als plastische Masse aufgetragen, ist er besonders anpassungsfähig an **Unebenheiten** und vulkanisiert sehr elastisch aus.

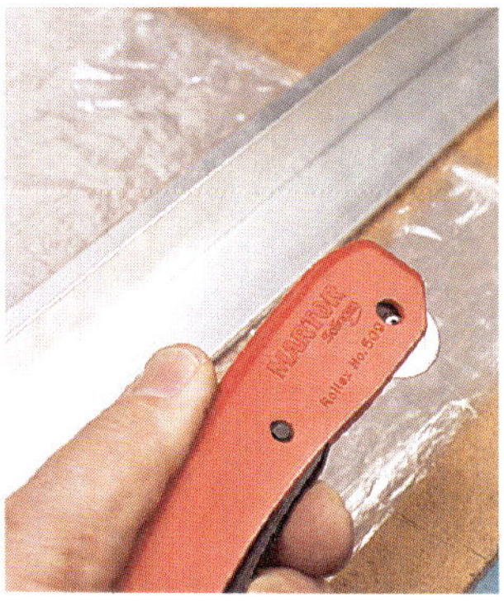

Abdeckstreifen aus dünner Folie 5 bis 6 cm breit zuschneiden.

Dichtmasse dort auftragen, wo sich die **Flächen** aufeinanderlegen. Flächen, die sich beim Schließen der Tür aneinander vorbeibewegen, sind ungünstiger. An der Schloßseite und an der Unterkante die **Dichtmasse** auf die Tür auftragen. Auf dem Mauerrahmen kann die **Abdichtung** leichter beschädigt werden.

Trennfolie einlegen

Damit der Siliconkautschuk die Tür nicht zuklebt, wird die frische **Schicht** mit Streifen möglichst dünner **Plastikfolie** abgedeckt, zum Beispiel von Staubschutzhüllen für Kleidung. Derart dünne **Folien** lassen

Was frei bleiben soll, mit breitem Packband abdecken.

sich besonders mit dem Rollschneider sauber trennen. Mehrfach gefaltet können mit einem kurzen **Schnitt** lange Streifen entstehen.

Flächen, auf denen der **Siliconkautschuk** haften soll, mit Wasser und Spiritus säubern. Je nach Weite der Zwischenräume die **Düsenspitze** für eine mehr oder weniger dicke Raupe ab-

Je größer die Zwischenräume, umso dicker die Masse auftragen.

schneiden. Beim Auflegen der Folienstreifen gleichzeitig die aufgetragene **Raupe** etwas flach drücken. Sonst läßt sich die **Tür** schlechter schließen, wenn die dicke Raupe erst dabei flach verteilt werden muß. Die Tür langsam zudrücken, die **Masse** muß sich erst gleichmäßig verteilen, bis die **Schloßfalle** eben einrastet.

Die Folienstreifen beim Auflegen leicht spannen.

Wartezeit einhalten

Deshalb ist es günstiger, zuerst nur die **Türkante** an der Schloßseite zu beschichten.

So läßt sich die plastische Masse faltenfrei abdecken.

Und erst wenn hier die **Abdichtung** fest ist, die anderen Kanten abdichten.

Da Siliconkautschuk mit Hilfe der **Feuchtigkeit** in der

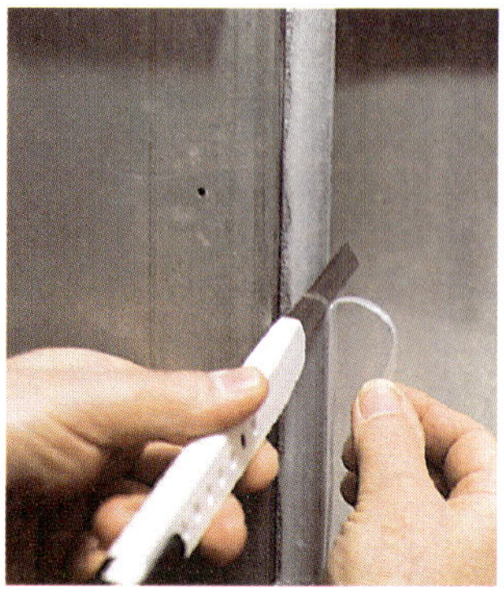

Bis zum Abtrennen der Überstände 14 Tage warten.

Luft vulkanisiert, dauert es einige Zeit, bis der **Dichtstreifen** fest ist, weil die Feuchtigkeit nur sehr langsam in die **Zwischenräume** eindringen kann.

EXTRATIP: Manchmal soll die Hintertür nicht zufallen. Ein kleiner aufgeschraubter Riegel, aus einem Stückchen Aluprofil mit einem Schaumstoffpuffer, in den Falz geschwenkt, kann das verhindern.

ARBEITSMATERIAL

- Siliconkautschuk
- Plastikfolie
- Klebeband
- Druckpistole
- Cuttermesser

Untere Türfuge abdichten

Wenn's kalt durch die Eingangstür zieht, ist das unangenehm und kostet Energie. An der Flamme einer Kerze können Sie erkennen, wo genau die Kaltluft hereinkommt.

Für die **Abdichtung** im Schwellenbereich innerhalb der **Wohnung** genügen in der Regel Bürstendichtungen: entweder mit Kunststoffborsten in einem selbstklebenden **Profil** oder die etwas dichtere Roßhaarbürste im **Metallprofil** zum Aufschrauben. Dagegen ist für Eingangstüren die **Wirkung** der Dichtungsschienen zum Aufschrauben (unter einem **Deckprofil** versteckt) oder Einlassen spürbar bes-

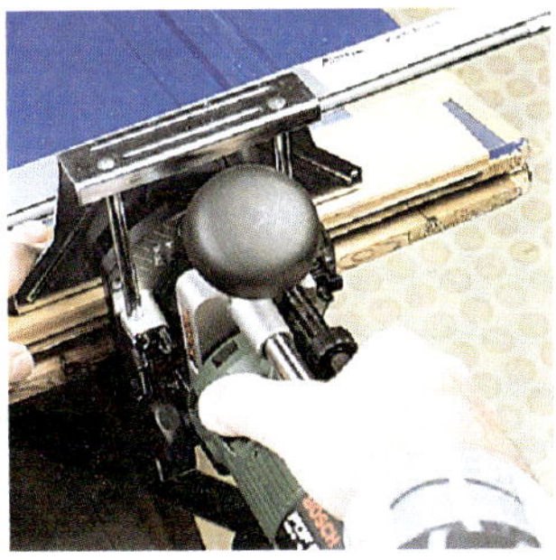
Ein am Anschlag verschraubtes Brett verbessert die Führung.

ser. Sie sind nah an oder auf der **Außenseite** der Tür zu montieren. Die Wirkungsweise ist bei alle **Systemen** ähnlich: Beim Öffnen der Tür hebt sich die **Dichtung** unmittelbar und automatisch durch Federkraft. Beim Schließen der **Tür** drückt ein am Ende der Schiene auf der Bandseite hervorstehender **Zapfen** die Dichtung auf den Boden. Je nach **Ausführung** lassen sich 9 bis 15 mm hohe, parallele und auch keilförmige **Zwischenräume** überbrücken. Zum Einkauf sollten Sie die **Türbreite** im Falz und die **Spalthöhe** unter der

Feinzahniges Metallsägeblatt an rechtwinkeligem Klotz führen.

Tür kennen. Auch die **Öffnungsrichtung** ist wichtig: sichtbare Türbänder rechts = DIN rechts oder links = DIN links.

Dichtmasse nur knapp bis an die Profilenden auftragen. -

Dichtschienen montieren

Wenn die **Schiene** mit dem Dichtprofil, auf die richtige **Länge** abgesägt, in einer eingefrästen Nut in der unteren Türkante verschwinden kann, ist das sicher die eleganteste **Lösung.** Diese Schienenart läßt sich jedoch auch, von einem **Stoßblech** verdeckt, auf der Tür in einem eingesägten Falz einbauen. Die dazu notwendigen **Elektrowerkzeuge**: Oberfräse, Handkreissäge oder ein zum Fälzen geeigneter Elektrohandhobel.

Für **Ganzglastüren** haben diese Dichtschienen eine eloxierte, gegen Sand oder harte **Metallspäne** empfindliche Oberfläche. Entsprechend sorgsam und festgespannt sind sie zu kürzen. An beiden **Enden** soll 2 mm Zwischenraum zum Türfutter bleiben. Zunächst testen, ob die **Tür** einschließlich Schiene auf dem Boden schleift. Notfalls **Fitschenringe** auf die Bänder legen. Zur Befestigung genügt ein Strang **Silicondichtmasse** in dem U-Profil. Das flexible, zusätzlich schallhemmende **Dichtungsprofil** erst anschließend kürzen. Es darf stramm in die **Zarge** pas-

Klebeband hält das Schutzplättchen für den Druckzapfen.

sen. Die Abdichthöhe läßt sich noch am **Auslösezapfen** einregulieren.

Schwellendichtung aufkleben

Dafür darf der **Spalt** unter der Tür höchstens 12 mm und muß mindestens 9 mm betragen. Um ihn zu schlie-

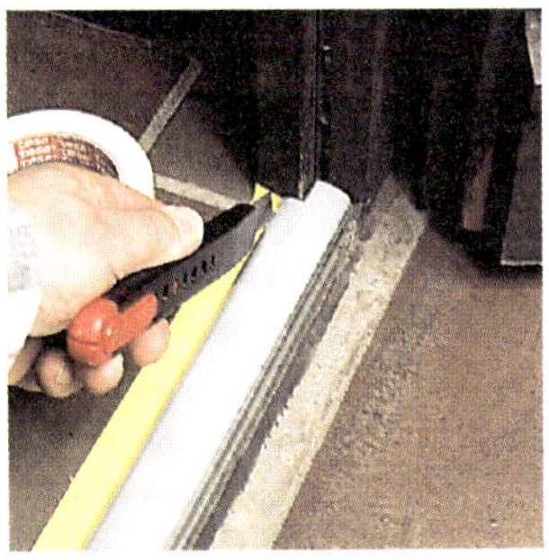
Begrenzen der Klebefläche: Film einritzen und Rest abziehen.

ßen, gleitet die **Tür** auf das flexible **Kunststoffprofil.**

Wo sich diese Dichtungsschienen nur schwer aufschrauben lassen, kann man sie ebenso gut mit **Silicondichtmasse** auf den Boden kleben. Die **Klebefläche** exakt nach dem genau eingepaßten Trägerprofil begrenzen. Die kom-

Die Dichtmasse soll das Profil auf ganzer Fläche halten.

plette **Schiene** in die Dichtmasse einlegen und, falls notwendig, mit **Gewichten** belasten. Für die nachträgliche **Abdichtung** im und am Falz können Sie die gleichen Systeme wie für **Fenster** verwenden.

ARBEITSMATERIAL

- Dichtungsschienen
- Silicondichtmasse
- Klebeband
- Oberfräse
- Metallsägeblatt
- Schraubzwinge
- Schraubendreher

Heizungsrohre dämmen

Mit Rohrschalen aus Polyethylenschaum kann man Energieverluste aus Heizungsrohren vermeiden. Der Zuschnitt ist einfach. Der Zeitaufwand hängt von der Art der unterschiedlichen Nahtverschlüsse ab.

Einen **Mantel** brauchen jedoch nur die Rohre in unbeheizten **Bereichen.** In Wohnhäusern genügt eine 13 oder 20 mm dicke **Dämmschicht,** genau passend zum Rohrdurchmesser.

Mit Kerben zum Bogen

Wenn man die Einschnitte nicht ganz dem **Augenmaß**

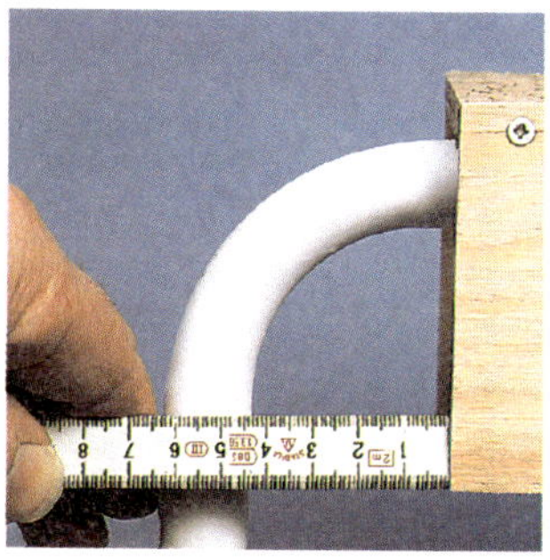

Der Bogenradius (55 mm) bestimmt Art und Anzahl der Kerben.

überläßt, spart man sich einigen **Verschnitt** oder unansehnliche Bögen. Um die zu berechnen, gibt die selbstgefertigte **Schneidelade** dem Maßstab eine exakte **Anlage,** um den Radius festzustellen. Entspricht der Radius dem **Durchmesser** der erforderlichen Rohrschale, genügen zwei **Kerben** mit Einschnitten im Winkel von 22,5 Grad. Dazu wird die **Länge** vom doppelten Durchmesser der Rohrschale in 5 x $^1/_5$ aufgeteilt. Die **Einschnitte** sollen nur bis zur Innenfläche der Dämmschicht reichen. Die **Naht** der Schale an den Innenradius des **Bogens** legen. Ist der **Radius** etwa 1,5 mal so groß wie der Durchmesser der **Rohr-**

Ventilaussparung mit schmalem Cutter ausschneiden.

schale, erfordert das drei Kerben mit Einschnitten im **Winkel** von 15 Grad. Die Länge vom doppelten **Durchmesser** wird dann in 8 x 1/8 aufgeteilt. Der Reißverschluß kann am **Außenradius** des Bogens

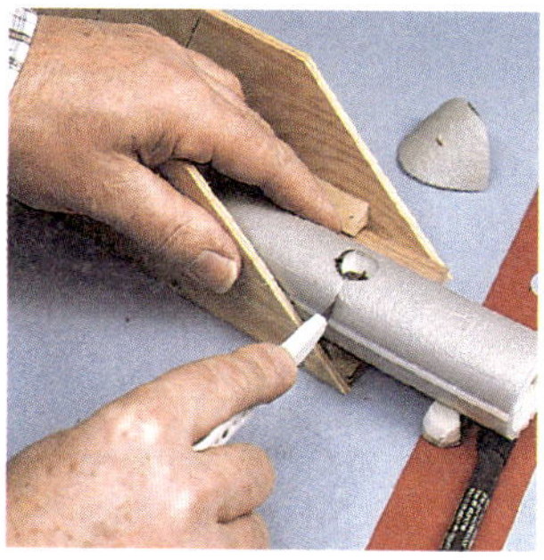

Mit einem Schnitt die Schale bis zur Naht trennen.

liegen, wenn man die Schale über einem geraden **Rohrstück** schließen und dann über den Bogen schieben kann. Entspricht der **Radius** bereits dem doppelten **Durchmesser** der Rohrschale, wird die Schale nicht eingeschnitten. Die läßt sich dann mit geschlossener **Naht** von einem geraden Rohrstücke aus über den Bogen schieben. An der Schale über einem 90 Grad Rohrwinkel reicht eine 90 Grad Kerbe durch zwei 45 Grad **Einschnitte.** Der Reißverschluß liegt dementsprechend außen.

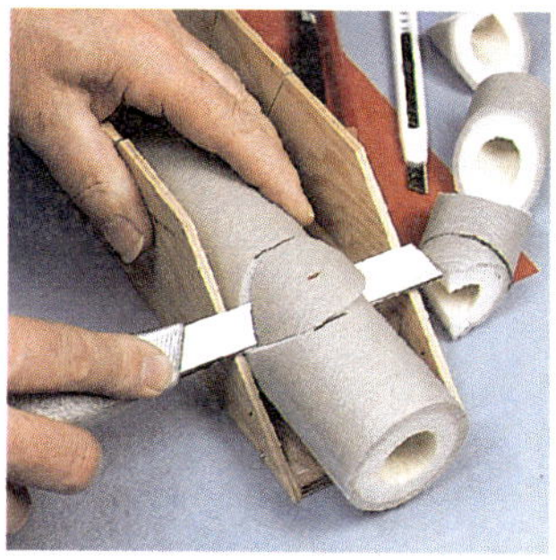

Eine 90-Grad Kerbe schneiden.

Schneidlade anfertigen

Eine selbstgefertigte **Schneidelade** garantiert genaue Winkel, wenn die Führungsschlitze für die **Messerklinge** im Winkel von 15 und 22,5 Grad zur Senkrechten genau gelingen. Die **Innenhöhe** und

Die 90-Grad Spitze einpassen.

Weite reicht mit 75 mm für Rohrschalen bis 35 mm Rohrdurchmesser. **Winkel** von 90 oder 45 Grad kann man an den **Enden** der 30 cm langen Lade schneiden.

Eine **Schaumstoffklinge** mit 10 cm langer Wellenschliff-Schneide im **Uni-**

Beide Teile zusätzlich mit Kontaktkleber verbinden.

versalmesser eignet sich besonders gut für die Einschnitte. Ummanteln Sie erst alle **Bögen** und Abzweige mit möglichst langen **Stücken.**

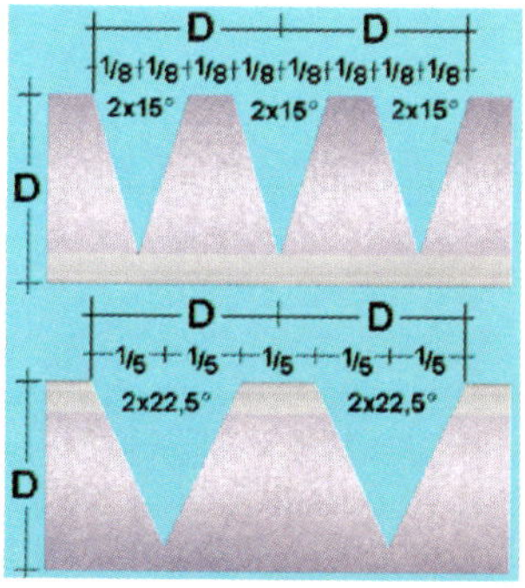

Berechnete Aufteilung optimiert die Bögen.

EXTRATIP: Rohrpakete unter der Decke mit einem Kasten einschalen. Mit PE-Folie ausgekleidet, wird er unter die Decke gespreizt. Auch so lassen sich Rohre mit Bauschaum umhüllt dämmen.

ARBEITSMATERIAL

- Rohrschalen
- Kontaktkleber
- Cuttermesser
- Universalmesser
- Schaumstoffklinge
- Gliedermaßstab

Antennenmastdurchführung abdichten

Der Antennenmast auf dem Dach schwankt häufig im Wind. Nur eine hochelastische Abdichtung verhindert die Probleme, wenn Regenwasser vom Mastrohr tropft.

Die Öffnung im Dachfirst, braucht eine neue Abdichtung.

Die Abdichtung um den **Antennenmast** ist eine besonders heikle Stelle, weil sie neben der Witterung auch noch die **Bewegungen** vom Mast aushalten muß. Mit elastischem **Dichtungsband** läßt sich jedoch auch nachträglich eine **Abdichtung** erreichen. Sie wird noch zusätzlich mit einem **Folienbalg** aus Dach- oder Teichfolie geschützt.

Für den Balg eine Folie als Schablone zuschneiden.

Zwischenräume mit Dichtungsschnur aus PE-Schaum füllen.

Nur gesichert aufs Dach

Bei Arbeiten auf dem Dach zuerst an die **Sicherheit** denken. Versprödete Dichtungsmasse und loses Material zunächst restlos entfernen und für saubere **Kontaktflächen** sorgen. Dichtungsschnur aus Polyäthylenschaum füllt die Hohlräume um den Mast und ist Auflage für das **Dichtungsband.** Aus einer provisorisch um den Mast gelegten, dünnen Folie entsteht das **Schnittmuster** für den Folienbalg. Die Enden sollten sich auf der Nordostseite gut 5 cm überdecken. Der **Balg** erlaubt dem Mast ausreichend Bewegungsspielraum, schützt das Dichtungsband und verdoppelt die Sicherheit der Abdichtung. Die **PVC-Folie** ist nach längerer Zeit zu erneuern. Denn nach **Jahren** versprödet draußen jede ungeschützte Kunststoffolie.

Jeden Zuschnitt mit einer Siliconwalze fest andrücken.

Der Dichtkegel schmiegt sich eng, aber elastisch um den Mast.

Doppelt dichtet besser

Die untere Abdichtung besteht aus dachziegelartig übereinander geschichteten **Bogenzuschnitten** aus einem Faservlies mit einer dicken Schicht Dichtmasse. Dieses Dichtband ist leicht zu formen, auf der **Oberfläche** jedoch zusätzlich zu schützen. Runde **Ecken** an den Zuschnitten schmiegen sich besser an. Den Folienbalg um den Mast mit einer **Schlauchschelle** aus Edelstahl rostfrei befestigen.

Den Rand vom Folienbalg auf der Dacheindeckung befestigen.

ARBEITSMATERIAL

- Dichtband
- PE-Schaumschnur
- PVC-Folie 1,0 mm
- Siliconwalze
- Schraubendreher
- Blindnietzange

Der Wasserkreislauf eines Hauses ist für die Wohnqualität von unschätzbarer Bedeutung. Daß wir Wasser immer und überall in unseren Wohnungen zur Verfügung haben, sollte uns nicht dazu verleiten, es zu verschwenden. Trinkwasser ist ein kostbares Gut und wird weltweit zunehmend rarer.

Sanitär-Installationen

Tagtäglich verbringt man sehr viel Zeit im Badezimmer. Daher ist es besonders wichtig, auch den Sanitärbereich wohnlich und den modernen Hygieneansprüchen gemäß zu gestalten.

WERKZEUGE UND ARBEITSMATERIALIEN

Zum Messen und Rechnen: **Meterstab, Anschlagwinkel, Bleistift** und **Wasserwaage**.
Zum Ausstemmen von Wandschlitzen und Löchern: **Fäustel** und **Meißel** mit Schutzgriff.
Zum Halten und Schneiden: **Kombizange**.
Zum Lösen von Rohren und Verschraubungen: Stufenweise **verstellbare Wasserpumpenzange** und **Eckrohrzange**, stufenweise **verstellbare Armaturenzange**.
Zum Abtragen und Glätten von Metall- und Kunststoff-Flächen: **Rund-** und **Flachfeile**.
Zum Ablängen von Stahl- und Plastikrohren: **Metallsägebogen**.
Zum Ablängen von Kupferrohren: **Rohrabschneider mit Entgrater**.
Zur Montage und Installation: **Schraubendreher, Stiftschlüssel, Standhahn-Mutterschlüssel**.
Zum Herstellen von Dübellöchern: **Steinbohrer**.
Zum Einspannen der Rohre: **Schraubstock** mit **Spannbacken** für Rohre.
Zur Überprüfung, ob die elektrischen Leitungen abgeschaltet sind: **Einpoliger Phasenprüfer**.

Zur Sanitär-Installation gehört das Wasserversorgungs- und das Entwässerungssystem.
In das Wasserversorgungssystem wird durch das öffentliche Versorgungsunternehmen Trinkwasser eingespeist. Durch das Entwässerungssystem wird Schmutzwasser aus dem Haus und Regen- oder anderes Oberflächenwasser vom Grundstück in die öffentliche Kanalisation geleitet.
Damit Versorgung und Entsorgung problemlos gewährleistet sind, verlangen die zuständigen Unternehmen für die Installation der Versorgungsleitungen bzw. die kommunale Baubehörde für die Installation der Entwässerung eine **fachmännische Ausführung** und die Einhaltung besonderer technischer Vorschriften.
Welche Regeln zu beachten sind, erfahren Sie bei Ihrem örtlichen Wasserversorgungsunternehmen bzw. auf dem kommunalen Bauamt oder bei einer Fachfirma.
Da die Installation vor dem Anschluß von einem Vertreter des zuständigen Versorgungsunternehmens (bzw. der Baubehörde) **abgenommen** werden muß, sollten Sie sich frühzeitig mit den für Sie zuständigen Stellen in Verbindung setzen. Dort wird man Sie auch gern und detailliert beraten.

Materialien und Werkzeuge

Das Trinkwasser wird vom Versorger über Druckleitungen in die Versorgungsgebiete gepumpt und von dort über das Straßenrohrsystem verteilt.

Zu jedem erschlossenen Grundstück führt vom Straßenhauptwasserrohr eine Anschlußleitung bis zur Grundstücksgrenze, wo sie durch einen Schieber geschlossen werden kann. Alle Anlieger eines derart erschlossenen Gebietes sind **zum Anschluß verpflichtet**.

Die Installation der Versorgungsleitung **von der Grundstücksgrenze bis zum Zähler** ist in der Regel ebenfalls Sache des Versorgungsunternehmens. In jedem Fall bleibt das Hauptabsperrventil vor dem Zähler und der Zähler selbst Eigentum des Versorgungsunternehmens. Erst das Absperrventil hinter dem Zähler gehört Ihnen und darf von Ihnen bedient werden.

Materialien und Werkzeuge

ZÄHLER, SCHUTZFILTER, DRUCKAUSGLEICH, VERTEILER

Zähler
Die Zähleranlage besteht aus dem Hauptabsperrventil unmittelbar vor dem Zähler, dem Zähler, dem Zählerbügel und dem Absperrventil hinter dem Zähler.

Den **Zählerbügel** kann man durch Schraubverbindungen verlängern oder verkürzen, um den Zähler von Zug- oder Schubspannungen im Rohrsystem zu entlasten. Außerdem dient er zur elektrischen Überbrückung des Zählers, wenn die Wasserleitungen zum Potentialausgleich der Elektro-Installation benutzt werden. Er ist nicht Eigentum des Versorgungsunternehmens und kann deshalb von Ihnen angebracht werden.

Der **Zähler** ist ein **Meßinstrument im Sinne des Gesetzes**. Er ist plombiert und darf nur von einem Vertreter des zuständigen Versorgungsunternehmens geöffnet werden.
Nach dem Meßverfahren unterscheidet man Flügelrad-, Ovalrad- und Ringkolbenwasserzähler. Die Typenwahl ist allein Sache des Versorgungsunternehmens.

Flügelradwasserzähler messen die Wassermenge abhängig von der Durchlaufgeschwindigkeit; das durchfließende Wasser treibt ein Flügelrad an, das über ein Getriebe mit dem Zählwerk verbunden ist. Bei Durchfluß kleiner Wassermengen ist die Meßgenauigkeit nicht besonders groß.

Ovalradwasserzähler arbeiten nach dem Prinzip von Zahnradpumpen. Dabei werden auch kleinere Wassermengen noch erfaßt.

Am exaktesten messen **Ringkolbenwasserzähler**; sie erfassen auch kleinste Mengen des durchfließenden Wassers in einer Meßkammer.

Absperrventile und Zähler

Das **Absperrventil** hinter dem Zähler – das erste Ventil der Installation in Ihrem Verantwortungsbereich – hat eine Rückflußsicherung und ist mit einem Entleerventil kombiniert.

Schutzfilter
Nach dem Absperrventil wird der Schutzfilter eingebaut. Er hält feste Stoffe aus dem öffentlichen Versorgungsnetz zurück. Eigentlich sollte das Trinkwasser keine Fremdkörper enthalten; es können bei Arbeiten am öffentlichen Netz aber selbst bei größter Sorgfalt immer wieder Bodenpartikel, Sand oder Rost in die Versorgungsleitungen gelangen.

Grundsätzlich können Sie zwischen sogenannten Kerzenfiltern und Rückspülfiltern wählen.

Bei **Kerzenfiltern** fließt das Wasser nach dem Röhrensiphon-Prinzip zunächst durch eine unter dem Filterkopf angebrachte, meist durchsichtige Filtertasse, auf deren Grund sich bereits ein Teil der Verunreinigungen absetzen kann. Gereinigt werden die Geräte durch Austausch des Filtereinsatzes, was eine ziemlich mühsame Arbeit ist. Außerdem müssen Sie dazu die gesamte Wasserversorgung nach dem Zähler absperren.

Bei **Rückspülfiltern** fließt das Trinkwasser zunächst über die Filtereinsätze. Zur Reinigung werden die Schmutzpartikel über eine Abwasserleitung an dem Gerät in die Kanalisation gespült.
Rückspülfilter sind zwar teurer als Kerzenfilter, im Betrieb machen sie sich aber schnell bezahlt.

Druckminderer und Schutzfilter

Druckausgleich
Zu geringer Wasserdruck kommt in modernen Was-

serversorgungsnetzen kaum noch vor. Dafür kann er in manchen Versorgungsgebieten so hoch sein, daß es zu unangenehmen Pfeifgeräuschen kommt, wenn man den Wasserhahn aufdreht, oder daß durch zu hohen Wasserdruck sogar Armaturen beschädigt werden. In solchen Fällen sollten Sie nach dem Filter einen **Druckminderer** in die Haus-Hauptleitung einbauen.
Er besteht aus dem **Druckminderungsventil**, das durch eine abgefederte Druckeinstellschraube gesteuert wird und einem **Manometer**, das den Wasserdruck hinter dem Druckminderer anzeigt.
Wie stark der verminderte Druck eingestellt werden muß, hängt vor allem von der Höhe des obersten Wasserauslasses in Ihrem Haus ab. Lassen Sie sich in diesem Punkt von der Firma beraten, bei der Sie den Druckminderer kaufen.

Verteiler
Der Verteiler bildet das Ende der **Haus-Hauptleitung**. Von hier aus führen die mit T-Stücken angeschlossenen Steigleitungen zu den einzelnen Gebäudeteilen, wo die Leitungen sich je nach Bedarf weiter verzweigen.

MINITIP
Leitungen, die vom Verteiler zum Außenbereich führen, sollten Sie frühzeitig im Herbst absperren und entleeren. Das Auslaufventil (der Wasserhahn im Freien) bleibt danach geöffnet.

Alle Teile der Installation, vom Hauptabsperrventil über den Zähler bis hin zum Verteiler, sollten sich in einem **gut zugänglichen** Raum befinden, z.B. einem Hausanschlußraum im Keller. Wartungs- und Reparaturarbeiten, aber auch spätere Erweiterungen können Sie auf diese Weise einfacher erledigen. Außerdem haben Sie eine bessere **Übersicht** über das »Herz« der Installation.

ROHRE, FITTINGS, DICHTUNGEN, VENTILE

Rohre für die Wasserversorgung
Sie können zwischen **Metall-** und **Kunststoffrohren** wählen. Am häufigsten verwendet werden Rohre aus verzinktem Stahl oder Edelstahl, Kupfer und aus vernetztem Polyethylen. Alle Rohre und Rohrzubehörteile für Trinkwasserleitungen und deren Installation müssen **zugelassen** sein. Folgende Angaben müssen auf den Zubehörteilen und Rohren in Längsrichtung und in dauerhafter Form angebracht sein: Die DIN-Nummer, die Dimension oder Nennweite, der Herstellername oder sein Signet und die Register- oder Katalognummer.

Rohre und Fittings aus Stahl

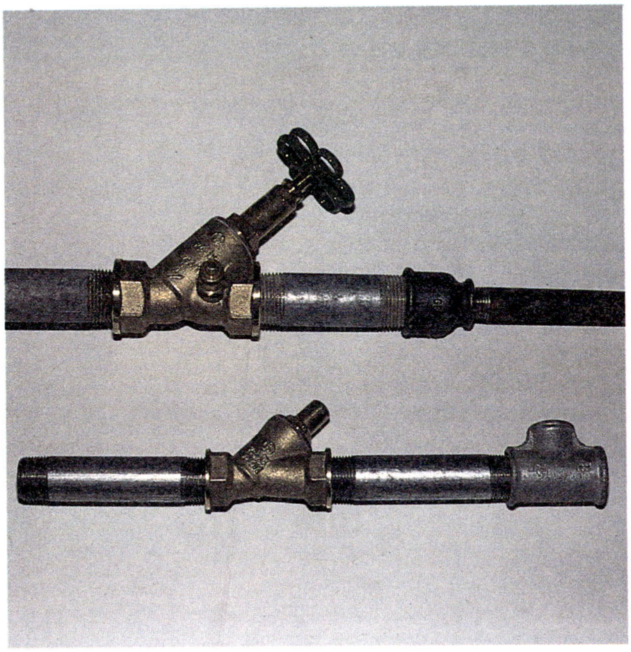

Die **Dimension** von **verschraubbaren Rohren** wird mit den Buchstaben DN (Durchmesser nominal) und einer Zahl angegeben, die in Millimetern den annähernden Rohrinnendurchmesser nennt.

Die Angabe **DN 25** bedeutet also, daß es sich hier um ein verschraubbares Rohr mit einem Innendurchmesser von etwa 25 mm handelt. Die **Gewindegröße** wird abweichend davon traditionell in Zoll angegeben. Die Bezeichnungen für ein 1-zolliges Rohrgewinde sind entweder **R 1** oder **1"**.

Gewindegrößen und Rohrdimensionen sind einander zugeordnet. Hier die wichtigsten Größen:
DN 10 entspricht $^3/_8$"
DN 15 entspricht $^1/_2$"
DN 20 entspricht $^3/_4$"
DN 25 entspricht **1"**
DN 32 entspricht **1$^1/_4$"**

In **Kupferrohre** werden keine Gewinde geschnitten, dazu sind sie zu weich; sie werden **verlötet** oder durch **Klemmring-** bzw. **Quetschverschraubungen** mit Fittings oder Armaturen verbunden. Bei ihnen und allen anderen **Rohren ohne Gewinde** wird die Dimension durch die Angabe **»Außendurchmesser x Rohrwandstärke«** in Millimetern bezeichnet (z.B. 22 x 1).

Kupferrohre

Angeboten werden Rohre aus folgenden Materialien:

- **Rohre aus verzinktem Stahl** bekommen Sie in den Dimensionen von DN 6 bis DN 150 und abgelängt zwischen 4 und 8 m. Da die Rohre relativ leicht korrodieren, werden sie nicht mehr so häufig verwendet.
- **Rohre aus Edelstahl** sind nahezu vollständig korrosionsfest, aber sehr teuer. Sie bekommen sie in vergleichbaren Dimensionen und Längen wie die verzinkten Stahlrohre. Alle Stahlrohre erkennt man an der Schweißlängsnaht.
- **Rohre aus Kupfer** werden nahtlos gezogen. Sie bekommen sie in den Größen von 6 x 1 bis 267 x 3. Meistens werden sie gerade, als Rohrstangen

von etwa 5 m Länge geliefert. Die kleineren Größen bis 22 x 1 sind aber auch in Weichkupfer in Ringform mit 25 oder 50 m Länge zu haben. Kupferrohre sind billiger als Edelstahlrohre, aber bei guter Wasserqualität fast ebenso korrosionsfest. Man sollte Sie allerdings nur da einbauen, wo das Wasser **chemisch völlig neutral** reagiert. Schon bei geringen Abweichungen des pH-Wertes vom Neutralwert 7 kann das Kupfer mit dem Wasser reagieren. Das Trinkwasser kann dadurch für Säuglinge gefährlich werden (abkochen nützt in diesem Fall nichts).

- **Rohre aus vernetztem Polyethylen** sind bei Kaltwasserleitungen unbeschränkt, bei Warmwasserleitungen bis zu 90°C zulässig. Sie bekommen sie in den Dimensionen von 16 x 2,2 bis 63 x 8,7.
  Geliefert werden sie als Rohrstangen von etwa 6 m Länge oder in Ringform zu 25 oder 50 m Länge. Sie sind sehr **korrosionsfest**, aber wenig formstabil.
  Bei horizontaler Leitungsführung muß man die Rohre deshalb zusätzlich in Tragschalen oder Schutzrohren unterbringen.
  Manche Hersteller liefern zu den kleineren Dimensionen auch die passenden Schutzrohre gleich mit.

Welche Dimensionen Sie für Ihre Rohre benötigen, kann Ihnen am besten ein Fachmann berechnen.
Für die **Endleitungen** an den Zapfstellen nimmt man normalerweise DN 15 bzw. 15 x 1 bzw. 16 x 2,2.

Abwasserrohre aus Kunststoff

Rohre für das Abwasser
Abwasserrohre gibt es in Dimensionen von DN 40 an aufwärts. Die erforderlichen Abmessungen müssen besonders sorgfältig berechnet werden. Denn es gibt kaum etwas Unangenehmeres als ein nicht funktionierendes Abwassersystem im Haus. Lassen Sie sich also auf alle Fälle schon in einem sehr frühen Planungsstadium von einem Fachmann beraten.

Als **Mindestwert für Grund- und Sammelleitungen** wird **DN 100** gefordert. **Anschlußleitungen**, z.B. am Geruchverschluß eines Waschbeckens, sollen immer **mindestens eine DN-Stufe größer** sein als die des angeschlossenen Rohres. **Beispiel:** Der Geruchverschluß eines Waschbeckens hat **DN 32** (bzw. eine Rohrgewindegröße von $1^1/_4$''). Die Abwasseranschlußleitung muß dann von der Größe **DN 40** sein (das ist die nächsthöhere Dimensionsstufe).

Angeboten werden vor allem folgende Rohrtypen:

- **HT-Rohre** sind graue Kunststoffrohre aus Polypropylen, die für Abwässer bis 100°C zulässig und schwerentflammbar sind. **Nicht zulässig** sind sie für eine Erdverlegung.

Kombination verschiedener Rohre

Die Verbindung erzielt man mit **Steckmuffen** und **Dichtung**. Rohrstücke ohne Muffen sind kaum verwendbar; deshalb kann es je nach den Abmessungen der Installation zu viel **Rohrverschnitt** kommen. HT-Rohre besitzen keine besonders guten Schalldämmeigenschaften, sind aber leicht zu verarbeiten; spätere Veränderungen sind kaum mehr möglich. Lieferbar sind Formstücke aller Art, Längen zwischen 15 und 200 cm und Dimensionen von DN 40 bis DN 150.

- **PE-Rohre** sind schwarze Kunststoffrohre aus Polyethylen. Sie sind hochtemperaturbeständig, für alle **Abwasserinstallationen** zulässig und für Erdverlegungen geeignet. Verbindungen stellt man durch **Schweißen** her – dadurch hat man nur wenig Rohrverschnitt – oder mit Steckmuffen. Die Schalldämmeigenschaften sind besser als bei HT-Rohren. Für die Verarbeitung ist Erfahrung und Spezialwerkzeug erforderlich. Lieferbar sind Formstücke aller Art sowie Rohrstangen von etwa 5 m Länge, in Dimensionen von DN 40 bis DN 300.

- **SML-Gußrohre** (SML = Super-Metallit) haben außen eine rotbraune Korrosionsschutz-Beschichtung, innen eine Teer- oder Bitumen-Kunststoff-Beschichtung. Sie sind für **alle Abwasserinstallationen** zulässig, auch für die **Erdverlegung**; hauptsächlich werden Sie als Fallrohre oder große **Sammelleitungen** verwendet. Verbindungen stellt man durch Gummimanschetten und Metallspannhülsen her. Die Schalldämmeigenschaften sind sehr gut. Man kann diese Rohre **gut montieren**, vorhandene Installationen sind **leicht zu verändern**; außerdem sind diese Rohre sehr robust. Sie sind jedoch ziemlich teuer, sehr schwer, und zum Schneiden braucht man eine Flex. Lieferbar sind **Formstücke** aller Art sowie **Rohrstangen** von 3 m Länge und in Dimensionen von DN 50 bis DN 200.
- **Rohre aus verzinktem Stahl** haben ähnliche Eigenschaften wie SML-Gußrohre. Da sie aber mit Muffenverbindungen verlegt werden, kann es zu größerem Rohrverschitt kommen; auch sind die Installationen nicht mehr so einfach zu ändern wie bei SML-Gußrohren. Geliefert werden neben zahlreichen Formstücken Längen zwischen 35 und 400 cm und Dimensionen vom DN 40 bis DN 200.

Fittings
Fittings ist ein anderer Name für »Formstücke«. Sie sind die **Verbindungsglieder** von Rohrleitungen untereinander.

Muffen sind Fittings mit Innengewinde zur Verbindung von Rohren mit Außengewinde.
Muffen für gewindelose Rohrverbindungen, die sogenannten **Steckmuffen**, sind an den Enden leicht aufgeweitet.

Nippel sind Fittings, bei denen ein Ende als Muffe (Innengewinde bzw. aufgeweitet) ausgebildet ist, während das andere ein Außengewinde trägt.

Ein **Doppelnippel** ist ein kurzes Rohrstück mit Außengewinde an beiden Enden.

Verschraubungsstücke (in der Regel mit Sechskantprofil) bilden lösbare Verbindungen.

Winkelstücke bilden Leitungsumleitungen mit dem kleinstmöglichen Radius. Für größere Radien gibt es **Bogenstücke**, für 180°-Umleitungen **Krümmer**.

Für Verbindungen bzw. Verzweigungen zweier Leitungen nimmt man **T-Stücke** mit verschiedenen Verzweigungswinkeln, für kreuzförmige Verbindungen ein **Kreuzstück**.

Eine **Reduktionsmuffe** verbindet Rohre verschiedener

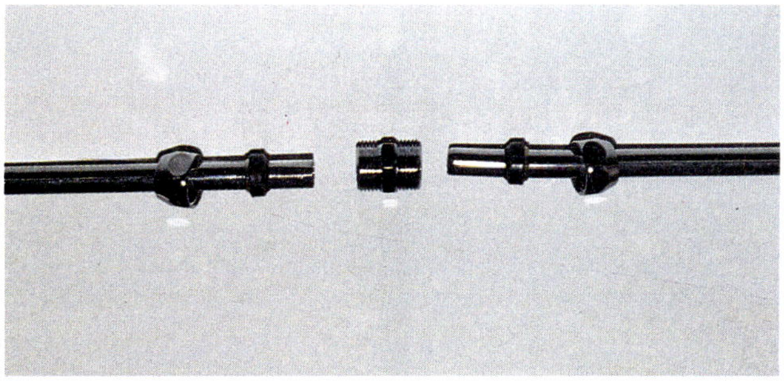
Verbindungsmuffen

Auswahl von Fittings

Verschiedene Fittings für Kupferrohre
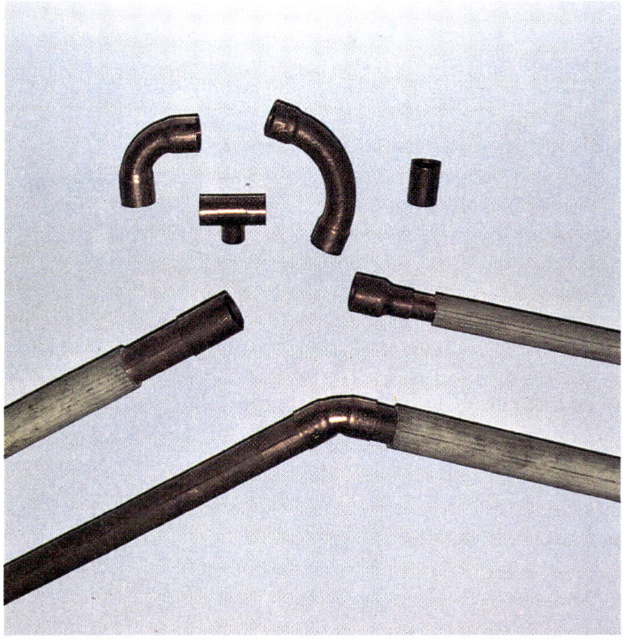

Dimensionen. Der **Stopfen**, mit dem man z.B. eine nicht benötigte Steigleitung oder einen nicht belegten Auslaß einer Zapfstelle verschraubt, gehört ebenfalls zu den Fittings.

Quetschverbindungen (oder **Klemmringverbindungen**) sind Fittings mit Dichtungen. Sie verbinden gewindelose Rohre mit Gewindeanschlüssen und dichten zugleich diese Verbindungen ab. Quetschverbindungen bestehen aus der **Überwurfmutter**, die hinter ihrem Gewindeteil konisch zuläuft, außerdem aus einem **konischen Messingring**, der auf einer Seite aufgeschnitten ist, so daß er beim Anziehen der Überwurfmutter in seiner Stellung auf dem Rohr zusammengedrückt und so fixiert wird, ferner aus einem **Gummi-** oder **Kunststoffring**, der durch das Zusammenquetschen beim Anziehen der Überwurfmutter die Verbindung ganz sicher abdichtet.

Dichtungen
Die wichtigsten Dichtungsmittel bei der Sanitär-Installation sind im folgenden beschrieben:

- **Dichtungsscheiben** brauchen Sie in fast allen **Auslaufarmaturen** (Wasserhähne, Duschen). Sie bestehen heute in der Regel aus Kunststoff und sind gleichermaßen für Kalt- und Warmwasser geeignet.
- **Dichtringe** in allen Größen brauchen Sie für **Schlauchverbindungen** aller Art, aber auch für die Rohrverbindungen der Zuleitungen zum Abwassersystem.
- Zur Herstellung unlösbarer Schraubverbindungen brauchen Sie **Hanf** zum Umwickeln des Gewindes und eine **Dichtpaste**, mit der der Hanf eingestrichen wird. Sie können statt Hanf und Dichtpaste auch ein speziell beschichtetes **Dichtband** verwenden, das Sie im Fachhandel ebenso erhalten. Der Vorteil bei Hanf und Dichtpaste ist, daß man die Schraubverbindung auch wieder geringfügig lockern kann, ohne daß die Verbindung undicht wird.

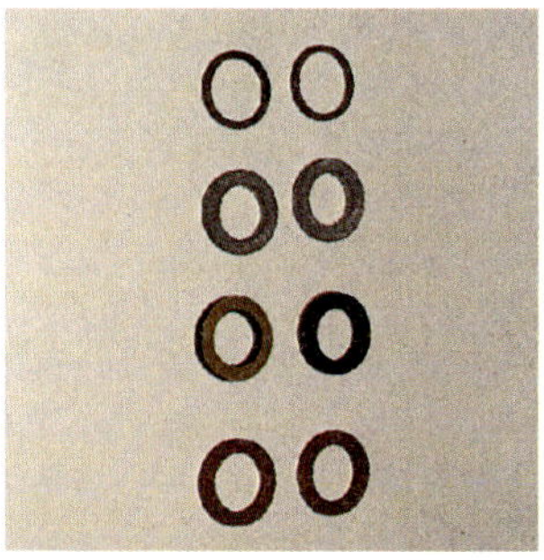

Dichtringe

Ventile
Für Reparaturen an der Sanitär-Installation muß man die Leitungen an bestimmten Punkten absperren können. An diesen Punkten werden die Ventile eingebaut.

Das **Hauptabsperrventil** vor dem Zähler ist dazu die erste Möglichkeit. Wenn es abgesperrt ist, fließt im ganzen Haus kein Wasser mehr. Die Absperrung ist nur selten erforderlich, z.B. wenn der Druckminderer oder der Schutzfilter repariert oder neue Leitungen an den Hauptverteiler angeschlossen werden sollen.

Unmittelbar über dem Hauptverteiler sitzen die **Absperrventile für die einzelnen Versorgungsbereiche**. Es empfiehlt sich, sie ausreichend und eindeutig zu beschriften, so daß auch ein Installateur, der die Anlage zum ersten Mal sieht, sich rasch zurechtfindet. Bei Mehrfamilienhäusern mit mehreren Wohnungen pro Stockwerk ist es sinnvoll, in den einzelnen Stockwerken Zwischenverteiler einzurichten, so daß vom Hauptverteiler pro Stockwerk nur jeweils eine Steigleitung geführt werden muß. Stockwerksverteiler werden in der Regel unter Putz eingebaut.

Unmittelbar nach den Absperrventilen des Hauptverteilers und nach dem Hauptabsperrventil werden **Entleerventile** eingebaut. Damit kann man einzelne Hauptleitungsstränge (bzw. die gesamte Hauptleitung) wasserfrei machen.

Über der höchstgelegenen Zapfstelle eines Leitungsstranges wird die Steigleitung noch ein Stück weiter geführt und mit einem **Rohrbelüftungs- und -entlüftungsventil** verschlossen.

Als Absperrventile bekommen Sie Geradsitz- oder Schrägsitzventile. Auf den **Geradsitzventilen** sitzen Griff und Spindel senkrecht, bei **Schrägsitzventilen** sind sie zur Strömungsrichtung geneigt angebracht. Dadurch verbessert sich auch das Strömungsverhalten in diesen Ventilen; man bezeichnet sie deshalb auch als **Freistromventile**. Druckverluste und Geräusche, wie sie bei Geradsitzventilen vorkommen können, gibt es hier nicht.

Bei vielen Armaturen sind die einzelnen Zuleitungen (z.B. für kaltes und warmes Wasser) durch in die Wand montierte **Eckventile** auch einzeln absperrbar. Das ist besonders praktisch bei kleineren Reparaturen, z.B. wenn Sie eine Dichtung am Wasserhahn austauschen wollen.

Eckventile verbinden die Wasserzuleitung in der Wand mit den Armaturen

Dekorative Armaturen gibt es in den verschiedensten Ausführungen

ARMATUREN, WASCHTISCHE, WANNEN, TOILETTEN

Das Angebot hierzu ist sehr vielfältig, so daß sich für jeden Zweck und Geschmack etwas Passendes finden läßt. Grundlegende Unterschiede gibt es dabei nur wenige.

Armaturen

Die schlichteste Form sind **einfache Wasserhähne** für kaltes Wasser. Sie werden gelegentlich noch bei kleinen Handwaschbecken installiert.
Sie bekommen sie verchromt oder farbig, als Stand- oder Wandauslaufventil. – In der Fachsprache der Installateure wird ein Wasserhahn **»Auslaufventil«** genannt.

Wandauslaßventile sitzen direkt auf der aus der Wand kommenden Versorgungsleitung. Für kleinere Reparaturen sind sie meist nicht separat absperrbar.

Bei **Standventilen** erfolgt die Wasserzufuhr von unten; in die Zuleitung ist meist ein Eckventil eingebaut, so daß man kleine Reparaturen leicht ausführen kann, ohne sämtliche Wasserauslässe eines Raumes absperren zu müssen.

Bei allen anderen Armaturen, die über diese einfachste Form hinausgehen, handelt es sich um sogenannte **Mischbatterien**.

Einfache Mischbatterien haben **zwei Griffe**, mit denen man die Warm- und Kaltwasserzufuhr regelt. Kleinere Reparaturen sind genauso leicht wie bei einfachen Wasserhähnen durchzuführen.

Einhand-Mischbatterien bedient man über nur einen Hebel. Durch Drehen des Hebels werden im Inneren der Armatur zwei gelochte Keramikscheiben gegeneinander verschoben, wobei je nach Lage der Löcher zueinander die Kalt- oder Warmwasserzuführungen verschieden weit geöffnet oder geschlossen werden.
Öffnen und Schließen des Wasserauslasses geschieht durch Ziehen bzw. Drücken des Bedienungshebels.
Im Gebrauch sind Einhand-Mischbatterien sehr bequem. Ihre Reparatur kann allerdings kompliziert sein. Außerdem gibt es bei diesen Armaturen größere Abweichungen in der Konstruktion des »Innenlebens«.

Alle Mischbatterien haben zwei Zuführungen, eine für kaltes und eine für warmes Wasser. Nach der Zahl der Auslässe unterscheidet man zwischen Ein- und Mehrlochbatterien.

Einlochbatterien werden meist auf Waschtischen oder in Duschkabinen verwendet. Bei den **Mehrlochbatterien** handelt es sich vor allem um Wannenfüll- und Brausebatterien.

Bei der Unterputz-Installation von Mischbatterien (meist dann auch Einhebel-Mischbatterien) für Badewannen und Duschen ist von außen jedoch nur die Abdeckplatte und der Mischhebel sichtbar.

Mischbatterie mit zwei Griffen

Einhandmischer ermöglichen eine problemlose Handhabung

Waschtische

Das Material der Waschtische ist in der Regel glasiertes **Sanitär-Porzellan** oder eine verschiedenfarbig engobierte und glasierte **Sanitär-Keramik**. Einfache Waschbecken gibt es aber

Einzelwaschtisch

auch aus **emailliertem Stahl** oder **Gußeisen**.

Für Haushalte werden **Einzel-** und **Doppelwaschtische** angeboten. Man montiert sie an der Wand. Ableitungen und Zulauf können sichtbar bleiben, man kann sie aber auch mit einem **Säulenuntersatz** oder einer **Abdeckhaube** verkleiden.

Doppelwaschtisch

Besonders aufwendig sind **höhenverstellbare Waschtische**. Diese montiert man auf einem beweglichen Gestell. Zulauf und Ableitung bestehen aus flexiblen Rohren.

Einbauwaschtische können in zur übrigen Badausstattung passende Platten, z.B. Marmorplatten, eingelassen werden. Dabei kann man wählen zwischen Einbauwaschtischen, die unter dem Plattenausschnitt befestigt werden, und solchen, die mit ihrem Rand auf der Platte aufliegen.

Schrankwaschtische haben ein oder zwei Becken, die beiderseits in eine rechteckige Platte auslaufen. Sie werden in ganzer Länge und Breite auf ein Schrank-Untergestell aufgesetzt.

Waschtische mit einer Raumtiefe von weniger als 40 cm bezeichnet man als **Handwaschbecken**, die meist in Gäste-Toiletten Verwendung finden.

Waschtische mit integriertem Schrank bringen Ordnung auch in ein noch so kleines Badezimmer

Badezimmer-Kombination mit Wandbidet

Bidets werden auch bei uns immer beliebter. Normalerweise sind sie mit einem Einhandmischer ausgerüstet, mit dem sich der Wasserstrahl nach oben und unten variieren läßt. Sie sind als Standbidet mit Säulenuntersatz oder als Wandbidet erhältlich.

Standbidet

Einbauwaschtische lassen sich formschön in eine Kachelverkleidung einpassen

Wannen
Badewannen bestehen häufig aus **emailliertem Stahl**, zunehmend aber auch aus **Kunststoff**. Die Vorteile von Kunststoff sind hauptsächlich das geringere Gewicht, die im Vergleich zu Stahl sehr geringe Wärmeleitung, die hohe Rutschsicherheit, die Unempfindlichkeit gegen Haushaltschemikalien und die wegen der absolut porenfreien Oberfläche geringe Schmutzanfälligkeit.
Bedenken Sie allerdings, bevor Sie sich für eine

Kunststoffwanne entscheiden, daß auch bei diesem Material gute Qualität mit langer Lebensdauer ihren Preis verlangt.

Kunststoff-Badewanne

Neben der üblichen Wannenform bekommen Sie auch Eckwannen, die zum Raum hin z.B. in einem Bogen abschließen, Sitzbadewannen, Sitzduschwannen und andere Sonderformen.

Toiletten, WC-Kombinationen und Spülkästen
Das Material, aus dem Toiletten bestehen, ist **Sanitär-Porzellan** oder **Sanitär-Keramik**.
Es gibt Toiletten in zwei Formen, als Flach- und als Tiefspültoiletten. Heute baut man vor allem aus hygienischen Gründen fast nur noch **Tiefspültoiletten** ein.

Toiletten werden **freitragend an der Wand** oder **auf dem Boden stehend** montiert. Die freitragende Montage bietet vor allen Dingen den Vorteil, daß man im Toilettenbereich ohne Schwierigkeiten den Boden putzen kann.
Für eine freitragende Wandmontage an leichten Trennwänden sind Sonderkonstruktionen erforderlich.

Freitragendes WC

WC-Kombinationen bestehen aus Toilette und einem dazu in Form und Farbe passenden Spülkasten.
Das **Spülkastenmaterial** ist meistens **Kunststoff**.
Besonders geräuscharme Spülkästen bestehen aus einer **Kunststoff-Innenschale** und einer **Außenschale aus Keramik**. Ein weiterer Vorteil neben der Geräuscharmut: Auf der Oberfläche entsteht kein Schwitzwasser.
Bei den Spülkästen sollten Sie darauf achten, daß der Spülvorgang **unterbrechbar** ist. In vielen Fällen ist es ja gar nicht nötig, den ganzen Spülkasteninhalt an kostbarem Trinkwasser in die Kanalisation zu leiten.

Standtoilette

Mit Eckbadewannen können Sie sich eine kleine Oase schaffen

WERKZEUGE

Für die Installationsarbeiten benötigen Sie folgende Werkzeuge:

- Einen **Schraubstock** mit **Spannbacken für Rohre**, damit Sie diese zum Gewindeschneiden oder Ablängen auch einspannen können.
- Einen Satz **Steinbohrer** für die Dübellöcher, z.B. beim Anbringen eines Waschtisches,
- dazu eine **Schlagbohrmaschine**.
- Einen **Lötbrenner** auf einer **Gaskartusche** zur Herstellung von Kupferrohrverbindungen,
- dazu eine **Ersatzkartusche, Lötzinn** und **Lötfett**.
- **Stahlwolle** und **Drahtbürste** zum Säubern von Lötstellen.
- Einen **Anschlagwinkel** zum Anzeichnen und Überprüfen rechtwinkliger Verbindungen.
- **Rund- und Flachfeile** zum Abtragen und Glätten von Metall- und Kunststoff-Flächen, die Rundfeile besonders zum Entgraten von abgeschnittenen Rohrenden. Noch praktischer ist eine **Halbrundfeile**.
- Eine **Armaturenzange** für alle verchromten oder farbig beschichteten Verschraubungen; die kunststoffüberzogenen Backen

Schlagbohrmaschine und Anpreßpistole

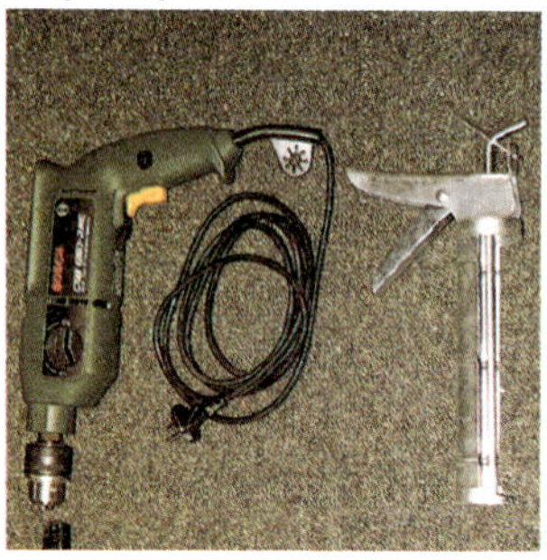

Wasserpumpenzange, Spachtel, Hammer und Schraubendreher

hinterlassen keine Kratzer. Die Backenweite ist **stufenweise verstellbar**.

- Eine **Kombizange** zum Halten und Schneiden.
- Eine **Wasserpumpenzange** zum Lösen kleinerer Rohre und größerer Verschraubungen. Die Backenweite ist **stufenweise verstellbar**. Wo es auf die Oberfläche ankommt, nehmen Sie besser eine Armaturenzange.
- Eine **Eckrohrzange** für Fittings, Rohre und Verschraubungen. Die Backenspannweite ist **stufenlos verstellbar**. Man setzt die Zange in Drehrichtung auf, dann spannt sie sich beim Anziehen von selbst. Wenn es auf der Oberfläche des Werkstückes keine Spuren geben soll, benutzen Sie einen Lappen als Zwischenlage.
- Einen **Fäustel** und einen **Meißel mit Schutzgriff** zum Ausstemmen von Wandschlitzen.
- Einen **Schlosserhammer**, mit dem Sie Rohrbefestigungsschellen in die Wand schlagen können.
- **Zollstock** und **Wasserwaage** zum Messen und Ausrichten.
- Einen **Metallsägebogen** und Bi-Metallsägeblätter zum Ablängen von Stahl- und Plastikrohren.
- **Schraubendreher** für feinere Installationen und kleinere Reparaturarbeiten. Einen **einpoligen Phasenprüfer** für die Kontrolle, ob alle elektrischen Leitungen tatsächlich abgeschaltet sind.
- **Stiftschlüssel**, falls Sie bei der Installation Geräte benutzen, an denen Inbusschrauben gelöst bzw. angezogen werden müssen.

Falls Sie Kupferrohre verarbeiten wollen, brauchen Sie zum Ablängen einen speziellen **Rohrabschneider mit Entgrater** (man bekommt beides auch getrennt). Kupferrohre zu sägen, ohne sie dabei zu verformen, ist praktisch nur möglich, wenn man sehr viel Übung hat; dem weniger Geübten dient daher das Spezialwerkzeug. Es hat außerdem den Vorteil, daß es genau im **rechten Winkel** zur Rohroberfläche schneidet.

Für die Montage von Standventilen und Mischbatterien ist ein **Standhahn-Mutterschlüssel** zum Anziehen oder Lösen der Ringbundmuttern fast unentbehrlich. Mit anderen Werkzeugen ist das nur unter vielen Mühen und meistens auch dann nur unvollkommen möglich.

Arbeit mit Rohrabschneider

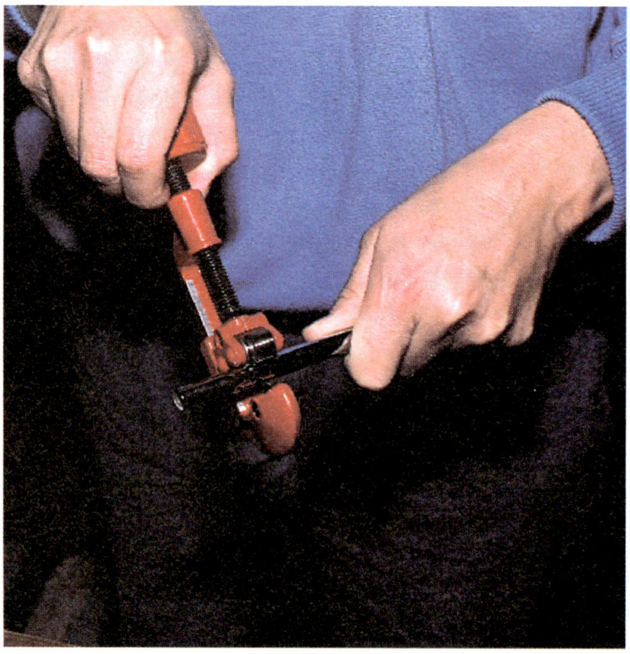

Vorarbeiten

ABSPERRVENTIL SCHLIESSEN, LEITUNGEN ENTLEEREN

Bei Reparaturen oder Erweiterungsarbeiten an einer bereits bestehenden Sanitär-Installation müssen zunächst einmal die Teile **abgeperrt und entleert** werden, an denen gearbeitet werden soll.

Zur Entleerung eines **Leitungsstranges** sperrt man zunächst das entsprechende Ventil am Hauptverteiler ab, dann öffnet man die am **niedrigsten gelegene**, von diesem Leitungsstrang versorgte **Armatur** und läßt die

Leitung leer laufen.
Erst dann öffnet man, bei weiterhin geöffneter Armatur, das **Entleerventil** oberhalb des geschlossenen Absperrventils am Hauptverteiler.

Entleeren der Leitung

Falls das **gesamte System** entleert werden soll, schließt man zuerst das **Hauptabsperrventil** und dann sämtliche Absperrventile am Hauptverteiler. Anschließend werden alle vom Hauptverteiler abzweigenden Stränge so entleert wie beschrieben.
Dann öffnen Sie bei weiterhin offenen Armaturen die Absperrventile am Hauptverteiler und lassen den Wasserrest, der sich jetzt nur noch in der Hauptleitung befindet, durch das Entleerventil vor dem Hauptabsperrventil ablaufen.

Wenn die Leitungen **nach der Entleerung wieder gefüllt** werden sollen, schließen Sie vorher **alle Armaturen** und **alle Entleerventile**. Dann drehen Sie das Absperrventil (oder die Absperrventile nacheinander) **langsam** und zunächst **nur wenig** auf. Die in den Leitungen befindliche Luft entweicht über das Rohrentlüftungsventil. Erst wenn die Leitungen **vollständig gefüllt** sind, drehen Sie die Absperrventile **bis auf eine Vierteldrehung** voll auf. In dieser Stellung bleiben sie.

SCHLITZE UND LÖCHER

In ausreichend starken Wänden können auch die Leitungen der Sanitär-Installation in Schlitzen unter Putz verlegt werden. Bedenken Sie aber schon bei der Planung, daß Installationsleitungen in der Regel **viel mehr Platz** benötigen als etwa Leerrohre für die Elektro-Installation.
Bei einer soliden Verlegung unter Putz brauchen Sie genügend Platz für das **Rohr**, den das Rohr umgebenden **Dämmstoffmantel** und den **Dämmörtel**, der das Ganze im Wandschlitz fixiert.

Für die Leitungsführung und damit für das Anlegen von Schlitzen und Löchern gelten folgende Grundregeln:

- Durchführungen durch **tragende Bauteile** und **Schornsteine** sind **nicht zulässig**.
- Bei den zulässigen Durchführungen sollen die Leitungen jeweils **rechtwinklig** zu Wand und Decke verlaufen.
- Horizontal von einem Verteiler abzweigende Leitungen sollen mit leichtem Gefälle **ansteigen**. Am Verteiler ist unbedingt ein **Entleerventil** anzubringen.
- Die Leitungen sind so anzulegen, daß sie die Entnahmestellen auf dem **kürzestmöglichen** Weg erreichen.

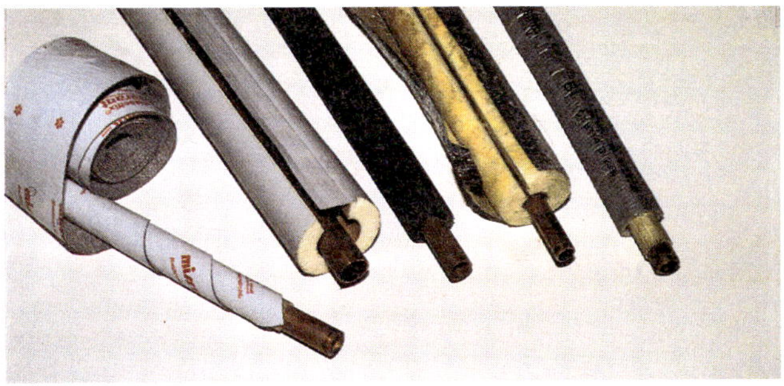

Installationsrohre mit Isolierung benötigen mehr Platz unter Putz als Elektroleitungen

Jeder **waagrechte Schlitz schwächt** die Wand, ihre Stabilität ist nur noch so groß, wie sie der Wandstärke hinter dem Schlitz entspricht. Erkundigen Sie sich deshalb schon während der Planung bei einem Fachmann (einem Installateur oder einem Architekten), wo in Ihrem Fall überhaupt Schlitze für die Sanitär-Installation gestemmt werden dürfen. Oft sind verkleidete Vorwand-Installationen oder Installationen in Schächten die besseren und auch einfacheren Lösungen.

Grundtechniken

ROHRE ABLÄNGEN

Die richtige Länge für ein Rohr, das an beiden Enden durch ein Fitting mit anderen Rohren (oder auf einer Seite mit einem Rohr und auf der anderen mit einem Ventil) verbunden werden soll, bekommen Sie, wenn Sie den Abstand zwischen den einander zugekehrten Enden der beiden Fittings in der gewünschten Endlage ausmessen und dazu noch die Gewindelänge in den beiden Fittings rechnen.
Am einfachsten übertragen Sie den Umriß der Fittings an der Stelle, an der sie sich auch in der fertigen Installation befinden sollen, mit Bleistift auf die Wand und messen den Abstand und die Gewindetiefe mit dem Zollstock.
Bei gewindelosen Fittings für Kupferrohre messen Sie statt der Gewindetiefe die Länge des aufgeweiteten Teiles.

Sie können ruhig etwas großzügiger messen, denn es handelt sich hier nicht um Feinmechanik, sondern man kann dann, wenn das Rohr etwas zu lang geworden ist, auch eine »unlösbare« Verbindung wieder aufschrauben und das Rohr entprechend nachkürzen. Anschließend müssen Sie das Gewinde natürlich wieder neu abdichten.

Stahlrohre werden meistens gesägt. Markieren Sie die Schnittstelle und spannen Sie das Rohr in den **Schraubstock**, nachdem Sie zuvor die normalen, planen Backen durch **Rohrbacken** ausgewechselt haben, die zum Außendurchmesser des Rohres passen sollten.
Der Schnitt muß **genau rechtwinklig** sein. Das ist nicht ganz einfach, wenn man nicht sehr viel Übung hat.

Sägen des Rohres

Grundtechniken

Eine **Schneidlade**, bei der die Säge in einem Führungsschlitz bewegt wird, erleichtert das genaue Sägen ganz erheblich.

SICHERHEITSTIP
Die Grate an den Schnittstellen sind sehr scharf. Tragen Sie zu Ihrer Sicherheit beim Entgraten Schutzhandschuhe.

Noch einfacher ist es, mit einem **Rohrabschneider** zu arbeiten. Es gibt ihn in verschiedenen Größen. Meistens nimmt man ihn zum Ablängen von **Kupferrohren**, die man nur schwer sägen kann. Er schneidet aber auch Stahl und Kunststoffrohre, wie sie im Abwassersystem eingesetzt werden.

Rohre aus vernetztem Polyethylen für Trinkwasserrohre sind mit **Spezialwerkzeugen** zu bearbeiten, die die Hersteller mitliefern.

Da beim Sägen immer scharfe Grate entstehen, müssen alle Rohre an den Schnittstellen mit einer Halbrund-, einer Rundfeile oder einem Entgrater **entgratet** werden, bevor Sie sie weiterverarbeiten. Denn die Grate im Innern des Rohres beeinträchtigen den Durchfluß und können Schmutzteile festhalten.

GEWINDE SCHNEIDEN

Zum Gewindeschneiden benutzt man einen speziellen Gewindeschneider (**Gewindeschneidkluppe**), eine Ratsche, einstellbar für Links- und Rechtsdrehung mit entweder auswechselbaren Schneideinsätzen oder verstellbaren Schneidbacken.

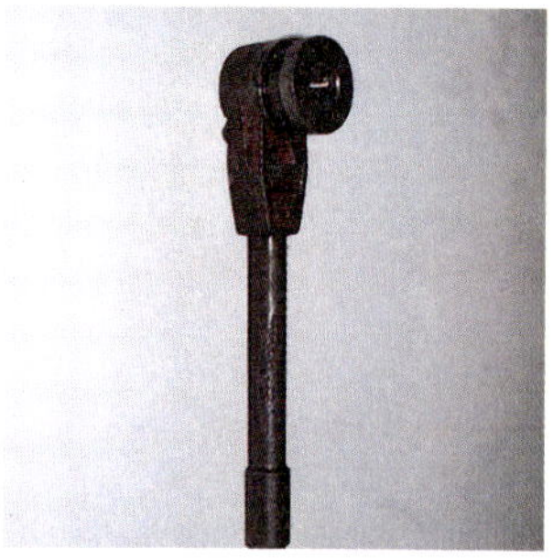

Gewindeschneider

Das Gerät ist sehr teuer, und selbst wenn Sie für die gesamte Installation des Hauses die Rohre selbst mit Gewinde versehen wollten, lohnt sich die Anschaffung nicht.
Möglicherweise können Sie sich das Gerät aber bei einem befreundeten Handwerker oder gegen Gebühr ausleihen. In diesem Fall sollten Sie dazu gleich auch ein **Spanngerät für Rohre** ausleihen. Es ist mit eingekerbten Spannbacken ausgestattet. Dadurch wird der Druck besser auf der Rohroberfläche verteilt, und Sie können es fester als in einen Schraubstock einspannen, ohne Verformungen des Rohrquerschnittes zu riskieren.

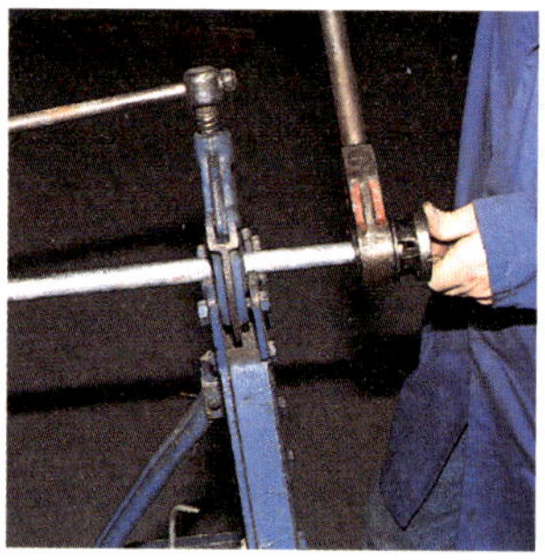

Spanngerät mit Spannbacken zum Fixieren der Rohre

Während des Schneidens muß man immer wieder Schneidöl auf die Schnittstelle auftragen. Dazu dürfen nur **für die Trinkwasser-Installation zugelassene** ungiftige Produkte verwendet werden.

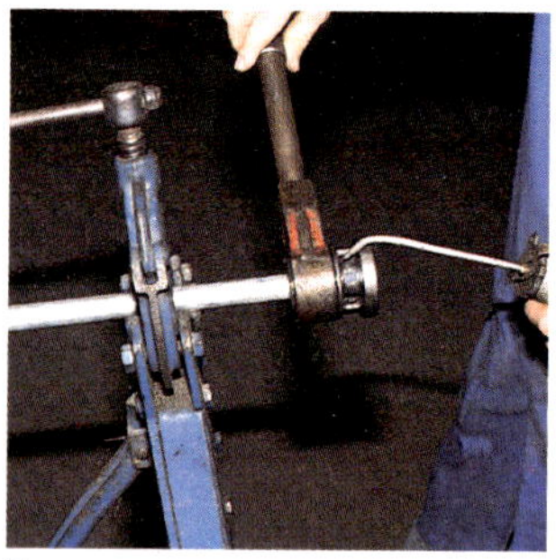

Ölen der Schnittstelle mit Schneidöl

ABDICHTEN VON GEWINDE-VERBINDUNGEN

In Gewindeverbindungen von Rohren müssen **Innengewinde** immer **zylindrisch** und **Außengewinde** immer **konisch** oder **kegelförmig** geschnitten sein. Beim Ineinanderdrehen von Innen- und Außengewinde entsteht so eine metallische Preßdichtung.
Da aber bei Rohren kleine Maßabweichungen nicht ungewöhnlich und auch nicht unzulässig sind, kommt auf das Außengewinde vor dem Eindrehen noch ein **Dichtmittel**.

Rauhen Sie zunächst allzu glatte Gewinde mit einem alten und sonst unbrauchbaren **Metallsägeblatt** auf, indem Sie ein paarmal leicht über die Gewindegänge

Aufrauhen mit einem Metallsägeblatt

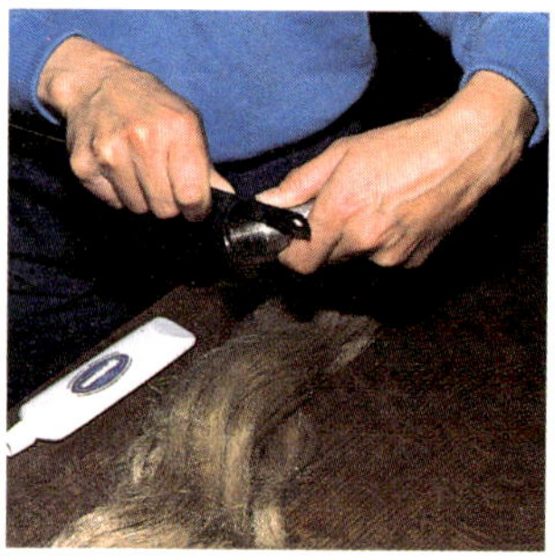

kratzen, ohne dabei das Gewinde zu beschädigen. Bei Armaturen mit Außengewinde oder Rohren mit fertig geschnittenen Gewinden ist das nicht nötig, die Gewinde sind bereits aufgerauht.

Falls Sie das Rohr in ein bereits **feststehendes Fitting einschrauben** wollen, wickeln Sie **gegen die Einschraubrichtung** am Rohrende bzw. am Gewindeanfang beginnend einen breiten, aber **dünnen Hanfstrang** um das Gewinde. Wollen Sie auf das bereits **feststehende Rohr** ein Fitting **aufschrauben**, dann wickeln Sie **in Schraubrichtung** des Fittings.

Versuchen Sie es nie andersherum als hier angegeben, sonst wickelt sich die Dichtung beim Ein- bzw. Aufschrauben wieder ab.

Nehmen Sie nicht zuviel Hanf, sonst besteht die Gefahr, daß das Fitting bei festem Anziehen platzt.

Den aufgewickelten Hanf bürsten Sie vorsichtig mit einer **Drahtbürste** in die Gewindegänge ein.

Anschließend streichen Sie **in Wickelrichtung** eine dünne Schicht **Dichtpaste** auf die Hanfschicht.

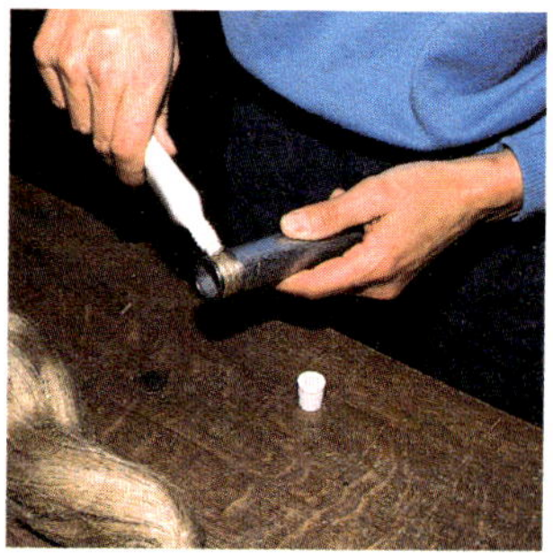

Abdichten

Statt Hanf und Dichtpaste können Sie auch ein **Teflon-**

Dichtband verwenden. Wickeln Sie etwa drei bis vier Lagen von der Rolle auf das Gewinde in derselben Richtung wie beim Hanf.

Drehen Sie das so vorbereitete Gewinde nun etwa ein **Drittel der Gewindelänge mit der Hand** ein. Wenn das ohne größere Mühe geht, haben Sie mit den Dichtmaterialien alles richtig gemacht.

Zum endgültigen Festdrehen benutzen Sie ein geeignetes Werkzeug, z.B. eine **Rohr-** oder eine **Armaturenzange**.

Die Gewinde darf man **nie zu weit** eindrehen. Zum Schluß soll immer noch der nicht voll ausgeschnittene Gewindeauslauf sichtbar bleiben.

Mit **Teflon-Dichtband** abgedichtete Gewinde dürfen **überhaupt nicht**, mit **Hanf und Dichtpaste** abgedichtete **höchstens eine Vierteldrehung zurückgedreht** werden, wenn die Dichtung halten soll.

LÖTEN

Bei **Kupferrohren** und allen anderen **Rohren ohne Gewinde** stellt man lösbare Verbindungen mit Klemmringverbindungen oder Quetschverschraubungen her. Für dauerhaft unlösbare Verbindungen verwendet man Weichlötverbindungen mit **Kapillarlötfittings**. Dabei wird das geschmolzene Lot durch Kapillarkräfte in den engen Spalt zwischen der Rohraußen- und der Innenwand des Fittings eingezogen. Am besten geht es, wenn Sie die Lötstelle waagrecht lagern können.

Die **Kapillarkräfte** können nur wirken, wenn der Spalt zwischen Rohr- und Fittingwand überall zwischen 0,02 und 0,03 mm breit ist. Das ist bei den noch unbearbeiteten Rohren und Fittings auch immer der Fall.
Falls es beim Ablängen des Rohres oder aus anderen Gründen zu **Verformungen** gekommen ist, müssen Sie zunächst die Maßgerechtigkeit der Rohrenden wieder herstellen. Die dazu notwendigen Werkzeuge, **Kalibrierdorne** zum Aufweiten oder **Kalibrierringe** zum Verengen, können Sie beim Installateur ausleihen, von dem Sie Kupferrohre und Kapillarlötfittings beziehen.

Vor dem Löten reinigen Sie die sauber abgeschnittenen und entgrateten Rohrenden mit feinem **Schmirgelleinen** (240er Körnung) oder feiner **Stahlwolle**.
Falls Sie Stahlwolle verwenden, halten Sie das Rohrende während des Reinigens nach unten, damit kein Abrieb ins Rohr gerät.

Reinigen Sie die Innenseite des aufgeweiteten Fittingendes (die Fittingmuffe) in derselben Weise.

Spannen Sie das Rohr vorsichtig in den Rohrbacken des **Schraubstockes** ein. Ziehen Sie die Backen nur so weit an, daß das Rohr gerade eben festliegt.
Streichen Sie nun das Rohrende mit einem Flußmittel (Lötfett), Lötwasser oder einer Lötpaste dünn ein. Alle Flußmittelarten greifen das Metall an. Gehen Sie also sparsam damit um und achten Sie darauf, daß kein Flußmittel ins Rohrinnere gelangt.
Die Fittinginnenseiten bestreicht man nie mit Flußmittel.

Schieben Sie anschließend Rohrende und Fitting bis zum Anschlag zusammen und fixieren Sie auch das Fitting so, daß die Verbindungsstelle während des Lötens unbeweglich ist.

Wärmen Sie die Verbindungsstelle vollflächig und von allen Seiten mit weicher Gasbrennerflamme an, bis das Flußmittel zu rauchen beginnt.
Überhitzen Sie die Lötstelle nicht!

Vorwärmen der Verbindungsstelle mit Gasbrennerflamme

Wenn das Flußmittel raucht, löschen Sie die Gasbrennerflamme und halten den Lötdraht an den Fittingrand. Das Lot beginnt nun zu schmelzen und wird in den Spalt zwischen Rohr und Fitting gezogen. Führen Sie den Lötdraht kontinuierlich nach, bis in dem Spalt zwischen Rohr und Fitting ein silbriger Lotrand sichtbar wird.

Lassen Sie die Lötstelle abkühlen, bis das Lot völlig erstarrt ist. Dann wischen Sie mit einem nassen Lappen eventuell noch vorhandene Flußmittelreste ab.

SICHERHEITSTIP
Achten Sie beim Umgang mit offenem Feuer immer darauf, daß keine Gegenstände oder Bauteile aus leicht entflammbaren Materialien (z.B. Holz und viele Kunststoffe) in der Nähe der Lötstelle sind. Auf gar keinen Fall dürfen sich leicht entzündliche oder entzündliche Produkte wie etwa Lösemittel in der Nähe des Arbeitsplatzes befinden.

Verbinden der Nahtstelle mit Lötzinn

In Altbauten finden sich altmodische und ungemütlich wirkende Badezimmereinrichtungen, die sich oft nur sehr schwer reinigen lassen

Spezialkurse

WASCHTISCH EINBAUEN

Voraussetzung für den Einbau eines Waschtisches ist die fertige Installation der Kalt- und Warmwasserleitungen sowie der Abwasserleitung bis zu der geplanten Stelle. Bei der Installation sollten außerdem folgende Richtwerte eingehalten sein:

- Abstand von der Bodenoberfläche bis zur Mitte des Abflußrohres etwa 50 bis 56 cm.
- Abstand von der Bodenoberfläche bis zur Mitte der Warm- bzw. Kaltwasserzuleitung etwa 56 bis 64 cm.
- Abstand von der Mitte der Warmwasserzuleitung bis zur Mitte der Kaltwasserzuleitung mindestens 8 bis höchstens 20 cm.

Folglich ergibt sich, daß Zuleitungs- und Abwasserrohr bei etwa 56 cm vom Boden in einer Reihe stehen können.

Die Zuleitungsrohre sind normalerweise mit einem $^1/_2$-Zoll-Innengewinde ausgestattet. Die Dimension des Abflußrohres kann dann DN 40 oder DN 50 betragen.

Wenn Sie den Waschtisch auf die bisher noch ungenutzten Auslässe einer schon bestehenden Installation montieren, müssen Sie den betreffenden Leitungsstrang **absperren** und **entleeren**. Dann erst schrauben Sie die Stopfen aus den Zuleitungsenden und den Geruchverschlußdeckel vom Abwasserrohr.

Eckventile montieren
Bringen Sie zunächst die **Eckventile** an. Man schraubt sie mit einem $^1/_2$-Zoll-Außengewinde in die Zuleitungen. Die Verbindung zur Armatur stellt eine Quetschverschraubung an der Oberseite des Ventils her.

Zur Abdeckung der Verschraubung in der Wand stecken Sie zunächst die verschiebbare **Abdeckrosette** auf die Eckventile.

Dann rauhen Sie (falls erforderlich) das Außengewinde etwas auf und umwickeln es gegen die **Einschraubrichtung** mit Hanf oder einem Teflon-Dichtband.
Die Hanfwicklung streichen Sie mit Dichtpaste ein.

Falls in den Gewindelauf der Eckventile schon ein Dichtring eingelegt ist, dürfen Sie das Gewinde nicht aufrauhen und nur wenig Teflon-Dichtband (höchstens zwei Lagen) aufwickeln.

Drehen Sie nun die Eckventile erst von Hand, dann mit einem genau passenden Backenschlüssel, besser aber noch mit einer Armaturenzange so weit fest, daß die Anschlüsse senkrecht nach oben oder mit höchstens 15° Abweichung von der Senkrechten nach oben

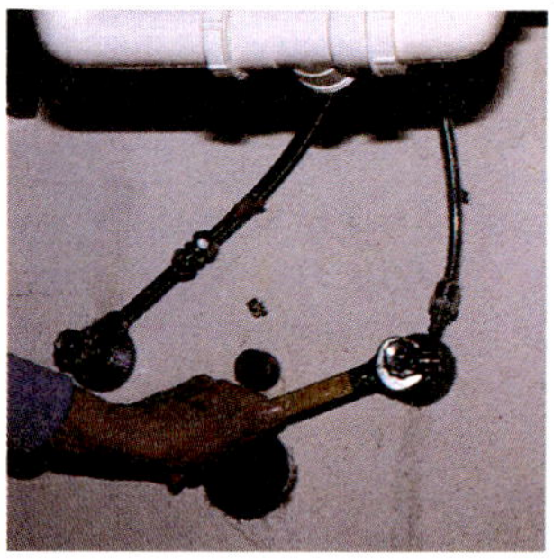

Festschrauben des Eckventils

Stockschraube, Unterlegscheiben, Mutter

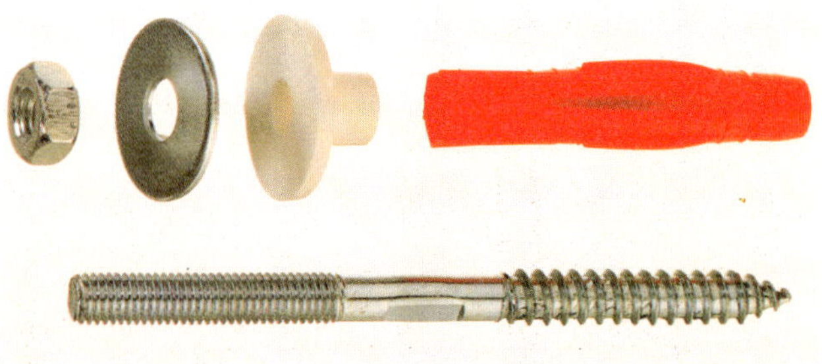

Mit ein wenig handwerklichem Geschick können auch Sie Ihr Bad so modernisieren, daß es den heutigen Hygieneansprüchen genügt

innen zeigen. Drücken Sie die Abdeckrosetten an die Wand und sperren Sie die Eckventile ab.

Waschtisch anbringen
Den **Waschtisch** montieren Sie so an die Wand, daß der Abstand vom Boden zu seiner Oberkante etwa 85 cm beträgt. Befestigt wird er fast immer mit **Stockschrauben** (bestehend aus grobem Holzgewinde, gewindelosem Mittelteil und Feingewinde). Die Befestigung auf Konsolen oder Laschen gibt es nur noch selten.

Zeichnen Sie, am besten mit Hilfe einer Wasserwaage, **genau mittig** über den Zuleitungen und dem Ansatz des Abwasserrohres eine senkrechte Linie auf die Badezimmerwand. Tragen Sie darauf vom Boden gemessen eine Strecke von etwa **80 cm** ab.

Ziehen Sie durch die 80-cm-Markierung wieder mit Hilfe der Wasserwaage eine genau **waagrechte Linie**.

Da die Löcher für die Stockschrauben etwa 4 bis 5 cm unterhalb der Waschtischoberkante sitzen, hat der Waschtisch die richtige Höhe, wenn Sie auf dieser Linie die Bohrlöcher für die Stockschrauben anbringen.

Messen Sie nun den **Abstand** zwischen den Löchern für die Stockschrauben auf der Rückseite des Waschtisches (normalerweise 45 cm, Handwaschbecken 28 cm) und übertragen Sie das Maß genau mittig ausgerichtet auf die waagrechte Linie. Damit haben Sie die Markierungen für die Bohrlöcher.

Falls Sie durch Fliesen bohren müssen, benutzen Sie am besten **Glasbohrer**, bis Sie auf die Wand dahinter stoßen. Erst dann spannen Sie einen Steinbohrer ein. Bohren Sie mit **niedriger Drehzahl** und schalten Sie beim Durchbohren von verfliesten Wänden das Hammergetriebe erst ein, wenn Sie die Wand hinter den Fliesen erreicht haben.

Damit Sie beim Bohren nicht abrutschen, können Sie die Bohrlochmarkierung mit einem kleinen Stück **Textilklebeband** überkleben, auf das Sie die Bohrlochmarkierung übertragen.

Die Tiefe der Bohrlöcher entspricht der Länge des groben Holzgewindeteils der Stockschraube.

Bohren der Befestigungslöcher

Drücken Sie die Dübel in die Bohrlöcher und drehen Sie die Stockschrauben mit ihrem groben Holzgewindeteil ein. Dazu nehmen Sie z.B. eine **Wasserpumpenzange**, die Sie an dem gewindelosen Mittelteil der Stockschraube ansetzen. Mit einem **Spezialschlüssel mit Innengewindehülse** zum Eindrehen von Stockschrauben geht es einfacher und schneller.
Drehen Sie die Schrauben soweit ein, daß nur noch etwa **ein Viertel des Mittelteiles** sichtbar bleibt.

Schieben Sie nun den Waschtisch auf die Stockschrauben und drücken Sie ihn an die Wand.

Andrücken des Waschtisches

Halten Sie ihn dort fest und setzen Sie die **Kunststoff-** und **Metallunterlegscheiben** sowie die **Befestigungsmuttern** auf das herausstehende Gewinde. Ziehen Sie die Muttern zunächst nur locker an. Wenn Sie einen **Helfer** haben, der Ihnen während dieser Zeit den **Waschtisch hält**, um so besser.

Überprüfen Sie den genau **waagrechten Sitz** des Waschtisches noch einmal mit der Wasserwaage.

Zum Schluß ziehen Sie die Muttern mit einem Backenschlüssel vorsichtig fest. Ziehen Sie die Muttern **nie zu scharf** an, sonst könnte der Waschtisch an den Befestigungslöchern ausbrechen.

Ausrichten der Mischbatterie

MISCHBATTERIE MONTIEREN

Normalerweise ist die Befestigungsöffnung für die Mischbatterie schon im Waschtisch ausgespart, andernfalls ist sie vorgestanzt und muß nur noch durchstoßen werden (z.B. durch einen leichten Schlag mit einem Körner).

Man bekommt die Mischbatterien komplett mit Zuleitungen und, wenn man will, auch mit Zuggestänge und Ablaufventil.

Zur Montage nehmen Sie die Befestigungsmutter, die metallene Spannplatte und die untere Dichtung ab; der obere Dichtungsring bleibt.

Dann setzen Sie, die Zuleitungen voran, die Mischbatterie auf die Montageöffnung im Waschtisch.

Bringen Sie nun Dichtung, Spannplatte und Befestigungsmutter von unten wieder an und ziehen Sie die Mutter von Hand zunächst nur wenig fest.

Richten Sie die Armatur nun **zur Mitte des Beckens** aus und ziehen Sie die Befestigungsmutter vorsichtig und endgültig fest. Dafür brauchen Sie **je nach Art der Befestigung** einen **Spezialsteckschlüssel** oder einen **Standhahn-Mutternschlüssel**. Es geht auch mit einem **breiten Schraubendreher**, jedoch mühsamer.

Der **Anschluß an die Eckventile** läßt sich besonders leicht durchführen, wenn es sich bei den Zuleitungen um **flexible Kunststoffleitungen** mit einem **Metallgewebemantel** handelt. Sie münden in kurze **verchromte Weichkupferröhrchen** von 10 mm Außendurchmesser. Solche Zuleitungen können **ohne weitere Vorbereitung** durch Quetschverschraubung mit den Eckventilen verbunden werden.
Wenn die Zuleitungen aus **Weichkupferrohrstangen** bestehen, muß man sie erst sehr vorsichtig biegen, so daß sie seitlich an die Eckventile stoßen.

Arbeiten Sie beim Biegen stets **mit beiden Händen** und versuchen Sie immer **möglichst große Biegeradien** zu bekommen, denn je größer der Biegeradius, desto geringer ist die Gefahr, daß Knicke entstehen.
Falls doch ein Knick entsteht, muß das Rohr **oberhalb des Knickes** abgeschnitten und mit einem neuen, durch Quetschverschraubungen befestigten Rohrstück ergänzt werden.

Die Zuleitungen sind nun mit einem kleinen **Rohrabschneider** so zu verkürzen, daß sie **etwa 5 bis 10 mm** weit in die Eckventile hineingeschoben werden könnten.

Nach dem Entgraten schieben Sie erst die Anschlußmuttern, dann den konischen Messingklemmring und zuletzt den Dichtring auf das Zuleitungsende.

Stecken Sie die Zuleitungen in die Öffnungen der Eckventile und ziehen Sie die Anschlußmuttern fest.

Festziehen der Anschlußmuttern

ABLAUFVENTIL UND GERUCHVERSCHLUSS EINBAUEN

Ablaufventil montieren
Schrauben Sie zunächst Ober- und Unterteil des **Ablaufventils** auseinander und ziehen Sie danach den Gummistopfen aus dem Oberteil.

Dichten Sie die Auflagefläche des Ventil-Oberteils mit **Installationskitt** ab. Es gibt bei manchen Ausführungen auch Dichtringe zu diesem Zweck. Sie dichten aber bei kleinen Unebenheiten am Ablaufloch nie so perfekt ab wie Kitt.

Führen Sie den Ventilstutzen durch das Ablaufloch und richten Sie eine der beiden **Aussparungen** im Ventilstutzen nach der im Ablauf mündenden **Überlauföffnung** aus. Anschließend drücken Sie das Ventiloberteil fest an.

Schieben Sie nun den Dichtring mit der flachen Seite nach oben auf den unten aus dem Ablaufloch ragenden Ventilstutzen und schrauben Sie das Ventilunterteil so fest auf, bis der Kitt unter dem Oberteil hervorquillt.

Entfernen Sie den überschüssigen Kitt und säubern Sie den Beckenteil mit einem Tuch.

ÖKOTIP
Die Kittreste sind noch brauchbar. Sie können sie wieder in die Kittpackung zurückgeben und später weiterverwenden.

Geruchverschluß anbringen

Die Verbindung zwischen dem Waschtischablauf und dem Abwasseranschluß in der Wand bildet der **Geruchverschluß**. Von diesem gibt es verschiedene Formen. Besonders häufig benutzt man Röhrengeruchverschlüsse. Die Montage von anderen Formen ist aber prinzipiell gleich.

Ein **Röhrengeruchverschluß** besteht aus einem **Rohrbogen**, der nach oben durch das gerade **Tauchrohr** mit dem Waschtischablauf und zur Wand hin

Tassensiphon

durch den Abgangsbogen mit dem Abwasseranschluß verbunden ist.

Schieben Sie die beiden Überwurfmuttern, die Unterlegscheibe und den Keildichtring für die Befestigung am Rohrbogen auf das Tauchrohr und stecken Sie es in den **längeren Teil** des Rohrbogens.

Im fertig montierten Zustand soll das Tauchrohr **ungefähr 2 bis 3 cm** vor der Verengung des aufgeweiteten Teiles im Rohrbogen enden. Schieben Sie es also nur bis zu dieser

Die verbreiteste Form des Geruchverschlußes ist der Rohrsiphon

Position ein und fixieren Sie es durch leichtes Anziehen der Überwurfmutter.

Danach schließen Sie, ebenfalls noch locker, den Abgangsbogen mit Keildichtung und Überwurfmutter am **kürzeren Ende** des Rohrbogens an.

Im fertig montierten Zustand soll das Rohr des Ablaufbogens **etwa 3 cm weit** in die Anschlußmuffe des Abwasserrohres hineinreichen.

Tauchrohr

Prüfen Sie durch **versuchsweises Einpassen** des vormontierten Geruchverschlusses, ob die genannten Sollmaße erreicht werden.
Gegebenenfalls müssen Sie den **Ablaufbogen** an seinem **ins Abwasserrohr** oder das **Tauchrohr** an seinem **in den Rohrbogen** einmündenden Ende kürzen. Der Abgangsbogen bleibt beim Ablängen mit dem Rohrbogen verbunden. Das Tauchrohr müssen Sie zuerst wieder herausziehen.

Wenn die Maße stimmen und Sie die gekürzten Rohrenden **sauber entgratet** haben, schieben Sie das Tauchrohr bis zum Anschlag in den Rohrbogen und befestigen es leicht.

Legen Sie einen **Dichtring** oder einen passenden **Gumminippel** in die Anschlußmuffe des Abwasserrohres.

Dann schieben Sie die **Rosette** auf den Abgangsbogen und führen ihn in die Anschlußmuffe ein. Eventuell müssen sie ihn dazu mit einem **Gleitmittel** (z.B. Vaseline) bestreichen.

Richten Sie den Geruchverschluß aus. Lösen Sie die Überwurfmutter, mit der Sie das Tauchrohr fixiert haben, ziehen Sie es zum Stutzen des **Ablaufventils** hoch, legen Sie die Keilringdichtung ein und verschrauben Sie es von Hand mit der Überwurfmutter am Stutzen des Ablaufventils.

Anschließend schieben Sie die Rosette auf dem Ablaufbogen bis zur Wand und ziehen alle anderen Überwurfmuttern ebenfalls fest an.

Inbetriebnahme der Installation

Jetzt können Sie die Installation in Betrieb nehmen. Dazu sollten Sie aber auf alle Fälle erst **den Luftsprudler** am Auslauf der Mischbatterie **abschrauben**. Der Luftsprudler oder Perlator ist ein Siebeinsatz am Auslaufende, der Luft und Wasser vermischt, so daß ein schäumender Strahl entsteht. Es können bei den Installationsarbeiten immer

Abschrauben des Luftsprudlers

Fremdkörper in die Leitung geraten sein, die den Luftsprudler beschädigen würden.
Spülen Sie Warm- und Kaltwasserleitungen kräftig durch.

Luftsprudler ergeben einen schäumenden Wasserstrahl

Prüfen Sie auch, ob **Ablauf** und **Geruchverschluß dicht** sind. Dazu verschließen Sie zunächst das Ablaufventil und lassen das Becken mit lauwarmem Wasser vollaufen. Wischen Sie dann den Geruchverschluß und alle Verbindungsstellen **trocken**. Sie müssen trocken bleiben, wenn Sie das Wasser wieder ablaufen lassen.

BADEWANNE MONTIEREN

Für den Einbau brauchen Sie eine **Badewanne**, passende, verstellbare **Wannenfüße**, die **Ablaufgarnitur** einschließlich **Stopfen**, **Überlaufrohr** und **Abgangsbogen** und selbstklebendes **Wannenprofilband**. Nützlich ist darüber hinaus noch **Installationskitt** und **Gleitmittel** für den Abgangsbogen.
Der Anschluß an das Abwassersystem muß bereits

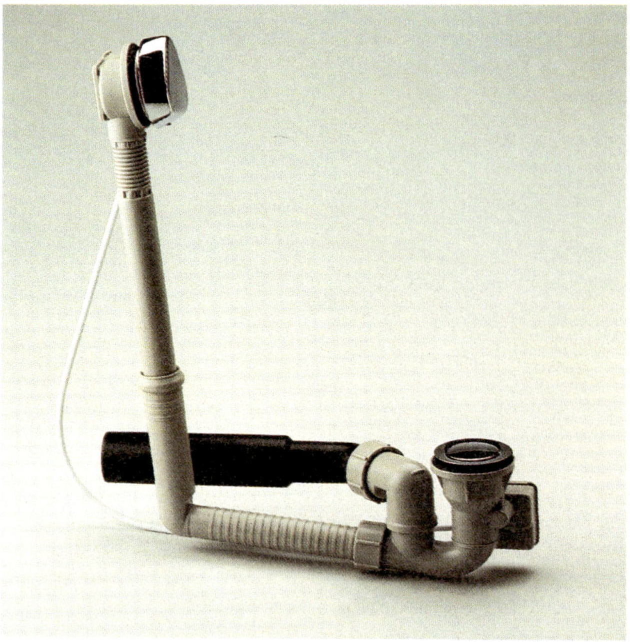

Ab- und Überlaufgarnitur

vorher bis zum geplanten Standort verlegt sein.

Lehnen Sie die Wanne hochkant, **mit dem Ablauf nach oben** an die Wand, wobei die Bauchung nach außen zeigt.

Als erstes setzen Sie nun den **Badewannenablauf** nach den Herstellerangaben zusammen.

Eventuell müssen Sie dazu das Überlaufrohr mit einer Säge etwas kürzen.

Selbst den Badewanneneinbau müssen Sie nicht dem Fachmann überlassen

Zur Befestigung des **Überlaufrohres** im Überlaufloch und des **Ablaufventils** im Ablauf der Wanne schlüpfen Sie unter die an die Wand gelehnte Wanne.
Das Ablaufventil montieren Sie genauso wie beim Waschtisch.

Von außen verschrauben Sie das **Überlaufrohr** mit dem Stutzen des Ablaufventils.
Dann befestigen Sie den **Geruchverschluß** samt **Abgangsbogen** am Ablaufventil.

Als nächstes bauen Sie die **Wannenfüße** nach Herstellerangaben zusammen.

Legen Sie dann die Wanne umgekehrt auf den Boden. Nehmen Sie die **Verpackung des Randes** vorher **nicht** ab. Falls Sie es doch schon getan haben, schaffen Sie, beispielsweise mit Karton oder einer starken Schicht Zeitungspapier, eine **schützende Unterlage** für den Badewannenrand.

An welchen Stellen die Füße angebracht werden dürfen, ist vom Hersteller genau angegeben. **Halten Sie sich strikt an diese Angaben.** Ziehen Sie die Schutzfolie von den Klebepolstern in dem Fußgestell und drücken Sie es an den angegebenen Stellen fest.

Drehen Sie die Badewanne vorsichtig um und stellen Sie sie noch ein bißchen von den Wänden entfernt dort auf, wo sie endgültig stehen soll.

Entfernen Sie nun die Verpackung und umkleben Sie die wandzugewandten Ränder mit dem **Wannenprofilband**. Auf diese Weise kann keine Schallbrücke zwischen Wand und Wanne entstehen.

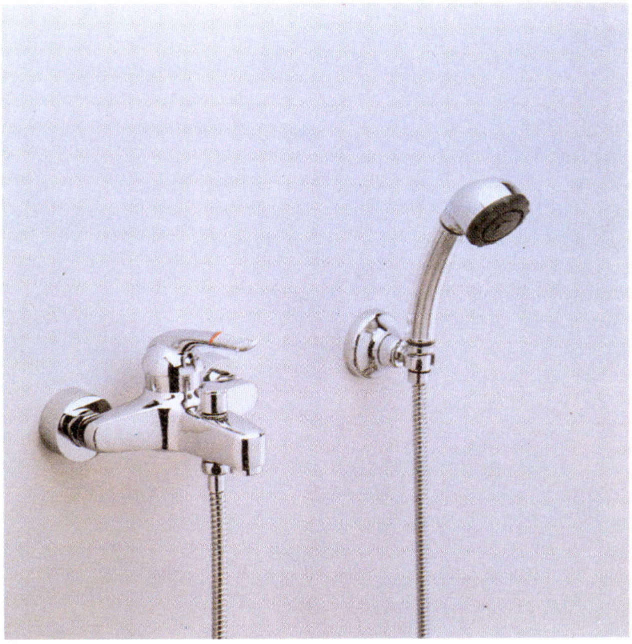

Für Badewannen sind zahlreiche dekorative Accessoires erhältlich

Metallpanzerschlauch für Armaturen

Rücken Sie die Wanne nun so dicht wie möglich an die Wand und **richten Sie sie aus**. Dazu legen Sie eine **Wasserwaage** auf die **Längs-** und **Schmalseiten** des Wannenrands und bringen Sie sie durch **Höhenverstellung der Schraubfüße** in die richtige Lage. Das ist eine etwas knifflige Arbeit. Achten Sie deshalb unbedingt darauf, daß alle Fußpunkte der Wanne **gleichmäßig belastet** sind.

Bei manchen sehr einfachen Konstruktionen müssen die Füße nach dem Ausrichten mit einem schnell abbindenden Montagemörtel fixiert werden.
Nach dem Abbinden des Mörtels verbinden Sie den **Ablauf** der Wanne mit HT-Rohren und Formstücken der Dimension DN 50 mit dem **Abwasserrohr**.

Zur Vermeidung von Unfällen müssen **alle metallenen** Sanitärgegenstände, so auch Badewannen aus Stahl und alle Armaturen, über eine Potentialausgleichsschiene geerdet werden. Die Aderleitung für den **Potentialausgleich** können Sie selbst an der dafür am Ablauf befindlichen Klemme befestigen. Für die **Herstellung des Potentialausgleichs** selbst **müssen** Sie einen **Elektroinstallateur** beauftragen.

Anschluß des Geruchsverschlusses an das Abwasserrohr

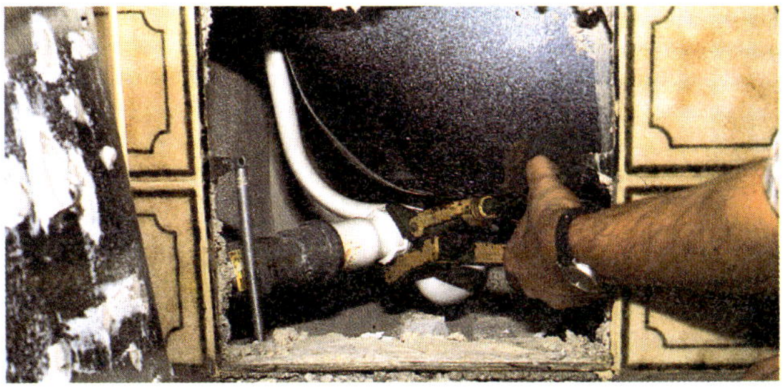

Bevor Sie mit der Herstellung der Wannenumkleidung beginnen (beispielsweise Ummauern und Verfliesen), machen Sie eine **Dichtigkeitsprüfung** wie beim Waschtisch: Abfluß verschließen, Wasser einlassen, alle Ablaufteile und Verbindungen trocken wischen, dann Wasser ablaufen lassen.

Einbau einer Kontrolltür in die Fliesen

PROFITIP
Um bei eventuellen Verstopfungen an den Geruchsverschluß leicht heranzukommen, sollten Sie in die Fliesen eine kleine Kontrolltür einbauen.

Problemlösungen

DICHTUNG AM WASSERHAHN WECHSELN

Wasserhähne (bzw. die Auslaßventile bei Zweigriff-Mischbatterien) werden dadurch geöffnet und geschlossen, daß eine Dichtungsscheibe durch das Drehen des Griffs auf oder ab bewegt wird und so vom Ventilsitz gehoben (Öffnen) oder auf den Ventilsitz gepreßt wird (Schließen). Wenn der Hahn tropft, stimmt entweder etwas mit der **Dichtung** oder dem **Ventilsitz** nicht.

Dichtung austauschen
Zuerst sperren Sie die Wasserzufuhr zu dem betreffenden Auslaßventil am Eckventil ab. Wenn kein Eckventil vorhanden ist, drehen Sie die Leitung an dem Absperrventil zu, das der Armatur am nächsten ist.

Entfernen Sie die Griffe. Bei den meisten Armaturen sind die Griffe nur **aufgesteckt**; Sie brauchen sie nur **abzuziehen**.

Es gibt aber auch Griffe, die durch eine **Schraube** mit dem Ventiloberteil oder durch eine aufgeschraubte, glockenförmige **Abdeckung** mit der Armatur verbunden sind.

Lösen der Griffe mit einem Schraubendreher

Im ersten Fall kann die Schraube auch unter einem abziehbaren Deckel auf dem Griff sitzen. Zum Lösen nehmen Sie den passenden **Schraubendreher**.

Im zweiten Fall benutzen Sie zum Abschrauben der Abdeckglocke am besten eine **Armaturenzange** mit kunststoffgeschützten Backen. Sie können auch einen **passenden Gabelschlüssel** (oder einen kleinen **Engländer**) nehmen. Wenn Sie eine **Rohrzange** benutzen, nehmen Sie ein zwei- oder dreifach gefaltetes Tuch als schützende **Zwischenlage**.

Lockern Sie nun mit einem passenden Gabelschlüssel (oder einem anderen geeigneten Werkzeug) das Ventiloberteil soweit, daß Sie es ohne Probleme von Hand aus der Armatur herausdrehen können.

Lockern des Ventils mit Gabelschlüssel

Halten Sie dabei zu Anfang die Armatur **mit einer Hand fest** und achten Sie darauf, daß Sie nicht die ganze Armatur mitdrehen, dadurch könnten die Zuleitungsröhrchen beschädigt werden.

Am unteren Ende des Ventiloberteils ist die **Dichtungsscheibe** mit einer kleinen **Sechskantmutter** im Ventilteller fixiert.

Prüfen Sie zunächst genau, ob sich irgendwo im Gummi der Dichtungsscheibe **Sandkörnchen oder andere Fremdkörper** festgesetzt haben.
Wenn die Dichtscheibe sonst noch in Ordnung ist, und das Profil des Ventilsitzrandes sich noch nicht zu tief in den Gummi eingedrückt hat, müssen Sie nur die Fremdkörper vorsichtig mit einem **spitzen Gegenstand** entfernen; dann können Sie das Ventil wieder einbauen.

Sollte die Dichtscheibe unbrauchbar geworden sein, schrauben Sie die kleine Sechskantmutter ab und entfernen mit Hilfe eines Schraubendrehers **vorsichtig** die Dichtscheibe.
Zum Ab- und Aufschrauben der Sechskantmutter können Sie das Ventiloberteil in der Hand halten. Sie können es natürlich auch am Bund (das ist die breiteste Stelle) vorsichtig in einen Schraubstock einspannen.

Säubern Sie den Ventilteller. Dann setzen Sie die neue Dichtscheibe auf den Gewindezapfen in der Mitte des Ventiltellers, drücken sie an und fixieren sie mit der Sechskantmutter.

Einsetzen der Dichtung

Drehen Sie das Ventiloberteil wieder in die Armatur ein. Ziehen Sie es **nie zu fest** an. Dadurch könnte der Dichtring zwischen Ventiloberteil und Armatur beschädigt werden.

Zum Schluß befestigen Sie den Griff. Öffnen Sie dann die Wasserzufuhr und **spülen Sie kräftig durch**.

Ventilsitzfräsen sind für Arbeiten im Sanitärbereich nützliche Hilfsmittel

Ventilsitz nachfräsen
Wenn das Auswechseln des Dichtgummis nichts gebracht hat, waren **Unebenheiten des Ventilsitzes** die Ursache für das Tropfen. Da so etwas immer einmal vorkommen kann, sollte sich unter Ihren Werkzeugen auch eine **Ventilsitzfräse** befinden. Es muß ja nicht gleich ein teures Profigerät sein. Viel mehr als für eine gute Kombizange müssen Sie dafür nicht ausgeben. Auf der Ventilsitzfräse können verschieden große **Fräsköpfe** angebracht werden. Mit einem $^1/_2$- und einem $^3/_8$-**zölligen** sind Sie für alle Haushaltarmaturen gerüstet.

Zuerst entfernen Sie das Ventiloberteil wie oben beschrieben.

Führen Sie die Fräse mit dem Fräskopf in das Ventilgehäuse und schrauben Sie sie fest.

Drehen Sie den Griff der Fräse gegen die Federkraft im Uhrzeigersinn auf dem Ventilsitz. Drücken Sie **nicht fest** auf. Es muß nur ein **leichter** Widerstand spürbar sein.

Nachfräsen des Ventilsitzes

Nach **drei bis vier** Umdrehungen schrauben Sie die Fräse heraus und überprüfen den Ventilsitz, indem Sie mit dem Finger darüberfahren. Wenn er glatt ist, montieren Sie das Ventiloberteil und den Griff. – **Anschließend gut durchspülen**.

VERSTOPFTE ROHRE REINIGEN

Wenn das Wasser aus einem einzelnen Waschtisch, einer Spüle, einer Bade- oder Duschwanne nicht mehr richtig abfließt, kann sich die Verstopfung im **Geruchverschluß** oder im **Abwasseranschlußrohr** befinden.

Das Problem löst man meistens ganz einfach mit dem **Pumpfix**.

Füllen Sie das Becken, am besten mit **warmem Wasser**, bei **geöffnetem** Ablauf. Verstopfen Sie vorher die **Überlauföffnung** fest mit einem Pfropfen aus **Zeitungspapier** (der dichtet besonders gut).
Setzen Sie den Pumpfix paßgenau auf die Ablauföffnung und **pumpen Sie ruckartig**. Dadurch werden auf einfache Weise die Schmutzablagerungen im Geruchverschluß oder im Anschlußrohr zuverlässig gelöst.

Wenn das Wasser wieder gut abläuft, **spülen Sie kräftig nach**.

MINITIP
Wenn kein Pumpfix vorhanden ist, können Sie es auch mit einem Lappen versuchen. Kleinere Pfropfen lassen sich auch damit lösen.

Wenn eine **Sammelleitung** verstopft ist, tritt aus dem **am tiefsten gelegenen Ablauf** über der Verstopfung Schmutzwasser aus, wenn weiter oben am Abwasserstrang Wasser abgelassen wird.

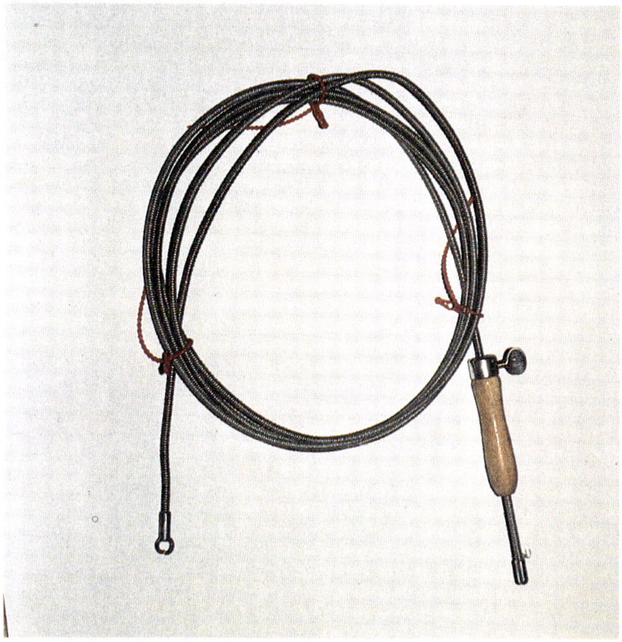

Reinigungswelle mit Drehgriff und Stößel

In diesem Fall kann man versuchen, die Verstopfung mit einer **Reinigungswelle** bzw. **Reinigungsspirale** zu entfernen.

Montieren Sie dazu den **Geruchverschluß** an dem Gerät ab, das am nächsten über der vermuteten Verstopfung liegt.

Abmontieren eines Tassensiphons

Führen Sie die Reinigungswelle unter **ständigem Drehen** soweit in das Rohr ein, bis Sie Widerstand spüren und entfernen Sie die Verstopfung durch **Vorwärts- und Rückwärtsdrehen**.

ÖKOTIP
Vermeiden Sie den Einsatz chemischer Mittel zur Reinigung verstopfter Rohre. Sie sind meist umweltgefährdend und können Verätzungen hervorrufen. Pumpfix und Reinigungswelle erzielen die gleiche Wirkung und helfen die Umwelt schonen.

Wenn die Verstopfung entfernt ist, führen Sie einen **Schlauch** ungefähr genauso weit in das Rohr wie vorher die Reinigungswelle und **spülen Sie das Rohr kräftig durch**.

Dieser verwendet motorbetriebene Spiralen oder spezielle Rohrreinigungsgeräte.

Reinigen der Rohrleitungen mit einer Reinigungswelle

LUFTSPRUDLER REINIGEN

Luftsprudler, die Siebeinsätze an Auslaufarmaturen, sollten **regelmäßig** von Kalkablagerungen und anderen Schmutzteilchen, die vom Wasser mitgeführt werden, gereinigt werden. Nur so bleibt der Wasserstrahl schäumend und perlig.

Die Verschraubung läßt sich normalerweise mit der Hand lösen. Geht dies nicht, nehmen Sie eine Wasserpumpenzange zu Hilfe. Achten Sie darauf, das Gewinde nicht zu zerdrücken und die Chromschicht nicht zu zerkratzen. Legen Sie daher einen **Lappen** zwischen Zangenbacken und Verschraubung. Um das Sieb von Schmutzteilchen zu reinigen, halten Sie es zunächst unter fließendes Wasser und spülen es kräftig durch.

Luftsprudler (Perlator)

Bei Verstopfungen in den **großen Sammelleitungen,** vor allem aber bei Verstopfungen in der **Grundleitung** sollten Sie immer einen **Fachmann** (Installateur oder Rohrreinigungsdienst) holen.

MINITIP
Um die Gefahr aufwendiger Rohrreinigungsarbeiten herabzusetzen, empfiehlt es sich, Waschbecken, Duschen und Badewannen mit feinmaschigen Abflußsieben zu versehen, die festeren Schmutz wie Haare zurückbehalten. Außerdem sollten Sie niemals gröberen Abfall und Essensreste in Waschbecken und Toilette werfen. Denn sie rufen nach und nach schwer zu beseitigende Verstopfungen hervor.

Zur Beseitigung von Kalkrückständen legen Sie das Sieb einige Stunden **in Essig** oder Entkalker.

Nur bei zu starker Verkalkung oder Beschädigung des Siebes ist es notwendig, den Siebeinsatz zu erneuern.

Beim Einschrauben des Siebes dürfen Sie nicht vergessen, die **Gummidichtung** mit einzulegen.

Achten Sie darauf, die Verschraubung nur so weit festzuziehen, daß zwischen Luftsprudler und Auslaufgewinde kein Wasser mehr austritt.

Querschnitt eines Luftsprudlers: Er besteht aus Stützkörper, Siebeinsatz und Dichtung

Beim Einbau und bei der Gestaltung des Badezimmers sind der Phantasie keine Grenzen gesetzt

Abfluß reinigen

Wenn das Wasser nur noch zögernd aus dem Becken läuft, wird es Zeit für eine Ablaufreinigung. Durch regelmäßige Anwendung der Gummiglocke werden größere Aktionen allerdings überflüssig.

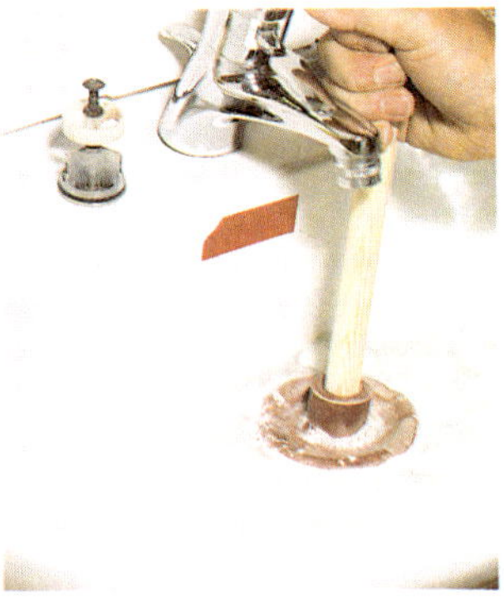

Vor dem Einsatz der Saugglocke den Ventilstopfen entfernen.

Chemische Abflußreiniger helfen zwar auch, aber meist nur vorübergehend. Die **Belastung** für die Kunststoff-Tauchrohre, Rohrinnenwände und vor allem für die **Kläranlagen** ist jedoch eigentlich nicht zu verantworten.

Saugglocke einsetzen

Zunächst ist die **Saugglocke** dran. Für ein paar Mark gehört sie zum **Wartungswerkzeug** in jedem Haushalt. Durch pumpende Bewegungen werden die

Den Geruchsverschluß mit einem Bandschlüssel lösen.

Verschmutzungen in Richtung **Ablaufventil** gelöst, aber nur wenn die Überlauföffnung mit Klebeband oder einem feuchten Lappen luftdicht verschlossen ist sowie Abflußrohr und Becken mit **Wasser** gefüllt sind. Hartnäckige Verschmutzungen und Reste,

Einzelteile in Wasser säubern und mit Chromputz polieren.

meistens verantwortlich für eine baldige Wiederholung der **Prozedur,** lassen sich jedoch nur bei demontiertem **Geruchsverschluß** restlos entfernen. Die Überwurfmuttern an den **Rohrbögen** sollten sich eigentlich mit trockenen **Händen** einfach lösen lassen. Dazu muß man mitunter zuerst die Anordnung aufmerksam studieren, um die **Drehrichtung** zu erkennen. Oft sitzen sie auch so fest, daß sie sich nur mit einem Fensterleder als Zwischenlage oder gar nur mit dem **Bandschlüssel** lösen lassen. Manchmal genügt aber auch ein straff um die Verschraubung gelegter **Ledergürtel.** Merken Sie sich bei

Armaturenfett verhindert fest sitzende Verschraubungen.

der Demontage genau die Anordnung der **Dichtungen.** Sonst kann es später tröpfeln. Die Rohrbögen, Dichtungen und Überwurfmuttern in viel **Wasser** mit einer Flaschenbürste reinigen. Nur Holzleisten oder

Rückstände lassen sich durch das Lochsieb entfernen.

biegsame **Kunststoffprofile,** keinen kratzenden Draht zum Stochern verwenden.

Reinigungsspirale verwenden

Hat man Pech, sitzt die **Verstopfung** tiefer, meist an

Eventuell aus dem Ablaufrohr mit einer Häkelnadel angeln.

wenig fachgerechten Rohrwindungen oder Einmündungen ins **Fallrohr.** Dorthin gelangt man nur mit einer **Rohrreinigungsspirale.** Mit den Greifhaken am Kopf, durch Stochern und Drehen,

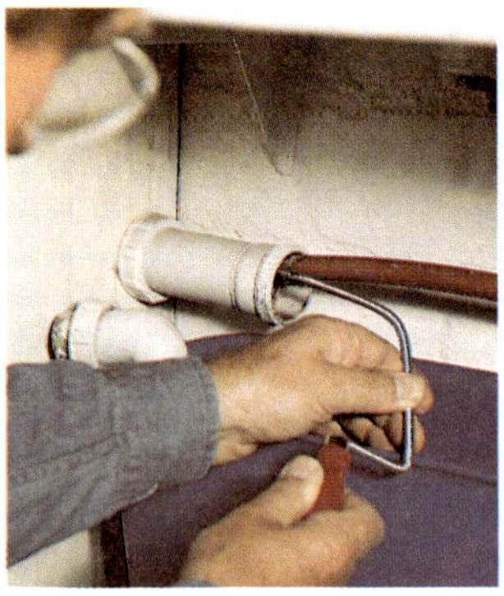

Reinigungsspirale drehend im Rohr vorwärtsschieben.

die **Rückstände** lösen. Fließendes Wasser aus einem Schlauch hilft dabei und schwemmt den **Dreck** gleich weg, sobald das Rohr wieder etwas frei ist. Aber erst versuchen, den **Pfropfen** im Rohr zu lockern.

ARBEITSMATERIAL

- Armaturenfett
- Saugglocke
- Eimer
- Bandschlüssel
- Flaschenbürste
- Häkelnadel
- Rohrreinigungsspirale

Emailleschaden ausbessern

Wenn die Emaille von Bade- und Duschwanne beschädigt wurde, kann der darunterliegende Stahl schnell rosten. Kleine Schäden in der Glasur auf Sanitärobjekten werden mit der Zeit deutlicher sichtbar.

Die als Emaille oder Glasur aufgeschmolzenen **Glasmischungen** sind extrem hart. Emaillelacke, in Tuben, Pinselfläschchen oder Spraydosen angeboten, können diese **Härte** zwar nicht erreichen, genügen aber, um **Schäden** zu kaschieren. Auf waagerechten **Flächen** lassen sich die recht dünnflüssigen **Lacke** schnell und problemlos auftupfen. Abgeplatzte **Schichten** an senkrechten Flächen in einzelnen **Abschnitten** reparieren.

Schäden lassen sich mildern oder nahezu ganz verstecken.

Vorbereitungen

In beiden **Fällen** zuerst wie beim Kleben die Flächen präparieren. Auch einen nur leichten **Rosthauch** mit Rostumwandler behandeln. Denn **Rost** kann selbst Emaille unterwandern. Handelt es sich wie im **Beispiel** um einen größeren Schaden, sollte man die Stelle mit selbstklebender **Reinalufolie** nicht zu eng eingrenzen. Die Ränder der Aussparung mit dem **Fingernagel** fest anreiben. Dann lassen sich alle Arbeiten besser auf die **Schad-**

Kunstharze über einem Brettchen zum Spachtel mischen.

stelle konzentrieren. Die fertige Oberfläche bekommt allerdings mehr den Eindruck eines **Pflasters.** Wo zum Teil die **Emailleschicht** fehlt, läßt die sich mit Polyesterspachtel ersetzen. Mit einem steifen **Japanspachtel** aus Stahl ist Mischen und Verteilen intensiver möglich als mit dem zum Set gehörenden **Kunststoffspatel.** Ein Test zuvor vermittelt das notwendige **Gefühl** für den Umgang mit derartigen härtbaren **Kunstharzen.** Spachtelreste auf Alufolie können mitsamt der Folie in den **Müll.** Die gleich-

Spachtelschicht dünn, aber gleichmäßig verteilen.

PROFITIP

Stellen, an denen sich rostanfälliger blanker Stahl zeigt, sollte man mit einer Schicht Epoxidharzkleber gegen Feuchtigkeit isolieren, um die Wanne in der Übergangszeit bis zur Beschichtung oder dem Ersatz noch nutzen zu können. Möglich ist, außer gleich einer neuen Wanne, die Beschichtung durch den Badewannendoktor mit Epoxidharzlack oder ein Einsatz aus Sanitäracryl in die alte Wanne.

Mehr als gut handwarm soll der Strahler nicht wärmen.

mäßig verteilte Spachtelschicht härtet schneller und intensiver in der Strahlungswärme aus einer Infrarotlampe. Eine sehr fein geschliffene **Oberfläche** erreichen Sie mit Naßschleifpapier (stufenweise mit **Körnung** 180/240/320) und Wasser.

Sprühlackieren

Nur kurze, genau gezielte **Sprühstöße,** bis zu zehn Mal hintereinander in

Geschliffen soll der Spachtel nur noch Vertiefungen füllen.

Abständen von drei bis fünf Minuten, führen zu ansehnlichem Erfolg. Nach vier Ta-

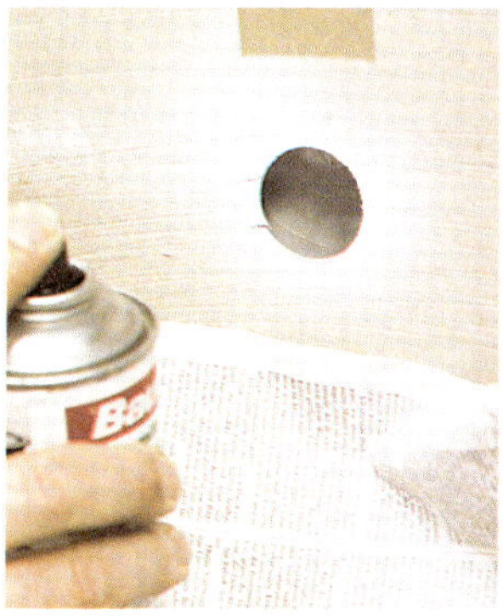

Mit einer Lochschablone den Sprühnebel abschirmen.

gen, in denen die Lackschicht nicht feucht werden darf, können Sie mögliche **Reste** des Sprühnebels mittels Polierpaste entfernen.

ARBEITSMATERIAL

- Reparaturset Emaille
- Rostumwandler
- Spiritus
- Verdünnung
- Reinalufolie
- Infrarotlampe
- Japanspachtel
- Naßschleifpapier
- Polierpaste

Wasserhahn abdichten

Wenn ein fest zugedrehter Wasserhahn immer noch tropft, wird nicht nur die Umgebung naß. Über einen längeren Zeitraum können auch nennenswerte Wassermengen verlorengehen.

Gute Gründe, das Tropfen schnellstens abzustellen. Dafür gibt es zwei Möglichkeiten. Zwar mit höheren Kosten verbunden, dafür aber im Handumdrehen er-

Die Ventilkappe nicht zu fest mit der Armaturenzange fassen.

ledigt: einfach das komplette **Hahnoberteil** einschließlich Ventilkegel auswechseln. Oder alle **Dichtungen,** wie die O-Ringe und die Dichtungsscheibe für den **Ventilsitz,** austauschen. Als

Heißluft hilft, um alte Verkrustungen aufzubrechen.

Soforthilfe genügt es, wenn Sie nur die Dichtungsscheibe für den **Ventilsitz** wenden.

Mit einem Maulschlüssel das komplette Oberteil herausdrehen.

Alle Verschleißteile austauschen

Aber wenn man schon die Innereien vom **Wasserhahn** zerlegt, dann sollte man

Das Ventilsitzfräser-Set läßt sich den Ventiltypen anpassen.

gleich alles perfekt überholen. Der prinzipielle **Aufbau** aller klassischen Armaturen mit Drehgriffen ist gleich. Der **Drehgriff** löst sich von der Spindel, wenn man die **Armaturenkappe** abdreht. Die Ventilspindel ist im Oberteil mit einem **Sprengring** gesichert. Diese Verbindung braucht man nicht zu lösen. Der **Ventilkegel,** mit der Dichtungsscheibe für den **Ventilsitz** am unteren Ende läßt sich aus dem Oberteil herausdrehen. Dazu die **Spindel** mit aufgestecktem Griff entgegen dem Uhrzeigersinn drehen. Das ist notwendig, wenn man am herausgedrehten

Daß es tropft, liegt meistens an der Ventil-Dichtscheibe.

Kegel den O-Ring wechseln sowie das **Spindelgewinde** säubern und neu fetten will. Außerdem kann man so den Kegel besser mit einem **Maulschlüssel** halten, um die Mutter der Dichtscheibe abzudrehen. Die **Dichtungsscheibe** läßt sich mit der Spitze einer Messerklinge aus ihrer Halterung hebeln.

Zuerst Absperrventile schließen

In jedem Fall muß, bevor Sie anfangen, entweder das zu dem **Wasseranschluß** gehörende Absperrventil oder der **Hauptabsperrhahn** geschlossen werden. Dann den tropfenden Hahn ganz öffnen. So merken Sie

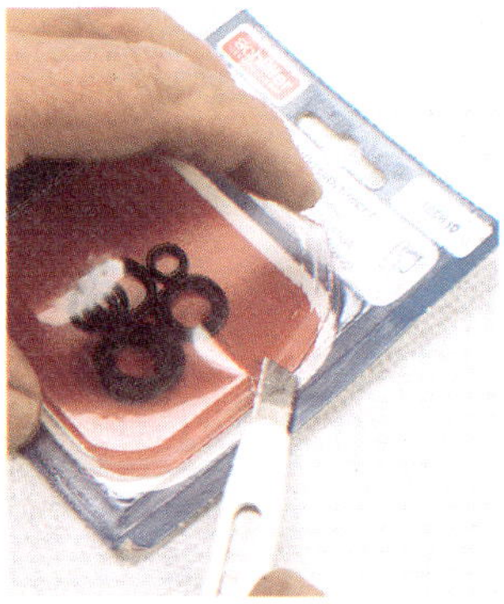

EXTRATIP: Falls nicht der gesamte Inhalt verbraucht wird, Klarsichtabdeckungen auf Blisterkarten nur bis zur Mitte auftrennen. Dann läßt sich, mit Klebeband oder Gummiring verschlossen, der restliche Vorrat gut aufheben.

schnell, ob noch **Druck** auf der Wasserleitung ist, und außerdem läßt sich das Oberteil leichter lösen. Wenn die **Kappe** zu fest sitzt, haben sich entweder die **Ablagerungen** sehr verkrustet, oder Sie haben mit dem **Werkzeug** zu fest zugepackt und dabei das Gewinde zusammengepreßt. **Verkrustungen** lösen sich, wenn Sie die Kappe mit Heißluft anwärmen. Als **Werkzeuge** sollten Sie nur Maulschlüssel, Armaturenzange oder Gummibackenzange verwenden. Die häufige Empfehlung, Wasserpumpen- oder Rohrzange zu benutzen, führt mit Sicherheit zur **Zerstörung** der Chromschicht. Sollten sich am Ventilsitz **Ablagerungen** gebildet haben, kann man sie mit dem kleinen Finger unten im geöffneten **Ventilgehäuse** spüren. Solche Störungen lassen sich mit einem einfachen **Ventilsitzfräser** abschaben.

ARBEITSMATERIAL

- Armaturenzange
- Maulschlüssel
- Ventilsitzfräser
- Ersatzdichtungen
- Armaturenfett

Luftsprudler erneuern

Ohne zu spritzen, weich mit Luftblasen durchsetzt und leise sollte der Wasserstrahl den Auslauf verlassen. Hartes Leitungswasser und Schmutz aus den Leitungen verhindern das zuweilen beträchtlich.

Das Auswechseln der Siebeinsätze ist eine der leichtesten **Übungen.** Wenn man einen **Universalschlüssel** hat, mit dem sich alle üblichen **Luftsprudler** in Standarmaturen oder Schwenkausläufen lösen lassen.

Der Wasserstrahl spritzt nur noch unkontrolliert.

Wärme löst Gewinde

Sollte wirklich einmal eine **Verschraubung** so verkrustet sein, daß sie festsitzt (passiert eigentlich nur bei reinen Kaltwasserventilen), wickeln Sie einen Lappen um die **Auslauföffnung** und

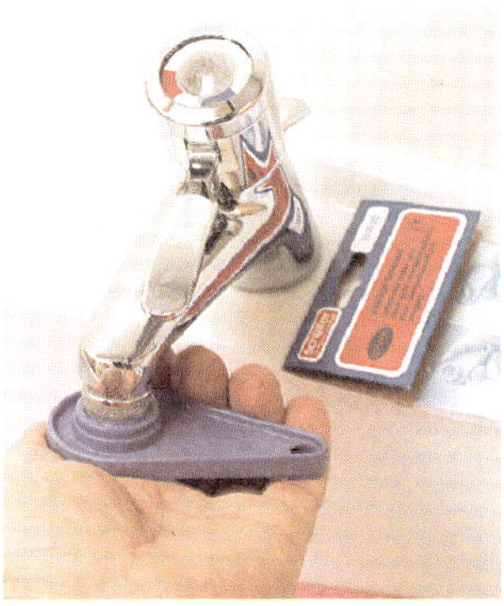

Den Luftsprudler mit dem Spezialschlüssel ausbauen.

ÖKOTIP
Ganz rationell ist es, die Einsätze aller Armaturen in der Wohnung in bestimmten Zeitabständen gleichzeitig gegen entkalkte oder auch neue Einsätze auszutauschen. Denn je häufiger die Einsätze von Kalk und Schmutz befreit werden, desto länger kann man sie, und ebenso die Dichtringe, immer wieder verwenden.

gießen kochendes Wasser darüber. Das Material dehnt sich dann etwas durch die **Wärme.** Das reicht, um das Gewinde zu lockern. Manche Personen haben

Einfach: Das komplette Teil gegen ein neues tauschen.

auch Schwierigkeiten mit der richtigen Drehrichtung, weil die Einsätze von unten eingeschraubt sind. Denn das Ventil geht rechts herum zu und die Verschraubung, von oben gesehen, aber rechts herum raus. Mit etwas Überlegen kommt man aber schnell hinter den Zusammenhang.

Nicht gleich alles wegwerfen

Nun ist es am bequemsten, gleich **Verschraubung mit Einsatz und Dichtung** zu erneuern.

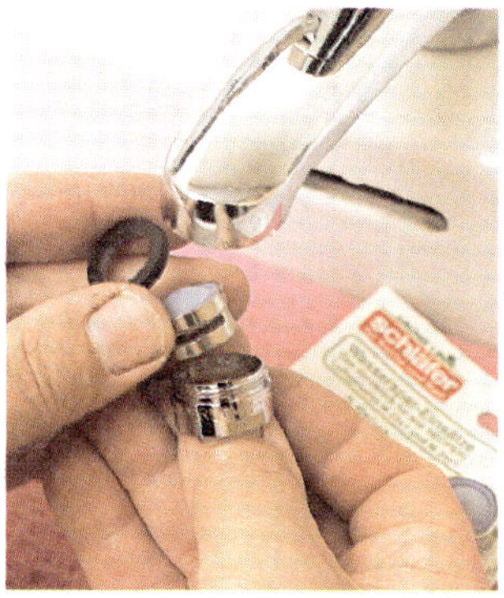

Billiger: Nur Siebeinsatz und Dichtung wechseln.

Bei veralteten Luftsprudlern ist dies sicher auch eine wirtschaftliche **Lösung.** Denn mit den neuesten Siebeinsätzen kann man eine beträchtliche Menge **Wasser** sparen. Und darüber hinaus verkalken sie durch spezielle Kunststoffsiebe nicht so leicht.

Kostenlos: Luftsprudler mit Einsatz in Essigessenz reinigen.

PROFITIP
Verkalkte Armaturenteile in trockene Papiertücher hüllen und 5 cm breite Plastikfolienstreifen locker darüberwickeln.
Gießt man an der obersten Stelle langsam Essigessenz auf das Papier, saugt es sich nach und nach voll. Der Essig kann durch die Folie nicht verdunsten und hat so genug Zeit, die Ablagerungen aufzulösen.

Um diesen **Spareffekt** zu erreichen, genügt es jedoch auch, lediglich den Siebeinsatz (neue Dichtringe gibt es ohnehin dazu) zu wechseln und die Verschraubung in **Essigessenz** zu säubern

SPARTIP: Einzelteile der Luftsprudler aller Armaturen der Wohnung sammeln und gleichzeitig entkalken. In einem Plastikbeutel ins Wasser legen und Essigessenz einfüllen.

und diese dann gereinigt wieder zu verwenden.

ARBEITSMATERIAL

- Luftsprudlerschlüssel
- Luftsprudler
- Siebeinsätze
- Essigessenz
- Gefäß

Handbrause entkalken

Solange noch Kalk und andere Minerale im Trinkwasser sind, werden sie sich dort, wo Leitungswasser fließt und trocknet, ablagern. Je nach Wasserhärte entweder nach Monaten, aber auch schon nach wenigen Wochen.

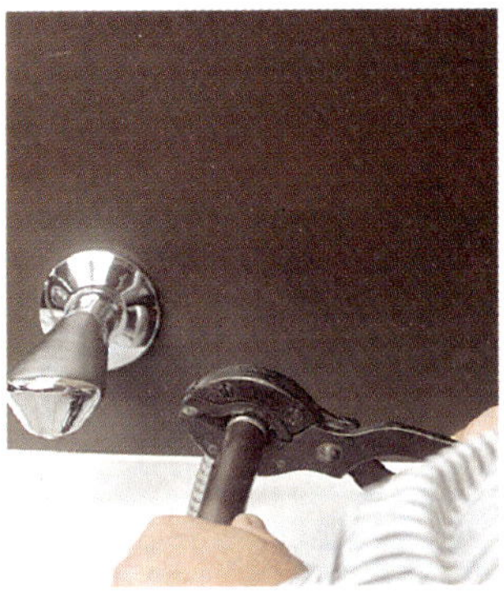

Die Gummibackenzange hält auch glatte Flächen fest im Griff.

Chemische **Entkalker** können aus Kunststoffen die Farbe auslaugen oder die **Oberflächen** von Sanitärglasuren verätzen.

Verschraubungen an Handbrausen haben nicht immer **Ansatzflächen** für Werkzeuge. Wenn Sie den Schraubanschluß jedoch im

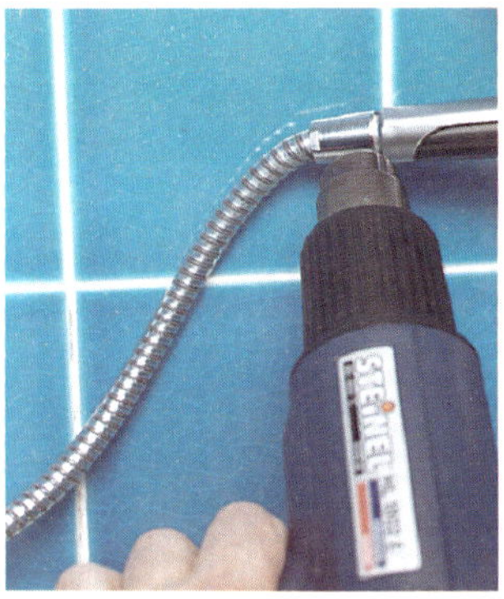

Wärme löst verkrustete Gewinde.

Luftstrom anwärmen oder ihn kurz in heißes Wasser eintauchen, läßt er sich meistens, auch per **Hand,** schnell lösen. Doch Vorsicht mit **Temperaturen** über 100 Grad. Auch ein verchromter

ÖKOTIP
Möglichst einfachen Haushaltsessig (5% Säure) zum Entkalken verwenden. Konzentrierte Essigessenz (25% Säure) ist jedoch selbst vielen chemischen Entkalkern überlegen. Auch wenn man die Geruchsbelästigung unverdünnter Essenz, bei der Behandlung größerer Flächen, nicht unterschlagen darf und der Hautkontakt bei kleinen Verletzungen sehr unangenehm werden kann.

Essigessenz wirkt auch in geringer Menge.

Anschluß kann aus **Kunststoff** und damit hitzeempfindlich sein.

Das Folienbad konzentriert die Wirkung

Der **Geruch** von Essigessenz steigt einem nicht in die **Nase,** wenn man sparsam damit umgeht. Dazu die Handbrause in eine kleine, aber wasserdichte **Plastiktüte,** höher als der Gefäßrand, und dann in das Gefäß stecken. Erst Wasser einfüllen und die **Handbrause** dabei festhalten, damit sie nicht aufschwimmt. Anschließend **Essigessenz** in die Handbrause gießen, bis der Essigspiegel den **Brausekopf** knapp übersteigt. An den Perlen kann man schon sehen, wie die Essigsäure dem **Kalk** zusetzt. Der wird zwar auch in

Der Stiel vom Eis ist ein schonendes Werkzeug.

Stunden nicht völlig aufgelöst. Nach rund 30 Minuten sind aber hartnäckige **Krusten** so mürbe, daß man sie mit einem Holzspatel (oder Eisstiel) behutsam abschieben kann.

Kratzer begünstigen schnelles Verkalken

Nicht scheuern, denn auch die **Rückstände** sind noch so hart, daß sie unter dem Holzspatel den **Kunststoff** ankratzen können. Das wirkt dann so, als ob Sie mit scharfem **Metall** den Kalk abstoßen wollten. Die Kunststoffoberfläche bekommt Kratzer und Schram-

Alle Reste verschwinden mit Bürste und frischem Wasser.

men, und da setzen sich neue Ablagerungen besonders schnell und hartnäckig fest. Deshalb ist die Reinigung mit den harten Kunst-

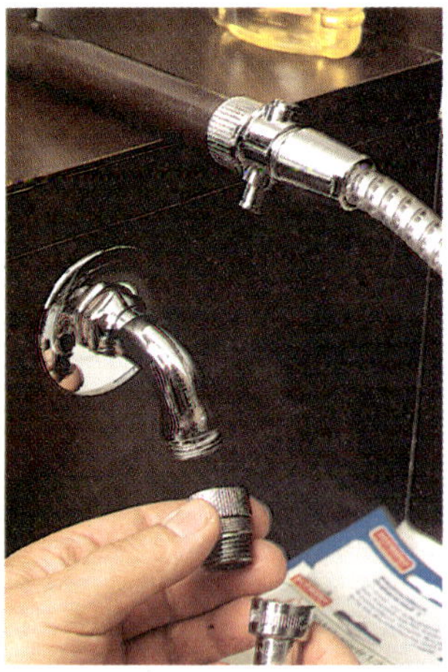

EXTRATIP Zwischenstücke: Am Anschluß verhindert ein Drehgelenk, daß sich der Duschschlauch windet. Und ein kleiner Absperrschieber an der Handbrause macht mehrfaches Bedienen der Mischarmatur während des Duschens überflüssig.

stoffborsten einer Handbürste (oder einer ausrangierten Zahnbürste) wirkungsvoll und doch schonend.

ARBEITSMATERIAL

- Gummibackenzange
- Heißluftgebläse
- Glasgefäß
- Holzspatel
- Handbürste

Schwenkauslauf richten

Wenn sich an der Überwurfmutter Kalkspuren bilden, wird es Zeit, sich einmal die Dichtungen anzusehen. Sonst läuft Wasser bald am Auslaufrohr entlang und hinterläßt auch dort häßliche Spuren.

Armaturenzange mit schützenden Schonbacken aus Polyamid.

Für alle Arbeiten an **Armaturen** sollte man spezielles **Werkzeug** zur Verfügung haben. Auch die erforderlichen **Schlüsselweiten** sind in üblichen Maulschlüsselsätzen selten enthalten. Wenn Sie die **Überwurfmutter** gelöst und den **Schwenkauslauf** nach unten herausgezogen haben, sollten Sie zuerst das alte **Armaturenfett** abwischen.

Maulschlüssel mit Papierzwischenlage als Chromschutz.

Um die O-Ringe zu entfernen, können Sie mit einer schmalen **Schraubendreherklinge** den Ring aus seinem Sitz hebeln oder ihn auch einfach durchschneiden, sofern Sie ihn nicht zum Maßnehmen beim Nachkauf der neuen O-Ringe benutzen müssen.

Die schwarzen O-Ringe sind die Dichtungen.

Abmessungen der O-Ringe genau einhalten

Als Ermittlung für die genaue Größe sollten Sie einen der alten Ringe mit der **Schiebelehre** ausmessen. Auch mit einem O-Ring als **Muster** kann man, durch die Vielzahl von Größen und Abmessungen, nur bei guter **Beratung** fündig werden. Übliche Größen: Schwenkausläufe 16 mm Ø 9,5/14,5 mm und 18 mm Ø 10,8/16,0 mm (innen/außen).

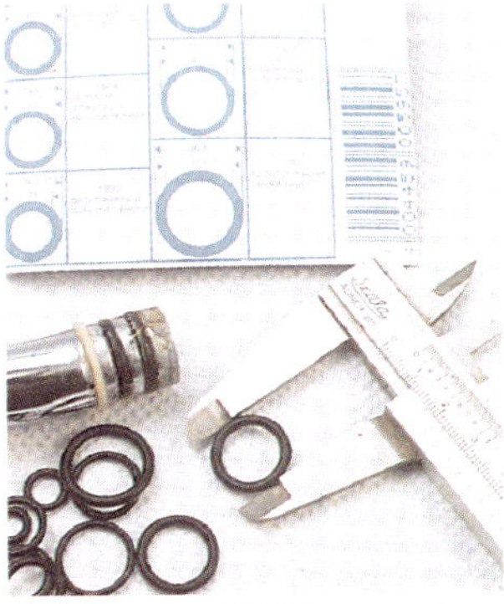

Maßstäbliche Abbildungen oder Schiebelehre zum Maßnehmen.

PROFITIP
Schier unlösbare Verschraubungen an Armaturen geben im heißen Luftstrom aus einem Gebläse schnell nach. Das Metall aber nicht zu stark erhitzen. Ein Wasserspritzer soll zwar schnell verdampfen, darf aber nicht zischen. Durch die Wärme dehnt sich zuerst die außenliegende Verschraubung und gibt damit verkrustete Verbindungen frei.

Die Ersatzringe lassen sich mit einem Tropfen **Spülmittel** oder auch mit Seife als Gleitmittel leichter aufziehen. Bevor Sie neues **Armaturenfett** auftragen, (damit sich der Auslauf leicht bewegen läßt und als **Pflegemittel** für die Dichtungen) ist Spülmittel oder Seife abzuwaschen. **Fett** und Spülmittel vertragen sich nicht. Gleich Armaturenfett als **Gleitmittel** zu verwenden wäre natürlich richtiger. Nur läßt es sich sehr schwer von den **Fingern** entfernen. Vor allem, wenn hochwertiges **Siliconfett** benutzt wird.

Erst den oberen, anschließend den unteren Ring aufziehen.

EXTRATIP: Damit sich die Überwurfmutter nicht von alleine löst, etwas Gewindesicherung auf die Gewindegänge träufeln. Mit Werkzeug läßt sie sich dann immer noch lösen.

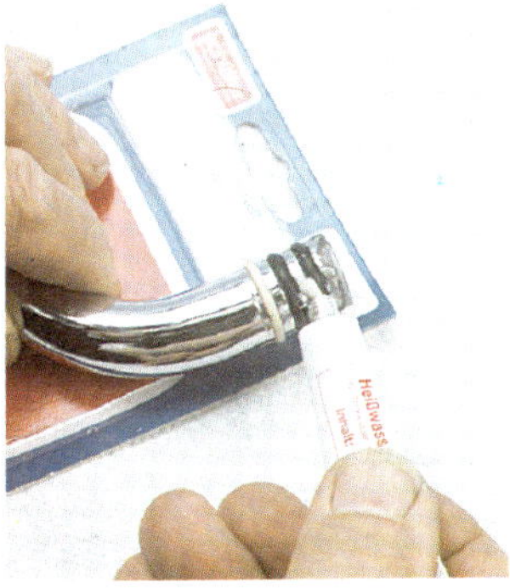

Armaturenfett auftragen und ringsum verteilen.

ARBEITSMATERIAL
- Armaturenzange
- Schiebelehre
- O-Ringe
- Spülmittel
- Armaturenfett

Einhandmischer instand setzen

Wasserverluste und Kalkspuren in der Wanne sind die Folge einer undichten Armatur. Ist das Ventil am Einhandmischer ohnehin reparaturbedürftig, sollte man auch gleich den Umstellknopf für die Dusche überarbeiten.

Befestigungsschrauben verstecken sich oft unter eingeclipsten Abdeckungen.

Einhandmischer sind hochwertige **Armaturen** mit oft kompliziert zusammengefügten Einzelteilen und Dichtungen. Ein **Servicehandbuch** vom jeweiligen Hersteller, oder wenigstens **Kopien** daraus für alle benutzten Armaturen, sind bei Reparaturen außerordentlich hilfreich. Möglichst gleich beim **Kauf** der Armaturen beschaffen. Spätestens beim Einkauf der **Dichtungssätze,** denn dafür muß wenigstens die korrekte **Typenbezeichnung** und das Baujahr bekannt sein.

Verchromte Teile ohne Beschädigung der Oberfläche lösen.

Daß die **Absperrventile** für Kalt- und Warmwasser vor **Beginn** der Arbeiten zu schließen sind, daran sei nur der Vollständigkeit halber erinnert. Mit einem **Folienstück** können Sie die Umgebung am sichersten vor nachtropfendem Wasser schützen.

SICHERHEITSTIP
Unsachgemäße Reparaturen an Sanitärarmaturen haben zwar keine lebensbedrohlichen Folgen wie bei der Elektroinstallation. Die Folgen können sich aber auch recht unangenehm auswirken. Vorhandene Grundkenntnisse sollten ausreichen, um wenigstens die für Fachkräfte geschriebenen Einbauanleitungen der Hersteller zu verstehen.

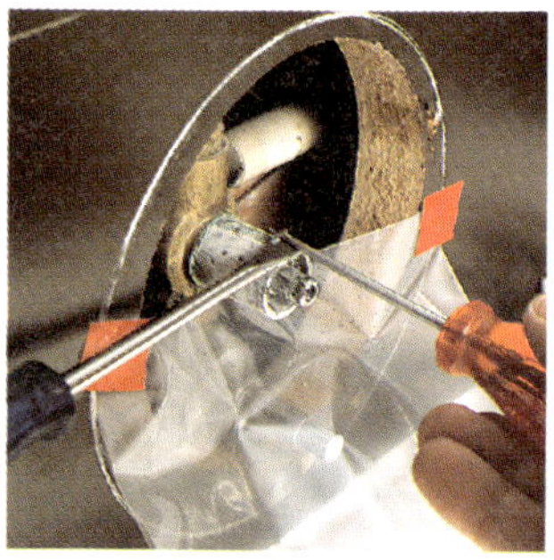

Sperrfeder vor der Kartusche behutsam heraushebeln.

Fachgerechtes Spezialwerkzeug

Glatte **Werkzeugflächen** wie am Gabelschlüssel, an der Armaturen- oder der Gummibackenzange hinterlassen keine **Kratzer** auf glänzenden Chromflächen. Auch in den **Schraubstock** lassen sich die Einzelteile, zwischen entsprechenden **Schonbacken als Zulagen,** zum Zerlegen einspannen. Trotzdem nie mit Gewalt vorgehen. Geeignetes

Festsitzende Kartusche mit improvisiertem Werkzeug lösen.

Werkzeug, Geduld und notfalls auch **Heißluft** oder Backofenhitze helfen besser weiter. Denn oft sind doch beträchtliche **Kräfte** erforderlich, um festsitzende **Gewinde** zu lösen.

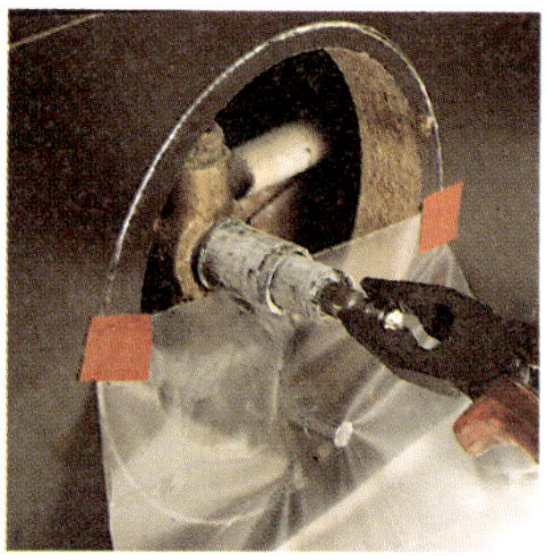

Sie soll sich leicht am Steuerkolben herausziehen lassen.

Instandsetzen kann auch Spaß machen

Zum **Reinigen** und Ausstatten mit neuen Dichtungen sollte man die **Ventilteile** von Armaturen nicht nur ausbauen, sondern auch in alle **Einzelteile** zerlegen. Dabei lassen sich dann auch andere **Verschleißteile,** wie zum Beispiel Federn oder Spannringe, gegen neue Teile tauschen. In den **Reparatursets** sind diese Teile in der Regel ebenfalls enthalten.

Mischer-Kartusche

Zwar gibt es für **Installateure** spezielle Demontagewerkzeuge. Ausleihen kann aber viel zeitraubender werden als eine improvisierte **Eigenanfertigung.** Im Beispiel diente ein abgesägter **Steckschlüssel,** zweckentsprechend zurechtgefeilt, zum Lockern der **Mischer-**

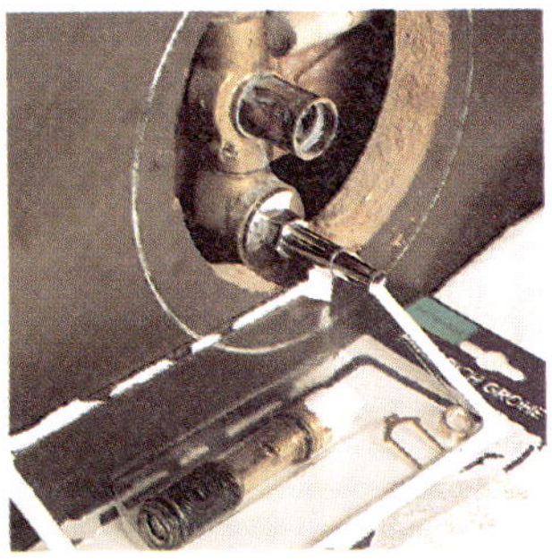

Nur Kartusche wechseln ist einfacher, aber teurer.

kartusche. Nach häufigem Hin- und Herdrehen läßt sie sich mitsamt dem **Steuerkolben** herausziehen.
Die eigentliche Instandsetzung: Die alten Dichtungsringe alle entfernen, und die **Metallteile** in Essigessenz entkalken. Die wirkt ebenso gut, aber schonender als chemische **Schnellentkalker.** Beim Abstoßen von Verkrustungen hinterlassen **Holzspatel** (oder Eisstiele) keine Kratzer, an denen sich sonst sehr schnell wieder **Ablagerungen** festsetzen.
Die neuen O-Ringe lassen

Spannring lösen, den Kolben aus der Kartusche ziehen.

sich leichter in die engen **Aufnahmenuten** schieben, wenn man alle Flächen mit Seife oder **Spülmittel** gleitfähiger macht. Armaturenfett eignet sich auch, läßt sich aber durch den **Siliconanteil** nur mit Lösungsmittel von den Fingern entfernen. Beschädigung der O-Ringe durch **Kraftanwendung** könnte den ganzen Reparaturaufwand in Frage stellen.

Umstellknopf der Dusche

Die feine Bohrung im **Ventilteller** der Duschumstellung (für die **Wasserdruckumleitung)** verschließt sich nur zu

Alles säubern und mit neuen O-Ringen ausstatten.

leicht. Zum Reinigen ist die **Umstellmechanik** auszubauen. Auf der Drehbank hergestellte **Einzelteile** lassen sich zum Säubern der **Oberfläche** auch ins Bohr-

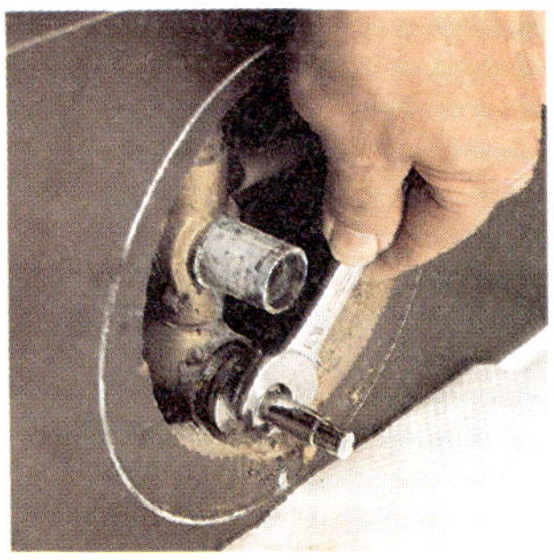

Verschraubung vom Umstellknopf mit Gabelschlüssel lösen.

maschinenfutter spannen. Am langsam rotierenden Teil läßt sich die Oberfläche bequem mit Schleifvlies ‚sehr fein' oder auch mit **Stahlwolle** bearbeiten und polieren.

Reste der **Stahlfasern** aber sehr sorgfältig entfernen, denn sie wären Gift für die **Dichtungsringe.** Die abschließende Behandlung mit Polierpaste erzeugt eine **Oberfläche,** auf der sich,

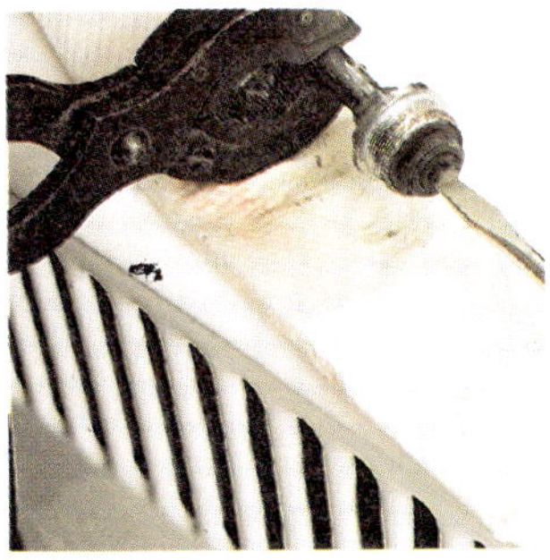

Der Ventilteller wird von einer Schraube gehalten.

weit weniger als im neuen Zustand **Rückstände** festsetzen und die Funktion stören können.

Hochwertiges Armaturenfett verwenden

Gewindeverbindungen, die sich bei der **Benutzung** lösen können, zum Beispiel

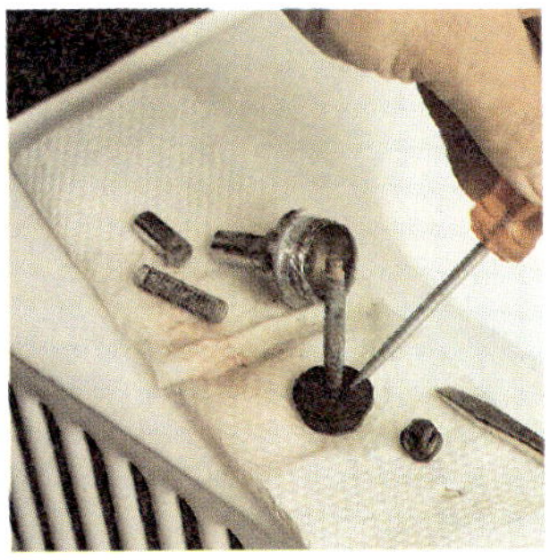

Bohrung im Ventilteller mit Spitzbohrer öffnen.

an der Duschumstellung zwischen **Ventilstange** und **Druckknopf,** mit Gewindesicherung oder Teflon-Dichtungsband sichern.
Nach der **Montage** der großzügig mit Armaturenfett behandelten Einzelteile schützt eine abschließende **Kontrolle** aller Verschraubungen vor nassen Überraschungen. Vor allem jedoch

Polierte Oberflächen nehmen weniger Ablagerungen an.

den korrekten **Einbau** des Steuerkolbens überprüfen. Falls bei der Einstellung ‚KALT' nur heißes **Wasser** fließt, ist er um 180 Grad zu drehen. Durch vorsorgliche

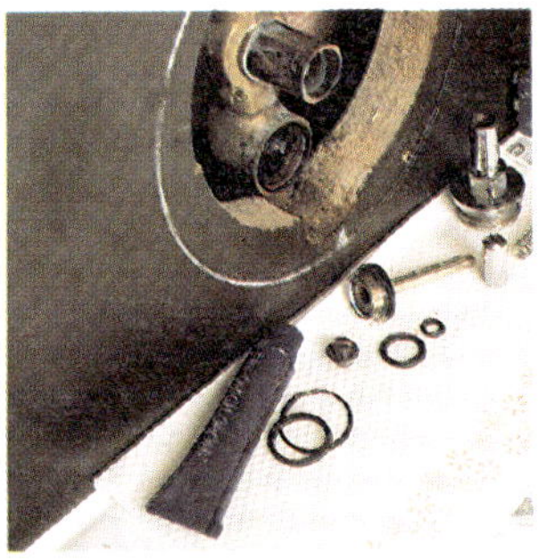

Mit neuen O-Ringen arbeitet der Umstellknopf störungsfrei.

Wartung nach jeweils 4 bis 5 Jahren lassen sich problemreiche **Reparaturen** an diesen Armaturen vermeiden, die wesentlich zeit- und kostenintensiver ausfallen würden als die einfache Wartungsarbeit.

ARBEITSMATERIAL

- Dichtungsset oder Ersatzkartusche
- Essigessenz
- Schraubendreher
- Gummibackenzange
- Spitzbohrer
- Abziehwerkzeug
- Gabelschlüssel
- Armaturenfett
- Stahlwolle
- Polierpaste
- Klebeband
- Plastikfolie

Drahtkorb erneuern

Die Beschichtung der Drahtkörbe im Geschirrspüler ist verletzlich, und Ersatzkörbe sind recht teuer. Leicht entstehen kleine Roststellen. Wärme und Spülmittel machen daraus in kurzer Zeit einen Korrosionsschaden.

Lediglich angerostete Stellen mit Rostumwandler behandeln und dann mit der gezeigten Bandage aus Fasern oder Draht sowie Zweikomponenten-Epoxidharzkleber abdecken. Wo der Draht jedoch schon fast oder ganz durchgerostet ist, muß man das korrodierte Stück heraustrennen. Zuvor den Bereich in unmittelbarer Nähe der **Schadstelle** mit Karton abdecken. Zu leicht könnte man sonst die Beschichtung beschädigen oder verschmutzen. Die Säge am noch festen Draht ansetzen. Der Rost muß ganz weg,

Das Universalblatt der Bügelsäge trennt auch Metall.

sonst kann er sich unter der Reparaturmuffe weiterfressen.

Verrostetes Material ganz entfernen

Für das Ersatzstück zur **Sicherheit** korrosionsfestes Material verwenden. Um dieses Ersatzstück einzukleben, befestigt man zunächst eine **Formschale**

PROFITIP
Bei Arbeiten mit Epoxidharz sollte Küchenkrepp bereitliegen. Verschmutzungen an Fingern und Material sofort abwischen. Mit Nitroverdünnung oder Wasser, Seife und Bürste flüssigen Kleber entfernen. Erhärtet bekommt man ihn nur mit Gewalt und Stecheisen oder Messerklinge ab. Flecken lassen sich allenfalls oberflächlich schichtweise mit Aceton anlösen.

aus mehrfach gefalteter Alufolie mit Klebeband am Draht.
Die Innenfläche der Schale zuvor mit **Kerzenwachs** einreiben. Durch die dünne Wachsschicht zwischen Kleber und **Alufolie** läßt sich diese später leicht vom Kleber trennen.
Zwei dicke **Tropfen** Zweikomponentenkleber auf den Schnittstellen genügen, um das recht genau eingepaßte **Ersatzstück** einzukleben. In solch kniffeligen

In die Lücke wird ein Ersatzstück eingefügt.

Situationen erleichtert eine **Werkzeugpinzette** als Greif- und Haltewerkzeug den Vorgang des Einfügens. Wenn man die **Hilfsschale** aus Alufolie anschließend eng um den Draht formt,

Eine Kleberschicht ringsum ist der Anfang für die Muffe.

kann man das Ersatzstück noch genauer justieren und den Kleber gleichmäßig ver-

Mit einem Werkzeug die Windungen eng zusammendrücken.

teilen. Nimmt man innerhalb von fünf Minuten abbindenden **Kleber,** kann man zwar anschließend zügig weitermachen, hat aber nur wenig Zeit beim Einkleben.

EXTRATIP: Beginnende Roststellen kann man vorübergehend mit einem Tupfer Nagellack schützen. Lassen Sie sich von der Farbe an eine baldige Reparatur erinnern.

Faserverstärktes Kunstharz ist sehr dauerhaft

Die eigentliche Verbindung der beiden abgetrennten Drahtenden wird erst mit der gewickelten Muffe hergestellt. Dabei verbindet sich die **Polyesterkordel** (1,4 mm Gardinenkordel) mit dem Zweikomponenten-Epoxidharzkleber zu einer mechanisch sehr stabilen Muffe. Dazu erst eine dünne Schicht Kleber, etwa doppelt so lang wie das **Ersatzstück,** auftragen und dann die Kordel fest, Windung eng an Windung, um den Draht wickeln. Das **Kordelende** straff gespannt an einem Draht verknoten. Erst wenn der Kleber hart ist, die Knoten an Anfang und Ende vorsichtig abtrennen, um die **Beschichtung** nicht zu verletzen. Wer will, kann die Muffe auch noch mit weißem Epoxidharzlack beschichten.

ARBEITSMATERIAL

- Bügelsäge
- Ersatzdraht
- Kleber
- Gardinenkordel

Wasserleitung auftauen

Für einen derartigen Störfall sollte man gerüstet sein. Denn die Erfahrung lehrt, solche Situationen entstehen immer zu einem Zeitpunkt, wenn sich die Mittel zum Auftauen nur schwer beschaffen lassen.

Strenger **Frost** wird zwar in unseren Regionen immer seltener. Aber gerade deshalb gerät das Entleeren der **Wasserleitungen** im Außenbereich, bevor überra-

Eiszapfen am Wasserhahn, ein ernstes Alarmsignal.

schend doch die **Temperaturen** unter Null Grad absinken, leicht in **Vergessenheit.** Wird das Wasser in der **Leitung** erst einmal zu Eis, dauert es meist nicht lange, bis das **Rohr** platzt. Denn je kälter es wird, desto mehr dehnt sich das **Eis** in der Leitung aus, bis die an einer oder mehreren Stellen dem **Druck** nachgibt und reißt.

Vorsorgen

Leeren der Außenleitungen: Absperrventil schließen, Entleerungshahn öffnen und auslaufendes Wasser auffangen. Das **Gefäß** zum Auffangen nicht zu klein wählen. Über einen dünnen Kunststoffschlauch, den man auf den **Auslauf** stecken kann, läßt sich das Wasser ableiten. Denn meistens befinden sich die Absperrventile knapp unter der **Kellerdecke.** Den Außenhahn anschließend geöffnet lassen.

Wenn das **Leitungswasser** aber doch einmal eingefroren ist, oberster Grundsatz beim Auftauen: Die Wasserleitung mit milder **Wärme** gleichzeitig auf möglichst langer **Strecke** nur knapp über Null Grad anwärmen, bis das nachströmende Leitungswasser die **Vereisung** ganz auflösen kann. Möglichst keine offene **Flamme** benutzen. Sie wirkt als Wärmequelle zu eng begrenzt und ist bei **Leitungen** mit

Gewebe-Flachschlauch mit Warmwasserdurchlauf als Wärmewickel.

Kunststoffmantel unbrauchbar. Mit kurzen Strecken am Wasserhahn oder am Entleerungshahn (sofern er sich im eingefrorenen Bereich befindet) beginnen. Und sobald sich das **Ventil** drehen läßt, ganz öffnen.

Wärmespender

Nahezu alles, was genügend Wärme spendet, kann helfen. Dazu gehören auch Bügeleisen, Heizkissen, Wärmetherapiestrahler, Fön, oder Heizlüfter. Vor der **Anwendung** von heißem Wasser die Leitungen mit Weichschaum oder Stoff um-

Infrarotstrahler erwärmen auch das Mauerwerk.

wickeln, damit das **Wasser** nicht zu schnell abfließen kann.

Vorsicht bei ummantelten **Rohren.** Bei direkter oder Strahlungswärme kann der Kunststoff schmelzen oder gar verschmoren. Wo die Leitungen im **Mauerwerk**

Im Mantel aus Weichschaum wirkt heißes Wasser länger.

Wärmestrom vom Gasheizstrahler durch Abstand regeln.

verlegt wurden, muß man die Wand- oder Fußbodenfläche durch Strahlungswärme (Infrarotstrahler) anwärmen. Bei wärmeempfindlichen **Oberflächen** bleibt nur der Ruf nach dem In-

Heiße Luft in ein U-Profil über die Leitung blasen.

stallateur. Er kann mit einer **Niedervolt-Widerstandsheizung** (Auftau-Trafo), allerdings nur in Metallrohren, das **Eis** schonend und sehr schnell schmelzen lassen.

ARBEITSMATERIAL

- Gewebe-Flachschlauch
- Infrarotlampe
- Weichschaumstreifen
- Heizstrahler
- Heißluftgerät
- U-Profil
- Arbeitshandschuhe
- Haushaltsreiniger
- Armaturenfett

Wohnkomfort ohne Elektrizität ist für uns gar nicht zu denken. Ohne Licht und die vielen elektrisch betriebenen Haushaltsgeräte und haushaltstechnischen Anlagen würden selbst einfachste Verrichtungen bei der Hausarbeit einen großen Teil unserer Lebenszeit in Anspruch nehmen.

Elektro-Installationen

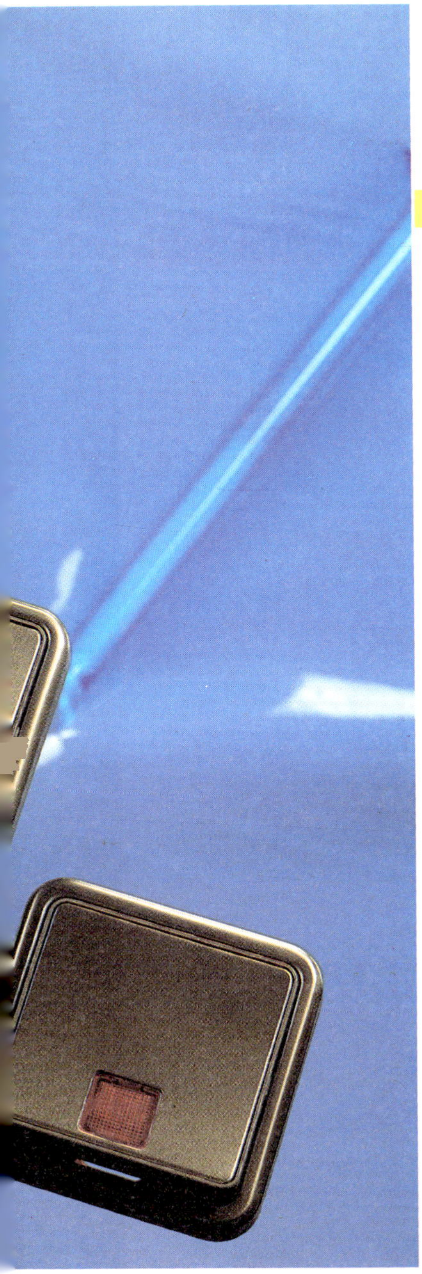

Gelungene Elektro-installationen, etwa der Einbau neuer Steckdosen oder neuer Schalter, tragen zur Steigerung des Wohnkomforts bei.

WERKZEUGE UND ARBEITSMATERIALIEN

Verwenden Sie nur Werkzeuge mit dem VDE- und GS-Symbol.
Zum Überprüfen, ob die Leitung Strom führt, nehmen Sie einen **ein-** oder **zweipoligen Phasenprüfer**.
Mit einem **Durchgangsprüfer** können Sie kontrollieren, ob eine nicht angeschlossene oder abgeschaltete Leitung zwischen den Prüfpunkten unterbrochen ist.
Für Vorarbeiten brauchen Sie einen **Bohrhammer**, eine **Mauerfräse** oder eine **Schlagbohrmaschine** mit **Hohlmeißel** oder **Dosenfräse** als **Vorsätze**; ebenso Steinbohrer zum Anlegen von Schlitzen und Löchern.
Für weitere Installationsarbeiten sind nötig: Eine **Abisolierzange** zum Entfernen der Aderisolierungen und ein **Kabelmesser** zum Entfernen der Mantelschicht bei Mantelleitungen und Isolierungen von Leitern mit großen Durchmessern vom 8 mm an aufwärts.
Einen **Seitenschneider** mit schutzisolierten Griffen zum Abschneiden und Kürzen von Leitungen und Adern.
Eine **Kombizange** mit schutzisolierten Griffen zum Halten, Biegen oder Schneiden, z. B. dicker Drähte, und **Schraubendreher**, ebenfalls mit schutzisolierten Griffen.

Die Elektro-Installation ist grundsätzlich Sache des Fachmannes. Trotzdem können Sie kleinere Arbeiten selber durchführen, wenn Sie die nötigen Kenntnisse haben und die entsprechenden Vorschriften beachten. Größere Installationsarbeiten sollten Sie jedoch mit Hilfe einer Elektrofachkraft planen und durchführen. Den Antrag auf Anschluß der Installation an das Versorgungsnetz kann überhaupt nur ein Elektroingenieur einreichen, der im Installateurverzeichnis des zuständigen **Energieversorgungsunternehmens (EVU)** – das können z.B. die Stadtwerke sein – steht. Er allein darf auch nur eine fertig verlegte Installation überprüfen und abnehmen.

Das gilt nicht nur für die Elektro-Installation beim Neubau, sondern ebenso für alle Veränderungen einer vorhandenen Installation, ob bei Umbauten oder Erweiterungsbauten. Die gleichen Beschränkungen müssen Sie auch dann beachten, wenn Sie nur die Lage der Zählerplätze oder Verteiler verändern wollen.

Bei allen Arbeiten müssen die **Technischen Anschlußbedingungen (TAB)** des betreffenden EVU streng beachtet werden. Die TAB richten sich immer nach den Anforderungen

des **Vereins Deutscher Elektrotechniker (VDE)** und nach den Vorschriften des **Deutschen Instituts für Normung (DIN)**.
Falls Sie also selbst eine Neuinstallation vornehmen wollen, müssen Sie sich in jedem Fall frühzeitig an Ihr EVU wenden. Sie bekommen dort außer den erforderlichen Antragsunterlagen und den Adressen der zugelassenen Installateure auch alle für Ihren Fall nützlichen Ratschläge und Hinweise.

Materialien und Werkzeuge

Zur Erleichterung der Planung und Durchführung von Elektroinstallationen sollten Sie einen **Installationsplan** erstellen. Darin geben Sie an, welche Geräte Sie wo anschließen wollen, wo Zähler, Verteiler, Hausanschlußkasten, Steckdosen, Schalter, Leuchten angebracht werden sollen, um welche Art von Stecker, Schalter oder Leuchten es sich handelt, mit welcher Art Leitungen und in welcher Verlegungsart Sie die Installation ausführen wollen.
Im Plan sollten Sie die genormten **Installations-Symbole** verwenden.
Das Einzeichnen in den Installationsplan erleichtern die von der Hauptberatungsstelle für Elektrizitätsanwendung e.V. (HEA) entwickelten **HEA-Zeichenschablonen** bzw. **HEA-Reibe-** oder **-Klebefolien**.

Für die Installationsplanung am Neubau gibt es auch raumweise zusammengefaßte Installationsschemata auf Klebefolie, die die vollständigen Stromkreise des jeweiligen Raumes zeigen.

FACHKUNDE VON A-Z

Ader: Kupferkern in der Leitung oder dem Kabel, der den Strom leitet.
Ampere(A): Einheit für die Stromstärke.
Außenleiter: Leiter, der die Stromquelle mit dem Verbraucher verbindet.
Diazed-Sicherung: Schmelzsicherung.
Erder: Leiter, der in der Erde eingebettet und leitend verbunden ist.
Fehlerstrom: Der Strom, der im Fehlerfall fließt.
Fehlerstrom-Schutzschalter: Schutzeinrichtung für den Personenschutz; diese schalten den Stromkreis ab, wenn ein Fehlerstrom fließt.
Feinsicherung: Kleine Schmelzsicherung in elektrischen Geräten.
FI-Schalter: Fehlerstrom-Schutzschalter.
Frequenz: Anzahl der Schwingungen pro Sekunde. Wechselstrom hat die Frequenz 50 Hz.
Gleichstrom: Elektrischer Strom, der zeitlich unverändert in eine Richtung fließt.
Hertz (Hz): Einheit der Frequenz.
Installationsplan: Übersichtsplan, in den alle elektrischen Geräte und Leitungen lagerichtig eingezeichnet sind.
Kilowattstunde: Einheit für die verbrauchte elektrische Arbeit. Wird durch den Zähler gemessen. Ein Gerät mit 1000 W verbraucht in 1 Stunde 1 kWh.
Leiter: Elektrisch leitfähiges Teil. Adern dienen als Leiter.
Leitungsschutzschalter: Schaltet ab, wenn der Stromfluß in der Leitung zu hoch ist; auch Sicherung genannt.
Lüsterklemme: Klemme mit zwei Schrauben zur Verbindung von starren und flexiblen Leitern.
Nennspannung: Im Wechselstromnetz beträgt sie 220 V.
Neozed-Sicherung: Schmelzsicherung.
Neutralleiter (N): Der stromrückführende Leiter.
Nulleiter (PEN): Neutralleiter mit Schutzfunktion.
Ohm (Ω): Einheit für den elektrischen Widerstand.
Phase: Stromführender Leiter.
Potentialausgleich: Beseitigung von Potentialunterschieden zwischen leitfähigen Teilen.
Schutzleiter (PE): Verbindet die berührbaren und leitfähigen Teile eines Verbrauchsgerätes mit anderen leitfähigen Teilen und/oder mit dem Erder. Im Fehlerfall fließt elektrischer Strom.
Schwachstrom: Spannungen bis höchstens 42 V.
Spannung: Tritt zwischen zwei Punkten auf, z. B. zwischen Außenleiter und Neutralleiter.
Starkstrom: Spannung über 42 V.
Stromkreis: Stromweg zwischen Sicherung und dem Verbraucher.
Stromkreisverteiler: Einbauort für Sicherungen, Fernschalter, Klingeltransformator, Zeitautomaten usw., auch Sicherungskasten genannt.
Stromstärke: Strommenge, die in einer bestimmten Zeit durch die Leitung fließt.
Überstromschutzorgan: Schmelzsicherungen oder Leitungsschutzschalter (LS).
Verbraucher: Alle elektrischen Geräte, die elektrischen Strom nutzbar machen, wie Lampen, Herde, Motoren usw.
Verbaucheranlage: Alle elektrischen Leitungen und Geräte wie Schalter hinter dem Hausanschlußkasten.
Volt (V): Einheit für die elektrische Spannung.
Watt (W): Einheit für den elektrischen Widerstand.
Wechselstrom: Elektrischer Strom, der periodisch seine Richtung ändert.

Bei Veränderungen gegenüber einem vorhandenen Installationsplan müssen Sie die Änderungen entsprechend einzeichnen.

Benutzen Sie zur Installation in jedem Fall nur Materialien, die mit dem Zulassungszeichen des VDE gekennzeichnet sind.

Sie sollten nur solche Werkzeuge und elektrisch betriebene Maschinen zur Elektroinstallation verwenden, die die Anforderungen des **Gerätesicherheitsgesetzes** und seiner Verordnungen erfüllen. Sie sind zusätzlich zu dem VDE-Symbol noch mit dem Siegel »GS« (geprüfte Sicherheit) gekennzeichnet. Nur so ist Ihre Sicherheit und die Ihrer Mitbewohner bei Benutzung der Installation garantiert.

ZÄHLER, VERTEILER, STROMKREISE

Vom Netz bis zum **Hausanschlußkasten** ist die Installation allein Sache des EVU. Bis dorthin gehören dem Unternehmen auch alle verwendeten Materialien.
Vom Hausanschlußkasten führen dann eine bzw. mehrere **Hauptleitungen** zu dem Zähler oder den Zählern.

Hausanschlußkasten

Am einfachsten, auch für das Ablesen, ist es, wenn alle Zähler **zentral** und **möglichst nah** am Hausanschlußkasten angebracht sind, und von dort aus die Leitungen zu den zentralen Wohnungs- oder Stockwerks-Verteilern geführt werden.

Zähler
Zähler sind **Meßgeräte im Sinne des Gesetzes**. Ihre Zuleitungsanschlüsse und die Zähler selbst sind plombiert. Die Plomben dürfen nur von einem Beauftragten des EVU entfernt werden. Außerdem müssen die Zähler auch vor allen anderen äußeren Einflüssen geschützt werden. Das geschieht am besten durch Unterbringung in **Zählerschränken**.

Zähler dürfen nur in **leicht zugänglichen Räumen** angebracht werden, wie etwa in speziellen Hausanschluß- und Zählerräumen oder direkt zugänglichen Fluren und Treppenhäusern, allerdings nicht direkt über Treppenstufen.
Nicht zulässig ist ferner der Einbau in abgeschlossenen Wohnungen von Mehrfamilienhäusern. Bei Einfamilienhäusern dürfen sie nicht in Wohnräumen, Küchen, Bädern und Toiletten,

Zähler

Waschküchen oder anderen feuchten Räumen montiert werden, nicht in Garagen, Heizungsräumen, Öllagerräumen, in Werkstatträumen und überall, wo es zu überhöhten Umgebungstemperaturen kommen kann oder wo Explosions- oder Feuergefahr besteht.

Die Geräte müssen ohne besondere Hilfsmittel gefahrlos abgelesen und untersucht werden können.

Auf jedem Zähler ist ein Typenschild, das u.a. folgende Angaben enthält:
- Den Namen des Eigentümers, also des Unternehmens, von dem Sie den Strom beziehen.
- Die Stromart und die maximale Netzspannung, für die er zugelassen ist (z.B. 220 V Wechselstrom/380 V Drehstrom).
- Die höchstzulässige Stromstärke (z.B. 60 A).
- Die Netzfrequenz (bei Haushaltsstrom immer 50 Hertz).
- Die Anzahl der Zählerscheibenumdrehungen pro Kilowattstunde (z.B. 75 U/kWh).
- Die Seriennummer.

Stromkreisverteiler
Die Stromkreisverteiler kennen Sie wahrscheinlich besser unter der Bezeichnung **»Sicherungskästen«**. Sie sind ebenfalls leicht zugänglich anzubringen.
Der Stromkreisverteiler soll in Wohnungen immer möglichst **nahe am Verbrauchsschwerpunkt** eingebaut werden. Das ist im allgemeinen ein Platz im Wohnungsflur, der einen geringen Abstand zu Küche, Arbeitsraum und Bad aufweist.

Da im Verteilerkasten auch Relais und Schaltuhren eingebaut werden, die Schaltgeräusche verursachen, sollten Sie ihn nicht auf bzw. in der Wand anbringen, die an ein Schlafzimmer grenzt.

Die Größe des Verteilers hängt u.a. von der Anzahl der Haushaltsgeräte, ihren Anschlußwerten, dem Platzbedarf der Einbaugeräte (z.B. Sicherungen, Zeitschalter) und der Verdrahtung ab.
Für **Mehrraumwohnungen** wird mindestens eine **zweireihige Ausführung** mit 24 Einzelplätzen empfohlen. Darüber hinaus sollte der Verteiler immer noch **Reserveplätze** freihalten, so daß eine Erweiterung der vorhandenen Installation ohne größeren Aufwand möglich ist.

Die Anzahl der Stromkreise für Steckdosen und Beleuchtung wird in Abhängigkeit von der Wohnfläche durch Normen festgelegt. Zusätzliche Stromverbraucher benötigen zusätzliche

Stromkreise.
Dabei gilt ganz allgemein, daß für Geräte und Anlagen mit einem Anschlußwert von 2 kW und mehr ein eigener Stromkreis vorzusehen ist, auch wenn man sie über Steckdosen anschließt.
Welche Ausstattungen und wie viele Stromkreise pro Raum gefordert bzw. empfohlen werden, entnehmen Sie den **HEA-Planungshilfen** Elektroinstallation im Wohnungsbau. Diese können Sie von Ihrem Versorgungsunternehmen bekommen, wenn Sie sich dort die Unterlagen für den Anschlußantrag besorgen.

Hier nur als **Beispiel** die Stromkreise **für ein Bad** in gehobener Ausstattung:

- 1 Wechselstromkreis für Beleuchtung (3 Anschlüsse), Lüfter und Heizstrahler (je 1 Anschluß), Steckdosen (2 je Waschtisch) und Geräteanschlußdose (oder auch Steckdose) für einen Handtuchtrockner.
- 1 Drehstromkreis für einen Warmwasserboiler.
- 1 Wechselstromkreis für die Waschmaschine.
- 1 Wechselstromkreis für den Wäschetrockner.

SICHERUNGEN, SCHUTZSCHALTER

Sicherungen schützen den Stromkreis vor Überlastung durch zu hohe Lastabnahme oder durch Kurzschluß und damit vor Brandgefahr, indem sie den Stromkreis unterbrechen.
Statt der früher üblichen **Schmelzsicherungen** sind in den modernen Verteilern fast nur noch **Leitungsschutzschalter** üblich.
Gegenüber den Schmelzsicherungen haben sie den wesentlichen Vorteil:

- Sie können wieder eingeschaltet werden, wenn die Ursachen für die Überlastung beseitigt sind, Schmelzsicherungen müssen dagegen ersetzt werden.
- Sie benötigen weniger Platz.

Stromkreisverteiler, sog. Sicherungskasten

Für die Wohnhausinstallation sind Leitungsschutzschalter des **Types B** geeignet. Sie ersetzen den früher üblichen Typ L (für Leitungsschutz) und den noch älteren Typ H (für Haushaltssicherung).
In modernen Installationen werden Leitungsschutzschalter in Flachbauweise fest eingebaut. Sie benötigen sehr wenig Platz.

Schmelzsicherungen haben den Nachteil, daß sie nach dem Auslösen ersetzt werden müssen. Verwenden Sie nur Schmelzsicherungen der Betriebsklasse **gL** für Ganzbereichs-, Kabel- und Leitungsschutz mit der passenden Stromstärke. Sie können Schmelzsicherungen durch **Schraubautomaten** entsprechender Stärke ersetzen.

Welche Anforderungen ein Leitungsschutzschalter erfüllt, finden Sie auf dem Leistungsschild eingetragen, das auf jedem dieser Geräte angebracht sein muß. Die wichtigsten Eintragungen sind:

- Typenbezeichnung.
- Zulässige Stärke (Nennstrom, z.B. 16 A), Spannung (z.B. 220 V Wechselstrom).
- Kurzschlußschaltvermögen und Strombegrenzungsklasse durch ein T-förmiges Symbol aus einem Rechteck und einem Quadrat. Die Zahl im Rechteck (dem T-Querbalken), z.B. 6000, gibt an, daß der Schalter Kurzschlußbelastungen bis 6000 A aushält ohne funktionsunfähig zu werden. Die Zahl im Quadrat darunter gibt die Strombegrenzungsklasse an, bei Leitungsschutzschaltern für Haushalte 3.

Schmelzsicherung

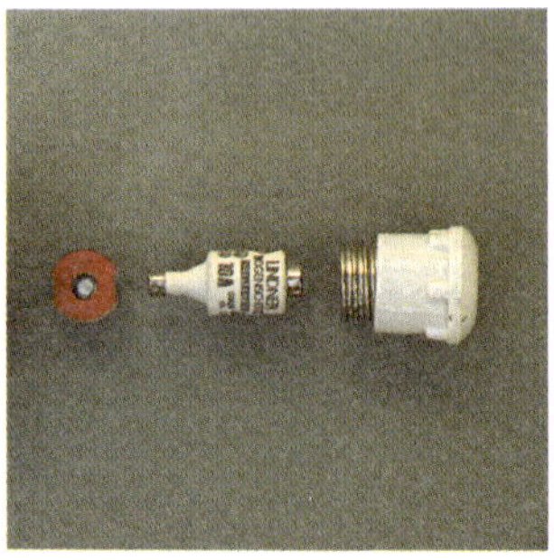

Teile einer Schmelzsicherung

Leitungsschutzschalter (links), Schraubautomat (rechts)

Leitungsschutzschalter in Flachbauweise

In Stromkreise für Steckdosen, Lampen und Geräte in Bädern, anderen Feuchträumen (Duschen, Saunen) und elektrische Einrichtungen im Freien müssen für den zusätzlichen Personenschutz Fehlerstrom-Schutzschalter eingebaut werden.

Fehlerstrom-Schutzschalter unterbrechen den Stromkreis, wenn die Strommenge in dem Leiter, der den Strom aus dem Gerät wieder ins Netz zurückführt, von der Strommenge abweicht, die durch den zuführenden Leiter ins Gerät hineinkommt. Diesen Abweichungsbetrag nennt man Fehlerstrom.

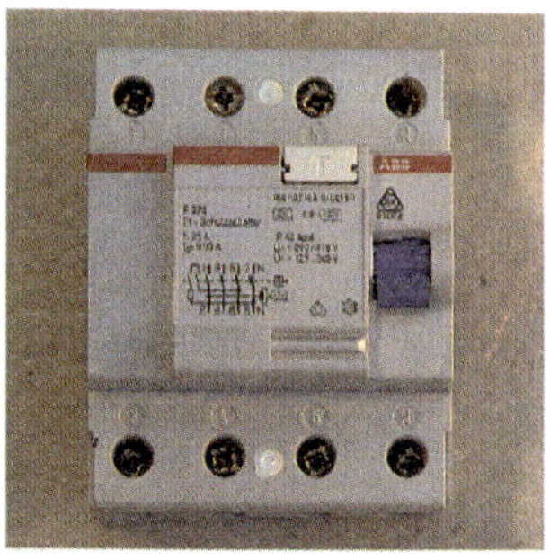

Fehlerstrom-Schutzschalter

Die Fehlerstrom-Schutzschalter sind so eingestellt, daß sie spätestens 0,2 Sekunden nach Einsetzen des Fehlerstromes den Stromkreis abschalten.
Die Stromstärke des Fehlerstromes kann verschieden gewählt werden.
Auslösecharakteristik, Fehlerstromstärke und Fehlerstromdauer sind bei Fehlerstrom-Schutzschaltern in besonders engen Grenzen genau definiert.
Welche Anforderungen ein Schutzschalter erfüllt, findet der Installateur auf dem **Leistungsschild** eingetragen, das auf jedem dieser Geräte angebracht sein muß.

Besonders ausführlich sind die Angaben auf den Leistungsschildern von Fehlerstrom-Schutzschaltern.
Auf Fehlerstrom-Schutzschalter sind folgende Werte angegeben:

- Die Stromstärke,
- die Spannung (230 V oder 400 V),
- die Polzahl (2- oder 4-polig für Wechsel- oder Drehstromnetze),
- das Kurzschlußschaltvermögen (6000 A),
- die Größe des Fehlerstroms, z.B. 0,03 A, bei dessen Erreichen der Stromkreis abgeschaltet wird.

Zusätzlich noch:

- Die Schutzklasse,
- das Symbol für die Schutzfähigkeit bei Wechsel- und pulsierenden Gleichströmen.

LEITUNGEN, INSTALLATIONSROHRE, DOSEN

Leitungen

Grundsätzlich bestehen Leitungen aus einem oder mehreren **einzeln isolierten Leitern**.
Einen isolierten Leiter nennt man **Ader**. Eine **Aderleitung** besteht also aus einem einzelnen isolierten Leiter.
Das Leitermaterial ist bei gewöhnlichen Installationen immer Kupfer.
Als **Kabel** bezeichnet man gegen äußere Einwirkungen besonders widerstandsfähige Leitungen, die z.B. unter Wasser oder im Erdreich verlegt werden können.

Im Installationsplan muß genau angegeben werden, welche Art Leitungen man für welche Verbindungen benutzen will. Außerdem sind für bestimmte Verbindungen nur bestimmte Leitungstypen zugelassen.

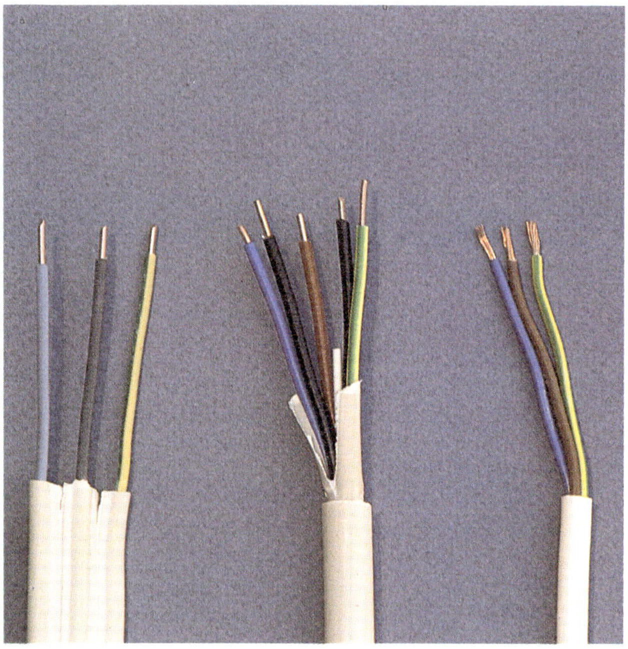

Leitungen

Bezeichnet werden die Leitungen und Kabel in den Installationsplänen mit Buchstaben- und Zahlenkombinationen.
Im Augenblick gelten noch zwei Systeme nebeneinander: ein **nationales** und ein **international harmonisiertes** System.
Die Bezeichnungen nach den **international harmonisierten** Bestimmungen sind folgendermaßen aufgebaut:

- Buchstabe H (harmonisiert) oder A (anerkannter nationaler Typ).
- Ziffernkode für die zulässige Spannung:
  03 = 300 V Wechselstrom 300 V Drehstrom
  05 = 300 V Wechselstrom 500 V Drehstrom
  07 = 450 V Wechselstrom 750 V Drehstrom.
- Kennbuchstabe für das Isoliermaterial (z.B. V für PVC und R für Natur- oder Kunstkautschuk).
- Kennbuchstabe für das Material des Kabelmantels (z.B. V und R wie für das Isoliermaterial, T für Textilgeflecht).
- H für flache, aufteilbare Leitung, H2 für flache, nicht aufteilbare Leitung.

Dann wird, durch Bindestrich abgesetzt, die Leiterart angegeben, z.B.

- U für eindrähtig.
- F für feindrähtig bei flexiblen Leitungen.
- K für feindrähtig bei Leitungen für feste Verlegung.
- R für mehrdrähtig für feste Verlegung.

Und als letzte Angaben folgen, durch Abstand abgesetzt, die Aderanzahl, Angaben zum Schutzleiter (G: mit, X: ohne Schutzleiter) und der Leiterquerschnitt in Quadratmillimetern.

Die Kennzeichnung für eine dreiadrige, feindrähtige Leitung mit Schutzleiter, mit PVC-Isolierung der Leiter und Kautschukmantel, einem Querschnitt je Leiter von 1mm^2, zugelassen für 300 Volt Wechselstrom und flexible Verlegung nach den international harmonisierten Bestimmungen lautet also: H05VR-F 3G1.

Materialien und Werkzeuge

Neben diesen neuen Bezeichnungen werden bei häuslichen Elektro-Installationen immer noch die alten **Bezeichnungen nach nationaler Norm** verwendet. Sie sind dadurch erkennbar, daß das Kurzzeichen immer mit einem N beginnt. Stegleitungen etwa werden als NYIF kodiert, PVC-Mantelleitungen als NYM, Erdkabel als NYY und Gummiaderschnüre (z.B. Anschlußleitungen für Bügeleisen) als NSA.

Bei mehradrigen Kabeln müssen die Adern gekennzeichnet sein. Das geschieht fast immer durch die **Farbe der Isolierung**. Die verwendeten Farben sind:

- Grüngelb: darf ausnahmslos nur für den Schutzleiter verwendet werden.
- Schwarz und braun: Farben für den bzw. die stromführenden Außenleiter.
- Hellblau: für den Null- oder Mittelleiter.

Eindrähtige (und mehrdrähtige) **Aderleitungen** (NYA oder H07V-U bzw. H07V-R) sind nur in elektrischen Geräten, Schalt- und Verteileranlagen zugelassen oder zur Verlegung in nicht metallenen Rohren auf und unter Putz in trockenen Räumen.

Stegleitungen dürfen auf und unter Putz in trockenen Räumen verlegt werden.

Mantelleitungen sind zugelassen zur Verlegung über, auf, in und unter Putz, auch in feuchten Räumen, im Mauerwerk, in Beton, wenn er nicht gerüttelt oder gestampft wird, in Installationsröhren und -kanälen und bei geschützter Verlegung im Freien.

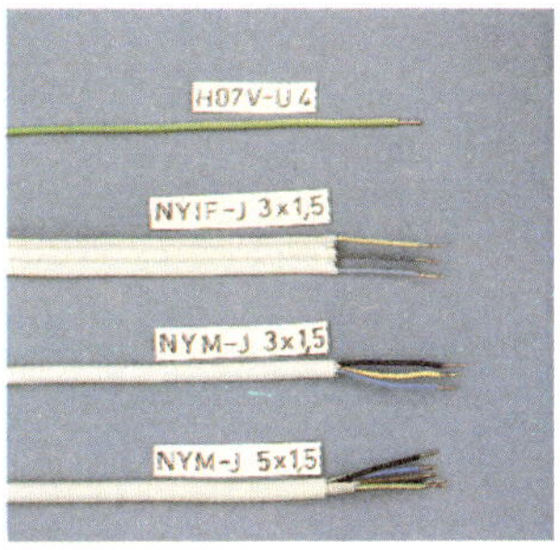

Ader-, Steg- und Mantelleitung

Erdleitungen sind besonders robuste Kunststoffkabel, die Sie sowohl in Innenräumen, als auch im Erdreich, im Wasser und in Beton verlegen können.

Im Erdreich sollen die Kabel mindestens 0,6 m unter der Erdoberfläche liegen und gegen nachträgliche Beschädigung geschützt sein.

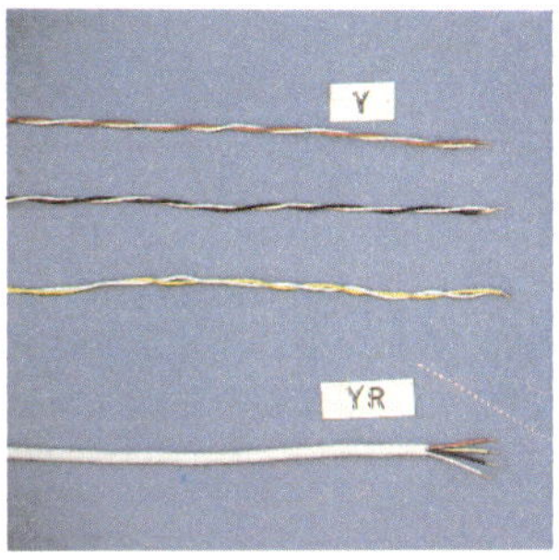

Klingeldrähte und Mantelleitungen für Signal- und Fernmeldanlagen

Eine zweiadrige Leitung darf man nur zum Anschluß schutzisolierter Geräte verwenden.

Flexible Leitungen

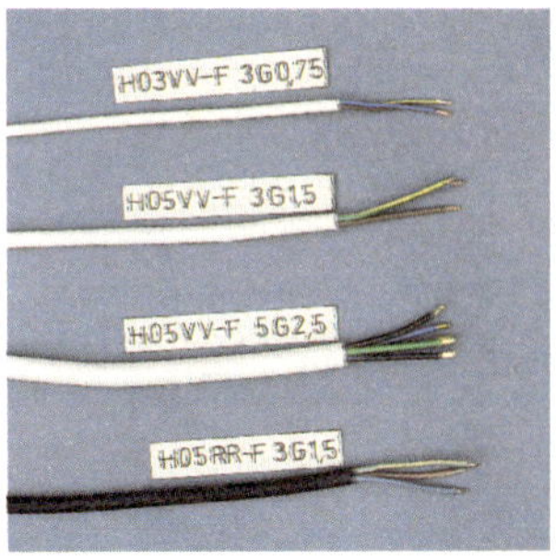

Für die feste Verlegung dürfen nur Leitungen und Kabel mit einem Mindestquerschnitt von 1,5 mm² pro Ader verwendet werden.

Installationsrohre
Abgesehen davon, daß bestimmte Leitungen in und unter Putz ohnehin nur in Installationsrohren verlegt werden dürfen, bietet diese Verlegungsart auch große Vorteile:

- die Leitungen sind zusätzlich gegen Berührung geschützt,
- die Leitungen kann man ohne größeren Aufwand auswechseln; bei genügend großem Rohrquerschnitt können weitere Leitungen leicht eingezogen werden.

Es gibt metallische und nicht metallische, aus einem Isolierstoff (z.B. PVC oder Kautschuk) bestehende Rohre in verschiedenen Abmessungen, starr oder flexibel, glatt oder gewellt.

Zwar lassen sich auch starre Rohre biegen; im Gegensatz zu den flexiblen Rohren ist aber die Biegung nicht mehr rückgängig zu machen.

Welcher Typ für Ihre Installation der richtige ist, hängt außerdem von der maximalen Leitungsaufnahme, den Abmessungen und dem kleinstmöglichen Biegeradius des Installationsrohres ab.
Lassen Sie sich deshalb im einzelnen von einem Installateur beraten.

Bezüglich der **Eigenschaften** von Installationsrohren gibt es folgende Bezeichnungen:

- A für mittlere Druckbeanspruchung,
- AS für schwere Druckbeanspruchung,
- B für leichte Druckbeanspruchung,
- C für Isolierstoffrohr,
- F für flammwidrig.

Ein flammwidrig ausgerüstetes Isolierstoffrohr für

Die Verlegung von Leitungen in Installationsrohren bietet viele überlegenswerte Vorteile

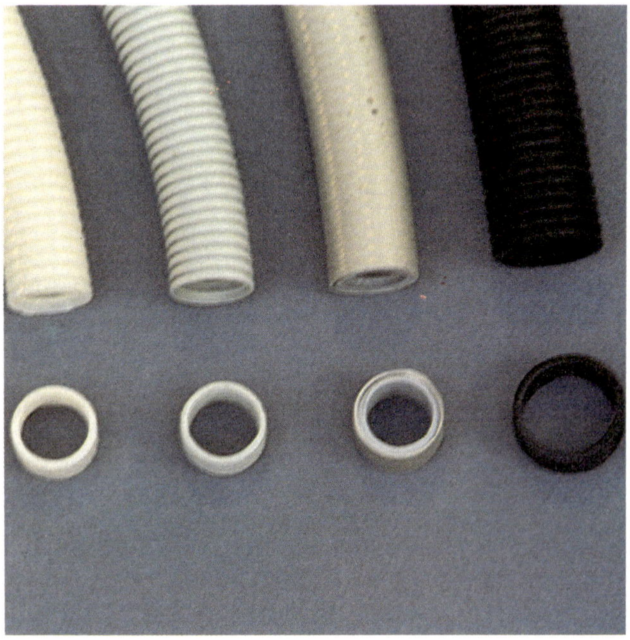

schwere Druckbelastung ist also durch die Buchstaben ASCF gekennzeichnet.

Die gebräuchlichsten Rohrtypen sind:

- Starre, glatte, flammwidrig ausgerüstete Isolierstoffrohre:
  BCF in und unter Putz,
  ACF in, unter und auf Putz und in Estrich,
  ASCF in, unter und auf Putz, in Estrich, Fertig- und Stampfbeton.
- Flexible, gewellte, flammwidrig ausgerüstete Isolierstoffrohre:
  BCF in und unter Putz, unter nicht brennbarer Abdeckung (nicht auf Holzkonstruktion),
  ACF in, unter und auf Putz und in Estrich,
  ASCF in, unter und auf Putz, in Estrich, Fertig- und Stampfbeton.

Die Rohrverbindungen werden durch verschiedene Arten von Muffen hergestellt.

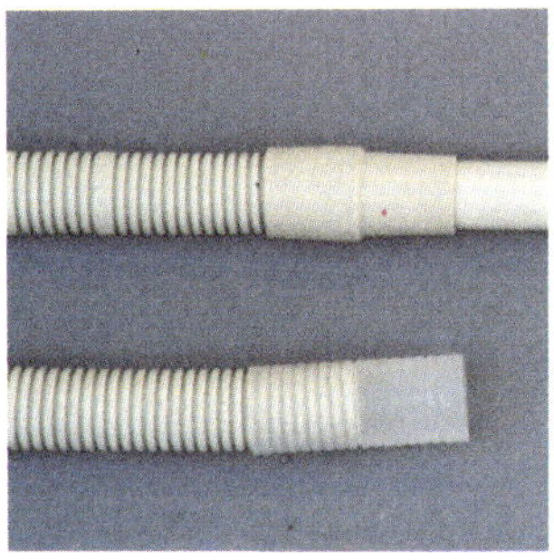

Muffen zur Verbindung von Rohren

Geräte- und Abzweigdosen

Die Verzweigungen der Leitungen eines Stromkreises werden in sogenannten **Verbindungs-** oder **Abzweigdosen** mit Verbindungs- oder Dosenklemmen hergestellt.
Für **Unterputz-Installationen** bestehen sie aus der eigentlichen Dose und einem Deckel. Der Deckel hat meist eine Klemmbefestigung, manchmal wird er aber auch mit zwei Schrauben befestigt.
Bei Verbindungsdosen für **Aufputz-Installationen** verankert man die Bodenplatte durch mehrere Schrauben mit dem Untergrund. Der Deckel ist mit zwei Schrauben zu befestigen.
Die Dosen sind rund oder rechteckig. Man bekommt sie in verschiedenen Größen.
In den Dosen aus Kunststoff sind Öffnungen für die Leitungseinführung vorbereitet und können leicht durchstoßen werden.
Für Unterputz-Installationen gibt es darüber hinaus noch **Geräteverbindungsdosen**, das sind Kombinationsdosen, die sowohl den Einbau von Steckern und Schaltern als auch die Verzweigung von Leitungen ermöglichen.

SCHALTER, STECKDOSEN, GERÄTEANSCHLUSSDOSEN

Die Auswahl der Geräte richtet sich zunächst einmal danach, wo Sie die Schalter, Steck- und Geräteanschlußdosen verwenden wollen.
Alle Räume einer Wohnung gelten im allgemeinen als **»trockene« Räume**, auch Küchen und Badezimmer.
In Räumen mit Duschen und Badewannen sind jedoch besondere Sicherheitsvorschriften zu beachten.
Feuchte Keller, Waschräume, Garagen, Dampfsaunen oder Anlagen im Freien gelten dagegen als **»feuchte Räume«**.
Hier dürfen nur Schalter, Steckdosen, Geräteanschlußdosen oder Leuchten benutzt werden, die spritzwasser- bzw. tropfwassergeschützt sind und die ent-

Gerätedose (links), Geräteabzweigdose (mitte, rechts) zur Unterputzinstallation

Abzweigkasten für Feuchtraum-Installation

Abzweigdose (links), Stegleitungsabzweigdose (rechts)

sprechenden Schutzsymbole tragen.
Für den trockenen Bereich können Sie zwischen dem **Standard-**, dem **Flächen-** und dem **Luxusprogramm** wählen. Die Programme unterscheiden sich zum einen im Aussehen der Abdeckungen, zum anderen sind die Schalterwippen beim Standardprogramm klein und beim Fächen- und Luxusprogramm groß, man ertastet sie deshalb im Dunkeln etwas leichter.
Das »Innenleben« ist immer das gleiche. Sie können also durchaus für die Erstaustattung zunächst auf das viel preiswertere Standardprogramm zurückgreifen.

Bei der Auswahl der **Steckdosen** ist zu beachten, daß nur Steckdosen mit Schutzkontakt (sog. Schuko-Steckdosen) verwendet werden dürfen.
Die Stelle, an der der Schutzleiter angebracht wird, ist immer mit dem Symbol für Schutzleiteranschluß gekennzeichnet, bei Klemmschrauben-Verbindungen meistens noch mit einer auffälligen Kupferschraube.

Welchen **Schalter** Sie wählen, hängt davon ab, für welche Art von Installationsschaltung Sie ihn brauchen. Grundsätzlich gibt es folgende Möglichkeiten:

- **Einfache Ausschaltung:** Die Leuchte (oder ein anderes Gerät) kann nur an einem Schalter an- oder ausgeschaltet werden. Der Schalter hat zwei Pole, in den einen wird mit der schwarz isolierten Ader Strom zugeleitet, aus dem anderen mit der braunen Ader der Strom weitergeleitet.

PROFITIP
Falls Sie keinen Deckenanschluß zur Verfügung haben, können Sie mit einem Ausschalter die Phase für eine Steckdose schalten. Damit ist es möglich, eine angeschlossene Stehlampe von der Eingangstüre aus zu schalten.

- **Serienschaltung:** Der Schalter hat zwei Schalterwippen; es handelt sich um zwei kompakt zusammengefaßte einfache Ausschalter in einem Gehäuse. Der gemeinsame Anschluß für die Stromzuleitung ist an dem Schalter mit einem Pfeil (↑) oder mit einem P gekennzeichnet. Die Anschlüsse für die abgehenden Leitungen sind mit einem abgehenden Pfeil (↓) gekennzeichnet.

Schalter für Serienschaltung

- **Wechselschaltung:** Eine Leuchte kann über zwei Schalter wechselweise aus- oder eingeschaltet werden. Diese Schaltung gibt es besonders häufig in Fluren oder größeren Zimmern. Die Schalter haben zwei Pole für die schwarz isolierte Zuführung und einen für die Fortleitung des Stromes an die Leuchte (braune Ader).

Noch aufwendiger sind **Kreuzschaltungen**. Damit können Leuchten (oder andere Geräte) von mehr als zwei Stellen ein- oder ausgeschaltet werden.
Bei der Kreuzschaltung werden zwei Wechselschalter und mindestens ein Kreuzschalter verdrahtet. Zum Kreuzschalter führen von der Abzweigdose vier Leiter und entsprechend viel Leitungsmaterial ist erforderlich. Diese Schaltung ist schwierig zu installieren, da bei einer Verwechslung der An-schlüsse die Schaltung nicht funktioniert. Man verwendet statt der Kreuzschaltung heute meistens eine Stromstoßschaltung.
Die Schaltarbeit leistet hier ein durch kurze Stromstöße betätigter Schalter, der Stromstoßschalter. Die Stromimpulse werden durch den Druck auf einen Taster ausgelöst. Sie können beliebig viele Taster anschließen.

Beachten Sie: Als Schalterzu- und ableitung dürfen Sie niemals die grün-gelbe Ader verwenden. Damit der grüngelbe Schutzleiter in der Unterputzdose kein spannungsführendes Teil des Schalters berührt und damit einen Kurzschluß verursacht, sollten Sie das Schutzleiterende mit einer Dosenklemme isolieren.

WERKZEUGE

Verwenden Sie nur Werkzeuge mit dem **VDE- und GS-Symbol**.

Mit einem **einpoligen Phasenprüfer** kann man in 220 Volt-Wechselstromnetzen den stromführenden Pol finden. Man kann damit aber beispielsweise nicht herausfinden, ob der Mittelleiter angeschlossen ist oder nicht.

Ein **zweipoliger Phasenprüfer** zeigt an, daß Strom fließt, daß also der stromführende und der Mittelleiter angeschlossen sind.

Mit einem **Durchgangsprüfer** können Sie kontrollieren, ob eine nicht angeschlossene oder abgeschaltete Leitung zwischen den Prüfpunkten unterbrochen ist. Daneben gibt es auch Kombigeräte, die sowohl als Phasen- wie als Durchgangsprüfer eingesetzt werden können.

SICHERHEITSTIP
Tragen Sie bei allen Fräs- und Stemmarbeiten immer eine Schutzbrille und Arbeitshandschuhe. Im Rohbau müssen Sie außerdem die vorgeschriebene Schutzkleidung (Schutzhelm, verstärktes Schuhwerk) tragen.

Je einen Satz **Schlitz- und Kreuzschlitz-Schraubendreher** mit schutzisolierten Griffen brauchen Sie überall, wo beim Installieren geschraubt werden muß.

Einen **Seitenschneider** mit schutzisolierten Griffen benötigen Sie zum Abschneiden und Kürzen von Leitungen und Adern.

Mit dem **Kabelmesser** entfernen Sie die Mantelschicht bei Mantelleitungen und Isolierungen von Leitern mit großen Durchmessern von 8 mm an aufwärts.

Eine **Abisolierzange** brauchen Sie zum Entfernen der Aderisolierungen. Die Maulweite zum Abisolieren können Sie mit einer Justierschraube so einstellen, daß der Leiter dabei nicht beschädigt wird.

Eine **Kombizange** mit schutzisolierten Griffen benötigen Sie zum Halten, Biegen und auch zum Schneiden dicker Drähte.

Damit Sie auch in dunklen Ecken immer gut sehen, ist eine **Taschenlampe** oder eine batteriebetriebene Handlampe hilfreich; denn in dem Raum, in dem Sie arbeiten, sollten alle Stromkreise abgeschaltet sein.

Zum Anlegen von Leitungsschlitzen und Löchern für Unterputzdosen benötigen Sie einen **Fäustel** und einen **Meißel** mit Handschutz. Leichter geht es mit einem Bohrhammer und dazu als Vorsätze einen Hohlmeißel oder eine Dosenfräse, Flach- und Spitzmeißel und geeignete Steinbohrer.

Besonders einfach ist das Anlegen von Schlitzen mit einer Mauerfräse.

Zusammenstellung der wichtigsten Werkzeuge, die zur Elektro-Installation benötigt werden

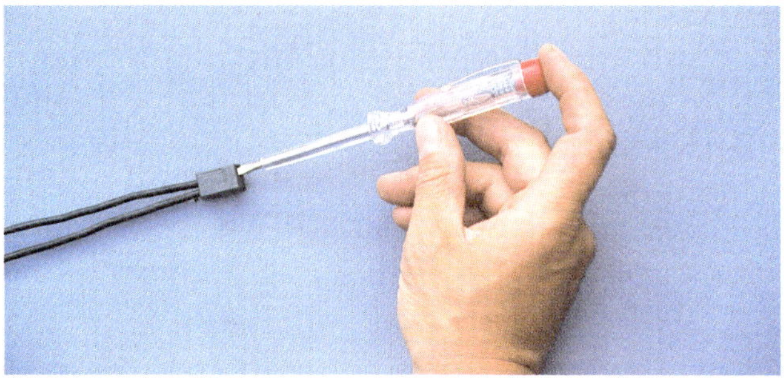

Phasenprüfer oder einpoliger Spannungsprüfer

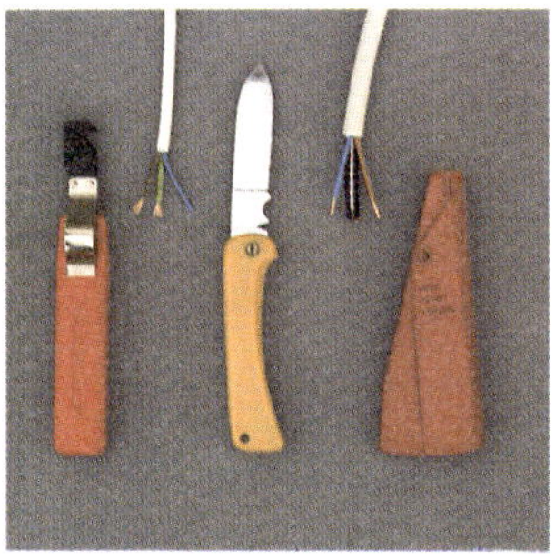

Kabelmesser, Kabel-Klappmesser, Abmantelzange (v. l. n. r.)

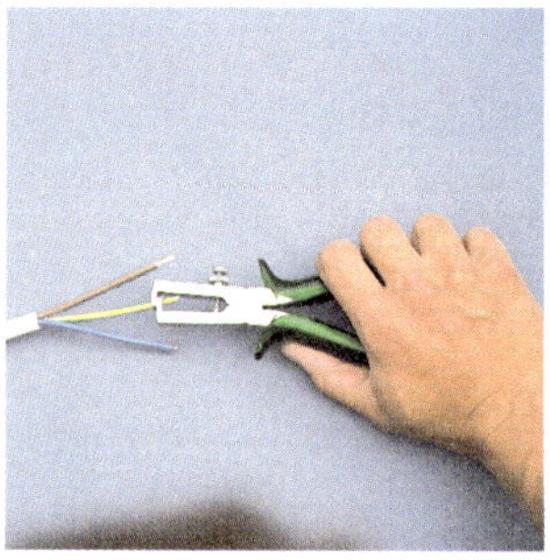

Abisolierzange zum Entfernen der Aderisolierungen

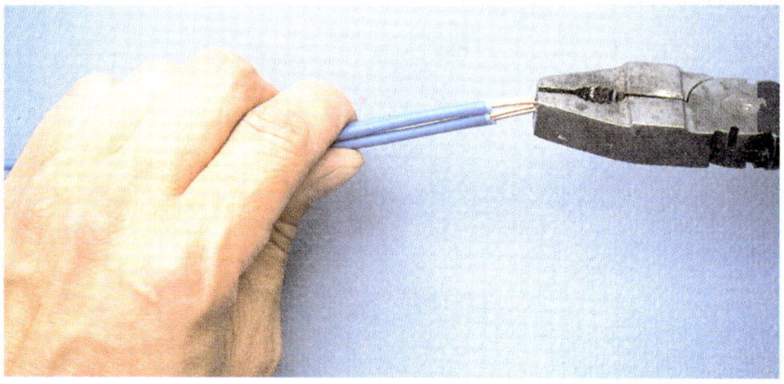

Kombizange zum Halten, Biegen und Schneiden von abisolierten Aderenden

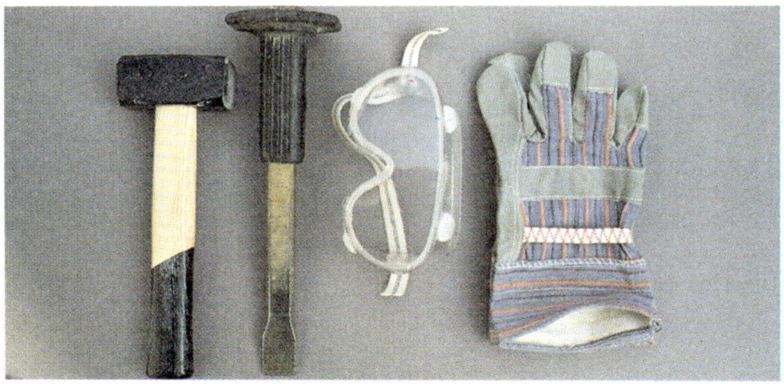

Werkzeug zum Anlegen von Schlitzen und Löchern: (v. l. n. r.) Fäustel, Meißel, Schutzbrille und Handschuhe

Vorarbeiten

SICHERHEITSVORSCHRIFTEN BEACHTEN

Alle Vorschriften über Zweckbestimmung und Einsatzart der Installationsmaterialien in den Technischen Anschlußbedingungen Ihres Versorgungsunternehmens dienen Ihrer Sicherheit und der Sicherheit Ihrer Mitbewohner. Beachten Sie die einzelnen Vorschriften also wörtlich genau.

So dürfen z.B. die Leitungen **ausnahmslos nur** für die **zugelassenen** Verlegungsarten bzw. Anschlußzwecke verwendet werden. Was nicht ausdrücklich erlaubt ist, ist also **immer unzulässig**, auch wenn das nicht im einzelnen gesagt wird.

Aus der Bestimmung, daß Stegleitungen im und unter Putz in trockenen Räumen zulässig sind, geht demnach auch hervor, daß sie z.B. in Holzbauten nicht verwendet werden dürfen. Ebenso bedeutet die Vorschrift, nach der die grüngelbe Ader als Schutzleiter installiert werden darf, daß im grüngelben Leiter bei fehlerfreier Isolierung und Installation auch bei geschlossenem Stromkreis niemals Strom fließen darf. Welch unabsehbare Gefahren eine Mißachtung dieser Vorschift mit sich brächte, ist wohl unmittelbar einzusehen.

Spezielle Sicherheitsvorschriften betreffen beispielsweise die Leitungsverlegung in Räumen, die Badewannen oder Duschen enthalten. Die Räume werden in vier Sicherheitsbereiche oder Sicherheitszonen eingeteilt:

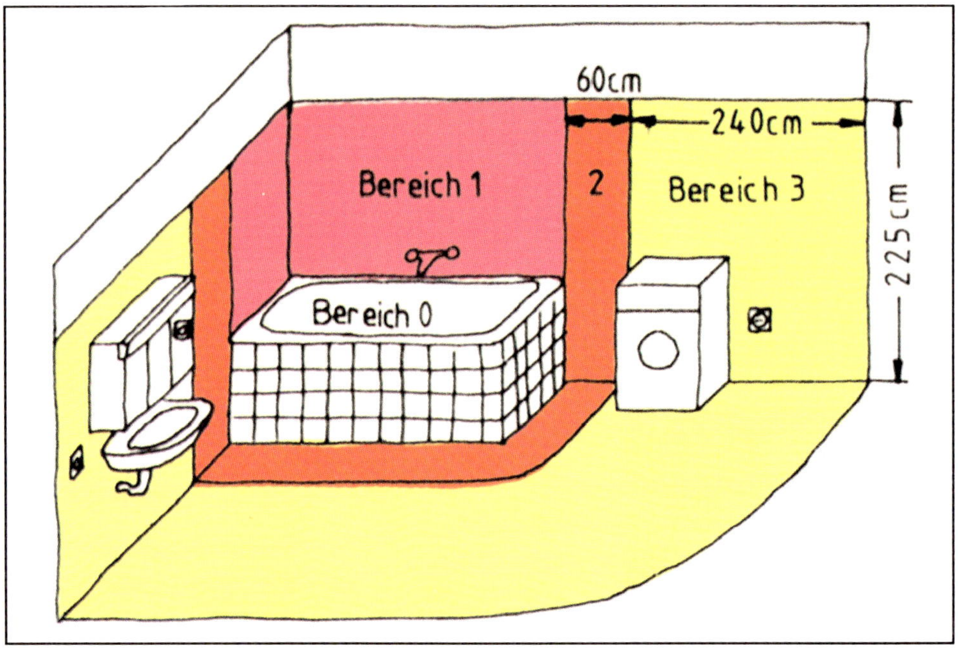

Sicherheitsbereiche

- **Bereich 0:** Das Innere der Wanne.
- **Bereich 1:** Die Wanne mit ihrer fest verbundenen Umrandung und der Raum darüber bis zur Höhe von 225 cm, vom Boden gemessen.
- **Bereich 2:** Der an Bereich 1 angrenzende Raum bis zu einer Entfernung von 60 cm.
- **Bereich 3:** Der an Bereich 2 angrenzende Raum bis zu einer Entfernung von 240 cm.

Steckdosen dürfen überhaupt **nur im Bereich 3** angebracht werden, auch wenn sie sich z.B. in einem Spiegelschrank befinden oder mit einer Leuchte kombiniert sind. Sie müssen außerdem mit einem **Fehlerstrom-Schutzschalter** geschützt sein. Der zulässige Fehlerstrom darf höchstens 0,03 A (30 Milliampere) betragen.
An den Wannen (Bereich 0 und 1) ist ein zusätzlicher örtlicher Potentialausgleich anzubringen.
In den Bereichen 0 bis 2 sind nur **Mantelleitungen** (Typen NYY und NYM) zulässig, im Bereich 3 auch **Stegleitungen** und **Aderleitungen** (H07V) in nicht metallischen Rohren.
Werden Leitungen auf der Rückseite der zu den Bereichen 0 bis 2 gehörenden Wänden verlegt, muß zwischen den Leitungen einschließlich Leerrohr oder Verbindungsdose und der den Bereichen 0 bis 2 zugekehrten Wandseiten ein Abstand von mindestens 6 cm erhalten bleiben.

Beispiel 1
In eine leichte Trennwand von 11 cm Stärke dürfen höchstens 5 cm tiefe Schlitze gefräst oder Löcher für Geräteverbindungsdosen gebohrt werden, wenn auf der anderen Seite eine Badewanne steht.
Beispiel 2
Auf einer leichten Trennwand von 5 cm Dicke darf keine elektrische Installation angebracht werden, wenn auf der anderen Seite eine Badewanne steht.

In den **Bereichen 0 bis 2** dürfen keine Verteilerdosen, Schalt- oder andere Geräte (z.B. Wärmestrahler) angebracht werden.

Leuchten in Duschecken müssen mindestens spritzwassergeschützt und Wandleuchten in Bädern mindestens schutzisoliert sein.

Alle Geräte müssen wie die Steckdosen durch **Fehlerstrom-Schutzschalter** gesichert sein.

Leitungen, die andere Räume versorgen, dürfen nicht durch Badezimmer oder Duschecken geführt werden.

Folgende **Sicherheitsratschläge**, die Sie beherzigen sollten, betreffen eigentlich Selbstverständlichkeiten:

- Falls Sie noch **Schmelzsicherungen** benutzen, versuchen Sie nie, auch nicht in Notfällen, Sicherungen zu »flicken«. Sie würden damit sowohl Ihr eigenes Leben und Ihre Gesundheit wie auch die Ihrer Mitbewohner durch Stromschlag und Brand aufs Spiel setzen.

- **Blanke, stromführende Teile** einer Installation, dazu gehören auch die kleinen Schräubchen von Lüsterklemmen, dürfen niemals direkt berührbar sein.
- Versuchen Sie niemals, schadhafte Gerätezuleitungen durch einfaches Umwickeln mit Isolierband zu reparieren.
- Nehmen Sie nur solche Elektroarbeiten vor, für die Sie über genügend Fachkenntnisse verfügen.
- Nehmen Sie Reparaturen an Geräten nur vor, nachdem Sie die **Stromzufuhr unterbrochen** haben. Bei fest angeschlossenen Geräten schalten Sie den betreffenden Stromkreis ab.
- Vergewissern Sie sich durch Überprüfung, daß das Gerät oder die Anlage wirklich **spannungsfrei** ist.
- Beim Anbringen von Leuchten, Steckern und Schaltern schalten Sie sämtliche, den betreffenden Raum versorgende Stromkreise ab. Stellen Sie sicher, daß niemand die Stromkreise wieder einschalten kann, während Sie arbeiten, z.B. indem Sie den Verteilerkasten abschließen oder besser noch, indem Sie die betreffende Sicherung bzw. den Leitungsschutzschalter einfach mitnehmen.
- Sichern Sie alle Steckdosen in Kinderzimmern mit stabilen Kindersicherungen.
- Bedenken Sie, daß alle Arbeiten an einer **festen Installation** nur von **Fachkräften** ausgeführt werden dürfen. Als Fachkraft wird bezeichnet, wer über die betreffende Ausbildung, Erfahrung und genaue Kenntnis der einschlägigen VDE-Vorschriften verfügt.
  Bei **Unfällen** oder Bränden, die durch fehlerhafte Ausführungen entstehen, haftet immer derjenige, der zuletzt an der Installation gearbeitet hat.

Bei **Brand** von elektrischen Anlagen oder Geräten:

- Als erstes sofort die Stromzufuhr abschalten.
- Falls das nicht möglich ist, löschen Sie mit einem **Kohlendioxidlöscher** oder einem **Löschpulver**. Falls diese Löschmittel nicht vorhanden sind, löschen Sie durch **Wassergüsse** aus einem Kunststoffeimer oder mit einem Sprühstrahl aus dem Schlauch. Bei Vollstrahl aus dem Schlauch besteht wegen der Leitfähigkeit des Wassers Stromschlaggefahr. Auf jeden Fall muß ein ausreichender **Sicherheitsabstand** eingehalten werden.

Bei **Stromschlag**, wenn z.B. wegen Muskelkrampf der Verunglückte nicht loslassen kann:

- Sofort Stromzufuhr unterbrechen.
- Falls das nicht möglich ist, zieht man den Verunglückten von einem **gut isolierten Standplatz** aus (Holzuntergrund, Kunststoff- oder Gummimatte, Stapel Zeitungen) an den Kleidern – nie direkt am Körper! – aus der Gefahrenzone. Man kann den Verunglückten auch mit einem gut isolierenden Hilfsgerät, z.B. einem hölzernen Besen, aus der Gefahrenzone schieben.
- Bei **Bewußtlosigkeit** anschließend sofort in eine stabile Seitenlage bringen (das kennen Sie noch aus dem Erste-Hilfe-Kurs für den Führerschein), einen Arzt rufen und falls nötig, künstlich beatmen.

INSTALLATIONSZONEN

Grundsätzlich sollen die Leitungen, Verbindungs- und Gerätedosen der Elektroinstallation unter oder im Putz, in Wänden oder hinter Wandbekleidungen verlegt werden.

Damit Sie die Elektroleitungen bei nachträglichen Arbeiten (z.B. Bohren von Dübellöchern, Anbringen von Wandhaken) nicht beschädigen und sich dabei der Gefahr eines Stromschlages aussetzen, dürfen Sie unsichtbar verlegte Leitungen nur innerhalb bestimmter **waagrechter** und **senkrechter Installationszonen** von Wänden anbringen.

Waagrechte Installationszonen sind in allen Räumen 30 cm breite Streifen, in der Regel 30 cm oberhalb der Fußbodenoberkante und 30 cm unterhalb der Deckenkante.
In Küchen, Hausarbeitsräumen und vergleichbaren Räumen (z.B. Hobbyraum) beginnt eine dritte waagrechte, 30 cm breite Installationszone 90 cm über der Fußbodenoberkante.

Senkrechte Installationszonen sind 20 cm breit und liegen mit 10 cm Abstand neben Rohbaukanten bzw. -ecken (Wandecken, Kanten neben Fenstern oder Türen).

Für die **Lage der Leitungen** in den Installationszonen gelten folgende **Vorzugsmaße**, von denen nur in Ausnahmefällen abgewichen werden darf:

- Waagrecht: 30 cm unter der Decke und über dem Fußboden in allen

Installationszonen

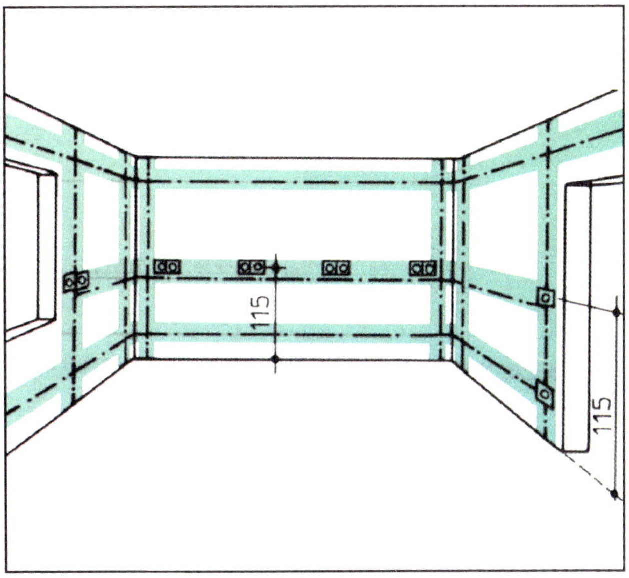

Räumen, 100 cm über dem Fußboden in Küchen.

- Senkrecht: 15 cm neben Rohbaukanten und -ecken.

Vorzugshöhe für Schalter ist 105 cm über dem Fußboden; in Küchen und ähnlichen Räumen 115 cm.
Vorzugshöhe für Steckdosen und **Geräteanschlüsse** in Wohnräumen ist 30 cm über dem Fußboden, in Küchen und ähnlichen Räumen 115 cm.

Falls Stecker, Schalter und andere Auslässe einmal ausnahmsweise außerhalb der Installationszonen angebracht werden müssen, sind sie mit senkrecht geführten Leitungen aus der nächstgelegenen waagrechten Installationszone anzuschließen.

Für **Decken** und **Fußböden** sind keine Installationszonen bindend vorgeschrieben; es wird aber dringend empfohlen, hier ebenso zu verfahren wie bei Wandinstallationen außerhalb der Installationszonen, also: **rechtwinkliger** Anschluß aus der **nächstgelegenen** waagrechten Installationszone.

SCHLITZE UND INSTALLATIONSÖFFNUNGEN ANLEGEN

Zeichnen Sie zunächst den Verlauf der Schlitze innerhalb der Installationszonen an. Am einfachsten geht das Anzeichnen langer, gerader Linien auf der Wand mit einer **Schlagschnur**.

Die Löcher für runde Dosen legen Sie mit einem **Dosenfräser-Vorsatz** zur Bohrmaschine an.

Runde Installationsöffnungen im Mauerwerk fräsen Sie mit einem Dosenfräser heraus

Schlitze **in Putz** können Sie ausstemmen.
Wenn es nicht zu viele Schlitze sind, können Sie das Ausstemmen durchaus auch mit Hammer und Meißel erledigen.

In **Mauerwerk** dürfen Schlitze nur gefräst werden. Dazu schneiden Sie mit dem Winkelschleifer im nötigen Abstand zwei Schnitte und meißeln den Zwischenraum heraus, oder Sie benutzen eine Schlitzfräse. Die können Sie sich in Fachgeschäften auch ausleihen.

Die maximale **Tiefe** für senkrechte Schlitze ist abhängig von der **Wandstärke**.
Bei einer Wandstärke von 11,5 cm darf die Schlitztiefe maximal 2 cm betragen, bei 17,5 cm maximal 3 cm, bei 24 cm maximal 4 cm, bei 30 cm maximal 5 cm und bei einer Wandstärke von über 36,5 cm maximal 6 cm.

Waagrechte Schlitze sind erst ab einer Wandstärke von 24 cm erlaubt.

An **Schornsteinen** dürfen gar keine Schlitze ausgearbeitet werden.

Für Mauerwerk aus Porenbeton bekommen Sie vom Baustoffhändler auch spezielle Schlitzkratzer.

Bei Installationslöchern für Steckdosen müssen Sie schon beim Anlegen der Schlitze darauf achten, daß Sie die Leitungen **nicht seitlich mittig**, sondern **versetzt**, oder noch besser, **von oben** oder **unten** in die Unterputzdose einführen können.
Steckdoseneinsätze befestigen Sie mit Montagekrallen, die sich seitlich in die Wand bohren. Bei seitlich mittiger Leitungszuführung besteht die Gefahr, daß sie die Leitungen zerstören.

Bevor Sie die Installationsöffnung ausstemmen, zeichen Sie die Größe der Dose an

Stemmen Sie mit Fäustel und Meißel die vorgezeichnete Öffnung heraus

Grundtechniken

MESSGERÄTE BENÜTZEN

Der **einpolige Spannungsprüfer**, auch **Phasenprüfer** genannt, hat die Form eines isolierten Schraubendrehers. Die metallene Klinge ist über einen großen Widerstand und eine Glimmlampe mit dem metallenen Erdungspunkt am Kopf des Griffes verbunden. Zur Prüfung halten Sie die Klinge an den Leiter und berühren den Erdungspunkt mit dem Finger. Falls Spannung anliegt, fließt ein kleiner, ungefährlicher Strom über den Phasenprüfer und Ihren Körper zur Erde. Der Stromkreis ist geschlossen und die Glimmlampe leuchtet. Nur wenn Sie auf einem gut isolierenden Untergrund stehen, leuchtet die Lampe nicht, auch wenn am Leiter Spannung anliegt.

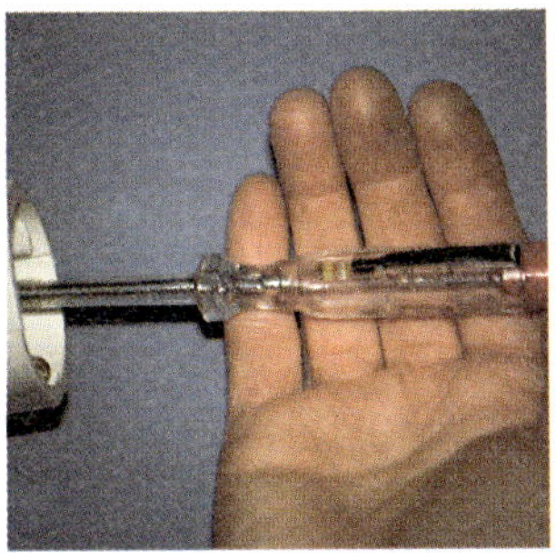

Phasenprüfer

Dann benutzen Sie einen **zweipoligen Spannungsprüfer**. Dieser mißt die Spannung zwischen der Phase und dem Neutralleiter oder zwischen der Phase und dem Schutzleiter.
Sie überprüfen damit auch, ob der Neutral- und der Schutzleiter unterbrochen sind. Achten Sie bei der Messung immer darauf, daß Sie die Prüfspitzen nicht berühren.

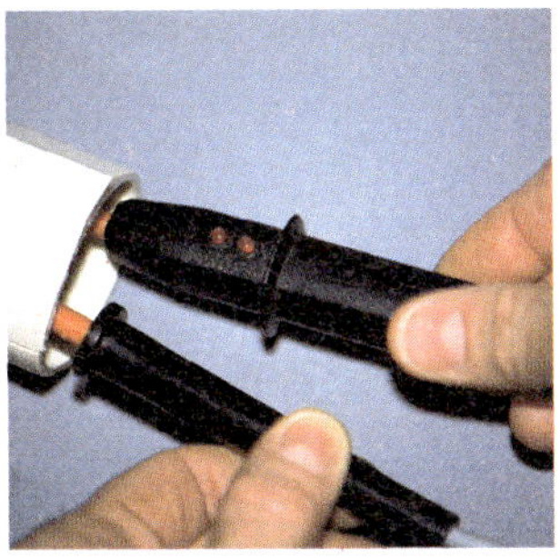

2-poliger Spannungsprüfer

Nicht angeschlossene oder stromlos gemachte Leiter prüfen Sie mit dem **Durchgangsprüfer** auf Unterbrechungen. Die Prüfspitzen werden an beiden Leitungsenden angeschlossen. Je nach Modell des Durchgangsprüfers wird, wenn keine Leiterunterbrechung vorliegt, das mit einem Summton oder Lichtsignal angezeigt. Diese Messung wird auch »Durchklingeln« genannt.

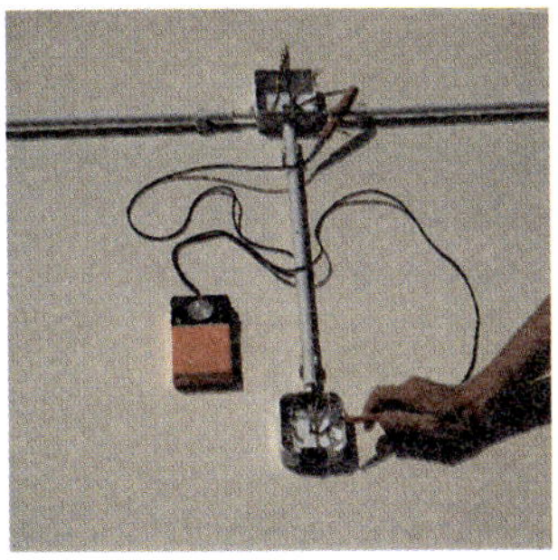

Durchgangsprüfer

SCHALTER EINBAUEN

Bei Unterputz-Installationen wird der Schalter in eine während der Leitungsinstallation schon eingebaute Gerätedose montiert.
Die Befestigung in der Gerätedose geschieht durch Schrauben.
Falls der Anschluß ans Netz bereits erfolgt ist, müssen Sie zuerst den Strom abschalten und sicherstellen, daß ihn niemand wieder anschaltet, solange Sie arbeiten.

SICHERHEITSTIP
Bedenken Sie: Es handelt sich bei dieser und den folgenden Arbeiten um feste Installationen, die eigentlich von einem Fachmann ausgeführt werden müssen.
Als Fachmann gilt nur, wer über die betreffende Ausbildung, Erfahrung und genaue Kenntnis der einschlägigen VDE-Vorschriften verfügt.
Bedenken Sie also:
Wenn Sie kein Fachmann sind und es kommt während oder nach dem Einbau zu einem Unfall, weil Sie aus Unkenntnis etwas falsch gemacht haben, zahlt die Versicherung nicht.

Zu Ihrer Sicherheit prüfen Sie noch einmal mit dem **Phasenprüfer** alle blanken Stellen der Leitungen.

Nun biegen Sie die Drähte in der Dose gerade und kürzen sie mit dem Seitenschneider auf etwa 8 bis 10 cm.

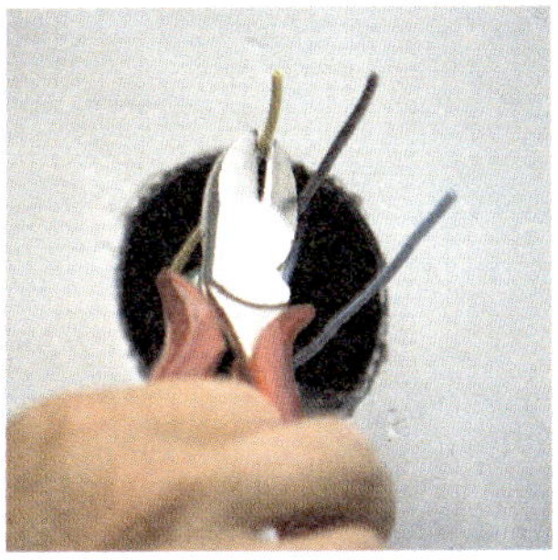

Ablängen der Drähte

Anschließend stellen Sie an der Abisolierzange mit der Justierschraube die richtige Leiterstärke ein und entfernen die Aderisolierung ungefähr 10 mm weit. Der nicht benötigte grüngelbe Schutzleiter wird anschließend mit einer Dosenklemme isoliert.

Abisolierter Leiter

Falls es sich um eine **einfache Ausschaltung** handelt, stecken Sie nun den abisolierten Teil der **schwarzen** Ader in die eine der beiden durch einen **schwarzen** Punkt oder durch zum Rand weisende Pfeile gekennzeichneten Steckklemmen. Ob rechts oder links ist völlig egal.

Bei einer **Wechselschaltung** sind in der Dose zwei schwarz isolierte Adern vorhanden. Jede von ihnen müssen Sie in einer der beiden durch einen scharzen Punkt (oder durch zum Rand weisende Pfeile) gekennzeichneten Steckklemmen befestigen.

Der **braune** Draht kommt (auch bei einer Wechselschaltung) in die gegenüberliegende, durch P (oder Pfeil zur Mitte) gekennzeichnete Steckklemme.

Prüfen Sie den **festen Sitz** der Leitungen, indem Sie leicht an den Drähten ziehen.

Drücken Sie nun den Schalter in die Dose. Unter dem Schalter muß genug Platz bleiben, damit die Drähte dann noch locker liegen können.

Richten Sie den Schalter mit der Wasserwaage aus und befestigen Sie ihn entweder mit den mitgelieferten

Schrauben in den in der Dose vorhandenen Schraubenschächten oder durch Anziehen der Schrauben an den Spreizklemmen.

Befestigen des Schalters

Der Rahmen der Schalterabdeckung wird mit seinen Federklammern in die Halteschlitze des Schalters gedrückt.

Zum Schluß drücken Sie noch die Wippenabdeckung auf.

Montierte Abdeckung

Nach dem Einschalten des Stromes prüfen Sie die Funktionsfähigkeit des Schalters. Wenn Sie alles nach Vorschrift gemacht haben, funktioniert der Schalter.

DIMMER EINBAUEN

Einen Ausschalter können Sie durch einen elektronischen Helligkeitsregler ersetzen. Beachten Sie beim Kauf eines Dimmers, daß für Glühlampen, Leuchtstofflampen und Niedervolt-Halogenlampen verschiedenartige Dimmer erforderlich sind.

ÖKOTIP
Mit den modernen Dimmern sparen Sie Stromkosten,wenn Sie ihre Beleuchtung auf eine geringere Helligkeit einstellen. Des weiteren verlängern Sie dadurch die Lebensdauer der Glühlampen.

Achten Sie auch auf den Leistungsverbrauch Ihrer Leuchte. Dimmer können nur bis zu ihrer angegebenen Leistung sicher regeln.

Auch beim Dimmer wird der stromzuführende Leiter an der mit P bezeichneten Klemme angeschlossen. Der abgehende Leiter wird an der mit einem abgehenden Pfeil gekennzeichneten Klemme befestigt. Der richtige Anschluß ist hier wichtig, da der Dimmer bei vertauschtem Anschluß nicht funktioniert.

Richtiger Anschluß des stromzuführenden und des abgehenden Leiters

Befestigen Sie den Helligkeitsregler in der dafür vorgesehenen Unterputzdose durch Festschrauben (oder Anziehen der Spreizkrallen), ohne einen Leiter einzuklemmen.

Montage des Helligkeitsreglers

Setzen Sie die Abdeckplatte auf (bei einer Schalter-Kombination müssen Sie vorher den Abdeckrahmen montieren) und schrauben Sie die Befestigungsmutter mit einem Schraubenschlüssel mäßig fest. Drücken Sie den Drehknopf auf.

MINITIP
Mit einem Dimmer für Wechselschaltung können Sie dort einen normalen Schalter ersetzen. Die Lampe hat dann stets die am Dimmer eingestellte Helligkeit, ganz gleich welchen Schalter Sie betätigen.

Aufsetzen der Abdeckplatte und Befestigen mit einem Schraubenschlüssel

Nach dem Andrücken des Drehknopfes können Sie den Dimmer auf Funktionsfähigkeit prüfen

STECKDOSE INSTALLIEREN

Da nur Steckdosen mit Schutzleiter eingebaut werden dürfen, enden in der Unterputz-Einbaudose mindesten **drei Leiter**: ein schwarzer, ein hellblauer und ein grüngelber.

Vergewissern Sie sich, daß Sie den Strom abgeschaltet haben, bevor Sie nun die Isolierung der Adern wieder auf ungefähr 10 cm Länge kürzen.
Stellen Sie hierfür mit der Justierschraube die zum Leiterdurchmesser passende Backenweite an der Abisolierzange ein und entfernen Sie die Isolierung etwa 8 bis 10 mm weit.

Die **schwarze** Ader kommt immer an die mit P bezeichnete Klemme.

Führen Sie die **hellblaue** Ader in die mit MP oder N bezeichnete Schraubklemme und ziehen Sie die Klemme fest.

Schließen Sie die **grüngelbe** Ader an die meist in der Mitte angebrachte Klemme für den Schutzleiter an. Diese Klemme ist immer mit dem **Symbol für Schutzleiter** gekennzeichnet und die Klemmenschraube ist fast immer auch auffällig gefärbt.

Drücken Sie den Einsatz in die Dose. Unter dem Einsatz muß genug Platz bleiben, damit die Drähte noch locker liegen können und nicht verletzt werden.

Richten Sie den Einsatz mit der Wasserwaage aus und befestigen Sie ihn mit den daran befindlichen Schraubkrallen. Ziehen Sie die Schrauben immer **abwechselnd** an, damit der Einsatz ausgerichtet bleibt und sich nicht nach den Seiten verschiebt.

Achten Sie sorgfältig darauf, daß die Montagekrallen des Steckereinsatzes keine Leitungen berühren oder gar verletzen können.

Anschluß der Aderleitungen

Befestigen des Steckdoseneinsatzes in der Dose

Setzen Sie die Abdeckung auf den Steckdoseneinsatz und verankern Sie sie mit der mitgelieferten Schraube.

Nach dem Einschalten des Stromes prüfen Sie die Funktionsfähigkeit mit dem einpoligen Phasenprüfer.

Wenn Sie ihn mit der blanken Schraubendreherklinge in den rechten Auslaß der Steckdose führen und das andere Ende mit dem Finger berühren, muß die Kontrollampe in dem Gerät aufleuchten. Daran sehen Sie, daß Strom fließt.

Anbringen der Abdeckung auf den Steckdoseneinsatz

Spezialkurse

HOHLWANDDOSE EINBAUEN

In Wandverkleidungen oder leichten Trennwänden aus Holz, Gipskarton oder anderen Bauplatten angebrachte Installationen müssen aus einem flammwidrigen Kunststoff bestehen. Stegleitungen sind nicht zulässig.
Da die Leitungen in Hohlwänden häufig lose verlegt werden, muß man sie an den Anschlußstellen in Verbindungs- und Gerätedosen durch spezielle Klemmen auf **Zug und Schub entlasten**.

Verbindungsdosen, Gerätedosen und Kleinverteiler, die für den Einbau in Hohlwänden zugelassen sind, müssen die **Zulassungskennzeichnung** tragen: Ein H in einem auf der Spitze stehenden gleichseitigen Dreieck.

Gerätedosen für Hohlwände haben einen Durchmesser von 68 mm, Verbindungsdosen von 74 mm.
Zum Aussägen des Loches nehmen Sie einen für das betreffende Material passenden Lochsägen-Vorsatz für die Bohrmaschine.

Als Zuleitung für die Hohlwanddose benutzen Sie eine **Mantelleitung (Typ NYM)**, die Sie in der Verbindungsdose der Unterputz-Installation anschließen. Nehmen Sie dazu den Federdeckel der Unterputz-Verbindungsdose ab und schneiden Sie mit einer Metallhandsäge eine für die Mantelleitung passende Aussparung in den Rand. Die Adern der Mantelleitung und in der Zuleitung der Verbindungsdose werden **farbgleich** in den Verbindungsklemmen befestigt.

Führen Sie dann die Mantelleitung so weit in die Verbindungsdose, daß mindestens 5 mm ihrer Ummantelung noch in die Dose hineinragen.

Sichern Sie den Sitz der Mantelleitung durch eine **Kunststoff-Nagelschelle**. Danach verschließen Sie die Verbindungsdose wieder mit dem ausgesägten Federdeckel.

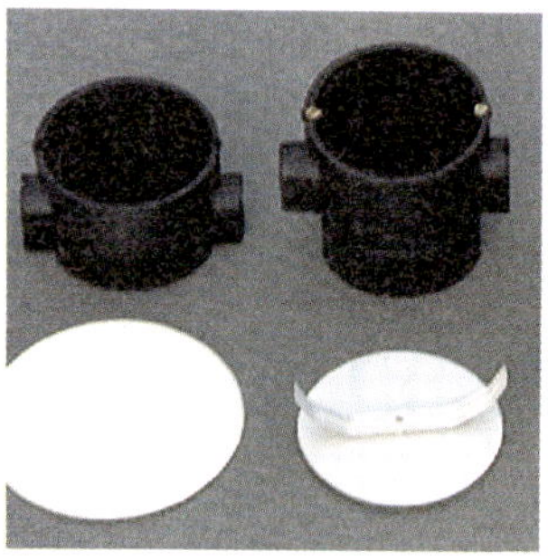

Verbindungsdose mit Federdeckel

Zeichnen Sie nun die genaue Position der Hohlwanddose auf der Verkleidung an. Falls Sie Kombinationen von zwei oder mehr Dosen installieren wollen, bekommen Sie für das abstandrichtige Anzeichnen die passenden **Schablonen**. So können Sie sich langwieriges Messen sparen.

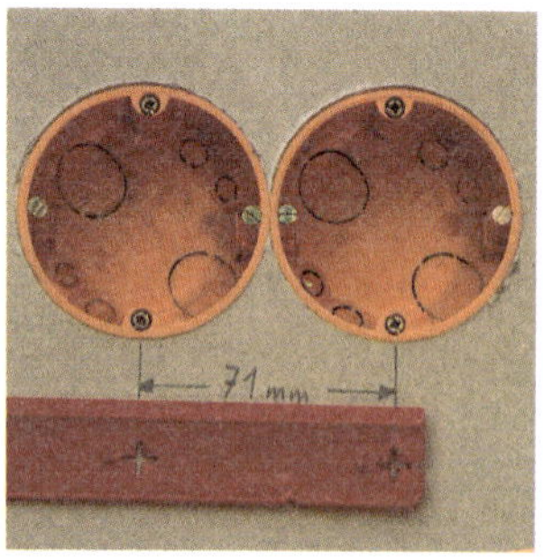

Schablone für das paßgenaue Anzeichnen zweier Dosen

Sägen Sie die Löcher wie angezeichnet aus und ziehen Sie die Mantelleitung ein Stück weit durch.

Aussägen des vorgezeichneten Loches

Als nächstes montieren Sie die Verkleidung oder den Hohlwandteil fertig.

Danach ziehen Sie die Mantelleitung so weit durch eine der Einlässe im Boden der Hohlwanddose, daß etwa 5 mm der Ummantelung in die Dose hineinragen.
Die Einlässe sind in der Regel so gebaut, daß sie die Mantelleitung einklemmen und für Zug- und Schubentlastung sorgen. Wo das nicht der Fall ist, gibt es in der Dose eine verschraubbare Entlastungsklemme, durch die Sie die Mantelleitung führen und anschließend fixieren können.

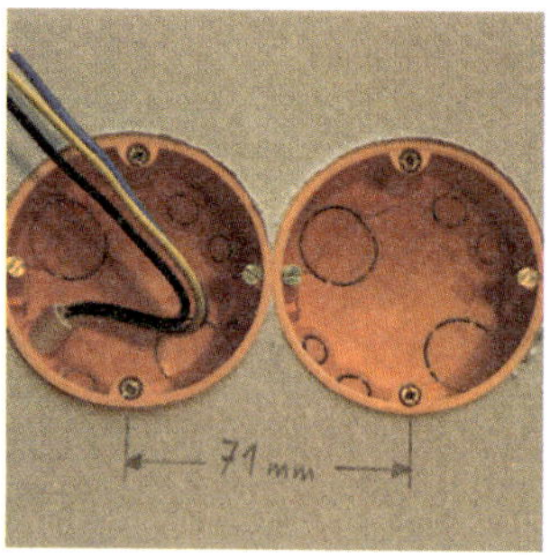

Einziehen der Mantelleitung in die Hohlwanddose

Setzen Sie die Dose in die Hohlwand ein und ziehen Sie die Schrauben der Montagekrallen fest.
Schalter oder Steckereinsätze in Hohlwanddosen werden nicht mit den Spezialkrallen befestigt.

Befestigen der Hohlwanddose

UNTERPUTZ-INSTALLATION

Stegleitungen
Im einfachsten Fall befestigen Sie Stegleitungen auf der **unverputzten Wand**. Lediglich die Ausparungen für Installationsdosen müssen angelegt werden. Die einzelnen Stege der Stegleitung werden an ihrem Ende voneinander gelöst und dann in die Installationsdose eingeführt.

Stegleitung, die in eine Installationsdose mündet

Die Stegleitungen befestigen Sie alle 25 cm zwischen den Stegen durch Sicherheitskopf-Nadeln (Siko-Nadeln) mit Isolierscheiben. Zum Ausbilden von flachen Leitungsbögen trennen Sie die Stege auf und biegen die Adern.

Festnageln der Stegleitung im Abstand von 25 cm

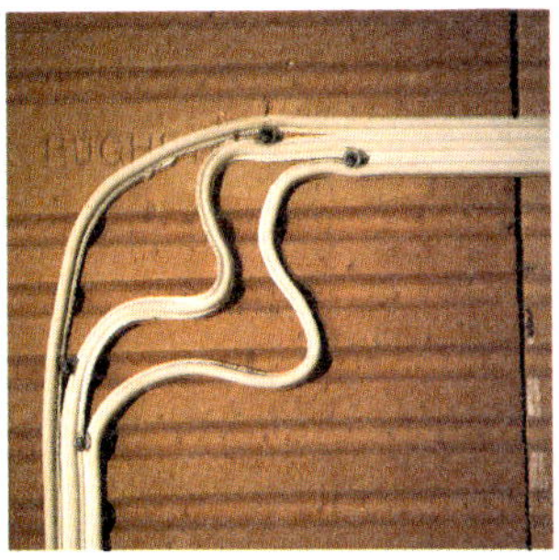

Auftrennen der Stege zur Bogenführung

MINITIP
Damit die Stegleitungen bei Wand- und Deckenauslässen nicht aus dem Putz brechen, verwenden Sie Auslaßtüllen zur Befestigung.

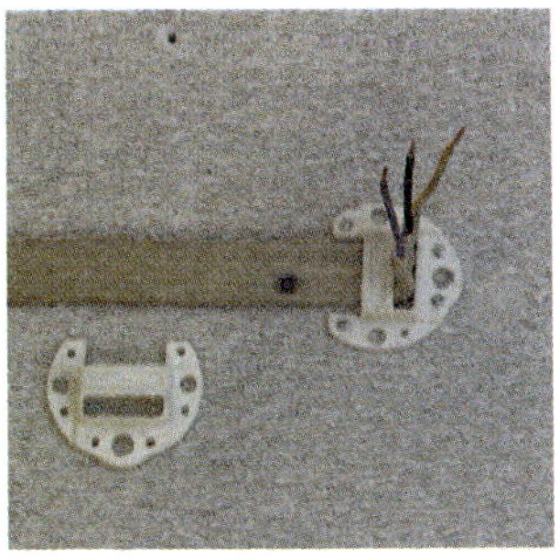

Befestigung der Stegleitung mit Auslaßtüllen

Achten Sie darauf, daß Sie bezüglich der Leitungsführung **innerhalb der Installationszonen** die Vorzugsmaße für Leitungen einhalten.
Verlegen Sie die Stegleitungen mit einem Abstand von 1 bis 2 cm voneinander, damit die Putzschicht, die mindestens 4 mm stark sein sollte, haftet.

Abstand zwischen den Stegleitungen: 1-2 cm

Mantelleitungen
Mantelleitungen für feste Verlegung, Elektrorohre und Dosen werden in den Schlitzen und Dosenlöchern zunächst fixiert.

Für die Befestigung von Mantelleitungen nimmt man in der Regel **Kunststoff-Nagelschellen**; für Elektrorohre ebenfalls nagelbare, einseitig oder doppelseitig zu befestigtende Rohrschellen.

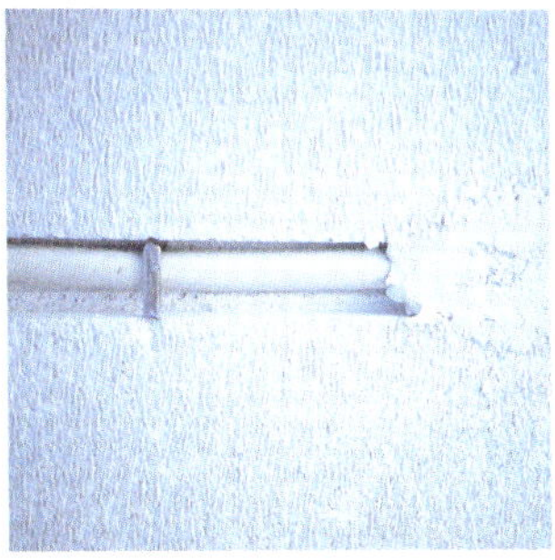

Unterputzmantelleitung mit Nagelschelle

Achten Sie bei der Rohrverlegung darauf, daß Sie tatsächlich für den betreffenden Zweck **zulässige** Rohrtypen verwenden, daß Sie die **maximale Leitungsaufnahme** nicht überschreiten oder beim Verlegen den kleinsten Biegeradius nicht unterschreiten.

Bei Rohrverlegungen darf man die Leitungen erst nach dem Verputzen einziehen. Die Unterputzdosen befestigen Sie mit Gips oder einem schnell anziehenden Montagemörtel in den vorgesehenen Löchern.

Achten Sie darauf, daß die Rohre einige Millimeter in die Unterputzdose hineinragen.

Unterputz verlegte Installationsrohre

Vor dem Verputzen der Wand decken Sie die Leitungen bzw. Elektrorohre in den Schlitzen noch wandbündig mit Mörtel zu.

Wandbündig mit Mörtel bedeckte Rohre

PROFITIP
Ziehen Sie in alle Elektrorohre, gerade auch in vorsorglich für zukünftige Installationen verlegte, einen einfachen, festen Draht ein, z.B. einen Blumenbindedraht. Wenn dann die Leitungen verlegt werden sollen, befestigen Sie sie an einem Ende des Drahtes und ziehen sie einfach durch.

In modernen Wohnungen sind durchwegs Unterputzinstallationen anzutreffen. In Neubauten sind sie in Wohnräumen sogar Vorschrift.

AUFPUTZ-INSTALLATION

Diese Installationsart hat den Vorteil, daß sie auch nachträglich leicht angewendet werden kann. Der Verlauf der Leitungen bleibt dabei sichtbar.

Trockene Räume

Bei der nachträglichen Installation in Wohnräumen, sowie in Dach- oder beheiz- und belüftbaren Kellerräumen ist die Verlegung von **speziellen Geräten** für trockene Räume erlaubt. Auf brennbaren Untergründen wie beispielsweise Holz müssen die Steckdosen und Schalter auf Bodenplatten aus **schwer entflammbarem Material** montiert werden.

Zuerst zeichnen Sie die Plätze der Schalter und Steckdosen sowie den Verlauf der Leitungen bzw. leitungsführenden Rohre an der Wand an. Die Leitungen oder Rohre sollten stets **senkrecht** oder **waagrecht verlaufen.**

Eine Schlagschnur erleichtert Ihnen das Anzeichnen langer, gerader Linien. Sie wird mit Farbpulver bestäubt und vor die Wand gespannt. Wenn Sie dann zupfen, hinterläßt sie eine Farbspur.

Schlagschnur zum Markieren langer, gerader Linien

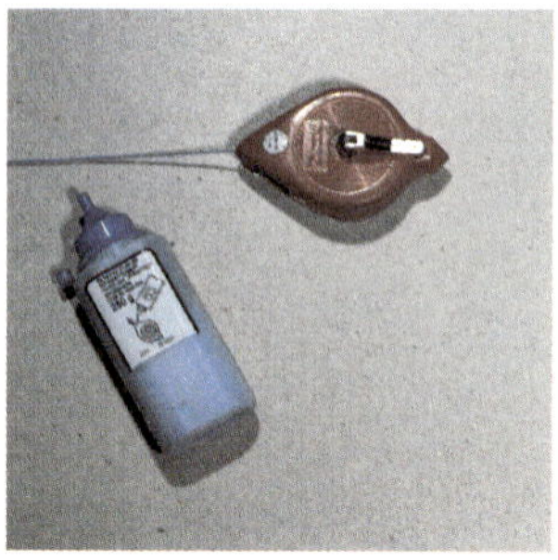

Mit Schlagschnur markierte Linie

Montieren Sie Schalter und Steckdosen. Befestigen Sie die Mantelleitungen mit Nagelschellen direkt auf der Wand. Sie können auch Elektrorohre verlegen, in die Sie nachträglich Mantelleitungen einziehen.

Mantelleitungen mit Nagelschellen befestigt

Schließen Sie die Schalter oder Steckdosen elektrisch an. Leitungseinführungen überdecken den Übergang der Leitungen in die Gehäuse.

Feuchte Räume

Bei der Feuchtrauminstallation werden **spezielle feuchtigkeitsgeschützte** Geräte (mit der Schutzart IP54) installiert. In Kellern, Garagen und ähnlichen Räumen ist die preiswerte und einfache Verlegungsart der Aufputz-Installation angebracht.
Hier gelten dieselben Regeln der Aufputzinstallation. Allerdings werden die Leitungen in **starre Elektrorohre** eingezogen, die auf Abstandsschellen auf der Wand befestigt sind. Der waagrechte Abstand der Schellen kann 40 cm, der senkrechte 50 cm sein. Die Leitungsführung ist auch hier **senkrecht** und **waagrecht**.
Leitungsbögen dürfen einen **Mindestradius von 6 cm** bei einer dreiadrigen NYM-Leitung nicht unterschreiten.

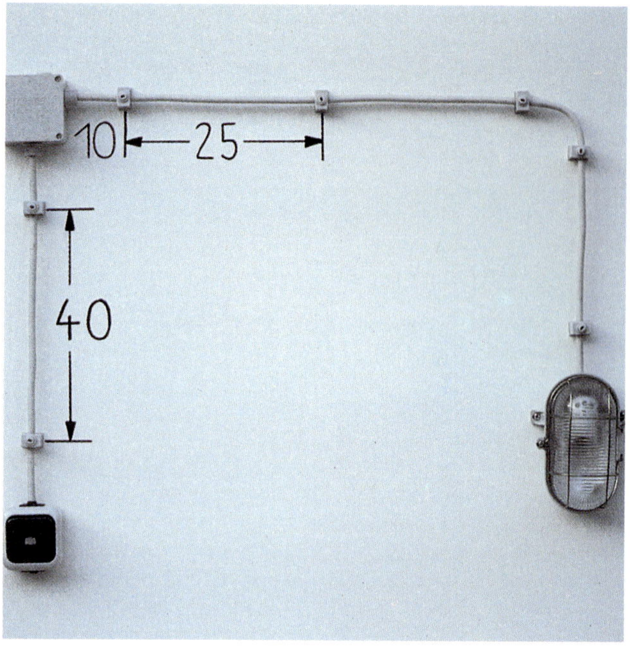

Aufputzinstallationen in Mantelleitungen

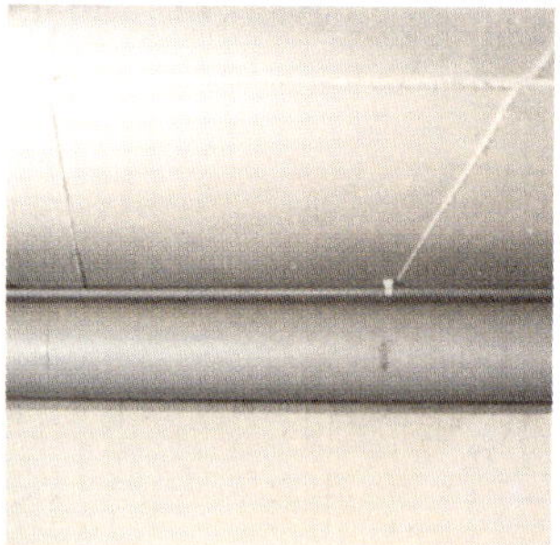

Verlegung von Leitungen in Elektrorohren

Befestigen Sie die Schalter und Steckdosen sowie die Elektrorohre auf den angezeichneten Plätzen und ziehen Sie die Mantelleitungen (NYM) mit einem Mindestquerschnitt von 1,5 mm² ein. Schließen Sie die Geräte an. Beachten Sie dabei, daß Leitungsverbindungen nur in Abzweigkästen hergestellt werden dürfen. Wichtig ist, daß der Feuchtigkeitsschutz auch bei der Einführung der Mantelleitung in das Gerät erhalten bleibt.

Leitungen in Installationskanälen

Eine auch für Wohnräume oder Küchen geeignete Art der Aufputz-Installation ist die Verlegung in Installationskanälen. Das sind Fertigbauelemente, in die man Leitungen einziehen und an beliebiger Stelle Steckdosen und Schalter einbauen kann.

Man bekommt sie in den verschiedensten Ausführungen, z.B. mit Trennsteg zur gemeinsamen Verlegung von Schwach- und Starkstrom, mit bereits fertig montiertem Steckdosen-

Verschiedene Ausführungen von Installationskanälen

geräteträger, außerdem in vielen Oberflächenfarben und -strukturen.

Für ihre Verlegung gibt es **keine vorgeschriebenen Installationszonen**. Vorzugsweise werden sie aber an Stelle von Fußleisten als Sockelleistenkanäle, entlang der Wandkanten oder in Höhe der Fensterbrüstungen montiert.

Verlegung von Installationskanälen entlang der Wandkante

INSTALLATION IM FREIEN

Für elektrische Betriebsmittel im Freien gilt:

- **Leuchten** müssen gegen Regen (Symbol: Tropfen in einem Quadrat) geschützt sein (Schutzgrad IP 23).
- **Verteiler** müssen vollständig berührungs- und spritzwassergeschützt installiert werden (Schutzgrad IP 54).
- **Schalter, Steckdosen** und **Geräteanschlußdosen** müssen spritzwassergeschützt installiert werden.

Alle elektrischen Betriebsmittel im Freien sind mindestens mit **Leitungsschutzschaltern** der Strombegrenzungsklasse 3 zu sichern, Steckdosen und Geräteanschlußdosen immer mit Fehlerstrom-Schutzschaltern.

An Außenwänden verlegen Sie die Mantelleitungen am besten in dazu geeigneten und zugelassenen Kunststoffrohren. Dadurch werden Beschädigungen der Leitungen und das Sprödewerden der Isolierung durch Sonneneinstrahlung verhindert.
Für die Verlegung gelten dieselben Maßnahmen wie für die Aufputz-Installation: Erst werden Geräte und Rohre installiert, dann erst zieht man die Leitungen ein und schließt sie an.

Für die einfachste Verlegungsart in der Erde brauchen Sie ein dafür zugelassenes Kabel (alte Typbezeichnung NYY).
Die Sicherheitsbestimmungen verlangen eine Verlegetiefe von mindestens 60 cm, unter befahrbaren Wegen sogar 80 cm. Der Untergrund muß steinfrei, fest und glatt sein.
Als Unterlage für das Kabel wird auf einem solchen

Elektrische Betriebsmittel zum Anbringen im Freien

Untergrund eine etwa 5 cm dicke Sandschicht empfohlen.
Für Verbindungen und Abzweigungen sind ausnahmslos nur spezielle, für diesen Zweck **zugelassene Abdeckungen** (Verbindungsmuffen) zum Schutz der Verbindungsklemmen erforderlich.
Der Installationsgraben wird nach der Verlegung zunächst mit einer Schicht Sand und darüber mit steinfreier Erde aufgefüllt.
Der **Verlauf der Kabeltrasse** muß gekennzeichnet sein, z.B. durch eine Abdeckung mit Ziegeln, Kunst- oder Natursteinplatten oder durch andere **nicht zufällig entfernbare** Hinweise.

Die beste Verlegungsart für ein Kabel im Freien ist die unterirdische in **Installationsrohren**.

Sie sind 80 cm unter der Erde im allgemeinen besser geschützt als in jeder überirdischen Installation. Die Leitungen können aber trotzdem, wie bei der Verlegung über Grund, leicht ausgetauscht oder ergänzt werden.
Beim Verlegen der Rohre verfahren Sie genauso wie beim unterirdischen Verlegen von Kabeln. Auch hier müssen Sie die Verlegetrasse kennzeichnen. Wie bei der Unterputz-Installation werden die Leitungen erst eingezogen und angeschlossen, wenn die Erdarbeiten abgeschlossen und die Leuchten, Steckdosen oder Schalter befestigt sind.

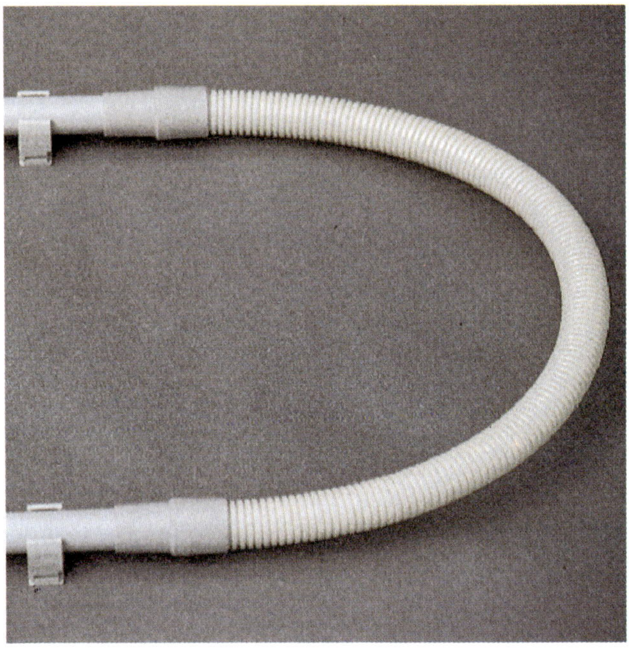

Flexibles Rohr für Biegungen

Installationsrohre für unterschiedliche Beanspruchung

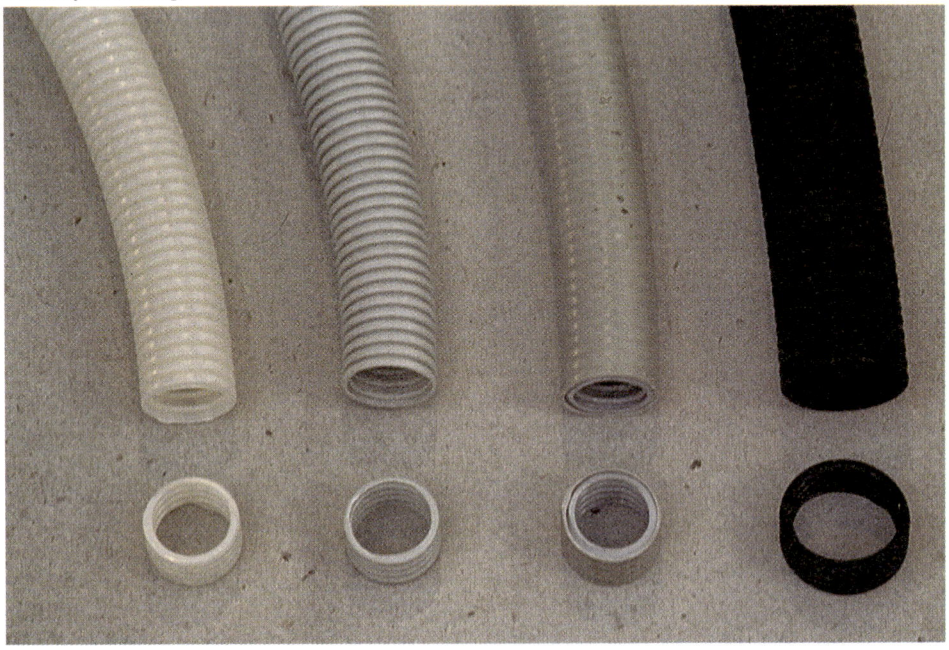

Steckdosen am Küchenschrank

ELEKTRISCHE ANLAGEN IN MÖBELN

Falls Sie Schalter oder Steckdosen in Möbeln wie Einbauküchen oder Schrankwänden fest installieren wollen, müssen Sie die Bedingungen und die Einbauanleitungen für die **Hohlwandinstallation** beachten.
Zusätzlich zu den starren Mantelleitungen (NYM) dürfen Sie hier auch flexible Leitungen fest verlegen. Diese sollten der Bauart H05RR-F oder H05VV-F mit einem Aderquerschnitt von 1,5 mm^2 sein.

Wenn die Leitung nicht länger als 10 m ist und nur Geräte, aber keine Steckdosen angeschlossen werden, dürfen Sie auch Leitungen mit einem Aderquerschnitt von 0,75 mm^2 verwenden.

Die **flexiblen Leitungen** sollten an der Anschlußstelle in der Hauswand möglichst nicht mit einem Stecker, sondern fest mit Klemmen angeschlossen werden. Damit ist gewährleistet, daß durch angebrachte Ausschalter die Phase ausgeschaltet wird.
Einbauleuchten sollten das Zeichen M für Möbeleinbauleuchte tragen und sind dann für die Montage selbst auf kunststoffbeschichteten Flächen geeignet.

Klingelanlage mit Schutzkleinspannung betrieben, die ein Transformator erzeugt

DIE KLINGELANLAGE

Die Klingelanlage im Haus wird nicht mit 220 V, sondern mit einer Kleinspannung betrieben. Diese erzeugt ein entsprechend gekennzeichneter Transformator, der Klingeltrafo. Je nach Bauart liefert er an der Ausgangsseite 5 V, 8 V oder 12 V.
Auf der Klingel oder dem Gong ist die jeweils nötige Anschlußspannung vermerkt.

Montieren Sie den Trafo, getrennt von den Sicherungen, auf der Tragschiene im Verteilerkasten. Es gibt aber auch Aufputzmodelle für die direkte Wandmontage. Der Eingang des Trafos wird an 220 V angeschlossen.

Als Anschlußleitung für Klingel und Taster werden entweder Klingeldrähte (Kennzeichen Y) im Installationsrohr, oder YR-Leitungen auf, im oder unter Putz verlegt. Diese Schwachstromleitungen müssen Sie getrennt von Starkstromleitungen verlegen. Auch bei einer Kreuzung von Schwach- und Starkstromleitungen muß ein Mindestabstand von 1 cm eingehalten werden.

Unterbrechen Sie einen Leiter vom Klingeltrafo zum Gong und klemmen Sie den Taster dazwischen. Für die Dauer des Tastendrucks ist der Stromkreis geschlossen und der Gong gibt ein Signal.

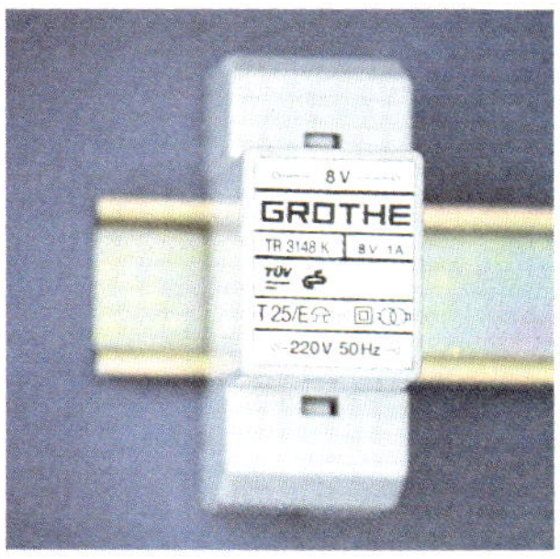

Klingeltransformator, auf der Tragschiene im Verteilerkasten montiert

Verdrahtung einer Klingelanlage

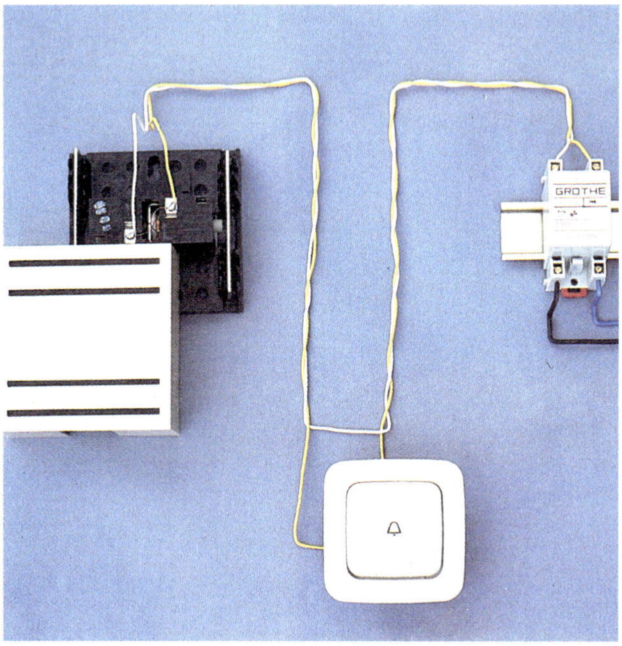

Problemlösungen

Beschränken Sie sich bei Ihren Prüf- und Reparaturaktionen strikt auf Geräte, die **vollständig vom Stromkreis zu trennen** sind, und deren »Innenleben« Sie genau kennen.

FEHLERSUCHE BEI DEFEKTEN

Falls die **Sicherung** (der Leitungsschutzschalter) den Strom abschaltet, nehmen Sie sie heraus.
Ist sie **warm**, dann haben Sie wahrscheinlich den Stromkreis dieser Sicherung **überlastet**.

Prüfen Sie, wie hoch die **Lastabnahme** aus dem Stromkreis zum Zeitpunkt der Abschaltung war.
Dazu addieren Sie die **Anschlußwerte** (in Watt) aller in dem Stromkreis zum Zeitpunkt der Abschaltung betriebenen Geräte.

Stromkreis-Verteilerkasten

Das Ergebnis teilen Sie durch die Netzspannung von 220 V. Dann haben Sie die **Laststromstärke** zum Zeitpunkt der Abschaltung.

Angenommen, Sie kommen beim Zusammenzählen der Anschlußwerte auf 2250 Watt, dann ergibt sich eine Laststromstärke von 10,23 Ampere. Wenn die Sicherung aber nur für 10 Ampere zugelassen war, mußte sie abschalten.

Sie müssen in diesem Fall einen Stromverbraucher vom Netz nehmen. Schalten Sie die Sicherung wieder ein – bei Schmelzsicherungen müssen Sie eine neue nehmen – und alles ist in Ordnung.

War die Lastabnahme **nicht zu hoch**, dann kann ein **Kurzschluß** in einem der angeschlossenen Geräte die Abschalt-Ursache gewesen sein.
Schalten Sie deshalb alle Geräte aus. Dann aktivieren Sie den Stromkreis wieder

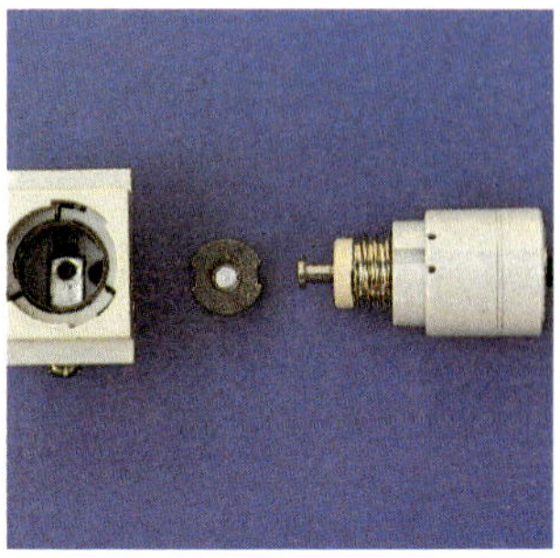

Teile eines Schraubautomaten

durch Einschalten des Leitungsschutzschalters bzw. Eindrehen einer neuen Schmelzsicherung.

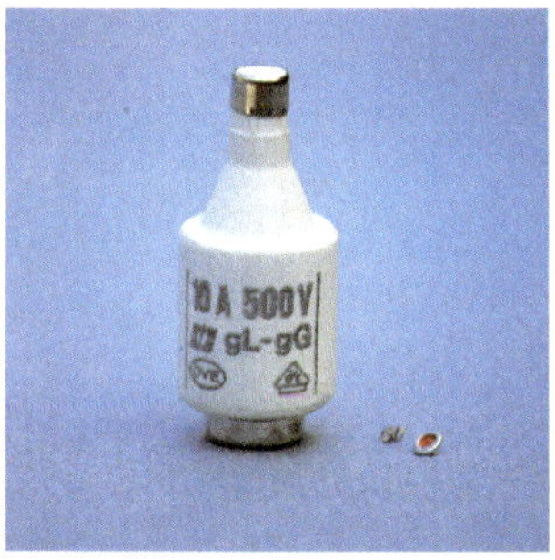

Durchgeschmolzene Sicherung mit abgeworfenem Kennmelder

Anschließend schalten Sie die Geräte einzeln zu. Auf diese Weise finden Sie bald heraus, welches der Geräte den Kurzschluß verursacht hat.
Nehmen Sie das Gerät endgültig vom Netz und lassen es reparieren.

Sollte der Leitungsschutzschalter, ohne daß Sie eines der Geräte eingeschaltet haben, sofort nach dem Umlegen wieder auf Aus springen, steckt der Schaden **in den festen Teilen der Installation**.
In diesem Fall, der glücklicherweise nur sehr selten vorkommen dürfte, lassen Sie den betreffenden Stromkreis **unbedingt inaktiv** und wenden sich direkt an einen **Fachmann**.

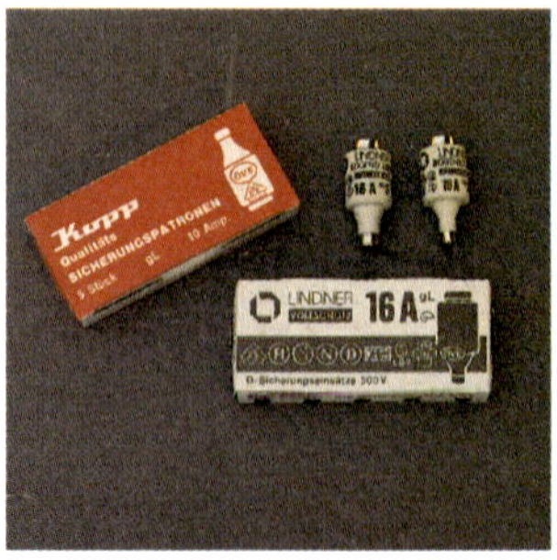

Wenn Sie Schmelzsicherungen verwenden, sollten Sie stets einen Vorrat zu Hause haben

DIMMER-SCHALTUNG

Falls die Lampe nicht mehr leuchtet, obwohl die Schutzschalter eingeschaltet und die Birne in Ordnung ist, kann auch die Dimmersicherung durchgebrannt sein. Meist sind diese Feinsicherungen so angebracht, daß sie ohne Demontage des Dimmers gewechselt werden können. Schalten Sie den Schutzschalter aus oder drehen Sie die Sicherung heraus.

Nehmen Sie den Drehknopf ab. Die kleine Glassicherung ist meist in einem Kunststoffeinsatz untergebracht. Wechseln Sie die Sicherung aus und setzen Sie den Einsatz wieder ein. Drücken Sie den Drehknopf wieder auf und schalten Sie den Schutzschalter wieder ein bzw. schrauben Sie die Sicherung wieder ein.

Herausschrauben der defekten Glassicherung

Feinsicherungen gibt es in den Arten: FF (superflink), F (flink), M (mittelträge), T (träge) und TT (superträge). Achten Sie auf die angegebene Stromstärke neben dem Kennbuchstaben. Die Sicherungen werden meist im 10er-Pack gehandelt und sollten auf Vorrat gekauft werden.

Feinsicherungen für den Dimmer

PROFITIP
Einkauf auf Vorrat ist bei Gelegenheit preiswerter. Beim Technikversender kostet ein ganzes Sortiment nur den Bruchteil einzelner Sicherungen an der SB-Wand. Es gibt verschiedene Typen von Dimmer-Sicherungen. Die gängigen Typen: M (mittelträge) 1,25 Ampere für Schnurdimmer bis 200 Watt und 1,6 Ampere für Einbaudimmer bis 400 Watt Leistung. F (flink) 2,0 Ampere für Einbaudimmer bis 600 Watt.

KLINGELANLAGE

Falls die Klingel nicht mehr funktioniert, überprüfen Sie zuerst den Klingeltaster mit einem Durchgangsprüfer. Durch häufiges Betätigen und Wettereinflüsse kann dieser beschädigt sein. Falls an den beiden Anschlüssen kein Durchgang ist, wechseln Sie den Taster aus.
Ist der Taster in Ordnung, können Sie den Klingeltrafo überprüfen. Messen Sie dazu die Ausgangsspannung des Trafo. Falls Sie kein Spannungsmeßgerät zur Verfügung haben, können Sie eine 12 V Birne (aus dem Auto) an die beiden Klemmen halten. Wenn der Trafo in Ordnung ist, leuchtet das Birnchen.
Die Leitungen der Klingelanlage können Sie mit dem Durchgangsprüfer auf Unterbrechungen untersuchen. Sie können auch mehrere Taster parallel schalten. Bei großen Leitungslängen, wie etwa zum Gartentor, sollten Sie eine Spannung von mindestens 8 V einsetzen.

WECHSELSCHALTUNG

Wenn bei einer Neuinstallation oder bei einem Schalterwechsel die Wechselschaltung nicht mehr funktioniert, kann der Grund darin liegen, daß Sie einen der korrespondierenden Leiter zwischen den Schaltern mit der Phase oder dem Lampenanschluß vertauscht haben. Sie können die richtigen Anschlüsse mit dem Phasenprüfer (Phase) und dem Durchgangsprüfer (Korrespondierende Leiter) herausfinden.

Unterputzsteckdose neu einsetzen

Wenn sich eine in der Wand eingebaute Steckdose lockert, kann die Ursache weit zurück in der Bauzeit liegen. Erst wenn man später am Kabel zieht, fängt die Steckdose an zu wackeln.

Strom abschalten

Auf die **Kontrolle** mit dem Phasenprüfer (Seite 149) sollten Sie deshalb nicht verzichten. Die **Prüfspitze,** bis sie anstößt, in die **Buchsen** stecken. Die Glimmlampe darf keine **Spannung** an-

Tapete ringsum einschneiden und den Montagering freilegen.

zeigen. Erst mit freigelegtem **Montagering** läßt sich erkennen, ob nur die Spreizklemmen am Steckdoseneinsatz nicht mehr fest sit-

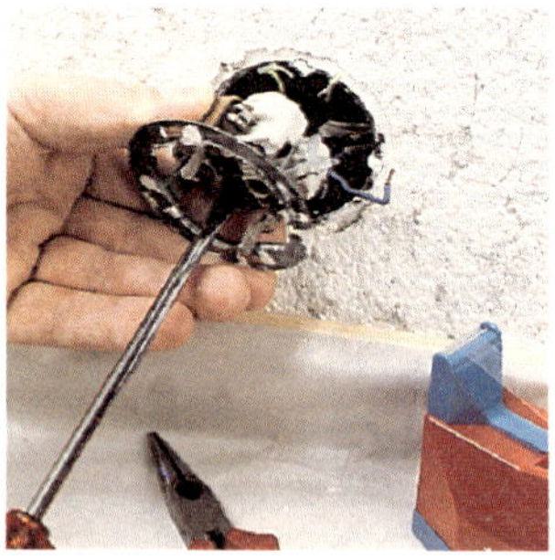

Adern unter den Klemmschrauben lösen und herausziehen.

zen, oder ob sich die eingegipste **Isolierdose** gelockert hat. Genügt es, die **Spreizklemmen** nachzuziehen, hat sich das **Problem** schnell gelöst. Läßt sich dagegen die Isolierdose in der **Wand** bewegen, ist der Einsatz auszubauen. **Schrauben**

Soviel Platz wie möglich für neue Füllmasse schaffen.

der Spreizklemmen lösen, und den Einsatz herausziehen. Das geht mit der schmalen **Telefonzange** leichter, ebenso wie die **Adern** unter den gelösten Klemmschrauben herauszuziehen. Die Adernenden nach **Farben** in einer Lüsterklemme zusammenfassen und aufräumen. Vom Gips um die **Isolierdose** sollte man soviel wie möglich mit einem alten **Schraubendreher** herausholen.

Einsatz einfügen

Wenn Sie den alten **Einsatz** weiter verwenden, einen

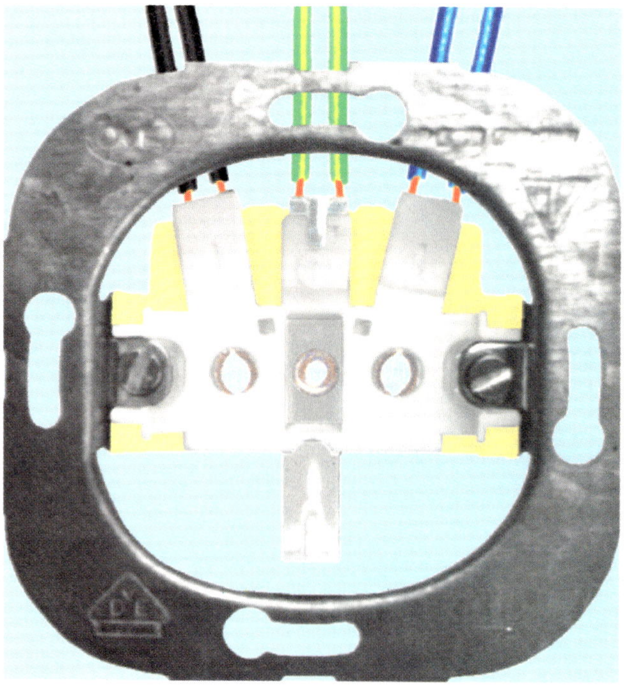

Korrekte Verteilung der Adern auf steckbare Anschlüsse.

Füllmasse aus der Tube tief in die Zwischenräume drücken.

neuen **Gummiring** um die Spreizklemmen legen. Auch das **Anklemmen** der Adern ist einfacher, wenn Sie die Drahtenden mit einer schmalen **Zange** fassen können. Zur Erinnerung: **Drähte** mit gelbgrüner Isolierung unter die mittlere Klemmschraube, blau und schwarz (oder

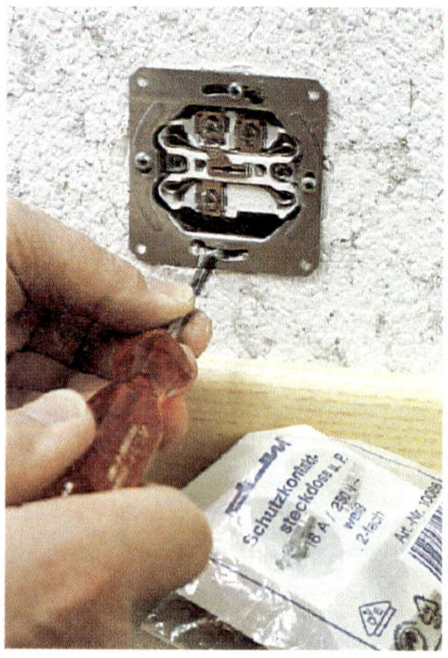

EXTRATIP: Bei der Gelegenheit können Sie jedoch auch einen neuen Einsatz für eine Doppel-Steckdose montieren, da Steckanschlüsse ja bekanntlich immer nur spärlich zur Verfügung stehen.

braun) jeweils unter die **Klemmschrauben** der Steckerbuchsen.

ARBEITSMATERIAL

- Füllmasse
- Abdeckpapier
- Phasenprüfer
- Schraubendreher
- Cuttermesser
- Hammer

Bügeleisenschnur auswechseln

Mit Textil-Metallfasern umsponnene Anschlußschnüre sind bei Berührung mit heißem Metall weniger empfindlich als Kunststoffkabel. Bei beginnendem Verschleiß sind sie jedoch unverzüglich auszuwechseln.

Zum Öffnen die **Schraube** unten am Griff oder gar unter dem Temperaturwähler suchen. Tri-Wing-Kreuzschlitzschrauben an neueren Hausgeräten lassen sich nur mit einer ganz speziellen **Klinge** öffnen.

Produkthaftung!

An den **Anschlüssen** zeigen sich manchmal, wie auf den Fotos, die Folgen schlampi-

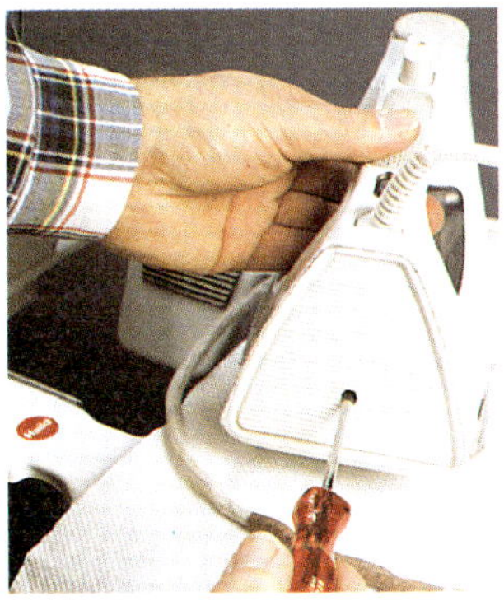

Gehäuseschrauben können sehr verschiedene Schlitze haben.

ger Installation durch lose **Klemmschrauben.** Verschmorte Klemmen und Adern, geschmolzene Adernisolierung und verformte **Kabelführung:** Das könnte zum Brandfall führen, und ist als **Originalzustand** (wie in diesem Fall) schon fast eine Situation für den **Verbraucherschutz.** Wenn Sie vor einer solchen Situation stehen, sollten Sie die oft versiegelten **Klemmen** nicht öffnen, um das Gerät, auch nach Ablauf der **Garantiezeit,** beim Händler zu reklamieren.

Widmen Sie dem Gelbgrünen besondere Aufmerksamkeit

Für die Montage können Sie, falls Sie die **Position** vergessen haben, die

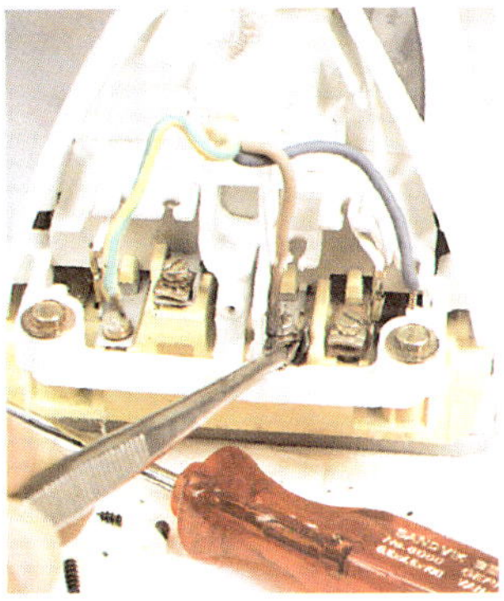

Vor allem die Klemme des gelbgrünen Schutzleiters merken.

Klemmschraube für den gelbgrün gefärbten **Schutzleiter** am eingeprägten Erde-Symbol erkennen. Die

Gelockerte Klemme, heißer Lichtbogen, verschmorter Anschluß.

Bitte beachten Sie in eigenem Interesse die Hinweise auf Seite 248

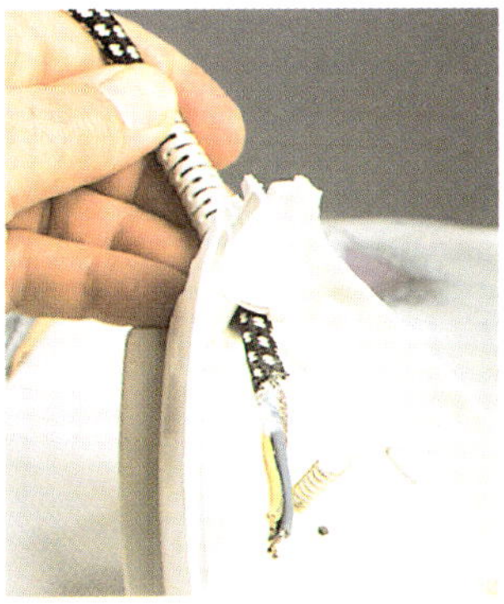

Das neue Kabel zuerst durch den Knickschutz fädeln.

Anordnung der blauen und braunen Ader (aktuelle Be-

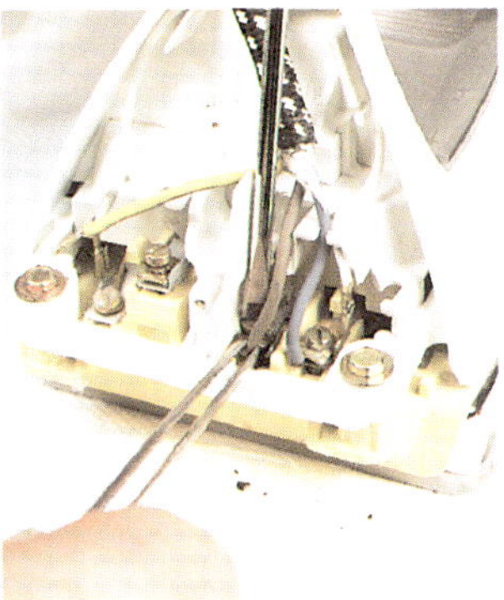

Wo es eng zugeht, ist eine Werkzeugpinzette sehr hilfreich.

zeichnung: Neutralleiter und Außenleiter) ist bei symmetrischen **Schutzkontaktsteckern** nicht festgelegt. Die Adernenden, korrekt in Hülsen gecrimpt, gehören unter die **Klemmplatten**

Alle Schrauben kontrollieren, ob sie fest genug sitzen.

oder links unter den Schraubenkopf und der umwickelte **Kabelmantel** so unter die Zugentlastung, daß die einzelnen Adern in leichtem Bogen zu den **Klemmen** führen.

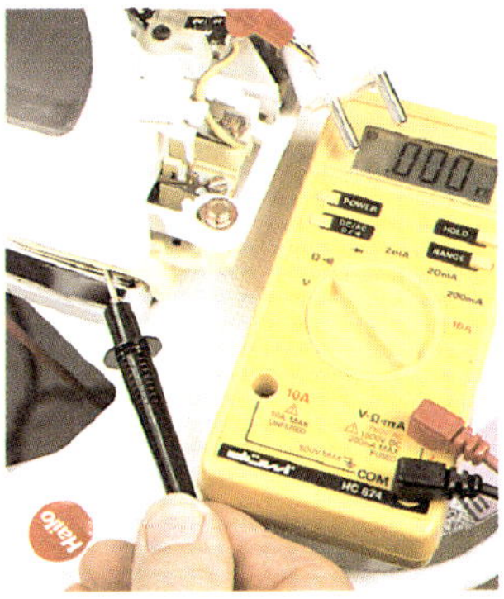

Die Widerstandsprüfung darf nicht über 0,3 Ohm anzeigen.

Eine genaue Widerstandsmessung zwischen **Schutzkontakt** am Stecker und verschiedenen Metallteilen kann die Funktion der **Schutzerdung** überprüfen. Das Meßgerät signalisiert mit akustischem Signal, daß die **Prüfspitzen** Kontakt haben. Außerdem ist auch noch der **Isolationswiderstand** zu messen.

ARBEITSMATERIAL

- Anschlußschnur 2,5 m
- Werkzeugpinzette
- Schraubendreher
- Mehrfach-Meßgerät

Halogenröhrenfassung instand setzen

Halogenstrahler werden teilweise äußerst preiswert angeboten. Nicht immer sind die Teile von der solidesten Bauart. Deshalb muß die Leuchte aber nicht unbrauchbar werden, falls plötzlich kein Licht mehr strahlt.

Eindeutiger Schaden, eine der Fassungen ist getrennt.

Liegt die Halogenröhre, das sogenannte **Leuchtmittel,**

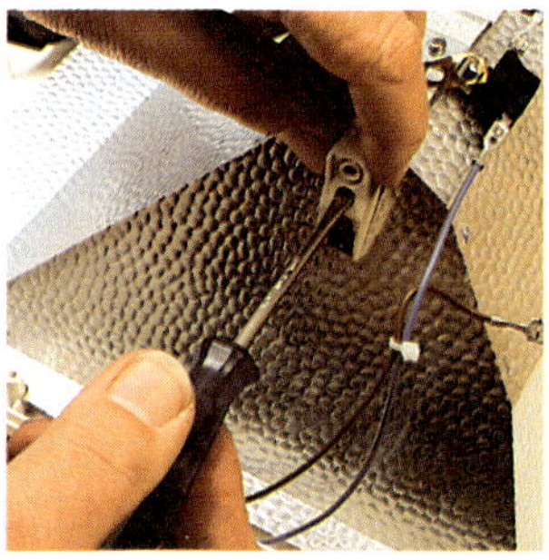

Einzelteile abbauen und sorgsam sammeln.

eines Tages im Reflektor, wurde wahrscheinlich eine

Bitte beachten Sie in eigenem Interesse die Hinweise auf Seite 248

Verbindung an der Röhrenfassung von der Hitze gesprengt. **Ersatzteile** wird man jedoch nur im Ausnahmefällen bekommen. Also muß man versuchen, die **Einzelteile,** und jetzt haltbarer, zusammenzubekommen.

ÖKOTIP
Kleine Schräubchen, Muttern, Scheiben und dergleichen kann man übrigens auch in ausgemusterten, aber nicht weggeworfenen Steckern, Kupplungen, Schaltgeräten und ähnlichem finden. Das ist, neben einem sinnvollen privaten Recycling, oft in jeder Hinsicht die günstigste Quelle für Reparaturteile.

Einzelteile sammeln

Bevor Sie die **Leuchte** auseinanderbauen, ist sie vom

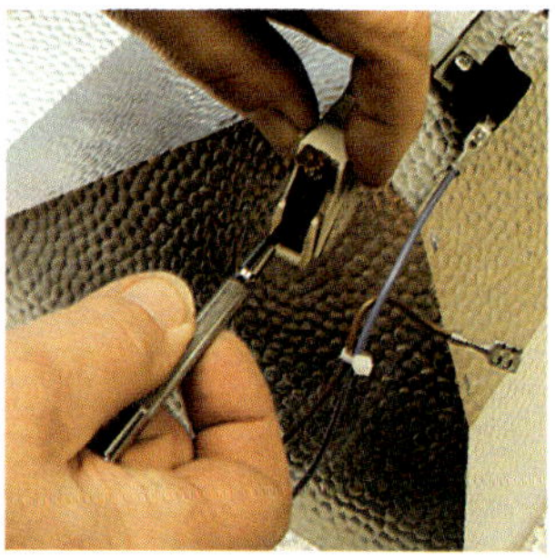

Ein schmaler Schraubendreher zum Befestigen der Fassung.

Stromnetz zu trennen. Die Einzelteile sorgfältig zusam-

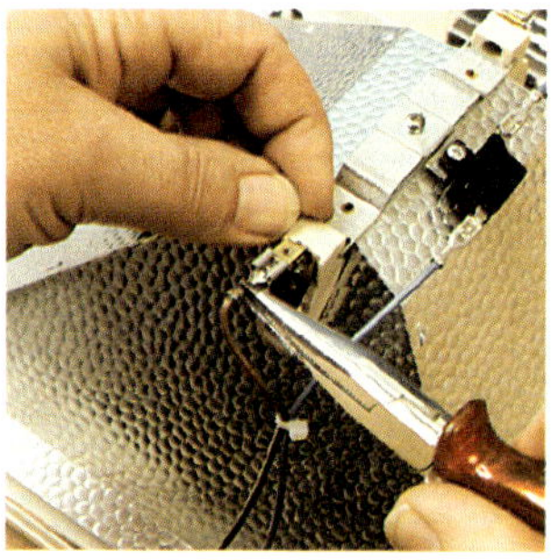

Stromverbindungen über Steckschuhe wieder herstellen.

mensuchen. Vor allem das **Glimmerplättchen** sollte

Das Papiertuch schützt die Halogenröhre vor dem Hautfett.

nicht fehlen. Es gehört zum Ausgleich der Wärmespannungen in die zu erneuernde Verbindung. Wenn der **Reflektor** auf dem Gehäuse mit Sperrscheiben befestigt ist, deren **Zungen** vorsichtig aufbiegen, damit die Kunststoffzapfen nicht abbrechen. Dazu sollte man eine **Telefonzange** mit schmalen Backen oder eine kräftige **Werkzeugpinzette** haben. Die ehemals genietete **Verbindung,** von Kontakt- und Andrückfeder mit dem dazwischen liegenden **Formstück,** läßt sich mit einer Gewindeschraube M3 x 10 mit Mutter wieder zusammenfügen. Der **Hohlniet** ist auch mit einzubauen, weil die Öffnung im Isolierstoffblock sonst zu groß ist.

Reihenfolge einhalten

Die **Schraube** für die Befestigung der Fassung gehört unter die **Andrückfeder,** ist also vor dem Verschrauben einzulegen. Zur Befestigung der Fassung an der **Trägerbrücke** braucht man deshalb einen 3,0 mm-**Schraubendreher.**

ARBEITSMATERIAL

- Schraube M3 x 10 mit Mutter
- Schraubendreher
- Minischraubendreher
- Werkzeugpinzette
- Telefonflachzange

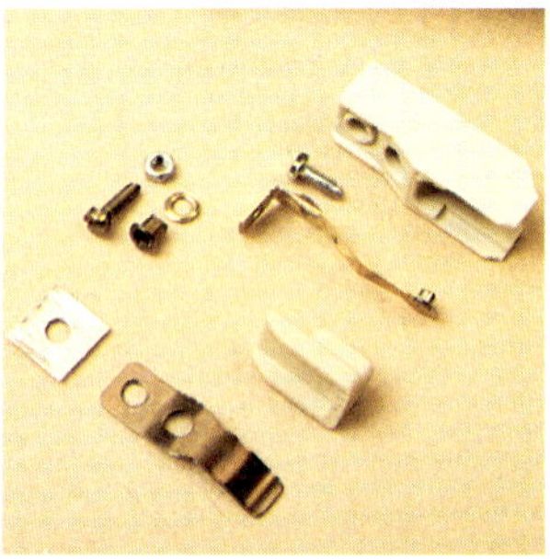

Alle Einzelteile auf Vollständigkeit kontrollieren.

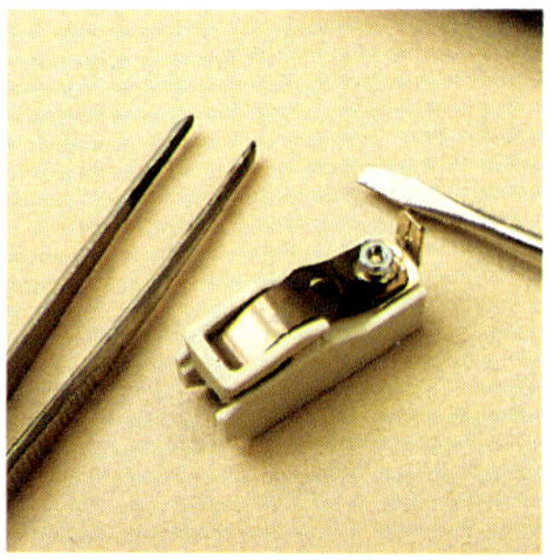

Schraubverbindung ersetzt die gebrochene Nietverbindung.

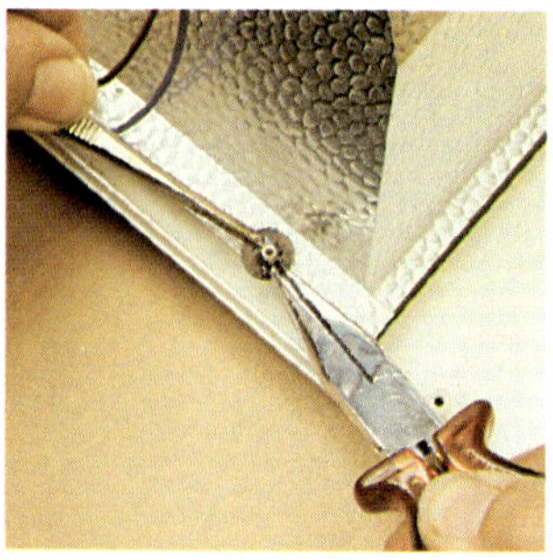

Mit Zange und Pinzette die Spannscheiben aufstecken.

Defektes Antennenkabel instand setzen

Mit beständigen Steckvorrichtungen kann man Defekte an der Zuleitung von der Antennensteckdose dauerhaft reparieren. Oder eine Verlängerung ins Zimmer nebenan anfertigen.

Wenn sich das **Fernsehbild** plötzlich verschlechtert, liegt das oft nur an einem defekten **Antennenkabel.** Halten Sie die Stecker fest und bewegen Sie das Kabel. Aus der Reaktion auf der Mattscheibe können Sie schon auf den **Defekt**

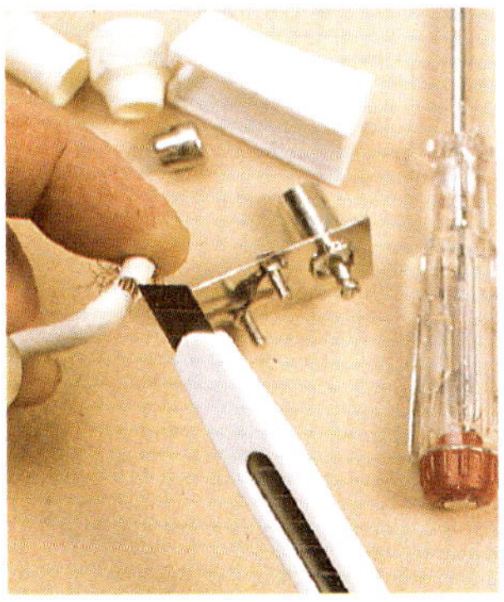

Kabelmantel nur anritzen.

schließen. Denn Verlängerungen sind an Stecker und Buchse besonders anfällig. Vor allem bei **Portables,** die häufiger den Standort wechseln und mit ihnen das Antennenkabel. Das liegt

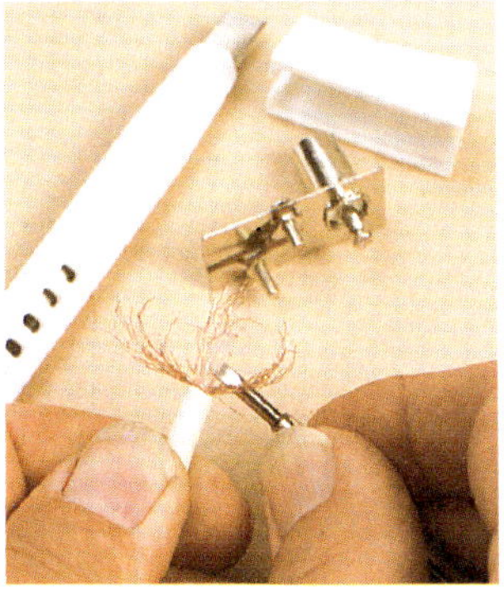

Kupferdrähte gefühlvoll ordnen.

SICHERHEITSTIP
Je leistungsfähiger Fernseh- und Audioanlagen werden, desto empfindlicher reagiert ihre Elektronik auf elektrische Spannungsfelder. Die entstehen bei einem Blitzschlag in der Nähe und wirken auf Empfangsantennen oder in Leitungs- und Kabelnetze hinein. Die Situation ist ähnlich wie zu Zeiten, als Blitzschutzanlagen noch nicht so verbreitet waren. Empfindliche Geräte sind bei Gewittern vom Strom- und vom Antennennetz zu trennen.

am dicken, nur wenig beweglichen Adernmantel um den **Signalleiter.** An einfachen Steckvorrichtungen

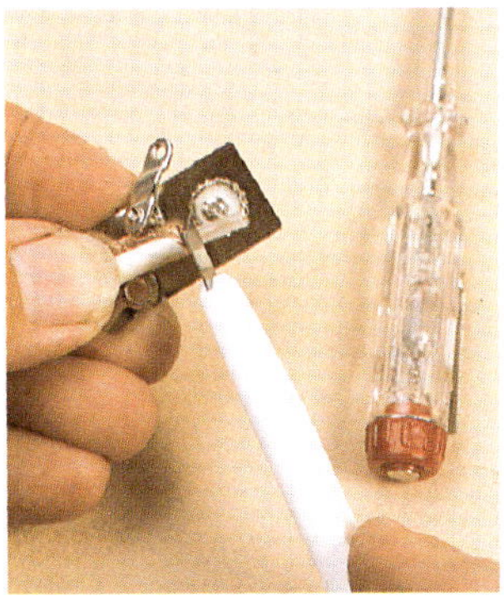

Maß nehmen für die Signalader.

aus Kunststoff mit einer nur mäßig wirksamen **Zugentlastung** passiert das besonders häufig. Verwenden Sie besser gleich haltbare Steckvorrichtungen aus Metall.

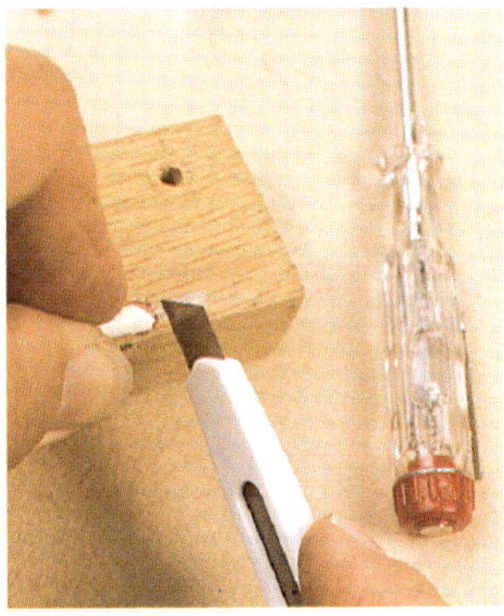

Präzise schneiden auf einer Unterlage.

Antennenkabel immer sehr feinfühlig bearbeiten

Die einzelnen Drähte der Kupferlitzen sind sehr fein und schnell durchtrennt. Mit der frischen **Schneiden-**

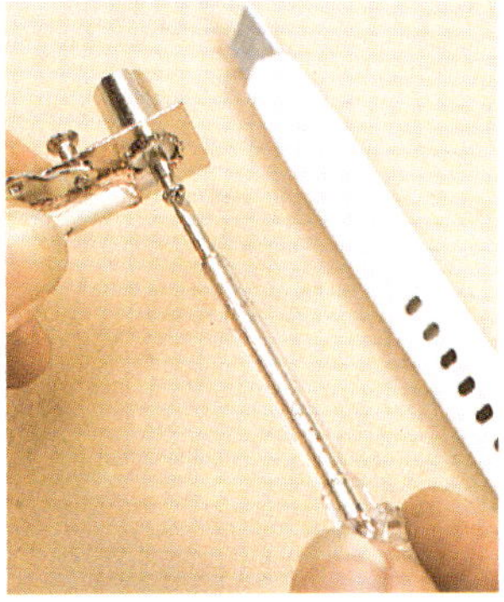

Schraube zunächst nur leicht anziehen.

spitze der abbrechbaren Cutterklinge den Kabelmantel nur anritzen, ringsum in großzügigem Abstand vom Kabelanfang und längs bis zum Kabelanfang. Leicht gebogen platzt der Schnitt von allein weiter auf, und die **Abschirmung** läßt sich freilegen.

Das feine Gewirk aus Kupferdrähten muß man zunächst einmal vorsichtig aufdröseln, um an die Signalleitung heranzukommen. Die wird in maßgerechtem Abstand, auf einem Klotz als **Unterlage,** freigelegt. Das erleichtert den genauen Einschnitt in den dicken Mantel der Ader.

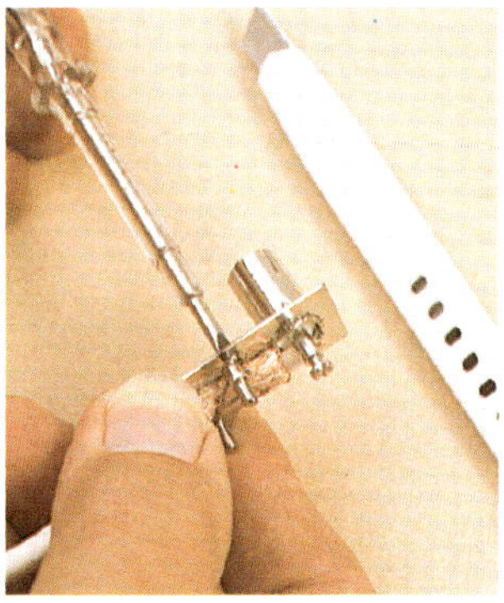

Einklemmen unter der Zugentlastung.

Probeweise Abschnitte vermitteln das Gefühl, wie weit man schneiden darf

Die freigelegte **Litze** verdrillt und, falls lang genug, einmal umgeknickt nur leicht unter die Schraube vom Stecker- oder Buchsenstift klemmen. Eingekürzt und sauber unter der **Klemmschelle** verstaut wird die Abschirmung mit der **Zugentlastung** fest eingeklemmt. Erst jetzt auch die Schraube für die Signalader fester anziehen, und das **Gehäuse** wieder zusammensetzen.

ARBEITSMATERIAL
- Antennenstecker
- Antennenbuchse
- Cuttermesser
- Kleinschraubendreher
- Schneideunterlage

Anschlußstecker ganz auswechseln

Anschlußstecker sind häufig auch Ausschalter, weil dem Gerät ein eigener Schalter fehlt. Das hat oft seinen Sinn, verhindert es doch, daß sich zum Beispiel die Heizung im Wasserkocher unbemerkt einschalten läßt.

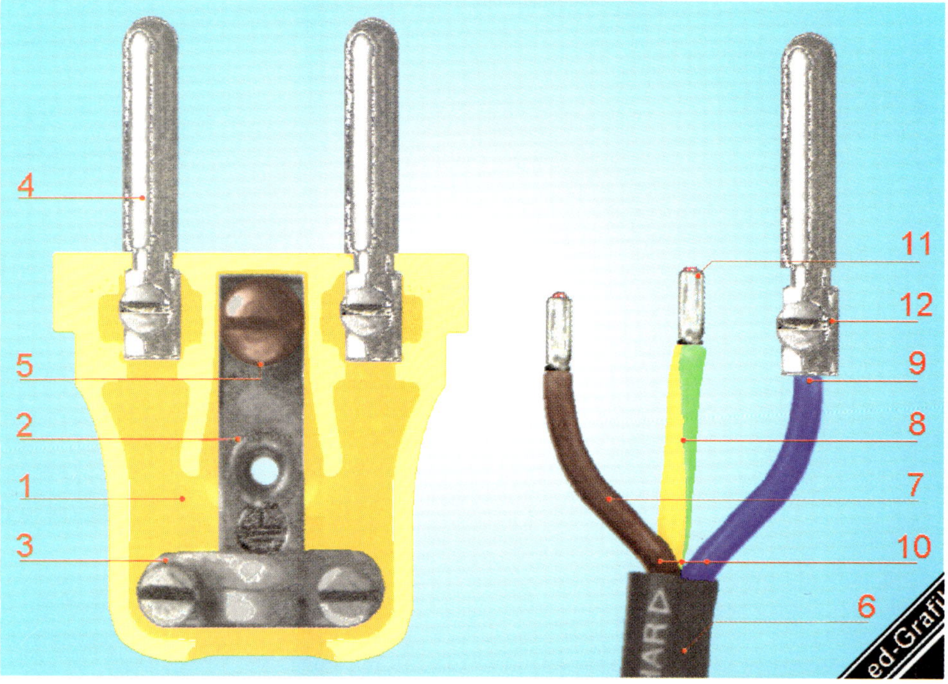

Schutzkontaktstecker, gerade. 1 Gehäuse, 2 Schutzkontaktbrücke, 3 Zugentlastung, 4 herausnehmbare Steckerstifte, 5 Klemmschraube, 6 Kabel oder Leitung, 7 Außenleiter, 8 Schutzleiter, 9 Neutralleiter, 10 Adern mit Isolierung, 11 Adernendhülse, 12 Anschlußbuchse.

Durch einen Schutzkontakt-Winkelstecker mit eingebautem **Schalter** läßt sich jedoch manche Umständlichkeit umgehen. Das dargestellte Verfahren gilt im **Grundsatz** auch für den Anschluß anderer Steckvorrichtungen. Die **Bedeutung** der Adernfarben können Sie noch einmal nachlesen, bevor Sie beginnen und den Stecker vom **Anschlußkabel** trennen. Für häufige Anwendung gibt es spezielle Abisoliermesser und -zangen . Es geht auch mit dem **Cuttermesser.** Den Abstand vom Kabelende mit

Mit Seitenschneider oder Kombizange das Kabel durchtrennen.

3-4 cm ruhig großzügig bemessen. Die **Isolierung** der Adern darf man dabei keinesfalls verletzen. Wenn

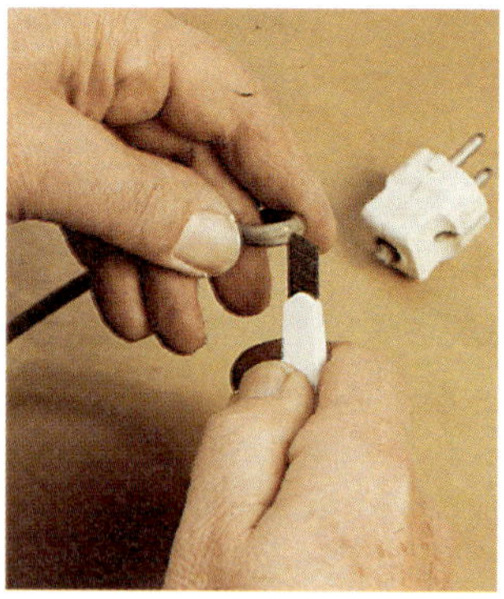

Im Einzelfall den Kabelmantel ringsum vorsichtig einritzen.

man es doch aus Versehen verletzen sollte, muß das Kabel gekürzt und neu eingeritzt werden.

Aus Strom wird gefährliche Energie, wenn man die Sicherheitsmaßnahmen mißachtet. Wer dadurch Schäden auslöst, trägt die Verantwortung für die Folgen.

Abisolieren

Mehrfaches scharfes Knicken läßt den **Kabelmantel** aufbrechen, so daß man ihn leicht abziehen kann. Am geöffneten **Stecker** die notwendige Adernlänge bestimmen und entsprechend kürzen. Auch die **Isolierung** der Adern etwa 8 mm vom Ende entfernt abisolieren,

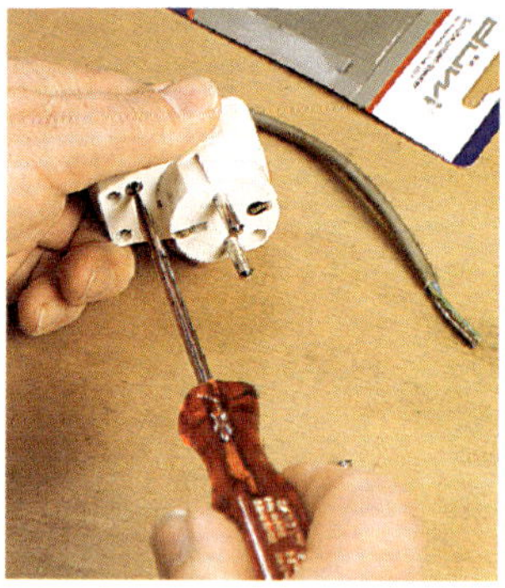

Stecker mit Schraubendreher öffnen.

entweder einfach mit einer **Abisolierzange,** oder etwas umständlicher mit einer **Messerklinge** behutsam die Isolierung rundum einschneiden, ohne die feinen **Drähte** der Leiter zu verletzen.

Adernenden vorbereiten

Jetzt zwischen **Daumen und Zeigefinger** die Litze verdrillen (kein Drähtchen darf abstehen) und alle gemeinsam in eine **Adernendhülse** passender Größe in das ähnlich einem **Trichter** erweiterte Ende stecken.

Wenn Sie die Drähte der **Litze** nur verdrillen, ist das gefährlich. Drähte, die sich an Klemmen oder Buchsen unbemerkt stauchen, können weit genug abstehen und einen **Kurzschluß** auslösen, und gerade diese

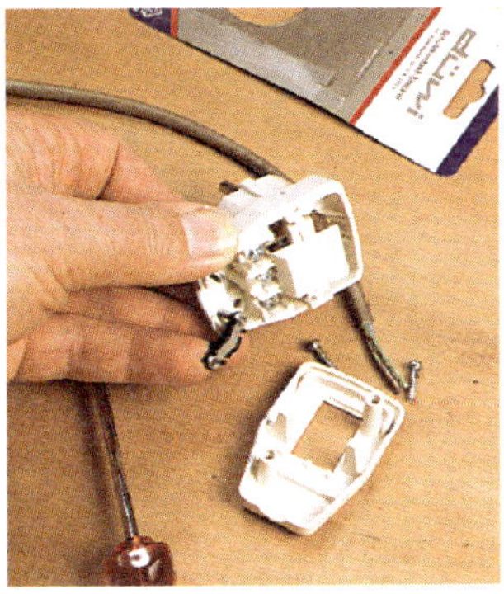

Zugentlastung ganz öffnen, um das Kabel leichter einzulegen.

Gefahr will man ja auf alle Fälle vermeiden.

Crimp-Verfahren

Für dicke, dreiadrige Leitungen sind in der Regel **Adernendhülsen** für 1,5

Der gelbgrüne Schutzleiter darf meist etwas kürzer werden.

mm Leiterquerschnitt notwendig, die dünneren haben meist 1,0 mm-Leiter. Zweiadrige **Anschlußkabel** für geringe Leistungen begnügen sich mit 0,75 mm. Diese Hülsen sind eigentlich mit einer nicht ganz billigen

SICHERHEITSTIP

Kein Gesetz verbietet wörtlich, privat eigene Elektroinstallationen auszuführen. Kommt es jedoch zu Personen- oder Sachschäden, können Sie Behörden, Stromversorger und Versicherungen in Anspruch nehmen. Dann gelten Normen und technische Vorschriften als Grundlage. Demnach ist es schon fahrlässig, wenn Sie bei üblichen Schönheitsreparaturen Leuchten oder Abdeckungen von Schaltern und Steckdosen abnehmen, ohne die Sicherungen herauszudrehen und am Sicherungskasten den Hinweis auf die Arbeiten vergessen. Zudem erlaubt Ihr privater Vertrag mit dem Stromversorger nur Fachkräften das Arbeiten an fest verlegten Leitungen. Gehen Sie also kein Risiko ein, wenn Sie sich nicht sicher fühlen und befähigt sind, solche Arbeiten gewissenhaft zu bewältigen.

Crimpzange auf die Drähte zu drücken. Dabei wird das **Adernende** mit Hülse in ei-

Isolierung einritzen und mit sanfter Gewalt abziehen.

ne passende Form im Zangenmaul gelegt. Ein einzelner Zahn prägt eine kleine **Kerbe** in die Hülse und schließt so die Drähte eng in der Hülse ein. Man kann sich auch mit der **Abisolierzange** helfen, denn die Minidinger rutschen zu leicht

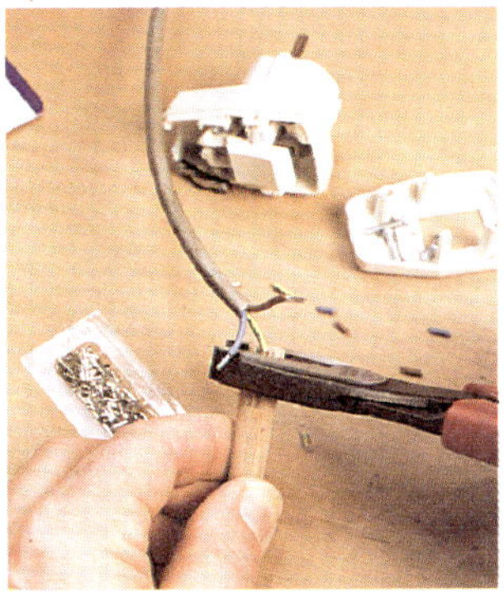

Selbst mit der Kombizange läßt sich crimpen.

von der **Litze.** Mit einer größeren Kerbe der Zange die Hülse am trichterförmigen **Rand** auf die Drähte klemmen. Mit der **Kombizange** die Hülse in einer Kerbe im Hartholzstab unter einen der großen Zähne crimpen.

Schraubanschlüsse

Sobald die Ader unter der **Schraubklemme** zusammengedrückt wird, bleibt die Hülse zwar auch fest auf

Die Anschlußschrauben fest, aber nicht gewaltsam anziehen.

den Drähten, in **Anschlußbuchsen** kann die **Klemmschraube** aber eine dickere Hülse so verformen, daß sie sich in der **Buchse** verklemmt und nicht leicht demontieren läßt. Das Kabel mit dem **Kabelmantel** unter der Zugentlastung so ein-

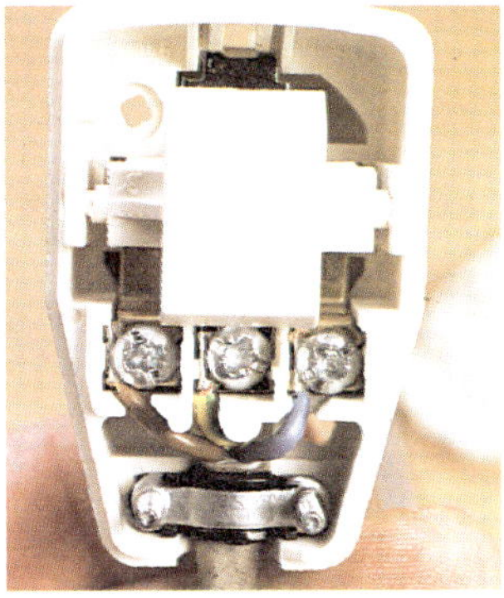

Adernenden stets links unter den Schraubenkopf stecken.

klemmen, daß die Adern in leichtem Bogen zu den **Anschlüssen** führen.

EXTRATIP: Euro-Flachstecker mit Adernbuchsen zum Schrauben für Geräte der Unterhaltungselektronik gibt es im Elektronik-Fachhandel. Das VDE-Zeichen tragen nur Flachstecker zum Crimpen.

ARBEITSMATERIAL

- Schutzkontaktstecker
- Adernendhülsen
- Seitenschneider
- Kombizange
- Abisolierzange
- Cuttermesser
- Schraubendreher

Holz ist mit seiner jahrtausende alten Tradition in allen Kulturen und Zeiten der wichtigste Baustoff überhaupt. Dies hat sich auch in unserer hochtechnisierten Welt nicht geändert.

Holz-bearbeitung von A-Z

Wenn Sie für die Holzbearbeitung ein bißchen Zeit aufbringen, können auch Sie schöne und nützliche Dinge für die ganze Familie herstellen.

ARBEITSMATERIALIEN

Bei Holz unterscheidet man Nadelhölzer und Laubhölzer. **Nadelhölzer** sind am verbreitetsten und werden für für Wand- und Deckenverkleidung und für einfache Möbelstücke verwendet. Für wertvollere Möbel und edle Wandtäfelungen sind **Laubhölzer** im Holzfachhandel erhältlich.

In genormte Maße zugeschnitten kann Holz in Form von Leisten, Latten, Kanthölzern, Brettern, Balken und Platten gekauft werden. **Massivholz** gibt es in gehobeltem oder ungehobeltem bzw. geschliffenem oder ungeschliffenem Zustand.

Daneben finden sich auch **verarbeitete Holzwerkstoffe**, beispielsweise Leimholzplatten, Profilbretter, Spanplatten und Sperrholz.

Zur Bearbeitung braucht man keine besonderen **Werkzeuge,** es genügen Hammer, Zange, Säge, Hobel, Stechbeitel, Schraubenzieher, Bohrer, Raspel und Feilen.

Neben **Nagel-** und **Schraubverbindungen** gehören Verbindungen mit **Leim** bzw. mit **Schlitz** und **Zapfen** zu den gebräuchlichsten Holzverbindungen.

Holz läßt sich schon mit einfachen Hand-Werkzeugen vielseitig bearbeiten und den eigenen Bedürfnissen, Wünschen und Ideen entsprechend individuell gestalten.

Neben seiner vielfältigen baulichen und industriellen Nutzung ist und bleibt Holz der **bevorzugte Werkstoff** der meisten Selbermacher. Hierfür sprechen viele gute Gründe:

- Als **ökologisch besonders wertvoller Baustoff** entstammt Holz unmittelbar der Natur und wächst, soweit es sich um bei uns heimische Hölzer handelt, durch geplante Aufforstung und ohne Einsatz von Primärenergie ständig nach. Auch für seine Bearbeitung, Wiederverwertung und Entsorgung werden nur verhältnismäßig geringe Energiemengen benötigt.
Holz ist außerdem ein natürlicher Werkstoff, und es ist beruhigend zu wissen, daß von diesem universell einsetzbaren Werkstoff keine Gefahren für die Gesundheit und Umwelt ausgehen.
- Holz vermittelt ein Gefühl von Behaglichkeit, Wärme, Geborgenheit und Ursprünglichkeit. Es ist gleichzeitig als sehr **stabiler** und nahezu **unbegrenzt haltbarer Baustoff** für fast alle Bau- und Gestaltungsaufgaben einsetzbar.

Materialien und Werkzeuge

HOLZARTEN

Für Holzkonstruktionen, in der Möbeltischlerei und beim Innenausbau verwendetes Holz wird nach Art und Eigenschaften in **Nadelholz** und in **Laubholz** unterschieden:

Nadelhölzer
Nadelholz wie **Fichte, Kiefer, Lärche** oder **Douglasie** erkennen Sie daran, daß es im allgemeinen weicher und leichter ist als Laubholz. In seiner **Struktur** ist es langfaserig und eher grobporig. Seine weiter auseinanderliegenden Jahresringe und das stärker abgesetzte Spätholz geben ihm eine – je nach Einschnitt – besonders lebhafte Struktur. Nadelholz riecht angenehm nach Baumharz, seine Farben variieren zwischen hellgelb und rotbraun.

Laubhölzer
Laubholz wie **Eiche** und **Buche** ist schwerer und härter als Nadelholz. Seine Struktur ist dichter und kurzfaserig, die Jahresringe

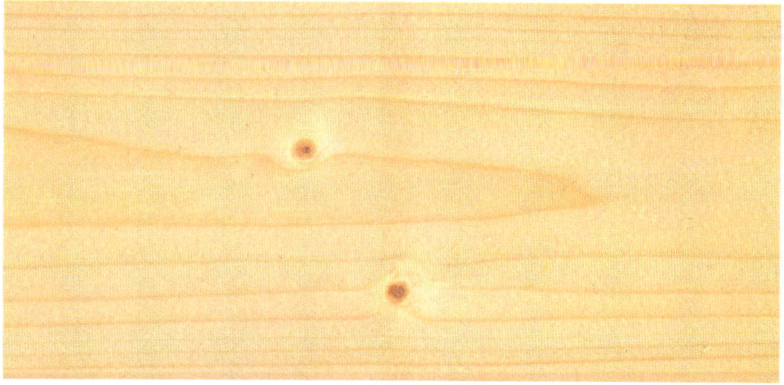
Fichte

Lärche

Kiefer

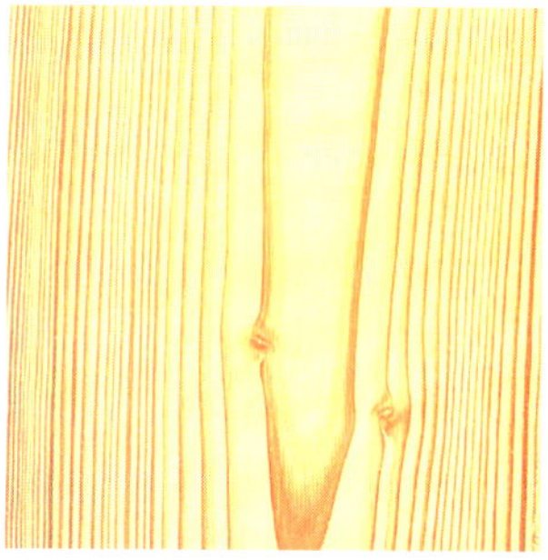
Douglasie

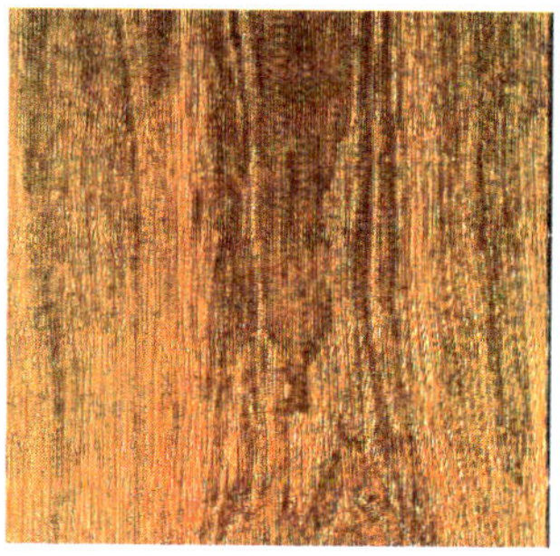
Eiche

Buche

Kirsche

Nußbaum

liegen enger aneinander, das geringer abgesetzte Spätholz gibt ihm eine **feinere Maserung.** Sein Geruch ist durch einen hohen Gerbsäuregehalt bestimmt. In seiner Farbe nuanciert es von weißlichgelb über grünlich-grau bis rot- und dunkelbraun, wobei sich das weichere Splintholz meistens durch eine hellere Färbung vom festen Kernholz absetzt.

ÖKOTIP
Das meist unkontrollierte Abholzen begehrter Tropenhölzer führt zur Zerstörung der ökologisch besonders wichtigen Regenwälder. Hierdurch kommt es zum Aussterben seltener Tier- und Pflanzenarten und zu weltweiten bedrohlichen Klimaveränderungen.
Als umweltbewußter Heimwerker beteiligen Sie sich nicht an diesem Raubbau an der Natur. Verzichten Sie daher auf die Verwendung von tropischen Edelhölzern wie Teak oder Mahagoni. Die Vielfalt der in Europa heimischen und kontrolliert nachgepflanzten Holzarten läßt bestimmt keinen Gestaltungswunsch offen.

Obsthölzer
Obsthölzer wie **Kirsche** und **Nuß** gehören zu den besonders wertvollen und heute seltenen heimischen Holzarten. Sie sind an einem der Obstart entsprechenden fruchtigen Geruch, einer besonders lebendigen Struktur und einer ausgeprägten, warmen Farbgebung in allen Farbnuancen zu erkennen.

EIGNUNGSBEREICHE

Nadelhölzer sind beliebtes Material für Wand- und Deckenverkleidungen. Es eignet sich jedoch auch für die Herstellung einfacher Möbelstücke, wie z.B. **Regale.**

Für wertvollere Möbelstücke oder »edle« Wandverschalungen eignen sich **Laubhölzer**, vorzugsweise Eiche. Zu den schönsten – aber auch teuersten – Hölzern gehört Nußholz, das gerne zu Furnieren verarbeitet wird.
Laub- und Obsthölzer eignen sich sehr gut als **Schnittholz.** Obststämme sind außerdem ein ideales **Drechselholz.**

HANDELSFORMEN UND QUALITÄTEN

Als Heimwerker werden Sie Ihr Holz in der Regel in Baumärkten erwerben. Dort finden Sie bereits eine große **Auswahl** an europäischen Holzarten, zumeist Nadelhölzer. Sie sind nach **genormten Maßen** zugeschnitten und in Form von Bohlen (dicker als 40 mm), Brettern, Latten, Kanthölzern und Balken in verschiedenen Holzgüten, gehobelt oder ungehobelt, geschliffen oder ungeschliffen erhältlich. Ebenso finden Sie dort vorbearbeitete **Holzwerkstoffe** wie Leimholzplatten, Profilleisten, Spanplatten, Sperrholz und Profilbretter. Es lohnt sich immer, verschiedene Baumärkte aufzusuchen, denn die Angebote, Qualitäten und Preise sind recht unterschiedlich.

Was Sie dort in der Regel nicht finden, sind ausgewählte Holzarten, z.B. Laubhölzer wie Eiche und Buche oder Obsthölzer. Diese erhalten Sie als Schnittholz in Bohlenstärke im **Holzfachhandel**. Dieses Holz muß häufig nachgetrocknet werden, und in jedem Fall müssen die Bohlen in großen Maschinen besäumt und gehobelt werden. Im Holzfachhandel haben Sie eine große Auswahl an guten **Holzqualitäten**. Für den Laien wie für den Fachmann ist aber eine Beurteilung von im großen Stapel gelagerten Bohlen recht schwierig, zumal er sich für seinen geringen Bedarf keine einzelnen Bohlen aus den Stapeln herausziehen kann.

Verschiedene Materialien:
1 Massivholzbrett, 2 Stabverleimte Platte, 3 Tischlerplatte, 4 Sperrholz, 5 Spanplatte

Fast immer lohnt daher auch ein Gang zu einem Ihnen bekannten oder befreundeten **Schreiner,** der Sie fachkundig berät und – wenn er Lust, Laune und Zeit hat – mit Ihnen aus seinem Holzlager gut abgelagertes Holz in bester **Qualität** heraussucht und es dann nach Ihren Angaben sägt und hobelt.

WERKZEUGE

Mit Hammer und Zange fing alles an, als wir noch Kinder waren und die ersten Brettchen zusammennagelten. Da aber die Nagelung immer eine grobe und unsichere Verbindung ist und die hohe Kunst der **Holzbearbeitung** in der haltbaren und ansprechenden Verbindung einzelner Holzteile und der Erzielung schöner Oberflächen besteht, kamen später weitere **Werkzeuge** hinzu: Sägen, Hobel, Stechbeitel, Schraubenzieher und Bohrer, Schraubzwingen, Raspeln und Feilen, Winkel, Streichmaß und Schmiege.

Tatsächlich können Sie mit dieser Grundausstattung, bestehend aus wenigen Werkzeugen, auch die anspruchvollsten Holzarbeiten ausführen, zumal dann, wenn Sie mit bereits vorbearbeiteten Hölzern aus dem Baumarkt arbeiten.

Hobel

Stechbeitel

Bohrer

Säge

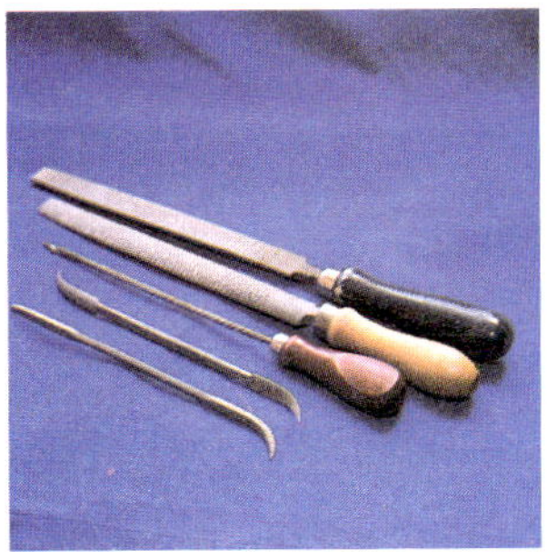

Raspeln

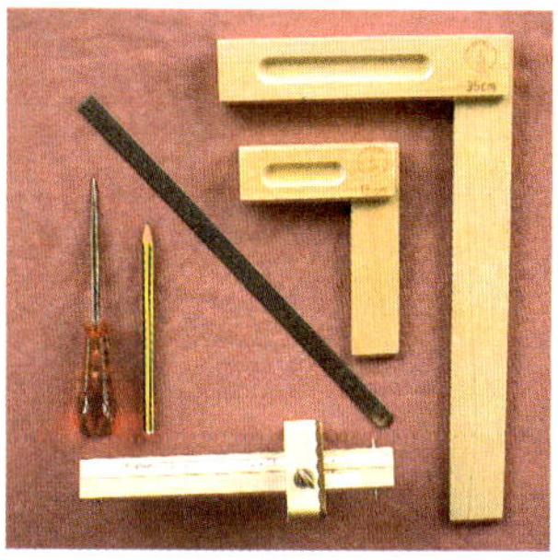

Winkel, Streichmaß

Ihr **Werkzeugschrank** sollte sich mit Ihren Ansprüchen und Fertigkeiten erweitern. In Ihrem Werkraum brauchen Sie in den seltensten Fällen teure Säge-Hobel-Fräs-Kombinationsmaschinen. Wichtiger ist **qualitativ gutes Werkzeug** aus bestem Werkzeugstahl, das Sie in Baumärkten und Fachgeschäften erhalten und deren freilich gehobener Preis sich ein Leben lang rechtfertigt. Denn es gilt: Nur beste Qualität ist »preiswert«.

WERKZEUGPFLEGE

Ebenso wichtig ist die **bestimmungsgemäße Behandlung** und **sorgfältige Pflege** Ihrer Werkzeuge. Wer mit dem Holzbohrer Löcher in die Wand bohrt, braucht sich freilich nicht zu wundern, wenn er den Bohrer danach wegwerfen muß. Zum Schärfen von Stechbeiteln, Stemmeisen und Hobeleisen benötigen Sie eine elektrische **Schleifmaschine** (Schleifbock) mit langsam laufender Naßschleifscheibe und Einspannvorrichtung sowie einen guten Abziehstein. Wenn auch das Schärfen und Schränken von Sägen nicht jedermanns Sache ist, so sind Sägen dennoch kein Wegwerfartikel. Eine Schränkzange, eine passende Metallfeile und ein Schraubstock zum Einspannen erleichtern Ihnen die Arbeit. Das Schärfen von Holzbohrern mit Zentrierspitze überlassen Sie jedoch besser gegen einen geringen Betrag einer **Schärfwerkstatt**.

Bei sorgfältiger Handhabung und Pflege haben Werkzeuge eine lange Lebensdauer

MINITIP
Über längere Zeit nicht benutztes Werkzeug ölen Sie zum Schutz gegen Rost mit Waffenöl ein.

Vorarbeiten

HOLZEINKAUF

Holzeinkauf ist nicht nur Vertrauenssache. Leider werden manchmal auch mindere Qualitäten zu scheinbar besonders günstigen Preisen angeboten. Vertrauen Sie daher nicht blindlings einer gut aufgemachten Folienverpackung mit Reklamebild oder dem »Holzbild«, das Ihnen ein flüchtiger Blick ins Regal bietet. **Prüfen** Sie selbst vor dem Gang zur Kasse jedes einzelne Kantholz, jedes Brett und jede Leiste von allen Seiten auf **Strukturfehler** wie Harzgallen, grobe, eingewachsene Äste, offene Verleimungen bei Leimholzplatten, Farbveränderungen. **Peilen Sie** dann an den **Längskanten** der Hölzer entlang, um sich zu vergewissern, daß Sie nicht völlig verzogene Bretter und Kanthölzer als teures Brennholz nach Hause tragen.

Beim Blick auf die **Hirnholzkante** von Brettern können Sie leicht feststellen, ob es sich um Randbretter mit **liegenden Jahresringen** oder **radial geschnittene** Kernbretter mit eher stehenden Jahresringen handelt. Erstere »werfen sich, schwinden und reißen« in den meisten Fällen, letztere sind im allgemeinen recht »standfest, schwund- und rißfrei«.

Holz arbeitet und altert. Holz ist immer auch ein **lebendiger Werkstoff**, der sich den unterschiedlichsten Temperatur- und Feuchtebedingungen seiner Umgebung anpaßt und unter dem Einfluß von Licht, Luft und Gebrauch altert. »Holz arbeitet« sagt man und meint damit das Schwinden und Quellen des Holzes bei **Trocknung** oder bei **Feuchtigkeitsaufnahme**. Frisch gefälltes Holz weist eine hohe Holzfeuchte auf. Es muß vor seiner Verarbeitung zunächst getrocknet werden. Hierbei stellt sich durch **Verdunstung** der Feuchtigkeit an die umgebende Luft ein Feuchtegleichgewicht ein, das in Abhängigkeit der Luftfeuchte in unserem Klima im Sommer etwa 15%, im Winter etwa 20% Holzfeuchte erreicht.
Da das Arbeiten des Holzes schon bei einer Holzfeuchte unter etwa 30% beginnt, wird nun verständlich, warum Holzteile in beheizten Wohnräumen (Holzfeuchte 8–10%) oder auch an der

Liegende Jahresringe

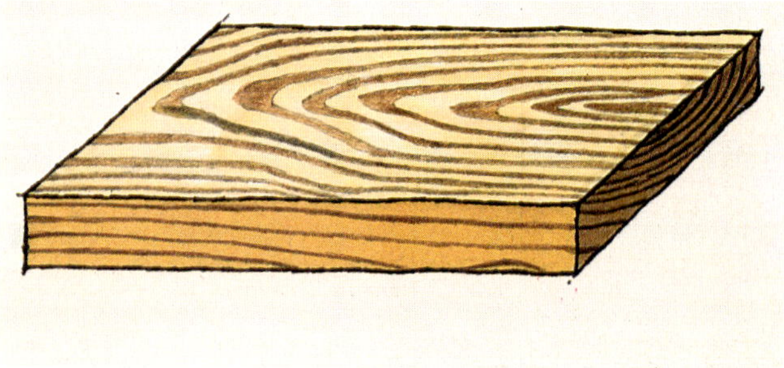

Stehende Jahresringe

unbeschatteten Sonnenseite einer Fassade **Risse** bekommen, sich **wölben** oder vollkommen aus den **Fugen** geraten.

MINITIP
Manche Baumärkte und der Holzfachhandel halten Feuchtemeßgeräte bereit, mit denen die Holzfeuchte unmittelbar und in kurzer Zeit gemessen werden kann. Bestehen Sie ruhig auf Ihrem Informationsrecht als Käufer. Letztlich entscheiden nur Sie selbst, welches Brett Sie nach Hause tragen.

Für Ihren Umgang mit Holz müssen Sie wissen, daß Holz nur unerheblich in der Längsrichtung seiner Fasern schwindet. Das **Schwinden** in Richtung des **Stammradius** beträgt je nach Holzart bis zu 5%, in tangentialer Richtung zum Stammradius schwindet Holz bei starker Trocknung bis zu 12 %. Dies bedeutet in der Praxis, daß ein Brett beim weiteren Trocknen nach der Bearbeitung zwar seine Länge kaum verändert, in seiner **Breite** jedoch bis zu 1/10 **verlieren** kann. Bei einem 20 cm breiten Brett sind dies immerhin bis zu 2 cm. Hinzu kommt, daß mit der Austrocknung ebenfalls starke Verwerfungen oder Aufreissen des Holzes verbunden sind.

Holzfeuchte
Um diese Schäden an Holzmöbeln, Einbauten oder Holzbekleidungen zu vermeiden, müssen Sie **sicherstellen,** daß das von Ihnen ausgewählte Holz eine **Holzfeuchte** von nicht wesentlich mehr als **10 %** hat. Bei in unbeschädigter Schrumpffolie verpacktem, kammergetrocknetem Holz ist dies in den meisten Fällen gewährleistet. Unverpacktes, insbesondere im Außenbereich gelagertes Holz hat oft eine höhere Holzfeuchte und sollte nach Möglichkeit **vor der Bearbeitung** an die zu erwartende Umgebung (Innenraum, Außenbau) **angepaßt** werden. Für diesen Trocknungsvorgang sollten Sie recht **lange Wartezeiten** (bis zu einigen Monaten) veranschlagen.

PROFITIP
Profis kaufen ihr Holz schon Monate vor der Bearbeitung und lagern es entsprechend der zu erwartenden Umgebungsfeuchtigkeit. Dabei werden einzelne Bohlen oder Bretter übereinander auf gleichmäßig dicke Leisten gestapelt. Der Stapel sollte von allen Seiten von Luft umflossen und keinesfalls von der Sonne beschienen werden. Zum Lagern eignen sich am besten offene Schuppen, Garagen oder Dachböden.

Grundtechniken

SÄGEN

Sägen gehört zu den **Grundtechniken** der Holzbearbeitung, die Sie als Selbermacher gut beherrschen müssen, um aus roher Bretterware oder Holzplatten ein ansprechendes **Möbelstück** zu tischlern. Da ist es wichtig, die richtige Säge auszuwählen, denn nicht jede Säge eignet sich für jeden Schnitt und jedes Holz.

Ansägen nicht »springt« (Verletzungsgefahr), heben Sie sie leicht an. Da der Schnittwinkel ihrer Zahnung nach vorne gestellt ist, arbeiten Sie mit dieser Säge **»auf Stoß«**: Beim Zurückziehen führen Sie die Säge ohne Druck im Sägespalt, und auch bei der Vorwärtsbewegung üben Sie keinen Druck nach unten aus, denn das **Eigengewicht** der Säge und die nach vorne geneigte **Zahnung** sorgen ausreichend für das **Greifen** der Zähne. Nur so können Sie

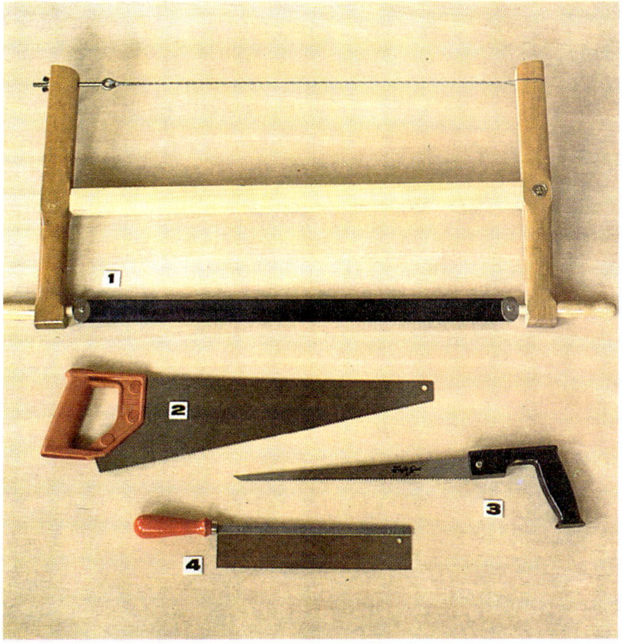

Verschiedene Sägen: Tischlersäge (1), Fuchsschwanz (2), Stichsäge (3) und Feinsäge (4)

Die **Tischlersäge (1)** hat ein breites, gespanntes Blatt mit mittelfeiner Zahnung. Sie eignet sich zum genauen **Ablängen** von Brettern ebenso wie für gerade **Längsschnitte** im Randbereich. Für letztere drehen Sie das Blatt an seiner Aufhängung um etwa 30 Grad, so daß der Steg die Führung der Säge nicht behindert. Damit die wegen ihrer Länge (60–80 cm) recht schwere Säge beim einen geraden Schnitt führen; je mehr Druck Sie ausüben, um so mehr wird der Schnitt »verlaufen«. Die Tischlersäge ist das richtige Werkzeug für **feinere Arbeiten** in trockenem, gelagerten Holz. Sie sollte aber nicht zum Durchsägen von Balken oder Baumästen verwendet werden.
Für Arbeiten, bei denen es auf einen besonders sauberen und genauen Schnitt ankommt, zum Beispiel

beim Schneiden von Zinken oder beim Absetzen von Zapfen, verwenden Sie eine **Absetzsäge**. Sie ist genau so aufgebaut wie eine Tischlersäge, hat aber eine **feinere Zahnung** und ist kürzer und handlicher.

Haben Sie größere Platten zu zerteilen, so benötigen Sie einen **Fuchsschwanz (2)**. Mit dieser **Universalsäge** arbeiten Sie auch »auf Stoß«. Sie läßt sich leichter führen als eine Tischlersäge und eignet sich mit ihrer groben Zahnung auch zum **Ablängen von Kanthölzern** und dicken Balken.

Die **Stichsäge (3)** hat ein feines, sich zur Spitze hin verjüngendes Blatt. Mit ihr sägen Sie **Rundungen** in Brettern oder Platten.

Auch mit der **Feinsäge (4)** lassen sich Zinken und Zapfen sägen. Sie wird vor allem zum exakten **Ablängen** von Leisten eingesetzt. Mit der Feinsäge schneidet man auf **»Zug und Stoß«**.

Mit der **Gehrungssäge** sägen Sie Leisten und Latten in einem exakt einstellbaren Winkel. Sie bewährt sich insbesondere bei der Anfertigung von **Rahmen** und bei der Verlegung von **Profilleisten.**

Nach dem Sägen ist es meistens notwendig, die sägerauhen Oberflächen und Kanten mit dem **Hobel** zu **glätten** oder zu »putzen«, wie der Tischler sagt. Wie bei den Sägen, so kommt es auch hier auf die Auswahl des richtigen Hobels für ein gutes Gelingen Ihres Werks an. Zum Vorhobeln und zum Ebnen stark verzogener Hölzer verwenden Sie den **Schrupphobel (1)**, während Sie zum Glätten den **Doppelhobel (2)** und für noch feinere Oberflächenbearbeitung den **Putzhobel (3)** einsetzen. Mit dem **Falzhobel (4)** lassen sich Tür- und Fensterfalze hobeln; den **Grathobel (5)** benötigen Sie für das Hobeln von Gratfedern, mit dem **Grundhobel (6)** wird eine Gratnut auf gleiche Tiefe gehobelt.

Hobel bedürfen einer besonders **sorgfältigen Pflege.** Dabei müssen sie auch auseinander genommen werden. Die Teile eines Doppelhobels heißen: Hobelkasten (1), Sohle (2), Hörnchen (3), Keil (4), Keilwiderlager (5),

Verschiedene Hobel: Schrumpfhobel (1), Doppelhobel (2), Putzhobel (3), Falzhobel (4), Grathobel (5)

Gehrungssäge

Teile eines Hobels: Hobelkasten (1), Sohle (2), Hörnchen (3), Keil (4), Keilwiderlager (5), Hobeleisen (6), Handschutz (7), Schlagknopf (8)

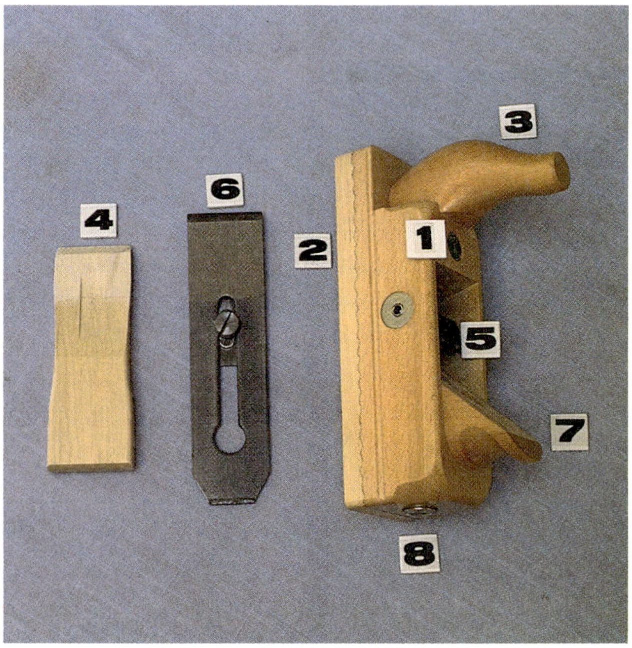

Hobeleisen (6), Handschutz (7) und Schlagknopf (8).

Mit dem **Doppelhobel** können Sie im Gegensatz zu allen anderen Hobeln auch **gegen die Holzfaser** hobeln. Er hat auf der Klinge ein zusätzliches Eisen, die »Klappe«, die den Hobelspan unmittelbar hinter der Schneide bricht. Nach dem Schärfen und Abziehen der Hobelklinge stellen Sie die Klappe so ein, daß ihre Brechkante etwa **0,5 mm** von der Schneide der Klinge entfernt ist.

Klinge

Beim **Einsetzen** und **Verkeilen** der Klinge darf diese höchstens 0,5 mm über die Hobelsohle hinausragen. Mit einem **Blick** über die Hobelsohle überprüfen Sie den parallelen **Sitz** der Klinge, den Sie mit leichten **Schlägen** gegen den Oberteil des Eisens einstellen können. Durch leichte, vorsichtige Schläge auf den Keil verkeilen Sie das Hobeleisen, durch kräftigere

Hobelsohle

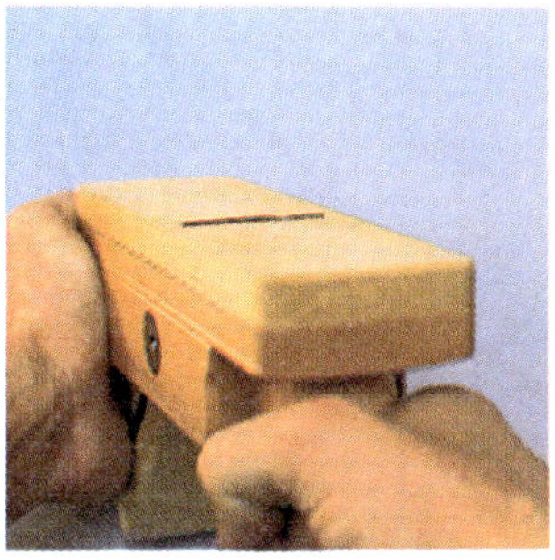

Hammerschläge auf den Schlagknopf lockern Sie es.

Zum Hobeln einer Brettkante spannen Sie das Brett fest in der **Hobelbank** ein.

Hobelbank

Setzen Sie dann den Hobel flach auf die hintere Brettkante auf und stoßen Sie ihn mit **Schwung,** aber in gleichmäßiger und durchgehender Bewegung bis über die vordere Brettkante hinweg. Beim Zurückziehen **heben** Sie den Hobel leicht an. Der Hobel sollte **gleiten,** »pfeiffen«, wie der Tischler sagt, nicht stocken, rucken oder hüpfen. Bevor Sie Ihr erstes Werkstück hobeln, machen Sie doch einmal **mehrere Versuche an Restbrettern**. Und legen Sie dabei auch öfter einmal eine gerade Stahlschiene zur Überprüfung über die Brettkante. Hobeln will gelernt sein.

Ideal ist ein Hobel zum Brechen oder Anfasen der Brettkanten. Das gehört zu den leichteren Übungen.

Hier kommt es darauf an, den Hobel möglichst **durchgehend** im gleichen Winkel zu halten.
Leichter geht dies natürlich mit einer Hobelmaschine.

BOHREN

In Holz bohren müssen Sie dann, wenn Sie zum Beispiel eine **Dübelverbindung** herstellen oder Ihr Werkstück **verschrauben** wollen.

Holzbohrerset

Eine Bohrmaschine mit **Holzbohreraufsätzen** leistet Ihnen hierbei die besten Dienste. Achten Sie auf jeden Fall auf die ausschließliche Verwendung von **Holzbohrern,** anderes Material wird unbrauchbar oder beschädigt Ihr Werkstück. Beim Vorbohren von Schraublöchern können Sie einen sogenannten **Tiefenbegrenzer** aufsetzen. Er verhindert, daß zu tief in das Holz gebohrt wird.

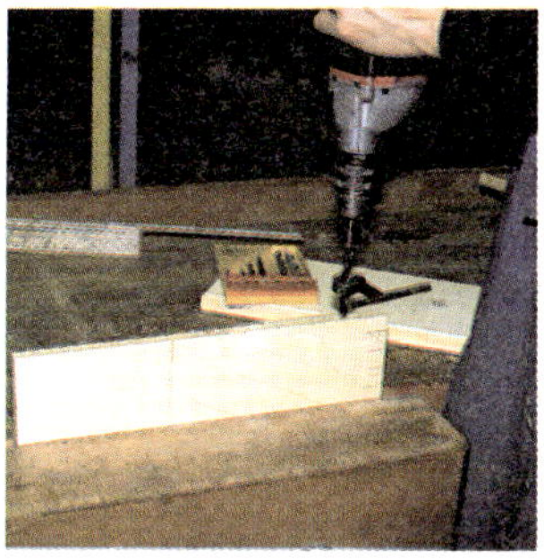

Bohrmanschette zur Tiefenbegrenzung

MINITIP
Schrauben gleiten erheblich besser durch das Holz, wenn sie vorher durch ein Stück Seife oder durch eine alte Kerze gedreht wurden.

SCHLEIFEN

Schleifen gehört zu den unerläßlichen Arbeitsgängen der Holzverarbeitung. Benützen Sie bei größeren Flächen am besten eine **Schleifmaschine,** bei kleineren kann man dies per

Schleifen mit einer Schleifmaschine

Hand erledigen. Im Handel gibt es **Schleifpapier** in verschiedenen Körnungen: Für grobe Schleifarbeiten (Erstschliff bei Unebenheiten) benutzt man 80er Körnung, **Zügen** in Faserrichtung zu arbeiten. Dadurch können Sie außerdem Ungleichmäßigkeiten und zu starkes Aufrauhen des Holzes vermeiden.

Schleifpapier in verschiedenen Körnungen

zum Nachschleifen (Glätten) 100er Körnung, für den anschließenden **Feinschliff** 100er oder 120er Papier. Für **Maschinen** verwendet man entweder selbstklebende Schleifpapierscheiben oder Schleifgewebe. Die Feinheit der Körnung richtet sich nach der Härte des zu behandelnden Materials. Achten Sie beim Schleifen darauf, immer in **langen**, gleichmäßigen

MINITIP
Wenn Sie manuell schleifen, wickeln Sie das Schleifpapier um einen rechteckigen Holzklotz. Kleine Lackflächen können Sie auch mit geradekantigen Glasscherben entfernen. Legen Sie das Glas in flachem Winkel an und ziehen Sie dann den Lack vorsichtig in Faserrichtung ab.

Schleifklotz

Spezialkurse

MODERNE HOLZVERBINDUNGEN

Nagelverbindungen
Wo mit Holz gearbeitet wird, müssen immer verschiedene Holzteile miteinander verbunden werden. Eine der **einfachsten** und am **schnellsten** herzustellenden Verbindungen ist das Nageln. Nagelverbindungen haben jedoch auch verschiedene Nachteile: Sie sind nur auf Druck und in Querrichtung zu den Nägeln wirklich belastbar, während sie bei starkem Zug in Längsrichtung zu den Nägeln und bei auftretenden Schwerkräften leicht aufgehen. Sie sind zudem unter ästhetischen Gesichtspunkten meistens unbefriedigend. Deshalb sind sie eher für **einfache Arbeiten** wie Kisten, Brettertüren oder Holzverschalungen am Außenbau geeignet. Auch wenn Sie schon als Kind mit Hammer, Zange und Nagel umgegangen sind, vielleicht können Sie immer noch etwas hinzulernen. Dazu also einige **Tips und Tricks**.

Nägel halten durch **Einklemmen** ihres Schaftes zwischen den Holzfasern. Je spitzer also der Nagel, um so weniger Fasern werden im Nagelkanal verletzt und desto fester sitzt auch der Nagel. Im Randbereich von dünnen Leisten und Brettern spalten die Nägel allerdings auch oft das Holz auf. Sie können dies verhindern, indem Sie die Nagelspitze durch **leichte Hammerschläge abstumpfen**. Hierbei stellen Sie den Nagel mit seinem Kopf auf eine harte Unterlage. Im Handel finden Sie auch speziell für dünne Leisten geeignete, mit einer Riffelung versehene Nägel.

Abstumpfen der Nägel

Nagelverbindungen halten besser, wenn Sie die Nägel **schräg eintreiben**. Mehrere Nägel sollten dabei gegensinnig zueinander eingeschlagen werden. Nageln Sie in Reihe, so **versetzen** Sie die Nägel zueinander so, daß Sie nicht immer im gleichen Faserverlauf sitzen (Rißgefahr).

Schräges Eintreiben der Nägel

Bei allen sichtbaren Nagelungen versenken Sie die Nägel mit einem **Versenkstift**. Hierdurch vermeiden Sie, daß die Nägel nach dem Schrumpfen des Holzes aus dem Brett herausragen. Dies ist nicht nur unschön, sondern birgt auch Verletzungsgefahr.

Gleichzeitig schützen Sie die Holzoberfläche, wenn Sie bei den letzten Hammerschlägen einen Versenkstift zu Hilfe nehmen.

Versenkstift

MINITIP
Besonders lange Nägel werden nicht krumm, wenn Sie sie beim Einschlagen durch Anhalten eines zweiten Hammers an den Nagelschaft stabilisieren.

Schraubverbindungen
Auch Schraubverbindungen zählen zu den einfachen und schnell herzustellenden Verbindungsarten. Im Gegensatz zur Nagelung sind sie auch auf Zug gut belastbar, dafür erfordern sie aber auch ein geplanteres Vorgehen und höheren technischen Aufwand.
Für Holzverbindungen können Sie zwischen zwei Schraubenarten wählen: Die **traditionelle Holzschraube** mit Senk-, Linsen- oder Rundkopf hat ein sich zur Spitze hin verjüngendes Gewinde, das immer ein Vorbohren des Schraubenloches erfordert. Die **moderne Spanplattenschraube**, auch »Spax« genannt, hat ein selbstschneidendes bis zum Kopf mit Kreuzschlitz durchgehendes Gewinde. Sie kann ohne Vorbohren mit dem Elektroschrauber eingedreht werden.
Schraubengrößen werden generell in zwei Maßen angegeben. So bedeutet beispielsweise die Angabe 4,0 x 45, daß die Schraube 4,0 mm dick und 45 mm lang ist.

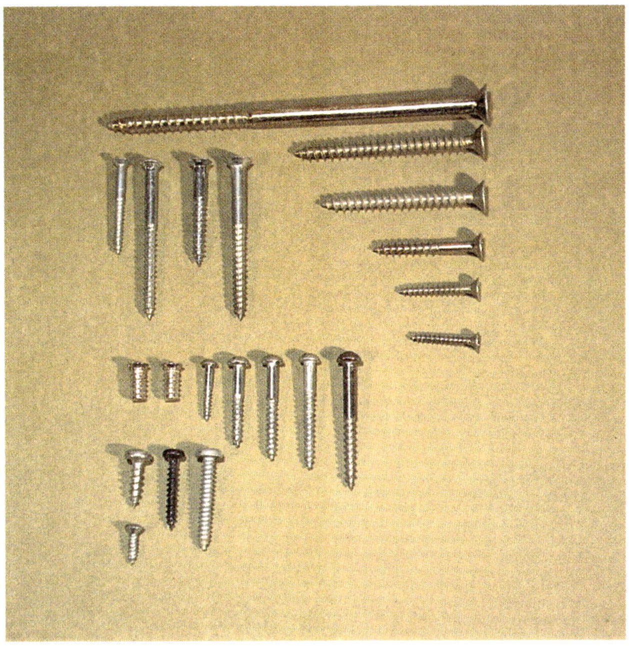

Traditionelle Holzschrauben

Für Verbindungen mit traditionellen Holzschrauben bohren Sie das Schraubenloch vor. Der **Durchmesser** des Bohrers sollte dabei um **1 mm geringer** sein als der Schraubendurchmesser. Soll der Schraubenkopf später vollkommen unsichtbar sein und mit Holzkitt überdeckt werden, so bohren Sie zunächst ein 4 bis 5 mm tiefes Loch im Durchmesser des Schraubenkopfes und dann erst das eigentliche Schraubenloch.

Bei der Verwendung von sichtbar bleibenden Senkkopfschrauben reiben Sie

Ausreiben des Bohrloches mit Krauskopf

das Schraubenloch mit dem **Ausreiber** (Krauskopf) oder Frässenker trichterförmig aus.

Elektroschrauber

Wer viel schraubt, weiß auch den Nutzen eines **Elektroschraubers** mit aufsteckbaren Schraubvorsätzen, den sogenannten »bits«, sehr zu schätzen. Insbesondere bei **großflächigen** Beplankungen mit Plattenmaterialien oder verschraubten Holzbekleidungen ist dieses Werkzeug eine große Hilfe. Den gleichen Dienst erweist natürlich eine elektronisch **regelbare Bohrmaschine** mit Rechts- und Linkslauf.

Metallverbinder
Wer bei der Verbindung von Kanthölzern oder Balken auf das doch recht aufwendige Verzapfen verzichten möchte, verwendet feuerverzinkte Metallverbinder, die der Handel als **Winkel, Balkenschuhe** oder **Lochbleche** in allen gängigen Normmaßen anbietet.

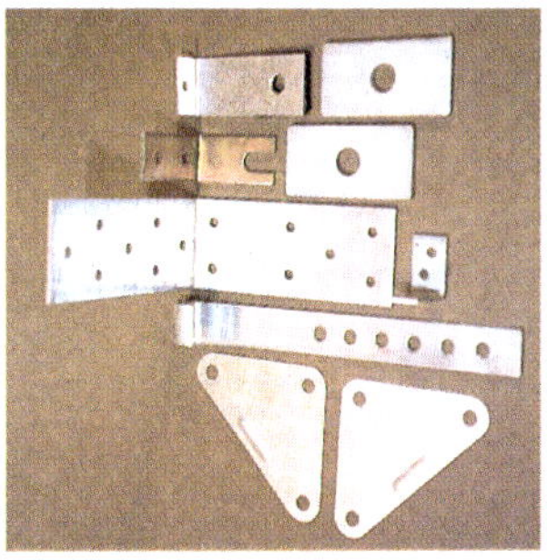

Lochbleche

Metallverbinder befestigen Sie mit geriffelten Spezialnägeln oder mit passenden Spaxschrauben. Da Sie für eine haltbare Verbindung in jeden Winkel und jedes Lochblech eine Vielzahl von langen Schrauben eindrehen müssen, verwenden Sie unbedingt einen Elektroschrauber mit passenden Steckvorsätzen.

Winkel

Tragende Rahmenkonstruktionen (Außenwände, Trennwände, Dachkonstruktionen) muß man mit diagonalen **Verstrebungen** aussteifen. Auch hier kommen Metallverbinder zum Einsatz. Allerwichtigste

Voraussetzung für alle Verbindungen mit Lochblechen ist ein paßgenaues Zuschneiden der Holzteile.

MINITIP
Feuerverzinkte, in Betonfundamente eingesetzte Stützfüße verhindern wirkungsvoll und dauerhaft, daß bodennahe Holzteile im Außenbereich feucht werden und zu faulen beginnen.

GEDÜBELTE VERBINDUNGEN

Zwischen der groben Vernagelung oder der Schraubverbindung und der sehr anspruchsvollen Schlitz- und Zapfenverbindung erweist sich die stumpfe **Verleimung mit Holzdübeln** als ein in jeder Hinsicht befriedigender Mittelweg.

Dies gilt vor allem für die leicht zu bearbeitenden **Leimholzplatten**. Das verzugfreie Plattenmaterial in Fichte oder hochwertiger Kiefer, künstlich getrocknet, feingeschliffen und in Schrumpffolie verpackt, steht in den meisten Baumärkten in unterschiedlichsten Formaten preiswert zu Verfügung.
Mit wenig Werkzeugen bauen Sie hieraus **formschöne**, individuelle **Möbel**, die sich problemlos Ihren Gestaltungswünschen und, was oft nicht weniger wichtig ist, Ihren Dachschrägen anpassen.

Sie brauchen hierzu auch keine großartigen Fachkenntnisse. Nur eines sollten Sie unbedingt **exakt** beherrschen: das Verbinden der Plattenteile mit Holzdübeln.

Gedübelte Verbindungen kann man von der Verleimungsfläche her verdeckt oder von außen her offen sichtbar herstellen. Bei der **offenen Dübelung** können die mit dunklerem Farbton deutlich abgehobenen Holzdübel ein interessantes Gestaltungsdetail bilden, das bei »sauberer« Ausführung Ihre handwerklichen Fähigkeiten in ein besonders gutes Licht rückt.

Verbindungen mit Holzdübeln

Im Baumarkt finden Sie Dübelstäbe (1 m), die in den verschiedensten Durchmessern (5–25 mm) erhältlich sind, oder solche, die an den Enden schon angefaste Fertigdübel (Länge 40 mm) haben. Dabei ist zwischen den glatten Dübelstäben für sichtbare Verdübelungen und jenen geriffelten für **verdeckte Verdübelungen** zu unterscheiden. Bei geriffelten Dübeln verteilt sich der Leim gleichmäßiger am gesamten Dübelschaft. Berücksichtigen Sie beim Einkauf außerdem, daß der Dübeldurchmesser zwischen 1/2 und 2/3 der Brettdicke betragen sollte.

Für eine paßgenaue Verdübelung lohnt sich die Anschaffung bester **Holzbohrer** mit Zentrierspitze in einer dem Dübeldurchmesser genau entsprechenden Stärke. Damit Sie beim Bohren die erforderliche Bohrlochtiefe exakt einhalten können, erstehen Sie gleichzeitig zu Ihren Bohrern passende **Begrenzungsringe**. Dies ist natürlich nicht notwendig, wenn Ihre Bohrmaschine mit einer einstellbaren Tiefenbegrenzung ausgestattet ist.

Bohren mit Tiefenbegrenzung

Für **offene Dübelungen** bohren Sie die Löcher in einem Arbeitsgang **von außen** in beide Holzteile, die Sie zunächst ohne Leim mit Schraubzwingen zusammenhalten. Bohren Sie die Bohrlöcher um 6–8 mm tiefer als die vorgesehene Dübellänge, damit Sie den Leim besser einstreichen können. Blasen Sie zuvor jedoch jedes Dübelloch sorgfältig aus, längen Sie die Dübel ab und spitzen Sie sie mit dem Stechbeitel an den Enden leicht an. Danach streichen Sie den Leim mit einem **dünnen Pinsel** in die Dübellöcher. Den Leim sollten Sie nie direkt auf die Dübel geben, da er sonst nur beim Einschlagen der Dübel abgleitet.

Bei **verdeckten Dübelungen** bohren Sie die Dübellöcher jeweils **von der Verbindungsseite her** in beide Holzteile. Hierfür müssen die Dübellöcher beim Zusammenfügen exakt übereinander sitzen. Reißen Sie deshalb mit dem Winkelmaß und Bleistift den genauen Verlauf der Verbindung und den Sitz der Dübellöcher an.

Anzeichnen der Dübellöcher

Dann schlagen Sie in die Mitte jedes vorgesehenen Dübelloches an nur einem Holzteil dünne Nägel ein.

Danach kneifen Sie die Nägel mit der **Beißzange** so ab, daß sie nur noch 2 bis 3 mm über die Oberfläche des Bretts hinausstehen.

Anschließend fügen Sie die Holzteile an den vorgesehenen Verbindungsstellen paßgenau zusammen. Die Nägel kennzeichnen dann exakt die **Mittelpunkte** der Dübellöcher am gegenüberliegenden Holzteil. Ziehen Sie die Nägel dann wieder heraus.

Auch hier bohren Sie die Dübellöcher etwa um **3–4 mm tiefer** als die Dübellänge, damit der Leim gut aufgenommen werden kann. Blasen Sie die Dübellöcher sorgfältig aus und längen Sie dann die Dübel auf die erforderliche Länge ab. Jeder Dübel muß nun an beiden Enden mit dem Stechbeitel leicht angefast werden. Hiernach geben Sie wenig Leim in die Dübellöcher nur eines Holzteils und verteilen den **Leim** mit einem Holzstäbchen **gleichmäßig** an den Wandungen.

Verteilen des Leimes mit einem Holzstäbchen

Zeichnen Sie nun die Dübel etwa in der Mitte mit einem Bleistiftstrich an und schlagen Sie sie vorsichtig mit einem Hammer bis zur Markierung ein. Dies muß ziemlich zügig geschehen, denn durch den starken **Druck** im Dübelloch kann es vorkommen, daß der Leim sehr schnell abbindet und die Dübel festsitzen, bevor sie weit genug eingeschlagen sind.

Einschlagen der Dübel

Vor dem Zusammenfügen geben Sie auf die gleiche Weise wie vorher wenig Leim in die »gegenüberliegenden« Dübellöcher und tragen auf beiden Holzteilen einen schmalen Streifen Leim in der Mitte des markierten Verlaufs der Verbindung auf. Zum Zusammenfügen verwenden Sie einen **Holzhammer** und eine schützende Beilage aus Hartholz. Auch hierbei muß recht zügig gearbeitet werden, damit der Leim nicht frühzeitig abbindet und die

Zusammenfügen

Dübel festsitzen. Achten Sie dabei besonders auf ein dichtes Schließen der Leimfuge; setzen Sie dann die **Schraubzwingen** an. Herausquellenden Leim **entfernen** Sie sofort mit einem Holzspan, nicht mit dem Stechbeitel oder Schraubenzieher; der Kontakt Leim-/ Metall kann das Holz häßlich verfärben. Wischen Sie mit einem angefeuchteten Tuch nach.

Pressen

PROFITIP

Es ist ein Irrtum, zu glauben, daß besonders viel Leim besser verbindet als wenig Leim. Für eine haltbare Verleimung kommt es eher darauf an, daß der Leim auf der gesamten Berührungsfläche beider Teile dünn verteilt ist. Fachleute benutzen einen Pinsel. Weiter gilt: Je höher der Anpreßdruck, um so tiefer dringt der Leim in die Holzporen ein und desto fester wird auch die Verleimung.

TRADITIONELLE HOLZVERBINDUNGEN

Haltbare und ästhetisch anspruchsvolle Holzverbindungen stellt man durch **Verleimen** dicht ineinandergreifender, speziell zugeschnittener Holzteile her. Dies wußten schon die alten Ägypter, und dies ist auch heute noch der Stolz jedes Tischlers.

Doch keine Angst vor der hohen Schule der Holzbearbeitung. Auch Sie können feste Verbindungen mit **Schlitz und Zapfen** herstellen. Wesentlich, wie bei allen handwerklichen Kenntnissen und Fertigkeiten, sind hier Ausdauer, Übung und Genauigkeit. Wenn Sie einen Schritt vor den anderen setzen und nicht holpern und hasten, dann gelingt es auch.

Schöne und haltbare Holzverbindungen

Wichtig: die richtige Holzauswahl

Ihr Holz sollte gerade gewachsen und möglichst feinjährig sein und an den vorgesehenen Verbindungsstellen keine eingewachsenen Äste aufweisen. Vom **Trocknungsgrad** des Holzes hängen wesentlich seine gute Bearbeitbarkeit und die spätere Belastbarkeit der Verbindungen ab. Feuchtes Holz ist schwieriger genau zu bearbeiten als trockenes. Mit hoher Feuchte verarbeitetes Holz würde zudem durch unterschiedlich starkes Schwinden beim späteren Trocknen an den Verbindungsstellen reißen bzw. sich aus der Verbindung lösen. Verwenden Sie für alle konstruktiven Teile (etwa Rahmen, Zargen, Stempel) Holz mit möglichst **stehenden Jahresringen**. Wie Sie bereits wissen, verzieht es sich weit weniger als Hölzer mit liegenden Jahresringen.

Geeignetes Werkzeug

Zum »Schlitzen und Zapfen« benötigen Sie eine **Feinsäge**, einen **Stechbeitel** in der Breite des Schlitzes sowie einen

Holzhammer; weiter einen **Zollstock**, wenn verfügbar ein **Streichmaß** und eine **Reißnadel** oder einen **Bleistift**. Der Stechbeitel sollte sehr scharf sein. Investieren Sie lieber Zeit in das **Nachschärfen** und Abziehen des **Stechbeitels**, als nach mühevoller Arbeit das verdorbene Werkstück zum Brennholz zu werfen, weil der Beitel nur gerissen und nicht geschnitten hat.

Schärfen des Werkzeuges

PROFITIP
Vermeiden Sie beim Schärfen zu festen oder einseitigen Andruck des Stechbeitels an die Schleifscheibe. Ist der Stahl durch Überhitzung erst einmal blau angelaufen, so verliert er seine Schärfe schon nach den ersten Schnitten. Das Pendeln des Stahls an der Schleifscheibe ist nicht ungefährlich, will daher geübt und gekonnt sein. Bei schnellaufenden Schleifscheiben sollten Sie das Werkzeug öfter absetzen und durch Eintauchen in Wasser kühlen. Zu Ihrem Schutz tragen Sie beim Schärfen Schutzbrille und Lederhandschuhe.

Genaues **Messen** und **Anreißen** ist die halbe Arbeit. Um die zu verbindenden Teile nicht einseitig zu schwächen, sollte die Zapfendicke ein Drittel und die Zapfenlänge mindestens das Vierfache der Holzdicke betragen. Stellen Sie das **Streichmaß** auf genau ein Drittel der Holzdicke ein und übertragen Sie dieses Maß umlaufend für Schlitz und Zapfen. Reißen Sie dann die Längen von Schlitz und Zapfen mit der Reißnadel an (Absetzriß).

Messen und Anreißen

Spannen Sie das Holz mit der Kopfseite nach oben fest ein. **Sägen** Sie dann den Zapfen außerhalb des Streichmaßrisses von der Kopfseite des Holzes her. Danach spannen Sie das Holz liegend ein und setzen den Zapfen außerhalb des Risses mit der Feinsäge ab.

Den Schlitz sägen Sie innerhalb des Streichmaßrisses beidseitig von der Kopfseite her. Hiernach spannen Sie das Holz liegend auf fester Unterlage ein und **stemmen** abwechselnd zuerst von oben (Fasern am Riß durchtrennen), dann von vorne zum Riß hin um den Span abzuheben. Wenn Sie den Schlitz etwa zur Hälfte ausgestemmt haben, drehen Sie das Holz um. Auf diese Weise vermeiden Sie ein Ausreißen des Holzes beim abschließenden Durchstemmen des Schlitzes.

Schlitze, die sich nicht am Kopfende sondern im Verlauf des Holzes befinden, **bohren** Sie mit einem **Holzbohrer** mit Zentrierspitze im Durchmesser der Schlitzbreite. Für ein exakt gerades Bohren ist hierbei ein Bohrständer notwendig. Setzen Sie Bohrloch dicht an Bohrloch und stemmen Sie die restlichen Überstände im Schlitz danach mit einem Stechbeitel aus.

Ausstemmen der Schlitze

MINITIP
Damit das Holz beim Durchstoßen des Bohrers nicht ausreißt, spannen Sie es mit einer »Unterlage« aus Holz zusammen ein.

Während der sauber gesägte und gestemmte Schlitz nicht mehr verändert wird, können Sie den Zapfen durch vorsichtiges **Feilen** anpassen. Beim Zusammenfügen müssen Schlitz und Zapfen jedoch fest sitzen.

Die Überplattung
Eine einfachere und eher für untergeordnete Arbeiten geeignete Holzverbindung stellen Sie durch die Überplattung her. Hierbei werden die zusammenzufügenden Holzteile jeweils **um die Hälfte ihrer Dicke** eingesägt oder ausgestemmt.

Überplattung

Beide Verbindungsarten, Schlitz und Zapfen sowie Überplattung werden abschließend **verleimt**. Tragen Sie den Leim beidseitig dünn auf, fügen Sie die Teile zusammen und **überprüfen** Sie den **Winkel**. Bei rechteckigen Rahmen geht dies am einfachsten durch Vergleichen der beiden Diagonalen. Nur wenn beide gleich lang sind, sind alle Ecken rechtwinklig. Erst dann setzen Sie die Schraubzwingen an und wischen nach nochmaligem Überprüfen des Winkels den herausquellenden Leim sorgfältig mit einem feuchten Lappen ab.

AUFLEIMER UND UMLEIMER

Plattenwerkstoffe aus Holz wie Tischlerplatten, Sperrholz- oder Spanplatten eignen sich hervorragend zum Bau von **Kisten** und **Kästen**, **Regalen** und **Schränken** aller Art und für jeden Zweck. Die große Beliebheit dieser Platten hat ihren Grund im wesentlichen darin, daß sie auch ohne aufwendige Rahmen- und Zargenkontruktionen in hohem Maße **tragfähig** sind und sich zudem mit **wenig Werkzeug** einfach und individuell bearbeiten lassen.

MINITIP
Wenn Sie nicht über eine Hand- oder Tischkreissäge verfügen oder die erforderlichen Platten zu groß für einen Transport in Ihrem Fahrzeug sind, so lassen Sie Ihre Platten für einen geringen Aufpreis einfach im Baumarkt zuschneiden. Vorher sollten Sie jedoch alle Maße Ihrer Platten in einer genauen Konstruktionsskizze ermitteln und danach eine vollständige Stückliste erstellen.

Wann immer Sie mit Werkstoffen in Plattenform arbeiten, stehen Sie aber auch vor dem Problem, wie Sie die offen sichtbaren, meist sehr unschönen **Schnittkanten** der Platten gestalten.

Hierzu wollen Ihnen die folgenden Seiten einige fachkundige **Anregungen** geben.

Mit Hilfe einer Tischkreissäge können Sie auch größere Platten ohne Probleme in die richtige Form bringen

Kantenaufleimer aus Massivholz

Bei furnierten Span- oder Tischlerplatten können Sie den »Vollholzeffekt« gezielt durch **Aufleimer** verstärken. Hierzu benötigen Sie einfache oder bereits profilierte Leisten in der gleichen Holzart wie das Plattenfurnier.

Schneiden Sie diese Leisten auf Kantenlänge und bestreichen Sie die Plattenkante und Leisten dünn mit Holzleim. Beim Auftragen des Leims verwenden Sie am besten einen flachen **Borstenpinsel** ohne Metallbindung (Verfärbungsgefahr). Legen Sie die Leisten auf und verteilen Sie den Leim durch mehrmaliges Hin- und Herschieben der Leisten in Längsrichtung. Hiernach setzen Sie die **Holzzwingen** an. Wischen Sie den herausquellenden Leim sofort mit einem angefeuchteten Tuch weg. Ist der Leim einmal hart geworden, läßt er sich so leicht nicht mehr entfernen.

Fixieren der Massivholzleisten

Nach der Aushärtzeit des Leims spannen Sie die Zwingen aus und **hobeln** die Leisten in Form. Es ist sinnvoll, die Kanten wenigstens leicht zu brechen, denn hier besteht Splitter- und Verletzungsgefahr.

Zum Schluß schleifen Sie die Leisten mit feinem **Schleifpapier** in 220er Körnung. Arbeiten Sie dabei mit der Hand **in Faserrichtung**, das Schleifpapier schmiegt sich so besser der Form der Leisten an.

Spanplattenkanten

Häufig werden Holzspanplatten durch Anstriche verschönert. Bei den sägerauhen Kanten stellen Sie fest, daß Sie diese mehrere Male streichen müssen, bevor Sie eine geschlossene Fläche erzielen. **Einfacher** ist es, wenn Sie die Spanplattenkanten durch **Spachteln** auf einen nachfolgenden Anstrich vorbereiten. Hierzu benötigen Sie einen schnellhärtenden Kunstharzspachtel und als Werkzeug einen Japanspachtel. Reinigen Sie zunächst die Plattenkanten durch kräftiges Abbürsten von Staub und Sägemehl. Gute Dienste leistet hierbei auch ein **Staubsauger**. Arbeiten Sie die Spachtelmasse dann durch kräftiges Aufziehen in die Kantenporen ein.
Nach der Aushärtzeit schleifen Sie die Plattenkanten mit 220er Schleifpapier plan. Hierbei benutzen Sie einen **Schleifklotz aus Kork**. Nach dem Entstauben können Sie die Platten **grundieren**.

Kantenumleimer aufbügeln

Eine andere Möglichkeit ist das Aufbügeln von Kantenumleimern, die sich dabei mühelos jeder Rundung anpassen lassen. Die schmalen, auf ihrer Rückseite mit einem **thermoplastischen Kleber** beschichteten Streifen finden Sie im Handel in verschiedenen Holzarten, Maserungen und Farben, für kunststoffbeschichtete Platten stehen auch passende Umleimer aus Kunststoff zur Verfügung.

Aufbügeln des Umleimers

Schneiden Sie die Umleimer zunächst mit einer **Schere** auf die passende Länge ab und legen Sie sie auf die Plattenkante auf. Bügeln Sie dann die Umleimer mit einem normalen **Bügeleisen** bei mittlerer Temperatur auf. Ein **Nachdunkeln** des Holzes durch die Hitze sowie **Beschädigungen** an der Bügeleisensohle vermeiden Sie durch **Unterlegen eines Papierstreifens**.

Hiernach **reiben** Sie den Umleimer mit einem mit Filz unterlegten Schleifklotz fest an.

Schneiden Sie dann den überstehenden Rand des Umleimers mit einem scharfen Stechbeitel ab. Hierbei arbeiten Sie **in Faserrichtung**.

Zum Schluß schleifen Sie den Umleimer mit 220er Schleifpapier.

So erhalten Sie einen Abschluß der Bretter, der sich sehen lassen kann.

PROFITIP

Für seltene Holzarten, beispielsweise Nußbaum oder Kirsche, stehen die passenden Umleimer nicht zur Verfügung. Auch hier können Sie sich helfen, indem Sie bei einem Schreiner oder im Fachhandel einen Streifen Furnier in der entsprechenden Holzart besorgen. Leimen Sie die selbst geschnittenen Umleimer mit normalem Holzleim an. Auch hier ist dünnes Auftragen des Leims angesagt, denn wo der Leim durch das dünne Furnier »durchschlägt«, verändert sich beim späteren Beizen, Lackieren oder Einwachsen der Farbton.

BESCHLÄGE ANBRINGEN

Der Begriff Beschlag beinhaltet alle Arten von Scharnieren, Griffen, Schnäppern und ähnlichem. Der geläufigste Beschlag ist das gerade **Lappenband**. Es ist für innen- oder außenliegende Türen gleichermaßen verwendbar und wird entweder eingelassen oder nur aufgeschraubt. Soll die Türe »aufschlagen«, also vor den Seitenwänden liegen, können Sie ein **Winkelband** oder ein **gekröpftes Zylinderband** verwenden.

Lappenband

Ein **Stangenscharnier** ist die preiswerteste Möglichkeit, Türen oder Klappen zu montieren, jedoch ungeeignet für eine häufige Demontage, da es über die gesamte Höhe verschraubt werden muß. Bringen Sie **Scharniere** oder Bänder grundsätzlich zuerst **an den Türen** und dann am Rahmen an, Sie vermeiden dadurch, daß sie klemmen oder nicht richtig schließen.

Stangenscharnier

Beim Anbringen von **Schubladen**- oder **Bügelgriffen** müssen Sie den Abstand zwischen den zwei Gewindemittelpunkten genau ermitteln und exakt ausbohren.

Schlösser werden ebenfalls in den unterschiedlichsten Ausführungen angeboten. Am einfachsten ist es, einen **Magnetverschluß** anzubringen. Diese Schnapper müssen nur aufgeschraubt werden. **Aufschraubschlösser** sind genauso einfach anzubringen. Sie müssen lediglich das Schließblech in die Korpusseite einlassen. Benützen Sie dieses Schloß für eine **zweiflügelige Tür**, sollten Sie die Tür, bei der Sie das Schließblech anbringen, an dieser Stelle verstärken. So vermeiden Sie Lockerung oder Herausbrechen des

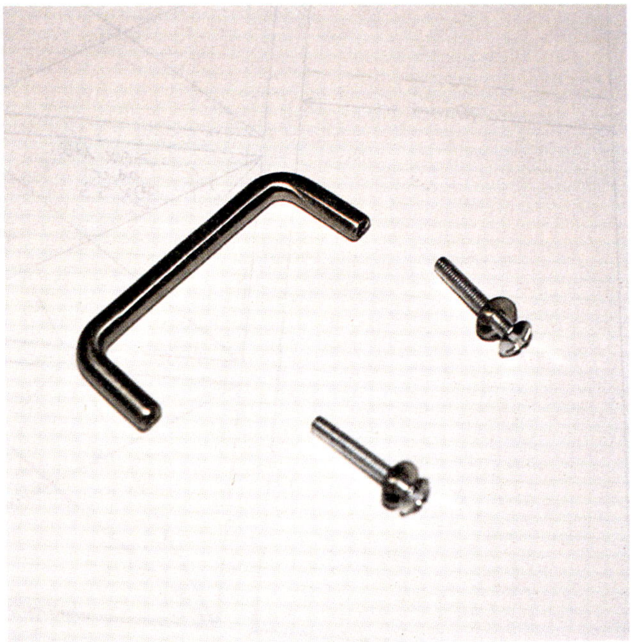

Bügelgriffe

Schließbleches. Eleganter, dafür aber schwieriger zu montieren, sind **Einlaß- oder Einsteckschlösser**. Hier müssen sowohl Schloß als auch Schließblech in die Türe eingelassen werden. Zur **Verzierung** des Schlüssellochs werden verschiedenartige Schlüsselbuchsen oder Schilder angeboten.

Schließblech

Einlaßschloß

LEISTEN ANBRINGEN

Abschlußleisten gibt es in verschiedenen Formen und Dekors – je nach Verwendungszweck und Material. Geübte Heimwerker können sie auch selbst aus **dickeren Holzlatten** herstellen. Um sie zu befestigen, werden sie entweder **genagelt, verschraubt** oder **auf eingedübelte Aluminiumclips** gesteckt. Nagelungen eignen sich vor allem für Möbelstücke. Der Belastung bei Boden- oder Wandbelägen können sie oft nur schwer standhalten.

Leisten

Verwenden Sie dreieckige, also an der Vorderseite abgeschrägte Leisten, müssen diese für die Ecken auf **Gehrung gesägt**, d.h. spitzwinkelig zugeschnitten und verschraubt werden. Nehmen Sie eine Gehrungslade zu Hilfe. Damit können Sie Leisten exakt im Winkel von 45 Grad absägen. Achten Sie bei allen **Befestigungen** darauf, daß diese **an der Wand** und nicht am Boden angebracht werden müssen. Setzen Sie die Wanddübel in gleichmäßigen **Abständen** (maximal 1 m), von den Leistenenden ausgehend. Achten Sie auf ein genaues Zusammenpassen von Schraube und Dübel. Sie können die Schraubenköpfe in das Holz versenken, ausspachteln und in der entsprechenden Holzfarbe **lackieren**. Einfacher ist die Verwendung von **Aluminiumclips** zur Befestigung gerader Sockelleisten. Hier werden nur die Clips in die Wand gedübelt und die Leiste anschließend aufgedrückt.
Für die **Eckverbindungen** gibt es im Handel Kunststoffkappen.

Sägen mit einer Gehrungslade

Problemlösungen

HOLZFEHLER

Bei der Holzauswahl für den Bau von Möbeln und Inneneinrichtungen werden Sie sich immer für ein Brett entscheiden müssen, das in seinen Maßen und seiner Struktur zwar genau Ihren **Vorstellungen** entspricht, dafür aber **Schönheitsfehler** aufweist, die Sie am fertigen Möbel doch erheblich stören würden. Zu diesen Schönheitsfehlern zählen neben Verkrümmungen, Verfärbungen und Rissen, vereinzelte grobe, **eingewachsene** oder gar **herausgefallene Äste** ebenso wie sogenannte **Harzgallen**, aus denen noch nach Monaten Harz auslaufen kann. Wenn Sie bereits gebrauchtes, altes Holz für eine besonders schöne Arbeit wiederverwenden oder ein **altes Möbel restaurieren**, werden Sie häufiger mit tiefergehenden Beschädigungen der Holzoberfläche zu tun haben, zum Beispiel mit ehemaligen Schrauben- , Nagel- oder Brandlöchern, die nun von Ihnen **geschlossen** werden müssen.

Verfärbungen:
Stockiges Holz (oben) hat eine geringere Festigkeit und ist unbrauchbar. Rotstreifiges Fichtenholz (rechts) wird durch Pilze verursacht und ist unzulässig für Bauarbeiten. Verblautes Kiefernholz (links) hat die gleiche Ursache und kann nicht gleichmäßig gebeizt werden

Holzkrümmungen:
Querkrümmungen (oben) vermindern die Belastbarkeit geringfügig, Längskrümmungen (mitte) können waagrecht verwendet werden
Drehwüchsiges Holz (unten) ist nicht zu verarbeiten und sollte nicht gekauft werden

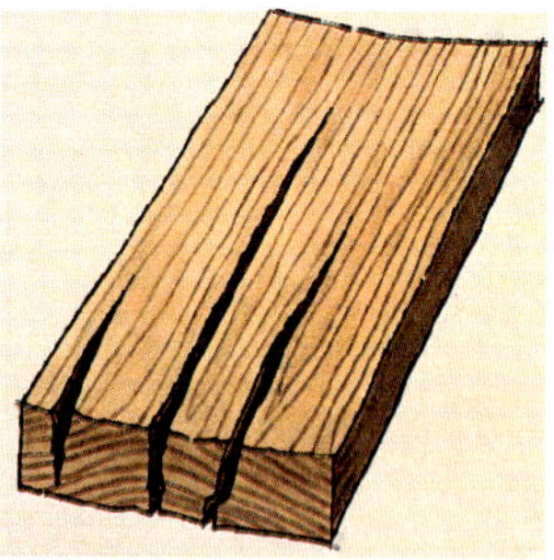

Risse werden durch weiteres Trocknen des Holzes zu Spalten und können das ganze Brett unbrauchbar machen

Für die **Reparatur** solcher Holzfehler oder Beschädigungen gibt es im Fachhandel kreisrunde **Holzplättchen** in genormten Durchmessern (10, 20, 24, 30 mm), deren Anschaffung bei häufigen Holzarbeiten durchaus lohnt. Eine Alternative hierzu sind natürlich auch Rundstäbe, von denen Sie die Scheibchen nach Bedarf abschneiden können.
Zum **exakten Bohren** der entsprechenden Löcher ist ein normaler Spiral-Holzbohrer zu unpräzise. Für solche flachen Bohrungen im Holz, bei denen der Rand unbedingt unbeschädigt bleiben muß, verwenden Sie besser sogenannte **Forstnerbohrer**, die wegen der mit ihnen erzielten Bohrlochform umgangssprachlich auch »Topflochbohrer« genannt werden. Der Bohrerdurchmesser muß mit dem Durchmesser der gewählten Holzscheibe übereinstimmen.

Eingewachsene Äste sind meistens wesentlich härter als das umgebende Holz. Aus diesem Grund kann es leicht passieren, daß der Bohrer zunächst abrutscht oder beim Bohren im Holz »verläuft«. Am sichersten bohren Sie also mit einem Bohrständer.

Bei breiten Brettern oder an bereits fertiggestellten Möbeln können Sie allerdings den Bohrständer kaum einsetzen. Der Fachmann behilft sich hier mit einem einfachen **Trick**: Er bohrt im Mittelpunkt des zu bohrenden größeren Loches mit einem 2 mm starken Bohrer vor. In diesem kleinen Bohrloch findet dann die Zentrierspitze des Forstnerbohrer eine sichere Führung.

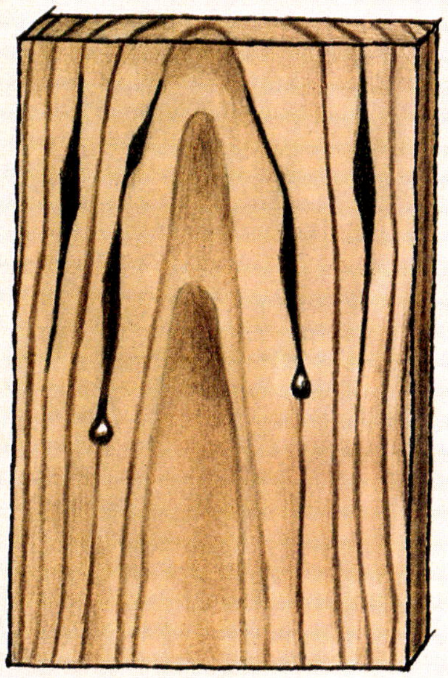

Harzgallen

Eine andere, noch präzisere Methode besteht darin, zunächst mit dem **Forstnerbohrer** durch ein Stück Restholz (am besten Hartholz) ein Loch zu bohren und dann dieses Holz mit einer Schraubzwinge über der Beschädigungsstelle zu befestigen. Dabei kontrollieren Sie zunächst durch das Bohrloch die richtige **Position** über der Ausbesserungsstelle. Beim Bohren benutzen Sie das Bohrloch als Führung für den Bohrer. Damit das Holz nicht an der Bohrlochkante ausreißt, bohren Sie zunächst mit **niedriger Drehzahl**. Das Bohrloch sollte nun etwas weniger tief, keinesfalls aber tiefer als die Dicke der Holzscheibe sein.

Überprüfen Sie zunächst, ob die Holzscheibe auch genau in das Bohrloch paßt. Wählen Sie zwischen unterschiedlichen Scheiben diejenige aus, die am besten mit Farbe und Holzmaserung in der Umgebung übereinstimmt. Da die Scheiben exakt den gleichen **Durchmesser** haben wie das Bohrloch, ist es bei einer von einem Rundholz abgeschnittenen Scheibe günstig, diese rundum an der Unterkante leicht anzuschrägen. Bei den im Handel fertig erhältlichen Scheiben ist diese Abschrägung schon vorhanden.
Geben Sie nun aus der Leimflasche wenig Holzleim auf den Grund des Bohrloches und bestreichen Sie auch die Wandungen des Bohrloches mit Holzleim.
Vor dem Einsetzen der Holzscheibe drehen Sie diese so, daß der **Verlauf ihrer Maserung** mit der Faserrichtung des Bretts übereinstimmt.
Durch einfachen Daumendruck läßt sich die paßgenaue Scheibe vermutlich nicht einsetzen. Benutzen Sie daher beim Einsetzen der Scheibe einen **Hammer** und als Unterlage zum Schutz vor Beschädigungen ein Stück Restholz.

Beim Einschlagen wird ein Teil des Leims an den Seiten der Scheibe aus dem Loch herausquellen. Wischen Sie den Leimüberschuß sofort mit einem **angefeuchteten Lappen** ab. In die Holzporen der Brettoberfläche eingedrungener Leim bewirkt deutliche **Farbveränderungen** beim späteren Beizen, Lackieren oder Einwachsen.

Nach der Abbindezeit des Leims – je nach Temperatur 2–8 Stunden – **schleifen** Sie die Holzscheibe mit der Brettoberfläche plan. Hierzu können Sie einen elektrischen Schwingschleifer oder einen Bandschleifer benutzen. Wenn die Holzscheibe nicht allzu weit übersteht, geht es genauso gut aber auch von Hand. Schleifen Sie immer **in Faserrichtung** und verwenden Sie zum Grobschleifen 120er bis 150er Schleifpapier. Zuletzt schleifen Sie mit Schleifpapier der Körnung 220 bis 300 fein.

Gesunde Äste (links) sind mit dem restlichen Holz verwachsen, schwarze Äste (rechts) sind krank und können herausfallen

PROFITIP
Beim Bohren besteht immer die Gefahr, daß in der Bohrlochumgebung Holzfasern herausgerissen werden. Dies ist besonders ärgerlich, wenn es sich um später sichtbare Oberflächen an Möbeln oder Einbauten handelt. Erste Voraussetzung für »sauberes« Bohren sind natürlich ein wirklich scharfer Holzbohrer mit Zentrierspitze sowie anfängliches Bohren mit langsamer Drehzahl. Eine Möglichkeit, solche Schäden zu vermeiden, besteht darin, durch ein zusätzlich über dem Bohrloch festgeklemmtes Holzstück zu bohren. Den genauen Sitz des Bohrloches können Sie nach dem Vorbohren von Zulage und Werkstück mit einem sehr dünnen Bohrer oder mit einem dünnen Nagel bestimmen.

OBERFLÄCHEN-BEHANDLUNG

Nachdem Sie Ihre Werkstücke durch Schleifen vorbereitet haben, können Sie die Oberfläche durch **Beizen, Wachsen** oder **Lackieren** weiterbehandeln.

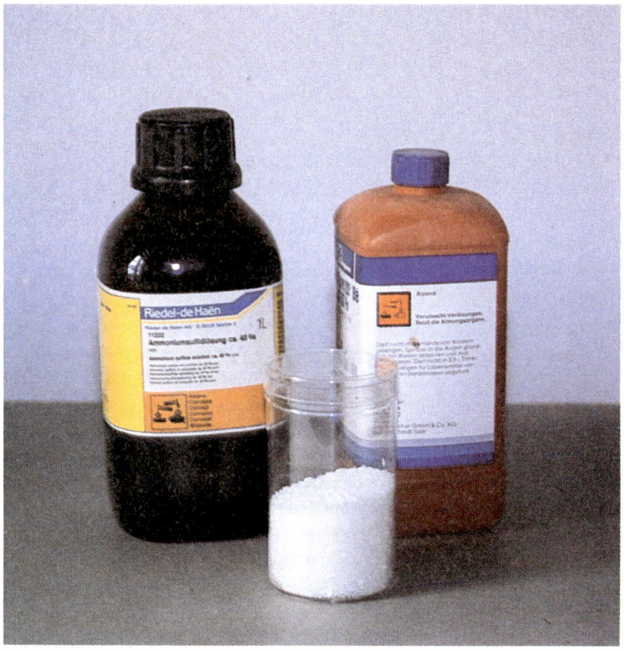

Zum Aufhellen von Holz kann man Wasserstoffperoxid oder Bleichbeizen verwenden

ÖKOTIP
Sie können auf lösungsmittelhaltige, gesundheitsschädigende Lacke in nahezu allen Fällen verzichten. Nur selten bieten sie dem Holz den benötigten Schutz, es sei denn, sie werden 3 bis 5 mal aufgetragen. Mit Wachsen oder Ölen erzielen Sie auf natürliche Weise denselben Effekt und verleihen ihm den notwendigen Schutz vor Wasser, Fetten oder Schmutz.

Beizen
Um Farbänderungen herbeizuführen, wird das Holz häufig gebeizt. Als **Aufheller** benutzt man hierbei Wasserstoffperoxyd oder Bleichbeizen. Da diese Mittel ebenfalls gesundheitsschädigend sind, muß mit **Handschuhen, Atemschutzmaske** und **Schutzbrille** gearbeitet werden.

Farbstoffbeizen wie Antik- oder Rustikalbeizen sind Gemische auf Teerstoffbasis. Sie sind weniger schädlich, müssen aber mit Wachs oder Ölen nachgearbeitet werden.
Bei chemischen Beizen, die auf der Reaktion von Vor- und Nachbeize beruhen, sollte man unbedingt die **Anwendungsvorschriften** des Herstellers genau beachten.

Grundsätzlich zu beachten gilt, daß Beizen nie mit Metallen (z.B. Pinselzwingen oder Behälter) in Berührung kommen dürfen, da dies sofort eine chemische Reaktion zur Folge hat, die sich äußerst nachträglich auf das Holz auswirkt.

Wachslösungen schützen das Holz und erhalten die Farbe

Wachsen
Im Handel sind verschiedene Wachslösungen erhältlich, die dem Holz einen **zuverlässigen Schutz** geben und leicht aufzutragen sind. Flüssiges Wachs dringt dabei am tiefsten in die Holzfasern ein und bietet dadurch den größten Schutz. Alle mit Wachs behandelten Flächen müssen

Mit Beizen können Sie die natürliche Farbe des Holzes variieren und so den gewünschten Farbton erzielen

Beim Beizen von Möbeln ist Vorsicht geboten. Tragen Sie Handschuhe und Schutzmaske

nach einer Trockenzeit von etwa 1 Stunde mit einem **Leinenlappen** oder einer Naturhaarbürste **nachpoliert** werden, wodurch sie ihren **schönen Glanz** erhalten.

Stärker beanspruchte Flächen sollten jedoch unbedingt mit **Imprägniergrund** auf Leinölbasis vorbehandelt werden.

Bei der Verwendung von **Bienenwachsprodukten** sollte mit Naturharz grundiert werden. Bienenwachsbalsam ist ein **Naturprodukt** und hinterläßt einen angenehmen und intensiven Geruch, der lange anhält.

MINITIP
Beizen, wachsen oder lackieren Sie Ihre Werkstücke immer erst nach der kompletten Fertigstellung. Außerdem sollten Sie sie nie auf Zeitungspapier legen, da die Gefahr von Verschmutzungen mit Druckerschwärze besteht. Diese ist nur sehr schwer zu entfernen.

Selbst Kinderspielzeug können Sie ohne Probleme herstellen. Wenn Sie Bienenwachsbalsam zur Oberflächenbehandlung verwenden, können Sie Ihr Kind vor Gesundheitsschäden schützen

Holzoberfläche schleifen und wachsen

Leimholzplatten aus Hartholz sind, bei einer materialgerechten Behandlung der Oberfläche, angenehm natürliche und widerstandsfähige Arbeitsflächen. Weit weniger pflegebedürftig, als man annehmen dürfte.

Kantenflächen glätten, Winkelkanten abrunden oder anfasen.

Durch die besondere Verleimtechnik sind die weniger wünschenswerten, spezifischen Eigenschaften von Massivholz zwar eingeschränkt, bei der Befestigung auf Unterschränken muß jedoch unbedingt darauf geachtet werden, daß die Platte etwa ein Prozent ihrer Breite als Spielraum erhält. Denn die Oberflächenbehandlung mit Naturwachsen erlaubt dem Holz die notwendige Aufnahme und Abgabe von Luftfeuchtigkeit, und dadurch ergibt sich eine geringfügige Änderung der Breite. Wasserdicht, lebensmittelverträglich und widerstandsfähig gegen lebensmitteleigene Substanzen ist das Holz trotzdem.

Holzbearbeitung

Plattenzuschnitte sind wenigstens noch an den Kanten zu bearbeiten. Die rohe Holzoberfläche soll zwar nicht zu glatt werden, aber je nach Materialqualität und Verwendungszweck ist eine Nachbearbeitung der industriell geschliffenen Flächen angebracht. Harthölzer wässern und überschüssiges Wasser nach einigen Minuten mit ausgedrücktem Schwamm wieder abnehmen.

Die rohe Holzfläche mit heißem Wasser ausgiebig naß machen.

Diese Prozedur läßt die vielen kleinen Fasern aufquellen, die, völlig getrocknet, mit 180-Schleifkörnung abgeschliffen werden. Zeigen sich nach dem Abbürsten feine Risse oder offene Stoßfugen, kann man den Schleifstaub aus dem Staubbeutel zu Kitt verarbeiten: Einfach mit einigen Tropfen Klarwachs den Staub zu einer festen Masse verkneten. Mit der Stecheisenklinge anschließend den Kitt in die Vertiefungen drücken.

Oberflächenbehandlung

Je intensiver man das Klarwachs in das Holz einarbeitet, umso exzellenter wird die Oberfläche. Dabei kann man immer wieder ein wenig neues Wachs auf die Oberfläche streichen und so lange kreuz und quer verteilen, bis sich beim Egalisieren in Längsrichtung ein gleichmäßiger Glanz, ohne matte Bereiche, auf der gesamten Fläche zeigt. Die

Der Excenterschleifer erreicht ideale Voraussetzungen.

Rückseite möglichst ebenso behandeln. Diese Schicht muß wenigstens 24 Stunden trocknen und härten. Ein Zwischenschliff ist nur dann notwendig, wenn die Holzfläche nicht ganz

Holzkitt selbst auf einer Glasplatte mischen.

gleichmäßig geschliffen wurde.

Die Deckschicht aus Dekorwachs läßt sich mit einem Stoffballen, Leinen über saugfähiges Trikot gebunden, intensiv und fein auftragen. Erst zum Abschluß in Holzrichtung mit langen, zügigen Bewegungen egalisieren.

Beim Verteilen der Grundschicht den Pinsel ruhig etwas quälen.

Dekorwachs mit dem Ballen in kreisenden Bewegungen verteilen.

EXTRATIP: Bei normaler Beanspruchung genügt die halbjährliche Pflege. Dazu wird die Oberfläche leicht mit sehr feiner Stahlwolle in Richtung der Holzmaserung bearbeitet und anschließend wieder mit Dekorwachs behandelt.

ARBEITSMATERIAL

- Leimholz
- Excenterschleifer
- Schwamm
- Klarwachs
- 180-Schleifblatt
- Pinsel
- Dekorwachs
- Stecheisen
- Leinen
- Elektrohobel
- Stecheisen
- Trikot

Furnierschicht aufleimen

Um gelöste Furniere wieder aufzuleimen, muß man sie in der Regel mit Spannwerkzeugen aufpressen. In manchen Situationen kann man auch die Reaktivierungs-Methode mit Erfolg anwenden.

Wenn sich an irgendeiner Stelle das **Holzfurnier** löst, sollte man es möglichst schnell wieder aufleimen. Denn schnell kann das dünne Holz abbrechen und verlorengehen. Auch deshalb

Damit neuer Leim eindringen kann, Furnier weiter lockern.

ist es dann oft notwendig, besonders auf **Kanten** neues Furnier aufzuleimen.

Auf Wachs läßt sich noch weicher Leim leichter entfernen.

Bei **Reparaturen** kommt es darauf an, die dünne Holzschicht auch an den **Stellen** neu zu verleimen, die sich zwar noch nicht gelöst haben, aber nicht mehr ganz fest haften. Dazu schiebt man eine dünne Messerklinge vorsichtig unter das Furnier und lockert es.

Holzleim möglichst tief in den engen Spalt hineinstreichen.

Trennmittel

Beim **Zusammenspannen** muß noch etwas Leim aus

Preiswerte Klemmzwingen eignen sich besonders gut.

den **Fugen** quellen, damit er auch wirklich alle gelösten Flächen benetzt. Auf fertig

Nur Schaber mit neuer Klinge hinterlassen keine Kratzer.

behandelten Oberflächen ist **Leim** jedoch unerwünscht. Deshalb etwas Antikwachs als Trennschicht auftragen. Anstelle von Furnier eignet sich auch ein steifer Hartplastikstreifen als **Leim-**

Expressleim nicht zu dünn auf beide Klebeflächen auftragen

spachtel. Zum Pressen die Leimstelle zunächst mit Plastikfolie abdecken und dann ein **Holzstück** aufspannen.

Nach wenigen **Minuten** hat sich der Leim durch den Druck der **Klemmzwinge** soweit verteilt, daß man überschüssigen Leim sehr vorsichtig von der **Fläche** abziehen kann. Mit feuchtem **Papiertuch** nachwischen, um auch die letzten Leimreste aufzunehmen. Anschließend saubere **Folie** und das Holzstück wieder auflegen und spannen, bis der Leim fest ist.

Reaktivierungs-Methode

Meistens werden die notwendigen langen **Schraubzwingen** oder Kantenzwingen für runde **Flächen** feh-

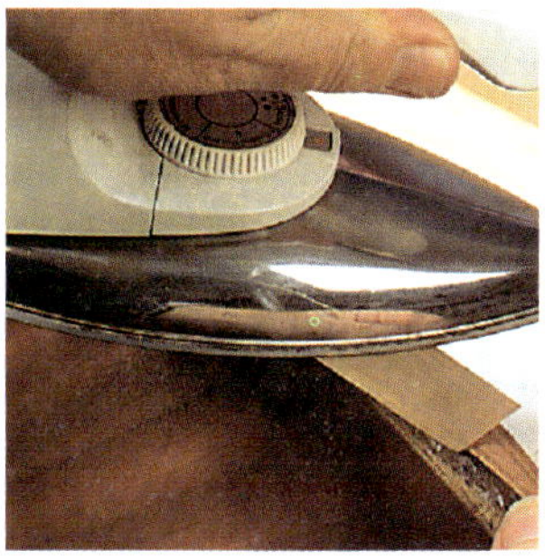

Backfolie trennt heiße Bügeleisensohle und Holz voneinander.

len, um gelöstes oder neues Furnier auf **Kanten** aufzuleimen. Doch da läßt es sich auch aufbügeln. Dazu weißen **Holzleim** glasig antrocknen lassen. In diesem Zustand verbinden sich die **Leimschichten** unter dem Druck des heißen Bügeleisens und halten sofort fest aufeinander. **Temperatur**

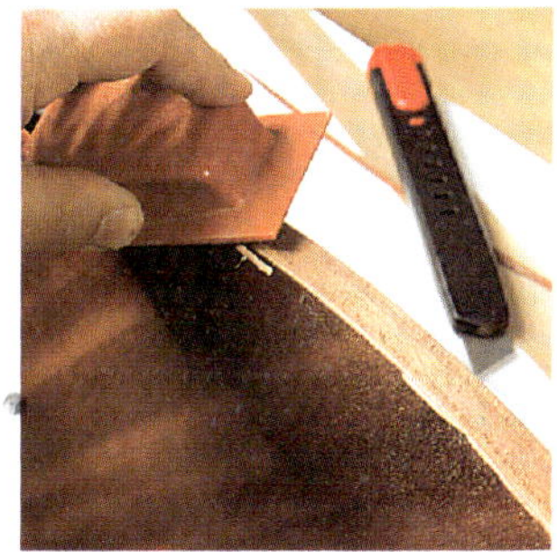

Angeschliffen läßt sich das Furnier ohne Schaden abtrennen.

auf Wolle/Seide einstellen und Teflonfolie unterlegen. Um die Überstände neuer Furnierkanten anschließend mit der **Fläche** bündig zu bearbeiten, ist schleifen sicherer als abstechen.

ARBEITSMATERIAL

- Holzleim normal
- Holzleim express
- Klemmzwinge
- Bügeleisen
- Teflonfolie
- Sandplate-Schleifer
- Cuttermesser
- Klingenschaber

Schubkasten reparieren

Kaum ein anderes Möbelteil wird mehr beansprucht als der Schubkasten. Verständlich, daß er sich schon mal auflöst. Dehalb sollte man ihn lieber gleich perfekt reparieren.

Geleimte Verbindungen müssen eingespannt werden. Das geht auch mit gekonnt improvisierten Spannelementen.

Geht ein Schubkasten aus dem **Leim,** hilft es wenig, ihn erst einmal an einer **Ecke** zu verleimen. Schon bei geringer **Bewegung** brechen auch die gegenüberliegenden Verbindungen und möglicherweise sogar die **Dübel.** Um ihn wieder richtig herzurichten, muß man die **Verbindungen** voneinander trennen. Leichte **Hammerschläge** auf eine beigelegte Leiste als Schonzulage lösen im gezeigten Beispiel zunächst einmal das **Vorderstück** von der Schubkastenseite. Dazu muß die **Schubkastenseite** nicht unbedingt auf dem Werktisch festgespannt werden. Abgebrochene **Dübel** sollten Sie ersetzen, denn erst die Dübel stabilisieren eine **Holzverbindung.** Der Leim zwischen Lackfläche und Hirnholzkante der Seite kann nicht allzuviel halten – und auch nur dann, wenn die **Leimflächen** sorgfältig vorbereitet wurden. Das ist bei Industrieprodukten nicht immer der Fall. Deshalb zunächst alte **Leimrückstände** soweit wie möglich entfernen. **Stecheisen,** Messerklinge, Schleifpapier oder Feile sind die richtigen **Werkzeuge** dafür.

Mit leichten Hammerschlägen die Verbindungen trennen.

Abgebrochene Dübel zunächst einmal absägen.

Perfekte Verbindung mit neuen Holzdübeln

Hervorstehende Dübelstümpfe absägen, damit eine **Ebene mit der Leimfläche** entsteht. Dann kann man

So läßt sich der neue Mittelpunkt besser markieren.

mit einer **Messerklinge** an einer geraden Stahlkante (Stoßspachtel) nach **Augenmaß** die Mittellinien für eine neue **Bohrung** einritzen. Das ist präziser als ein breiter Bleistiftstrich. Mit einem **Vorstecher** oder auch einem dünnen Nagel wird dann der **Mittelpunkt** für die neue Bohrung markiert. Für **Schubkästen** genügen Dübel mit einem Durchmesser von 6 mm. Für die neue **Dübelbohrung** sollten Sie unbedingt einen Holzspiralbohrer mit **Zentrierspitze** und Vorschneidern verwenden. Mit einem normalen Spiralbohrer ist es kaum möglich, exakt den **Mittelpunkt** zu treffen und auch beim Bohren dort zu bleiben. Das gilt natürlich auch für die Bohrung im **Gegenstück.** Vor allem wenn man freihändig bohren muß und nicht die Maschine im **Bohrständer** und das Schubkastenteil auf dem **Werktisch** festspannen kann. Wobei man das Vorderstück nicht zu tief aufbohren darf, damit die **Frontseite** nicht beschädigt wird. Die **Tiefe** der Dübellöcher soll nur wenig mehr als die Hälfte der **Dübellänge** betragen. Dübel für **Holzverbindungen,** ob als längere Dübelstange oder abgelängt und angespitzt, sind auf der **Oberfläche** gerillt. Das hat den Sinn, daß der **Leim** (im Bohrloch vom eingetriebenen Dübel unter Druck gesetzt) in die **Rillen** quellen kann. So entsteht dann eine

Anschließend den Dübelrest ganz ausbohren.

sichere **Leimverbindung.** Deshalb auch den Leim stets im Bohrloch auftragen, sonst würde er von der **Dübeloberfläche** abgestreift.

Leim stets in der Dübelbohrung auftragen.

Die Verbindung ohne Kraftaufwand herstellen

Sollten trotz aller **Sorgfalt** Dübel und Bohrung nicht genau übereinstimmen, kann man die **Dübel** noch etwas abschleifen oder abfeilen. Die kleine **Sandplate-Modellbaufeile** eignet sich dafür besonders gut. Mit **Gewalt** sollte man die Verbindung jedenfalls nicht

Für Korrekturen eignet sich eine Modellbaufeile.

zusammenpressen, sonst beginnt die **Reparatur** gleich wieder von vorn. Wo Leim auf **Lackflächen** halten muß, sollten diese aufgerauht werden. Auch dafür eignen sich Sandplate-Schleifwerkzeuge, deren rauhe **Stahlsohle** auch durch harte Oberflächen kaum stumpf wird. Auch wenn Sie Spezial-Holzleim für porenlose Oberflächen verwenden, ist die **Festigkeit** der Verbindung zwischen aufgerauhten **Leimflächen** ungleich höher. Geleimte Holzverbindungen müssen stets zusammengepreßt werden, damit der Leim seine **Kräfte** voll entfalten kann. Die dazu erforderlichen **Schraubzwingen** sind, selbst für kleine Kästen, jedoch nicht gerade billig, sofern nicht eine gut ausgerüstete **Werkstatt** zur Verfügung steht.

Leim hält besser an aufgerauhten Lackflächen.

Für zwei improvisierte **Spannelemente** der gezeigten Art kosten Gewindestäbe M6, Muttern, Unterlegscheiben und Leisten nocheinmal **10 Mark** – weniger als ein Zehntel der Kosten für **Schraubzwingen,** sofern man die auch später kaum noch einmal verwenden kann. Damit die Bohrungen für die **Gewindestäbe** genau übereinstimmen, spannt oder hält man die **Leisten** beim Bohren fest zusammen. Stabile Leisten, etwa 150 x 15 x 15 mm, finden Sie vielleicht noch in einem ausgemusterten Spielzeug-Holzbaukasten.

Ohne Spanndruck keine sichere Verleimung

Vor dem Verleimvorgang sollten Sie die **Spannweite** an den Spannelementen un-

Durchgehende Bohrungen auf geeigneter Unterlage.

gefähr einstellen. Das ist zwar etwas langwieriger als bei Schraubzwingen, fällt bei einmaligem **Einsatz** jedoch wohl kaum ins Gewicht. Tragen Sie den Leim sparsam auf. Aus den **Fugen quellender Leim** hält ohnehin nichts. Er verschmutzt nur die Oberflächen. Die kann man zwar gleich mit einem nassen **Lappen** abwischen, verteilt

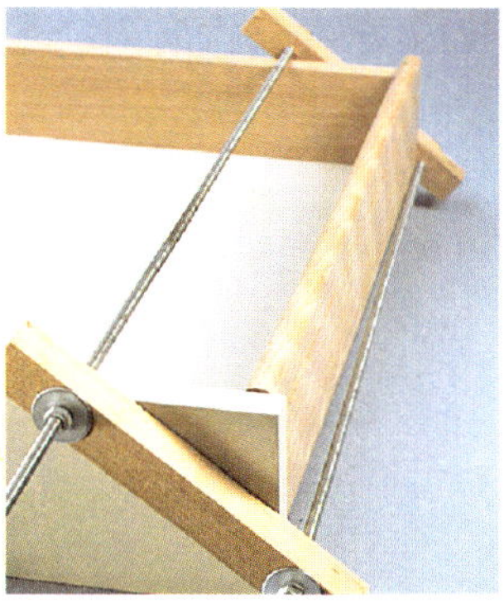

Schon vor der Verleimung die Spannweite anpassen.

dabei die Reste aber möglicherweise nur noch weiter. Ein geübter **Tischler** läßt die Leimrückstände kurze **Zeit** antrocknen und schiebt sie dann, noch weich, aber

EXTRATIP: Neues Sandplate-Schleifblatt aufkleben. Schutzpapier nur ein Stückchen seitwärts abziehen, das Sandplateblatt korrekt ausrichten und erst dann mit der freigemachten Selbstklebefläche andrücken. Anschließend das Schutzpapier ganz entfernen. Stahlblatt und Kunststoffhalter mit einer Schraubzwinge unter Druck setzen. So paßt das Schleifblatt perfekt auf den Halter.

nicht mehr flüssig mit scharfem **Stecheisen** elegant von der Oberfläche ab. So geht es natürlich auch bei eigenen Reparaturarbeiten.

ARBEITSMATERIAL

- Hammer
- Bügelsäge
- Vorstecher
- Bohrmaschine
- Spezial-Holzleim
- Schleifwerkzeuge
- Gewindestangen
- Muttern
- Unterlegscheiben
- Leisten
- Maulschlüssel

Papiersammelbox bauen

Altpapier sammeln entlastet nicht nur die Umwelt, sondern auch die eigenen Müllgebühren. Nur fehlt meistens noch ein geeigneter Ort, um gleich alles flach zusammengelegte Papier zu einem geordneten Stapel zu schichten.

Seitenteile zum Schrägschnitt zusammenspannen.

In einem nur an der **Vorderseite** offenen Kasten, mit schräg nach hinten abfallendem **Boden,** läßt sich das Papier zu einem Paket stapeln. Dann kann man den **Stapel** gleich abholreif zusammenbinden. Die **Box** sollte innen möglichst 41 cm breit werden, wenn auch **Zeitungen** hineinpassen sollen. Die Höhe der **Öffnung** sollte nicht kleiner als 12 cm werden. Diesen Kasten entweder unter einen vorhandenen oder zusätzlichen **Einlegeboden** mit Schrauben befestigen.

Sägekanten mit dem Sandplateschleifer glätten.

Einzelteile

Nur wenige **Zuschnitte** sind notwendig: ein Seitenstück 300 x 300 mm, ein **Boden** 410 x 300 mm und eine Rückwand 410 x 160 mm. Alles aus 12 mm dicker **Furnierplatte.** Eventuell zusätzlich noch einen 250 mm tiefen **Einlegeboden** und zwei **Tragleisten** 500 x 15 x 10 mm. Nicht alle **Zuschnittabteilungen** fertigen die Teile auch mit schrägen Sägeschnitten nach **Maßan-**

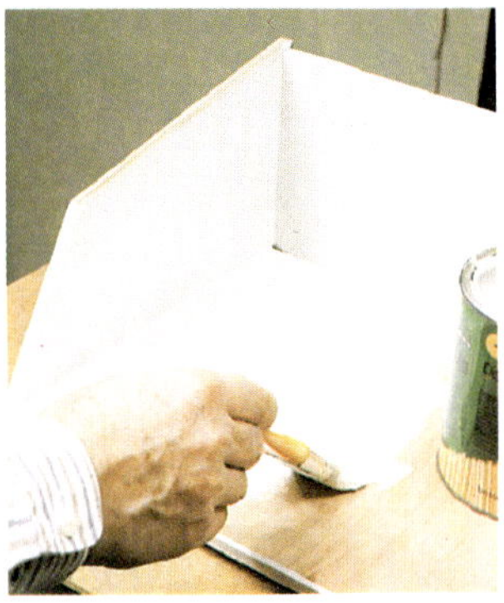

Innenflächen vor dem Zusammenfügen lackieren.

gaben oder Zeichnung. Solche Restschnitte sind jedoch auch mit einem **Fuchsschwanz** gut zu bewältigen.

Denn das **Seitenstück** ist zunächst schräg aufzutrennen, so daß zwei gleich große, trapezförmige **Teile** entstehen, mit einer 130 und einer 170 mm hohen **Seitenkante.** Die werden kantengleich aufeinandergelegt und an der 130 mm lange **Kante** um 60 mm schräg abgesägt, damit man später den **Papierstapel** an den

Schraubenköpfe auf Kunststoffen mit Rosetten unterlegen.

Seiten bequem und zusammenfassend greifen kann. Die auf **Flächen** und Kanten geschliffenen Einzelteile zusammenleimen und schrauben.

Oberfläche lackieren

Kleine **Kästen** lassen sich, allseitig geschlossen, nur noch schlecht lackieren. Deshalb wenigstens die **Innenflächen** vor dem Zusammenfügen mit dem Einlegeboden mit **Acryllackfarbe** behandeln. Damit werden sie ausreichend widerstandsfähig. Die Box mit **Linsenkopfschrauben** von oben durch den Einlegeboden befestigen. **Unterlegrosetten** verhindern, daß der Druck der **Schraubenköpfe** die Kunststoffbeschichtung einreißen läßt. Wer eine glatte **Abstellfläche** auf dem Boden vorzieht, kann die Box auch unter den **Boden** leimen. Dazu weißen Holzleim „Spezial" verwenden. Die **Oberfläche** der Kunststoffbeschichtung intensiv anschleifen und den **Boden** mit der Box zusammenspannen.

Höhe der Tragleisten genau waagerecht anzeichnen.

Das Anzeichnen der **Montagelinien** geht bei beengten Platzverhältnissen mit der **Wasserwaage** leichter als mit einem Maßstab. Die **Tragleisten** mit einigen

Die Box läßt sich auf den Tragleisten verschieben.

Stücken doppelseitigem Klebeband als **Montagehilfe** zunächst an der Markierung fixieren und dann festschrauben.

ARBEITSMATERIAL

- Sperrholzzuschnitte
- Kunststoffplatte
- Spanplattenschrauben
- Linsenkopfschrauben
- Acryllackfarbe
- Pinsel
- Wasserwaage
- Klebeband

Regalbodenkante erneuern

Wenn die Kante kunststoffbeschichteter Möbelböden beschädigt wurde, ist nicht gleich der ganze Boden wertlos. Die Kante läßt sich leicht lösen und durch eine neue Kante ersetzen.

Mit dem Bügeleisen bei der Einstellung Wolle/Seide zuerst die alte **Kante** zum Abziehen aufheizen. Wenn Sie kein ausgemustertes, aber noch funktionsfähiges Eisen haben, die **Sohle** mit Papier vor Kleberresten schützen.

Weiche Kleberschicht und Kante mit Messerklinge lösen.

Zurückgebliebene **Kleberreste** auf der Bodenkante mit einem **Schleifwerkzeug** entfernen, wenn man vermeiden will, daß die neue **Kante** nicht sauber aufliegt.

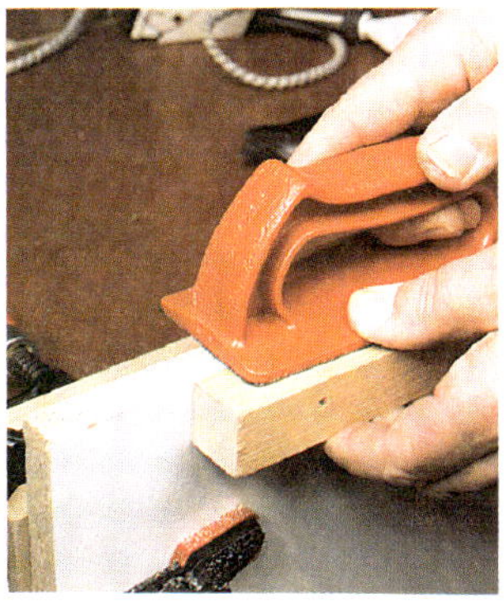

Rund geschliffene Kanten mit Führungsklotz verhindern.

Aufbügelkanten

Kantenstreifen gibt es als **Rollen** in unterschiedlichen Farben und Dekoren sowie in verschiedenen Breiten. Man wählt eine um zwei Millimeter breitere **Kante** als

Teflonfolie läßt auch das Bügeleisen leichter gleiten.

der Boden dick ist und bricht sie etwas länger als benötigt ab. Zum **Aufbügeln** eine **Zwischenlage** benützen. Als **Schutzstreifen** eignet sich besonders

Auf eine Schneidunterlage gepreßt die Enden abtrennen.

Ecken etwas schräg abschleifen.

Backfolie. Es läßt sich auch Alufolie oder Siliconpapier (Schutzpapier von Selbstklebefolie) verwenden.

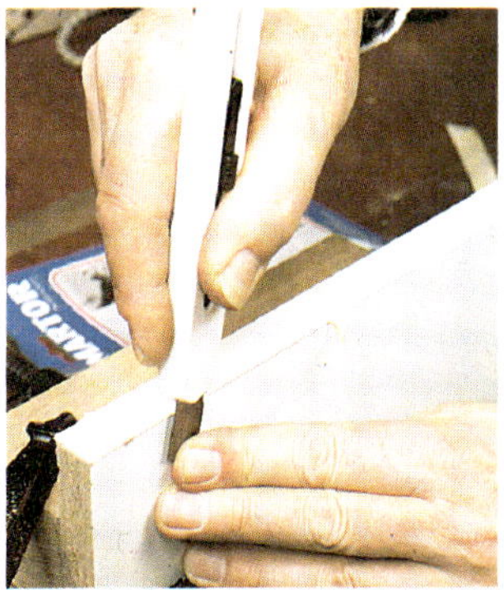

Cutterklinge schräg an der Bodenfläche anlegen.

Arbeitsfolge

Die neue Kante ebenfalls bei der **Temperatureinstellung** Wolle/Seide aufheizen und fest andrücken. An einem Ende des Bodens beginnen und das **Eisen** etwa mit einem Zentimeter je Sekunde vorwärts schieben. Ist die **Kante** abgekühlt, zu-

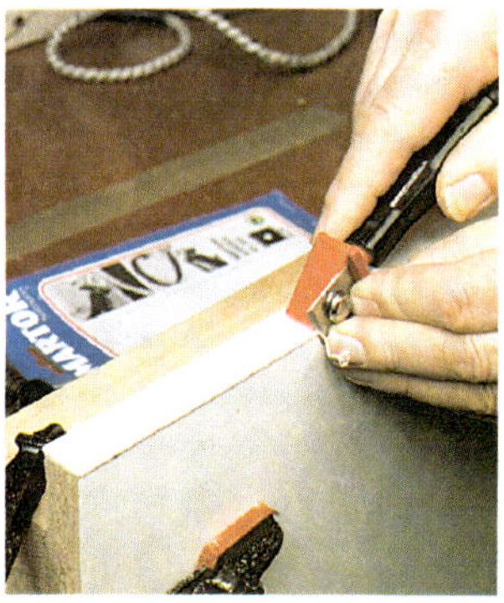

Kantenschneider mit einseitig angeschliffener Wechselklinge.

nächst die Enden kappen, um nicht ungewollt daran hängenzubleiben.

Danach die **Überstände** der Längskanten bündig, das heißt in einer Ebene mit den Bodenflächen, abschnei-

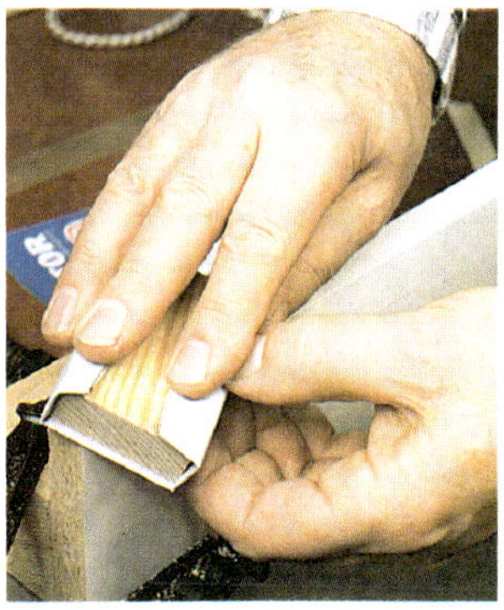

Ecken mit feinem Schleifpapier über Holzklotz bearbeiten.

den. Entweder mit scharfer **Cutterklinge,** aber beidseitig angeschliffener Schneide, oder mit einem speziellen **Werkzeug.**

ARBEITSMATERIAL

- Kantenstreifen
- Zwischenlage
- Bügeleisen
- Schleifwerkzeuge
- Cuttermesser
- Schraub/Klemmzwingen
- Klotz (Tischfuß-Fertigteil)

Gelöste Stuhlverbindung leimen

Geleimte Holzverbindungen können sich lösen. Besonders an Stühlen und Tischen, weil die langen Beine stark belastet werden. Deshalb verlangt eine Reparatur auch spezielle Sorgfalt.

Alten Leim entfernen

In den Zapfenschlitz und auch in Dübelbohrungen gelangt man nur mit einem schmalen **Stecheisen,** um die alte Leimschicht wenigstens anzukratzen, wenn sie sich schon nicht völlig entfernen läßt. **Zapfen** oder Dübel lassen sich dagegen recht gut mit einem kleinen Sandplate-Schleifer säubern. Für die **Neuverleimung** besser Spezial-Holzleim für lackierte und beschichtete Flächen verwenden. Er **garantiert** auch bei nicht hundertprozentig gesäuberten Leimflächen ein sicheres **Leimergebnis.** Reichlich im Zapfenloch und auf dem Zapfen auftragen. Nach alter **Tischlerweißheit** hält der Leim, der aus den

Der Klotz verschont das Stuhlbein von Hammerspuren.

Fugen quillt, zwar nichts, er zeigt jedoch an, daß die **Verbindung** ausreichend mit Leim gefüllt wurde. Nach herkömmlicher Art

PROFITIP
Bei gedübelten Holzverbindungen werden durch das Entfernen alter Leimschichten oft die Dübel zu dünn. Diese können ihre Aufgabe dann kaum noch zufriedenstellend erfüllen. Wenn man sie mit zwei oder drei Lagen Leinenzwirn (kein Kunstfasergarn) umwickelt, passen sie wieder so in die Bohrungen, daß der Leim ausreichenden Kontakt herstellen kann.

Die Leimschicht in der Öffnung wenigstens ankratzen.

sind derartige Verbindungen mit langen **Schraubzwingen** und Schonzulagen, oft sogar in zwei oder gar drei **Richtungen,** zusammenzuspannen, bis der Leim fest ist. Das hat den Vorteil, daß sich kontrollieren läßt, ob die **Leimfuge** ganz dicht schließt. Und herausquellender Leim läßt sich leicht mit nassem **Papiertuch** abwischen.

Verbindungen zum Säubern vorsichtig auseinanderbiegen.

Leimverbindungen spannen

Ein **Zurrgurt** kostet weit weniger als Schraubzwingen und man kann mit ihm noch eine ganze **Menge** mehr anfangen, weil sich damit zu unterschiedlichen Zwecken

Bei derartigen Reparaturen Leim auch auf Zapfen auftragen.

beträchtliche **Spannkräfte** erreichen lassen. Bei Möbelreparaturen die **Spannknarre** mit Holz unterlegen, damit Oberflächen nicht ver-

Lange Schraubzwingen sind die typischen Spannwerkzeuge.

schrammen. **Plastikfolie** zwischen Gurt und Leimfuge legen, damit überschüssiger Leim nicht den Gurt verschmutzt. Um die Fuge zu kontrollieren, den Gurt nach dem **Spannvorgang** noch

Leimverbindungen kann man auch mit einem Zurrgurt spannen.

einmal lösen, überschüssigen Leim abwaschen und wieder zusammenspannen, bis der Leim fest ist. Je länger, umso besser, denn nach den angegebenen 30 **Minuten** ist der Leim zwar fest, aber noch nicht so ausgehärtet, daß man die **Verbindung** voll belasten darf.

ARBEITSMATERIAL

- Holzleim spezial
- Hammer
- Schonklotz
- Stecheisen
- Schleifwerkzeug
- Zurrgurt

Abgetretene Treppenstufe auffrischen

Selbst mit einer hochwertigen Beschichtung zeigen sich bei farbig gebeizten Treppenstufen nach mehr als einem Jahrzehnt Verschleißspuren an den Vorderkanten. An schwarzen Stufen erkennt man sie noch früher.

Damit die neue **Beize** das Holz intensiv färben kann, muß die alte Beschichtung, scharf begrenzt, bis aufs rohe **Holz** herunter. Das gelingt mit Ziehklinge oder Dreikantschaber besser als mit Schleifpapier. Zum **Abziehen** können Sie jedoch auch ein dickes **Glasbruchstück** benutzen, da sich die speziellen Werkzeuge nicht so einfach schärfen lassen. Das gewässerte, wieder trockene **Holz** mit Schleifvlies ‚sehr fein' oder Stahlwolle ‚00' glätten. Auch feines Schleifpapier ist dafür noch recht steif. Sorgfältig absaugen, denn Stahlfasern in der Beize können die **Ursache** für Verfärbungen sein.

Behutsam ganz dünne Späne abschaben und auf Splitter achten.

Trocknen mit Warmluft verkürzt die Wartezeit.

Die Holzporen müssen sich mit Beize vollsaugen können.

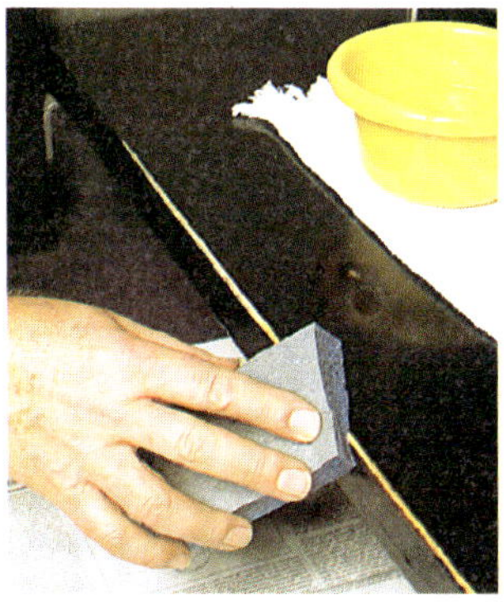
Feine Holzfasern richten sich durch heißes Wasser auf.

Anschmiegsame Schleifmittel für die gerundeten Kanten.

Lack zum Versiegeln

Die erforderliche Holzbeize sollten Sie abhängig von der vorgesehenen **Holzversiegelung** wählen. Für die hohe Belastung eignet sich eine hochwertige Kunstharz-Versiegelung am besten. Wenn man die **Geruchsbelästigung** im Haus für einige Zeit in Kauf nehmen will, erreicht man mit lösungsmittelhaltigem **Polyurethanlack** immer noch die beste Oberfläche. Zu diesem besonders ergiebigen Lack gehört, auch zur **Werkzeugreinigung,** eine spezielle Verdünnung. Geeignet sind wassergelöste Beizen. Wassergelöste Polyurethanlacke verlaufen nicht so leicht zu einer glatten **Oberfläche,** lassen sich jedoch angenehmer verarbeiten. Dafür gibt es speziell geeignete **Holzbeizen.**

Mit Beize färben

Für die vorhandenen Stufen müssen Sie möglicherweise verschiedene **Beiztöne** miteinander mischen, um den richtigen Ton zu treffen. Das kann man allerdings nur auf einem **Musterstück** aus möglichst farbtongleichem Holz, fertig gebeizt und versiegelt, zuverlässig kontrollieren. Die Beize so naß wie möglich auftragen. Dann den **Pinsel** auf saugfähigem Papier ausdrücken, um mit ihm nach wenigen **Minuten** die überschüssige Beize wieder aufzunehmen. Völlig durchgetrocknet die gebeizte Fläche mit einer Bürste aus **Pflanzenfasern** glätten. Mit Schleifmitteln gerät man zu leicht wieder bis auf das rohe **Holz.** Für ein fachgerechtes Ergebnis sollte man die Kanten erst mit unverdünntem **Lack** vorstreichen. Nach dem Trocknen die gesamte Stufe mit Schwingschleifer und **Schleifpapier** bearbeiten, um ebene Flächen zu erzielen. Mit verdünntem **Versiegelungslack** (bis 15% Zugabe) grundieren. Und darauf, nach jeweiligem **Zwischenschliff,** noch ein bis zwei Schichten auftragen.

Kanten mit unverdünntem Lack vorstreichen.

ARBEITSMATERIAL

- Schabwerkzeug
- Schleifvlies
- Stahlwolle
- Holzbeize
- Versiegelungslack

Ein Gartenteich bringt neue Tiere und Pflanzen in den Garten, darunter viele bedrohte Arten. Sie verschönern Ihren Garten, leisten zugleich einen kleinen, aber wichtigen Beitrag zum Naturschutz und verbessern das Mikroklima in der näheren Umgebung des Teiches.

Gartenteiche anlegen

Auch bei wenig Platz im Garten müssen Sie nicht auf die Anlage eines Gartenteiches verzichten. Ein Miniteich hat sogar auf einer Terasse Platz!

ARBEITSMATERIALIEN UND WERKZEUGE

Neben dem Naturteich aus **Lehm** kann die **Teichschalung** aus Beton gegossen werden oder mit fertig geformten **Teichschalen** bzw. **Teichfolie** ausgekleidet werden.
Als **Untergrund** empfiehlt sich ein **Boden aus Sand und Lehm**, der von Grobteilen wie Steinen und Wurzeln gereinigt werden sollte.
Als Zubehör benötigt man in der Regel **Pumpen** und **Filter**. **Kolben-** und **Kreisel-Pumpen** können auch durch **Solarstrom** angetrieben werden.
Zur Einleitung von Wasser sollte ein **Gartenschlauch mit Sprühdüse** oder ein **Rasensprenger** zur Verfügung stehen.
Zur Bepflanzung steht eine große Auswahl an Gewächsen für die **Feuchtzone**, die **Sumpfzone**, die **Flachwasserzone** und **Schwimmpflanzen** zur Verfügung.
Als **Werkzeuge** braucht man Zollstock, Wasserwaage, Winkel, Schlauchwaage, Markierungspflöcke, zum Befestigen einen Schlosserhammer bzw. einen Vorschlaghammer, außerdem Schaufel, Spaten, Rechen und Schubkarre.

Für die Anlage eines Gartenteiches brauchen Sie ein einigermaßen **ebenes Gelände ohne Baumbestand**. Ein Teich unter Bäumen bekommt zu wenig Licht, und wenn im Spätsommer und Herbst die Blätter in den Teich fallen, kann das Wasser sehr schnell faulig werden.
Je mehr **Platz** Sie haben, desto besser kann sich eine **natürliche** und vielfältige **Teichlandschaft** entfalten, und um so weniger Mühe haben Sie mit der Pflege.
Wesentlich ist in jedem Fall, daß der Teich sorgfältig geplant und ausgeführt wird.
Nur so ist eine lange Freude garantiert.

Materialien und Werkzeuge

Sehr große Teiche werden zumeist mit einer **Lehmschlag-** oder **Betondichtung** gebaut. Für einen Gartenteich aber gibt es einfachere Möglichkeiten: Fertig **geformte Teichschalen** oder **Teichfolien**, mit denen man die nach eigenen Vorstellungen angelegte Teichgrube auskleidet und abdichtet.
Natürlich ist die Haltbarkeit der Kunststoffe begrenzt. Die Hersteller garantieren in der Regel **10 Jahre**. Tatsächlich dürften die Folien und Schalen aber erheblich länger halten.

Materialien und Werkzeuge

Dennoch sollten Sie bedenken, daß irgendwann einmal das Kunststoffmaterial ausgetauscht werden muß und zu **Sondermüll** wird. In diesem Fall werden Sie sich mit einem Kunststoffprodukt, das **nur aus Kohlen- und Wasserstoff** besteht (z.B. Polystyrol oder Polyethylen, die bereits jetzt als recyclebar gelten), sehr viel leichter tun als mit **chlorhaltigen** Kunststoffen (z.B. PVC oder fast alle Kunstkautschuke).
Wenn Sie ganz sicher sind, daß der Gartenteich immer an derselben Stelle bleiben soll, entscheiden Sie sich am besten für eine **Lehmschlagdichtung**, denn die schadet der Natur nicht.

TEICHSCHALEN

Kunststoffteichschalen sind aus **Polystyrol** oder **glasfaserverstärktem Polyester** erhältlich. Sie sind sehr stabil, und kleinere Ausführungen erfordern sehr viel weniger Sorgfalt bei der Untergrundvorbereitung als Folien.
Da der Umriß vorgegeben ist, müssen die Teichumrisse nicht schon bei den Erdarbeiten genau angelegt werden.

Die Nachteile: Meistens sind die Ränder zu steil, so daß sich auf den glatten Kunststoffuntergründen keine Pflanzen halten. Außerdem wird mit zunehmender **Größe** der Schale der Einbau immer schwieriger. Da sich der harte Kunststoff nicht den Unebenheiten des Bodens anpaßt, muß die Schale besonders **sorgfältig** und absolut **hohlraumfrei** hinterfüllt und die Bodenfläche besonders genau **planiert** werden. Das kann bei größeren Schalen unter Umständen sehr viel Mühe machen.

Kunststoffbecken aus Polystyrol

Schalen aus glasfaserverstärktem Polyester bekommen Sie im **Baukastensystem**.
Damit können Sie Teichschalen in beliebiger Größe zusammenbauen. Größere Teiche sind aber aus den genannten Gründen kaum in Eigenleistung zu bewältigen.

Für kleine **Wasserbecken** und **Miniteiche** sind Kunststoffschalen genau das Richtige.

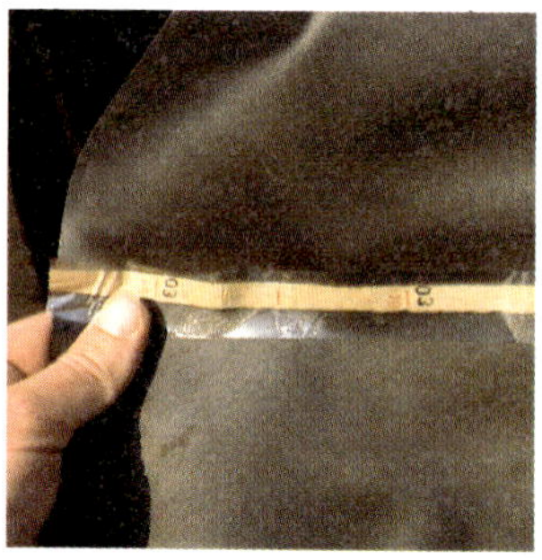

Teichfolie ist leicht zu verarbeiten

FOLIEN

Verwenden Sie nur spezielle, für den Teichbau geeignete Folien. Sie bekommen Sie in Baumärkten oder beim Landschaftsgärtner. An einen Landschaftsgärtner sollten Sie sich ohnehin wenden, wenn Sie einen größeren Teich planen.

Für den Unterbau sollten Sie das Teichbett mit einer Sandschicht oder einem Kunststoffvlies auskleiden

Angeboten werden Folien aus PVC, Polyethylen und Kunstkautschuk, auch mit Faserverstärkung, in verschiedenen Größen, Dicken und Preisklassen.
Tun Sie sich selbst und der Umwelt einen Gefallen und nehmen Sie **keine chlorhaltigen** Materialien. Abgesehen davon sollten Sie immer das **stabilste und unempfindlichste** Material wählen, auch wenn es etwas teurer ist. Denn nichts ist ärgerlicher, als wenn Sie schon nach wenigen Jahren den Teich erneuern oder gar entfernen müssen, nur weil Sie es ein bißchen billiger haben wollten.

UNTERBAU

Je besser Sie den Boden unter der Teichschale oder der Folie auspolstern, umso langlebiger wird Ihr Teich. Völlig **ungeeignet** ist ein **durchwurzelter** Humusboden. Absterbende Wurzeln und Kleinstlebewesen können sein Profil in kurzer Zeit stark verändern, so daß es in der Schale bzw. Folie zu Rissen durch Überbeanspruchung kommt.
Ebenso ungeeignet ist ein **steiniger Untergrund**.
Falls Sie nach Abtragen der Humusschicht auf **Sand** oder **Lehm** stoßen, haben Sie bereits die Materialien für den idealen Unterbau, Sie müssen nur noch die groben Bodenbestandteile, z.B. Steine oder abgestorbene Wurzeln, entfernen und die Unebenheiten glätten.

Bei stark durchwurzelten oder steinigen Böden sollten Sie das Teichbett etwa **20 cm tiefer** ausheben als geplant und mit einer dicken **Sandschicht** auskleiden.

Starke Wurzeln lebender Bäume, die das Teichbett tragen, müßten Sie vorher absägen. Generell sollte man aus diesem Grund den Teich nicht in der Nähe von Bäumen anlegen. Jede

Beschädigung an den Baumwurzeln beeinträchtigt das Wachstum des Baums.

Statt des Sandes können Sie den Boden auch mit einer **verrottungsfesten Schutzmatte** aus Kunststoffgewebe oder einem **Kunststoffvlies** abdecken. Bedenken Sie aber, daß es für »verrottungsfest« auch nur die Händlergarantie gibt, die in der Regel nach 10 Jahren endet.

Bei **Teichen am Hang** muß in der Regel der Hang an der Teichrückseite mit einer **Stützmauer** oder **Palisade** vor dem Abrutschen gesichert werden.
Falls Sie bei einem Teich am Hang den Aushub an der Teichvorderseite als **Damm** aufschütten, müssen Sie die Erde mit einem **Rüttler** (Motorverdichter) festigen, bevor Sie das Teichbett auskleiden.

PUMPEN, FILTER UND ANDERES ZUBEHÖR

In einem richtig angelegten Teich sorgen Pflanzen und Tiere im natürlichen Zusammenspiel dafür, daß man ohne zusätzliche Hilfsmittel immer einen sauberen, gesunden und darum schönen Teich hat.

Wenn Sie einen **Springbrunnen** oder eine Anlage mit **Bachzulauf** haben wollen, brauchen Sie eine **Pumpe** und einen **Filter**, der die Pumpe vor Schwebeteilchen im Wasser schützt. Da Pumpe und Filter massiv in die Lebensbedingungen der Teichflora und -fauna eingreifen, ist die Anlage eines **separaten Sprudel-** oder **Quellbeckens** neben dem eigentlichen Teich die beste Lösung, wenn man bewegtes Wasser wünscht. Die Anlage eines solchen kleinen Nebenbeckens hat außerdem den Vorteil, daß man in der Regel auf einen Filter (und damit auf zusätzliche Anschaffungs- und Betriebskosten) verzichten kann. In dem stark bewegten Wasser können sich keine Pflanzen ansiedeln und erst recht keine Algen bilden, es gibt daher nur wenig Schwebeteilchen, die abgefiltert werden müßten.

Pumpen

Im reichhaltigen Angebot geeigneter Pumpen können Sie grundsätzliche zwischen zwei Bauarten wählen, den **Kolben-** und den **Kreiselpumpen**.

Kolbenpumpe

Kolbenpumpen arbeiten **oberhalb** des Wasserspiegels. Sie sind besonders leistungsfähig und können Wasser auch über große Höhenunterschiede transportieren. Sie verbrauchen relativ viel Strom und sind für den Dauerbetrieb in Gartenteichen, wo es in der Regel nur um die Überwindung geringer Höhenunterschiede geht, **nicht geeignet**.

Kreiselpumpen arbeiten als **Tauchpumpen** am Teichgrund oder in einem vollständig unter Wasser stehenden Schacht neben dem Teich. Sie dürfen **nie trocken laufen**. Ihr Stromverbrauch ist relativ gering, da man sie in der **Leistungsfähigkeit** an die geplante Teichgröße **anpassen** kann. Bei Kreiselpumpen mit elektronischer Steuerung läßt sich die Fördermenge des Wassers je nach Bedarf auch **stufenlos regeln**.

Kreiselpumpen

Die Stromzuleitung zur Pumpe muß mit einem **Fehlerstrom-Schutzschalter** gesichert sein.

Auf einen Fehlerstrom-Schutzschalter können Sie verzichten, wenn Sie eine durch **Solarstrom** betriebene Kreiselpumpe benutzen. Im Fachhandel bekommen Sie dazu die aufeinander abgestimmten Komponenten in verschiedenen Größen – die Kreiselpumpe, das Solarmodul und die Zuleitung. Dazu gibt es noch geeignete **Pufferbatterien** und einen **Regler**. Größere Solarmodule werden meist fest installiert; die kleineren montieren Sie auf einem beweglichen Ständer.

Solarpumpe

Wie alle elektrischen Geräte sollten auch Wasserpumpen für den Gartenteich mit dem **VDE**- und **GS-Signet** gekennzeichnet sein.

In Teichen von mindestens **80 cm Tiefe** kann die Pumpe auch den Winter über außer Betrieb im Wasser bleiben. Sie ist vor Frost sicher.
Aus Teichen mit geringerem Wasserstand bergen Sie die Pumpe im **Spätherbst** und bewahren sie in einem Behälter, am einfachsten in einem Eimer mit Wasser bedeckt auf.

Filter

Die Teichfilter sind meistens mit einer Kreiselpumpe kombiniert. Diese **Kombigeräte** nehmen für die gleiche Wasserfördermenge natürlich mehr elektrische Leistung auf als Pumpen ohne Filter.
Das Gerät sollte so leistungsfähig sein, daß das Teichwasser **vier- bis fünfmal täglich** vollständig umgewälzt wird.
Der Filter wird einmal pro Jahr nach Herstellerangaben gereinigt.

Zubehör

Das wichtigste Zubehör für einen naturnahen Gartenteich ist ein einfacher **Gartenschlauch**, mit dem Sie in Trockenperioden das verdunstete Wasser im Teich

Gartenschläuche

ergänzen. Der Gartenschlauch sollte eine **Sprühdüse** besitzen.
Füllen Sie **nie** Wasser **direkt aus der Leitung** nach, es ist zu kalt. Vor allem im Sommer kann die Einleitung kalten Leitungswassers in das stark erwärmte Teichwasser zu einem Kälteschock für die Pflanzen und Tiere im Teich führen.
Wenn Sie den Teich dagegen mit feinen Sprühstrahlen in hohem Bogen beregnen, kann sich das Leitungswasser genügend weit aufwärmen. Außerdem reichert sich das gesprühte Wasser besonders stark mit **Sauerstoff** an, der den Pflanzen und Tieren bei höheren Temperaturen im Teichwasser zunehmend fehlt.

Statt eines Schlauchs mit Sprühdüse können Sie auch einen auf feine Sprühberegnung eingestellten **Rasensprenger** verwenden.

Ein weiteres wichtiges Zubehör für den Gartenteich ist eine **Regenwasserzisterne**, die Sie ganz einfach aus vorgefertigten Teilen, Betonhohlsteinen oder Brunnenringen selbst bauen können.

ÖKOTIP
Im Sommer, an besonders heißen Tagen, wenn sehr viel Wasser aus dem Teich verdunstet, sollten Sie fast täglich Wasser nachfüllen. Nehmen Sie dieses nicht aus der Leitung. Denn zum einen ist das Leitungswasser zu kostbar für den Gebrauch im Garten, zum anderen schadet das oft kalkhaltige Wasser den Pflanzen und Tieren im Teich.

Die Zisterne sollte einen **beweglichen** Zulauf aus der Dachentwässerung bekommen. Leiten Sie das Regenwasser immer erst dann in die Zisterne, wenn der Regen die Luft und die Sammelflächen (Dach, Regenrinnen) gereinigt hat. Was der Regen in den ersten 10 Minuten herunterspült, ist – besonders nach längerer Trockenheit – eine mit Chemikalien und Schwermetallen belastete, saure Brühe. Danach kommt klares, weiches und nur wenig saures Wasser.

Das dritte wichtige Zubehör sind Prüfstreifen, mit denen Sie den **Säuregehalt** oder die **Alkalität** des Wassers überprüfen können. Sie sind in jedem Gartenbaugeschäft erhältlich. Säuregehalt und Alkalität werden mit dem **pH-Wert** gemessen. Chemisch völlig **neutrales** Wasser hat einen pH-Wert von 7. **Säuren** haben **niedrigere** und **alkalische** Lösungen **höhere** pH-Werte.

Prüfen des pH-Wertes

Für **Trinkwasser** gilt ein pH-Wert von 6,5 bis 7 als neutral. In diesem Bereich gedeihen Pflanzen und Tiere im Teich ohne Probleme. Sehr viel niedriger sollte der pH-Wert jedoch nicht sein. Falls das gesammelte **Regenwasser** einen pH-Wert von 6 unterschreitet, müssen Sie es entweder mit **Leitungswasser** verschneiden oder durch Zugabe z.B. von etwas **Kalk** oder einem anderen geeigneten Präparat neutralisieren, ehe Sie es zum Auffüllen des Teichs benutzen.
Geeignete Präparate zum Neutralisieren von zu saurem Wasser bekommen Sie ebenfalls im Gartenbaugeschäft.

Weiteres **Zubehör** ist mehr oder weniger Geschmacksache. Angeboten werden beispielsweise Vogeltränken, Sprudelsteine, verschiedenste Düsen und Aufsätze für den Springbrunnen, Brunnen- und Teichfiguren, Teichleuchten, Unterwasserlampen und vieles andere mehr.
Für die **Teichumrandung** können Sie Kiesel aller Farbmischungen und Größen nehmen, Platten und Pflaster aus Kunst- oder Naturstein, Bruchsteine, auch Holzpflaster oder beliebige andere hölzerne Konstruktionen.

Regenwasserzisterne

PFLANZEN

Gewässer, besonders stehende Gewässer wie Teiche und Tümpel, bilden vielfältige und besonders artenreiche Vegetationszonen:

- In der **Feuchtzone** bis zu einiger Entfernung vom Teich wachsen Pflanzen, die zeitweise Durchfeuchtung oder Überflutung des Bodens lieben.
- In der **Sumpfzone** am Rand des Teichs wachsen Pflanzen, die ständige Durchfeuchtung oder Überflutung des Bodens bevorzugen.
- Pflanzen in der **Flachwasserzone** brauchen dauernden Wasserstand **bis 40 cm** Tiefe.
- Schwimm- und Tauchblattpflanzen wachsen in **tieferem Wasser**, und Schwimmpflanzen **schweben frei** im Wasser.

Alle Wasserpflanzen steigern den **Sauerstoffgehalt** im Wasser. Durch Überdüngung der Pflanzen oder Übersäuerung des Wassers kann ein Fäulnisprozeß einsetzen, der viel Sauerstoff verbraucht. Im schlimmsten Fall »kippt« dann der Teich. Wenn Sie Teich und Pflanzen gesund erhalten, wird Ihnen das nicht passieren.

Für die **Feuchtzone** eignen sich:

- **Blutweiderich** (Lythrum salicaria): Wird bis 1,50 m hoch, blüht von Juli bis September kräftig rosaviolett, verträgt auch Trockenheit.
- **Echtes Mädelsüß** (Filipendula ulmaria): Wird 100 bis 150 cm hoch, blüht von Juni bis August mit gelblich weißen Blüten, verträgt auch Trockenheit.
- **Straußblütiger Gilbweiderich** (Lysimachia thyrsiflora): Wird 30 bis 60 cm hoch, blüht von Mai bis Juli gelb in gestielten Trauben, verträgt auch Trockenheit.
- **Großer Wiesenknopf** (Sanguisorba officinalis): Wird 30 bis 90 cm hoch, blüht von Juni bis September mit braunroten Blütenköpfchen in Trauben, verträgt auch Trockenheit.
- **Scharfer Hahnenfuß** (Ranunculus acris): Wird 30 bis 100 cm hoch, blüht von Mai bis Juli blaßgelb, verträgt auch Trockenheit.
- **Schlangen-Knöterich** (Polygonum bisorta): Wird bis 1,20 m hoch, blüht von Mai bis Juli rötlich-weiß in dichter Scheinähre, verträgt auch Trockenheit.
- **Sumpfvergißmeinnicht** (Myosotis palustris): Wird bis 40 cm hoch, blüht hell- bis dunkelblau, selten auch weiß, von Mai bis September, verträgt Trockenheit nur kurz.

Rohrkolben

Für die **Sumpf-** und **Flachwasserzone** eignen sich:

- **Fieberklee** (Menyanthes trifoliata): Wird 10 bis 30 cm hoch, blüht im Juni und Juli mit weißer, selten auch rosa Blüte, liebt Wassertiefen zwischen 10 und 20 cm.
- **Gemeiner Froschlöffel** (Alisma plantago aquatica): Wird bis 100 cm hoch, blüht weiß bis rosa in zahlreichen kleinen Blüten an Blütenquirlen zwischen Juni und September, bevorzugt Wassertiefen bis 30 cm. Er sät sich selbst aus, deshalb sollten Sie die Samenstände vor der Reife vorsichtig entfernen.
- **Hechtkraut** (Pontederia cordata): Wird 60 bis 100 cm hoch, blüht von Juni bis August hellblau, verträgt Wassertiefen bis 20 cm, muß zum Überwintern in tieferes Wasser versetzt werden.
- **Kleiner Rohrkolben** (Typha minima): Wird bis 50 cm hoch, blüht von Mai bis Juni mit kleinen braunen Kolben, wächst in Wassertiefen bis 20 cm, muß zum Überwintern in tieferes Wasser versetzt oder mit Laub abgedeckt werden.
- **Sumpfdotterblume** (Caltha palustris): Wird bis 40 cm hoch, blüht

Tannenwedel

Materialien und Werkzeuge

Seerose

von März bis Mai/Juni kräftig dottergelb, verträgt Wassertiefen bis 20 cm.

- **Sumpf-Wolfsmilch** (Euphorbia palustris): Wird bis 120 cm hoch, blüht von Mai bis Juni grünlich-gelb, verträgt Wassertiefen bis 10 cm.
- **Wasserschwertlilie** (Iris pseudacorus): Wird bis 120 cm hoch, blüht von Mai bis Anfang Juli hellgelb, gedeiht vor allem in Wassertiefen bis 40 cm, aber auch in flacherem Wasser.
- **Winterschachtelhalm** (Equisetum hiemale): Wird bis 150 cm hoch, breitet sich stark aus, deshalb nur in Pflanzkörben anpflanzen. Verträgt Wassertiefen bis 30 cm.
- **Wollgras** (Eriophorum – verschiedene Arten): Wird 30 bis 50 cm hoch, bildet weiße, wollige Fruchtstände ab Ende Juli, bevorzugt Wassertiefen bis 20 cm.
- **Blumenbinse** (Butomus umbellatus): Wird bis 80 cm hoch, blüht rötlich-weiß von Juni bis August, liebt Wassertiefen von 30 bis 40 cm, verträgt auch flacheres Wasser.
- **Pfeilkraut** (Sagittaria sagittifolia): Wird bis 40 cm hoch, blüht weiß von Juni bis August, mag Wassertiefen von 10 bis 30 cm, wuchert stark, in Gefäße setzen.
- **Tannenwedel** (Hippuris vulgaris): Wird bis 50 cm hoch, bevorzugt Wassertiefen von 20 bis 50 cm, verträgt aber auch flacheres Wasser, wuchert stark, in Gefäße setzen.

Tieferes Wasser fordern:

- **Laichkraut** (Potamogeton – mehrere Arten): Immergrüne Wasserpflanze, wächst unter Wasser in Tiefen zwischen 30 und 300 cm, wirkt als Wasserreiniger.
- **Tausendblatt** (Myriophyllum – mehrere Arten): Immergrüne Wasserpflanze, wächst unter Wasser in Tiefen zwischen 30 und 100 cm, sehr guter Sauerstoffspender.
- **Frühlingswasserstern** (Callitriche palustris): Immergrüne Wasserpflanze, wächst unter Wasser in Tiefen zwischen 20 und 60 cm in üppigen Polstern.
- **Krebsschere** (Stratiotes aloides): Wächst unter Wasser in Tiefen von 50 cm an, kommt zur Blüte an die Oberfläche, blüht weiß von Mai bis August.
- **Seerose** (Nymphaea – viele Arten und Sorten): Es gibt sie in vielen Farben z.B. in weiß, rosa, rot, gelblich, kupferfarben. Die Wurzelstöcke müssen sehr flach gepflanzt werden. Das Wasser muß immer völlig unbewegt sein. Die Pflanzen wurzeln erst bei Temperaturen ab 15°C. Je nach Sorte werden als Mindestpflanzflächen bis zu 4 m^2 und als Mindestwassertiefe bis zu 1,50 m verlangt. Zwergseerosen kommen bereits mit einer Fläche von 0,5 m^2 und 20 bis 30 cm Wassertiefe aus.
- **Teichrose** (Nuphar lutea): Schwimmpflanze mit kriechendem Wurzelstock, blüht gelb von Juni bis August, verträgt auch leicht bewegtes Wasser und leichten Schatten; am besten geeignet sind größere Teiche mit 80 bis 150 cm Wassertiefe und etwas kühlerem Wasser.
- **Wasserhyazinthe** (Eichhornia crassipes): Schwimmpflanze, in warmen Sommern hell-lila blühend von August bis in den Oktober.
- **Wasserlinse** (Lemna – verschiedene Arten): kleine grüne linsenförmige Pflanzenkörper, die sich sehr schnell ausbreiten.

WERKZEUGE

Zu den wichtigsten Werkzeugen für die Anlage eines Gartenteichs gehören neben **Zollstock** oder **Bandmaß**, **Wasserwaage** und **Winkel** eine **Schlauchwaage** zur genauen Höhenbestimmung der Ufer und **Markierungspflöcke** für den Teichumriß.

Statt einer Schlauchwaage können Sie ebenso auch einen **durchsichtigen Gartenschlauch** benutzen.

Werkzeuge

Zum Einschlagen der Markierungspflöcke können Sie einen normalen **Schlosserhammer** benutzen. Das kann jedoch bisweilen recht mühsam sein. Besser ist ein leichterer **Schlegel** oder **Vorschlaghammer**.

Desweiteren benötigen Sie eine feste **Schnur** oder ein genügend langes **Seil.** Damit können Sie den Teichumriß genau bestimmen, ehe Sie ihn mit Holzpflöcken markieren. Außerdem lassen sich in unebenem Gelände Entfernungen mit einer Schnur besser messen als mit einem Zollstock.

Zur Bestimmung der Teichtiefe brauchen Sie eine Spannschnur, die Sie zwischen zwei Markierungspflöcke spannen, und ein **Senklot**.

Eine **Schaufel** ist notwendig für die Erdarbeiten zum Ausheben des Teichs und für die Pflanzarbeiten.

Zum Abstechen von Kanten und für andere Erdarbeiten nehmen Sie einen **Spaten**.

Falls Sie verdichtete Bodenschichten ausheben müssen, brauchen Sie einen **Pickel**.

Mit einem **Gartenrechen** ebnen Sie die Erde im ausgehobenen Teichbett und verteilen gegebenenfalls die Sandpolsterschicht.

Für den Transport von Baumaterial und den Abtransport von Aushub brauchen Sie eine **Schubkarre**.

Schubkarre

Falls Sie selbst auch Dämme aufschütten wollen, benötigen Sie zum Verdichten des Erdreichs einen **Handstampfer**. Besser und weniger anstrengend geht es mit einem **Vibrationsverdichter** oder **Rüttler**.

Rüttler

Vorarbeiten

PLANUNG UND MATERIALBERECHNUNG

Planung
Für die Standortwahl des Gartenteichs gibt es einige allgemeine Punkte, die zu bedenken sind:

Am besten gedeiht das Leben im und am Teich, wenn er **windgeschützt** und **gut belichtet** angelegt wird. Die gesamte Fläche sollte im Sommer nicht der prallen Sonne ausgesetzt sein, sondern durch geeignete Bepflanzung **verschattet werden**.
Eine teilweise Verschattung erreichen Sie, wenn Sie den Teich in der Nähe von **Hecken** oder **Büschen** anlegen.
Falls es sich dabei um **blattabwerfende** Pflanzen handelt, achten Sie darauf, daß der Teich **nicht in Hauptwindrichtung** von diesen Pflanzen aus liegt, und daß möglichst keine Blätter in den Teich fallen.

MINITIP
Falls im Herbst Laub in den Teich fallen sollte, fischen Sie es möglichst sofort ab, solange es noch an der Oberfläche schwimmt. Abgesunkene Blätter verfaulen am Teichgrund, es bildet sich Faulschlamm, der auf die Dauer weder Pflanzen noch Tiere gedeihen läßt.

Die **ideale Teichgröße**, bei der ein Teich weitgehend sich selbst überlassen bleiben kann und bei der auch Wasserpflanzen und Tiere einen kalten Winter heil überstehen, beginnt bei einer Teichfläche von etwa **12 m²** und einer **Teichtiefe** von **80 cm**.
Etwa **ein Drittel bis ein Viertel** der Teichfläche sollte **nicht tiefer als 40 cm** sein. Dorthin kommen dann die Pflanzen für die **Flachwasserzone**.

Falls Sie Strom- und Wasserversorgung unmittelbar am oder sogar im Teich planen (z.B. für Springbrunnen, Beleuchtung oder direkte Frischwasserzufuhr bei Sprudelbecken), sollte der Teich möglichst **nahe am Haus** liegen.

Wählen Sie als Standort ein **möglichst ebenes** Gelände. Jedes auch nur leicht geneigte Geländeprofil erfordert umfangreiche Erdaushub- und Böschungssicherungsarbeiten. Zum Arbeitsaufwand kommt möglicherweise noch hinzu, daß nach der **Landesbauordnung** die von Ihnen geplante Änderung des Geländeprofils **melde-** oder **genehmigungspflichtig** ist. Erkundigen Sie sich auf jeden Fall bei einem Fachmann (z.B. einem Landschaftsarchitekten oder einem Gartenbaubetrieb), ehe Sie größere Erdarbeiten in Angriff nehmen oder in Auftrag geben.

Materialberechnung
Für die **Berechnung** der **Sandmenge** und der Foliengröße müssen Sie wissen, wie groß der **Flächeninhalt** des **Teichbettes** ist. Dafür gibt es eine **Faustformel:**
Zählen Sie zur größten Länge und zur größten Breite der Folienbedeckung (das ist die größte Länge und größte Breite des Teichs samt einem Uferstreifen von etwa 50 cm) jeweils das Doppelte der größten Tiefe hinzu und multiplizieren Sie dann die beiden Werte miteinander. **Ein Beispiel:**
Größte Länge = 4 m
Größte Breite = 3 m
Größte Tiefe = 90 cm
Randstreifenbreite = 50 cm
Ergibt die Rechnung:
(4 + 1,80 + 0,50) x
(3 + 1,80 + 0,50) =
6,30 x 5,30 = 33,39
Sie brauchen also eine **6,30 m x 5,30 m messende Folie**.

Für eine Polsterschicht aus Sand von 5 cm (in Metern 0,05m) Stärke rechnen Sie 33,39 x 0,05 = 1,6695
Damit haben Sie die **benötigte Menge Sand in Kubikmetern**.

ABSTECKEN IM GELÄNDE

Zunächst legen Sie mit einem Seil die **Umrißform** des Teichs, wie Sie ihn gern hätten. Ändern Sie Form und Lage, bis Ihnen das Ergebnis, von allen Seiten betrachtet, wirklich gut gefällt.

Markieren der Umrißlinie mit Sand

Wenn Sie den richtigen Umriß gefunden haben, streuen Sie die Umrißlinie **mit Sand nach**, bevor Sie das Seil wegnehmen.
Damit sich bei den folgenden Erdarbeiten die Umrißlinie nicht verwischt, schlagen Sie **alle 60 bis 80 cm** kurz hinter der Umrißlinie längere **Holzpflöcke** oder

Anlage einer Sumpfzone

Erdreich hinauf mit Mutterboden auf.

Auf diesem Untergrund können Sie **Sumpfpflanzen** und feuchtigkeitsliebende Pflanzen setzen. Zum umliegenden Erdreich entsteht bei einer solchen Randbefestigung eine **kapillare Verbindung** und bei Trockenheit eine leichte **Dochtwirkung** – es wird also Wasser aus dem Teich in das Erdreich gesaugt, und Sie müssen das Teichwasser häufiger ergänzen.

Selbstverständlich werden Sie die Teichfolie nicht im ganzen Randbereich durch Anlage einer Sumpfzone befestigen.
Sie können den Rand auch mit den verschiedensten **Belägen** verstärken.
Dazu füllen Sie den Ringgraben zunächst mit **Kies**, dann mit **Sand** in abgestuften Größen (auch damit bekommen Sie eine Kapillarsperre). Darauf verlegen Sie z.B. Kunststein- oder Natursteinplatten, Natursteinblöcke für Zyklopenmauerwerk, Bruchsteine aller Art oder bepflanzbare Hohlsteine aus Beton.

Ein Teich aus natürlichen Materialien: Lehmteich

Spezialkurse

LEHMTEICH

Wenn Sie einen Lehmteich anlegen wollen, ist es am einfachsten, den Teich auf einem bereits **lehmigen Untergrund** zu bauen. In diesem Fall müssen Sie dann nur Umriß und Profil des Teichs ausheben und die Teichmulde verdichten. Lehm ist ein sehr **schweres Material**, das sich nicht besonders leicht verarbeiten läßt. Deshalb sollten Sie, besonders bei größeren Teichen, zum Aushub eine Gartenbaufirma beauftragen. Für die **Abdichtung des Teichrands** gegen den umgebenden Mutterboden kleiden Sie den Rand nur mit Lehm-Aushub aus.

Ob die Lehmqualität und die Dicke der Lehmschicht auf Ihrem Grundstück für die vorgesehene Bauweise ausreicht, können Ihnen nur **Fachleute** sagen, die sich mit Lehmbauweisen auskennen. Landschaftsarchitekten und Gartenbauunternehmen können Ihnen auf jeden Fall weiterhelfen.

Falls der Untergrund selbst nicht ausreichend dicht ist, legen Sie Teichumriß und Bodenprofil der Teichmulde zunächst genauso an wie beim Folienteich. Sie müssen den Untergrund jedoch **mindestens 20 cm tiefer** ausheben. Die Lehmschicht sollte je nach Beschaffenheit des Untergrunds **10 bis 30 cm** dick sein, damit sie auch dicht ist.

Wenn die Teichmulde ausgehoben ist, säubern und verdichten Sie den Untergrund wie beim Bau eines Folienteichs.

Ausheben der Teichmulde

Bei der Standortwahl sollten Sie bedenken, daß **Wurzeln** von Bäumen und starken Sträuchern die Lehmschichten immer durchdringen können. Gegebenenfalls können Sie das Teichbett mit einer wurzelresistenten **Folie** oder einem engmaschigen **Drahtgeflecht** auskleiden, ehe Sie die Lehmschicht aufbringen.

Auskleiden mit Lehm

Geeigneten Lehm (oder ein Ton-Lehm-Gemisch) gibt es im Handel.
Sie müssen vor der Verarbeitung eventuell noch mit Wasser die richtige **Konsistenz** herstellen, damit der Lehm für die Auskleidung der Teichgrube die nötige Plastizität hat.

Die Lehmschicht muß zum Schluß noch gut **verdichtet** werden, am besten mit einem Rüttler (Motorverdichter). Vor allem bei der Anlage von großen Lehmteichen kommt man kaum ohne Rüttler aus.

PROFITIP
Statt die Teichmulde mit einer massiven Lehmschicht auszukleiden, können Sie auch frische, noch feuchte Lehmziegel nehmen, die Sie nach dem Verlegen in der Teichmulde mit einer Lehmschlämme gut verstreichen. Das geht viel einfacher und ist auch weniger anstrengend als die Arbeit mit einer massiven Lehmauskleidung. Frische, ungebrannte Lehmziegel bekommen Sie in jeder Ziegelei.

Lehmteiche sind niemals absolut dicht. Der Wasserverlust ist aber um vieles geringer als die Verdunstung an der Teichoberfläche an einem nur mäßig warmen Tag.

BETONIERTER TEICH

Vor der Planung eines betonierten Teiches sollten Sie bedenken, daß eine **Betonschale** als Teich entsprechend der **Landesbauordnung** möglicherweise als ein »fest mit dem Grundstück verbundenes Bauwerk« gelten könnte, für das Sie dann eine Baugenehmigung bräuchten. Die entsprechende Auskunft können Sie leicht beim zuständigen **Bauamt** einholen.
Teiche von Schwimmbeckengröße oder Hochteiche aus Ziegeln sind **immer**

Teiche aus Beton lassen sich individuell gestalten

baugenehmigungspflichtig. Zumindest müssen Sie bei der Behörde Ihren **Bauplan** einreichen.

Als Materialien brauchen Sie Beton, am besten einen für Ihr Vorhaben geeigneten **Fertigbeton**, und für die **Bewehrung** einen passenden **Baustahl**.

Wenn Sie einen größeren Teich planen, bei dem Sie vom Rand aus nicht mehr alle Stellen in der Teichmulde bequem, z.B. mit einer Schaufel erreichen, müssen Sie sich vorher Materialien für eine **Arbeitsbühne** zurechtlegen.
Dafür genügt meistens schon eine möglichst breite **Bohle** (zwei Bretter nebeneinander sind sicherer) und als Auflager zu beiden Seiten des Teichs zwei **kürzere Bohlenstücke**, zwei **Gehwegplatten** oder je eine Lage **Ziegel**.

Teichumriß und Bodenprofil der Teichmulde legen Sie genauso an wie beim Folienteich.

Dann wird die gesamte Teichmulde mit einer **Kiesschüttung** ausgekleidet, und die Kiesschüttung wird **verdichtet**.

Anschließend wird eine etwa **2,5 bis 3 cm** starke Betonschicht aufgebracht und dem Teichprofil entsprechend modelliert. Dazu nehmen Sie eine **Schaufel**. Der Beton muß dabei durch Schaufelstiche gut **verdichtet** werden.

In die frische Betonschicht wird die passende **Baustahlbewehrung** eingelegt. Diese ist notwendig, damit die Betonschale dem Wasserdruck standhält und sich keine Risse bilden. Bei kleineren Betonschalen kann auch verzinkter Maschendraht verwendet werden.

Darauf kommt dann noch einmal eine mindestens **2,5 cm** dicke Betonschicht.

Alles muß **frisch in frisch** verarbeitet werden. Insgesamt sollten Sie für alle Betonierarbeiten nicht mehr als **allerhöchsten zwei Stunden** benötigen. Ohne Helfer ist das kaum zu schaffen, da der Beton ziemlich schwer ist.

PROFITIP
Auch für kleinere Teile lohnt sich bereits der Einsatz eines Betonmischers. Denn bei einer Schichtdicke von 6-7 cm braucht man für einen Quadratmeter Teichboden gut 120 bis 140 l Beton. Kleine Betonmischer, die an Heimwerker vermietet werden, fassen in der Regel zwischen 110 und 140 l Betonrohstoffe (Zement, Sand und Zuschläge), die 85 bzw. 100 l fertigen Beton ergeben. Bedenken Sie, daß Betonmischer mit Elektromotor umweltfreundlicher sind als mit Benzinmotor. Sie werden mit 220 V Wechselstrom oder 380 V Drehstrom betrieben. Bevor Sie einen Elektro-Betonmischer mieten, sollten Sie prüfen, welche Anschlußmöglichkeiten auf Ihrem Grundstück zur Verfügung stehen.

PUMPEN UND FILTER EINBAUEN

Pumpe und Filter sollten an der **tiefsten Stelle** des Teichs eingebaut werden. Zur **Stromversorgung** wird die Versorgungsleitung bis zum Teich genauso wie jede andere Erdleitung in einem **frostsicheren** Installationsgraben verlegt.
Der Anschluß am Teich muß den VDE-Vorschriften entsprechen.
Die **Zuleitung** vom Teichanschluß zu den Geräten unter Wasser können Sie mit den für solche Zwecke zugelassenen Leitungen oder geeigneter Leerrohrverlegung **unter dem Teichboden** vornehmen.
In diesem Fall müssen Sie bei den Erdarbeiten genau wissen, wo Sie Pumpe und Filter aufstellen wollen, und einen entspechend geführten **Kabelkanal** anlegen. In der Teichfolie (bzw. in der betonierten Teichschale) muß eine gesicherte und dichte **Kabeldurchführung** geschaffen werden.
Diese Arbeiten sind nicht ganz leicht auszuführen. Sie sollten sie von einem Fachmann erledigen lassen.

Etwas einfacher ist es, wenn Sie eine **bewegliche**, z.B. durch Hohlsteine gesicherte Zuleitung vom Teichanschluß zunächst am Teichufer entlang bis in die Nähe der Gerätestandorte führen und von da aus auf direktem Weg zu Pumpe und Filter.

Pumpen und Filter (bzw. Kombigeräte aus beidem) werden auf eine schwere und gerade **Unterlage**, beispielsweise einen Betonstein montiert.

Reinigen Sie Filter und Düsen regelmäßig

Am Teichgrund müssen Sie einen **Standplatz** (z.B. mit etwas Sand) vorbereiten, so daß Pumpe und Filter **genau waagrecht** aufgestellt werden können.

Je nach Herstellerangaben müssen Sie die Pumpe **vor dem Einsetzen** in den Teich mit **Wasser** füllen.

Beweglich montierte Pumpen lassen sich zur Reinigung und Reparatur leicht entfernen

Wenn Pumpe und Filter an ihren Plätzen unter Wasser stehen, schließen Sie die **Zuleitungen** (bzw. die Zuleitung bei Kombigeräten) in der Steckdose am Teichanschluß an.

Falls Sie die Anlage mit **normalem Haushaltsstrom** betreiben, müssen Sie für die gesamte Installation zunächst bei dem für Sie **zuständigen Versorgungsunternehmen** die **Anschlußgenehmigung** beantragen.
Bevor die Anlage endgültig angeschlossen werden darf, muß sie wie jede andere Elektroinstallation unbedingt von einem Vertreter des Versorgungsunternehmens **abgenommen** werden.

Die gesamte Anlage und ihre Sicherung muß den einschlägigen VDE-Vorschriften entsprechen. Das gilt auch, wenn Sie sie mit Schwachstrom aus einer Solaranlage betreiben.
Bei Stromzufuhr aus einer Solaranlage reicht es allerdings in der Regel, wenn Sie nach VDE-Vorschriften und den Bestimmungen des Gesetzes für Gerätesicherheit zugelassene Geräte verwenden. Sie sind mit den VDE- und GS-Signets (geprüfte Sicherheit) gekennzeichnet.

Beim Bepflanzen des Teiches sollten Sie sich immer genau an die Pflanzvorschriften der Fachhändler halten

DIE BEPFLANZUNG

Seien Sie zunächst zurückhaltend beim Bepflanzen Ihres Teiches. Dies gilt vor allem für die Wasserpflanzen. Die **ideale Pflanzdichte** ist erreicht, wenn etwa ein Drittel der Teichfläche mit Blättern bedeckt ist. Bei stark wachsenden Wasserpflanzen ist diese Grenze schnell erreicht, auch wenn Ihnen die Bepflanzung zu Anfang noch ein bißchen spärlich erscheint.

Welchen **Abstand** die Setzlinge beim Pflanzen von einander haben müssen, hängt von der jeweiligen Art ab. Halten Sie sich deshalb immer genau an die **Pflanzvorschriften**, die Sie zusammen mit den Setzlingen beim Fachhändler bekommen.

Die richtige **Pflanzerde** für den Gartenteich ist ein sehr mageres Gemisch aus Lehm, Sand und nur wenig ungedüngtem Torf. Sie darf außer dem Torf **keine organischen** Bestandteile enthalten und muß frei von Unkrautvernichtern oder Unkrautresten sein. Zudem sollte sie kalkarm sein. **Normale Gartenerde ist nicht geeignet**. Pflanzerdemischungen für Gartenteiche gibt es im Fachgeschäft. Wer sie selbst mischen will, braucht etwa zwei Teile schweren Lehm, einen Teil sauberen Flußsand ohne organische Bestandteile und etwas reinen Torf.

Die Pflanzerde wird ungefähr **10 bis 25 cm** stark überall dort im Becken aufgebracht, wo Pflanzen wachsen sollen. Wenn Sie die gesamte Beckenmulde auskleiden, könnte der Teich leicht zuwachsen.

Lehmhaltige Erde ist ideal als Pflanzerde im Teich

Zum Pflanzen von **Sumpf- und Wassergewächsen** ist die Zeit von **Mitte Mai bis Ende Juni**, spätestens Anfang Juli die beste. Am günstigsten für die Pflanzarbeiten ist ein Tag mit **bedecktem Himmel und Windstille**. Die Pflanzen trocknen dann nicht so leicht aus.

Zum besseren Anwachsen kann man die Pflanzen mit etwas **Horn-** oder **Knochenmehl** düngen.

Stark wuchernde Gewächse und Pflanzen, die **nicht winterfest** sind und zum Überwintern aus dem Teich genommen werden müssen, pflanzt man am besten in speziellen **Pflanzbehältern**.
Im Fachhandel bekommen Sie dafür geeignete **Kunststoffkörbe**, die Sie vor dem Einsetzen der Pflanzen mit Sackleinen auskleiden. Ebenso können Sie **Blumentöpfe** oder **-schalen** aus **Ton** nehmen, **Weidenkörbe** oder andere **Flechtkörbe** nur, wenn das Material nicht **imprägniert**,

also **nicht mit pilz-, algen- oder insektenwidrigen Mittel behandelt ist**.

Nicht winterharte Pflanzen werden am besten in Kunststoffkörbe gepflanzt

Wenn Sie **keine** Pflanzbehälter benutzen, werden die Pflanzen **unmittelbar vor dem Einlassen** des Wassers in den Teich gesetzt und mit **Kieseln** gegen das Aufschwimmen **gesichert**.

Beginnen Sie mit den **Tiefwasserpflanzen** und füllen Sie nach dem Setzen der Pflanzen den Teich zunächst nur bis zur **unteren Grenze der Flachwasserzone** (etwa 50 cm unter dem endgültigen Wasserspiegel).

Lassen Sie den Teich erst **ein paar Tage ruhen**, ehe Sie auch die **Flachwasserzone** bepflanzen und vorsichtig auffüllen.

Ganz zuletzt erfolgt die Bepflanzung der **Sumpf- und Feuchtzone**. Danach füllen Sie den Teich bis zum Rand mit Wasser auf.
Falls Sie **alle Pflanzen in Pflanzbehälter** setzen, wird der Teich zunächst **vollständig mit Wasser gefüllt**. Die Pflanzen gewöhnen Sie allmählich an die für sie passenden Wassertiefen, indem Sie die Pflanzkörbe zuerst auf geeigneten Unterlagen (z.B. Ziegelsteinen) **möglichst hoch** unter die Wasseroberfläche stellen und sie **immer im Abstand einiger Tage langsam** auf die endgültige Tiefe heruntersetzen.

ÖKOTIPS
Im Frühling können Sie abgestorbene Pflanzenteile entfernen und Pflanzen, die stark wuchern, ausdünnen. Im Spätherbst sollten Sie die Uferpflanzen mit Laubaufschüttungen vor Frost schützen. Achten Sie darauf, daß kein Laub in den Teich fällt. Gräser werden zu Büscheln gebunden; das verhindert ein Eindringen der Kälte in den Wurzelstock. Vor der Frostperiode legen Sie einen Strohballen in den Teich. Dadurch können eventuell entstehende Faulgase entweichen, und zugleich gelangt ausreichend Sauerstoff ins Wasser.

Ein schön bepflanzter Teich schafft Freude

Problemlösungen

STARKE ALGENBILDUNG

Greifen Sie nicht zu chemischen Algenbekämpfungsmitteln, wenn Ihnen an einem naturnahen Teich gelegen ist. Durch die Anwendung chemischer Mittel sterben die Algen ab und beginnen, sich zu zersetzen. Dieser Vorgang verbraucht sehr viel Sauerstoff und setzt andererseits eine Menge Nährstoffe frei, die wiederum neue Überdüngungseffekte hervorrufen.

In jedem **gesunden** Teich **muß** es Algen geben. Sie bilden die Nahrung für viel Kleinlebewesen im Teich.

Im Frühjahr oder Frühsommer können **Schwebalgen** das Wasser grün färben. Besonders viele dieser Algen entstehen bei **Überdüngung**.
Die **einfachste Abhilfe** schaffen Sie, indem Sie den Teich mit **Wasserflöhen** besetzen. Das geht allerdings nur, wenn keine Fische im Teich sind, da sich diese von Wasserflöhen ernähren.

Fadenalgen bilden im Wasser schwebende zarte, watteähnliche Bäusche. Bei Fischbesatz, oder wenn Sie Frösche im Teich haben, sind diese Algen **Überlebenshilfe** für die Wassertiere im Winter.
Wenn die Fadenalgen überhandnehmen, deutet das auf **Überdüngung** und beginnende **Alkalität** des Wassers hin.
Sie können die Algen leicht aus dem Wasser (z.B. mit einem Stock) herausfischen. Prüfen Sie das Wasser auf Alkalität (Prüfstreifen erhalten Sie im Handel).

Falls es tatsächlich alkalisch reagiert, können Sie es mit **saurem Regenwasser** leicht neutralisieren. Natürlich gibt es auch entsprechende **Präparate**.

Abfischen von Algen

Wenn in Ihrem Gartenteich **blaugrüne** Schmieralgen bei Sonnenschein auftauchen und abends wieder absinken, ist das ein **ernsthaftes Alarmzeichen für Fäulnisprozesse** im Teich. In diesem Fall hilft nur noch: Fische und Pflanzen sofort aus dem Teich holen, Wasser ablassen und **Totalräumung** der Teichmulde. Dabei stellt sich notwendigerweise auch die Fäulnisursache heraus.
Wenn die Fäulnisursache beseitigt ist, muß der Teich **völlig neu** eingerichtet werden.

SCHÄDLINGE AN SUMPF UND WASSERPFLANZEN

Seerosen, Froschlöffel, Pfeilkraut und ähnliche Schwimmblattpflanzen können von **Schwarzen Blattläusen** befallen werden. Das passiert allerdings meist nur, wenn die Pflanzen durch andere Einflüsse (z.B. Überdüngung, Alkalität, zuviel Säure) geschwächt sind.
Dagegen hilft zusätzlich zur Verbesserung der **Besatz mit Freßfeinden**. Solche biologischen »Schädlingsbekämpfungsmittel« gibt es inzwischen in vielen Fachgeschäften zu kaufen.

Chemische Mittel sollten **wirklich nur in ganz akuten Notfällen** verwendet werden, da sie gerade in Gewässern die unangenehmsten Folgen hervorrufen können, wenn man sie nicht absolut fachgerecht verwendet.
In solchen Notfällen ist es ohnehin besser, einen **Gartenbaufachmann** zur Beratung heranzuziehen.

Pflanzenschädigende **Käferlarven** oder **Schnecken**, wie beispielsweise die Spitzhorn- oder die Große Schlammschnecke, kann man leicht **im Frühjahr** vor der Schneckenlaichzeit **absammeln**.

VERBESSERUNG DER WASSERQUALITÄT

Für die Verbesserung der Wasserqualität in Teichen gibt es ein altes und bewährtes Mittel: Legen Sie jedes Jahr im Frühjahr ein Stück **frisches, im Frühlingssaft stehendes Holz** in den Teich:

- Bei **kalkhaltigem** Wasser nehmen Sie ein Stück **Weichholzstamm** (z.B. Fichte, Tanne, Erle, Pappel, Birne, Weide), etwa 1kg je 100 Liter Teichwasser.
- Bei **weichem** Wasser auf die gleiche Teichwassermenge etwa 1,5 kg eines **Hartholzes** (z.B. Eiche oder Buche).

Der Stammabschnitt bleibt während des ganzen Jahres im Wasser und wird in jedem Frühjahr ausgewechselt. Wegen der natürlichen Schädlingsbekämpfungsmittel aus dem Holzsaft haben Sie dann immer gesundes, klares Wasser und einen Teich, in dem sich Flora und Fauna wohlfühlen.

MASSNAHMEN BEI WASSERVERLUST

Unter normalen klimatischen Bedingungen wird der Wasserverlust des Teichs durch Regenfälle wieder ausgeglichen. In heißen Sommern kann es allerdings nötig werden, die verdunsteten Wassermengen aufzufüllen. Dazu verwenden Sie das gleiche Gerät, mit dem Sie auch ihren Rasen sprengen.
Leiten Sie niemals frisches Leitungswasser unmittelbar in den Teich; es ist viel zu kühl – Pflanzen und Tiere im Teich könnten einen Kälteschock erleiden.
Falls Ihr Teich durch undichte Stellen im Auskleidungsmaterial der Mulde (also z.B. in der Teichfolie, der Teichschale oder der Betonauskleidung) Wasser verliert, bleibt Ihnen nichts anderes übrig, als den ganzen Teich mit Pflanzen, Tieren und allen installierten Geräten auszuräumen und den Schaden zu beheben.
Falls das in den Teichuntergrund eingedrungene Wasser das Teichbodenprofil durch Ausspülungen verändert hat, muß zunächst das Teichbodenprofil wieder hergestellt werden. Das läuft praktisch auf eine Neuanlage des Teichs hinaus.
Um so wichtiger ist es, schon bei den Vorarbeiten zur Anlage des Teichs alle Sorgfalt aufzuwenden.

Durch Zerstäuben erwärmt sich das Wasser

In einem gesunden Teich siedeln sich Frösche bald von selbst an

Teichfolie abdichten

Wenn die Teichfolie ein Leck bekommt, hat das meist äußere Ursachen. Ein Umstand, der hilft, die Leckstelle leichter zu finden.

Das Schleifvlies am Schwamm scheuert die Folie sauber.

Für eine **Notreparatur** muß man nur einen **Folienrest** und den geeigneten Kleber im Vorrat haben. Dann kann zwar eine Reparatur unter der **Wasseroberfläche** nur ein vorläufiger Notbehelf,

Mit dick aufgetragenem Kleber das Wasser verdrängen.

aber trotzdem wirkungsvoll sein. Auf ein **Pflaster** aus einem PVC-Folienrest einen universellen Plastkleber oder speziellen PVC-Kleber sehr dick auftragen. Sofort auf das zuvor vom **Algenbelag** gesäuberte Leck drücken. Der **Haushaltsschwamm** dient dabei als Druckpolster, mit dem man das Pflaster wenigstens eine **Minute** lang festhält.

Zwei Reparaturverfahren

Danach hat man jedenfalls soviel Zeit, sich für ein **Reparaturverfahren** zu entscheiden und das notwendige **Material** zu beschaffen. Denn für eine dauerhafte Abdichtung muß man einen

Klebeband hält ein improvisiertes Schwimmkissen.

Flicken entweder mit **Heißluft** aufschweißen oder im **Quellschweißverfahren** aufkleben. Beide Verfahren

VORSICHT, das Elektrogerät sichern, es darf nicht ins Wasser fallen.

verlangen etwas **Übung,** und die sollten Sie sich besser durch einen Test auf dem **Trockenen** aneignen. Es setzt Heißluftgebläse, Silikon-Andruckrolle und eine faltenfreie Teichfolie voraus. **Quellschweißen** kann man nur mit einem relativ aggressiven Lösungsmittel, von dem die Weich-PVC-Oberfläche aufquillt. Wenn die aufgeweichten **Flächen** unmittelbar und mit Druck **Kontakt** bekommen, ver-

Quellschweißmittel anwenden erfordert etwas Übung.

bindet sich das PVC in dem Maß, wie das Lösungsmittel weiter in die **Folie** wandert. Dazu drückt man den Flicken mit einem **Sandpolster** paßgenau auf das Leck. Das **Quellschweißmittel** muß satt zwischen die Folien fließen können. Druckpolster und **Flicken** soweit anheben, daß man den breiten, mit Quellschweißmittel getränkten **Pinsel** dazwischenstecken und das Mittel einfließen lassen kann. Den Pinsel langsam herausziehen und gleichzeitig den Flicken mit dem **Polster** andrücken. Für beide Verfahren ist die **Teichfolie** sauber zu scheuern. Und sie muß trocken sein. Dazu den

Flüssigfolie kann den Flicken zusätzlich abdichten.

Wasserspiegel gut 10 cm unter das **Leck** absenken. Ein zugeschweißter Plastikbeutel als Schwimmkissen kann verhindern, daß etwas versinkt.

EXTRATIP: Ein Flicken muß rund sein, damit man nicht an spitzen Ecken hängen bleibt. Entweder mit Spezialstift kreisrund aufzeichnen, oder von einem Quadrat die Ecken zum Achteck und weiter zum Vieleck stutzen.

ARBEITSMATERIAL

- Haushaltsschwamm
- Folienrest
- Plastkleber
- Plastikbeutel
- Heißluftgebläse oder
- Quellschweißmittel
- Spezialpinsel
- Flüssigfolie

Teichsandbett herstellen

Ein Gartenteich, und sei es nur ein kleiner, der Natur nachempfundener Tümpel mit gut sechs Quadratmeter Wasserfläche, bereichert jeden Garten – mit einer Pflanzen- und Tiervielfalt, auf die man jedoch warten muß.

Der menschliche **Einfluß** beschränkt sich dann auf die Grube mit der **Folienauskleidung,** Randgestaltung und Startbepflanzung. Danach genügt es, wenn Sie verhindern, daß der **Wasserspiegel** zu weit fällt. Ein Schauteich, mit stets klarem **Blick** bis auf den steinigen Grund, wird im **Prinzip** genau so angelegt, nur mit größeren Maßen, mehr **Aufwand** und später mit sehr viel mehr **Pflege.**

Für einige Kubikmeter Aushub ist eine Verwendung zu finden.

Randhöhe von einem Pfosten im Mittelpunkt aus festlegen.

Sand als Ausgleich

Nicht immer kann man ein möglichst tiefes **Loch** buddeln. Je nach Art des vorhandenen **Bodens** braucht man auch wieder ein bis zwei **Kubikmeter** gesiebten Grubensand, um einen glatten Untergrund, völlig frei von spitzen **Steinen,** für die Folie zu schaffen. Auf seit langem bebauten **Grundstücken** ist die Erdbewegung nur mit der **Schubkarre** möglich, falls man den Tümpel, wie in dem Beispiel, nicht direkt am **Kellermauerwerk** unter der Terrasse anschließen läßt und mit dem **Aushub** das Gelände sanft abfallend modelliert. Ob am **Mauerwerk** oder mitten im Gelände, ein umlaufender und genau waagerechter **Wall** ist für jeden Folienteich notwendig. Er läßt sich mit **Richtlatte** und Wasserwaage festlegen. Dadurch erreicht man einen gleichmäßigen **Überlauf** und damit ringsum eine feuchte Uferzone. Deren **Vegetation** läßt den Tümpel größer erscheinen und erlaubt einen sanften **Übergang** zum trockenen Gelände.

Bei warmem Wetter die dann weichere Folie auslegen.

Gewaschenes Geröll im dicken Klebemörtelbett verlegen.

Teichzonen gestalten

Der **Teichgrund** sollte (je nach Temperaturregion) mindestens 80 cm unter diesem **Rand** liegen, damit Amphibien überwintern können. Je vielseitiger die ansteigenden Wände mit flacher Sumpfzone, Trittsteinen, Geröllkante oder **Einfassungen** zur Terrasse gestaltet sind, umso leichter wird sich die künstliche Anlage in die vorhandene **Situation** einfügen, sofern sich die Art der sichtbaren **Gestaltungselemente** auf dem anschließenden Grundstück wiederfindet. Wenn Sie die **Teichfolie** als Plane bestellen, sollten Sie die genaue **Größe** erst nach der fertigen Grube festlegen. Mit zwei dicken **Bindfäden,** die man im rechten Winkel zueinander in der größten Länge und Breite auslegt. Mit einer selbst aus **Einzelbahnen** zusammengeschweißten Plane sind Sie wesentlich freier bei der **Gestaltung** der Form. Außerdem ist es wirtschaftlicher, weil Sie überflüssige **Stücke** leicht an anderer Stelle ansetzen können. **Teichfolie** versprödet mit der Zeit, wenn sie ungeschützt dem **Tageslicht** ausgesetzt ist.

Feldsteine im Betonbett als Brücke und für Tiere zum Sonnen.

Die Art der Gestaltung soll den Tümpel nahtlos einfügen.

ARBEITSMATERIAL

- Grubensand
- Teichfolie
- Geröll
- Feldsteine
- Beton
- Klebemörtel
- Richtlatte
- Wasserwaage
- Heißluftgebläse

Miniteich auf Rollen bauen

Wenn für einen Teich kein Platz ist, lassen sich Wasserpflanzen auch im Kübel halten. Durch Lenkrollen beweglich, mal auf der Terrasse, mal im Haus oder auch in einem eingegrabenen Mörtelbottich.

Für den **Zuschnitt** genügt eine Elektrostichsäge. Denn die gewählte **Konstruktion** verträgt geringe Ungenauigkeiten und macht so die **Anfertigung** einfach. Bis auf den Sperrholzboden (44 x 44 x 1 cm) zur **Aussteifung**

Kräftige Farben stehen im bewußten Kontrast zu den Pflanzen.

und als Auflage für einen Foliensack sind alle Teile aus **Profilbrettern** 144 x 19 mm. Die Bretter für die Seitenteile sind 44 cm und für die **Stollen** 30 cm lang.

Zuschneiden

Für die Winkelstollen 60 und 41 mm breite **Streifen** zu Winkelprofilen verleimen, und anschließend die **Kanten** mit einem Sandplateschleifer abrunden. In jedem Fall für alle **Verbindungen** wasserfesten Fensterleim verwenden. Für das obere **Brett** der Seitenteile nur Feder und Schattennutfalz abtrennen. Die abgerundete **Kante** bleibt. Zwischen Leisten, die als **Schablone** auf eine Platte geschraubt wurden, lassen sich die **Brettstücke** und Winkelstollen einfach, aber genau miteinander verschrauben.

Anschließend zwei **Seitenteile** mit den restlichen **Brettstücken** zum Kasten verschrauben und als Träger für den Sperrholzboden **Leisten** einleimen. Die Kopfstücke auf den Winkelstollen sind aus zwei quadratischen **Zuschnitten** aufeinander geleimt.

Verleimte Winkelstollen lassen sich leichter abrunden.

Die Oberflächen zuerst mit **Primer** grundieren. Vor allem dann, wenn Reste verarbeitet werden, die schon vorbehandelt waren. Dann können sich weder auf farbiger noch auf weißer **Lackierung** Verfärbungen zeigen. Den möglichen **Wechsel** zwischen Regen und Trokkenheit im Haus kann **Acryllack** am besten aushalten. Um die **Pflanzen** leicht an den jeweils günstigsten Standort zu bringen, montiert man stabile **Gerätelenkrollen** unterm Kasten. So bleiben auch die unteren Enden der Winkelstollen 5 mm über der **Bodenfläche** und damit trocken.

Brettstücke mit den Stollen zu Seitenteilen verschrauben.

Bepflanzen

Als **Foliensack** entweder eine große Schutzhaube für den Transport von Polster-

Eingenagelte und geleimte Leisten tragen später den Boden.

möbeln aus **PE-Folie** verwenden. Besser noch ein 100 x 100 cm großes Stück dünne **Teichfolie** gefaltet in den Kasten tackern. Zum Bepflanzen **Gewächse** verwenden, die am Teich in der **Sumpfzone** wachsen: Pa-

Möbel- oder Gerätelenkrollen machen den Kasten mobil.

pyrus, Zyperngras, Sumpfkalla, Blumenbinse oder

Teichfolie mit der oberen Holzkante bündig abschneiden.

Wasserfarn. Ein **Wasserstandsanzeiger** aus einem Hydrokultursystem erinnert, wenn **Wasser** nachzufüllen ist.

Sumpfpflanzen auf Resten von Hartschaumplatten arrangieren.

ARBEITSMATERIAL

- Profilholz-Restlängen
- Sperrholzboden
- Teichfolie
- Gerätelenkrollen
- Sandplateschleifer
- Elektrostichsäge

Gartenschlauch abdichten

Bandagen mit Klebeband oder Schnur sind meistens nur wenig haltbar. Selbst Knetdichtmasse, unter einem Folienstück mit dünner Perlonkordel bandagiert, hält dem Wasserdruck aus einem kleinen Loch nicht lange stand.

In der Materialrestesammlung finden sich immer irgendwelche rohrartigen **Gebilde,** die in den Schlauch

Ein mittels Heißluft erwärmter Schlauch läßt sich in glattem Schnitt trennen.

passen. Ob Lötfittings, Gewindemuffen, Alu- oder Kunststoffröhrchen oder ahnliches, irgend etwas wird sich eignen, um mit **Bordmitteln** wirkungsvoll zu improvisieren.

Drahtverbindung

Zum **Beispiel** paßt der 5 cm lange Schaft von einem langen 14 mm-**Kunststoffdübel** korrekt in einen 3/8-Zoll-Schlauch. Verzinkter **Bindedraht** mit 2 Millimeter Durchmesser ist ebenfalls ein unentbehrliches **Hilfsmittel** im Gartenbereich. Fehlt als Werkzeug noch das scharfe **Messer,** um den Schlauch an der Leckstelle zu trennen. Das geht natürlich leichter, wenn man den Schlauch im warmen **Wasser** etwas weicher machen kann. Ganz komfortabel und vor allem trocken, erledigt man das allerdings mit dem **Heißluftgebläse.** Besonders dann, wenn es gilt, die Schlauchenden über das **Röhrchen** zu schieben. Auch um das eine Ende mit einer verdrillten **Drahtschlinge** eng um das Röhrchen zu zwingen. Die Schlin-

Über dem Verbindungsröhrchen wird er zusammengeschoben.

ge soll sich dabei ruhig etwas in den weichen Kunststoff eindrücken. Doch wird der Draht nicht etwa abgezwickt, sondern zu einer

Der Draht kann sich in die weiche Oberfläche drücken.

längeren **Brücke** verdrillt, die bis zum gegenüberliegenden **Schlauchende**

So hält der Draht beide Enden sicher zusammen.

reicht. Und dort wiederum um den Schlauch geschlungen, 2 **Windungen** verdrillt, abgezwickt und die Drahtenden mit der **Feile** gerundet. Das Ganze ergibt eine nur wenig dickere **Stelle** im Schlauch.

Kautschukmanschette

Einen modernen **Flachgewebeschlauch** kann man dagegen auch nur mit einer

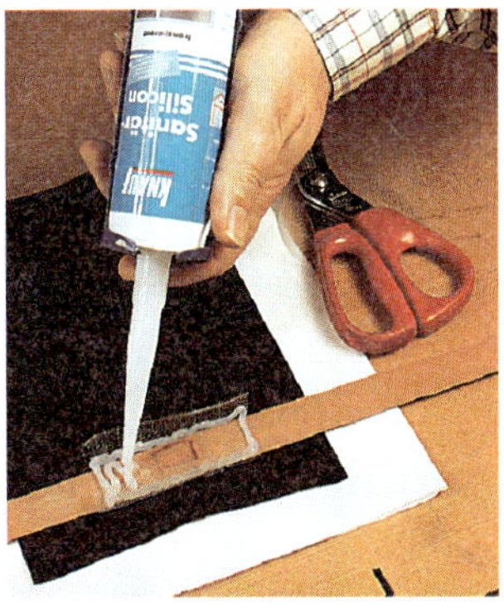

Um knappe Schlauchesbreite soll sich das Gewebe überlappen.

modernen **Methode** sanieren, wozu die Leckstelle auf dem nassen Schlauch mit **Kopierstift** zu markieren ist. Auf dem notwendigerweise trockenen **Schlauch** ist sie sonst nicht wiederzufinden. Er wird in eine **Schicht** aus Siliconkautschuk und feinem Perlondrahtgewebe eingebettet. Ihm sind ringsum ein paar **Drähtchen** auszuzupfen, was weiche Übergänge zum Ergebnis hat. Alles zusammen eng und ohne **Falten** in schwarze PE-Folie einwickeln, und anschließend die Siliconmasse unter der Folie zu einer gleichdicken **Schicht** verstreichen. Das gelingt am besten, wenn man die Enden vom **Folienwickel** mit kleinen Schraubzwingen auf ein Brettchen klemmt.

EXTRATIP: Sogenannte Reparatoren können nicht nur Schläuche an Schadstellen verbinden. An ihnen lassen sich auch Ösen aus Bindedraht anlegen, die den Schlauch auf dem Weg nach oben an der gewünschten Position halten.

ARBEITSMATERIAL

- Verbindungsröhrchen
- Bindedraht
- Siliconkautschuk
- Perlondrahtgewebe
- Schwarzfolie
- Heißluftgebläse
- Cuttermesser
- Kombizange
- Druckpistole

Stichwortverzeichnis

Stichwortverzeichnis

Stichwortverzeichnis

Stichwortverzeichnis

Bildquellenverzeichnis

Abus August Bremicker Söhne KG, Postfach 220, 58290 Wetter
Allibert GmbH, Postfach 610142, 60343 Frankfurt
Arbeitsgemeinschaft Holz e.V., Füllenbachstraße 6, 40474 Düsseldorf
F. Athmer, Rönkhauser Str. 9, 59757 Arnsberg
Auro GmbH, Alte Frankfurter Straße 211 a, 38122 Braunschweig
Bauta GmbH & Co.KG, Postfach 1162, 45702 Datteln
Beecksche Farbwerke Beeck GmbH & Co.KG, Postfach 810224, 70519 Stuttgart
Bierbach GmbH & Co.KG, Rudolf-Diesel-Str., 59425 Unna
Black & Decker GmbH, Postfach 1202, 65502 Idstein
Hubert Blome GmbH, Postfach 1180, 59844 Sundern
Josef Bohle Stiftung & Co.KG, Postfach 1163, 42755 Haan
Robert Bosch GmbH, Geschäftsbereich Elektrowerkzeuge, Postfach 100156, 70771 Leinfelden-Echterdingen
Caparol Farben GmbH &Co.KG, Rößdörfer Str. 50, 64372 Ober-Ramstein
Alfred Clouth Lackfabrik, Postfach 100363, 63003 Offenbach
Deutsche Rockwool Mineralwolle GmbH, Bottropper Str. 241, 45964 Gladbeck
Deutsches Tapeteninstitut, Lindenring 44, 60431 Frankfurt/M.
Max Direktor, Gustav-Phillip-Str. 11, 86633 Neuburg/Donau
W. Döllken & Co.GmbH, Beisenstr. 50, 45964 Gladbeck
Engers Keramik GmbH, Brucknerstr. 43, 56566 Neuwied
Esco-Rapid GmbH, Postfach 1641, 22906 Ahrensburg
Fia Farbwerkzeuge GmbH & Co.KG, P.-Dörfler-Str. 32, 88239 Wangen
Fischerwerke a. Fischer GmbH & Co.KG, Postfach, 72167 Waldachtal
Filzfabrik Fulda GmbH & Co.KG, Frankfurter Str. 62, 36035 Fulda
Forbo Salubra GmbH, Rheinallee 25, 79639 Grenzach Wyhlen
Gail Inax AG Architektur-Keramik, Erdkauter Weg 40-50, 35392 Gießen
Geiger Chemie GmbH, Postfach 1349, 78330 Engen
Gesipa Blindniettechnik, Nordendstr. 13-39, 64546 Mörfelden-Walldorf
Girmes GmbH, Johannes Girmes Str. 27, 47929 Grefrath
Glasurit Bautenanstrichmittel BASF Lacke und Farbe AG, Postfach 6123, 48136 Münster
Glöckner GmbH, Postfach 150147, 67026 Ludwigshafen
Grünzweig + Hartmann und Glasfaser AG, Bürgermeister-Grünzweig-Str. 1, 67059 Ludwigshafen
Hage Fittings GmbH & Co.KG, Blumenau 1, 63110 Rodgau
Hailo-Werk, R. Loh GmbH & Co.KG, Postfach 1262, 35702 Haiger
Hamberger Industriewerke GmbH, Postfach 100252, 83003 Rosenheim
Hansa Licht- und Sonnenschutz GmbH, Postfach, 22532 Hamburg
Hebel AG, Postfach 1353, 82656 Fürstenfeldbruck
Heidelberger Zement AG, Berliner Str. 6, 45529 Heidelberg
Erich H. Heimann, Schloßstraße 15, 40477 Düsseldorf
Helly Erzeugnisse, Postfach 1654, 63406 Hanau
Henkel & Cie GmbH, Henkelstr. 67, 40589 Düsseldorf
Hessische Tapetenfabrik Schaefer GmbH &Co.KG, Bertram-Schaefer-Str. 1, 35274 Kirchhain
Peter Himmelhuber, Universitätsstr. 98a, 93053 Regensburg
Hörmann KG Amshausen, Postfach 1261, 33792 Steinhagen
Konrad Hornschuh AG, Postfach, 74679 Weißbach
ICI Dulux Lacke und Farben GmbH, Düsseldorfer Str. 102, 40721 Hilden/Rhld.
Jado AG, Paul-Ehrlich-Str. 3-5, 63322 Rödermark
Kaldewei GmbH & Co, Postfach 1761, 59206 Ahlen/Westf.
Keramag, Kreuzerkamp 11, 40878 Ratingen
Knauf Produkte GmbH, Postfach 10, 97343 Iphofen
Koralle Sanitärprodukte GmbH, Industriegelände Hollwiesen, 32602 Vlotho
Korbach Werkzeug GmbH & Co.KG, Postfach, 40822 Mettmann
Krautol Werke GmbH & Co.KG, Werner von Siemens Str. 35, 64319 Pfungstadt
C.A. Lehnartz, Jägerwald 3, 42897 Remscheid
Leifheit AG, Leifheitstr., 56337 Nassau
Lugato Chemie Dr. Buchtemann, Helbingstr. 60-62, 22047 Hamburg
Marburger Tapetenfabrik, Bertram-Schäfer-Str. 35, 35274 Kirchhain
Martor-Argentax Beermann AG, Postfach 100387, 42648 Solingen
Molto GmbH, Postfach 1120, 35792 Löhnberg/Lahn
Neoperl, Klosterunsstr. 11, 79379 Müllheim/Baden
Osmo-Ostermann & Scheiwe GmbH & Co., Hafenweg 31, 48033 Münster
PCI Polychemie, Piccardstr. 11, 86159 Augsburg
Pegulan Teppichboden GmbH, Postfach1243, 66877 Ramstein-Miesenbach
Sandvik Belzer, Postfach 120123, 42349 Wuppertal
Alfred Schellenberg GmbH, Postfach 223550, 57041 Siegen
Schläfer GmbH & Co, Luisenstraße 12, 74378 Bad Liebenzell
Selva Technik K.C. Schlenker KG, Postfach 1560, 78647 Trossingen
Sigma Unitecta Farben GmbH, Postfach 400129, 44735 Bochum
Peter Schreiber GmbH, Schädleweg 10, 70563 Stuttgart
SFS Stadler GmbH & Co.KG, Postfach, 61440 Oberursel
Stabila Meßgeräte, Postfach 1340, 76855 Annweiler
Steinel GmbH & Co.KG, Postfach, 33435 Herzebrock-Clarholz
Tesa Beiersdorf AG - Marketing DIY, Postfach, 20245 Hamburg
Tox Dübelwerk, Überlingerstr. 11, 78351 Bodmann/Ludwigshafen
Uhu Vertrieb GmbH, Postfach 1552, 77813 Bühl
J. Wagner GmbH, Postfach 1220, 88677 Markdorf
Wanit Universal GmbH & Co.KG, Postfach 2020, 63120 Dietzenbach
Westerwald Glasstein GmbH, Postfach, 56422 Wirges
Wienerberger Ziegelindustrie GmbH & Co, Oldenburger Allee 26, 30659 Hannover
Stephan Witte GmbH & Co.KG, Postfach 4060, 58040 Hagen
Wolfcraft R. Wolff GmbH & Co.KG, Löhstraße 18, 56745 Weibern